بِسۡمِ ٱللَّهِ ٱلرَّحۡمَٰنِ ٱلرَّحِيمِ

وَنُنَزِّلُ مِنَ ٱلۡقُرۡءَانِ مَا هُوَ شِفَآءٞ وَرَحۡمَةٞ لِّلۡمُؤۡمِنِينَ

46 PAGES QURAN FORMAT

2 JUZS 3 PAGES

QURAN text presented in 46 Pages (3 Pages = 2 Juz), based on **Digital MUS-HAF of Madinah** quranic printing complex

Texte intégral du QURAN, d'après le MUṢḤAF Madīna certifié et vérifié, disponible en ligne dm.qurancomplex.gov.sa/en/ édité ici au format 46 Pages (3 Pages = 2 Juz)

مصحف المدينة برواية حفص عن عاصم

ḤAFṢ

عن عثمان بن عفان رضي الله عنه عن النبى صلى الله عليه وسلم قال:

خيرُكُم من تعلَّم القرآنَ وعلَّمَهُ [صحيح] - [رواه البخاري]

The best among you is He who learnt the Quran and taught it (Bukhari)

Le meilleur d'entre vous est celui qui a appris le Coran et l'a enseigné.
Hadith authentique (Bukhāri)

https://dm.qurancomplex.gov.sa/en/?page_id=138

Digital Mushaf of Madinah

Copyright

Based on the approval of His Excellency the Minister of Islamic Affairs, Da'wah and Guidance of the King Fahd Qur'an Printing Complex.

The Qur'an Printing Complex is honored to present to the Muslim public a complete free digital copy of Mus'haf al-Madinah published by the Complex, in the following formats:

- Adobe Illustrator files
- PDF files
- High quality images
- True Type Font

Mus'haf al-Madinah in these previous formats can be used for free in all personal, individual businesses, in works of governmental departments & agencies, in the publications of both private and national institutions, also allows Qur'an printing*, digital publishing, & for media use, can be used also in websites, software, and other similar intermediates.

King Fahd Qur'an Printing Complex is not responsible for any technical or software errors that occur from using the mentioned product.

We ask Allah that He renders this blessed project

beneficial to all Muslims.

* The printing of the Qur'an inside the Kingdom and importing it from abroad for the purpose of commercial sale is subject to the Royal Decree No. 136/8 of 1/2/1406 AH and the Royal Decree No. 9 / B / 46356 dated 28/9/1424 AH. Which prohibit the printing of the Qur'an inside the Kingdom in any place other than King Fahd Glorious Quran Printing Complex, as well as prevent the import from abroad for the purpose of commercial sale.

اللَّهُمَّ اجْعَلْ القُرْآنَ لَنا فِي الدُّنْيا قَرِينًا وَفِي القَبْرِ مُؤْنِسًا وَفِي القِيامَةِ شَفِيعًا وَعَلَى الصِّراطِ نُورًا وَإِلَى الجَنَّةِ رَفِيقًا وَبَيْنَنا وَبَيْنَ النَّارِ سِتْرًا وَحِجابًا وَإِلَى الخَيْراتِ كُلِّها دَلِيلًا وَإِمامًا بِفَضْلِكَ وَجُودِكَ وَكَرَمِكَ يا أَكْرَمَ الأَكْرَمِينَ. اللَّهُمَّ اهْدِنا بِهِدايَةِ القُرْآنِ. وَعافِنا بِعِنايَةِ القُرْآنِ. وَنَجِّنا مِنَ النِّيرانِ بِكَرامَةِ القُرْآنِ. وَأَدْخِلْنا الجَنَّةَ بِشَفاعَةِ القُرْآنِ. وَارْفَعْ دَرَجاتِنا بِفَضِيلَةِ القُرْآنِ. وَكَفِّرْ عَنَّا سَيِّئاتِنا بِتِلاوَةِ القُرْآنِ. يا ذا الفَضْلِ وَالإِحْسانِ. اللَّهُمَّ ارْزُقْنا بِكُلِّ حَرْفٍ مِنَ القُرْآنِ حَلاوَةً. وَبِكُلِّ كَلِمَةٍ كَرامَةً. وَبِكُلِّ آيَةٍ سَعادَةً. وَبِكُلِّ سُورَةٍ سَلامَةً. وَبِكُلِّ جُزْءٍ جَزاءً وَبِكُلِّ حِزْبٍ حَسَنَةً. وَبِكُلِّ نِصْفٍ نِعْمَةً. وَبِكُلِّ رُبْعٍ رِفْعَةً. وَبِكُلِّ ثُمْنٍ ثَناءً. اللَّهُمَّ ارْزُقْنا بِالأَلِفِ أُلْفَةً. وَبِالباءِ بَرَكَةً. وَبِالتَّاءِ تَوْبَةً. وَبِالثَّاءِ ثَوابًا. وَبِالجِيمِ جَمالًا. وَبِالحاءِ حِكْمَةً. وَبِالخاءِ خِلَّانًا. وَبِالدَّالِ دُنُوًّا. وَبِالذَّالِ ذَكاءً. وَبِالرَّاءِ رَحْمَةً. وَبِالزَّايِ زُلْفَةً. وَبِالسِّينِ سَناءً. وَبِالشِّينِ شِفاءً. وَبِالصَّادِ صِدْقًا. وَبِالضَّادِ ضِياءً. وَبِالطَّاءِ طَهارَةً. وَبِالظَّاءِ ظَفَرًا. وَبِالعَيْنِ عِلْمًا. وَبِالغَيْنِ غِناءً. وَبِالفاءِ فَلاحًا. وَبِالقافِ قُرْبَةً. وَبِالكافِ كِفايَةً. وَبِاللَّامِ لُطْفًا. وَبِالمِيمِ مَوْعِظَةً. وَبِالنُّونِ نُورًا. وَبِالواوِ وُصْلَةً. وَبِالهاءِ هِدايَةً. وَبِلامِ الأَلِفِ لِقاءً. وَبِالياءِ يُسْرًا. وَصَلَّى اللهُ عَلَى سَيِّدِنا مُحَمَّدٍ وَآلِهِ الطَّاهِرِينَ أَجْمَعِينَ. اللَّهُمَّ بَلِّغْ ثَوابَ ما قَرَأْناهُ وَنُورَ ما تَلَوْناهُ إِلَى رُوحِ سَيِّدِنا مُحَمَّدٍ عَلَيْهِ السَّلامُ وَإِلَى أَرْواحِ أَصْحابِهِ رَضِيَ اللهُ عَنْهُمْ أَجْمَعِينَ. وَإِلَى أَرْواحِ جَمِيعِ الأَنْبِياءِ وَالأَوْلِياءِ وَالمُرْسَلِينَ. وَإِلَى أَرْواحِ آبائِنا وَأُمَّهاتِنا وَإِخْوانِنا وَأَصْدِقائِنا وَأَساتِذَتِنا وَمَشايِخِنا خاصَّةً وَإِلَى أَرْواحِ جَمِيعِ المُؤْمِنِينَ وَالمُؤْمِناتِ وَالمُسْلِمِينَ وَالمُسْلِماتِ الأَحْياءِ مِنْهُمْ وَالأَمْواتِ أَجْمَعِينَ عامَّةً وَإِلَى جَمِيعِ أَصْحابِ الخَيْراتِ مِنَ المُؤْمِنِينَ وَالمُؤْمِناتِ. اللَّهُمَّ انْصُرْ مَنْ نَصَرَ الدِّينَ. وَاخْذُلْ مَنْ خَذَلَ المُسْلِمِينَ آمِينَ يا رَبَّ العالَمِينَ بِرَحْمَتِكَ يا أَرْحَمَ الرَّاحِمِينَ

سُبْحانَ رَبِّكَ رَبِّ العِزَّةِ عَمَّا يَصِفُونَ وَسَلامٌ عَلَى المُرْسَلِينَ وَالحَمْدُ للهِ رَبِّ العالَمِينَ

دُعَاءُ خَتْمِ القُرْآنِ العَظِيم

بِسمِ اللهِ الرَّحْمٰنِ الرَّحيمِ. صَدَقَ اللهُ مَوْلَانَا العَظِيمُ. وَبَلَّغَ رَسُولُهُ الكَرِيمُ. وَنَحْنُ عَلَى مَا قَالَ رَبُّنَا وَخَالِقُنَا وَرَازِقُنَا وَمَوْلَانَا مِنَ الشَّاهِدِينَ. اللَّهُمَّ رَبَّنَا تَقَبَّلْ مِنَّا خَتْمَ القُرْآنِ. وَتَجَاوَزْ عَنَّا مَا كَانَ فِي تِلَاوَتِهِ مِنَ السَّهْوِ وَالنِّسْيَانِ. أَوْ تَحْرِيفِ كَلِمَةٍ عَنْ مَوْضِعِهَا أَوْ تَغْيِيرِ حَرْفٍ أَوْ تَقْدِيمٍ أَوْ تَأْخِيرٍ أَوْ زِيَادَةٍ أَوْ نُقْصَانٍ. أَوْ تَأْوِيلٍ عَلَى غَيْرِ مَا أَنْزَلْتَهُ أَوْ رَيْبٍ أَوْ شَكٍّ أَوْ تَعْجِيلٍ عِنْدَ تِلَاوَتِهِ أَوْ كَسَلٍ أَوْ سُرْعَةٍ أَوْ زَيْغِ اللِّسَانِ أَوْ وُقُوفٍ بِغَيْرِ وَقْفٍ أَوْ إِدْغَامٍ بِغَيْرِ مُدْغَمٍ أَوْ إِظْهَارٍ بِغَيْرِ بَيَانٍ. أَوْ مَدٍّ أَوْ تَشْدِيدٍ أَوْ هَمْزَةٍ أَوْ جَزْمٍ أَوْ إِعْرَابٍ بِغَيْرِ مَكَانٍ. فَاكْتُبْهُ مِنَّا عَلَى التَّمَامِ وَالكَمَالِ وَالمُهَذَّبِ مِنْ كُلِّ الإِلْحَانِ. فَاغْفِرْ لَنَا يَا رَبَّنَا. يَا سَيِّدَنَا لَا تُؤَاخِذْنَا. يَا مَوْلَانَا ارْزُقْنَا فَضْلَ مَنْ قَرَأَهُ مُؤَدِّيًا حَقَّهُ مَعَ الأَعْضَاءِ وَالقَلْبِ وَاللِّسَانِ. وَهَبْ لَنَا بِهِ الخَيْرَ وَالسَّعَادَةَ وَالبِشَارَةَ وَالأَمَانَ. وَلَا تَخْتِمْ لَنَا بِالشَّرِّ وَالشَّقَاوَةِ وَالضَّلَالَةِ وَالطُّغْيَانِ. وَنَبِّهْنَا قَبْلَ المَنَايَا عَنْ نَوْمِ الغَفْلَةِ وَالكَسَلَانِ. وَأَمِّنَّا مِنْ عَذَابِ القَبْرِ وَمِنْ سُؤَالِ مُنْكَرٍ وَنَكِيرٍ وَمِنْ أَكْلِ الدِّيدَانِ. وَبَيِّضْ وُجُوهَنَا يَوْمَ البَعْثِ وَأَعْتِقْ رِقَابَنَا مِنَ النِّيرَانِ. وَيَمِّنْ كِتَابَنَا وَيَسِّرْ حِسَابَنَا وَثَقِّلْ مِيزَانَنَا بِالحَسَنَاتِ وَثَبِّتْ أَقْدَامَنَا عَلَى الصِّرَاطِ وَأَسْكِنَّا فِي وَسَطِ الجِنَانِ. وَارْزُقْنَا جِوَارَ سَيِّدِنَا مُحَمَّدٍ عَلَيْهِ الصَّلَاةُ وَالسَّلَامُ وَأَكْرِمْنَا بِلِقَائِكَ يَا دَيَّانُ. اسْتَجِبْ دُعَاءَنَا بِحَقِّ التَّوْرَاةِ وَالإِنْجِيلِ وَالزَّبُورِ وَالفُرْقَانِ. أَعْطِنَا جَمِيعَ مَا سَأَلْنَاكَ بِهِ فِي السِّرِّ وَالإِعْلَانِ. وَزِدْنَا مِنْ فَضْلِكَ الوَاسِعِ بِجُودِكَ وَكَرَمِكَ يَا رَحِيمُ يَا رَحْمٰنُ. اللَّهُمَّ صَلِّ عَلَى سَيِّدِنَا مُحَمَّدٍ صَاحِبِ الشَّرِيعَةِ وَالبُرْهَانِ. بِرَحْمَتِكَ يَا أَرْحَمَ الرَّاحِمِينَ. اللَّهُمَّ انْفَعْنَا وَارْفَعْنَا بِالقُرْآنِ العَظِيمِ. وَبَارِكْ لَنَا بِالآيَاتِ وَالذِّكْرِ الحَكِيمِ. وَتَقَبَّلْ مِنَّا إِنَّكَ أَنْتَ السَّمِيعُ العَلِيمُ. وَتُبْ عَلَيْنَا إِنَّكَ أَنْتَ التَّوَّابُ الرَّحِيمُ. اللَّهُمَّ زَيِّنَّا بِزِينَةِ القُرْآنِ. وَأَكْرِمْنَا بِكَرَامَةِ القُرْآنِ. وَأَلْبِسْنَا بِخِلْعَةِ القُرْآنِ. وَعَافِنَا مِنْ كُلِّ بَلَاءِ الدُّنْيَا وَعَذَابِ الآخِرَةِ بِحُرْمَةِ القُرْآنِ. وَأَدْخِلْنَا الجَنَّةَ مَعَ القُرْآنِ. وَارْحَمْ جَمِيعَ أُمَّةِ سَيِّدِنَا مُحَمَّدٍ بِحَقِّ القُرْآنِ.

سُورَةُ الفَاتِحَةِ

1-1-1 بِسۡمِ ٱللَّهِ ٱلرَّحۡمَٰنِ ٱلرَّحِيمِ ١
ٱلۡحَمۡدُ لِلَّهِ رَبِّ ٱلۡعَٰلَمِينَ ٢
ٱلرَّحۡمَٰنِ ٱلرَّحِيمِ ٣ مَٰلِكِ يَوۡمِ ٱلدِّينِ ٤
إِيَّاكَ نَعۡبُدُ وَإِيَّاكَ نَسۡتَعِينُ ٥ ٱهۡدِنَا
ٱلصِّرَٰطَ ٱلۡمُسۡتَقِيمَ ٦ صِرَٰطَ ٱلَّذِينَ أَنۡعَمۡتَ
عَلَيۡهِمۡ غَيۡرِ ٱلۡمَغۡضُوبِ عَلَيۡهِمۡ
وَلَا ٱلضَّآلِّينَ ٧

سُورَةُ البَقَرَةِ

1-2-2 بِسۡمِ ٱللَّهِ ٱلرَّحۡمَٰنِ ٱلرَّحِيمِ
الٓمٓ ١ ذَٰلِكَ ٱلۡكِتَٰبُ لَا رَيۡبَۛ فِيهِۛ هُدٗى
لِّلۡمُتَّقِينَ ٢ ٱلَّذِينَ يُؤۡمِنُونَ بِٱلۡغَيۡبِ وَيُقِيمُونَ ٱلصَّلَوٰةَ
وَمِمَّا رَزَقۡنَٰهُمۡ يُنفِقُونَ ٣ وَٱلَّذِينَ يُؤۡمِنُونَ بِمَآ أُنزِلَ
إِلَيۡكَ وَمَآ أُنزِلَ مِن قَبۡلِكَ وَبِٱلۡأٓخِرَةِ هُمۡ يُوقِنُونَ ٤
أُوْلَٰٓئِكَ عَلَىٰ هُدٗى مِّن رَّبِّهِمۡۖ وَأُوْلَٰٓئِكَ
هُمُ ٱلۡمُفۡلِحُونَ ٥

1-2-3 إِنَّ ٱلَّذِينَ كَفَرُواْ سَوَآءٌ عَلَيۡهِمۡ ءَأَنذَرۡتَهُمۡ أَمۡ لَمۡ تُنذِرۡهُمۡ
لَا يُؤۡمِنُونَ ٦ خَتَمَ ٱللَّهُ عَلَىٰ قُلُوبِهِمۡ وَعَلَىٰ سَمۡعِهِمۡۖ وَعَلَىٰٓ
أَبۡصَٰرِهِمۡ غِشَٰوَةٞۖ وَلَهُمۡ عَذَابٌ عَظِيمٞ ٧ وَمِنَ ٱلنَّاسِ
مَن يَقُولُ ءَامَنَّا بِٱللَّهِ وَبِٱلۡيَوۡمِ ٱلۡأٓخِرِ وَمَا هُم بِمُؤۡمِنِينَ ٨
يُخَٰدِعُونَ ٱللَّهَ وَٱلَّذِينَ ءَامَنُواْ وَمَا يَخۡدَعُونَ إِلَّآ أَنفُسَهُمۡ
وَمَا يَشۡعُرُونَ ٩ فِي قُلُوبِهِم مَّرَضٞ فَزَادَهُمُ ٱللَّهُ مَرَضٗاۖ
وَلَهُمۡ عَذَابٌ أَلِيمُۢ بِمَا كَانُواْ يَكۡذِبُونَ ١٠ وَإِذَا قِيلَ لَهُمۡ
لَا تُفۡسِدُواْ فِي ٱلۡأَرۡضِ قَالُوٓاْ إِنَّمَا نَحۡنُ مُصۡلِحُونَ ١١ أَلَآ إِنَّهُمۡ
هُمُ ٱلۡمُفۡسِدُونَ وَلَٰكِن لَّا يَشۡعُرُونَ ١٢ وَإِذَا قِيلَ لَهُمۡ
ءَامِنُواْ كَمَآ ءَامَنَ ٱلنَّاسُ قَالُوٓاْ أَنُؤۡمِنُ كَمَآ ءَامَنَ ٱلسُّفَهَآءُۗ
أَلَآ إِنَّهُمۡ هُمُ ٱلسُّفَهَآءُ وَلَٰكِن لَّا يَعۡلَمُونَ ١٣ وَإِذَا لَقُواْ
ٱلَّذِينَ ءَامَنُواْ قَالُوٓاْ ءَامَنَّا وَإِذَا خَلَوۡاْ إِلَىٰ شَيَٰطِينِهِمۡ قَالُوٓاْ إِنَّا
مَعَكُمۡ إِنَّمَا نَحۡنُ مُسۡتَهۡزِءُونَ ١٤ ٱللَّهُ يَسۡتَهۡزِئُ بِهِمۡ وَيَمُدُّهُمۡ
فِي طُغۡيَٰنِهِمۡ يَعۡمَهُونَ ١٥ أُوْلَٰٓئِكَ ٱلَّذِينَ ٱشۡتَرَوُاْ ٱلضَّلَٰلَةَ
بِٱلۡهُدَىٰ فَمَا رَبِحَت تِّجَٰرَتُهُمۡ وَمَا كَانُواْ مُهۡتَدِينَ ١٦

1-2-4 مَثَلُهُمۡ كَمَثَلِ ٱلَّذِي ٱسۡتَوۡقَدَ نَارٗا فَلَمَّآ أَضَآءَتۡ مَا حَوۡلَهُۥ
ذَهَبَ ٱللَّهُ بِنُورِهِمۡ وَتَرَكَهُمۡ فِي ظُلُمَٰتٖ لَّا يُبۡصِرُونَ ١٧ صُمُّۢ
بُكۡمٌ عُمۡيٞ فَهُمۡ لَا يَرۡجِعُونَ ١٨ أَوۡ كَصَيِّبٖ مِّنَ ٱلسَّمَآءِ فِيهِ
ظُلُمَٰتٞ وَرَعۡدٞ وَبَرۡقٞ يَجۡعَلُونَ أَصَٰبِعَهُمۡ فِيٓ ءَاذَانِهِم مِّنَ
ٱلصَّوَٰعِقِ حَذَرَ ٱلۡمَوۡتِۚ وَٱللَّهُ مُحِيطُۢ بِٱلۡكَٰفِرِينَ ١٩ يَكَادُ ٱلۡبَرۡقُ
يَخۡطَفُ أَبۡصَٰرَهُمۡۖ كُلَّمَآ أَضَآءَ لَهُم مَّشَوۡاْ فِيهِ وَإِذَآ أَظۡلَمَ عَلَيۡهِمۡ
قَامُواْۚ وَلَوۡ شَآءَ ٱللَّهُ لَذَهَبَ بِسَمۡعِهِمۡ وَأَبۡصَٰرِهِمۡۚ إِنَّ ٱللَّهَ عَلَىٰ
كُلِّ شَيۡءٖ قَدِيرٞ ٢٠ يَٰٓأَيُّهَا ٱلنَّاسُ ٱعۡبُدُواْ رَبَّكُمُ ٱلَّذِي
خَلَقَكُمۡ وَٱلَّذِينَ مِن قَبۡلِكُمۡ لَعَلَّكُمۡ تَتَّقُونَ ٢١ ٱلَّذِي جَعَلَ لَكُمُ
ٱلۡأَرۡضَ فِرَٰشٗا وَٱلسَّمَآءَ بِنَآءٗ وَأَنزَلَ مِنَ ٱلسَّمَآءِ مَآءٗ فَأَخۡرَجَ
بِهِۦ مِنَ ٱلثَّمَرَٰتِ رِزۡقٗا لَّكُمۡۖ فَلَا تَجۡعَلُواْ لِلَّهِ أَندَادٗا وَأَنتُمۡ
تَعۡلَمُونَ ٢٢ وَإِن كُنتُمۡ فِي رَيۡبٖ مِّمَّا نَزَّلۡنَا عَلَىٰ عَبۡدِنَا فَأۡتُواْ
بِسُورَةٖ مِّن مِّثۡلِهِۦ وَٱدۡعُواْ شُهَدَآءَكُم مِّن دُونِ ٱللَّهِ إِن
كُنتُمۡ صَٰدِقِينَ ٢٣ فَإِن لَّمۡ تَفۡعَلُواْ وَلَن تَفۡعَلُواْ فَٱتَّقُواْ ٱلنَّارَ
ٱلَّتِي وَقُودُهَا ٱلنَّاسُ وَٱلۡحِجَارَةُۖ أُعِدَّتۡ لِلۡكَٰفِرِينَ ٢٤

1-2-5 وَبَشِّرِ ٱلَّذِينَ ءَامَنُواْ وَعَمِلُواْ ٱلصَّٰلِحَٰتِ أَنَّ لَهُمۡ جَنَّٰتٖ
تَجۡرِي مِن تَحۡتِهَا ٱلۡأَنۡهَٰرُۖ كُلَّمَا رُزِقُواْ مِنۡهَا مِن ثَمَرَةٖ
رِّزۡقٗا قَالُواْ هَٰذَا ٱلَّذِي رُزِقۡنَا مِن قَبۡلُۖ وَأُتُواْ بِهِۦ مُتَشَٰبِهٗاۖ
وَلَهُمۡ فِيهَآ أَزۡوَٰجٞ مُّطَهَّرَةٞۖ وَهُمۡ فِيهَا خَٰلِدُونَ ٢٥ ۞ إِنَّ
ٱللَّهَ لَا يَسۡتَحۡيِۦٓ أَن يَضۡرِبَ مَثَلٗا مَّا بَعُوضَةٗ فَمَا فَوۡقَهَاۚ فَأَمَّا
ٱلَّذِينَ ءَامَنُواْ فَيَعۡلَمُونَ أَنَّهُ ٱلۡحَقُّ مِن رَّبِّهِمۡۖ وَأَمَّا
ٱلَّذِينَ كَفَرُواْ فَيَقُولُونَ مَاذَآ أَرَادَ ٱللَّهُ بِهَٰذَا مَثَلٗاۘ
يُضِلُّ بِهِۦ كَثِيرٗا وَيَهۡدِي بِهِۦ كَثِيرٗاۚ وَمَا يُضِلُّ بِهِۦٓ
إِلَّا ٱلۡفَٰسِقِينَ ٢٦ ٱلَّذِينَ يَنقُضُونَ عَهۡدَ ٱللَّهِ مِنۢ بَعۡدِ
مِيثَٰقِهِۦ وَيَقۡطَعُونَ مَآ أَمَرَ ٱللَّهُ بِهِۦٓ أَن يُوصَلَ وَيُفۡسِدُونَ
فِي ٱلۡأَرۡضِۚ أُوْلَٰٓئِكَ هُمُ ٱلۡخَٰسِرُونَ ٢٧ كَيۡفَ
تَكۡفُرُونَ بِٱللَّهِ وَكُنتُمۡ أَمۡوَٰتٗا فَأَحۡيَٰكُمۡۖ ثُمَّ يُمِيتُكُمۡ
ثُمَّ يُحۡيِيكُمۡ ثُمَّ إِلَيۡهِ تُرۡجَعُونَ ٢٨ هُوَ ٱلَّذِي خَلَقَ
لَكُم مَّا فِي ٱلۡأَرۡضِ جَمِيعٗا ثُمَّ ٱسۡتَوَىٰٓ إِلَى ٱلسَّمَآءِ
فَسَوَّىٰهُنَّ سَبۡعَ سَمَٰوَٰتٖۚ وَهُوَ بِكُلِّ شَيۡءٍ عَلِيمٞ ٢٩

1-2-6 وَإِذۡ قَالَ رَبُّكَ لِلۡمَلَٰٓئِكَةِ إِنِّي جَاعِلٞ فِي ٱلۡأَرۡضِ خَلِيفَةٗۖ قَالُوٓاْ
أَتَجۡعَلُ فِيهَا مَن يُفۡسِدُ فِيهَا وَيَسۡفِكُ ٱلدِّمَآءَ وَنَحۡنُ نُسَبِّحُ
بِحَمۡدِكَ وَنُقَدِّسُ لَكَۖ قَالَ إِنِّيٓ أَعۡلَمُ مَا لَا تَعۡلَمُونَ ٣٠ وَعَلَّمَ
ءَادَمَ ٱلۡأَسۡمَآءَ كُلَّهَا ثُمَّ عَرَضَهُمۡ عَلَى ٱلۡمَلَٰٓئِكَةِ فَقَالَ
أَنۢبِـُٔونِي بِأَسۡمَآءِ هَٰٓؤُلَآءِ إِن كُنتُمۡ صَٰدِقِينَ ٣١ قَالُواْ سُبۡحَٰنَكَ
لَا عِلۡمَ لَنَآ إِلَّا مَا عَلَّمۡتَنَآۖ إِنَّكَ أَنتَ ٱلۡعَلِيمُ ٱلۡحَكِيمُ ٣٢ قَالَ يَٰٓـَٔادَمُ
أَنۢبِئۡهُم بِأَسۡمَآئِهِمۡۖ فَلَمَّآ أَنۢبَأَهُم بِأَسۡمَآئِهِمۡ قَالَ أَلَمۡ أَقُل
لَّكُمۡ إِنِّيٓ أَعۡلَمُ غَيۡبَ ٱلسَّمَٰوَٰتِ وَٱلۡأَرۡضِ وَأَعۡلَمُ مَا تُبۡدُونَ
وَمَا كُنتُمۡ تَكۡتُمُونَ ٣٣ وَإِذۡ قُلۡنَا لِلۡمَلَٰٓئِكَةِ ٱسۡجُدُواْ لِأٓدَمَ
فَسَجَدُوٓاْ إِلَّآ إِبۡلِيسَ أَبَىٰ وَٱسۡتَكۡبَرَ وَكَانَ مِنَ ٱلۡكَٰفِرِينَ ٣٤ وَقُلۡنَا
يَٰٓـَٔادَمُ ٱسۡكُنۡ أَنتَ وَزَوۡجُكَ ٱلۡجَنَّةَ وَكُلَا مِنۡهَا رَغَدًا حَيۡثُ
شِئۡتُمَا وَلَا تَقۡرَبَا هَٰذِهِ ٱلشَّجَرَةَ فَتَكُونَا مِنَ ٱلظَّٰلِمِينَ ٣٥ فَأَزَلَّهُمَا
ٱلشَّيۡطَٰنُ عَنۡهَا فَأَخۡرَجَهُمَا مِمَّا كَانَا فِيهِۖ وَقُلۡنَا ٱهۡبِطُواْ بَعۡضُكُمۡ
لِبَعۡضٍ عَدُوّٞۖ وَلَكُمۡ فِي ٱلۡأَرۡضِ مُسۡتَقَرّٞ وَمَتَٰعٌ إِلَىٰ حِينٖ ٣٦ فَتَلَقَّىٰٓ
ءَادَمُ مِن رَّبِّهِۦ كَلِمَٰتٖ فَتَابَ عَلَيۡهِۚ إِنَّهُۥ هُوَ ٱلتَّوَّابُ ٱلرَّحِيمُ ٣٧

1-2-7 قُلۡنَا ٱهۡبِطُواْ مِنۡهَا جَمِيعٗاۖ فَإِمَّا يَأۡتِيَنَّكُم مِّنِّي هُدٗى فَمَن تَبِعَ
هُدَايَ فَلَا خَوۡفٌ عَلَيۡهِمۡ وَلَا هُمۡ يَحۡزَنُونَ ٣٨ وَٱلَّذِينَ كَفَرُواْ
وَكَذَّبُواْ بِـَٔايَٰتِنَآ أُوْلَٰٓئِكَ أَصۡحَٰبُ ٱلنَّارِۖ هُمۡ فِيهَا خَٰلِدُونَ ٣٩
يَٰبَنِيٓ إِسۡرَٰٓءِيلَ ٱذۡكُرُواْ نِعۡمَتِيَ ٱلَّتِيٓ أَنۡعَمۡتُ عَلَيۡكُمۡ وَأَوۡفُواْ بِعَهۡدِيٓ
أُوفِ بِعَهۡدِكُمۡ وَإِيَّٰيَ فَٱرۡهَبُونِ ٤٠ وَءَامِنُواْ بِمَآ أَنزَلۡتُ مُصَدِّقٗا
لِّمَا مَعَكُمۡ وَلَا تَكُونُوٓاْ أَوَّلَ كَافِرِۭ بِهِۦۖ وَلَا تَشۡتَرُواْ بِـَٔايَٰتِي
ثَمَنٗا قَلِيلٗا وَإِيَّٰيَ فَٱتَّقُونِ ٤١ وَلَا تَلۡبِسُواْ ٱلۡحَقَّ بِٱلۡبَٰطِلِ وَتَكۡتُمُواْ
ٱلۡحَقَّ وَأَنتُمۡ تَعۡلَمُونَ ٤٢ وَأَقِيمُواْ ٱلصَّلَوٰةَ وَءَاتُواْ ٱلزَّكَوٰةَ
وَٱرۡكَعُواْ مَعَ ٱلرَّٰكِعِينَ ٤٣ ۞ أَتَأۡمُرُونَ ٱلنَّاسَ بِٱلۡبِرِّ
وَتَنسَوۡنَ أَنفُسَكُمۡ وَأَنتُمۡ تَتۡلُونَ ٱلۡكِتَٰبَۚ أَفَلَا تَعۡقِلُونَ ٤٤
وَٱسۡتَعِينُواْ بِٱلصَّبۡرِ وَٱلصَّلَوٰةِۚ وَإِنَّهَا لَكَبِيرَةٌ إِلَّا عَلَى ٱلۡخَٰشِعِينَ ٤٥
ٱلَّذِينَ يَظُنُّونَ أَنَّهُم مُّلَٰقُواْ رَبِّهِمۡ وَأَنَّهُمۡ إِلَيۡهِ رَٰجِعُونَ ٤٦
يَٰبَنِيٓ إِسۡرَٰٓءِيلَ ٱذۡكُرُواْ نِعۡمَتِيَ ٱلَّتِيٓ أَنۡعَمۡتُ عَلَيۡكُمۡ وَأَنِّي فَضَّلۡتُكُمۡ
عَلَى ٱلۡعَٰلَمِينَ ٤٧ وَٱتَّقُواْ يَوۡمٗا لَّا تَجۡزِي نَفۡسٌ عَن نَّفۡسٖ شَيۡـٔٗا
وَلَا يُقۡبَلُ مِنۡهَا شَفَٰعَةٞ وَلَا يُؤۡخَذُ مِنۡهَا عَدۡلٞ وَلَا هُمۡ يُنصَرُونَ ٤٨

1-2-8 وَإِذۡ نَجَّيۡنَٰكُم مِّنۡ ءَالِ فِرۡعَوۡنَ يَسُومُونَكُمۡ سُوٓءَ ٱلۡعَذَابِ
يُذَبِّحُونَ أَبۡنَآءَكُمۡ وَيَسۡتَحۡيُونَ نِسَآءَكُمۡۚ وَفِي ذَٰلِكُم بَلَآءٞ
مِّن رَّبِّكُمۡ عَظِيمٞ ٤٩ وَإِذۡ فَرَقۡنَا بِكُمُ ٱلۡبَحۡرَ فَأَنجَيۡنَٰكُمۡ
وَأَغۡرَقۡنَآ ءَالَ فِرۡعَوۡنَ وَأَنتُمۡ تَنظُرُونَ ٥٠ وَإِذۡ وَٰعَدۡنَا مُوسَىٰٓ
أَرۡبَعِينَ لَيۡلَةٗ ثُمَّ ٱتَّخَذۡتُمُ ٱلۡعِجۡلَ مِنۢ بَعۡدِهِۦ وَأَنتُمۡ ظَٰلِمُونَ ٥١
ثُمَّ عَفَوۡنَا عَنكُم مِّنۢ بَعۡدِ ذَٰلِكَ لَعَلَّكُمۡ تَشۡكُرُونَ ٥٢
وَإِذۡ ءَاتَيۡنَا مُوسَى ٱلۡكِتَٰبَ وَٱلۡفُرۡقَانَ لَعَلَّكُمۡ تَهۡتَدُونَ ٥٣
وَإِذۡ قَالَ مُوسَىٰ لِقَوۡمِهِۦ يَٰقَوۡمِ إِنَّكُمۡ ظَلَمۡتُمۡ أَنفُسَكُم بِٱتِّخَاذِكُمُ
ٱلۡعِجۡلَ فَتُوبُوٓاْ إِلَىٰ بَارِئِكُمۡ فَٱقۡتُلُوٓاْ أَنفُسَكُمۡ ذَٰلِكُمۡ
خَيۡرٞ لَّكُمۡ عِندَ بَارِئِكُمۡ فَتَابَ عَلَيۡكُمۡۚ إِنَّهُۥ هُوَ ٱلتَّوَّابُ
ٱلرَّحِيمُ ٥٤ وَإِذۡ قُلۡتُمۡ يَٰمُوسَىٰ لَن نُّؤۡمِنَ لَكَ حَتَّىٰ نَرَى ٱللَّهَ
جَهۡرَةٗ فَأَخَذَتۡكُمُ ٱلصَّٰعِقَةُ وَأَنتُمۡ تَنظُرُونَ ٥٥ ثُمَّ بَعَثۡنَٰكُم
مِّنۢ بَعۡدِ مَوۡتِكُمۡ لَعَلَّكُمۡ تَشۡكُرُونَ ٥٦ وَظَلَّلۡنَا عَلَيۡكُمُ
ٱلۡغَمَامَ وَأَنزَلۡنَا عَلَيۡكُمُ ٱلۡمَنَّ وَٱلسَّلۡوَىٰۖ كُلُواْ مِن طَيِّبَٰتِ
مَا رَزَقۡنَٰكُمۡۚ وَمَا ظَلَمُونَا وَلَٰكِن كَانُوٓاْ أَنفُسَهُمۡ يَظۡلِمُونَ ٥٧

1-2-9 وَإِذۡ قُلۡنَا ٱدۡخُلُواْ هَٰذِهِ ٱلۡقَرۡيَةَ فَكُلُواْ مِنۡهَا حَيۡثُ شِئۡتُمۡ
رَغَدٗا وَٱدۡخُلُواْ ٱلۡبَابَ سُجَّدٗا وَقُولُواْ حِطَّةٞ نَّغۡفِرۡ لَكُمۡ
خَطَٰيَٰكُمۡۚ وَسَنَزِيدُ ٱلۡمُحۡسِنِينَ ٥٨ فَبَدَّلَ ٱلَّذِينَ
ظَلَمُواْ قَوۡلًا غَيۡرَ ٱلَّذِي قِيلَ لَهُمۡ فَأَنزَلۡنَا عَلَى ٱلَّذِينَ ظَلَمُواْ
رِجۡزٗا مِّنَ ٱلسَّمَآءِ بِمَا كَانُواْ يَفۡسُقُونَ ٥٩ ۞ وَإِذِ ٱسۡتَسۡقَىٰ
مُوسَىٰ لِقَوۡمِهِۦ فَقُلۡنَا ٱضۡرِب بِّعَصَاكَ ٱلۡحَجَرَۖ فَٱنفَجَرَتۡ
مِنۡهُ ٱثۡنَتَا عَشۡرَةَ عَيۡنٗاۖ قَدۡ عَلِمَ كُلُّ أُنَاسٖ مَّشۡرَبَهُمۡۖ كُلُواْ
وَٱشۡرَبُواْ مِن رِّزۡقِ ٱللَّهِ وَلَا تَعۡثَوۡاْ فِي ٱلۡأَرۡضِ مُفۡسِدِينَ ٦٠
وَإِذۡ قُلۡتُمۡ يَٰمُوسَىٰ لَن نَّصۡبِرَ عَلَىٰ طَعَامٖ وَٰحِدٖ فَٱدۡعُ لَنَا
رَبَّكَ يُخۡرِجۡ لَنَا مِمَّا تُنۢبِتُ ٱلۡأَرۡضُ مِنۢ بَقۡلِهَا وَقِثَّآئِهَا
وَفُومِهَا وَعَدَسِهَا وَبَصَلِهَاۖ قَالَ أَتَسۡتَبۡدِلُونَ ٱلَّذِي هُوَ
أَدۡنَىٰ بِٱلَّذِي هُوَ خَيۡرٌۚ ٱهۡبِطُواْ مِصۡرٗا فَإِنَّ لَكُم مَّا سَأَلۡتُمۡۗ
وَضُرِبَتۡ عَلَيۡهِمُ ٱلذِّلَّةُ وَٱلۡمَسۡكَنَةُ وَبَآءُو بِغَضَبٖ مِّنَ
ٱللَّهِۗ ذَٰلِكَ بِأَنَّهُمۡ كَانُواْ يَكۡفُرُونَ بِـَٔايَٰتِ ٱللَّهِ وَيَقۡتُلُونَ
ٱلنَّبِيِّـۧنَ بِغَيۡرِ ٱلۡحَقِّۗ ذَٰلِكَ بِمَا عَصَواْ وَّكَانُواْ يَعۡتَدُونَ ٦١

1-2-10 إِنَّ ٱلَّذِينَ ءَامَنُواْ وَٱلَّذِينَ هَادُواْ وَٱلنَّصَٰرَىٰ وَٱلصَّٰبِـِٔينَ مَنۡ
ءَامَنَ بِٱللَّهِ وَٱلۡيَوۡمِ ٱلۡأٓخِرِ وَعَمِلَ صَٰلِحٗا فَلَهُمۡ أَجۡرُهُمۡ عِندَ
رَبِّهِمۡ وَلَا خَوۡفٌ عَلَيۡهِمۡ وَلَا هُمۡ يَحۡزَنُونَ ٦٢ وَإِذۡ أَخَذۡنَا
مِيثَٰقَكُمۡ وَرَفَعۡنَا فَوۡقَكُمُ ٱلطُّورَ خُذُواْ مَآ ءَاتَيۡنَٰكُم
بِقُوَّةٖ وَٱذۡكُرُواْ مَا فِيهِ لَعَلَّكُمۡ تَتَّقُونَ ٦٣ ثُمَّ تَوَلَّيۡتُم
مِّنۢ بَعۡدِ ذَٰلِكَۖ فَلَوۡلَا فَضۡلُ ٱللَّهِ عَلَيۡكُمۡ وَرَحۡمَتُهُۥ لَكُنتُم مِّنَ
ٱلۡخَٰسِرِينَ ٦٤ وَلَقَدۡ عَلِمۡتُمُ ٱلَّذِينَ ٱعۡتَدَوۡاْ مِنكُمۡ فِي ٱلسَّبۡتِ
فَقُلۡنَا لَهُمۡ كُونُواْ قِرَدَةً خَٰسِـِٔينَ ٦٥ فَجَعَلۡنَٰهَا نَكَٰلٗا لِّمَا
بَيۡنَ يَدَيۡهَا وَمَا خَلۡفَهَا وَمَوۡعِظَةٗ لِّلۡمُتَّقِينَ ٦٦ وَإِذۡ قَالَ
مُوسَىٰ لِقَوۡمِهِۦٓ إِنَّ ٱللَّهَ يَأۡمُرُكُمۡ أَن تَذۡبَحُواْ بَقَرَةٗۖ قَالُوٓاْ
أَتَتَّخِذُنَا هُزُوٗاۖ قَالَ أَعُوذُ بِٱللَّهِ أَنۡ أَكُونَ مِنَ ٱلۡجَٰهِلِينَ ٦٧
قَالُواْ ٱدۡعُ لَنَا رَبَّكَ يُبَيِّن لَّنَا مَا هِيَۚ قَالَ إِنَّهُۥ يَقُولُ إِنَّهَا
بَقَرَةٞ لَّا فَارِضٞ وَلَا بِكۡرٌ عَوَانُۢ بَيۡنَ ذَٰلِكَۖ فَٱفۡعَلُواْ مَا
تُؤۡمَرُونَ ٦٨ قَالُواْ ٱدۡعُ لَنَا رَبَّكَ يُبَيِّن لَّنَا مَا لَوۡنُهَاۚ قَالَ إِنَّهُۥ
يَقُولُ إِنَّهَا بَقَرَةٞ صَفۡرَآءُ فَاقِعٞ لَّوۡنُهَا تَسُرُّ ٱلنَّٰظِرِينَ ٦٩

1-2-11 قَالُواْ ٱدۡعُ لَنَا رَبَّكَ يُبَيِّن لَّنَا مَا هِيَ إِنَّ ٱلۡبَقَرَ تَشَٰبَهَ عَلَيۡنَا وَإِنَّآ
إِن شَآءَ ٱللَّهُ لَمُهۡتَدُونَ ٧٠ قَالَ إِنَّهُۥ يَقُولُ إِنَّهَا بَقَرَةٞ لَّا ذَلُولٞ
تُثِيرُ ٱلۡأَرۡضَ وَلَا تَسۡقِي ٱلۡحَرۡثَ مُسَلَّمَةٞ لَّا شِيَةَ فِيهَاۚ قَالُواْ
ٱلۡـَٰٔنَ جِئۡتَ بِٱلۡحَقِّۚ فَذَبَحُوهَا وَمَا كَادُواْ يَفۡعَلُونَ ٧١ وَإِذۡ
قَتَلۡتُمۡ نَفۡسٗا فَٱدَّٰرَٰٔتُمۡ فِيهَاۖ وَٱللَّهُ مُخۡرِجٞ مَّا كُنتُمۡ تَكۡتُمُونَ ٧٢
فَقُلۡنَا ٱضۡرِبُوهُ بِبَعۡضِهَاۚ كَذَٰلِكَ يُحۡيِ ٱللَّهُ ٱلۡمَوۡتَىٰ وَيُرِيكُمۡ
ءَايَٰتِهِۦ لَعَلَّكُمۡ تَعۡقِلُونَ ٧٣ ثُمَّ قَسَتۡ قُلُوبُكُم مِّنۢ بَعۡدِ ذَٰلِكَ
فَهِيَ كَٱلۡحِجَارَةِ أَوۡ أَشَدُّ قَسۡوَةٗۚ وَإِنَّ مِنَ ٱلۡحِجَارَةِ لَمَا يَتَفَجَّرُ
مِنۡهُ ٱلۡأَنۡهَٰرُۚ وَإِنَّ مِنۡهَا لَمَا يَشَّقَّقُ فَيَخۡرُجُ مِنۡهُ ٱلۡمَآءُۚ وَإِنَّ
مِنۡهَا لَمَا يَهۡبِطُ مِنۡ خَشۡيَةِ ٱللَّهِۗ وَمَا ٱللَّهُ بِغَٰفِلٍ عَمَّا تَعۡمَلُونَ ٧٤
۞ أَفَتَطۡمَعُونَ أَن يُؤۡمِنُواْ لَكُمۡ وَقَدۡ كَانَ فَرِيقٞ مِّنۡهُمۡ
يَسۡمَعُونَ كَلَٰمَ ٱللَّهِ ثُمَّ يُحَرِّفُونَهُۥ مِنۢ بَعۡدِ مَا عَقَلُوهُ وَهُمۡ
يَعۡلَمُونَ ٧٥ وَإِذَا لَقُواْ ٱلَّذِينَ ءَامَنُواْ قَالُوٓاْ ءَامَنَّا وَإِذَا
خَلَا بَعۡضُهُمۡ إِلَىٰ بَعۡضٖ قَالُوٓاْ أَتُحَدِّثُونَهُم بِمَا فَتَحَ ٱللَّهُ
عَلَيۡكُمۡ لِيُحَآجُّوكُم بِهِۦ عِندَ رَبِّكُمۡۚ أَفَلَا تَعۡقِلُونَ ٧٦

1-2-12 أَوَلَا يَعۡلَمُونَ أَنَّ ٱللَّهَ يَعۡلَمُ مَا يُسِرُّونَ وَمَا يُعۡلِنُونَ ٧٧
وَمِنۡهُمۡ أُمِّيُّونَ لَا يَعۡلَمُونَ ٱلۡكِتَٰبَ إِلَّآ أَمَانِيَّ وَإِنۡ هُمۡ
إِلَّا يَظُنُّونَ ٧٨ فَوَيۡلٞ لِّلَّذِينَ يَكۡتُبُونَ ٱلۡكِتَٰبَ بِأَيۡدِيهِمۡ
ثُمَّ يَقُولُونَ هَٰذَا مِنۡ عِندِ ٱللَّهِ لِيَشۡتَرُواْ بِهِۦ ثَمَنٗا قَلِيلٗاۖ
فَوَيۡلٞ لَّهُم مِّمَّا كَتَبَتۡ أَيۡدِيهِمۡ وَوَيۡلٞ لَّهُم مِّمَّا يَكۡسِبُونَ ٧٩
وَقَالُواْ لَن تَمَسَّنَا ٱلنَّارُ إِلَّآ أَيَّامٗا مَّعۡدُودَةٗۚ قُلۡ
أَتَّخَذۡتُمۡ عِندَ ٱللَّهِ عَهۡدٗا فَلَن يُخۡلِفَ ٱللَّهُ عَهۡدَهُۥٓۖ أَمۡ
تَقُولُونَ عَلَى ٱللَّهِ مَا لَا تَعۡلَمُونَ ٨٠ بَلَىٰۚ مَن كَسَبَ سَيِّئَةٗ
وَأَحَٰطَتۡ بِهِۦ خَطِيٓـَٔتُهُۥ فَأُوْلَٰٓئِكَ أَصۡحَٰبُ ٱلنَّارِۖ هُمۡ
فِيهَا خَٰلِدُونَ ٨١ وَٱلَّذِينَ ءَامَنُواْ وَعَمِلُواْ ٱلصَّٰلِحَٰتِ
أُوْلَٰٓئِكَ أَصۡحَٰبُ ٱلۡجَنَّةِۖ هُمۡ فِيهَا خَٰلِدُونَ ٨٢ وَإِذۡ أَخَذۡنَا
مِيثَٰقَ بَنِيٓ إِسۡرَٰٓءِيلَ لَا تَعۡبُدُونَ إِلَّا ٱللَّهَ وَبِٱلۡوَٰلِدَيۡنِ
إِحۡسَانٗا وَذِي ٱلۡقُرۡبَىٰ وَٱلۡيَتَٰمَىٰ وَٱلۡمَسَٰكِينِ وَقُولُواْ
لِلنَّاسِ حُسۡنٗا وَأَقِيمُواْ ٱلصَّلَوٰةَ وَءَاتُواْ ٱلزَّكَوٰةَ ثُمَّ
تَوَلَّيۡتُمۡ إِلَّا قَلِيلٗا مِّنكُمۡ وَأَنتُم مُّعۡرِضُونَ ٨٣

1-2-13 وَإِذۡ أَخَذۡنَا مِيثَٰقَكُمۡ لَا تَسۡفِكُونَ دِمَآءَكُمۡ وَلَا تُخۡرِجُونَ
أَنفُسَكُم مِّن دِيَٰرِكُمۡ ثُمَّ أَقۡرَرۡتُمۡ وَأَنتُمۡ تَشۡهَدُونَ ٨٤
ثُمَّ أَنتُمۡ هَٰٓؤُلَآءِ تَقۡتُلُونَ أَنفُسَكُمۡ وَتُخۡرِجُونَ فَرِيقٗا
مِّنكُم مِّن دِيَٰرِهِمۡ تَظَٰهَرُونَ عَلَيۡهِم بِٱلۡإِثۡمِ وَٱلۡعُدۡوَٰنِ
وَإِن يَأۡتُوكُمۡ أُسَٰرَىٰ تُفَٰدُوهُمۡ وَهُوَ مُحَرَّمٌ عَلَيۡكُمۡ
إِخۡرَاجُهُمۡۚ أَفَتُؤۡمِنُونَ بِبَعۡضِ ٱلۡكِتَٰبِ وَتَكۡفُرُونَ بِبَعۡضٖۚ
فَمَا جَزَآءُ مَن يَفۡعَلُ ذَٰلِكَ مِنكُمۡ إِلَّا خِزۡيٞ فِي ٱلۡحَيَوٰةِ
ٱلدُّنۡيَاۖ وَيَوۡمَ ٱلۡقِيَٰمَةِ يُرَدُّونَ إِلَىٰٓ أَشَدِّ ٱلۡعَذَابِۗ وَمَا ٱللَّهُ
بِغَٰفِلٍ عَمَّا تَعۡمَلُونَ ٨٥ أُوْلَٰٓئِكَ ٱلَّذِينَ ٱشۡتَرَوُاْ ٱلۡحَيَوٰةَ
ٱلدُّنۡيَا بِٱلۡأٓخِرَةِۖ فَلَا يُخَفَّفُ عَنۡهُمُ ٱلۡعَذَابُ وَلَا هُمۡ يُنصَرُونَ ٨٦
وَلَقَدۡ ءَاتَيۡنَا مُوسَى ٱلۡكِتَٰبَ وَقَفَّيۡنَا مِنۢ بَعۡدِهِۦ
بِٱلرُّسُلِۖ وَءَاتَيۡنَا عِيسَى ٱبۡنَ مَرۡيَمَ ٱلۡبَيِّنَٰتِ وَأَيَّدۡنَٰهُ بِرُوحِ
ٱلۡقُدُسِۗ أَفَكُلَّمَا جَآءَكُمۡ رَسُولُۢ بِمَا لَا تَهۡوَىٰٓ أَنفُسُكُمُ
ٱسۡتَكۡبَرۡتُمۡ فَفَرِيقٗا كَذَّبۡتُمۡ وَفَرِيقٗا تَقۡتُلُونَ ٨٧ وَقَالُواْ قُلُوبُنَا
غُلۡفُۢۚ بَلۡ لَّعَنَهُمُ ٱللَّهُ بِكُفۡرِهِمۡ فَقَلِيلٗا مَّا يُؤۡمِنُونَ ٨٨

1-2-14
وَلَمَّا جَآءَهُمْ كِتَٰبٌ مِّنْ عِندِ ٱللَّهِ مُصَدِّقٌ لِّمَا مَعَهُمْ
وَكَانُوا۟ مِن قَبْلُ يَسْتَفْتِحُونَ عَلَى ٱلَّذِينَ كَفَرُوا۟ فَلَمَّا
جَآءَهُم مَّا عَرَفُوا۟ كَفَرُوا۟ بِهِۦ ۚ فَلَعْنَةُ ٱللَّهِ عَلَى ٱلْكَٰفِرِينَ ٨٩
بِئْسَمَا ٱشْتَرَوْا۟ بِهِۦٓ أَنفُسَهُمْ أَن يَكْفُرُوا۟ بِمَآ أَنزَلَ ٱللَّهُ
بَغْيًا أَن يُنَزِّلَ ٱللَّهُ مِن فَضْلِهِۦ عَلَىٰ مَن يَشَآءُ مِنْ عِبَادِهِۦ ۖ
فَبَآءُو بِغَضَبٍ عَلَىٰ غَضَبٍ ۚ وَلِلْكَٰفِرِينَ عَذَابٌ مُّهِينٌ ٩٠
وَإِذَا قِيلَ لَهُمْ ءَامِنُوا۟ بِمَآ أَنزَلَ ٱللَّهُ قَالُوا۟ نُؤْمِنُ بِمَآ أُنزِلَ
عَلَيْنَا وَيَكْفُرُونَ بِمَا وَرَآءَهُۥ وَهُوَ ٱلْحَقُّ مُصَدِّقًا لِّمَا
مَعَهُمْ ۗ قُلْ فَلِمَ تَقْتُلُونَ أَنۢبِيَآءَ ٱللَّهِ مِن قَبْلُ إِن كُنتُم
مُّؤْمِنِينَ ٩١ ۞ وَلَقَدْ جَآءَكُم مُّوسَىٰ بِٱلْبَيِّنَٰتِ ثُمَّ
ٱتَّخَذْتُمُ ٱلْعِجْلَ مِنۢ بَعْدِهِۦ وَأَنتُمْ ظَٰلِمُونَ ٩٢ وَإِذْ
أَخَذْنَا مِيثَٰقَكُمْ وَرَفَعْنَا فَوْقَكُمُ ٱلطُّورَ خُذُوا۟
مَآ ءَاتَيْنَٰكُم بِقُوَّةٍ وَٱسْمَعُوا۟ ۖ قَالُوا۟ سَمِعْنَا وَعَصَيْنَا
وَأُشْرِبُوا۟ فِى قُلُوبِهِمُ ٱلْعِجْلَ بِكُفْرِهِمْ ۚ قُلْ بِئْسَمَا
يَأْمُرُكُم بِهِۦٓ إِيمَٰنُكُمْ إِن كُنتُم مُّؤْمِنِينَ ٩٣
1-2-15
قُلْ إِن كَانَتْ لَكُمُ ٱلدَّارُ ٱلْءَاخِرَةُ عِندَ ٱللَّهِ خَالِصَةً مِّن
دُونِ ٱلنَّاسِ فَتَمَنَّوُا۟ ٱلْمَوْتَ إِن كُنتُمْ صَٰدِقِينَ ٩٤ وَلَن
يَتَمَنَّوْهُ أَبَدًۢا بِمَا قَدَّمَتْ أَيْدِيهِمْ ۗ وَٱللَّهُ عَلِيمٌۢ بِٱلظَّٰلِمِينَ ٩٥
وَلَتَجِدَنَّهُمْ أَحْرَصَ ٱلنَّاسِ عَلَىٰ حَيَوٰةٍ وَمِنَ ٱلَّذِينَ أَشْرَكُوا۟ ۚ
يَوَدُّ أَحَدُهُمْ لَوْ يُعَمَّرُ أَلْفَ سَنَةٍ وَمَا هُوَ بِمُزَحْزِحِهِۦ مِنَ
ٱلْعَذَابِ أَن يُعَمَّرَ ۗ وَٱللَّهُ بَصِيرٌۢ بِمَا يَعْمَلُونَ ٩٦ قُلْ مَن
كَانَ عَدُوًّا لِّجِبْرِيلَ فَإِنَّهُۥ نَزَّلَهُۥ عَلَىٰ قَلْبِكَ بِإِذْنِ
ٱللَّهِ مُصَدِّقًا لِّمَا بَيْنَ يَدَيْهِ وَهُدًى وَبُشْرَىٰ لِلْمُؤْمِنِينَ ٩٧
مَن كَانَ عَدُوًّا لِّلَّهِ وَمَلَٰٓئِكَتِهِۦ وَرُسُلِهِۦ وَجِبْرِيلَ
وَمِيكَىٰلَ فَإِنَّ ٱللَّهَ عَدُوٌّ لِّلْكَٰفِرِينَ ٩٨ وَلَقَدْ أَنزَلْنَآ
إِلَيْكَ ءَايَٰتٍۭ بَيِّنَٰتٍ ۖ وَمَا يَكْفُرُ بِهَآ إِلَّا ٱلْفَٰسِقُونَ ٩٩
أَوَكُلَّمَا عَٰهَدُوا۟ عَهْدًا نَّبَذَهُۥ فَرِيقٌ مِّنْهُم ۚ بَلْ أَكْثَرُهُمْ
لَا يُؤْمِنُونَ ١٠٠ وَلَمَّا جَآءَهُمْ رَسُولٌ مِّنْ عِندِ ٱللَّهِ مُصَدِّقٌ
لِّمَا مَعَهُمْ نَبَذَ فَرِيقٌ مِّنَ ٱلَّذِينَ أُوتُوا۟ ٱلْكِتَٰبَ
كِتَٰبَ ٱللَّهِ وَرَآءَ ظُهُورِهِمْ كَأَنَّهُمْ لَا يَعْلَمُونَ ١٠١
1-2-16
وَٱتَّبَعُوا۟ مَا تَتْلُوا۟ ٱلشَّيَٰطِينُ عَلَىٰ مُلْكِ سُلَيْمَٰنَ ۖ وَمَا كَفَرَ
سُلَيْمَٰنُ وَلَٰكِنَّ ٱلشَّيَٰطِينَ كَفَرُوا۟ يُعَلِّمُونَ ٱلنَّاسَ
ٱلسِّحْرَ وَمَآ أُنزِلَ عَلَى ٱلْمَلَكَيْنِ بِبَابِلَ هَٰرُوتَ وَمَٰرُوتَ ۚ
وَمَا يُعَلِّمَانِ مِنْ أَحَدٍ حَتَّىٰ يَقُولَآ إِنَّمَا نَحْنُ فِتْنَةٌ فَلَا
تَكْفُرْ ۖ فَيَتَعَلَّمُونَ مِنْهُمَا مَا يُفَرِّقُونَ بِهِۦ بَيْنَ ٱلْمَرْءِ
وَزَوْجِهِۦ ۚ وَمَا هُم بِضَآرِّينَ بِهِۦ مِنْ أَحَدٍ إِلَّا بِإِذْنِ ٱللَّهِ ۚ
وَيَتَعَلَّمُونَ مَا يَضُرُّهُمْ وَلَا يَنفَعُهُمْ ۚ وَلَقَدْ عَلِمُوا۟ لَمَنِ
ٱشْتَرَىٰهُ مَا لَهُۥ فِى ٱلْءَاخِرَةِ مِنْ خَلَٰقٍ ۚ وَلَبِئْسَ مَا شَرَوْا۟ بِهِۦٓ
أَنفُسَهُمْ ۚ لَوْ كَانُوا۟ يَعْلَمُونَ ١٠٢ وَلَوْ أَنَّهُمْ ءَامَنُوا۟ وَٱتَّقَوْا۟
لَمَثُوبَةٌ مِّنْ عِندِ ٱللَّهِ خَيْرٌ ۖ لَّوْ كَانُوا۟ يَعْلَمُونَ ١٠٣
يَٰٓأَيُّهَا ٱلَّذِينَ ءَامَنُوا۟ لَا تَقُولُوا۟ رَٰعِنَا وَقُولُوا۟ ٱنظُرْنَا
وَٱسْمَعُوا۟ ۗ وَلِلْكَٰفِرِينَ عَذَابٌ أَلِيمٌ ١٠٤ مَّا يَوَدُّ
ٱلَّذِينَ كَفَرُوا۟ مِنْ أَهْلِ ٱلْكِتَٰبِ وَلَا ٱلْمُشْرِكِينَ
أَن يُنَزَّلَ عَلَيْكُم مِّنْ خَيْرٍ مِّن رَّبِّكُمْ ۗ وَٱللَّهُ يَخْتَصُّ
بِرَحْمَتِهِۦ مَن يَشَآءُ ۚ وَٱللَّهُ ذُو ٱلْفَضْلِ ٱلْعَظِيمِ ١٠٥
1-2-17
۞ مَا نَنسَخْ مِنْ ءَايَةٍ أَوْ نُنسِهَا نَأْتِ بِخَيْرٍ مِّنْهَآ أَوْ مِثْلِهَآ ۗ
أَلَمْ تَعْلَمْ أَنَّ ٱللَّهَ عَلَىٰ كُلِّ شَىْءٍ قَدِيرٌ ١٠٦ أَلَمْ تَعْلَمْ أَنَّ
ٱللَّهَ لَهُۥ مُلْكُ ٱلسَّمَٰوَٰتِ وَٱلْأَرْضِ ۗ وَمَا لَكُم مِّن دُونِ
ٱللَّهِ مِن وَلِىٍّ وَلَا نَصِيرٍ ١٠٧ أَمْ تُرِيدُونَ أَن تَسْـَٔلُوا۟ رَسُولَكُمْ
كَمَا سُئِلَ مُوسَىٰ مِن قَبْلُ ۗ وَمَن يَتَبَدَّلِ ٱلْكُفْرَ بِٱلْإِيمَٰنِ
فَقَدْ ضَلَّ سَوَآءَ ٱلسَّبِيلِ ١٠٨ وَدَّ كَثِيرٌ مِّنْ أَهْلِ ٱلْكِتَٰبِ
لَوْ يَرُدُّونَكُم مِّنۢ بَعْدِ إِيمَٰنِكُمْ كُفَّارًا حَسَدًا
مِّنْ عِندِ أَنفُسِهِم مِّنۢ بَعْدِ مَا تَبَيَّنَ لَهُمُ ٱلْحَقُّ ۖ فَٱعْفُوا۟
وَٱصْفَحُوا۟ حَتَّىٰ يَأْتِىَ ٱللَّهُ بِأَمْرِهِۦٓ ۗ إِنَّ ٱللَّهَ عَلَىٰ كُلِّ شَىْءٍ
قَدِيرٌ ١٠٩ وَأَقِيمُوا۟ ٱلصَّلَوٰةَ وَءَاتُوا۟ ٱلزَّكَوٰةَ ۚ وَمَا تُقَدِّمُوا۟
لِأَنفُسِكُم مِّنْ خَيْرٍ تَجِدُوهُ عِندَ ٱللَّهِ ۗ إِنَّ ٱللَّهَ بِمَا تَعْمَلُونَ
بَصِيرٌ ١١٠ وَقَالُوا۟ لَن يَدْخُلَ ٱلْجَنَّةَ إِلَّا مَن كَانَ هُودًا
أَوْ نَصَٰرَىٰ ۗ تِلْكَ أَمَانِيُّهُمْ ۗ قُلْ هَاتُوا۟ بُرْهَٰنَكُمْ إِن كُنتُمْ
صَٰدِقِينَ ١١١ بَلَىٰ مَنْ أَسْلَمَ وَجْهَهُۥ لِلَّهِ وَهُوَ مُحْسِنٌ فَلَهُۥٓ
أَجْرُهُۥ عِندَ رَبِّهِۦ وَلَا خَوْفٌ عَلَيْهِمْ وَلَا هُمْ يَحْزَنُونَ ١١٢
1-2-18
وَقَالَتِ ٱلْيَهُودُ لَيْسَتِ ٱلنَّصَٰرَىٰ عَلَىٰ شَىْءٍ وَقَالَتِ ٱلنَّصَٰرَىٰ
لَيْسَتِ ٱلْيَهُودُ عَلَىٰ شَىْءٍ وَهُمْ يَتْلُونَ ٱلْكِتَٰبَ ۗ كَذَٰلِكَ
قَالَ ٱلَّذِينَ لَا يَعْلَمُونَ مِثْلَ قَوْلِهِمْ ۚ فَٱللَّهُ يَحْكُمُ بَيْنَهُمْ
يَوْمَ ٱلْقِيَٰمَةِ فِيمَا كَانُوا۟ فِيهِ يَخْتَلِفُونَ ١١٣ وَمَنْ أَظْلَمُ مِمَّن
مَّنَعَ مَسَٰجِدَ ٱللَّهِ أَن يُذْكَرَ فِيهَا ٱسْمُهُۥ وَسَعَىٰ فِى خَرَابِهَآ ۚ
أُو۟لَٰٓئِكَ مَا كَانَ لَهُمْ أَن يَدْخُلُوهَآ إِلَّا خَآئِفِينَ ۚ لَهُمْ فِى
ٱلدُّنْيَا خِزْىٌ وَلَهُمْ فِى ٱلْءَاخِرَةِ عَذَابٌ عَظِيمٌ ١١٤ وَلِلَّهِ ٱلْمَشْرِقُ
وَٱلْمَغْرِبُ ۚ فَأَيْنَمَا تُوَلُّوا۟ فَثَمَّ وَجْهُ ٱللَّهِ ۚ إِنَّ ٱللَّهَ وَٰسِعٌ عَلِيمٌ ١١٥
وَقَالُوا۟ ٱتَّخَذَ ٱللَّهُ وَلَدًا ۗ سُبْحَٰنَهُۥ ۖ بَل لَّهُۥ مَا فِى ٱلسَّمَٰوَٰتِ
وَٱلْأَرْضِ ۖ كُلٌّ لَّهُۥ قَٰنِتُونَ ١١٦ بَدِيعُ ٱلسَّمَٰوَٰتِ وَٱلْأَرْضِ ۖ

وَإِذَا قَضَىٰٓ أَمْرًا فَإِنَّمَا يَقُولُ لَهُۥ كُن فَيَكُونُ ١١٧ وَقَالَ
ٱلَّذِينَ لَا يَعْلَمُونَ لَوْلَا يُكَلِّمُنَا ٱللَّهُ أَوْ تَأْتِينَآ ءَايَةٌ ۗ
كَذَٰلِكَ قَالَ ٱلَّذِينَ مِن قَبْلِهِم مِّثْلَ قَوْلِهِمْ ۘ تَشَٰبَهَتْ
قُلُوبُهُمْ ۗ قَدْ بَيَّنَّا ٱلْءَايَٰتِ لِقَوْمٍ يُوقِنُونَ ١١٨ إِنَّآ أَرْسَلْنَٰكَ
بِٱلْحَقِّ بَشِيرًا وَنَذِيرًا ۖ وَلَا تُسْـَٔلُ عَنْ أَصْحَٰبِ ٱلْجَحِيمِ ١١٩
1-2-19
وَلَن تَرْضَىٰ عَنكَ ٱلْيَهُودُ وَلَا ٱلنَّصَٰرَىٰ حَتَّىٰ تَتَّبِعَ مِلَّتَهُمْ ۗ قُلْ
إِنَّ هُدَى ٱللَّهِ هُوَ ٱلْهُدَىٰ ۗ وَلَئِنِ ٱتَّبَعْتَ أَهْوَآءَهُم بَعْدَ ٱلَّذِى
جَآءَكَ مِنَ ٱلْعِلْمِ ۙ مَا لَكَ مِنَ ٱللَّهِ مِن وَلِىٍّ وَلَا نَصِيرٍ ١٢٠ ٱلَّذِينَ
ءَاتَيْنَٰهُمُ ٱلْكِتَٰبَ يَتْلُونَهُۥ حَقَّ تِلَاوَتِهِۦٓ أُو۟لَٰٓئِكَ يُؤْمِنُونَ بِهِۦ ۗ وَمَن
يَكْفُرْ بِهِۦ فَأُو۟لَٰٓئِكَ هُمُ ٱلْخَٰسِرُونَ ١٢١ يَٰبَنِىٓ إِسْرَٰٓءِيلَ ٱذْكُرُوا۟ نِعْمَتِىَ
ٱلَّتِىٓ أَنْعَمْتُ عَلَيْكُمْ وَأَنِّى فَضَّلْتُكُمْ عَلَى ٱلْعَٰلَمِينَ ١٢٢ وَٱتَّقُوا۟ يَوْمًا
لَّا تَجْزِى نَفْسٌ عَن نَّفْسٍ شَيْـًٔا وَلَا يُقْبَلُ مِنْهَا عَدْلٌ وَلَا تَنفَعُهَا
شَفَٰعَةٌ وَلَا هُمْ يُنصَرُونَ ١٢٣ ۞ وَإِذِ ٱبْتَلَىٰٓ إِبْرَٰهِۦمَ رَبُّهُۥ بِكَلِمَٰتٍ
فَأَتَمَّهُنَّ ۖ قَالَ إِنِّى جَاعِلُكَ لِلنَّاسِ إِمَامًا ۖ قَالَ وَمِن ذُرِّيَّتِى ۖ قَالَ
لَا يَنَالُ عَهْدِى ٱلظَّٰلِمِينَ ١٢٤ وَإِذْ جَعَلْنَا ٱلْبَيْتَ مَثَابَةً لِّلنَّاسِ
وَأَمْنًا وَٱتَّخِذُوا۟ مِن مَّقَامِ إِبْرَٰهِۦمَ مُصَلًّى ۖ وَعَهِدْنَآ إِلَىٰٓ إِبْرَٰهِۦمَ
وَإِسْمَٰعِيلَ أَن طَهِّرَا بَيْتِىَ لِلطَّآئِفِينَ وَٱلْعَٰكِفِينَ وَٱلرُّكَّعِ ٱلسُّجُودِ ١٢٥
وَإِذْ قَالَ إِبْرَٰهِۦمُ رَبِّ ٱجْعَلْ هَٰذَا بَلَدًا ءَامِنًا وَٱرْزُقْ أَهْلَهُۥ
مِنَ ٱلثَّمَرَٰتِ مَنْ ءَامَنَ مِنْهُم بِٱللَّهِ وَٱلْيَوْمِ ٱلْءَاخِرِ ۖ قَالَ وَمَن كَفَرَ
فَأُمَتِّعُهُۥ قَلِيلًا ثُمَّ أَضْطَرُّهُۥٓ إِلَىٰ عَذَابِ ٱلنَّارِ ۖ وَبِئْسَ ٱلْمَصِيرُ ١٢٦
1-2-20
وَإِذْ يَرْفَعُ إِبْرَٰهِۦمُ ٱلْقَوَاعِدَ مِنَ ٱلْبَيْتِ وَإِسْمَٰعِيلُ رَبَّنَا تَقَبَّلْ
مِنَّآ ۖ إِنَّكَ أَنتَ ٱلسَّمِيعُ ٱلْعَلِيمُ ١٢٧ رَبَّنَا وَٱجْعَلْنَا مُسْلِمَيْنِ
لَكَ وَمِن ذُرِّيَّتِنَآ أُمَّةً مُّسْلِمَةً لَّكَ وَأَرِنَا مَنَاسِكَنَا وَتُبْ عَلَيْنَآ ۖ
إِنَّكَ أَنتَ ٱلتَّوَّابُ ٱلرَّحِيمُ ١٢٨ رَبَّنَا وَٱبْعَثْ فِيهِمْ رَسُولًا مِّنْهُمْ
يَتْلُوا۟ عَلَيْهِمْ ءَايَٰتِكَ وَيُعَلِّمُهُمُ ٱلْكِتَٰبَ وَٱلْحِكْمَةَ
وَيُزَكِّيهِمْ ۚ إِنَّكَ أَنتَ ٱلْعَزِيزُ ٱلْحَكِيمُ ١٢٩ وَمَن يَرْغَبُ عَن مِّلَّةِ
إِبْرَٰهِۦمَ إِلَّا مَن سَفِهَ نَفْسَهُۥ ۚ وَلَقَدِ ٱصْطَفَيْنَٰهُ فِى ٱلدُّنْيَا ۖ
وَإِنَّهُۥ فِى ٱلْءَاخِرَةِ لَمِنَ ٱلصَّٰلِحِينَ ١٣٠ إِذْ قَالَ لَهُۥ رَبُّهُۥٓ أَسْلِمْ ۖ
قَالَ أَسْلَمْتُ لِرَبِّ ٱلْعَٰلَمِينَ ١٣١ وَوَصَّىٰ بِهَآ إِبْرَٰهِۦمُ بَنِيهِ
وَيَعْقُوبُ يَٰبَنِىَّ إِنَّ ٱللَّهَ ٱصْطَفَىٰ لَكُمُ ٱلدِّينَ فَلَا تَمُوتُنَّ
إِلَّا وَأَنتُم مُّسْلِمُونَ ١٣٢ أَمْ كُنتُمْ شُهَدَآءَ إِذْ حَضَرَ يَعْقُوبَ
ٱلْمَوْتُ إِذْ قَالَ لِبَنِيهِ مَا تَعْبُدُونَ مِنۢ بَعْدِى ۖ قَالُوا۟ نَعْبُدُ
إِلَٰهَكَ وَإِلَٰهَ ءَابَآئِكَ إِبْرَٰهِۦمَ وَإِسْمَٰعِيلَ وَإِسْحَٰقَ إِلَٰهًا
وَٰحِدًا وَنَحْنُ لَهُۥ مُسْلِمُونَ ١٣٣ تِلْكَ أُمَّةٌ قَدْ خَلَتْ ۖ لَهَا مَا كَسَبَتْ
وَلَكُم مَّا كَسَبْتُمْ ۖ وَلَا تُسْـَٔلُونَ عَمَّا كَانُوا۟ يَعْمَلُونَ ١٣٤
1-2-21
وَقَالُوا۟ كُونُوا۟ هُودًا أَوْ نَصَٰرَىٰ تَهْتَدُوا۟ ۗ قُلْ بَلْ مِلَّةَ إِبْرَٰهِۦمَ
حَنِيفًا ۖ وَمَا كَانَ مِنَ ٱلْمُشْرِكِينَ ١٣٥ قُولُوٓا۟ ءَامَنَّا بِٱللَّهِ وَمَآ
أُنزِلَ إِلَيْنَا وَمَآ أُنزِلَ إِلَىٰٓ إِبْرَٰهِۦمَ وَإِسْمَٰعِيلَ وَإِسْحَٰقَ وَيَعْقُوبَ
وَٱلْأَسْبَاطِ وَمَآ أُوتِىَ مُوسَىٰ وَعِيسَىٰ وَمَآ أُوتِىَ ٱلنَّبِيُّونَ مِن
رَّبِّهِمْ لَا نُفَرِّقُ بَيْنَ أَحَدٍ مِّنْهُمْ وَنَحْنُ لَهُۥ مُسْلِمُونَ ١٣٦
فَإِنْ ءَامَنُوا۟ بِمِثْلِ مَآ ءَامَنتُم بِهِۦ فَقَدِ ٱهْتَدَوا۟ ۖ وَّإِن تَوَلَّوْا۟
فَإِنَّمَا هُمْ فِى شِقَاقٍ ۖ فَسَيَكْفِيكَهُمُ ٱللَّهُ ۚ وَهُوَ ٱلسَّمِيعُ ٱلْعَلِيمُ ١٣٧
صِبْغَةَ ٱللَّهِ ۖ وَمَنْ أَحْسَنُ مِنَ ٱللَّهِ صِبْغَةً ۖ وَنَحْنُ لَهُۥ
عَٰبِدُونَ ١٣٨ قُلْ أَتُحَآجُّونَنَا فِى ٱللَّهِ وَهُوَ رَبُّنَا وَرَبُّكُمْ
وَلَنَآ أَعْمَٰلُنَا وَلَكُمْ أَعْمَٰلُكُمْ وَنَحْنُ لَهُۥ مُخْلِصُونَ ١٣٩
أَمْ تَقُولُونَ إِنَّ إِبْرَٰهِۦمَ وَإِسْمَٰعِيلَ وَإِسْحَٰقَ وَيَعْقُوبَ
وَٱلْأَسْبَاطَ كَانُوا۟ هُودًا أَوْ نَصَٰرَىٰ ۗ قُلْ ءَأَنتُمْ أَعْلَمُ أَمِ
ٱللَّهُ ۗ وَمَنْ أَظْلَمُ مِمَّن كَتَمَ شَهَٰدَةً عِندَهُۥ مِنَ ٱللَّهِ ۗ وَمَا ٱللَّهُ
بِغَٰفِلٍ عَمَّا تَعْمَلُونَ ١٤٠ تِلْكَ أُمَّةٌ قَدْ خَلَتْ ۖ لَهَا مَا كَسَبَتْ
وَلَكُم مَّا كَسَبْتُمْ ۖ وَلَا تُسْـَٔلُونَ عَمَّا كَانُوا۟ يَعْمَلُونَ ١٤١
2-2-22
۞ سَيَقُولُ ٱلسُّفَهَآءُ مِنَ ٱلنَّاسِ مَا وَلَّىٰهُمْ عَن قِبْلَتِهِمُ ٱلَّتِى كَانُوا۟
عَلَيْهَا ۚ قُل لِّلَّهِ ٱلْمَشْرِقُ وَٱلْمَغْرِبُ ۚ يَهْدِى مَن يَشَآءُ إِلَىٰ صِرَٰطٍ
مُّسْتَقِيمٍ ١٤٢ وَكَذَٰلِكَ جَعَلْنَٰكُمْ أُمَّةً وَسَطًا لِّتَكُونُوا۟
شُهَدَآءَ عَلَى ٱلنَّاسِ وَيَكُونَ ٱلرَّسُولُ عَلَيْكُمْ شَهِيدًا ۗ وَمَا
جَعَلْنَا ٱلْقِبْلَةَ ٱلَّتِى كُنتَ عَلَيْهَآ إِلَّا لِنَعْلَمَ مَن يَتَّبِعُ ٱلرَّسُولَ
مِمَّن يَنقَلِبُ عَلَىٰ عَقِبَيْهِ ۚ وَإِن كَانَتْ لَكَبِيرَةً إِلَّا عَلَى ٱلَّذِينَ
هَدَى ٱللَّهُ ۗ وَمَا كَانَ ٱللَّهُ لِيُضِيعَ إِيمَٰنَكُمْ ۚ إِنَّ ٱللَّهَ
بِٱلنَّاسِ لَرَءُوفٌ رَّحِيمٌ ١٤٣ قَدْ نَرَىٰ تَقَلُّبَ وَجْهِكَ فِى ٱلسَّمَآءِ ۖ
فَلَنُوَلِّيَنَّكَ قِبْلَةً تَرْضَىٰهَا ۚ فَوَلِّ وَجْهَكَ شَطْرَ ٱلْمَسْجِدِ
ٱلْحَرَامِ ۚ وَحَيْثُ مَا كُنتُمْ فَوَلُّوا۟ وُجُوهَكُمْ شَطْرَهُۥ ۗ وَإِنَّ
ٱلَّذِينَ أُوتُوا۟ ٱلْكِتَٰبَ لَيَعْلَمُونَ أَنَّهُ ٱلْحَقُّ مِن رَّبِّهِمْ ۗ وَمَا ٱللَّهُ
بِغَٰفِلٍ عَمَّا يَعْمَلُونَ ١٤٤ وَلَئِنْ أَتَيْتَ ٱلَّذِينَ أُوتُوا۟ ٱلْكِتَٰبَ
بِكُلِّ ءَايَةٍ مَّا تَبِعُوا۟ قِبْلَتَكَ ۚ وَمَآ أَنتَ بِتَابِعٍ قِبْلَتَهُمْ ۚ
وَمَا بَعْضُهُم بِتَابِعٍ قِبْلَةَ بَعْضٍ ۚ وَلَئِنِ ٱتَّبَعْتَ أَهْوَآءَهُم مِّنۢ
بَعْدِ مَا جَآءَكَ مِنَ ٱلْعِلْمِ ۙ إِنَّكَ إِذًا لَّمِنَ ٱلظَّٰلِمِينَ ١٤٥
2-2-23
ٱلَّذِينَ ءَاتَيْنَٰهُمُ ٱلْكِتَٰبَ يَعْرِفُونَهُۥ كَمَا يَعْرِفُونَ أَبْنَآءَهُمْ ۖ
وَإِنَّ فَرِيقًا مِّنْهُمْ لَيَكْتُمُونَ ٱلْحَقَّ وَهُمْ يَعْلَمُونَ ١٤٦ ٱلْحَقُّ
مِن رَّبِّكَ ۖ فَلَا تَكُونَنَّ مِنَ ٱلْمُمْتَرِينَ ١٤٧ وَلِكُلٍّ وِجْهَةٌ
هُوَ مُوَلِّيهَا ۖ فَٱسْتَبِقُوا۟ ٱلْخَيْرَٰتِ ۚ أَيْنَ مَا تَكُونُوا۟ يَأْتِ بِكُمُ ٱللَّهُ
جَمِيعًا ۚ إِنَّ ٱللَّهَ عَلَىٰ كُلِّ شَىْءٍ قَدِيرٌ ١٤٨ وَمِنْ حَيْثُ خَرَجْتَ

فَوَلِّ وَجْهَكَ شَطْرَ ٱلْمَسْجِدِ ٱلْحَرَامِ ۖ وَإِنَّهُۥ لَلْحَقُّ مِن رَّبِّكَ ۗ
وَمَا ٱللَّهُ بِغَٰفِلٍ عَمَّا تَعْمَلُونَ ١٤٩ وَمِنْ حَيْثُ خَرَجْتَ فَوَلِّ
وَجْهَكَ شَطْرَ ٱلْمَسْجِدِ ٱلْحَرَامِ ۚ وَحَيْثُ مَا كُنتُمْ فَوَلُّوا۟
وُجُوهَكُمْ شَطْرَهُۥ لِئَلَّا يَكُونَ لِلنَّاسِ عَلَيْكُمْ حُجَّةٌ إِلَّا ٱلَّذِينَ
ظَلَمُوا۟ مِنْهُمْ فَلَا تَخْشَوْهُمْ وَٱخْشَوْنِى وَلِأُتِمَّ نِعْمَتِى عَلَيْكُمْ
وَلَعَلَّكُمْ تَهْتَدُونَ ١٥٠ كَمَآ أَرْسَلْنَا فِيكُمْ رَسُولًا مِّنكُمْ يَتْلُوا۟
عَلَيْكُمْ ءَايَٰتِنَا وَيُزَكِّيكُمْ وَيُعَلِّمُكُمُ ٱلْكِتَٰبَ وَٱلْحِكْمَةَ
وَيُعَلِّمُكُم مَّا لَمْ تَكُونُوا۟ تَعْلَمُونَ ١٥١ فَٱذْكُرُونِىٓ أَذْكُرْكُمْ
وَٱشْكُرُوا۟ لِى وَلَا تَكْفُرُونِ ١٥٢ يَٰٓأَيُّهَا ٱلَّذِينَ ءَامَنُوا۟
ٱسْتَعِينُوا۟ بِٱلصَّبْرِ وَٱلصَّلَوٰةِ ۚ إِنَّ ٱللَّهَ مَعَ ٱلصَّٰبِرِينَ ١٥٣
2-2-24
وَلَا تَقُولُوا۟ لِمَن يُقْتَلُ فِى سَبِيلِ ٱللَّهِ أَمْوَٰتٌۢ ۚ بَلْ أَحْيَآءٌ وَلَٰكِن
لَّا تَشْعُرُونَ ١٥٤ وَلَنَبْلُوَنَّكُم بِشَىْءٍ مِّنَ ٱلْخَوْفِ وَٱلْجُوعِ
وَنَقْصٍ مِّنَ ٱلْأَمْوَٰلِ وَٱلْأَنفُسِ وَٱلثَّمَرَٰتِ ۗ وَبَشِّرِ ٱلصَّٰبِرِينَ ١٥٥
ٱلَّذِينَ إِذَآ أَصَٰبَتْهُم مُّصِيبَةٌ قَالُوٓا۟ إِنَّا لِلَّهِ وَإِنَّآ إِلَيْهِ رَٰجِعُونَ ١٥٦
أُو۟لَٰٓئِكَ عَلَيْهِمْ صَلَوَٰتٌ مِّن رَّبِّهِمْ وَرَحْمَةٌ ۖ وَأُو۟لَٰٓئِكَ
هُمُ ٱلْمُهْتَدُونَ ١٥٧ ۞ إِنَّ ٱلصَّفَا وَٱلْمَرْوَةَ مِن شَعَآئِرِ ٱللَّهِ ۖ
فَمَنْ حَجَّ ٱلْبَيْتَ أَوِ ٱعْتَمَرَ فَلَا جُنَاحَ عَلَيْهِ أَن يَطَّوَّفَ بِهِمَا ۚ
وَمَن تَطَوَّعَ خَيْرًا فَإِنَّ ٱللَّهَ شَاكِرٌ عَلِيمٌ ١٥٨ إِنَّ ٱلَّذِينَ
يَكْتُمُونَ مَآ أَنزَلْنَا مِنَ ٱلْبَيِّنَٰتِ وَٱلْهُدَىٰ مِنۢ بَعْدِ مَا بَيَّنَّٰهُ
لِلنَّاسِ فِى ٱلْكِتَٰبِ ۙ أُو۟لَٰٓئِكَ يَلْعَنُهُمُ ٱللَّهُ وَيَلْعَنُهُمُ ٱللَّٰعِنُونَ ١٥٩
إِلَّا ٱلَّذِينَ تَابُوا۟ وَأَصْلَحُوا۟ وَبَيَّنُوا۟ فَأُو۟لَٰٓئِكَ أَتُوبُ عَلَيْهِمْ ۚ
وَأَنَا ٱلتَّوَّابُ ٱلرَّحِيمُ ١٦٠ إِنَّ ٱلَّذِينَ كَفَرُوا۟ وَمَاتُوا۟ وَهُمْ
كُفَّارٌ أُو۟لَٰٓئِكَ عَلَيْهِمْ لَعْنَةُ ٱللَّهِ وَٱلْمَلَٰٓئِكَةِ وَٱلنَّاسِ أَجْمَعِينَ ١٦١
خَٰلِدِينَ فِيهَا ۖ لَا يُخَفَّفُ عَنْهُمُ ٱلْعَذَابُ وَلَا هُمْ يُنظَرُونَ ١٦٢
وَإِلَٰهُكُمْ إِلَٰهٌ وَٰحِدٌ ۖ لَّآ إِلَٰهَ إِلَّا هُوَ ٱلرَّحْمَٰنُ ٱلرَّحِيمُ ١٦٣
2-2-25
إِنَّ فِى خَلْقِ ٱلسَّمَٰوَٰتِ وَٱلْأَرْضِ وَٱخْتِلَٰفِ ٱلَّيْلِ وَٱلنَّهَارِ
وَٱلْفُلْكِ ٱلَّتِى تَجْرِى فِى ٱلْبَحْرِ بِمَا يَنفَعُ ٱلنَّاسَ وَمَآ أَنزَلَ ٱللَّهُ
مِنَ ٱلسَّمَآءِ مِن مَّآءٍ فَأَحْيَا بِهِ ٱلْأَرْضَ بَعْدَ مَوْتِهَا وَبَثَّ فِيهَا
مِن كُلِّ دَآبَّةٍ وَتَصْرِيفِ ٱلرِّيَٰحِ وَٱلسَّحَابِ ٱلْمُسَخَّرِ بَيْنَ
ٱلسَّمَآءِ وَٱلْأَرْضِ لَءَايَٰتٍ لِّقَوْمٍ يَعْقِلُونَ ١٦٤ وَمِنَ ٱلنَّاسِ
مَن يَتَّخِذُ مِن دُونِ ٱللَّهِ أَندَادًا يُحِبُّونَهُمْ كَحُبِّ ٱللَّهِ ۖ وَٱلَّذِينَ
ءَامَنُوٓا۟ أَشَدُّ حُبًّا لِّلَّهِ ۗ وَلَوْ يَرَى ٱلَّذِينَ ظَلَمُوٓا۟ إِذْ يَرَوْنَ
ٱلْعَذَابَ أَنَّ ٱلْقُوَّةَ لِلَّهِ جَمِيعًا وَأَنَّ ٱللَّهَ شَدِيدُ ٱلْعَذَابِ ١٦٥
إِذْ تَبَرَّأَ ٱلَّذِينَ ٱتُّبِعُوا۟ مِنَ ٱلَّذِينَ ٱتَّبَعُوا۟ وَرَأَوُا۟ ٱلْعَذَابَ
وَتَقَطَّعَتْ بِهِمُ ٱلْأَسْبَابُ ١٦٦ وَقَالَ ٱلَّذِينَ ٱتَّبَعُوا۟ لَوْ أَنَّ
لَنَا كَرَّةً فَنَتَبَرَّأَ مِنْهُمْ كَمَا تَبَرَّءُوا۟ مِنَّا ۗ كَذَٰلِكَ يُرِيهِمُ ٱللَّهُ
أَعْمَٰلَهُمْ حَسَرَٰتٍ عَلَيْهِمْ ۖ وَمَا هُم بِخَٰرِجِينَ مِنَ ٱلنَّارِ ١٦٧
يَٰٓأَيُّهَا ٱلنَّاسُ كُلُوا۟ مِمَّا فِى ٱلْأَرْضِ حَلَٰلًا طَيِّبًا وَلَا تَتَّبِعُوا۟
خُطُوَٰتِ ٱلشَّيْطَٰنِ ۚ إِنَّهُۥ لَكُمْ عَدُوٌّ مُّبِينٌ ١٦٨ إِنَّمَا يَأْمُرُكُم
بِٱلسُّوٓءِ وَٱلْفَحْشَآءِ وَأَن تَقُولُوا۟ عَلَى ٱللَّهِ مَا لَا تَعْلَمُونَ ١٦٩
2-2-26
وَإِذَا قِيلَ لَهُمُ ٱتَّبِعُوا۟ مَآ أَنزَلَ ٱللَّهُ قَالُوا۟ بَلْ نَتَّبِعُ مَآ أَلْفَيْنَا
عَلَيْهِ ءَابَآءَنَآ ۗ أَوَلَوْ كَانَ ءَابَآؤُهُمْ لَا يَعْقِلُونَ شَيْـًٔا وَلَا
يَهْتَدُونَ ١٧٠ وَمَثَلُ ٱلَّذِينَ كَفَرُوا۟ كَمَثَلِ ٱلَّذِى يَنْعِقُ
بِمَا لَا يَسْمَعُ إِلَّا دُعَآءً وَنِدَآءً ۚ صُمٌّۢ بُكْمٌ عُمْىٌ فَهُمْ لَا يَعْقِلُونَ ١٧١
يَٰٓأَيُّهَا ٱلَّذِينَ ءَامَنُوا۟ كُلُوا۟ مِن طَيِّبَٰتِ مَا رَزَقْنَٰكُمْ
وَٱشْكُرُوا۟ لِلَّهِ إِن كُنتُمْ إِيَّاهُ تَعْبُدُونَ ١٧٢ إِنَّمَا حَرَّمَ
عَلَيْكُمُ ٱلْمَيْتَةَ وَٱلدَّمَ وَلَحْمَ ٱلْخِنزِيرِ وَمَآ أُهِلَّ بِهِۦ لِغَيْرِ
ٱللَّهِ ۖ فَمَنِ ٱضْطُرَّ غَيْرَ بَاغٍ وَلَا عَادٍ فَلَآ إِثْمَ عَلَيْهِ ۚ إِنَّ ٱللَّهَ
غَفُورٌ رَّحِيمٌ ١٧٣ إِنَّ ٱلَّذِينَ يَكْتُمُونَ مَآ أَنزَلَ ٱللَّهُ مِنَ
ٱلْكِتَٰبِ وَيَشْتَرُونَ بِهِۦ ثَمَنًا قَلِيلًا ۙ أُو۟لَٰٓئِكَ مَا يَأْكُلُونَ
فِى بُطُونِهِمْ إِلَّا ٱلنَّارَ وَلَا يُكَلِّمُهُمُ ٱللَّهُ يَوْمَ ٱلْقِيَٰمَةِ
وَلَا يُزَكِّيهِمْ وَلَهُمْ عَذَابٌ أَلِيمٌ ١٧٤ أُو۟لَٰٓئِكَ ٱلَّذِينَ
ٱشْتَرَوُا۟ ٱلضَّلَٰلَةَ بِٱلْهُدَىٰ وَٱلْعَذَابَ بِٱلْمَغْفِرَةِ ۚ فَمَآ
أَصْبَرَهُمْ عَلَى ٱلنَّارِ ١٧٥ ذَٰلِكَ بِأَنَّ ٱللَّهَ نَزَّلَ ٱلْكِتَٰبَ بِٱلْحَقِّ ۗ
وَإِنَّ ٱلَّذِينَ ٱخْتَلَفُوا۟ فِى ٱلْكِتَٰبِ لَفِى شِقَاقٍۭ بَعِيدٍ ١٧٦
2-2-27
۞ لَّيْسَ ٱلْبِرَّ أَن تُوَلُّوا۟ وُجُوهَكُمْ قِبَلَ ٱلْمَشْرِقِ وَٱلْمَغْرِبِ
وَلَٰكِنَّ ٱلْبِرَّ مَنْ ءَامَنَ بِٱللَّهِ وَٱلْيَوْمِ ٱلْءَاخِرِ وَٱلْمَلَٰٓئِكَةِ
وَٱلْكِتَٰبِ وَٱلنَّبِيِّۦنَ وَءَاتَى ٱلْمَالَ عَلَىٰ حُبِّهِۦ ذَوِى ٱلْقُرْبَىٰ وَٱلْيَتَٰمَىٰ
وَٱلْمَسَٰكِينَ وَٱبْنَ ٱلسَّبِيلِ وَٱلسَّآئِلِينَ وَفِى ٱلرِّقَابِ وَأَقَامَ
ٱلصَّلَوٰةَ وَءَاتَى ٱلزَّكَوٰةَ وَٱلْمُوفُونَ بِعَهْدِهِمْ إِذَا عَٰهَدُوا۟ ۖ
وَٱلصَّٰبِرِينَ فِى ٱلْبَأْسَآءِ وَٱلضَّرَّآءِ وَحِينَ ٱلْبَأْسِ ۗ أُو۟لَٰٓئِكَ ٱلَّذِينَ
صَدَقُوا۟ ۖ وَأُو۟لَٰٓئِكَ هُمُ ٱلْمُتَّقُونَ ١٧٧ يَٰٓأَيُّهَا ٱلَّذِينَ ءَامَنُوا۟ كُتِبَ
عَلَيْكُمُ ٱلْقِصَاصُ فِى ٱلْقَتْلَى ۖ ٱلْحُرُّ بِٱلْحُرِّ وَٱلْعَبْدُ بِٱلْعَبْدِ وَٱلْأُنثَىٰ
بِٱلْأُنثَىٰ ۚ فَمَنْ عُفِىَ لَهُۥ مِنْ أَخِيهِ شَىْءٌ فَٱتِّبَاعٌۢ بِٱلْمَعْرُوفِ وَأَدَآءٌ
إِلَيْهِ بِإِحْسَٰنٍ ۗ ذَٰلِكَ تَخْفِيفٌ مِّن رَّبِّكُمْ وَرَحْمَةٌ ۗ فَمَنِ ٱعْتَدَىٰ
بَعْدَ ذَٰلِكَ فَلَهُۥ عَذَابٌ أَلِيمٌ ١٧٨ وَلَكُمْ فِى ٱلْقِصَاصِ حَيَوٰةٌ يَٰٓأُو۟لِى
ٱلْأَلْبَٰبِ لَعَلَّكُمْ تَتَّقُونَ ١٧٩ كُتِبَ عَلَيْكُمْ إِذَا حَضَرَ
أَحَدَكُمُ ٱلْمَوْتُ إِن تَرَكَ خَيْرًا ٱلْوَصِيَّةُ لِلْوَٰلِدَيْنِ وَٱلْأَقْرَبِينَ
بِٱلْمَعْرُوفِ ۖ حَقًّا عَلَى ٱلْمُتَّقِينَ ١٨٠ فَمَنۢ بَدَّلَهُۥ بَعْدَمَا سَمِعَهُۥ
فَإِنَّمَآ إِثْمُهُۥ عَلَى ٱلَّذِينَ يُبَدِّلُونَهُۥٓ ۚ إِنَّ ٱللَّهَ سَمِيعٌ عَلِيمٌ ١٨١

SOURCE : DIGITAL MUS-HAF OF MADINAH-KING FAHD QURAN COMPLEX

2-2-28 فمن خاف من موص جنفا أو إثما فأصلح بينهم فلا إثم عليه إن الله غفور رحيم ١٨٢ يا أيها الذين آمنوا كتب عليكم الصيام كما كتب على الذين من قبلكم لعلكم تتقون ١٨٣ أياما معدودات فمن كان منكم مريضا أو على سفر فعدة من أيام أخر وعلى الذين يطيقونه فدية طعام مسكين فمن تطوع خيرا فهو خير له وأن تصوموا خير لكم إن كنتم تعلمون ١٨٤ شهر رمضان الذي أنزل فيه القرآن هدى للناس وبينات من الهدى والفرقان فمن شهد منكم الشهر فليصمه ومن كان مريضا أو على سفر فعدة من أيام أخر يريد الله بكم اليسر ولا يريد بكم العسر ولتكملوا العدة ولتكبروا الله على ما هداكم ولعلكم تشكرون ١٨٥ وإذا سألك عبادي عني فإني قريب أجيب دعوة الداع إذا دعان فليستجيبوا لي وليؤمنوا بي لعلهم يرشدون ١٨٦

2-2-29 أحل لكم ليلة الصيام الرفث إلى نسائكم هن لباس لكم وأنتم لباس لهن علم الله أنكم كنتم تختانون أنفسكم فتاب عليكم وعفا عنكم فالآن باشروهن وابتغوا ما كتب الله لكم وكلوا واشربوا حتى يتبين لكم الخيط الأبيض من الخيط الأسود من الفجر ثم أتموا الصيام إلى الليل ولا تباشروهن وأنتم عاكفون في المساجد تلك حدود الله فلا تقربوها كذلك يبين الله آياته للناس لعلهم يتقون ١٨٧ ولا تأكلوا أموالكم بينكم بالباطل وتدلوا بها إلى الحكام لتأكلوا فريقا من أموال الناس بالإثم وأنتم تعلمون ١٨٨ يسألونك عن الأهلة قل هي مواقيت للناس والحج وليس البر بأن تأتوا البيوت من ظهورها ولكن البر من اتقى وأتوا البيوت من أبوابها واتقوا الله لعلكم تفلحون ١٨٩ وقاتلوا في سبيل الله الذين يقاتلونكم ولا تعتدوا إن الله لا يحب المعتدين ١٩٠

2-2-30 واقتلوهم حيث ثقفتموهم وأخرجوهم من حيث أخرجوكم والفتنة أشد من القتل ولا تقاتلوهم عند المسجد الحرام حتى يقاتلوكم فيه فإن قاتلوكم فاقتلوهم كذلك جزاء الكافرين ١٩١ فإن انتهوا فإن الله غفور رحيم ١٩٢ وقاتلوهم حتى لا تكون فتنة ويكون الدين لله فإن انتهوا فلا عدوان إلا على الظالمين ١٩٣ الشهر الحرام بالشهر الحرام والحرمات قصاص فمن اعتدى عليكم فاعتدوا عليه بمثل ما اعتدى عليكم واتقوا الله واعلموا أن الله مع المتقين ١٩٤ وأنفقوا في سبيل الله ولا تلقوا بأيديكم إلى التهلكة وأحسنوا إن الله يحب المحسنين ١٩٥ وأتموا الحج والعمرة لله فإن أحصرتم فما استيسر من الهدي ولا تحلقوا رءوسكم حتى يبلغ الهدي محله فمن كان منكم مريضا أو به أذى من رأسه ففدية من صيام أو صدقة أو نسك فإذا أمنتم فمن تمتع بالعمرة إلى الحج فما استيسر من الهدي فمن لم يجد فصيام ثلاثة أيام في الحج وسبعة إذا رجعتم تلك عشرة كاملة ذلك لمن لم يكن أهله حاضري المسجد الحرام واتقوا الله واعلموا أن الله شديد العقاب ١٩٦

2-2-31 الحج أشهر معلومات فمن فرض فيهن الحج فلا رفث ولا فسوق ولا جدال في الحج وما تفعلوا من خير يعلمه الله وتزودوا فإن خير الزاد التقوى واتقون يا أولي الألباب ١٩٧ ليس عليكم جناح أن تبتغوا فضلا من ربكم فإذا أفضتم من عرفات فاذكروا الله عند المشعر الحرام واذكروه كما هداكم وإن كنتم من قبله لمن الضالين ١٩٨ ثم أفيضوا من حيث أفاض الناس واستغفروا الله إن الله غفور رحيم ١٩٩ فإذا قضيتم مناسككم فاذكروا الله كذكركم آباءكم أو أشد ذكرا فمن الناس من يقول ربنا آتنا في الدنيا وما له في الآخرة من خلاق ٢٠٠ ومنهم من يقول ربنا آتنا في الدنيا حسنة وفي الآخرة حسنة وقنا عذاب النار ٢٠١ أولئك لهم نصيب مما كسبوا والله سريع الحساب ٢٠٢

2-2-32 واذكروا الله في أيام معدودات فمن تعجل في يومين فلا إثم عليه ومن تأخر فلا إثم عليه لمن اتقى واتقوا الله واعلموا أنكم إليه تحشرون ٢٠٣ ومن الناس من يعجبك قوله في الحياة الدنيا ويشهد الله على ما في قلبه وهو ألد الخصام ٢٠٤ وإذا تولى سعى في الأرض ليفسد فيها ويهلك الحرث والنسل والله لا يحب الفساد ٢٠٥ وإذا قيل له اتق الله أخذته العزة بالإثم فحسبه جهنم ولبئس المهاد ٢٠٦ ومن الناس من يشري نفسه ابتغاء مرضات الله والله رءوف بالعباد ٢٠٧ يا أيها الذين

آمنوا ادخلوا في السلم كافة ولا تتبعوا خطوات الشيطان إنه لكم عدو مبين ٢٠٨ فإن زللتم من بعد ما جاءتكم البينات فاعلموا أن الله عزيز حكيم ٢٠٩ هل ينظرون إلا أن يأتيهم الله في ظلل من الغمام والملائكة وقضي الأمر وإلى الله ترجع الأمور ٢١٠

2-2-33 سل بني إسرائيل كم آتيناهم من آية بينة ومن يبدل نعمة الله من بعد ما جاءته فإن الله شديد العقاب ٢١١ زين للذين كفروا الحياة الدنيا ويسخرون من الذين آمنوا والذين اتقوا فوقهم يوم القيامة والله يرزق من يشاء بغير حساب ٢١٢ كان الناس أمة واحدة فبعث الله النبيين مبشرين ومنذرين وأنزل معهم الكتاب بالحق ليحكم بين الناس فيما اختلفوا فيه وما اختلف فيه إلا الذين أوتوه من بعد ما جاءتهم البينات بغيا بينهم فهدى الله الذين آمنوا لما اختلفوا فيه من الحق بإذنه والله يهدي من يشاء إلى صراط مستقيم ٢١٣ أم حسبتم أن تدخلوا الجنة ولما يأتكم مثل الذين خلوا من قبلكم مستهم البأساء والضراء وزلزلوا حتى يقول الرسول والذين آمنوا معه متى نصر الله ألا إن نصر الله قريب ٢١٤ يسألونك ماذا ينفقون قل ما أنفقتم من خير فللوالدين والأقربين واليتامى والمساكين وابن السبيل وما تفعلوا من خير فإن الله به عليم ٢١٥

2-2-34 كتب عليكم القتال وهو كره لكم وعسى أن تكرهوا شيئا وهو خير لكم وعسى أن تحبوا شيئا وهو شر لكم والله يعلم وأنتم لا تعلمون ٢١٦ يسألونك عن الشهر الحرام قتال فيه قل قتال فيه كبير وصد عن سبيل الله وكفر به والمسجد الحرام وإخراج أهله منه أكبر عند الله والفتنة أكبر من القتل ولا يزالون يقاتلونكم حتى يردوكم عن دينكم إن استطاعوا ومن يرتدد منكم عن دينه فيمت وهو كافر فأولئك حبطت أعمالهم في الدنيا والآخرة وأولئك أصحاب النار هم فيها خالدون ٢١٧ إن الذين آمنوا والذين هاجروا وجاهدوا في سبيل الله أولئك يرجون رحمت الله والله غفور رحيم ٢١٨ يسألونك عن الخمر والميسر قل فيهما إثم كبير ومنافع للناس وإثمهما أكبر من نفعهما ويسألونك ماذا ينفقون قل العفو كذلك يبين الله لكم الآيات لعلكم تتفكرون ٢١٩

2-2-35 في الدنيا والآخرة ويسألونك عن اليتامى قل إصلاح لهم خير وإن تخالطوهم فإخوانكم والله يعلم المفسد من المصلح ولو شاء الله لأعنتكم إن الله عزيز حكيم ٢٢٠ ولا تنكحوا المشركات حتى يؤمن ولأمة مؤمنة خير من مشركة ولو أعجبتكم ولا تنكحوا المشركين حتى يؤمنوا ولعبد مؤمن خير من مشرك ولو أعجبكم أولئك يدعون إلى النار والله يدعو إلى الجنة والمغفرة بإذنه ويبين آياته للناس لعلهم يتذكرون ٢٢١ ويسألونك عن المحيض قل هو أذى فاعتزلوا النساء في المحيض ولا تقربوهن حتى يطهرن فإذا تطهرن فأتوهن من حيث أمركم الله إن الله يحب التوابين ويحب المتطهرين ٢٢٢ نساؤكم حرث لكم فأتوا حرثكم أنى شئتم وقدموا لأنفسكم واتقوا الله واعلموا أنكم ملاقوه وبشر المؤمنين ٢٢٣ ولا تجعلوا الله عرضة لأيمانكم أن تبروا وتتقوا وتصلحوا بين الناس والله سميع عليم ٢٢٤

2-2-36 لا يؤاخذكم الله باللغو في أيمانكم ولكن يؤاخذكم بما كسبت قلوبكم والله غفور حليم ٢٢٥ للذين يؤلون من نسائهم تربص أربعة أشهر فإن فاءوا فإن الله غفور رحيم ٢٢٦ وإن عزموا الطلاق فإن الله سميع عليم ٢٢٧ والمطلقات يتربصن بأنفسهن ثلاثة قروء ولا يحل لهن أن يكتمن ما خلق الله في أرحامهن إن كن يؤمن بالله واليوم الآخر وبعولتهن أحق بردهن في ذلك إن أرادوا إصلاحا ولهن مثل الذي عليهن بالمعروف وللرجال عليهن درجة والله عزيز حكيم ٢٢٨ الطلاق مرتان فإمساك بمعروف أو تسريح بإحسان ولا يحل لكم أن تأخذوا مما آتيتموهن شيئا إلا أن يخافا ألا يقيما حدود الله فإن خفتم ألا يقيما حدود الله فلا جناح عليهما فيما افتدت به تلك حدود الله فلا تعتدوها ومن يتعد حدود الله فأولئك هم الظالمون ٢٢٩ فإن طلقها فلا تحل له من بعد حتى تنكح زوجا غيره فإن طلقها فلا جناح عليهما أن يتراجعا إن ظنا أن يقيما حدود الله وتلك حدود الله يبينها لقوم يعلمون ٢٣٠

2-2-37 وإذا طلقتم النساء فبلغن أجلهن فأمسكوهن بمعروف أو سرحوهن بمعروف ولا تمسكوهن ضرارا لتعتدوا ومن يفعل ذلك فقد ظلم نفسه ولا تتخذوا آيات الله هزوا واذكروا نعمت الله عليكم وما أنزل عليكم من الكتاب والحكمة يعظكم به واتقوا الله واعلموا أن الله بكل شيء عليم ٢٣١ وإذا

طلقتم النساء فبلغن أجلهن فلا تعضلوهن أن ينكحن أزواجهن إذا تراضوا بينهم بالمعروف ذلك يوعظ به من كان منكم يؤمن بالله واليوم الآخر ذلكم أزكى لكم وأطهر والله يعلم وأنتم لا تعلمون ٢٣٢ والوالدات يرضعن أولادهن حولين كاملين لمن أراد أن يتم الرضاعة وعلى المولود له رزقهن وكسوتهن بالمعروف لا تكلف نفس إلا وسعها لا تضار والدة بولدها ولا مولود له بولده وعلى الوارث مثل ذلك فإن أرادا فصالا عن تراض منهما وتشاور فلا جناح عليهما وإن أردتم أن تسترضعوا أولادكم فلا جناح عليكم إذا سلمتم ما آتيتم بالمعروف واتقوا الله واعلموا أن الله بما تعملون بصير ٢٣٣

2-2-38 والذين يتوفون منكم ويذرون أزواجا يتربصن بأنفسهن أربعة أشهر وعشرا فإذا بلغن أجلهن فلا جناح عليكم فيما فعلن في أنفسهن بالمعروف والله بما تعملون خبير ٢٣٤ ولا جناح عليكم فيما عرضتم به من خطبة النساء أو أكننتم في أنفسكم علم الله أنكم ستذكرونهن ولكن لا تواعدوهن سرا إلا أن تقولوا قولا معروفا ولا تعزموا عقدة النكاح حتى يبلغ الكتاب أجله واعلموا أن الله يعلم ما في أنفسكم فاحذروه واعلموا أن الله غفور حليم ٢٣٥ لا جناح عليكم إن طلقتم النساء ما لم تمسوهن أو تفرضوا لهن فريضة ومتعوهن على الموسع قدره وعلى المقتر قدره متاعا بالمعروف حقا على المحسنين ٢٣٦ وإن طلقتموهن من قبل أن تمسوهن وقد فرضتم لهن فريضة فنصف ما فرضتم إلا أن يعفون أو يعفو الذي بيده عقدة النكاح وأن تعفوا أقرب للتقوى ولا تنسوا الفضل بينكم إن الله بما تعملون بصير ٢٣٧

2-2-39 حافظوا على الصلوات والصلاة الوسطى وقوموا لله قانتين ٢٣٨ فإن خفتم فرجالا أو ركبانا فإذا أمنتم فاذكروا الله كما علمكم ما لم تكونوا تعلمون ٢٣٩ والذين يتوفون منكم ويذرون أزواجا وصية لأزواجهم متاعا إلى الحول غير إخراج فإن خرجن فلا جناح عليكم في ما فعلن في أنفسهن من معروف والله عزيز حكيم ٢٤٠ وللمطلقات متاع بالمعروف حقا على المتقين ٢٤١ كذلك يبين الله لكم آياته لعلكم تعقلون ٢٤٢ ألم تر إلى الذين خرجوا من ديارهم وهم ألوف حذر الموت فقال لهم الله موتوا ثم أحياهم إن الله لذو فضل على الناس ولكن أكثر الناس لا يشكرون ٢٤٣ وقاتلوا في سبيل الله واعلموا أن الله سميع عليم ٢٤٤ من ذا الذي يقرض الله قرضا حسنا فيضاعفه له أضعافا كثيرة والله يقبض ويبسط وإليه ترجعون ٢٤٥

2-2-40 ألم تر إلى الملإ من بني إسرائيل من بعد موسى إذ قالوا لنبي لهم ابعث لنا ملكا نقاتل في سبيل الله قال هل عسيتم إن كتب عليكم القتال ألا تقاتلوا قالوا وما لنا ألا نقاتل في سبيل الله وقد أخرجنا من ديارنا وأبنائنا فلما كتب عليهم القتال تولوا إلا قليلا منهم والله عليم بالظالمين ٢٤٦ وقال لهم نبيهم إن الله قد بعث لكم طالوت ملكا قالوا أنى يكون له الملك علينا ونحن أحق بالملك منه ولم يؤت سعة من المال قال إن الله اصطفاه عليكم وزاده بسطة في العلم والجسم والله يؤتي ملكه من يشاء والله واسع عليم ٢٤٧ وقال لهم نبيهم إن آية ملكه أن يأتيكم التابوت فيه سكينة من ربكم وبقية مما ترك آل موسى وآل هارون تحمله الملائكة إن في ذلك لآية لكم إن كنتم مؤمنين ٢٤٨

2-2-41 فلما فصل طالوت بالجنود قال إن الله مبتليكم بنهر فمن شرب منه فليس مني ومن لم يطعمه فإنه مني إلا من اغترف غرفة بيده فشربوا منه إلا قليلا منهم فلما جاوزه هو والذين آمنوا معه قالوا لا طاقة لنا اليوم بجالوت وجنوده قال الذين يظنون أنهم ملاقو الله كم من فئة قليلة غلبت فئة كثيرة بإذن الله والله مع الصابرين ٢٤٩ ولما برزوا لجالوت وجنوده قالوا ربنا أفرغ علينا صبرا وثبت أقدامنا وانصرنا على القوم الكافرين ٢٥٠ فهزموهم بإذن الله وقتل داوود جالوت وآتاه الله الملك والحكمة وعلمه مما يشاء ولولا دفع الله الناس بعضهم ببعض لفسدت الأرض ولكن الله ذو فضل على العالمين ٢٥١ تلك آيات الله نتلوها عليك بالحق وإنك لمن المرسلين ٢٥٢

3-2-42
۞ تلك الرسل فضلنا بعضهم على بعض منهم من كلم الله ورفع بعضهم درجات وآتينا عيسى ابن مريم البينات وأيدناه بروح القدس ولو شاء الله ما اقتتل الذين من بعدهم من بعد ما جاءتهم البينات ولكن اختلفوا فمنهم من آمن ومنهم من كفر ولو شاء الله ما اقتتلوا ولكن الله يفعل ما يريد ٢٥٣ يا أيها الذين آمنوا أنفقوا مما رزقناكم من قبل أن يأتي يوم لا بيع فيه ولا خلة ولا شفاعة والكافرون هم الظالمون ٢٥٤ الله لا إله إلا هو الحي القيوم لا تأخذه سنة ولا نوم له ما في السماوات وما في الأرض من ذا الذي يشفع عنده إلا بإذنه يعلم ما بين أيديهم وما خلفهم ولا يحيطون بشيء من علمه إلا بما شاء وسع كرسيه السماوات والأرض ولا يئوده حفظهما وهو العلي العظيم ٢٥٥ لا إكراه في الدين قد تبين الرشد من الغي فمن يكفر بالطاغوت ويؤمن بالله فقد استمسك بالعروة الوثقى لا انفصام لها والله سميع عليم ٢٥٦

3-2-43
الله ولي الذين آمنوا يخرجهم من الظلمات إلى النور والذين كفروا أولياؤهم الطاغوت يخرجونهم من النور إلى الظلمات أولئك أصحاب النار هم فيها خالدون ٢٥٧ ألم تر إلى الذي حاج إبراهيم في ربه أن آتاه الله الملك إذ قال إبراهيم ربي الذي يحيي ويميت قال أنا أحيي وأميت قال إبراهيم فإن الله يأتي بالشمس من المشرق فأت بها من المغرب فبهت الذي كفر والله لا يهدي القوم الظالمين ٢٥٨ أو كالذي مر على قرية وهي خاوية على عروشها قال أنى يحيي هذه الله بعد موتها فأماته الله مائة عام ثم بعثه قال كم لبثت قال لبثت يوما أو بعض يوم قال بل لبثت مائة عام فانظر إلى طعامك وشرابك لم يتسنه وانظر إلى حمارك ولنجعلك آية للناس وانظر إلى العظام كيف ننشزها ثم نكسوها لحما فلما تبين له قال أعلم أن الله على كل شيء قدير ٢٥٩

3-2-44
وإذ قال إبراهيم رب أرني كيف تحيي الموتى قال أولم تؤمن قال بلى ولكن ليطمئن قلبي قال فخذ أربعة من الطير فصرهن إليك ثم اجعل على كل جبل منهن جزءا ثم ادعهن يأتينك سعيا واعلم أن الله عزيز حكيم ٢٦٠ مثل الذين ينفقون أموالهم في سبيل الله كمثل حبة أنبتت سبع سنابل في كل سنبلة مائة حبة والله يضاعف لمن يشاء والله واسع عليم ٢٦١ الذين ينفقون أموالهم في سبيل الله ثم لا يتبعون ما أنفقوا منا ولا أذى لهم أجرهم عند ربهم ولا خوف عليهم ولا هم يحزنون ٢٦٢ ۞ قول معروف ومغفرة خير من صدقة يتبعها أذى والله غني حليم ٢٦٣ يا أيها الذين آمنوا لا تبطلوا صدقاتكم بالمن والأذى كالذي ينفق ماله رئاء الناس ولا يؤمن بالله واليوم الآخر فمثله كمثل صفوان عليه تراب فأصابه وابل فتركه صلدا لا يقدرون على شيء مما كسبوا والله لا يهدي القوم الكافرين ٢٦٤

3-2-45
ومثل الذين ينفقون أموالهم ابتغاء مرضات الله وتثبيتا من أنفسهم كمثل جنة بربوة أصابها وابل فآتت أكلها ضعفين فإن لم يصبها وابل فطل والله بما تعملون بصير ٢٦٥ أيود أحدكم أن تكون له جنة من نخيل وأعناب تجري من تحتها الأنهار له فيها من كل الثمرات وأصابه الكبر وله ذرية ضعفاء فأصابها إعصار فيه نار فاحترقت كذلك يبين الله لكم الآيات لعلكم تتفكرون ٢٦٦ يا أيها الذين آمنوا أنفقوا من طيبات ما كسبتم ومما أخرجنا لكم من الأرض ولا تيمموا الخبيث منه تنفقون ولستم بآخذيه إلا أن تغمضوا فيه واعلموا أن الله غني حميد ٢٦٧ الشيطان يعدكم الفقر ويأمركم بالفحشاء والله يعدكم مغفرة منه وفضلا والله واسع عليم ٢٦٨ يؤتي الحكمة من يشاء ومن يؤت الحكمة فقد أوتي خيرا كثيرا وما يذكر إلا أولو الألباب ٢٦٩

3-2-46
وما أنفقتم من نفقة أو نذرتم من نذر فإن الله يعلمه وما للظالمين من أنصار ٢٧٠ إن تبدوا الصدقات فنعما هي وإن تخفوها وتؤتوها الفقراء فهو خير لكم ويكفر عنكم من سيئاتكم والله بما تعملون خبير ٢٧١ ۞ ليس

عليك هداهم ولكن الله يهدي من يشاء وما تنفقوا من خير فلأنفسكم وما تنفقون إلا ابتغاء وجه الله وما تنفقوا من خير يوف إليكم وأنتم لا تظلمون ٢٧٢ للفقراء الذين أحصروا في سبيل الله لا يستطيعون ضربا في الأرض يحسبهم الجاهل أغنياء من التعفف تعرفهم بسيماهم لا يسألون الناس إلحافا وما تنفقوا من خير فإن الله به عليم ٢٧٣ الذين ينفقون أموالهم بالليل والنهار سرا وعلانية فلهم أجرهم عند ربهم ولا خوف عليهم ولا هم يحزنون ٢٧٤

3-2-47
الذين يأكلون الربا لا يقومون إلا كما يقوم الذي يتخبطه الشيطان من المس ذلك بأنهم قالوا إنما البيع مثل الربا وأحل الله البيع وحرم الربا فمن جاءه موعظة من ربه فانتهى فله ما سلف وأمره إلى الله ومن عاد فأولئك أصحاب النار هم فيها خالدون ٢٧٥ يمحق الله الربا ويربي الصدقات والله لا يحب كل كفار أثيم ٢٧٦ إن الذين آمنوا وعملوا الصالحات وأقاموا الصلاة وآتوا الزكاة لهم أجرهم عند ربهم ولا خوف عليهم ولا هم يحزنون ٢٧٧ يا أيها الذين آمنوا اتقوا الله وذروا ما بقي من الربا إن كنتم مؤمنين ٢٧٨ فإن لم تفعلوا فأذنوا بحرب من الله ورسوله وإن تبتم فلكم رءوس أموالكم لا تظلمون ولا تظلمون ٢٧٩ وإن كان ذو عسرة فنظرة إلى ميسرة وأن تصدقوا خير لكم إن كنتم تعلمون ٢٨٠ واتقوا يوما ترجعون فيه إلى الله ثم توفى كل نفس ما كسبت وهم لا يظلمون ٢٨١

3-2-48
يا أيها الذين آمنوا إذا تداينتم بدين إلى أجل مسمى فاكتبوه وليكتب بينكم كاتب بالعدل ولا يأب كاتب أن يكتب كما علمه الله فليكتب وليملل الذي عليه الحق وليتق الله ربه ولا يبخس منه شيئا فإن كان الذي عليه الحق سفيها أو ضعيفا أو لا يستطيع أن يمل هو فليملل وليه بالعدل واستشهدوا شهيدين من رجالكم فإن لم يكونا رجلين فرجل وامرأتان ممن ترضون من الشهداء أن تضل إحداهما فتذكر إحداهما الأخرى ولا يأب الشهداء إذا ما دعوا ولا تسأموا أن تكتبوه صغيرا أو كبيرا إلى أجله ذلكم أقسط عند الله وأقوم للشهادة وأدنى ألا ترتابوا إلا أن تكون تجارة حاضرة تديرونها بينكم فليس عليكم جناح ألا تكتبوها وأشهدوا إذا تبايعتم ولا يضار كاتب ولا شهيد وإن تفعلوا فإنه فسوق بكم واتقوا الله ويعلمكم الله والله بكل شيء عليم ٢٨٢

3-2-49
۞ وإن كنتم على سفر ولم تجدوا كاتبا فرهان مقبوضة فإن أمن بعضكم بعضا فليؤد الذي اؤتمن أمانته وليتق الله ربه ولا تكتموا الشهادة ومن يكتمها فإنه آثم قلبه والله بما تعملون عليم ٢٨٣ لله ما في السماوات وما في الأرض وإن تبدوا ما في أنفسكم أو تخفوه يحاسبكم به الله فيغفر لمن يشاء ويعذب من يشاء والله على كل شيء قدير ٢٨٤ آمن الرسول بما أنزل إليه من ربه والمؤمنون كل آمن بالله وملائكته وكتبه ورسله لا نفرق بين أحد من رسله وقالوا سمعنا وأطعنا غفرانك ربنا وإليك المصير ٢٨٥ لا يكلف الله نفسا إلا وسعها لها ما كسبت وعليها ما اكتسبت ربنا لا تؤاخذنا إن نسينا أو أخطأنا ربنا ولا تحمل علينا إصرا كما حملته على الذين من قبلنا ربنا ولا تحملنا ما لا طاقة لنا به واعف عنا واغفر لنا وارحمنا أنت مولانا فانصرنا على القوم الكافرين ٢٨٦

3-2-50
سورة آل عمران

بسم الله الرحمن الرحيم

الم ١ الله لا إله إلا هو الحي القيوم ٢ نزل عليك الكتاب بالحق مصدقا لما بين يديه وأنزل التوراة والإنجيل ٣ من قبل هدى للناس وأنزل الفرقان إن الذين كفروا بآيات الله لهم عذاب شديد والله عزيز ذو انتقام ٤ إن الله لا يخفى عليه شيء في الأرض ولا في السماء ٥ هو الذي يصوركم في الأرحام كيف يشاء لا إله إلا هو العزيز الحكيم ٦ هو الذي أنزل عليك الكتاب منه آيات محكمات هن أم الكتاب وأخر متشابهات فأما الذين في قلوبهم زيغ فيتبعون

ما تشابه منه ابتغاء الفتنة وابتغاء تأويله وما يعلم تأويله إلا الله والراسخون في العلم يقولون آمنا به كل من عند ربنا وما يذكر إلا أولو الألباب ٧ ربنا لا تزغ قلوبنا بعد إذ هديتنا وهب لنا من لدنك رحمة إنك أنت الوهاب ٨ ربنا إنك جامع الناس ليوم لا ريب فيه إن الله لا يخلف الميعاد ٩

3-3-51
إن الذين كفروا لن تغني عنهم أموالهم ولا أولادهم من الله شيئا وأولئك هم وقود النار ١٠ كدأب آل فرعون والذين من قبلهم كذبوا بآياتنا فأخذهم الله بذنوبهم والله شديد العقاب ١١ قل للذين كفروا ستغلبون وتحشرون إلى جهنم وبئس المهاد ١٢ قد كان لكم آية في فئتين التقتا فئة تقاتل في سبيل الله وأخرى كافرة يرونهم مثليهم رأي العين والله يؤيد بنصره من يشاء إن في ذلك لعبرة لأولي الأبصار ١٣ زين للناس حب الشهوات من النساء والبنين والقناطير المقنطرة من الذهب والفضة والخيل المسومة والأنعام والحرث ذلك متاع الحياة الدنيا والله عنده حسن المآب ١٤ ۞ قل أؤنبئكم بخير من ذلكم للذين اتقوا عند ربهم جنات تجري من تحتها الأنهار خالدين فيها وأزواج مطهرة ورضوان من الله والله بصير بالعباد ١٥

3-3-52
الذين يقولون ربنا إننا آمنا فاغفر لنا ذنوبنا وقنا عذاب النار ١٦ الصابرين والصادقين والقانتين والمنفقين والمستغفرين بالأسحار ١٧ شهد الله أنه لا إله إلا هو والملائكة وأولو العلم قائما بالقسط لا إله إلا هو العزيز الحكيم ١٨ إن الدين عند الله الإسلام وما اختلف الذين أوتوا الكتاب إلا من بعد ما جاءهم العلم بغيا بينهم ومن يكفر بآيات الله فإن الله سريع الحساب ١٩ فإن حاجوك فقل أسلمت وجهي لله ومن اتبعن وقل للذين أوتوا الكتاب والأميين أأسلمتم فإن أسلموا فقد اهتدوا وإن تولوا فإنما عليك البلاغ والله بصير بالعباد ٢٠ إن الذين يكفرون بآيات الله ويقتلون النبيين بغير حق ويقتلون الذين يأمرون بالقسط من الناس فبشرهم بعذاب أليم ٢١ أولئك الذين حبطت أعمالهم في الدنيا والآخرة وما لهم من ناصرين ٢٢

3-3-53
ألم تر إلى الذين أوتوا نصيبا من الكتاب يدعون إلى كتاب الله ليحكم بينهم ثم يتولى فريق منهم وهم معرضون ٢٣ ذلك بأنهم قالوا لن تمسنا النار إلا أياما معدودات وغرهم في دينهم ما كانوا يفترون ٢٤ فكيف إذا جمعناهم ليوم لا ريب فيه ووفيت كل نفس ما كسبت وهم لا يظلمون ٢٥ قل اللهم مالك الملك تؤتي الملك من تشاء وتنزع الملك ممن تشاء وتعز من تشاء وتذل من تشاء بيدك الخير إنك على كل شيء قدير ٢٦ تولج الليل في النهار وتولج النهار في الليل وتخرج الحي من الميت وتخرج الميت من الحي وترزق من تشاء بغير حساب ٢٧ لا يتخذ المؤمنون الكافرين أولياء من دون المؤمنين ومن يفعل ذلك فليس من الله في شيء إلا أن تتقوا منهم تقاة ويحذركم الله نفسه وإلى الله المصير ٢٨ قل إن تخفوا ما في صدوركم أو تبدوه يعلمه الله ويعلم ما في السماوات وما في الأرض والله على كل شيء قدير ٢٩

3-3-54
يوم تجد كل نفس ما عملت من خير محضرا وما عملت من سوء تود لو أن بينها وبينه أمدا بعيدا ويحذركم الله نفسه والله رءوف بالعباد ٣٠ قل إن كنتم تحبون الله فاتبعوني يحببكم الله ويغفر لكم ذنوبكم والله غفور رحيم ٣١ قل أطيعوا الله والرسول فإن تولوا فإن الله لا يحب الكافرين ٣٢ ۞ إن الله اصطفى آدم ونوحا وآل إبراهيم وآل عمران على العالمين ٣٣ ذرية بعضها من بعض والله سميع عليم ٣٤ إذ قالت امرأت عمران رب إني نذرت لك ما في بطني محررا فتقبل مني إنك أنت السميع العليم ٣٥ فلما وضعتها قالت رب إني وضعتها أنثى والله أعلم بما وضعت وليس الذكر كالأنثى وإني سميتها مريم وإني أعيذها بك وذريتها من الشيطان الرجيم ٣٦ فتقبلها ربها بقبول حسن وأنبتها نباتا حسنا وكفلها زكريا كلما دخل عليها زكريا المحراب وجد عندها رزقا قال يا مريم أنى لك هذا قالت هو من عند الله إن الله يرزق من يشاء بغير حساب ٣٧

3-3-55

هنالك دعا زكريا ربه قال رب هب لي من لدنك ذرية طيبة إنك سميع الدعاء ٣٨ فنادته الملائكة وهو قائم يصلي في المحراب أن الله يبشرك بيحيى مصدقا بكلمة من الله وسيدا وحصورا ونبيا من الصالحين ٣٩ قال رب أنى يكون لي غلام وقد بلغني الكبر وامرأتي عاقر قال كذلك الله يفعل ما يشاء ٤٠ قال رب اجعل لي آية قال آيتك ألا تكلم الناس ثلاثة أيام إلا رمزا واذكر ربك كثيرا وسبح بالعشي والإبكار ٤١ وإذ قالت الملائكة يا مريم إن الله اصطفاك وطهرك واصطفاك على نساء العالمين ٤٢ يا مريم اقنتي لربك واسجدي واركعي مع الراكعين ٤٣ ذلك من أنباء الغيب نوحيه إليك وما كنت لديهم إذ يلقون أقلامهم أيهم يكفل مريم وما كنت لديهم إذ يختصمون ٤٤ إذ قالت الملائكة يا مريم إن الله يبشرك بكلمة منه اسمه المسيح عيسى ابن مريم وجيها في الدنيا والآخرة ومن المقربين ٤٥

3-3-56

ويكلم الناس في المهد وكهلا ومن الصالحين ٤٦ قالت رب أنى يكون لي ولد ولم يمسسني بشر قال كذلك الله يخلق ما يشاء إذا قضى أمرا فإنما يقول له كن فيكون ٤٧ ويعلمه الكتاب والحكمة والتوراة والإنجيل ٤٨ ورسولا إلى بني إسرائيل أني قد جئتكم بآية من ربكم أني أخلق لكم من الطين كهيئة الطير فأنفخ فيه فيكون طيرا بإذن الله وأبرئ الأكمه والأبرص وأحيي الموتى بإذن الله وأنبئكم بما تأكلون وما تدخرون في بيوتكم إن في ذلك لآية لكم إن كنتم مؤمنين ٤٩ ومصدقا لما بين يدي من التوراة ولأحل لكم بعض الذي حرم عليكم وجئتكم بآية من ربكم فاتقوا الله وأطيعون ٥٠ إن الله ربي وربكم فاعبدوه هذا صراط مستقيم ٥١ فلما أحس عيسى منهم الكفر قال من أنصاري إلى الله قال الحواريون نحن أنصار الله آمنا بالله واشهد بأنا مسلمون ٥٢

3-3-57

ربنا آمنا بما أنزلت واتبعنا الرسول فاكتبنا مع الشاهدين ٥٣ ومكروا ومكر الله والله خير الماكرين ٥٤ إذ قال الله يا عيسى إني متوفيك ورافعك إلي ومطهرك من الذين كفروا وجاعل الذين اتبعوك فوق الذين كفروا إلى يوم القيامة ثم إلي مرجعكم فأحكم بينكم فيما كنتم فيه تختلفون ٥٥ فأما الذين كفروا فأعذبهم عذابا شديدا في الدنيا والآخرة وما لهم من ناصرين ٥٦ وأما الذين آمنوا وعملوا الصالحات فيوفيهم أجورهم والله لا يحب الظالمين ٥٧ ذلك نتلوه عليك من الآيات والذكر الحكيم ٥٨ إن مثل عيسى عند الله كمثل آدم خلقه من تراب ثم قال له كن فيكون ٥٩ الحق من ربك فلا تكن من الممترين ٦٠ فمن حاجك فيه من بعد ما جاءك من العلم فقل تعالوا ندع أبناءنا وأبناءكم ونساءنا ونساءكم وأنفسنا وأنفسكم ثم نبتهل فنجعل لعنت الله على الكاذبين ٦١

3-3-58

إن هذا لهو القصص الحق وما من إله إلا الله وإن الله لهو العزيز الحكيم ٦٢ فإن تولوا فإن الله عليم بالمفسدين ٦٣ قل يا أهل الكتاب تعالوا إلى كلمة سواء بيننا وبينكم ألا نعبد إلا الله ولا نشرك به شيئا ولا يتخذ بعضنا بعضا أربابا من دون الله فإن تولوا فقولوا اشهدوا بأنا مسلمون ٦٤ يا أهل الكتاب لم تحاجون في إبراهيم وما أنزلت التوراة والإنجيل إلا من بعده أفلا تعقلون ٦٥ ها أنتم هؤلاء حاججتم فيما لكم به علم فلم تحاجون فيما ليس لكم به علم والله يعلم وأنتم لا تعلمون ٦٦ ما كان إبراهيم يهوديا ولا نصرانيا ولكن كان حنيفا مسلما وما كان من المشركين ٦٧ إن أولى الناس بإبراهيم للذين اتبعوه وهذا النبي والذين آمنوا والله ولي المؤمنين ٦٨ ودت طائفة من أهل الكتاب لو يضلونكم وما يضلون إلا أنفسهم وما يشعرون ٦٩ يا أهل الكتاب لم تكفرون بآيات الله وأنتم تشهدون ٧٠

3-3-59

يا أهل الكتاب لم تلبسون الحق بالباطل وتكتمون الحق وأنتم تعلمون ٧١ وقالت طائفة من أهل الكتاب آمنوا بالذي أنزل على الذين آمنوا وجه النهار واكفروا آخره لعلهم يرجعون ٧٢ ولا تؤمنوا إلا لمن تبع دينكم قل إن الهدى هدى الله أن يؤتى أحد مثل ما أوتيتم أو يحاجوكم عند ربكم قل إن الفضل بيد الله يؤتيه من يشاء والله واسع عليم ٧٣ يختص برحمته من يشاء والله ذو الفضل العظيم ٧٤ ومن أهل الكتاب من إن تأمنه بقنطار يؤده إليك ومنهم من إن تأمنه بدينار لا يؤده إليك إلا ما دمت عليه قائما ذلك بأنهم قالوا ليس علينا في الأميين سبيل ويقولون على الله الكذب وهم يعلمون ٧٥ بلى من أوفى بعهده واتقى فإن الله يحب المتقين ٧٦ إن الذين يشترون بعهد الله وأيمانهم ثمنا قليلا أولئك لا خلاق لهم في الآخرة ولا يكلمهم الله ولا ينظر إليهم يوم القيامة ولا يزكيهم ولهم عذاب أليم ٧٧

3-3-60

وإن منهم لفريقا يلوون ألسنتهم بالكتاب لتحسبوه من الكتاب وما هو من الكتاب ويقولون هو من عند الله وما هو من عند الله ويقولون على الله الكذب وهم يعلمون ٧٨ ما كان لبشر أن يؤتيه الله الكتاب والحكم والنبوة ثم يقول للناس كونوا عبادا لي من دون الله ولكن كونوا ربانيين بما كنتم تعلمون الكتاب وبما كنتم تدرسون ٧٩ ولا يأمركم أن تتخذوا الملائكة والنبيين أربابا أيأمركم بالكفر بعد إذ أنتم مسلمون ٨٠ وإذ أخذ الله ميثاق النبيين لما آتيتكم من كتاب وحكمة ثم جاءكم رسول مصدق لما معكم لتؤمنن به ولتنصرنه قال أأقررتم وأخذتم على ذلكم إصري قالوا أقررنا قال فاشهدوا وأنا معكم من الشاهدين ٨١ فمن تولى بعد ذلك فأولئك هم الفاسقون ٨٢ أفغير دين الله يبغون وله أسلم من في السماوات والأرض طوعا وكرها وإليه يرجعون ٨٣

3-3-61

قل آمنا بالله وما أنزل علينا وما أنزل على إبراهيم وإسماعيل وإسحاق ويعقوب والأسباط وما أوتي موسى وعيسى والنبيون من ربهم لا نفرق بين أحد منهم ونحن له مسلمون ٨٤ ومن يبتغ غير الإسلام دينا فلن يقبل منه وهو في الآخرة من الخاسرين ٨٥ كيف يهدي الله قوما كفروا بعد إيمانهم وشهدوا أن الرسول حق وجاءهم البينات والله لا يهدي القوم الظالمين ٨٦ أولئك جزاؤهم أن عليهم لعنة الله والملائكة والناس أجمعين ٨٧ خالدين فيها لا يخفف عنهم العذاب ولا هم ينظرون ٨٨ إلا الذين تابوا من بعد ذلك وأصلحوا فإن الله غفور رحيم ٨٩ إن الذين كفروا بعد إيمانهم ثم ازدادوا كفرا لن تقبل توبتهم وأولئك هم الضالون ٩٠ إن الذين كفروا وماتوا وهم كفار فلن يقبل من أحدهم ملء الأرض ذهبا ولو افتدى به أولئك لهم عذاب أليم وما لهم من ناصرين ٩١

3-3-62

لن تنالوا البر حتى تنفقوا مما تحبون وما تنفقوا من شيء فإن الله به عليم ٩٢ كل الطعام كان حلا لبني إسرائيل إلا ما حرم إسرائيل على نفسه من قبل أن تنزل التوراة قل فأتوا بالتوراة فاتلوها إن كنتم صادقين ٩٣ فمن افترى على الله الكذب من بعد ذلك فأولئك هم الظالمون ٩٤ قل صدق الله فاتبعوا ملة إبراهيم حنيفا وما كان من المشركين ٩٥ إن أول بيت وضع للناس للذي ببكة مباركا وهدى للعالمين ٩٦ فيه آيات بينات مقام إبراهيم ومن دخله كان آمنا ولله على الناس حج البيت من استطاع إليه سبيلا ومن كفر فإن الله غني عن العالمين ٩٧ قل يا أهل الكتاب لم تكفرون بآيات الله والله شهيد على ما تعملون ٩٨ قل يا أهل الكتاب لم تصدون عن سبيل الله من آمن تبغونها عوجا وأنتم شهداء وما الله بغافل عما تعملون ٩٩ يا أيها الذين آمنوا إن تطيعوا فريقا من الذين أوتوا الكتاب يردوكم بعد إيمانكم كافرين ١٠٠

3-3-63

وكيف تكفرون وأنتم تتلى عليكم آيات الله وفيكم رسوله ومن يعتصم بالله فقد هدي إلى صراط مستقيم ١٠١ يا أيها الذين آمنوا اتقوا الله حق تقاته ولا تموتن إلا وأنتم مسلمون ١٠٢ واعتصموا بحبل الله جميعا ولا تفرقوا واذكروا نعمت الله عليكم إذ كنتم أعداء فألف بين قلوبكم فأصبحتم بنعمته إخوانا وكنتم على شفا حفرة من النار فأنقذكم منها كذلك يبين الله لكم آياته لعلكم تهتدون ١٠٣ ولتكن منكم أمة يدعون إلى الخير ويأمرون بالمعروف وينهون عن المنكر وأولئك هم المفلحون ١٠٤ ولا تكونوا كالذين تفرقوا واختلفوا من بعد ما جاءهم البينات وأولئك لهم عذاب عظيم ١٠٥ يوم تبيض وجوه وتسود وجوه فأما الذين اسودت وجوههم أكفرتم بعد إيمانكم فذوقوا العذاب بما كنتم تكفرون ١٠٦ وأما الذين ابيضت وجوههم ففي رحمة الله هم فيها خالدون ١٠٧ تلك آيات الله نتلوها عليك بالحق وما الله يريد ظلما للعالمين ١٠٨

4-3-64

ولله ما في السماوات وما في الأرض وإلى الله ترجع الأمور ١٠٩ كنتم خير أمة أخرجت للناس تأمرون بالمعروف وتنهون عن المنكر وتؤمنون بالله ولو آمن أهل الكتاب لكان خيرا لهم منهم المؤمنون وأكثرهم الفاسقون ١١٠ لن يضروكم إلا أذى وإن يقاتلوكم يولوكم الأدبار ثم لا ينصرون ١١١ ضربت عليهم الذلة أين ما ثقفوا إلا بحبل من الله وحبل من الناس وباءوا بغضب من الله وضربت عليهم المسكنة ذلك بأنهم كانوا يكفرون بآيات الله ويقتلون الأنبياء بغير حق ذلك بما عصوا وكانوا يعتدون ١١٢ ليسوا سواء من أهل الكتاب أمة قائمة يتلون آيات الله آناء الليل وهم يسجدون ١١٣ يؤمنون بالله واليوم الآخر ويأمرون بالمعروف وينهون عن المنكر ويسارعون في الخيرات وأولئك من الصالحين ١١٤ وما يفعلوا من خير فلن يكفروه والله عليم بالمتقين ١١٥

4-3-65

إن الذين كفروا لن تغني عنهم أموالهم ولا أولادهم من الله شيئا وأولئك أصحاب النار هم فيها خالدون ١١٦ مثل ما ينفقون في هذه الحياة الدنيا كمثل ريح فيها صر أصابت حرث قوم ظلموا أنفسهم فأهلكته وما ظلمهم الله ولكن أنفسهم يظلمون ١١٧ يا أيها الذين آمنوا لا تتخذوا بطانة من دونكم لا يألونكم خبالا ودوا ما عنتم قد بدت البغضاء من أفواههم وما تخفي صدورهم أكبر قد بينا لكم الآيات إن كنتم تعقلون ١١٨ ها أنتم أولاء تحبونهم ولا يحبونكم وتؤمنون بالكتاب كله وإذا لقوكم قالوا آمنا وإذا خلوا عضوا عليكم الأنامل من الغيظ قل موتوا بغيظكم إن الله عليم بذات الصدور ١١٩ إن تمسسكم حسنة تسؤهم وإن تصبكم سيئة يفرحوا بها وإن تصبروا وتتقوا لا يضركم كيدهم شيئا إن الله بما يعملون محيط ١٢٠ وإذ غدوت من أهلك تبوئ المؤمنين مقاعد للقتال والله سميع عليم ١٢١

4-3-66

إذ همت طائفتان منكم أن تفشلا والله وليهما وعلى الله فليتوكل المؤمنون ١٢٢ ولقد نصركم الله ببدر وأنتم أذلة فاتقوا الله لعلكم تشكرون ١٢٣ إذ تقول للمؤمنين ألن يكفيكم أن يمدكم ربكم بثلاثة آلاف من الملائكة منزلين ١٢٤ بلى إن تصبروا وتتقوا ويأتوكم من فورهم هذا يمددكم ربكم بخمسة آلاف من الملائكة مسومين ١٢٥ وما جعله الله إلا بشرى لكم ولتطمئن قلوبكم به وما النصر إلا من عند الله العزيز الحكيم ١٢٦ ليقطع طرفا من الذين كفروا أو يكبتهم فينقلبوا خائبين ١٢٧ ليس لك من الأمر شيء أو يتوب عليهم أو يعذبهم فإنهم ظالمون ١٢٨ ولله ما في السماوات وما في الأرض يغفر لمن يشاء ويعذب من يشاء والله غفور رحيم ١٢٩ يا أيها الذين آمنوا لا تأكلوا الربا أضعافا مضاعفة واتقوا الله لعلكم تفلحون ١٣٠ واتقوا النار التي أعدت للكافرين ١٣١ وأطيعوا الله والرسول لعلكم ترحمون ١٣٢

4-3-67

وسارعوا إلى مغفرة من ربكم وجنة عرضها السماوات والأرض أعدت للمتقين ١٣٣ الذين ينفقون في السراء والضراء والكاظمين الغيظ والعافين عن الناس والله يحب المحسنين ١٣٤ والذين إذا فعلوا فاحشة أو ظلموا أنفسهم ذكروا الله فاستغفروا لذنوبهم ومن يغفر الذنوب إلا الله ولم يصروا على ما فعلوا وهم يعلمون ١٣٥ أولئك جزاؤهم مغفرة من ربهم وجنات تجري من تحتها الأنهار خالدين فيها ونعم أجر العاملين ١٣٦ قد خلت من قبلكم سنن فسيروا في الأرض فانظروا كيف كان عاقبة المكذبين ١٣٧ هذا بيان للناس وهدى وموعظة للمتقين ١٣٨ ولا تهنوا ولا تحزنوا وأنتم الأعلون إن كنتم مؤمنين ١٣٩ إن يمسسكم قرح فقد مس القوم قرح مثله وتلك الأيام نداولها بين الناس وليعلم الله الذين آمنوا ويتخذ منكم شهداء والله لا يحب الظالمين ١٤٠

4-3-68
وليمحص الله الذين ءامنوا ويمحق الكافرين ١٤١
أم حسبتم أن تدخلوا الجنة ولما يعلم الله الذين جاهدوا منكم ويعلم الصابرين ١٤٢
ولقد كنتم تمنون الموت من قبل أن تلقوه فقد رأيتموه وأنتم تنظرون ١٤٣
وما محمد إلا رسول قد خلت من قبله الرسل أفإين مات أو قتل انقلبتم على أعقابكم ومن ينقلب على عقبيه فلن يضر الله شيئا وسيجزي الله الشاكرين ١٤٤
وما كان لنفس أن تموت إلا بإذن الله كتابا مؤجلا ومن يرد ثواب الدنيا نؤته منها ومن يرد ثواب الآخرة نؤته منها وسنجزي الشاكرين ١٤٥
وكأين من نبي قاتل معه ربيون كثير فما وهنوا لما أصابهم في سبيل الله وما ضعفوا وما استكانوا والله يحب الصابرين ١٤٦
وما كان قولهم إلا أن قالوا ربنا اغفر لنا ذنوبنا وإسرافنا في أمرنا وثبت أقدامنا وانصرنا على القوم الكافرين ١٤٧
فآتاهم الله ثواب الدنيا وحسن ثواب الآخرة والله يحب المحسنين ١٤٨
4-3-69
يا أيها الذين ءامنوا إن تطيعوا الذين كفروا يردوكم على أعقابكم فتنقلبوا خاسرين ١٤٩
بل الله مولاكم وهو خير الناصرين ١٥٠
سنلقي في قلوب الذين كفروا الرعب بما أشركوا بالله ما لم ينزل به سلطانا ومأواهم النار وبئس مثوى الظالمين ١٥١
ولقد صدقكم الله وعده إذ تحسونهم بإذنه حتى إذا فشلتم وتنازعتم في الأمر وعصيتم من بعد ما أراكم ما تحبون منكم من يريد الدنيا ومنكم من يريد الآخرة ثم صرفكم عنهم ليبتليكم ولقد عفا عنكم والله ذو فضل على المؤمنين ١٥٢
* إذ تصعدون ولا تلوون على أحد والرسول يدعوكم في أخراكم فأثابكم غما بغم لكيلا تحزنوا على ما فاتكم ولا ما أصابكم والله خبير بما تعملون ١٥٣
4-3-70
ثم أنزل عليكم من بعد الغم أمنة نعاسا يغشى طائفة منكم وطائفة قد أهمتهم أنفسهم يظنون بالله غير الحق ظن الجاهلية يقولون هل لنا من الأمر من شيء قل إن الأمر كله لله يخفون في أنفسهم ما لا يبدون لك يقولون لو كان لنا من الأمر شيء ما قتلنا ها هنا قل لو كنتم في بيوتكم لبرز الذين كتب عليهم القتل إلى مضاجعهم وليبتلي الله ما في صدوركم وليمحص ما في قلوبكم والله عليم بذات الصدور ١٥٤
إن الذين تولوا منكم يوم التقى الجمعان إنما استزلهم الشيطان ببعض ما كسبوا ولقد عفا الله عنهم إن الله غفور حليم ١٥٥
يا أيها الذين ءامنوا لا تكونوا كالذين كفروا وقالوا لإخوانهم إذا ضربوا في الأرض أو كانوا غزى لو كانوا عندنا ما ماتوا وما قتلوا ليجعل الله ذلك حسرة في قلوبهم والله يحيي ويميت والله بما تعملون بصير ١٥٦
ولئن قتلتم في سبيل الله أو متم لمغفرة من الله ورحمة خير مما يجمعون ١٥٧
ولئن متم أو قتلتم لإلى الله تحشرون ١٥٨
4-3-71
فبما رحمة من الله لنت لهم ولو كنت فظا غليظ القلب لانفضوا من حولك فاعف عنهم واستغفر لهم وشاورهم في الأمر فإذا عزمت فتوكل على الله إن الله يحب المتوكلين ١٥٩
إن ينصركم الله فلا غالب لكم وإن يخذلكم فمن ذا الذي ينصركم من بعده وعلى الله فليتوكل المؤمنون ١٦٠
وما كان لنبي أن يغل ومن يغلل يأت بما غل يوم القيامة ثم توفى كل نفس ما كسبت وهم لا يظلمون ١٦١
أفمن اتبع رضوان الله كمن باء بسخط من الله ومأواه جهنم وبئس المصير ١٦٢
هم درجات عند الله والله بصير بما يعملون ١٦٣
لقد من الله على المؤمنين إذ بعث فيهم رسولا من أنفسهم يتلوا عليهم ءاياته ويزكيهم ويعلمهم الكتاب والحكمة وإن كانوا من قبل لفي ضلال مبين ١٦٤
أولما أصابتكم مصيبة قد أصبتم مثليها قلتم أنى هذا قل هو من عند أنفسكم إن الله على كل شيء قدير ١٦٥
4-3-72
وما أصابكم يوم التقى الجمعان فبإذن الله وليعلم المؤمنين ١٦٦
وليعلم الذين نافقوا وقيل لهم تعالوا قاتلوا في سبيل الله أو ادفعوا قالوا لو نعلم قتالا لاتبعناكم هم للكفر يومئذ أقرب منهم للإيمان يقولون بأفواههم ما ليس في قلوبهم والله أعلم بما يكتمون ١٦٧
الذين قالوا لإخوانهم وقعدوا لو أطاعونا ما قتلوا قل فادرءوا عن أنفسكم الموت إن كنتم صادقين ١٦٨
ولا تحسبن الذين قتلوا في سبيل الله أمواتا بل أحياء عند ربهم يرزقون ١٦٩
فرحين بما ءاتاهم الله من فضله ويستبشرون بالذين لم يلحقوا بهم من خلفهم ألا خوف عليهم ولا هم يحزنون ١٧٠
* يستبشرون بنعمة من الله وفضل وأن الله لا يضيع أجر المؤمنين ١٧١
الذين استجابوا لله والرسول من بعد ما أصابهم القرح للذين أحسنوا منهم واتقوا أجر عظيم ١٧٢
الذين قال لهم الناس إن الناس قد جمعوا لكم فاخشوهم فزادهم إيمانا وقالوا حسبنا الله ونعم الوكيل ١٧٣
4-3-73
فانقلبوا بنعمة من الله وفضل لم يمسسهم سوء واتبعوا رضوان الله والله ذو فضل عظيم ١٧٤
إنما ذلكم الشيطان يخوف أولياءه فلا تخافوهم وخافون إن كنتم مؤمنين ١٧٥
ولا يحزنك الذين يسارعون في الكفر إنهم لن يضروا الله شيئا يريد الله ألا يجعل لهم حظا في الآخرة ولهم عذاب عظيم ١٧٦
إن الذين اشتروا الكفر بالإيمان لن يضروا الله شيئا ولهم عذاب أليم ١٧٧
ولا يحسبن الذين كفروا أنما نملي لهم خير لأنفسهم إنما نملي لهم ليزدادوا إثما ولهم عذاب مهين ١٧٨
ما كان الله ليذر المؤمنين على ما أنتم عليه حتى يميز الخبيث من الطيب وما كان الله ليطلعكم على الغيب ولكن الله يجتبي من رسله من يشاء فآمنوا بالله ورسله وإن تؤمنوا وتتقوا فلكم أجر عظيم ١٧٩
ولا يحسبن الذين يبخلون بما ءاتاهم الله من فضله هو خيرا لهم بل هو شر لهم سيطوقون ما بخلوا به يوم القيامة ولله ميراث السماوات والأرض والله بما تعملون خبير ١٨٠
4-3-74
لقد سمع الله قول الذين قالوا إن الله فقير ونحن أغنياء سنكتب ما قالوا وقتلهم الأنبياء بغير حق ونقول ذوقوا عذاب الحريق ١٨١
ذلك بما قدمت أيديكم وأن الله ليس بظلام للعبيد ١٨٢
الذين قالوا إن الله عهد إلينا ألا نؤمن لرسول حتى يأتينا بقربان تأكله النار قل قد جاءكم رسل من قبلي بالبينات وبالذي قلتم فلم قتلتموهم إن كنتم صادقين ١٨٣
فإن كذبوك فقد كذب رسل من قبلك جاءو بالبينات والزبر والكتاب المنير ١٨٤
كل نفس ذائقة الموت وإنما توفون أجوركم يوم القيامة فمن زحزح عن النار وأدخل الجنة فقد فاز وما الحياة الدنيا إلا متاع الغرور ١٨٥
* لتبلون في أموالكم وأنفسكم ولتسمعن من الذين أوتوا الكتاب من قبلكم ومن الذين أشركوا أذى كثيرا وإن تصبروا وتتقوا فإن ذلك من عزم الأمور ١٨٦
4-3-75
وإذ أخذ الله ميثاق الذين أوتوا الكتاب لتبيننه للناس ولا تكتمونه فنبذوه وراء ظهورهم واشتروا به ثمنا قليلا فبئس ما يشترون ١٨٧
لا تحسبن الذين يفرحون بما أتوا ويحبون أن يحمدوا بما لم يفعلوا فلا تحسبنهم بمفازة من العذاب ولهم عذاب أليم ١٨٨
ولله ملك السماوات والأرض والله على كل شيء قدير ١٨٩
إن في خلق السماوات والأرض واختلاف الليل والنهار لآيات لأولي الألباب ١٩٠
الذين يذكرون الله قياما وقعودا وعلى جنوبهم ويتفكرون في خلق السماوات والأرض ربنا ما خلقت هذا باطلا سبحانك فقنا عذاب النار ١٩١
ربنا إنك من تدخل النار فقد أخزيته وما للظالمين من أنصار ١٩٢
ربنا إننا سمعنا مناديا ينادي للإيمان أن ءامنوا بربكم فآمنا ربنا فاغفر لنا ذنوبنا وكفر عنا سيئاتنا وتوفنا مع الأبرار ١٩٣
ربنا وءاتنا ما وعدتنا على رسلك ولا تخزنا يوم القيامة إنك لا تخلف الميعاد ١٩٤
4-3-76
فاستجاب لهم ربهم أني لا أضيع عمل عامل منكم من ذكر أو أنثى بعضكم من بعض فالذين هاجروا وأخرجوا من ديارهم وأوذوا في سبيلي وقاتلوا وقتلوا لأكفرن عنهم سيئاتهم ولأدخلنهم جنات تجري من تحتها الأنهار ثوابا من عند الله والله عنده حسن الثواب ١٩٥
لا يغرنك تقلب الذين كفروا في البلاد ١٩٦
متاع قليل ثم مأواهم جهنم وبئس المهاد ١٩٧
لكن الذين اتقوا ربهم لهم جنات تجري من تحتها الأنهار خالدين فيها نزلا من عند الله وما عند الله خير للأبرار ١٩٨
وإن من أهل الكتاب لمن يؤمن بالله وما أنزل إليكم وما أنزل إليهم خاشعين لله لا يشترون بآيات الله ثمنا قليلا أولئك لهم أجرهم عند ربهم إن الله سريع الحساب ١٩٩
يا أيها الذين ءامنوا اصبروا وصابروا ورابطوا واتقوا الله لعلكم تفلحون ٢٠٠

4-3-77

سورة النساء

بسم الله الرحمن الرحيم

يا أيها الناس اتقوا ربكم الذي خلقكم من نفس واحدة وخلق منها زوجها وبث منهما رجالا كثيرا ونساء واتقوا الله الذي تساءلون به والأرحام إن الله كان عليكم رقيبا ١
وءاتوا اليتامى أموالهم ولا تتبدلوا الخبيث بالطيب ولا تأكلوا أموالهم إلى أموالكم إنه كان حوبا كبيرا ٢
وإن خفتم ألا تقسطوا في اليتامى فانكحوا ما طاب لكم من النساء مثنى وثلاث ورباع فإن خفتم ألا تعدلوا فواحدة أو ما ملكت أيمانكم ذلك أدنى ألا تعولوا ٣
وءاتوا النساء صدقاتهن نحلة فإن طبن لكم عن شيء منه نفسا فكلوه هنيئا مريئا ٤
ولا تؤتوا السفهاء أموالكم التي جعل الله لكم قياما وارزقوهم فيها واكسوهم وقولوا لهم قولا معروفا ٥
وابتلوا اليتامى حتى إذا بلغوا النكاح فإن ءانستم منهم رشدا فادفعوا إليهم أموالهم ولا تأكلوها إسرافا وبدارا أن يكبروا ومن كان غنيا فليستعفف ومن كان فقيرا فليأكل بالمعروف فإذا دفعتم إليهم أموالهم فأشهدوا عليهم وكفى بالله حسيبا ٦
4-4-78
للرجال نصيب مما ترك الوالدان والأقربون وللنساء نصيب مما ترك الوالدان والأقربون مما قل منه أو كثر نصيبا مفروضا ٧
وإذا حضر القسمة أولوا القربى واليتامى والمساكين فارزقوهم منه وقولوا لهم قولا معروفا ٨
وليخش الذين لو تركوا من خلفهم ذرية ضعافا خافوا عليهم فليتقوا الله وليقولوا قولا سديدا ٩
إن الذين يأكلون أموال اليتامى ظلما إنما يأكلون في بطونهم نارا وسيصلون سعيرا ١٠
يوصيكم الله في أولادكم للذكر مثل حظ الأنثيين فإن كن نساء فوق اثنتين فلهن ثلثا ما ترك وإن كانت واحدة فلها النصف ولأبويه لكل واحد منهما السدس مما ترك إن كان له ولد فإن لم يكن له ولد وورثه أبواه فلأمه الثلث فإن كان له إخوة فلأمه السدس من بعد وصية يوصي بها أو دين ءاباؤكم وأبناؤكم لا تدرون أيهم أقرب لكم نفعا فريضة من الله إن الله كان عليما حكيما ١١
4-4-79
* ولكم نصف ما ترك أزواجكم إن لم يكن لهن ولد فإن كان لهن ولد فلكم الربع مما تركن من بعد وصية يوصين بها أو دين ولهن الربع مما تركتم إن لم يكن لكم ولد فإن كان لكم ولد فلهن الثمن مما تركتم من بعد وصية توصون بها أو دين وإن كان رجل يورث كلالة أو امرأة وله أخ أو أخت فلكل واحد منهما السدس فإن كانوا أكثر من ذلك فهم شركاء في الثلث من بعد وصية يوصى بها أو دين غير مضار وصية من الله والله عليم حليم ١٢
تلك حدود الله ومن يطع الله ورسوله يدخله جنات تجري من تحتها الأنهار خالدين فيها وذلك الفوز العظيم ١٣
ومن يعص الله ورسوله ويتعد حدوده يدخله نارا خالدا فيها وله عذاب مهين ١٤
4-4-80
واللاتي يأتين الفاحشة من نسائكم فاستشهدوا عليهن أربعة منكم فإن شهدوا فأمسكوهن في البيوت حتى يتوفاهن الموت أو يجعل الله لهن سبيلا ١٥
واللذان يأتيانها منكم فآذوهما فإن تابا وأصلحا فأعرضوا عنهما إن الله كان توابا رحيما ١٦
إنما التوبة على الله للذين يعملون السوء بجهالة ثم يتوبون من قريب فأولئك يتوب الله عليهم وكان الله عليما حكيما ١٧
وليست التوبة للذين يعملون السيئات حتى إذا حضر أحدهم الموت قال إني تبت الآن ولا الذين يموتون وهم كفار أولئك أعتدنا لهم عذابا أليما ١٨
يا أيها الذين ءامنوا لا يحل لكم أن ترثوا النساء كرها ولا تعضلوهن لتذهبوا ببعض ما ءاتيتموهن إلا أن يأتين بفاحشة مبينة وعاشروهن بالمعروف فإن كرهتموهن فعسى أن تكرهوا شيئا ويجعل الله فيه خيرا كثيرا ١٩
4-4-81
وإن أردتم استبدال زوج مكان زوج وءاتيتم إحداهن قنطارا فلا تأخذوا منه شيئا أتأخذونه بهتانا وإثما مبينا ٢٠
وكيف تأخذونه وقد أفضى بعضكم إلى بعض وأخذن منكم ميثاقا غليظا ٢١
ولا تنكحوا ما نكح ءاباؤكم من النساء إلا ما قد سلف إنه كان فاحشة ومقتا وساء سبيلا ٢٢
حرمت عليكم أمهاتكم وبناتكم وأخواتكم وعماتكم وخالاتكم وبنات الأخ وبنات الأخت وأمهاتكم اللاتي أرضعنكم وأخواتكم من الرضاعة وأمهات نسائكم وربائبكم اللاتي في حجوركم من نسائكم اللاتي دخلتم بهن فإن لم تكونوا دخلتم بهن فلا جناح عليكم وحلائل أبنائكم الذين من أصلابكم وأن تجمعوا بين الأختين إلا ما قد سلف إن الله كان غفورا رحيما ٢٣

5-4-82 ۞ وَالْمُحْصَنَاتُ مِنَ النِّسَاءِ إِلَّا مَا مَلَكَتْ أَيْمَانُكُمْ
كِتَابَ اللَّهِ عَلَيْكُمْ وَأُحِلَّ لَكُمْ مَا وَرَاءَ ذَٰلِكُمْ أَنْ تَبْتَغُوا
بِأَمْوَالِكُمْ مُحْصِنِينَ غَيْرَ مُسَافِحِينَ فَمَا اسْتَمْتَعْتُمْ بِهِ
مِنْهُنَّ فَآتُوهُنَّ أُجُورَهُنَّ فَرِيضَةً وَلَا جُنَاحَ عَلَيْكُمْ فِيمَا
تَرَاضَيْتُمْ بِهِ مِنْ بَعْدِ الْفَرِيضَةِ إِنَّ اللَّهَ كَانَ عَلِيمًا
حَكِيمًا ﴿٢٤﴾ وَمَنْ لَمْ يَسْتَطِعْ مِنْكُمْ طَوْلًا أَنْ يَنْكِحَ
الْمُحْصَنَاتِ الْمُؤْمِنَاتِ فَمِنْ مَا مَلَكَتْ أَيْمَانُكُمْ مِنْ
فَتَيَاتِكُمُ الْمُؤْمِنَاتِ وَاللَّهُ أَعْلَمُ بِإِيمَانِكُمْ بَعْضُكُمْ
مِنْ بَعْضٍ فَانْكِحُوهُنَّ بِإِذْنِ أَهْلِهِنَّ وَآتُوهُنَّ أُجُورَهُنَّ
بِالْمَعْرُوفِ مُحْصَنَاتٍ غَيْرَ مُسَافِحَاتٍ وَلَا مُتَّخِذَاتِ
أَخْدَانٍ فَإِذَا أُحْصِنَّ فَإِنْ أَتَيْنَ بِفَاحِشَةٍ فَعَلَيْهِنَّ نِصْفُ
مَا عَلَى الْمُحْصَنَاتِ مِنَ الْعَذَابِ ذَٰلِكَ لِمَنْ خَشِيَ الْعَنَتَ
مِنْكُمْ وَأَنْ تَصْبِرُوا خَيْرٌ لَكُمْ وَاللَّهُ غَفُورٌ رَحِيمٌ ﴿٢٥﴾
يُرِيدُ اللَّهُ لِيُبَيِّنَ لَكُمْ وَيَهْدِيَكُمْ سُنَنَ الَّذِينَ
مِنْ قَبْلِكُمْ وَيَتُوبَ عَلَيْكُمْ وَاللَّهُ عَلِيمٌ حَكِيمٌ ﴿٢٦﴾
5-4-83 وَاللَّهُ يُرِيدُ أَنْ يَتُوبَ عَلَيْكُمْ وَيُرِيدُ الَّذِينَ يَتَّبِعُونَ
الشَّهَوَاتِ أَنْ تَمِيلُوا مَيْلًا عَظِيمًا ﴿٢٧﴾ يُرِيدُ اللَّهُ أَنْ يُخَفِّفَ
عَنْكُمْ وَخُلِقَ الْإِنْسَانُ ضَعِيفًا ﴿٢٨﴾ يَا أَيُّهَا الَّذِينَ آمَنُوا
لَا تَأْكُلُوا أَمْوَالَكُمْ بَيْنَكُمْ بِالْبَاطِلِ إِلَّا أَنْ تَكُونَ
تِجَارَةً عَنْ تَرَاضٍ مِنْكُمْ وَلَا تَقْتُلُوا أَنْفُسَكُمْ إِنَّ
اللَّهَ كَانَ بِكُمْ رَحِيمًا ﴿٢٩﴾ وَمَنْ يَفْعَلْ ذَٰلِكَ عُدْوَانًا
وَظُلْمًا فَسَوْفَ نُصْلِيهِ نَارًا وَكَانَ ذَٰلِكَ عَلَى اللَّهِ
يَسِيرًا ﴿٣٠﴾ إِنْ تَجْتَنِبُوا كَبَائِرَ مَا تُنْهَوْنَ عَنْهُ نُكَفِّرْ
عَنْكُمْ سَيِّئَاتِكُمْ وَنُدْخِلْكُمْ مُدْخَلًا كَرِيمًا ﴿٣١﴾
وَلَا تَتَمَنَّوْا مَا فَضَّلَ اللَّهُ بِهِ بَعْضَكُمْ عَلَىٰ بَعْضٍ لِلرِّجَالِ
نَصِيبٌ مِمَّا اكْتَسَبُوا وَلِلنِّسَاءِ نَصِيبٌ مِمَّا اكْتَسَبْنَ
وَاسْأَلُوا اللَّهَ مِنْ فَضْلِهِ إِنَّ اللَّهَ كَانَ بِكُلِّ شَيْءٍ
عَلِيمًا ﴿٣٢﴾ وَلِكُلٍّ جَعَلْنَا مَوَالِيَ مِمَّا تَرَكَ الْوَالِدَانِ
وَالْأَقْرَبُونَ وَالَّذِينَ عَقَدَتْ أَيْمَانُكُمْ فَآتُوهُمْ
نَصِيبَهُمْ إِنَّ اللَّهَ كَانَ عَلَىٰ كُلِّ شَيْءٍ شَهِيدًا ﴿٣٣﴾
5-4-84 الرِّجَالُ قَوَّامُونَ عَلَى النِّسَاءِ بِمَا فَضَّلَ اللَّهُ بَعْضَهُمْ عَلَىٰ
بَعْضٍ وَبِمَا أَنْفَقُوا مِنْ أَمْوَالِهِمْ فَالصَّالِحَاتُ قَانِتَاتٌ
حَافِظَاتٌ لِلْغَيْبِ بِمَا حَفِظَ اللَّهُ وَاللَّاتِي تَخَافُونَ
نُشُوزَهُنَّ فَعِظُوهُنَّ وَاهْجُرُوهُنَّ فِي الْمَضَاجِعِ
وَاضْرِبُوهُنَّ فَإِنْ أَطَعْنَكُمْ فَلَا تَبْغُوا عَلَيْهِنَّ سَبِيلًا
إِنَّ اللَّهَ كَانَ عَلِيًّا كَبِيرًا ﴿٣٤﴾ وَإِنْ خِفْتُمْ شِقَاقَ بَيْنِهِمَا
فَابْعَثُوا حَكَمًا مِنْ أَهْلِهِ وَحَكَمًا مِنْ أَهْلِهَا إِنْ
يُرِيدَا إِصْلَاحًا يُوَفِّقِ اللَّهُ بَيْنَهُمَا إِنَّ اللَّهَ كَانَ عَلِيمًا
خَبِيرًا ﴿٣٥﴾ ۞ وَاعْبُدُوا اللَّهَ وَلَا تُشْرِكُوا بِهِ شَيْئًا
وَبِالْوَالِدَيْنِ إِحْسَانًا وَبِذِي الْقُرْبَىٰ وَالْيَتَامَىٰ وَالْمَسَاكِينِ
وَالْجَارِ ذِي الْقُرْبَىٰ وَالْجَارِ الْجُنُبِ وَالصَّاحِبِ بِالْجَنْبِ
وَابْنِ السَّبِيلِ وَمَا مَلَكَتْ أَيْمَانُكُمْ إِنَّ اللَّهَ
لَا يُحِبُّ مَنْ كَانَ مُخْتَالًا فَخُورًا ﴿٣٦﴾ الَّذِينَ يَبْخَلُونَ
وَيَأْمُرُونَ النَّاسَ بِالْبُخْلِ وَيَكْتُمُونَ مَا آتَاهُمُ
اللَّهُ مِنْ فَضْلِهِ وَأَعْتَدْنَا لِلْكَافِرِينَ عَذَابًا مُهِينًا ﴿٣٧﴾
5-4-85 وَالَّذِينَ يُنْفِقُونَ أَمْوَالَهُمْ رِئَاءَ النَّاسِ وَلَا يُؤْمِنُونَ بِاللَّهِ
وَلَا بِالْيَوْمِ الْآخِرِ وَمَنْ يَكُنِ الشَّيْطَانُ لَهُ قَرِينًا فَسَاءَ
قَرِينًا ﴿٣٨﴾ وَمَاذَا عَلَيْهِمْ لَوْ آمَنُوا بِاللَّهِ وَالْيَوْمِ الْآخِرِ وَأَنْفَقُوا
مِمَّا رَزَقَهُمُ اللَّهُ وَكَانَ اللَّهُ بِهِمْ عَلِيمًا ﴿٣٩﴾ إِنَّ اللَّهَ لَا يَظْلِمُ
مِثْقَالَ ذَرَّةٍ وَإِنْ تَكُ حَسَنَةً يُضَاعِفْهَا وَيُؤْتِ مِنْ لَدُنْهُ
أَجْرًا عَظِيمًا ﴿٤٠﴾ فَكَيْفَ إِذَا جِئْنَا مِنْ كُلِّ أُمَّةٍ بِشَهِيدٍ
وَجِئْنَا بِكَ عَلَىٰ هَٰؤُلَاءِ شَهِيدًا ﴿٤١﴾ يَوْمَئِذٍ يَوَدُّ الَّذِينَ
كَفَرُوا وَعَصَوُا الرَّسُولَ لَوْ تُسَوَّىٰ بِهِمُ الْأَرْضُ وَلَا يَكْتُمُونَ
اللَّهَ حَدِيثًا ﴿٤٢﴾ يَا أَيُّهَا الَّذِينَ آمَنُوا لَا تَقْرَبُوا الصَّلَاةَ وَأَنْتُمْ
سُكَارَىٰ حَتَّىٰ تَعْلَمُوا مَا تَقُولُونَ وَلَا جُنُبًا إِلَّا عَابِرِي
سَبِيلٍ حَتَّىٰ تَغْتَسِلُوا وَإِنْ كُنْتُمْ مَرْضَىٰ أَوْ عَلَىٰ سَفَرٍ أَوْ جَاءَ
أَحَدٌ مِنْكُمْ مِنَ الْغَائِطِ أَوْ لَامَسْتُمُ النِّسَاءَ فَلَمْ تَجِدُوا مَاءً
فَتَيَمَّمُوا صَعِيدًا طَيِّبًا فَامْسَحُوا بِوُجُوهِكُمْ وَأَيْدِيكُمْ
إِنَّ اللَّهَ كَانَ عَفُوًّا غَفُورًا ﴿٤٣﴾ أَلَمْ تَرَ إِلَى الَّذِينَ أُوتُوا نَصِيبًا مِنَ
الْكِتَابِ يَشْتَرُونَ الضَّلَالَةَ وَيُرِيدُونَ أَنْ تَضِلُّوا السَّبِيلَ ﴿٤٤﴾
وَاللَّهُ أَعْلَمُ بِأَعْدَائِكُمْ وَكَفَىٰ بِاللَّهِ وَلِيًّا وَكَفَىٰ بِاللَّهِ نَصِيرًا ﴿٤٥﴾
5-4-86 مِنَ الَّذِينَ هَادُوا يُحَرِّفُونَ الْكَلِمَ عَنْ مَوَاضِعِهِ وَيَقُولُونَ
سَمِعْنَا وَعَصَيْنَا وَاسْمَعْ غَيْرَ مُسْمَعٍ وَرَاعِنَا لَيًّا بِأَلْسِنَتِهِمْ
وَطَعْنًا فِي الدِّينِ وَلَوْ أَنَّهُمْ قَالُوا سَمِعْنَا وَأَطَعْنَا وَاسْمَعْ وَانْظُرْنَا
لَكَانَ خَيْرًا لَهُمْ وَأَقْوَمَ وَلَٰكِنْ لَعَنَهُمُ اللَّهُ بِكُفْرِهِمْ فَلَا يُؤْمِنُونَ

إِلَّا قَلِيلًا ﴿٤٦﴾ يَا أَيُّهَا الَّذِينَ أُوتُوا الْكِتَابَ آمِنُوا بِمَا نَزَّلْنَا
مُصَدِّقًا لِمَا مَعَكُمْ مِنْ قَبْلِ أَنْ نَطْمِسَ وُجُوهًا فَنَرُدَّهَا
عَلَىٰ أَدْبَارِهَا أَوْ نَلْعَنَهُمْ كَمَا لَعَنَّا أَصْحَابَ السَّبْتِ وَكَانَ أَمْرُ
اللَّهِ مَفْعُولًا ﴿٤٧﴾ إِنَّ اللَّهَ لَا يَغْفِرُ أَنْ يُشْرَكَ بِهِ وَيَغْفِرُ مَا دُونَ
ذَٰلِكَ لِمَنْ يَشَاءُ وَمَنْ يُشْرِكْ بِاللَّهِ فَقَدِ افْتَرَىٰ إِثْمًا عَظِيمًا ﴿٤٨﴾
أَلَمْ تَرَ إِلَى الَّذِينَ يُزَكُّونَ أَنْفُسَهُمْ بَلِ اللَّهُ يُزَكِّي مَنْ يَشَاءُ
وَلَا يُظْلَمُونَ فَتِيلًا ﴿٤٩﴾ انْظُرْ كَيْفَ يَفْتَرُونَ عَلَى اللَّهِ الْكَذِبَ
وَكَفَىٰ بِهِ إِثْمًا مُبِينًا ﴿٥٠﴾ أَلَمْ تَرَ إِلَى الَّذِينَ أُوتُوا نَصِيبًا
مِنَ الْكِتَابِ يُؤْمِنُونَ بِالْجِبْتِ وَالطَّاغُوتِ وَيَقُولُونَ
لِلَّذِينَ كَفَرُوا هَٰؤُلَاءِ أَهْدَىٰ مِنَ الَّذِينَ آمَنُوا سَبِيلًا ﴿٥١﴾
5-4-87 أُولَٰئِكَ الَّذِينَ لَعَنَهُمُ اللَّهُ وَمَنْ يَلْعَنِ اللَّهُ فَلَنْ تَجِدَ لَهُ نَصِيرًا ﴿٥٢﴾
أَمْ لَهُمْ نَصِيبٌ مِنَ الْمُلْكِ فَإِذًا لَا يُؤْتُونَ النَّاسَ نَقِيرًا ﴿٥٣﴾ أَمْ
يَحْسُدُونَ النَّاسَ عَلَىٰ مَا آتَاهُمُ اللَّهُ مِنْ فَضْلِهِ فَقَدْ آتَيْنَا
آلَ إِبْرَاهِيمَ الْكِتَابَ وَالْحِكْمَةَ وَآتَيْنَاهُمْ مُلْكًا عَظِيمًا ﴿٥٤﴾
فَمِنْهُمْ مَنْ آمَنَ بِهِ وَمِنْهُمْ مَنْ صَدَّ عَنْهُ وَكَفَىٰ بِجَهَنَّمَ سَعِيرًا ﴿٥٥﴾
إِنَّ الَّذِينَ كَفَرُوا بِآيَاتِنَا سَوْفَ نُصْلِيهِمْ نَارًا كُلَّمَا نَضِجَتْ
جُلُودُهُمْ بَدَّلْنَاهُمْ جُلُودًا غَيْرَهَا لِيَذُوقُوا الْعَذَابَ إِنَّ اللَّهَ كَانَ
عَزِيزًا حَكِيمًا ﴿٥٦﴾ وَالَّذِينَ آمَنُوا وَعَمِلُوا الصَّالِحَاتِ سَنُدْخِلُهُمْ
جَنَّاتٍ تَجْرِي مِنْ تَحْتِهَا الْأَنْهَارُ خَالِدِينَ فِيهَا أَبَدًا لَهُمْ فِيهَا
أَزْوَاجٌ مُطَهَّرَةٌ وَنُدْخِلُهُمْ ظِلًّا ظَلِيلًا ﴿٥٧﴾ ۞ إِنَّ اللَّهَ يَأْمُرُكُمْ
أَنْ تُؤَدُّوا الْأَمَانَاتِ إِلَىٰ أَهْلِهَا وَإِذَا حَكَمْتُمْ بَيْنَ النَّاسِ أَنْ
تَحْكُمُوا بِالْعَدْلِ إِنَّ اللَّهَ نِعِمَّا يَعِظُكُمْ بِهِ إِنَّ اللَّهَ كَانَ سَمِيعًا
بَصِيرًا ﴿٥٨﴾ يَا أَيُّهَا الَّذِينَ آمَنُوا أَطِيعُوا اللَّهَ وَأَطِيعُوا الرَّسُولَ وَأُولِي
الْأَمْرِ مِنْكُمْ فَإِنْ تَنَازَعْتُمْ فِي شَيْءٍ فَرُدُّوهُ إِلَى اللَّهِ وَالرَّسُولِ إِنْ كُنْتُمْ
تُؤْمِنُونَ بِاللَّهِ وَالْيَوْمِ الْآخِرِ ذَٰلِكَ خَيْرٌ وَأَحْسَنُ تَأْوِيلًا ﴿٥٩﴾
5-4-88 أَلَمْ تَرَ إِلَى الَّذِينَ يَزْعُمُونَ أَنَّهُمْ آمَنُوا بِمَا أُنْزِلَ إِلَيْكَ
وَمَا أُنْزِلَ مِنْ قَبْلِكَ يُرِيدُونَ أَنْ يَتَحَاكَمُوا إِلَى الطَّاغُوتِ
وَقَدْ أُمِرُوا أَنْ يَكْفُرُوا بِهِ وَيُرِيدُ الشَّيْطَانُ أَنْ يُضِلَّهُمْ
ضَلَالًا بَعِيدًا ﴿٦٠﴾ وَإِذَا قِيلَ لَهُمْ تَعَالَوْا إِلَىٰ مَا أَنْزَلَ
اللَّهُ وَإِلَى الرَّسُولِ رَأَيْتَ الْمُنَافِقِينَ يَصُدُّونَ عَنْكَ
صُدُودًا ﴿٦١﴾ فَكَيْفَ إِذَا أَصَابَتْهُمْ مُصِيبَةٌ بِمَا
قَدَّمَتْ أَيْدِيهِمْ ثُمَّ جَاءُوكَ يَحْلِفُونَ بِاللَّهِ إِنْ أَرَدْنَا إِلَّا
إِحْسَانًا وَتَوْفِيقًا ﴿٦٢﴾ أُولَٰئِكَ الَّذِينَ يَعْلَمُ اللَّهُ مَا
فِي قُلُوبِهِمْ فَأَعْرِضْ عَنْهُمْ وَعِظْهُمْ وَقُلْ لَهُمْ فِي
أَنْفُسِهِمْ قَوْلًا بَلِيغًا ﴿٦٣﴾ وَمَا أَرْسَلْنَا مِنْ رَسُولٍ إِلَّا
لِيُطَاعَ بِإِذْنِ اللَّهِ وَلَوْ أَنَّهُمْ إِذْ ظَلَمُوا أَنْفُسَهُمْ
جَاءُوكَ فَاسْتَغْفَرُوا اللَّهَ وَاسْتَغْفَرَ لَهُمُ الرَّسُولُ
لَوَجَدُوا اللَّهَ تَوَّابًا رَحِيمًا ﴿٦٤﴾ فَلَا وَرَبِّكَ لَا يُؤْمِنُونَ
حَتَّىٰ يُحَكِّمُوكَ فِيمَا شَجَرَ بَيْنَهُمْ ثُمَّ لَا يَجِدُوا فِي
أَنْفُسِهِمْ حَرَجًا مِمَّا قَضَيْتَ وَيُسَلِّمُوا تَسْلِيمًا ﴿٦٥﴾
5-4-89 وَلَوْ أَنَّا كَتَبْنَا عَلَيْهِمْ أَنِ اقْتُلُوا أَنْفُسَكُمْ أَوِ اخْرُجُوا مِنْ
دِيَارِكُمْ مَا فَعَلُوهُ إِلَّا قَلِيلٌ مِنْهُمْ وَلَوْ أَنَّهُمْ فَعَلُوا مَا يُوعَظُونَ
بِهِ لَكَانَ خَيْرًا لَهُمْ وَأَشَدَّ تَثْبِيتًا ﴿٦٦﴾ وَإِذًا لَآتَيْنَاهُمْ
مِنْ لَدُنَّا أَجْرًا عَظِيمًا ﴿٦٧﴾ وَلَهَدَيْنَاهُمْ صِرَاطًا مُسْتَقِيمًا ﴿٦٨﴾
وَمَنْ يُطِعِ اللَّهَ وَالرَّسُولَ فَأُولَٰئِكَ مَعَ الَّذِينَ أَنْعَمَ اللَّهُ
عَلَيْهِمْ مِنَ النَّبِيِّينَ وَالصِّدِّيقِينَ وَالشُّهَدَاءِ وَالصَّالِحِينَ
وَحَسُنَ أُولَٰئِكَ رَفِيقًا ﴿٦٩﴾ ذَٰلِكَ الْفَضْلُ مِنَ اللَّهِ وَكَفَىٰ
بِاللَّهِ عَلِيمًا ﴿٧٠﴾ يَا أَيُّهَا الَّذِينَ آمَنُوا خُذُوا حِذْرَكُمْ
فَانْفِرُوا ثُبَاتٍ أَوِ انْفِرُوا جَمِيعًا ﴿٧١﴾ وَإِنَّ مِنْكُمْ لَمَنْ لَيُبَطِّئَنَّ
فَإِنْ أَصَابَتْكُمْ مُصِيبَةٌ قَالَ قَدْ أَنْعَمَ اللَّهُ عَلَيَّ إِذْ لَمْ أَكُنْ
مَعَهُمْ شَهِيدًا ﴿٧٢﴾ وَلَئِنْ أَصَابَكُمْ فَضْلٌ مِنَ اللَّهِ لَيَقُولَنَّ كَأَنْ
لَمْ تَكُنْ بَيْنَكُمْ وَبَيْنَهُ مَوَدَّةٌ يَا لَيْتَنِي كُنْتُ مَعَهُمْ
فَأَفُوزَ فَوْزًا عَظِيمًا ﴿٧٣﴾ ۞ فَلْيُقَاتِلْ فِي سَبِيلِ اللَّهِ الَّذِينَ
يَشْرُونَ الْحَيَاةَ الدُّنْيَا بِالْآخِرَةِ وَمَنْ يُقَاتِلْ فِي سَبِيلِ
اللَّهِ فَيُقْتَلْ أَوْ يَغْلِبْ فَسَوْفَ نُؤْتِيهِ أَجْرًا عَظِيمًا ﴿٧٤﴾
5-4-90 وَمَا لَكُمْ لَا تُقَاتِلُونَ فِي سَبِيلِ اللَّهِ وَالْمُسْتَضْعَفِينَ مِنَ الرِّجَالِ
وَالنِّسَاءِ وَالْوِلْدَانِ الَّذِينَ يَقُولُونَ رَبَّنَا أَخْرِجْنَا مِنْ هَٰذِهِ الْقَرْيَةِ الظَّالِمِ
أَهْلُهَا وَاجْعَلْ لَنَا مِنْ لَدُنْكَ وَلِيًّا وَاجْعَلْ لَنَا مِنْ لَدُنْكَ نَصِيرًا ﴿٧٥﴾
الَّذِينَ آمَنُوا يُقَاتِلُونَ فِي سَبِيلِ اللَّهِ وَالَّذِينَ كَفَرُوا يُقَاتِلُونَ فِي
سَبِيلِ الطَّاغُوتِ فَقَاتِلُوا أَوْلِيَاءَ الشَّيْطَانِ إِنَّ كَيْدَ الشَّيْطَانِ
كَانَ ضَعِيفًا ﴿٧٦﴾ أَلَمْ تَرَ إِلَى الَّذِينَ قِيلَ لَهُمْ كُفُّوا أَيْدِيَكُمْ وَأَقِيمُوا
الصَّلَاةَ وَآتُوا الزَّكَاةَ فَلَمَّا كُتِبَ عَلَيْهِمُ الْقِتَالُ إِذَا فَرِيقٌ مِنْهُمْ
يَخْشَوْنَ النَّاسَ كَخَشْيَةِ اللَّهِ أَوْ أَشَدَّ خَشْيَةً وَقَالُوا رَبَّنَا لِمَ كَتَبْتَ
عَلَيْنَا الْقِتَالَ لَوْلَا أَخَّرْتَنَا إِلَىٰ أَجَلٍ قَرِيبٍ قُلْ مَتَاعُ الدُّنْيَا قَلِيلٌ
وَالْآخِرَةُ خَيْرٌ لِمَنِ اتَّقَىٰ وَلَا تُظْلَمُونَ فَتِيلًا ﴿٧٧﴾ أَيْنَمَا تَكُونُوا

يُدْرِكْكُمُ الْمَوْتُ وَلَوْ كُنْتُمْ فِي بُرُوجٍ مُشَيَّدَةٍ وَإِنْ تُصِبْهُمْ حَسَنَةٌ
يَقُولُوا هَٰذِهِ مِنْ عِنْدِ اللَّهِ وَإِنْ تُصِبْهُمْ سَيِّئَةٌ يَقُولُوا هَٰذِهِ مِنْ
عِنْدِكَ قُلْ كُلٌّ مِنْ عِنْدِ اللَّهِ فَمَالِ هَٰؤُلَاءِ الْقَوْمِ لَا يَكَادُونَ يَفْقَهُونَ
حَدِيثًا ﴿٧٨﴾ مَا أَصَابَكَ مِنْ حَسَنَةٍ فَمِنَ اللَّهِ وَمَا أَصَابَكَ مِنْ سَيِّئَةٍ
فَمِنْ نَفْسِكَ وَأَرْسَلْنَاكَ لِلنَّاسِ رَسُولًا وَكَفَىٰ بِاللَّهِ شَهِيدًا ﴿٧٩﴾
5-4-91 مَنْ يُطِعِ الرَّسُولَ فَقَدْ أَطَاعَ اللَّهَ وَمَنْ تَوَلَّىٰ فَمَا أَرْسَلْنَاكَ
عَلَيْهِمْ حَفِيظًا ﴿٨٠﴾ وَيَقُولُونَ طَاعَةٌ فَإِذَا بَرَزُوا مِنْ عِنْدِكَ
بَيَّتَ طَائِفَةٌ مِنْهُمْ غَيْرَ الَّذِي تَقُولُ وَاللَّهُ يَكْتُبُ مَا يُبَيِّتُونَ
فَأَعْرِضْ عَنْهُمْ وَتَوَكَّلْ عَلَى اللَّهِ وَكَفَىٰ بِاللَّهِ وَكِيلًا ﴿٨١﴾
أَفَلَا يَتَدَبَّرُونَ الْقُرْآنَ وَلَوْ كَانَ مِنْ عِنْدِ غَيْرِ اللَّهِ
لَوَجَدُوا فِيهِ اخْتِلَافًا كَثِيرًا ﴿٨٢﴾ وَإِذَا جَاءَهُمْ أَمْرٌ مِنَ الْأَمْنِ
أَوِ الْخَوْفِ أَذَاعُوا بِهِ وَلَوْ رَدُّوهُ إِلَى الرَّسُولِ وَإِلَىٰ أُولِي الْأَمْرِ
مِنْهُمْ لَعَلِمَهُ الَّذِينَ يَسْتَنْبِطُونَهُ مِنْهُمْ وَلَوْلَا فَضْلُ اللَّهِ
عَلَيْكُمْ وَرَحْمَتُهُ لَاتَّبَعْتُمُ الشَّيْطَانَ إِلَّا قَلِيلًا ﴿٨٣﴾
فَقَاتِلْ فِي سَبِيلِ اللَّهِ لَا تُكَلَّفُ إِلَّا نَفْسَكَ وَحَرِّضِ الْمُؤْمِنِينَ
عَسَى اللَّهُ أَنْ يَكُفَّ بَأْسَ الَّذِينَ كَفَرُوا وَاللَّهُ أَشَدُّ بَأْسًا
وَأَشَدُّ تَنْكِيلًا ﴿٨٤﴾ مَنْ يَشْفَعْ شَفَاعَةً حَسَنَةً يَكُنْ لَهُ
نَصِيبٌ مِنْهَا وَمَنْ يَشْفَعْ شَفَاعَةً سَيِّئَةً يَكُنْ لَهُ كِفْلٌ مِنْهَا
وَكَانَ اللَّهُ عَلَىٰ كُلِّ شَيْءٍ مُقِيتًا ﴿٨٥﴾ وَإِذَا حُيِّيتُمْ بِتَحِيَّةٍ فَحَيُّوا
بِأَحْسَنَ مِنْهَا أَوْ رُدُّوهَا إِنَّ اللَّهَ كَانَ عَلَىٰ كُلِّ شَيْءٍ حَسِيبًا ﴿٨٦﴾
5-4-92 اللَّهُ لَا إِلَٰهَ إِلَّا هُوَ لَيَجْمَعَنَّكُمْ إِلَىٰ يَوْمِ الْقِيَامَةِ لَا رَيْبَ فِيهِ
وَمَنْ أَصْدَقُ مِنَ اللَّهِ حَدِيثًا ﴿٨٧﴾ ۞ فَمَا لَكُمْ فِي الْمُنَافِقِينَ
فِئَتَيْنِ وَاللَّهُ أَرْكَسَهُمْ بِمَا كَسَبُوا أَتُرِيدُونَ أَنْ تَهْدُوا مَنْ
أَضَلَّ اللَّهُ وَمَنْ يُضْلِلِ اللَّهُ فَلَنْ تَجِدَ لَهُ سَبِيلًا ﴿٨٨﴾ وَدُّوا لَوْ تَكْفُرُونَ
كَمَا كَفَرُوا فَتَكُونُونَ سَوَاءً فَلَا تَتَّخِذُوا مِنْهُمْ أَوْلِيَاءَ حَتَّىٰ
يُهَاجِرُوا فِي سَبِيلِ اللَّهِ فَإِنْ تَوَلَّوْا فَخُذُوهُمْ وَاقْتُلُوهُمْ حَيْثُ
وَجَدْتُمُوهُمْ وَلَا تَتَّخِذُوا مِنْهُمْ وَلِيًّا وَلَا نَصِيرًا ﴿٨٩﴾ إِلَّا الَّذِينَ
يَصِلُونَ إِلَىٰ قَوْمٍ بَيْنَكُمْ وَبَيْنَهُمْ مِيثَاقٌ أَوْ جَاءُوكُمْ حَصِرَتْ
صُدُورُهُمْ أَنْ يُقَاتِلُوكُمْ أَوْ يُقَاتِلُوا قَوْمَهُمْ وَلَوْ شَاءَ اللَّهُ
لَسَلَّطَهُمْ عَلَيْكُمْ فَلَقَاتَلُوكُمْ فَإِنِ اعْتَزَلُوكُمْ فَلَمْ يُقَاتِلُوكُمْ
وَأَلْقَوْا إِلَيْكُمُ السَّلَمَ فَمَا جَعَلَ اللَّهُ لَكُمْ عَلَيْهِمْ سَبِيلًا ﴿٩٠﴾
سَتَجِدُونَ آخَرِينَ يُرِيدُونَ أَنْ يَأْمَنُوكُمْ وَيَأْمَنُوا قَوْمَهُمْ كُلَّ مَا
رُدُّوا إِلَى الْفِتْنَةِ أُرْكِسُوا فِيهَا فَإِنْ لَمْ يَعْتَزِلُوكُمْ وَيُلْقُوا
إِلَيْكُمُ السَّلَمَ وَيَكُفُّوا أَيْدِيَهُمْ فَخُذُوهُمْ وَاقْتُلُوهُمْ حَيْثُ
ثَقِفْتُمُوهُمْ وَأُولَٰئِكُمْ جَعَلْنَا لَكُمْ عَلَيْهِمْ سُلْطَانًا مُبِينًا ﴿٩١﴾
5-4-93 وَمَا كَانَ لِمُؤْمِنٍ أَنْ يَقْتُلَ مُؤْمِنًا إِلَّا خَطَأً وَمَنْ قَتَلَ
مُؤْمِنًا خَطَأً فَتَحْرِيرُ رَقَبَةٍ مُؤْمِنَةٍ وَدِيَةٌ مُسَلَّمَةٌ
إِلَىٰ أَهْلِهِ إِلَّا أَنْ يَصَّدَّقُوا فَإِنْ كَانَ مِنْ قَوْمٍ عَدُوٍّ
لَكُمْ وَهُوَ مُؤْمِنٌ فَتَحْرِيرُ رَقَبَةٍ مُؤْمِنَةٍ وَإِنْ كَانَ
مِنْ قَوْمٍ بَيْنَكُمْ وَبَيْنَهُمْ مِيثَاقٌ فَدِيَةٌ مُسَلَّمَةٌ إِلَىٰ
أَهْلِهِ وَتَحْرِيرُ رَقَبَةٍ مُؤْمِنَةٍ فَمَنْ لَمْ يَجِدْ فَصِيَامُ
شَهْرَيْنِ مُتَتَابِعَيْنِ تَوْبَةً مِنَ اللَّهِ وَكَانَ اللَّهُ
عَلِيمًا حَكِيمًا ﴿٩٢﴾ وَمَنْ يَقْتُلْ مُؤْمِنًا مُتَعَمِّدًا
فَجَزَاؤُهُ جَهَنَّمُ خَالِدًا فِيهَا وَغَضِبَ اللَّهُ عَلَيْهِ
وَلَعَنَهُ وَأَعَدَّ لَهُ عَذَابًا عَظِيمًا ﴿٩٣﴾ يَا أَيُّهَا الَّذِينَ
آمَنُوا إِذَا ضَرَبْتُمْ فِي سَبِيلِ اللَّهِ فَتَبَيَّنُوا وَلَا تَقُولُوا
لِمَنْ أَلْقَىٰ إِلَيْكُمُ السَّلَامَ لَسْتَ مُؤْمِنًا تَبْتَغُونَ
عَرَضَ الْحَيَاةِ الدُّنْيَا فَعِنْدَ اللَّهِ مَغَانِمُ كَثِيرَةٌ
كَذَٰلِكَ كُنْتُمْ مِنْ قَبْلُ فَمَنَّ اللَّهُ عَلَيْكُمْ
فَتَبَيَّنُوا إِنَّ اللَّهَ كَانَ بِمَا تَعْمَلُونَ خَبِيرًا ﴿٩٤﴾
5-4-94 لَا يَسْتَوِي الْقَاعِدُونَ مِنَ الْمُؤْمِنِينَ غَيْرُ أُولِي الضَّرَرِ وَالْمُجَاهِدُونَ
فِي سَبِيلِ اللَّهِ بِأَمْوَالِهِمْ وَأَنْفُسِهِمْ فَضَّلَ اللَّهُ الْمُجَاهِدِينَ بِأَمْوَالِهِمْ
وَأَنْفُسِهِمْ عَلَى الْقَاعِدِينَ دَرَجَةً وَكُلًّا وَعَدَ اللَّهُ الْحُسْنَىٰ وَفَضَّلَ اللَّهُ
الْمُجَاهِدِينَ عَلَى الْقَاعِدِينَ أَجْرًا عَظِيمًا ﴿٩٥﴾ دَرَجَاتٍ مِنْهُ وَمَغْفِرَةً
وَرَحْمَةً وَكَانَ اللَّهُ غَفُورًا رَحِيمًا ﴿٩٦﴾ إِنَّ الَّذِينَ تَوَفَّاهُمُ الْمَلَائِكَةُ
ظَالِمِي أَنْفُسِهِمْ قَالُوا فِيمَ كُنْتُمْ قَالُوا كُنَّا مُسْتَضْعَفِينَ فِي الْأَرْضِ
قَالُوا أَلَمْ تَكُنْ أَرْضُ اللَّهِ وَاسِعَةً فَتُهَاجِرُوا فِيهَا فَأُولَٰئِكَ مَأْوَاهُمْ
جَهَنَّمُ وَسَاءَتْ مَصِيرًا ﴿٩٧﴾ إِلَّا الْمُسْتَضْعَفِينَ مِنَ الرِّجَالِ
وَالنِّسَاءِ وَالْوِلْدَانِ لَا يَسْتَطِيعُونَ حِيلَةً وَلَا يَهْتَدُونَ سَبِيلًا ﴿٩٨﴾
فَأُولَٰئِكَ عَسَى اللَّهُ أَنْ يَعْفُوَ عَنْهُمْ وَكَانَ اللَّهُ عَفُوًّا غَفُورًا ﴿٩٩﴾ ۞ وَمَنْ
يُهَاجِرْ فِي سَبِيلِ اللَّهِ يَجِدْ فِي الْأَرْضِ مُرَاغَمًا كَثِيرًا وَسَعَةً وَمَنْ
يَخْرُجْ مِنْ بَيْتِهِ مُهَاجِرًا إِلَى اللَّهِ وَرَسُولِهِ ثُمَّ يُدْرِكْهُ الْمَوْتُ فَقَدْ
وَقَعَ أَجْرُهُ عَلَى اللَّهِ وَكَانَ اللَّهُ غَفُورًا رَحِيمًا ﴿١٠٠﴾ وَإِذَا ضَرَبْتُمْ فِي
الْأَرْضِ فَلَيْسَ عَلَيْكُمْ جُنَاحٌ أَنْ تَقْصُرُوا مِنَ الصَّلَاةِ إِنْ خِفْتُمْ
أَنْ يَفْتِنَكُمُ الَّذِينَ كَفَرُوا إِنَّ الْكَافِرِينَ كَانُوا لَكُمْ عَدُوًّا مُبِينًا ﴿١٠١﴾

وإذا كنت فيهم فأقمت لهم الصلاة فلتقم طائفة منهم معك وليأخذوا أسلحتهم فإذا سجدوا فليكونوا من ورائكم ولتأت طائفة أخرى لم يصلوا فليصلوا معك وليأخذوا حذرهم وأسلحتهم ود الذين كفروا لو تغفلون عن أسلحتكم وأمتعتكم فيميلون عليكم ميلة واحدة ولا جناح عليكم إن كان بكم أذى من مطر أو كنتم مرضى أن تضعوا أسلحتكم وخذوا حذركم إن الله أعد للكافرين عذابا مهينا ١٠٢ فإذا قضيتم الصلاة فاذكروا الله قياما وقعودا وعلى جنوبكم فإذا اطمأننتم فأقيموا الصلاة إن الصلاة كانت على المؤمنين كتابا موقوتا ١٠٣ ولا تهنوا في ابتغاء القوم إن تكونوا تألمون فإنهم يألمون كما تألمون وترجون من الله ما لا يرجون وكان الله عليما حكيما ١٠٤ إنا أنزلنا إليك الكتاب بالحق لتحكم بين الناس بما أراك الله ولا تكن للخائنين خصيما ١٠٥ واستغفر الله إن الله كان غفورا رحيما ١٠٦ ولا تجادل عن الذين يختانون أنفسهم إن الله لا يحب من كان خوانا أثيما ١٠٧ يستخفون من الناس ولا يستخفون من الله وهو معهم إذ يبيتون ما لا يرضى من القول وكان الله بما يعملون محيطا ١٠٨ ها أنتم هؤلاء جادلتم عنهم في الحياة الدنيا فمن يجادل الله عنهم يوم القيامة أم من يكون عليهم وكيلا ١٠٩ ومن يعمل سوءا أو يظلم نفسه ثم يستغفر الله يجد الله غفورا رحيما ١١٠ ومن يكسب إثما فإنما يكسبه على نفسه وكان الله عليما حكيما ١١١ ومن يكسب خطيئة أو إثما ثم يرم به بريئا فقد احتمل بهتانا وإثما مبينا ١١٢ ولولا فضل الله عليك ورحمته لهمت طائفة منهم أن يضلوك وما يضلون إلا أنفسهم وما يضرونك من شيء وأنزل الله عليك الكتاب والحكمة وعلمك ما لم تكن تعلم وكان فضل الله عليك عظيما ١١٣

لا خير في كثير من نجواهم إلا من أمر بصدقة أو معروف أو إصلاح بين الناس ومن يفعل ذلك ابتغاء مرضات الله فسوف نؤتيه أجرا عظيما ١١٤ ومن يشاقق الرسول من بعد ما تبين له الهدى ويتبع غير سبيل المؤمنين نوله ما تولى ونصله جهنم وساءت مصيرا ١١٥ إن الله لا يغفر أن يشرك به ويغفر ما دون ذلك لمن يشاء ومن يشرك بالله فقد ضل ضلالا بعيدا ١١٦ إن يدعون من دونه إلا إناثا وإن يدعون إلا شيطانا مريدا ١١٧ لعنه الله وقال لأتخذن من عبادك نصيبا مفروضا ١١٨ ولأضلنهم ولأمنينهم ولآمرنهم فليبتكن آذان الأنعام ولآمرنهم فليغيرن خلق الله ومن يتخذ الشيطان وليا من دون الله فقد خسر خسرانا مبينا ١١٩ يعدهم ويمنيهم وما يعدهم الشيطان إلا غرورا ١٢٠ أولئك مأواهم جهنم ولا يجدون عنها محيصا ١٢١ والذين آمنوا وعملوا الصالحات سندخلهم جنات تجري من تحتها الأنهار خالدين فيها أبدا وعد الله حقا ومن أصدق من الله قيلا ١٢٢ ليس بأمانيكم ولا أماني أهل الكتاب من يعمل سوءا يجز به ولا يجد له من دون الله وليا ولا نصيرا ١٢٣ ومن يعمل من الصالحات من ذكر أو أنثى وهو مؤمن فأولئك يدخلون الجنة ولا يظلمون نقيرا ١٢٤ ومن أحسن دينا ممن أسلم وجهه لله وهو محسن واتبع ملة إبراهيم حنيفا واتخذ الله إبراهيم خليلا ١٢٥ ولله ما في السماوات وما في الأرض وكان الله بكل شيء محيطا ١٢٦ ويستفتونك في النساء قل الله يفتيكم فيهن وما يتلى عليكم في الكتاب في يتامى النساء اللاتي لا تؤتونهن ما كتب لهن وترغبون أن تنكحوهن والمستضعفين من الولدان وأن تقوموا لليتامى بالقسط وما تفعلوا من خير فإن الله كان به عليما ١٢٧

وإن امرأة خافت من بعلها نشوزا أو إعراضا فلا جناح عليهما أن يصلحا بينهما صلحا والصلح خير وأحضرت الأنفس الشح وإن تحسنوا وتتقوا فإن الله كان بما تعملون خبيرا ١٢٨ ولن تستطيعوا أن تعدلوا بين النساء ولو حرصتم فلا تميلوا كل الميل فتذروها كالمعلقة وإن تصلحوا وتتقوا فإن الله كان غفورا رحيما ١٢٩ وإن يتفرقا يغن الله كلا من سعته وكان الله واسعا حكيما ١٣٠ ولله ما في السماوات وما في الأرض ولقد وصينا الذين أوتوا الكتاب من قبلكم وإياكم أن اتقوا الله وإن تكفروا فإن لله ما في السماوات وما في الأرض وكان الله غنيا حميدا ١٣١ ولله ما في السماوات وما في الأرض وكفى بالله وكيلا ١٣٢ إن يشأ يذهبكم أيها الناس ويأت بآخرين وكان الله على ذلك قديرا ١٣٣ من كان يريد ثواب الدنيا فعند الله ثواب الدنيا والآخرة وكان الله سميعا بصيرا ١٣٤

يا أيها الذين آمنوا كونوا قوامين بالقسط شهداء لله ولو على أنفسكم أو الوالدين والأقربين إن يكن غنيا أو فقيرا فالله أولى بهما فلا تتبعوا الهوى أن تعدلوا وإن تلووا أو تعرضوا فإن الله كان بما تعملون خبيرا ١٣٥ يا أيها الذين آمنوا آمنوا بالله ورسوله والكتاب الذي نزل على رسوله والكتاب الذي أنزل من قبل ومن يكفر بالله وملائكته وكتبه ورسله واليوم الآخر فقد ضل ضلالا بعيدا ١٣٦ إن الذين آمنوا ثم كفروا ثم آمنوا ثم كفروا ثم ازدادوا كفرا لم يكن الله ليغفر لهم ولا ليهديهم سبيلا ١٣٧ بشر المنافقين بأن لهم عذابا أليما ١٣٨ الذين يتخذون الكافرين أولياء من دون المؤمنين أيبتغون عندهم العزة فإن العزة لله جميعا ١٣٩ وقد نزل عليكم في الكتاب أن إذا سمعتم آيات الله يكفر بها ويستهزأ بها فلا تقعدوا معهم حتى يخوضوا في حديث غيره إنكم إذا مثلهم إن الله جامع المنافقين والكافرين في جهنم جميعا ١٤٠ الذين يتربصون بكم فإن كان لكم فتح من الله قالوا ألم نكن معكم وإن كان للكافرين نصيب قالوا ألم نستحوذ عليكم ونمنعكم من المؤمنين فالله يحكم بينكم يوم القيامة ولن يجعل الله للكافرين على المؤمنين سبيلا ١٤١ إن المنافقين يخادعون الله وهو خادعهم وإذا قاموا إلى الصلاة قاموا كسالى يراءون الناس ولا يذكرون الله إلا قليلا ١٤٢ مذبذبين بين ذلك لا إلى هؤلاء ولا إلى هؤلاء ومن يضلل الله فلن تجد له سبيلا ١٤٣ يا أيها الذين آمنوا لا تتخذوا الكافرين أولياء من دون المؤمنين أتريدون أن تجعلوا لله عليكم سلطانا مبينا ١٤٤ إن المنافقين في الدرك الأسفل من النار ولن تجد لهم نصيرا ١٤٥ إلا الذين تابوا وأصلحوا واعتصموا بالله وأخلصوا دينهم لله فأولئك مع المؤمنين وسوف يؤت الله المؤمنين أجرا عظيما ١٤٦ ما يفعل الله بعذابكم إن شكرتم وآمنتم وكان الله شاكرا عليما ١٤٧

لا يحب الله الجهر بالسوء من القول إلا من ظلم وكان الله سميعا عليما ١٤٨ إن تبدوا خيرا أو تخفوه أو تعفوا عن سوء فإن الله كان عفوا قديرا ١٤٩ إن الذين يكفرون بالله ورسله ويريدون أن يفرقوا بين الله ورسله ويقولون نؤمن ببعض ونكفر ببعض ويريدون أن يتخذوا بين ذلك سبيلا ١٥٠ أولئك هم الكافرون حقا وأعتدنا للكافرين عذابا مهينا ١٥١ والذين آمنوا بالله ورسله ولم يفرقوا بين أحد منهم أولئك سوف يؤتيهم أجورهم وكان الله غفورا رحيما ١٥٢ يسألك أهل الكتاب أن تنزل عليهم كتابا من السماء فقد سألوا موسى أكبر من ذلك فقالوا أرنا الله جهرة فأخذتهم الصاعقة بظلمهم ثم اتخذوا العجل من بعد ما جاءتهم البينات فعفونا عن ذلك وآتينا موسى سلطانا مبينا ١٥٣ ورفعنا فوقهم الطور بميثاقهم وقلنا لهم ادخلوا الباب سجدا وقلنا لهم لا تعدوا في السبت وأخذنا منهم ميثاقا غليظا ١٥٤ فبما نقضهم ميثاقهم وكفرهم بآيات الله وقتلهم الأنبياء بغير حق وقولهم قلوبنا غلف بل طبع الله عليها بكفرهم فلا يؤمنون إلا قليلا ١٥٥ وبكفرهم وقولهم على مريم بهتانا عظيما ١٥٦ وقولهم إنا قتلنا المسيح عيسى ابن مريم رسول الله وما قتلوه وما صلبوه ولكن شبه لهم وإن الذين اختلفوا فيه لفي شك منه ما لهم به من علم إلا اتباع الظن وما قتلوه يقينا ١٥٧ بل رفعه الله إليه وكان الله عزيزا حكيما ١٥٨ وإن من أهل الكتاب إلا ليؤمنن به قبل موته ويوم القيامة يكون عليهم شهيدا ١٥٩ فبظلم من الذين هادوا حرمنا عليهم طيبات أحلت لهم وبصدهم عن سبيل الله كثيرا ١٦٠ وأخذهم الربا وقد نهوا عنه وأكلهم أموال الناس بالباطل وأعتدنا للكافرين منهم عذابا أليما ١٦١ لكن الراسخون في العلم منهم والمؤمنون يؤمنون بما أنزل إليك وما أنزل من قبلك والمقيمين الصلاة والمؤتون الزكاة والمؤمنون بالله واليوم الآخر أولئك سنؤتيهم أجرا عظيما ١٦٢

إنا أوحينا إليك كما أوحينا إلى نوح والنبيين من بعده وأوحينا إلى إبراهيم وإسماعيل وإسحاق ويعقوب والأسباط وعيسى وأيوب ويونس وهارون وسليمان وآتينا داوود زبورا ١٦٣ ورسلا قد قصصناهم عليك من قبل ورسلا لم نقصصهم عليك وكلم الله موسى تكليما ١٦٤ رسلا مبشرين ومنذرين لئلا يكون للناس على الله حجة بعد الرسل وكان الله عزيزا حكيما ١٦٥ لكن الله يشهد بما أنزل إليك أنزله بعلمه والملائكة يشهدون وكفى بالله شهيدا ١٦٦ إن الذين كفروا وصدوا عن سبيل الله قد ضلوا ضلالا بعيدا ١٦٧ إن الذين كفروا وظلموا لم يكن الله ليغفر لهم ولا ليهديهم طريقا ١٦٨ إلا طريق جهنم خالدين فيها أبدا وكان ذلك على الله يسيرا ١٦٩ يا أيها الناس قد جاءكم الرسول بالحق من ربكم فآمنوا خيرا لكم وإن تكفروا فإن لله ما في السماوات والأرض وكان الله عليما حكيما ١٧٠

يا أهل الكتاب لا تغلوا في دينكم ولا تقولوا على الله إلا الحق إنما المسيح عيسى ابن مريم رسول الله وكلمته ألقاها إلى مريم وروح منه فآمنوا بالله ورسله ولا تقولوا ثلاثة انتهوا خيرا لكم إنما الله إله واحد سبحانه أن يكون له ولد له ما في السماوات وما في الأرض وكفى بالله وكيلا ١٧١ لن يستنكف المسيح أن يكون عبدا لله ولا الملائكة المقربون ومن يستنكف عن عبادته ويستكبر فسيحشرهم إليه جميعا ١٧٢ فأما الذين آمنوا وعملوا الصالحات فيوفيهم أجورهم ويزيدهم من فضله وأما الذين استنكفوا واستكبروا فيعذبهم عذابا أليما ولا يجدون لهم من دون الله وليا ولا نصيرا ١٧٣ يا أيها الناس قد جاءكم برهان من ربكم وأنزلنا إليكم نورا مبينا ١٧٤ فأما الذين آمنوا بالله واعتصموا به فسيدخلهم في رحمة منه وفضل ويهديهم إليه صراطا مستقيما ١٧٥

يستفتونك قل الله يفتيكم في الكلالة إن امرؤ هلك ليس له ولد وله أخت فلها نصف ما ترك وهو يرثها إن لم يكن لها ولد فإن كانتا اثنتين فلهما الثلثان مما ترك وإن كانوا إخوة رجالا ونساء فللذكر مثل حظ الأنثيين يبين الله لكم أن تضلوا والله بكل شيء عليم ١٧٦

سورة المائدة

بسم الله الرحمن الرحيم

يا أيها الذين آمنوا أوفوا بالعقود أحلت لكم بهيمة الأنعام إلا ما يتلى عليكم غير محلي الصيد وأنتم حرم إن الله يحكم ما يريد ١ يا أيها الذين آمنوا لا تحلوا شعائر الله ولا الشهر الحرام ولا الهدي ولا القلائد ولا آمين البيت الحرام يبتغون فضلا من ربهم ورضوانا وإذا حللتم فاصطادوا ولا يجرمنكم شنآن قوم أن صدوكم عن المسجد الحرام أن تعتدوا وتعاونوا على البر والتقوى ولا تعاونوا على الإثم والعدوان واتقوا الله إن الله شديد العقاب ٢ حرمت عليكم الميتة والدم ولحم الخنزير وما أهل لغير الله به والمنخنقة والموقوذة والمتردية والنطيحة وما أكل السبع إلا ما ذكيتم وما ذبح على النصب وأن تستقسموا بالأزلام ذلكم فسق اليوم يئس الذين كفروا من دينكم فلا تخشوهم واخشون اليوم أكملت لكم دينكم وأتممت عليكم نعمتي ورضيت لكم الإسلام دينا فمن اضطر في مخمصة غير متجانف لإثم فإن الله غفور رحيم ٣ يسألونك ماذا أحل لهم قل أحل لكم الطيبات وما علمتم من الجوارح مكلبين تعلمونهن مما علمكم الله فكلوا مما أمسكن عليكم واذكروا اسم الله عليه واتقوا الله إن الله سريع الحساب ٤ اليوم أحل لكم الطيبات وطعام الذين أوتوا الكتاب حل لكم وطعامكم حل لهم والمحصنات من المؤمنات والمحصنات من الذين أوتوا الكتاب من قبلكم إذا آتيتموهن أجورهن محصنين غير مسافحين ولا متخذي أخدان ومن يكفر بالإيمان فقد حبط عمله وهو في الآخرة من الخاسرين ٥

6-5-108 يا أيها الذين آمنوا إذا قمتم إلى الصلاة فاغسلوا وجوهكم وأيديكم إلى المرافق وامسحوا برءوسكم وأرجلكم إلى الكعبين وإن كنتم جنبا فاطهروا وإن كنتم مرضى أو على سفر أو جاء أحد منكم من الغائط أو لامستم النساء فلم تجدوا ماء فتيمموا صعيدا طيبا فامسحوا بوجوهكم وأيديكم منه ما يريد الله ليجعل عليكم من حرج ولكن يريد ليطهركم وليتم نعمته عليكم لعلكم تشكرون ٦ واذكروا نعمة الله عليكم وميثاقه الذي واثقكم به إذ قلتم سمعنا وأطعنا واتقوا الله إن الله عليم بذات الصدور ٧ يا أيها الذين آمنوا كونوا قوامين لله شهداء بالقسط ولا يجرمنكم شنآن قوم على ألا تعدلوا اعدلوا هو أقرب للتقوى واتقوا الله إن الله خبير بما تعملون ٨ وعد الله الذين آمنوا وعملوا الصالحات لهم مغفرة وأجر عظيم ٩

6-5-109 والذين كفروا وكذبوا بآياتنا أولئك أصحاب الجحيم ١٠ يا أيها الذين آمنوا اذكروا نعمت الله عليكم إذ هم قوم أن يبسطوا إليكم أيديهم فكف أيديهم عنكم واتقوا الله وعلى الله فليتوكل المؤمنون ١١ ۞ ولقد أخذ الله ميثاق بني إسرائيل وبعثنا منهم اثني عشر نقيبا وقال الله إني معكم لئن أقمتم الصلاة وآتيتم الزكاة وآمنتم برسلي وعزرتموهم وأقرضتم الله قرضا حسنا لأكفرن عنكم سيئاتكم ولأدخلنكم جنات تجري من تحتها الأنهار فمن كفر بعد ذلك منكم فقد ضل سواء السبيل ١٢ فبما نقضهم ميثاقهم لعناهم وجعلنا قلوبهم قاسية يحرفون الكلم عن مواضعه ونسوا حظا مما ذكروا به ولا تزال تطلع على خائنة منهم إلا قليلا منهم فاعف عنهم واصفح إن الله يحب المحسنين ١٣

6-5-110 ومن الذين قالوا إنا نصارى أخذنا ميثاقهم فنسوا حظا مما ذكروا به فأغرينا بينهم العداوة والبغضاء إلى يوم القيامة وسوف ينبئهم الله بما كانوا يصنعون ١٤ يا أهل الكتاب قد جاءكم رسولنا يبين لكم كثيرا مما كنتم تخفون من الكتاب ويعفو عن كثير قد جاءكم من الله نور وكتاب مبين ١٥ يهدي به الله من اتبع رضوانه سبل السلام ويخرجهم من الظلمات إلى النور بإذنه ويهديهم إلى صراط مستقيم ١٦ لقد كفر الذين قالوا إن الله هو المسيح ابن مريم قل فمن يملك من الله شيئا إن أراد أن يهلك المسيح ابن مريم وأمه ومن في الأرض جميعا ولله ملك السماوات والأرض وما بينهما يخلق ما يشاء والله على كل شيء قدير ١٧

6-5-111 وقالت اليهود والنصارى نحن أبناء الله وأحباؤه قل فلم يعذبكم بذنوبكم بل أنتم بشر ممن خلق يغفر لمن يشاء ويعذب من يشاء ولله ملك السماوات والأرض وما بينهما وإليه المصير ١٨ يا أهل الكتاب قد جاءكم رسولنا يبين لكم على فترة من الرسل أن تقولوا ما جاءنا من بشير ولا نذير فقد جاءكم بشير ونذير والله على كل شيء قدير ١٩ وإذ قال موسى لقومه يا قوم اذكروا نعمة الله عليكم إذ جعل فيكم أنبياء وجعلكم ملوكا وآتاكم ما لم يؤت أحدا من العالمين ٢٠ يا قوم ادخلوا الأرض المقدسة التي كتب الله لكم ولا ترتدوا على أدباركم فتنقلبوا خاسرين ٢١ قالوا يا موسى إن فيها قوما جبارين وإنا لن ندخلها حتى يخرجوا منها فإن يخرجوا منها فإنا داخلون ٢٢ قال رجلان من الذين يخافون أنعم الله عليهما ادخلوا عليهم الباب فإذا دخلتموه فإنكم غالبون وعلى الله فتوكلوا إن كنتم مؤمنين ٢٣

6-5-112 قالوا يا موسى إنا لن ندخلها أبدا ما داموا فيها فاذهب أنت وربك فقاتلا إنا هاهنا قاعدون ٢٤ قال رب إني لا أملك إلا نفسي وأخي فافرق بيننا وبين القوم الفاسقين ٢٥ قال فإنها محرمة عليهم أربعين سنة يتيهون في الأرض فلا تأس على القوم الفاسقين ٢٦ ۞ واتل عليهم نبأ ابني آدم بالحق إذ قربا قربانا فتقبل من أحدهما ولم يتقبل من الآخر قال لأقتلنك قال إنما يتقبل الله من المتقين ٢٧ لئن بسطت إلي يدك لتقتلني ما أنا بباسط يدي إليك لأقتلك إني أخاف الله رب العالمين ٢٨ إني أريد أن تبوء بإثمي وإثمك فتكون من أصحاب النار وذلك جزاء الظالمين ٢٩ فطوعت له نفسه قتل أخيه فقتله فأصبح من الخاسرين ٣٠ فبعث الله غرابا يبحث في الأرض ليريه كيف يواري سوءة أخيه قال يا ويلتا أعجزت أن أكون مثل هذا الغراب فأواري سوءة أخي فأصبح من النادمين ٣١

6-5-113 من أجل ذلك كتبنا على بني إسرائيل أنه من قتل نفسا بغير نفس أو فساد في الأرض فكأنما قتل الناس جميعا ومن أحياها فكأنما أحيا الناس جميعا ولقد جاءتهم رسلنا بالبينات ثم إن كثيرا منهم بعد ذلك في الأرض لمسرفون ٣٢ إنما جزاء الذين يحاربون الله ورسوله ويسعون في الأرض فسادا أن يقتلوا أو يصلبوا أو تقطع أيديهم وأرجلهم من خلاف أو ينفوا من الأرض ذلك لهم خزي في الدنيا ولهم في الآخرة عذاب عظيم ٣٣ إلا الذين تابوا من قبل أن تقدروا عليهم فاعلموا أن الله غفور رحيم ٣٤ يا أيها الذين آمنوا اتقوا الله وابتغوا إليه الوسيلة وجاهدوا في سبيله لعلكم تفلحون ٣٥ إن الذين كفروا لو أن لهم ما في الأرض جميعا ومثله معه ليفتدوا به من عذاب يوم القيامة ما تقبل منهم ولهم عذاب أليم ٣٦

6-5-114 يريدون أن يخرجوا من النار وما هم بخارجين منها ولهم عذاب مقيم ٣٧ والسارق والسارقة فاقطعوا أيديهما جزاء بما كسبا نكالا من الله والله عزيز حكيم ٣٨ فمن تاب من بعد ظلمه وأصلح فإن الله يتوب عليه إن الله غفور رحيم ٣٩ ألم تعلم أن الله له ملك السماوات والأرض يعذب من يشاء ويغفر لمن يشاء والله على كل شيء قدير ٤٠ ۞ يا أيها الرسول لا يحزنك الذين يسارعون في الكفر من الذين قالوا آمنا بأفواههم ولم تؤمن قلوبهم ومن الذين هادوا سماعون للكذب سماعون لقوم آخرين لم يأتوك يحرفون الكلم من بعد مواضعه يقولون إن أوتيتم هذا فخذوه وإن لم تؤتوه فاحذروا ومن يرد الله فتنته فلن تملك له من الله شيئا أولئك الذين لم يرد الله أن يطهر قلوبهم لهم في الدنيا خزي ولهم في الآخرة عذاب عظيم ٤١

6-5-115 سماعون للكذب أكالون للسحت فإن جاءوك فاحكم بينهم أو أعرض عنهم وإن تعرض عنهم فلن يضروك شيئا وإن حكمت فاحكم بينهم بالقسط إن الله يحب المقسطين ٤٢ وكيف يحكمونك وعندهم التوراة فيها حكم الله ثم يتولون من بعد ذلك وما أولئك بالمؤمنين ٤٣ إنا أنزلنا التوراة فيها هدى ونور يحكم بها النبيون الذين أسلموا للذين هادوا والربانيون والأحبار بما استحفظوا من كتاب الله وكانوا عليه شهداء فلا تخشوا الناس واخشون ولا تشتروا بآياتي ثمنا قليلا ومن لم يحكم بما أنزل الله فأولئك هم الكافرون ٤٤ وكتبنا عليهم فيها أن النفس بالنفس والعين بالعين والأنف بالأنف والأذن بالأذن والسن بالسن والجروح قصاص فمن تصدق به فهو كفارة له ومن لم يحكم بما أنزل الله فأولئك هم الظالمون ٤٥

6-5-116 وقفينا على آثارهم بعيسى ابن مريم مصدقا لما بين يديه من التوراة وآتيناه الإنجيل فيه هدى ونور ومصدقا لما بين يديه من التوراة وهدى وموعظة للمتقين ٤٦ وليحكم أهل الإنجيل بما أنزل الله فيه ومن لم يحكم بما أنزل الله فأولئك هم الفاسقون ٤٧ وأنزلنا إليك الكتاب بالحق مصدقا لما بين يديه من الكتاب ومهيمنا عليه فاحكم بينهم بما أنزل الله ولا تتبع أهواءهم عما جاءك من الحق لكل جعلنا منكم شرعة ومنهاجا ولو شاء الله لجعلكم أمة واحدة ولكن ليبلوكم في ما آتاكم فاستبقوا الخيرات إلى الله مرجعكم جميعا فينبئكم بما كنتم فيه تختلفون ٤٨ وأن احكم بينهم بما أنزل الله ولا تتبع أهواءهم واحذرهم أن يفتنوك عن بعض ما أنزل الله إليك فإن تولوا فاعلم أنما يريد الله أن يصيبهم ببعض ذنوبهم وإن كثيرا من الناس لفاسقون ٤٩ أفحكم الجاهلية يبغون ومن أحسن من الله حكما لقوم يوقنون ٥٠

6-5-117 ۞ يا أيها الذين آمنوا لا تتخذوا اليهود والنصارى أولياء بعضهم أولياء بعض ومن يتولهم منكم فإنه منهم إن الله لا يهدي القوم الظالمين ٥١ فترى الذين في قلوبهم مرض يسارعون فيهم يقولون نخشى أن تصيبنا دائرة فعسى الله أن يأتي بالفتح أو أمر من عنده فيصبحوا على ما أسروا في أنفسهم نادمين ٥٢ ويقول الذين آمنوا أهؤلاء الذين أقسموا بالله جهد أيمانهم إنهم لمعكم حبطت أعمالهم فأصبحوا خاسرين ٥٣ يا أيها الذين آمنوا من يرتد منكم عن دينه فسوف يأتي الله بقوم يحبهم ويحبونه أذلة على المؤمنين أعزة على الكافرين يجاهدون في سبيل الله ولا يخافون لومة لائم ذلك فضل الله يؤتيه من يشاء والله واسع عليم ٥٤ إنما وليكم الله ورسوله والذين آمنوا الذين يقيمون الصلاة ويؤتون الزكاة وهم راكعون ٥٥ ومن يتول الله ورسوله والذين آمنوا فإن حزب الله هم الغالبون ٥٦ يا أيها الذين آمنوا لا تتخذوا الذين اتخذوا دينكم هزوا ولعبا من الذين أوتوا الكتاب من قبلكم والكفار أولياء واتقوا الله إن كنتم مؤمنين ٥٧

6-5-118 وإذا ناديتم إلى الصلاة اتخذوها هزوا ولعبا ذلك بأنهم قوم لا يعقلون ٥٨ قل يا أهل الكتاب هل تنقمون منا إلا أن آمنا بالله وما أنزل إلينا وما أنزل من قبل وأن أكثركم فاسقون ٥٩ قل هل أنبئكم بشر من ذلك مثوبة عند الله من لعنه الله وغضب عليه وجعل منهم القردة والخنازير وعبد الطاغوت أولئك شر مكانا وأضل عن سواء السبيل ٦٠ وإذا جاءوكم قالوا آمنا وقد دخلوا بالكفر وهم قد خرجوا به والله أعلم بما كانوا يكتمون ٦١ وترى كثيرا منهم يسارعون في الإثم والعدوان وأكلهم السحت لبئس ما كانوا يعملون ٦٢ لولا ينهاهم الربانيون والأحبار عن قولهم الإثم وأكلهم السحت لبئس ما كانوا يصنعون ٦٣ وقالت اليهود يد الله مغلولة غلت أيديهم ولعنوا بما قالوا بل يداه مبسوطتان ينفق كيف يشاء وليزيدن كثيرا منهم ما أنزل إليك من ربك طغيانا وكفرا وألقينا بينهم العداوة والبغضاء إلى يوم القيامة كلما أوقدوا نارا للحرب أطفأها الله ويسعون في الأرض فسادا والله لا يحب المفسدين ٦٤

6-5-119 ولو أن أهل الكتاب آمنوا واتقوا لكفرنا عنهم سيئاتهم ولأدخلناهم جنات النعيم ٦٥ ولو أنهم أقاموا التوراة والإنجيل وما أنزل إليهم من ربهم لأكلوا من فوقهم ومن تحت أرجلهم منهم أمة مقتصدة وكثير منهم ساء ما يعملون ٦٦ ۞ يا أيها الرسول بلغ ما أنزل إليك من ربك وإن لم تفعل فما بلغت رسالته والله يعصمك من الناس إن الله لا يهدي القوم الكافرين ٦٧ قل يا أهل الكتاب لستم على شيء حتى تقيموا التوراة والإنجيل وما أنزل إليكم من ربكم وليزيدن كثيرا منهم ما أنزل إليك من ربك طغيانا وكفرا فلا تأس على القوم الكافرين ٦٨ إن الذين آمنوا والذين هادوا والصابئون والنصارى من آمن بالله واليوم الآخر وعمل صالحا فلا خوف عليهم ولا هم يحزنون ٦٩ لقد أخذنا ميثاق بني إسرائيل وأرسلنا إليهم رسلا كلما جاءهم رسول بما لا تهوى أنفسهم فريقا كذبوا وفريقا يقتلون ٧٠

6-5-120 وحسبوا ألا تكون فتنة فعموا وصموا ثم تاب الله عليهم ثم عموا وصموا كثير منهم والله بصير بما يعملون ٧١ لقد كفر الذين قالوا إن الله هو المسيح ابن مريم وقال المسيح يا بني إسرائيل اعبدوا الله ربي وربكم إنه من يشرك بالله فقد حرم الله عليه الجنة ومأواه النار وما للظالمين من أنصار ٧٢ لقد كفر الذين قالوا إن الله ثالث ثلاثة وما من إله إلا إله واحد وإن لم ينتهوا عما يقولون ليمسن الذين كفروا منهم عذاب أليم ٧٣ أفلا يتوبون إلى الله ويستغفرونه والله غفور رحيم ٧٤ ما المسيح ابن مريم إلا رسول قد خلت من قبله الرسل وأمه صديقة كانا يأكلان الطعام انظر كيف نبين لهم الآيات ثم انظر أنى يؤفكون ٧٥ قل أتعبدون من دون الله ما لا يملك لكم ضرا ولا نفعا والله هو السميع العليم ٧٦ قل يا أهل الكتاب لا تغلوا في دينكم غير الحق ولا تتبعوا أهواء قوم قد ضلوا من قبل وأضلوا كثيرا وضلوا عن سواء السبيل ٧٧

6-5-121 لعن الذين كفروا من بني إسرائيل على لسان داود وعيسى ابن مريم ذلك بما عصوا وكانوا يعتدون ٧٨ كانوا لا يتناهون عن منكر فعلوه لبئس ما كانوا يفعلون ٧٩ ترى كثيرا منهم يتولون الذين كفروا لبئس ما قدمت لهم أنفسهم أن سخط الله عليهم وفي العذاب هم خالدون ٨٠ ولو كانوا يؤمنون بالله والنبي وما أنزل إليه ما اتخذوهم أولياء ولكن كثيرا منهم فاسقون ٨١ ۞ لتجدن أشد الناس عداوة للذين آمنوا اليهود والذين أشركوا ولتجدن أقربهم مودة للذين آمنوا الذين قالوا إنا نصارى ذلك بأن منهم قسيسين ورهبانا وأنهم لا يستكبرون ٨٢ وإذا سمعوا ما أنزل إلى الرسول ترى أعينهم تفيض من الدمع مما عرفوا من الحق يقولون ربنا آمنا فاكتبنا مع الشاهدين ٨٣

7 - 5 - 122

وَمَا لَنَا لَا نُؤْمِنُ بِاللَّهِ وَمَا جَاءَنَا مِنَ الْحَقِّ وَنَطْمَعُ أَن يُدْخِلَنَا رَبُّنَا مَعَ الْقَوْمِ الصَّالِحِينَ ٨٤ فَأَثَابَهُمُ اللَّهُ بِمَا قَالُوا جَنَّاتٍ تَجْرِي مِن تَحْتِهَا الْأَنْهَارُ خَالِدِينَ فِيهَا ۚ وَذَٰلِكَ جَزَاءُ الْمُحْسِنِينَ ٨٥ وَالَّذِينَ كَفَرُوا وَكَذَّبُوا بِآيَاتِنَا أُولَٰئِكَ أَصْحَابُ الْجَحِيمِ ٨٦ يَا أَيُّهَا الَّذِينَ آمَنُوا لَا تُحَرِّمُوا طَيِّبَاتِ مَا أَحَلَّ اللَّهُ لَكُمْ وَلَا تَعْتَدُوا ۚ إِنَّ اللَّهَ لَا يُحِبُّ الْمُعْتَدِينَ ٨٧ وَكُلُوا مِمَّا رَزَقَكُمُ اللَّهُ حَلَالًا طَيِّبًا ۚ وَاتَّقُوا اللَّهَ الَّذِي أَنتُم بِهِ مُؤْمِنُونَ ٨٨ لَا يُؤَاخِذُكُمُ اللَّهُ بِاللَّغْوِ فِي أَيْمَانِكُمْ وَلَٰكِن يُؤَاخِذُكُم بِمَا عَقَّدتُّمُ الْأَيْمَانَ ۖ فَكَفَّارَتُهُ إِطْعَامُ عَشَرَةِ مَسَاكِينَ مِنْ أَوْسَطِ مَا تُطْعِمُونَ أَهْلِيكُمْ أَوْ كِسْوَتُهُمْ أَوْ تَحْرِيرُ رَقَبَةٍ ۖ فَمَن لَّمْ يَجِدْ فَصِيَامُ ثَلَاثَةِ أَيَّامٍ ۚ ذَٰلِكَ كَفَّارَةُ أَيْمَانِكُمْ إِذَا حَلَفْتُمْ ۚ وَاحْفَظُوا أَيْمَانَكُمْ ۚ كَذَٰلِكَ يُبَيِّنُ اللَّهُ لَكُمْ آيَاتِهِ لَعَلَّكُمْ تَشْكُرُونَ ٨٩ يَا أَيُّهَا الَّذِينَ آمَنُوا إِنَّمَا الْخَمْرُ وَالْمَيْسِرُ وَالْأَنصَابُ وَالْأَزْلَامُ رِجْسٌ مِّنْ عَمَلِ الشَّيْطَانِ فَاجْتَنِبُوهُ لَعَلَّكُمْ تُفْلِحُونَ ٩٠

7 - 5 - 123

إِنَّمَا يُرِيدُ الشَّيْطَانُ أَن يُوقِعَ بَيْنَكُمُ الْعَدَاوَةَ وَالْبَغْضَاءَ فِي الْخَمْرِ وَالْمَيْسِرِ وَيَصُدَّكُمْ عَن ذِكْرِ اللَّهِ وَعَنِ الصَّلَاةِ ۖ فَهَلْ أَنتُم مُّنتَهُونَ ٩١ وَأَطِيعُوا اللَّهَ وَأَطِيعُوا الرَّسُولَ وَاحْذَرُوا ۚ فَإِن تَوَلَّيْتُمْ فَاعْلَمُوا أَنَّمَا عَلَىٰ رَسُولِنَا الْبَلَاغُ الْمُبِينُ ٩٢ لَيْسَ عَلَى الَّذِينَ آمَنُوا وَعَمِلُوا الصَّالِحَاتِ جُنَاحٌ فِيمَا طَعِمُوا إِذَا مَا اتَّقَوا وَّآمَنُوا وَعَمِلُوا الصَّالِحَاتِ ثُمَّ اتَّقَوا وَّآمَنُوا ثُمَّ اتَّقَوا وَّأَحْسَنُوا ۗ وَاللَّهُ يُحِبُّ الْمُحْسِنِينَ ٩٣ يَا أَيُّهَا الَّذِينَ آمَنُوا لَيَبْلُوَنَّكُمُ اللَّهُ بِشَيْءٍ مِّنَ الصَّيْدِ تَنَالُهُ أَيْدِيكُمْ وَرِمَاحُكُمْ لِيَعْلَمَ اللَّهُ مَن يَخَافُهُ بِالْغَيْبِ ۚ فَمَنِ اعْتَدَىٰ بَعْدَ ذَٰلِكَ فَلَهُ عَذَابٌ أَلِيمٌ ٩٤ يَا أَيُّهَا الَّذِينَ آمَنُوا لَا تَقْتُلُوا الصَّيْدَ وَأَنتُمْ حُرُمٌ ۚ وَمَن قَتَلَهُ مِنكُم مُّتَعَمِّدًا فَجَزَاءٌ مِّثْلُ مَا قَتَلَ مِنَ النَّعَمِ يَحْكُمُ بِهِ ذَوَا عَدْلٍ مِّنكُمْ هَدْيًا بَالِغَ الْكَعْبَةِ أَوْ كَفَّارَةٌ طَعَامُ مَسَاكِينَ أَوْ عَدْلُ ذَٰلِكَ صِيَامًا لِّيَذُوقَ وَبَالَ أَمْرِهِ ۗ عَفَا اللَّهُ عَمَّا سَلَفَ ۚ وَمَنْ عَادَ فَيَنتَقِمُ اللَّهُ مِنْهُ ۗ وَاللَّهُ عَزِيزٌ ذُو انتِقَامٍ ٩٥ أُحِلَّ لَكُمْ صَيْدُ الْبَحْرِ وَطَعَامُهُ مَتَاعًا لَّكُمْ وَلِلسَّيَّارَةِ ۖ وَحُرِّمَ عَلَيْكُمْ صَيْدُ الْبَرِّ مَا دُمْتُمْ حُرُمًا ۗ وَاتَّقُوا اللَّهَ الَّذِي إِلَيْهِ تُحْشَرُونَ ٩٦

7 - 5 - 124

۞ جَعَلَ اللَّهُ الْكَعْبَةَ الْبَيْتَ الْحَرَامَ قِيَامًا لِّلنَّاسِ وَالشَّهْرَ الْحَرَامَ وَالْهَدْيَ وَالْقَلَائِدَ ۚ ذَٰلِكَ لِتَعْلَمُوا أَنَّ اللَّهَ يَعْلَمُ مَا فِي السَّمَاوَاتِ وَمَا فِي الْأَرْضِ وَأَنَّ اللَّهَ بِكُلِّ شَيْءٍ عَلِيمٌ ٩٧ اعْلَمُوا أَنَّ اللَّهَ شَدِيدُ الْعِقَابِ وَأَنَّ اللَّهَ غَفُورٌ رَّحِيمٌ ٩٨ مَّا عَلَى الرَّسُولِ إِلَّا الْبَلَاغُ ۗ وَاللَّهُ يَعْلَمُ مَا تُبْدُونَ وَمَا تَكْتُمُونَ ٩٩ قُل لَّا يَسْتَوِي الْخَبِيثُ وَالطَّيِّبُ وَلَوْ أَعْجَبَكَ كَثْرَةُ الْخَبِيثِ ۚ فَاتَّقُوا اللَّهَ يَا أُولِي الْأَلْبَابِ لَعَلَّكُمْ تُفْلِحُونَ ١٠٠ يَا أَيُّهَا الَّذِينَ آمَنُوا لَا تَسْأَلُوا عَنْ أَشْيَاءَ إِن تُبْدَ لَكُمْ تَسُؤْكُمْ وَإِن تَسْأَلُوا عَنْهَا حِينَ يُنَزَّلُ الْقُرْآنُ تُبْدَ لَكُمْ عَفَا اللَّهُ عَنْهَا ۗ وَاللَّهُ غَفُورٌ حَلِيمٌ ١٠١ قَدْ سَأَلَهَا قَوْمٌ مِّن قَبْلِكُمْ ثُمَّ أَصْبَحُوا بِهَا كَافِرِينَ ١٠٢ مَا جَعَلَ اللَّهُ مِن بَحِيرَةٍ وَلَا سَائِبَةٍ وَلَا وَصِيلَةٍ وَلَا حَامٍ ۙ وَلَٰكِنَّ الَّذِينَ كَفَرُوا يَفْتَرُونَ عَلَى اللَّهِ الْكَذِبَ ۖ وَأَكْثَرُهُمْ لَا يَعْقِلُونَ ١٠٣

7 - 5 - 125

وَإِذَا قِيلَ لَهُمْ تَعَالَوْا إِلَىٰ مَا أَنزَلَ اللَّهُ وَإِلَى الرَّسُولِ قَالُوا حَسْبُنَا مَا وَجَدْنَا عَلَيْهِ آبَاءَنَا ۚ أَوَلَوْ كَانَ آبَاؤُهُمْ لَا يَعْلَمُونَ شَيْئًا وَلَا يَهْتَدُونَ ١٠٤ يَا أَيُّهَا الَّذِينَ آمَنُوا عَلَيْكُمْ أَنفُسَكُمْ ۖ لَا يَضُرُّكُم مَّن ضَلَّ إِذَا اهْتَدَيْتُمْ ۚ إِلَى اللَّهِ مَرْجِعُكُمْ جَمِيعًا فَيُنَبِّئُكُم بِمَا كُنتُمْ تَعْمَلُونَ ١٠٥ يَا أَيُّهَا الَّذِينَ آمَنُوا شَهَادَةُ بَيْنِكُمْ إِذَا حَضَرَ أَحَدَكُمُ الْمَوْتُ حِينَ الْوَصِيَّةِ اثْنَانِ ذَوَا عَدْلٍ مِّنكُمْ أَوْ آخَرَانِ مِنْ غَيْرِكُمْ إِنْ أَنتُمْ ضَرَبْتُمْ فِي الْأَرْضِ فَأَصَابَتْكُم مُّصِيبَةُ الْمَوْتِ ۚ تَحْبِسُونَهُمَا مِن بَعْدِ الصَّلَاةِ فَيُقْسِمَانِ بِاللَّهِ إِنِ ارْتَبْتُمْ لَا نَشْتَرِي بِهِ ثَمَنًا وَلَوْ كَانَ ذَا قُرْبَىٰ ۙ وَلَا نَكْتُمُ شَهَادَةَ اللَّهِ إِنَّا إِذًا لَّمِنَ الْآثِمِينَ ١٠٦ فَإِنْ عُثِرَ عَلَىٰ أَنَّهُمَا اسْتَحَقَّا إِثْمًا فَآخَرَانِ يَقُومَانِ مَقَامَهُمَا مِنَ الَّذِينَ اسْتَحَقَّ عَلَيْهِمُ الْأَوْلَيَانِ فَيُقْسِمَانِ بِاللَّهِ لَشَهَادَتُنَا أَحَقُّ مِن شَهَادَتِهِمَا وَمَا اعْتَدَيْنَا إِنَّا إِذًا لَّمِنَ الظَّالِمِينَ ١٠٧ ذَٰلِكَ أَدْنَىٰ أَن يَأْتُوا بِالشَّهَادَةِ عَلَىٰ وَجْهِهَا أَوْ يَخَافُوا أَن تُرَدَّ أَيْمَانٌ بَعْدَ أَيْمَانِهِمْ ۗ وَاتَّقُوا اللَّهَ وَاسْمَعُوا ۗ وَاللَّهُ لَا يَهْدِي الْقَوْمَ الْفَاسِقِينَ ١٠٨

7 - 5 - 126

۞ يَوْمَ يَجْمَعُ اللَّهُ الرُّسُلَ فَيَقُولُ مَاذَا أُجِبْتُمْ ۖ قَالُوا لَا عِلْمَ لَنَا ۖ إِنَّكَ أَنتَ عَلَّامُ الْغُيُوبِ ١٠٩ إِذْ قَالَ اللَّهُ يَا عِيسَى ابْنَ مَرْيَمَ اذْكُرْ نِعْمَتِي عَلَيْكَ وَعَلَىٰ وَالِدَتِكَ إِذْ أَيَّدتُّكَ بِرُوحِ الْقُدُسِ تُكَلِّمُ النَّاسَ فِي الْمَهْدِ وَكَهْلًا ۖ وَإِذْ عَلَّمْتُكَ الْكِتَابَ وَالْحِكْمَةَ وَالتَّوْرَاةَ وَالْإِنجِيلَ ۖ وَإِذْ تَخْلُقُ مِنَ الطِّينِ كَهَيْئَةِ الطَّيْرِ بِإِذْنِي فَتَنفُخُ فِيهَا فَتَكُونُ طَيْرًا بِإِذْنِي ۖ وَتُبْرِئُ الْأَكْمَهَ وَالْأَبْرَصَ بِإِذْنِي ۖ وَإِذْ تُخْرِجُ الْمَوْتَىٰ بِإِذْنِي ۖ وَإِذْ كَفَفْتُ بَنِي إِسْرَائِيلَ عَنكَ إِذْ جِئْتَهُم بِالْبَيِّنَاتِ فَقَالَ الَّذِينَ كَفَرُوا مِنْهُمْ إِنْ هَٰذَا إِلَّا سِحْرٌ مُّبِينٌ ١١٠ وَإِذْ أَوْحَيْتُ إِلَى الْحَوَارِيِّينَ أَنْ آمِنُوا بِي وَبِرَسُولِي قَالُوا آمَنَّا وَاشْهَدْ بِأَنَّنَا مُسْلِمُونَ ١١١ إِذْ قَالَ الْحَوَارِيُّونَ يَا عِيسَى ابْنَ مَرْيَمَ هَلْ يَسْتَطِيعُ رَبُّكَ أَن يُنَزِّلَ عَلَيْنَا مَائِدَةً مِّنَ السَّمَاءِ ۖ قَالَ اتَّقُوا اللَّهَ إِن كُنتُم مُّؤْمِنِينَ ١١٢ قَالُوا نُرِيدُ أَن نَّأْكُلَ مِنْهَا وَتَطْمَئِنَّ قُلُوبُنَا وَنَعْلَمَ أَن قَدْ صَدَقْتَنَا وَنَكُونَ عَلَيْهَا مِنَ الشَّاهِدِينَ ١١٣

7 - 5 - 127

قَالَ عِيسَى ابْنُ مَرْيَمَ اللَّهُمَّ رَبَّنَا أَنزِلْ عَلَيْنَا مَائِدَةً مِّنَ السَّمَاءِ تَكُونُ لَنَا عِيدًا لِّأَوَّلِنَا وَآخِرِنَا وَآيَةً مِّنكَ ۖ وَارْزُقْنَا وَأَنتَ خَيْرُ الرَّازِقِينَ ١١٤ قَالَ اللَّهُ إِنِّي مُنَزِّلُهَا عَلَيْكُمْ ۖ فَمَن يَكْفُرْ بَعْدُ مِنكُمْ فَإِنِّي أُعَذِّبُهُ عَذَابًا لَّا أُعَذِّبُهُ أَحَدًا مِّنَ الْعَالَمِينَ ١١٥ وَإِذْ قَالَ اللَّهُ يَا عِيسَى ابْنَ مَرْيَمَ أَأَنتَ قُلْتَ لِلنَّاسِ اتَّخِذُونِي وَأُمِّيَ إِلَٰهَيْنِ مِن دُونِ اللَّهِ ۖ قَالَ سُبْحَانَكَ مَا يَكُونُ لِي أَنْ أَقُولَ مَا لَيْسَ لِي بِحَقٍّ ۚ إِن كُنتُ قُلْتُهُ فَقَدْ عَلِمْتَهُ ۚ تَعْلَمُ مَا فِي نَفْسِي وَلَا أَعْلَمُ مَا فِي نَفْسِكَ ۚ إِنَّكَ أَنتَ عَلَّامُ الْغُيُوبِ ١١٦ مَا قُلْتُ لَهُمْ إِلَّا مَا أَمَرْتَنِي بِهِ أَنِ اعْبُدُوا اللَّهَ رَبِّي وَرَبَّكُمْ ۚ وَكُنتُ عَلَيْهِمْ شَهِيدًا مَّا دُمْتُ فِيهِمْ ۖ فَلَمَّا تَوَفَّيْتَنِي كُنتَ أَنتَ الرَّقِيبَ عَلَيْهِمْ ۚ وَأَنتَ عَلَىٰ كُلِّ شَيْءٍ شَهِيدٌ ١١٧ إِن تُعَذِّبْهُمْ فَإِنَّهُمْ عِبَادُكَ ۖ وَإِن تَغْفِرْ لَهُمْ فَإِنَّكَ أَنتَ الْعَزِيزُ الْحَكِيمُ ١١٨ قَالَ اللَّهُ هَٰذَا يَوْمُ يَنفَعُ الصَّادِقِينَ صِدْقُهُمْ ۚ لَهُمْ جَنَّاتٌ تَجْرِي مِن تَحْتِهَا الْأَنْهَارُ خَالِدِينَ فِيهَا أَبَدًا ۚ رَّضِيَ اللَّهُ عَنْهُمْ وَرَضُوا عَنْهُ ۚ ذَٰلِكَ الْفَوْزُ الْعَظِيمُ ١١٩ لِلَّهِ مُلْكُ السَّمَاوَاتِ وَالْأَرْضِ وَمَا فِيهِنَّ ۚ وَهُوَ عَلَىٰ كُلِّ شَيْءٍ قَدِيرٌ ١٢٠

7 - 6 - 128

سُورَةُ الأَنۡعَامِ

بِسْمِ اللَّهِ الرَّحْمَٰنِ الرَّحِيمِ

الْحَمْدُ لِلَّهِ الَّذِي خَلَقَ السَّمَاوَاتِ وَالْأَرْضَ وَجَعَلَ الظُّلُمَاتِ وَالنُّورَ ۖ ثُمَّ الَّذِينَ كَفَرُوا بِرَبِّهِمْ يَعْدِلُونَ ١ هُوَ الَّذِي خَلَقَكُم مِّن طِينٍ ثُمَّ قَضَىٰ أَجَلًا ۖ وَأَجَلٌ مُّسَمًّى عِندَهُ ۖ ثُمَّ أَنتُمْ تَمْتَرُونَ ٢ وَهُوَ اللَّهُ فِي السَّمَاوَاتِ وَفِي الْأَرْضِ ۖ يَعْلَمُ سِرَّكُمْ وَجَهْرَكُمْ وَيَعْلَمُ مَا تَكْسِبُونَ ٣ وَمَا تَأْتِيهِم مِّنْ آيَةٍ مِّنْ آيَاتِ رَبِّهِمْ إِلَّا كَانُوا عَنْهَا مُعْرِضِينَ ٤ فَقَدْ كَذَّبُوا بِالْحَقِّ لَمَّا جَاءَهُمْ ۖ فَسَوْفَ يَأْتِيهِمْ أَنبَاءُ مَا كَانُوا بِهِ يَسْتَهْزِئُونَ ٥ أَلَمْ يَرَوْا كَمْ أَهْلَكْنَا مِن قَبْلِهِم مِّن قَرْنٍ مَّكَّنَّاهُمْ فِي الْأَرْضِ مَا لَمْ نُمَكِّن لَّكُمْ وَأَرْسَلْنَا السَّمَاءَ عَلَيْهِم مِّدْرَارًا وَجَعَلْنَا الْأَنْهَارَ تَجْرِي مِن تَحْتِهِمْ فَأَهْلَكْنَاهُم بِذُنُوبِهِمْ وَأَنشَأْنَا مِن بَعْدِهِمْ قَرْنًا آخَرِينَ ٦ وَلَوْ نَزَّلْنَا عَلَيْكَ كِتَابًا فِي قِرْطَاسٍ فَلَمَسُوهُ بِأَيْدِيهِمْ لَقَالَ الَّذِينَ كَفَرُوا إِنْ هَٰذَا إِلَّا سِحْرٌ مُّبِينٌ ٧ وَقَالُوا لَوْلَا أُنزِلَ عَلَيْهِ مَلَكٌ ۖ وَلَوْ أَنزَلْنَا مَلَكًا لَّقُضِيَ الْأَمْرُ ثُمَّ لَا يُنظَرُونَ ٨

7 - 6 - 129

وَلَوْ جَعَلْنَاهُ مَلَكًا لَّجَعَلْنَاهُ رَجُلًا وَلَلَبَسْنَا عَلَيْهِم مَّا يَلْبِسُونَ ٩ وَلَقَدِ اسْتُهْزِئَ بِرُسُلٍ مِّن قَبْلِكَ فَحَاقَ بِالَّذِينَ سَخِرُوا مِنْهُم مَّا كَانُوا بِهِ يَسْتَهْزِئُونَ ١٠ قُلْ سِيرُوا فِي الْأَرْضِ ثُمَّ انظُرُوا كَيْفَ كَانَ عَاقِبَةُ الْمُكَذِّبِينَ ١١ قُل لِّمَن مَّا فِي السَّمَاوَاتِ وَالْأَرْضِ ۖ قُل لِّلَّهِ ۚ كَتَبَ عَلَىٰ نَفْسِهِ الرَّحْمَةَ ۚ لَيَجْمَعَنَّكُمْ إِلَىٰ يَوْمِ الْقِيَامَةِ لَا رَيْبَ فِيهِ ۚ الَّذِينَ خَسِرُوا أَنفُسَهُمْ فَهُمْ لَا يُؤْمِنُونَ ١٢ ۞ وَلَهُ مَا سَكَنَ فِي اللَّيْلِ وَالنَّهَارِ ۚ وَهُوَ السَّمِيعُ الْعَلِيمُ ١٣ قُلْ أَغَيْرَ اللَّهِ أَتَّخِذُ وَلِيًّا فَاطِرِ السَّمَاوَاتِ وَالْأَرْضِ وَهُوَ يُطْعِمُ وَلَا يُطْعَمُ ۗ قُلْ إِنِّي أُمِرْتُ أَنْ أَكُونَ أَوَّلَ مَنْ أَسْلَمَ ۖ وَلَا تَكُونَنَّ مِنَ الْمُشْرِكِينَ ١٤ قُلْ إِنِّي أَخَافُ إِنْ عَصَيْتُ رَبِّي عَذَابَ يَوْمٍ عَظِيمٍ ١٥ مَّن يُصْرَفْ عَنْهُ يَوْمَئِذٍ فَقَدْ رَحِمَهُ ۚ وَذَٰلِكَ الْفَوْزُ الْمُبِينُ ١٦ وَإِن يَمْسَسْكَ اللَّهُ بِضُرٍّ فَلَا كَاشِفَ لَهُ إِلَّا هُوَ ۖ وَإِن يَمْسَسْكَ بِخَيْرٍ فَهُوَ عَلَىٰ كُلِّ شَيْءٍ قَدِيرٌ ١٧ وَهُوَ الْقَاهِرُ فَوْقَ عِبَادِهِ ۚ وَهُوَ الْحَكِيمُ الْخَبِيرُ ١٨

7 - 6 - 130

قُلْ أَيُّ شَيْءٍ أَكْبَرُ شَهَادَةً ۖ قُلِ اللَّهُ ۖ شَهِيدٌ بَيْنِي وَبَيْنَكُمْ ۚ وَأُوحِيَ إِلَيَّ هَٰذَا الْقُرْآنُ لِأُنذِرَكُم بِهِ وَمَن بَلَغَ ۚ أَئِنَّكُمْ لَتَشْهَدُونَ أَنَّ مَعَ اللَّهِ آلِهَةً أُخْرَىٰ ۚ قُل لَّا أَشْهَدُ ۚ قُلْ إِنَّمَا هُوَ إِلَٰهٌ وَاحِدٌ وَإِنَّنِي بَرِيءٌ مِّمَّا تُشْرِكُونَ ١٩ الَّذِينَ آتَيْنَاهُمُ الْكِتَابَ يَعْرِفُونَهُ كَمَا يَعْرِفُونَ أَبْنَاءَهُمُ ۘ الَّذِينَ خَسِرُوا أَنفُسَهُمْ فَهُمْ لَا يُؤْمِنُونَ ٢٠ وَمَنْ أَظْلَمُ مِمَّنِ افْتَرَىٰ عَلَى اللَّهِ كَذِبًا أَوْ كَذَّبَ بِآيَاتِهِ ۗ إِنَّهُ لَا يُفْلِحُ الظَّالِمُونَ ٢١ وَيَوْمَ نَحْشُرُهُمْ جَمِيعًا ثُمَّ نَقُولُ لِلَّذِينَ أَشْرَكُوا أَيْنَ شُرَكَاؤُكُمُ الَّذِينَ كُنتُمْ تَزْعُمُونَ ٢٢ ثُمَّ لَمْ تَكُن فِتْنَتُهُمْ إِلَّا أَن قَالُوا وَاللَّهِ رَبِّنَا مَا كُنَّا مُشْرِكِينَ ٢٣ انظُرْ كَيْفَ كَذَبُوا عَلَىٰ أَنفُسِهِمْ ۚ وَضَلَّ عَنْهُم مَّا كَانُوا يَفْتَرُونَ ٢٤ وَمِنْهُم مَّن يَسْتَمِعُ إِلَيْكَ ۖ وَجَعَلْنَا عَلَىٰ قُلُوبِهِمْ أَكِنَّةً أَن يَفْقَهُوهُ وَفِي آذَانِهِمْ وَقْرًا ۚ وَإِن يَرَوْا كُلَّ آيَةٍ لَّا يُؤْمِنُوا بِهَا ۚ حَتَّىٰ إِذَا جَاءُوكَ يُجَادِلُونَكَ يَقُولُ الَّذِينَ كَفَرُوا إِنْ هَٰذَا إِلَّا أَسَاطِيرُ الْأَوَّلِينَ ٢٥ وَهُمْ يَنْهَوْنَ عَنْهُ وَيَنْأَوْنَ عَنْهُ ۖ وَإِن يُهْلِكُونَ إِلَّا أَنفُسَهُمْ وَمَا يَشْعُرُونَ ٢٦ وَلَوْ تَرَىٰ إِذْ وُقِفُوا عَلَى النَّارِ فَقَالُوا يَا لَيْتَنَا نُرَدُّ وَلَا نُكَذِّبَ بِآيَاتِ رَبِّنَا وَنَكُونَ مِنَ الْمُؤْمِنِينَ ٢٧

7 - 6 - 131

بَلْ بَدَا لَهُم مَّا كَانُوا يُخْفُونَ مِن قَبْلُ ۖ وَلَوْ رُدُّوا لَعَادُوا لِمَا نُهُوا عَنْهُ وَإِنَّهُمْ لَكَاذِبُونَ ٢٨ وَقَالُوا إِنْ هِيَ إِلَّا حَيَاتُنَا الدُّنْيَا وَمَا نَحْنُ بِمَبْعُوثِينَ ٢٩ وَلَوْ تَرَىٰ إِذْ وُقِفُوا عَلَىٰ رَبِّهِمْ ۚ قَالَ أَلَيْسَ هَٰذَا بِالْحَقِّ ۚ قَالُوا بَلَىٰ وَرَبِّنَا ۚ قَالَ فَذُوقُوا الْعَذَابَ بِمَا كُنتُمْ تَكْفُرُونَ ٣٠ قَدْ خَسِرَ الَّذِينَ كَذَّبُوا بِلِقَاءِ اللَّهِ ۖ حَتَّىٰ إِذَا جَاءَتْهُمُ السَّاعَةُ بَغْتَةً قَالُوا يَا حَسْرَتَنَا عَلَىٰ مَا فَرَّطْنَا فِيهَا وَهُمْ يَحْمِلُونَ أَوْزَارَهُمْ عَلَىٰ ظُهُورِهِمْ ۚ أَلَا سَاءَ مَا يَزِرُونَ ٣١ وَمَا الْحَيَاةُ الدُّنْيَا إِلَّا لَعِبٌ وَلَهْوٌ ۖ وَلَلدَّارُ الْآخِرَةُ خَيْرٌ لِّلَّذِينَ يَتَّقُونَ ۗ أَفَلَا تَعْقِلُونَ ٣٢ قَدْ نَعْلَمُ إِنَّهُ لَيَحْزُنُكَ الَّذِي يَقُولُونَ ۖ فَإِنَّهُمْ لَا يُكَذِّبُونَكَ وَلَٰكِنَّ الظَّالِمِينَ بِآيَاتِ اللَّهِ يَجْحَدُونَ ٣٣ وَلَقَدْ كُذِّبَتْ رُسُلٌ مِّن قَبْلِكَ فَصَبَرُوا عَلَىٰ مَا كُذِّبُوا وَأُوذُوا حَتَّىٰ أَتَاهُمْ نَصْرُنَا ۚ وَلَا مُبَدِّلَ لِكَلِمَاتِ اللَّهِ ۚ وَلَقَدْ جَاءَكَ مِن نَّبَإِ الْمُرْسَلِينَ ٣٤ وَإِن كَانَ كَبُرَ عَلَيْكَ إِعْرَاضُهُمْ فَإِنِ اسْتَطَعْتَ أَن تَبْتَغِيَ نَفَقًا فِي الْأَرْضِ أَوْ سُلَّمًا فِي السَّمَاءِ فَتَأْتِيَهُم بِآيَةٍ ۚ وَلَوْ شَاءَ اللَّهُ لَجَمَعَهُمْ عَلَى الْهُدَىٰ ۚ فَلَا تَكُونَنَّ مِنَ الْجَاهِلِينَ ٣٥

7 - 6 - 132

۞ إِنَّمَا يَسْتَجِيبُ الَّذِينَ يَسْمَعُونَ ۘ وَالْمَوْتَىٰ يَبْعَثُهُمُ اللَّهُ ثُمَّ إِلَيْهِ يُرْجَعُونَ ٣٦ وَقَالُوا لَوْلَا نُزِّلَ عَلَيْهِ آيَةٌ مِّن رَّبِّهِ ۚ قُلْ إِنَّ اللَّهَ قَادِرٌ عَلَىٰ أَن يُنَزِّلَ آيَةً وَلَٰكِنَّ أَكْثَرَهُمْ لَا يَعْلَمُونَ ٣٧ وَمَا مِن دَابَّةٍ فِي الْأَرْضِ وَلَا طَائِرٍ يَطِيرُ بِجَنَاحَيْهِ إِلَّا أُمَمٌ أَمْثَالُكُم ۚ مَّا فَرَّطْنَا فِي الْكِتَابِ مِن شَيْءٍ ۚ ثُمَّ إِلَىٰ رَبِّهِمْ يُحْشَرُونَ ٣٨ وَالَّذِينَ كَذَّبُوا بِآيَاتِنَا صُمٌّ وَبُكْمٌ فِي الظُّلُمَاتِ ۗ مَن يَشَإِ اللَّهُ يُضْلِلْهُ وَمَن يَشَأْ يَجْعَلْهُ عَلَىٰ صِرَاطٍ مُّسْتَقِيمٍ ٣٩ قُلْ أَرَأَيْتَكُمْ إِنْ أَتَاكُمْ عَذَابُ اللَّهِ أَوْ أَتَتْكُمُ السَّاعَةُ أَغَيْرَ اللَّهِ تَدْعُونَ إِن كُنتُمْ صَادِقِينَ ٤٠ بَلْ إِيَّاهُ تَدْعُونَ فَيَكْشِفُ مَا تَدْعُونَ إِلَيْهِ إِن شَاءَ وَتَنسَوْنَ مَا تُشْرِكُونَ ٤١ وَلَقَدْ أَرْسَلْنَا إِلَىٰ أُمَمٍ مِّن قَبْلِكَ فَأَخَذْنَاهُم بِالْبَأْسَاءِ وَالضَّرَّاءِ لَعَلَّهُمْ يَتَضَرَّعُونَ ٤٢ فَلَوْلَا إِذْ جَاءَهُم بَأْسُنَا تَضَرَّعُوا وَلَٰكِن قَسَتْ قُلُوبُهُمْ وَزَيَّنَ لَهُمُ الشَّيْطَانُ مَا كَانُوا يَعْمَلُونَ ٤٣ فَلَمَّا نَسُوا مَا ذُكِّرُوا بِهِ فَتَحْنَا عَلَيْهِمْ أَبْوَابَ كُلِّ شَيْءٍ حَتَّىٰ إِذَا فَرِحُوا بِمَا أُوتُوا أَخَذْنَاهُم بَغْتَةً فَإِذَا هُم مُّبْلِسُونَ ٤٤

7 - 6 - 133

فَقُطِعَ دَابِرُ الْقَوْمِ الَّذِينَ ظَلَمُوا ۚ وَالْحَمْدُ لِلَّهِ رَبِّ الْعَالَمِينَ ٤٥ قُلْ أَرَأَيْتُمْ إِنْ أَخَذَ اللَّهُ سَمْعَكُمْ وَأَبْصَارَكُمْ وَخَتَمَ عَلَىٰ قُلُوبِكُم مَّنْ إِلَٰهٌ غَيْرُ اللَّهِ يَأْتِيكُم بِهِ ۗ انظُرْ كَيْفَ نُصَرِّفُ الْآيَاتِ ثُمَّ هُمْ يَصْدِفُونَ ٤٦ قُلْ أَرَأَيْتَكُمْ إِنْ أَتَاكُمْ عَذَابُ اللَّهِ بَغْتَةً أَوْ جَهْرَةً هَلْ يُهْلَكُ إِلَّا الْقَوْمُ الظَّالِمُونَ ٤٧ وَمَا نُرْسِلُ الْمُرْسَلِينَ إِلَّا مُبَشِّرِينَ وَمُنذِرِينَ ۖ فَمَنْ آمَنَ وَأَصْلَحَ فَلَا خَوْفٌ عَلَيْهِمْ وَلَا هُمْ يَحْزَنُونَ ٤٨ وَالَّذِينَ كَذَّبُوا بِآيَاتِنَا يَمَسُّهُمُ الْعَذَابُ بِمَا كَانُوا يَفْسُقُونَ ٤٩ قُل لَّا أَقُولُ لَكُمْ عِندِي خَزَائِنُ اللَّهِ وَلَا أَعْلَمُ الْغَيْبَ وَلَا أَقُولُ لَكُمْ إِنِّي مَلَكٌ ۖ إِنْ أَتَّبِعُ إِلَّا مَا يُوحَىٰ إِلَيَّ ۚ قُلْ هَلْ يَسْتَوِي الْأَعْمَىٰ وَالْبَصِيرُ ۚ أَفَلَا تَتَفَكَّرُونَ ٥٠ وَأَنذِرْ بِهِ الَّذِينَ يَخَافُونَ أَن يُحْشَرُوا إِلَىٰ رَبِّهِمْ ۙ لَيْسَ لَهُم مِّن دُونِهِ وَلِيٌّ وَلَا شَفِيعٌ لَّعَلَّهُمْ يَتَّقُونَ ٥١ وَلَا تَطْرُدِ الَّذِينَ يَدْعُونَ رَبَّهُم بِالْغَدَاةِ وَالْعَشِيِّ يُرِيدُونَ وَجْهَهُ ۖ مَا عَلَيْكَ مِنْ حِسَابِهِم مِّن شَيْءٍ وَمَا مِنْ حِسَابِكَ عَلَيْهِم مِّن شَيْءٍ فَتَطْرُدَهُمْ فَتَكُونَ مِنَ الظَّالِمِينَ ٥٢ وَكَذَٰلِكَ فَتَنَّا بَعْضَهُم بِبَعْضٍ لِّيَقُولُوا أَهَٰؤُلَاءِ مَنَّ اللَّهُ عَلَيْهِم مِّن بَيْنِنَا ۗ أَلَيْسَ اللَّهُ بِأَعْلَمَ بِالشَّاكِرِينَ ٥٣

7 - 6 - 134

وَإِذَا جَاءَكَ الَّذِينَ يُؤْمِنُونَ بِآيَاتِنَا فَقُلْ سَلَامٌ عَلَيْكُمْ ۖ كَتَبَ رَبُّكُمْ عَلَىٰ نَفْسِهِ الرَّحْمَةَ ۖ أَنَّهُ مَنْ عَمِلَ مِنكُمْ سُوءًا بِجَهَالَةٍ ثُمَّ تَابَ مِن بَعْدِهِ وَأَصْلَحَ فَأَنَّهُ غَفُورٌ رَّحِيمٌ ٥٤ وَكَذَٰلِكَ نُفَصِّلُ الْآيَاتِ وَلِتَسْتَبِينَ سَبِيلُ الْمُجْرِمِينَ ٥٥ قُلْ إِنِّي نُهِيتُ أَنْ أَعْبُدَ الَّذِينَ تَدْعُونَ مِن دُونِ اللَّهِ ۚ قُل لَّا أَتَّبِعُ أَهْوَاءَكُمْ ۙ قَدْ ضَلَلْتُ إِذًا وَمَا أَنَا مِنَ الْمُهْتَدِينَ ٥٦ قُلْ إِنِّي عَلَىٰ بَيِّنَةٍ مِّن رَّبِّي وَكَذَّبْتُم بِهِ ۚ مَا عِندِي مَا تَسْتَعْجِلُونَ بِهِ ۚ إِنِ الْحُكْمُ إِلَّا لِلَّهِ ۖ يَقُصُّ الْحَقَّ ۖ وَهُوَ خَيْرُ الْفَاصِلِينَ ٥٧ قُل لَّوْ أَنَّ عِندِي مَا تَسْتَعْجِلُونَ بِهِ لَقُضِيَ الْأَمْرُ بَيْنِي وَبَيْنَكُمْ ۗ وَاللَّهُ أَعْلَمُ بِالظَّالِمِينَ ٥٨ ۞ وَعِندَهُ مَفَاتِحُ الْغَيْبِ لَا يَعْلَمُهَا إِلَّا هُوَ ۚ وَيَعْلَمُ مَا فِي الْبَرِّ وَالْبَحْرِ ۚ وَمَا تَسْقُطُ مِن وَرَقَةٍ إِلَّا يَعْلَمُهَا وَلَا حَبَّةٍ فِي ظُلُمَاتِ الْأَرْضِ وَلَا رَطْبٍ وَلَا يَابِسٍ إِلَّا فِي كِتَابٍ مُّبِينٍ ٥٩

SOURCE : DIGITAL MUS-HAF OF MADINAH-KING FAHD QURAN COMPLEX

7-6-135
وَهُوَ الَّذِي يَتَوَفَّاكُم بِاللَّيْلِ وَيَعْلَمُ مَا جَرَحْتُم بِالنَّهَارِ ثُمَّ
يَبْعَثُكُمْ فِيهِ لِيُقْضَىٰ أَجَلٌ مُّسَمًّى ثُمَّ إِلَيْهِ مَرْجِعُكُمْ ثُمَّ
يُنَبِّئُكُم بِمَا كُنتُمْ تَعْمَلُونَ ٦٠ وَهُوَ الْقَاهِرُ فَوْقَ عِبَادِهِ
وَيُرْسِلُ عَلَيْكُمْ حَفَظَةً حَتَّىٰ إِذَا جَاءَ أَحَدَكُمُ الْمَوْتُ تَوَفَّتْهُ
رُسُلُنَا وَهُمْ لَا يُفَرِّطُونَ ٦١ ثُمَّ رُدُّوا إِلَى اللَّهِ مَوْلَاهُمُ الْحَقِّ
أَلَا لَهُ الْحُكْمُ وَهُوَ أَسْرَعُ الْحَاسِبِينَ ٦٢ قُلْ مَن يُنَجِّيكُم مِّن
ظُلُمَاتِ الْبَرِّ وَالْبَحْرِ تَدْعُونَهُ تَضَرُّعًا وَخُفْيَةً لَّئِنْ أَنجَانَا مِنْ
هَٰذِهِ لَنَكُونَنَّ مِنَ الشَّاكِرِينَ ٦٣ قُلِ اللَّهُ يُنَجِّيكُم مِّنْهَا وَمِن كُلِّ كَرْبٍ
ثُمَّ أَنتُمْ تُشْرِكُونَ ٦٤ قُلْ هُوَ الْقَادِرُ عَلَىٰ أَن يَبْعَثَ عَلَيْكُمْ عَذَابًا مِّن
فَوْقِكُمْ أَوْ مِن تَحْتِ أَرْجُلِكُمْ أَوْ يَلْبِسَكُمْ شِيَعًا وَيُذِيقَ بَعْضَكُم
بَأْسَ بَعْضٍ انظُرْ كَيْفَ نُصَرِّفُ الْآيَاتِ لَعَلَّهُمْ يَفْقَهُونَ ٦٥ وَكَذَّبَ
بِهِ قَوْمُكَ وَهُوَ الْحَقُّ قُل لَّسْتُ عَلَيْكُم بِوَكِيلٍ ٦٦ لِّكُلِّ نَبَإٍ
مُّسْتَقَرٌّ وَسَوْفَ تَعْلَمُونَ ٦٧ وَإِذَا رَأَيْتَ الَّذِينَ يَخُوضُونَ فِي آيَاتِنَا
فَأَعْرِضْ عَنْهُمْ حَتَّىٰ يَخُوضُوا فِي حَدِيثٍ غَيْرِهِ وَإِمَّا يُنسِيَنَّكَ
الشَّيْطَانُ فَلَا تَقْعُدْ بَعْدَ الذِّكْرَىٰ مَعَ الْقَوْمِ الظَّالِمِينَ ٦٨
7-6-136
وَمَا عَلَى الَّذِينَ يَتَّقُونَ مِنْ حِسَابِهِم مِّن شَيْءٍ وَلَٰكِن
ذِكْرَىٰ لَعَلَّهُمْ يَتَّقُونَ ٦٩ وَذَرِ الَّذِينَ اتَّخَذُوا دِينَهُمْ
لَعِبًا وَلَهْوًا وَغَرَّتْهُمُ الْحَيَاةُ الدُّنْيَا وَذَكِّرْ بِهِ أَن
تُبْسَلَ نَفْسٌ بِمَا كَسَبَتْ لَيْسَ لَهَا مِن دُونِ اللَّهِ وَلِيٌّ
وَلَا شَفِيعٌ وَإِن تَعْدِلْ كُلَّ عَدْلٍ لَّا يُؤْخَذْ مِنْهَا أُولَٰئِكَ
الَّذِينَ أُبْسِلُوا بِمَا كَسَبُوا لَهُمْ شَرَابٌ مِّنْ حَمِيمٍ
وَعَذَابٌ أَلِيمٌ بِمَا كَانُوا يَكْفُرُونَ ٧٠ قُلْ أَنَدْعُو مِن دُونِ
اللَّهِ مَا لَا يَنفَعُنَا وَلَا يَضُرُّنَا وَنُرَدُّ عَلَىٰ أَعْقَابِنَا بَعْدَ إِذْ
هَدَانَا اللَّهُ كَالَّذِي اسْتَهْوَتْهُ الشَّيَاطِينُ فِي الْأَرْضِ
حَيْرَانَ لَهُ أَصْحَابٌ يَدْعُونَهُ إِلَى الْهُدَى ائْتِنَا قُلْ إِنَّ
هُدَى اللَّهِ هُوَ الْهُدَىٰ وَأُمِرْنَا لِنُسْلِمَ لِرَبِّ الْعَالَمِينَ ٧١ وَأَنْ
أَقِيمُوا الصَّلَاةَ وَاتَّقُوهُ وَهُوَ الَّذِي إِلَيْهِ تُحْشَرُونَ ٧٢ وَهُوَ
الَّذِي خَلَقَ السَّمَاوَاتِ وَالْأَرْضَ بِالْحَقِّ وَيَوْمَ يَقُولُ كُن
فَيَكُونُ قَوْلُهُ الْحَقُّ وَلَهُ الْمُلْكُ يَوْمَ يُنفَخُ فِي الصُّورِ
عَالِمُ الْغَيْبِ وَالشَّهَادَةِ وَهُوَ الْحَكِيمُ الْخَبِيرُ ٧٣
7-6-137
وَإِذْ قَالَ إِبْرَاهِيمُ لِأَبِيهِ آزَرَ أَتَتَّخِذُ أَصْنَامًا آلِهَةً إِنِّي
أَرَاكَ وَقَوْمَكَ فِي ضَلَالٍ مُّبِينٍ ٧٤ وَكَذَٰلِكَ نُرِي إِبْرَاهِيمَ
مَلَكُوتَ السَّمَاوَاتِ وَالْأَرْضِ وَلِيَكُونَ مِنَ الْمُوقِنِينَ ٧٥
فَلَمَّا جَنَّ عَلَيْهِ اللَّيْلُ رَأَىٰ كَوْكَبًا قَالَ هَٰذَا رَبِّي فَلَمَّا أَفَلَ
قَالَ لَا أُحِبُّ الْآفِلِينَ ٧٦ فَلَمَّا رَأَى الْقَمَرَ بَازِغًا قَالَ هَٰذَا
رَبِّي فَلَمَّا أَفَلَ قَالَ لَئِن لَّمْ يَهْدِنِي رَبِّي لَأَكُونَنَّ مِنَ الْقَوْمِ
الضَّالِّينَ ٧٧ فَلَمَّا رَأَى الشَّمْسَ بَازِغَةً قَالَ هَٰذَا رَبِّي هَٰذَا
أَكْبَرُ فَلَمَّا أَفَلَتْ قَالَ يَا قَوْمِ إِنِّي بَرِيءٌ مِّمَّا تُشْرِكُونَ ٧٨
إِنِّي وَجَّهْتُ وَجْهِيَ لِلَّذِي فَطَرَ السَّمَاوَاتِ وَالْأَرْضَ
حَنِيفًا وَمَا أَنَا مِنَ الْمُشْرِكِينَ ٧٩ وَحَاجَّهُ قَوْمُهُ قَالَ
أَتُحَاجُّونِّي فِي اللَّهِ وَقَدْ هَدَانِ وَلَا أَخَافُ مَا تُشْرِكُونَ بِهِ
إِلَّا أَن يَشَاءَ رَبِّي شَيْئًا وَسِعَ رَبِّي كُلَّ شَيْءٍ عِلْمًا أَفَلَا
تَتَذَكَّرُونَ ٨٠ وَكَيْفَ أَخَافُ مَا أَشْرَكْتُمْ وَلَا تَخَافُونَ
أَنَّكُمْ أَشْرَكْتُم بِاللَّهِ مَا لَمْ يُنَزِّلْ بِهِ عَلَيْكُمْ سُلْطَانًا
فَأَيُّ الْفَرِيقَيْنِ أَحَقُّ بِالْأَمْنِ إِن كُنتُمْ تَعْلَمُونَ ٨١
7-6-138
الَّذِينَ آمَنُوا وَلَمْ يَلْبِسُوا إِيمَانَهُم بِظُلْمٍ أُولَٰئِكَ لَهُمُ الْأَمْنُ
وَهُم مُّهْتَدُونَ ٨٢ وَتِلْكَ حُجَّتُنَا آتَيْنَاهَا إِبْرَاهِيمَ عَلَىٰ
قَوْمِهِ نَرْفَعُ دَرَجَاتٍ مَّن نَّشَاءُ إِنَّ رَبَّكَ حَكِيمٌ عَلِيمٌ ٨٣
وَوَهَبْنَا لَهُ إِسْحَاقَ وَيَعْقُوبَ كُلًّا هَدَيْنَا وَنُوحًا هَدَيْنَا
مِن قَبْلُ وَمِن ذُرِّيَّتِهِ دَاوُودَ وَسُلَيْمَانَ وَأَيُّوبَ وَيُوسُفَ
وَمُوسَىٰ وَهَارُونَ وَكَذَٰلِكَ نَجْزِي الْمُحْسِنِينَ ٨٤
وَزَكَرِيَّا وَيَحْيَىٰ وَعِيسَىٰ وَإِلْيَاسَ كُلٌّ مِّنَ الصَّالِحِينَ ٨٥
وَإِسْمَاعِيلَ وَالْيَسَعَ وَيُونُسَ وَلُوطًا وَكُلًّا فَضَّلْنَا عَلَى
الْعَالَمِينَ ٨٦ وَمِنْ آبَائِهِمْ وَذُرِّيَّاتِهِمْ وَإِخْوَانِهِمْ وَاجْتَبَيْنَاهُمْ
وَهَدَيْنَاهُمْ إِلَىٰ صِرَاطٍ مُّسْتَقِيمٍ ٨٧ ذَٰلِكَ هُدَى اللَّهِ يَهْدِي
بِهِ مَن يَشَاءُ مِنْ عِبَادِهِ وَلَوْ أَشْرَكُوا لَحَبِطَ عَنْهُم مَّا كَانُوا
يَعْمَلُونَ ٨٨ أُولَٰئِكَ الَّذِينَ آتَيْنَاهُمُ الْكِتَابَ وَالْحُكْمَ
وَالنُّبُوَّةَ فَإِن يَكْفُرْ بِهَا هَٰؤُلَاءِ فَقَدْ وَكَّلْنَا بِهَا قَوْمًا لَّيْسُوا
بِهَا بِكَافِرِينَ ٨٩ أُولَٰئِكَ الَّذِينَ هَدَى اللَّهُ فَبِهُدَاهُمُ اقْتَدِهْ
قُل لَّا أَسْأَلُكُمْ عَلَيْهِ أَجْرًا إِنْ هُوَ إِلَّا ذِكْرَىٰ لِلْعَالَمِينَ ٩٠
7-6-139
وَمَا قَدَرُوا اللَّهَ حَقَّ قَدْرِهِ إِذْ قَالُوا مَا أَنزَلَ اللَّهُ عَلَىٰ بَشَرٍ مِّن شَيْءٍ
قُلْ مَنْ أَنزَلَ الْكِتَابَ الَّذِي جَاءَ بِهِ مُوسَىٰ نُورًا وَهُدًى
لِّلنَّاسِ تَجْعَلُونَهُ قَرَاطِيسَ تُبْدُونَهَا وَتُخْفُونَ كَثِيرًا وَعُلِّمْتُم
مَّا لَمْ تَعْلَمُوا أَنتُمْ وَلَا آبَاؤُكُمْ قُلِ اللَّهُ ثُمَّ ذَرْهُمْ فِي خَوْضِهِمْ
يَلْعَبُونَ ٩١ وَهَٰذَا كِتَابٌ أَنزَلْنَاهُ مُبَارَكٌ مُّصَدِّقُ الَّذِي بَيْنَ
يَدَيْهِ وَلِتُنذِرَ أُمَّ الْقُرَىٰ وَمَنْ حَوْلَهَا وَالَّذِينَ يُؤْمِنُونَ بِالْآخِرَةِ
يُؤْمِنُونَ بِهِ وَهُمْ عَلَىٰ صَلَاتِهِمْ يُحَافِظُونَ ٩٢ وَمَنْ أَظْلَمُ مِمَّنِ
افْتَرَىٰ عَلَى اللَّهِ كَذِبًا أَوْ قَالَ أُوحِيَ إِلَيَّ وَلَمْ يُوحَ إِلَيْهِ شَيْءٌ
وَمَن قَالَ سَأُنزِلُ مِثْلَ مَا أَنزَلَ اللَّهُ وَلَوْ تَرَىٰ إِذِ الظَّالِمُونَ فِي
غَمَرَاتِ الْمَوْتِ وَالْمَلَائِكَةُ بَاسِطُو أَيْدِيهِمْ أَخْرِجُوا أَنفُسَكُمُ
الْيَوْمَ تُجْزَوْنَ عَذَابَ الْهُونِ بِمَا كُنتُمْ تَقُولُونَ عَلَى اللَّهِ غَيْرَ
الْحَقِّ وَكُنتُمْ عَنْ آيَاتِهِ تَسْتَكْبِرُونَ ٩٣ وَلَقَدْ جِئْتُمُونَا
فُرَادَىٰ كَمَا خَلَقْنَاكُمْ أَوَّلَ مَرَّةٍ وَتَرَكْتُم مَّا خَوَّلْنَاكُمْ وَرَاءَ
ظُهُورِكُمْ وَمَا نَرَىٰ مَعَكُمْ شُفَعَاءَكُمُ الَّذِينَ زَعَمْتُمْ أَنَّهُمْ فِيكُمْ
شُرَكَاءُ لَقَد تَّقَطَّعَ بَيْنَكُمْ وَضَلَّ عَنكُم مَّا كُنتُمْ تَزْعُمُونَ ٩٤
7-6-140
إِنَّ اللَّهَ فَالِقُ الْحَبِّ وَالنَّوَىٰ يُخْرِجُ الْحَيَّ مِنَ الْمَيِّتِ وَمُخْرِجُ
الْمَيِّتِ مِنَ الْحَيِّ ذَٰلِكُمُ اللَّهُ فَأَنَّىٰ تُؤْفَكُونَ ٩٥ فَالِقُ الْإِصْبَاحِ
وَجَعَلَ اللَّيْلَ سَكَنًا وَالشَّمْسَ وَالْقَمَرَ حُسْبَانًا ذَٰلِكَ تَقْدِيرُ
الْعَزِيزِ الْعَلِيمِ ٩٦ وَهُوَ الَّذِي جَعَلَ لَكُمُ النُّجُومَ لِتَهْتَدُوا
بِهَا فِي ظُلُمَاتِ الْبَرِّ وَالْبَحْرِ قَدْ فَصَّلْنَا الْآيَاتِ لِقَوْمٍ يَعْلَمُونَ ٩٧
وَهُوَ الَّذِي أَنشَأَكُم مِّن نَّفْسٍ وَاحِدَةٍ فَمُسْتَقَرٌّ وَمُسْتَوْدَعٌ
قَدْ فَصَّلْنَا الْآيَاتِ لِقَوْمٍ يَفْقَهُونَ ٩٨ وَهُوَ الَّذِي أَنزَلَ مِنَ
السَّمَاءِ مَاءً فَأَخْرَجْنَا بِهِ نَبَاتَ كُلِّ شَيْءٍ فَأَخْرَجْنَا مِنْهُ
خَضِرًا نُّخْرِجُ مِنْهُ حَبًّا مُّتَرَاكِبًا وَمِنَ النَّخْلِ مِن طَلْعِهَا قِنْوَانٌ
دَانِيَةٌ وَجَنَّاتٍ مِّنْ أَعْنَابٍ وَالزَّيْتُونَ وَالرُّمَّانَ مُشْتَبِهًا وَغَيْرَ
مُتَشَابِهٍ انظُرُوا إِلَىٰ ثَمَرِهِ إِذَا أَثْمَرَ وَيَنْعِهِ إِنَّ فِي ذَٰلِكُمْ
لَآيَاتٍ لِّقَوْمٍ يُؤْمِنُونَ ٩٩ وَجَعَلُوا لِلَّهِ شُرَكَاءَ الْجِنَّ وَخَلَقَهُمْ
وَخَرَقُوا لَهُ بَنِينَ وَبَنَاتٍ بِغَيْرِ عِلْمٍ سُبْحَانَهُ وَتَعَالَىٰ عَمَّا يَصِفُونَ ١٠٠
بَدِيعُ السَّمَاوَاتِ وَالْأَرْضِ أَنَّىٰ يَكُونُ لَهُ وَلَدٌ وَلَمْ تَكُن لَّهُ
صَاحِبَةٌ وَخَلَقَ كُلَّ شَيْءٍ وَهُوَ بِكُلِّ شَيْءٍ عَلِيمٌ ١٠١
7-6-141
ذَٰلِكُمُ اللَّهُ رَبُّكُمْ لَا إِلَٰهَ إِلَّا هُوَ خَالِقُ كُلِّ شَيْءٍ فَاعْبُدُوهُ
وَهُوَ عَلَىٰ كُلِّ شَيْءٍ وَكِيلٌ ١٠٢ لَّا تُدْرِكُهُ الْأَبْصَارُ وَهُوَ
يُدْرِكُ الْأَبْصَارَ وَهُوَ اللَّطِيفُ الْخَبِيرُ ١٠٣ قَدْ جَاءَكُم
بَصَائِرُ مِن رَّبِّكُمْ فَمَنْ أَبْصَرَ فَلِنَفْسِهِ وَمَنْ عَمِيَ فَعَلَيْهَا
وَمَا أَنَا عَلَيْكُم بِحَفِيظٍ ١٠٤ وَكَذَٰلِكَ نُصَرِّفُ الْآيَاتِ
وَلِيَقُولُوا دَرَسْتَ وَلِنُبَيِّنَهُ لِقَوْمٍ يَعْلَمُونَ ١٠٥ اتَّبِعْ
مَا أُوحِيَ إِلَيْكَ مِن رَّبِّكَ لَا إِلَٰهَ إِلَّا هُوَ وَأَعْرِضْ عَنِ الْمُشْرِكِينَ ١٠٦
وَلَوْ شَاءَ اللَّهُ مَا أَشْرَكُوا وَمَا جَعَلْنَاكَ عَلَيْهِمْ حَفِيظًا
وَمَا أَنتَ عَلَيْهِم بِوَكِيلٍ ١٠٧ وَلَا تَسُبُّوا الَّذِينَ يَدْعُونَ
مِن دُونِ اللَّهِ فَيَسُبُّوا اللَّهَ عَدْوًا بِغَيْرِ عِلْمٍ كَذَٰلِكَ زَيَّنَّا لِكُلِّ أُمَّةٍ
عَمَلَهُمْ ثُمَّ إِلَىٰ رَبِّهِم مَّرْجِعُهُمْ فَيُنَبِّئُهُم بِمَا كَانُوا يَعْمَلُونَ ١٠٨
وَأَقْسَمُوا بِاللَّهِ جَهْدَ أَيْمَانِهِمْ لَئِن جَاءَتْهُمْ آيَةٌ لَّيُؤْمِنُنَّ
بِهَا قُلْ إِنَّمَا الْآيَاتُ عِندَ اللَّهِ وَمَا يُشْعِرُكُمْ أَنَّهَا إِذَا جَاءَتْ
لَا يُؤْمِنُونَ ١٠٩ وَنُقَلِّبُ أَفْئِدَتَهُمْ وَأَبْصَارَهُمْ كَمَا لَمْ
يُؤْمِنُوا بِهِ أَوَّلَ مَرَّةٍ وَنَذَرُهُمْ فِي طُغْيَانِهِمْ يَعْمَهُونَ ١١٠
8-6-142
وَلَوْ أَنَّنَا نَزَّلْنَا إِلَيْهِمُ الْمَلَائِكَةَ وَكَلَّمَهُمُ الْمَوْتَىٰ وَحَشَرْنَا
عَلَيْهِمْ كُلَّ شَيْءٍ قُبُلًا مَّا كَانُوا لِيُؤْمِنُوا إِلَّا أَن يَشَاءَ اللَّهُ
وَلَٰكِنَّ أَكْثَرَهُمْ يَجْهَلُونَ ١١١ وَكَذَٰلِكَ جَعَلْنَا لِكُلِّ نَبِيٍّ
عَدُوًّا شَيَاطِينَ الْإِنسِ وَالْجِنِّ يُوحِي بَعْضُهُمْ إِلَىٰ بَعْضٍ
زُخْرُفَ الْقَوْلِ غُرُورًا وَلَوْ شَاءَ رَبُّكَ مَا فَعَلُوهُ فَذَرْهُمْ وَمَا
يَفْتَرُونَ ١١٢ وَلِتَصْغَىٰ إِلَيْهِ أَفْئِدَةُ الَّذِينَ لَا يُؤْمِنُونَ بِالْآخِرَةِ
وَلِيَرْضَوْهُ وَلِيَقْتَرِفُوا مَا هُم مُّقْتَرِفُونَ ١١٣ أَفَغَيْرَ اللَّهِ أَبْتَغِي
حَكَمًا وَهُوَ الَّذِي أَنزَلَ إِلَيْكُمُ الْكِتَابَ مُفَصَّلًا
وَالَّذِينَ آتَيْنَاهُمُ الْكِتَابَ يَعْلَمُونَ أَنَّهُ مُنَزَّلٌ مِّن رَّبِّكَ
بِالْحَقِّ فَلَا تَكُونَنَّ مِنَ الْمُمْتَرِينَ ١١٤ وَتَمَّتْ كَلِمَتُ رَبِّكَ
صِدْقًا وَعَدْلًا لَّا مُبَدِّلَ لِكَلِمَاتِهِ وَهُوَ السَّمِيعُ الْعَلِيمُ ١١٥
وَإِن تُطِعْ أَكْثَرَ مَن فِي الْأَرْضِ يُضِلُّوكَ عَن سَبِيلِ اللَّهِ إِن
يَتَّبِعُونَ إِلَّا الظَّنَّ وَإِنْ هُمْ إِلَّا يَخْرُصُونَ ١١٦ إِنَّ رَبَّكَ هُوَ
أَعْلَمُ مَن يَضِلُّ عَن سَبِيلِهِ وَهُوَ أَعْلَمُ بِالْمُهْتَدِينَ ١١٧ فَكُلُوا
مِمَّا ذُكِرَ اسْمُ اللَّهِ عَلَيْهِ إِن كُنتُم بِآيَاتِهِ مُؤْمِنِينَ ١١٨
8-6-143
وَمَا لَكُمْ أَلَّا تَأْكُلُوا مِمَّا ذُكِرَ اسْمُ اللَّهِ عَلَيْهِ وَقَدْ فَصَّلَ
لَكُم مَّا حَرَّمَ عَلَيْكُمْ إِلَّا مَا اضْطُرِرْتُمْ إِلَيْهِ وَإِنَّ كَثِيرًا
لَّيُضِلُّونَ بِأَهْوَائِهِم بِغَيْرِ عِلْمٍ إِنَّ رَبَّكَ هُوَ أَعْلَمُ بِالْمُعْتَدِينَ ١١٩
وَذَرُوا ظَاهِرَ الْإِثْمِ وَبَاطِنَهُ إِنَّ الَّذِينَ يَكْسِبُونَ الْإِثْمَ
سَيُجْزَوْنَ بِمَا كَانُوا يَقْتَرِفُونَ ١٢٠ وَلَا تَأْكُلُوا مِمَّا لَمْ
يُذْكَرِ اسْمُ اللَّهِ عَلَيْهِ وَإِنَّهُ لَفِسْقٌ وَإِنَّ الشَّيَاطِينَ لَيُوحُونَ
إِلَىٰ أَوْلِيَائِهِمْ لِيُجَادِلُوكُمْ وَإِنْ أَطَعْتُمُوهُمْ إِنَّكُمْ لَمُشْرِكُونَ ١٢١
أَوَمَن كَانَ مَيْتًا فَأَحْيَيْنَاهُ وَجَعَلْنَا لَهُ نُورًا يَمْشِي بِهِ
فِي النَّاسِ كَمَن مَّثَلُهُ فِي الظُّلُمَاتِ لَيْسَ بِخَارِجٍ مِّنْهَا كَذَٰلِكَ
زُيِّنَ لِلْكَافِرِينَ مَا كَانُوا يَعْمَلُونَ ١٢٢ وَكَذَٰلِكَ جَعَلْنَا
فِي كُلِّ قَرْيَةٍ أَكَابِرَ مُجْرِمِيهَا لِيَمْكُرُوا فِيهَا وَمَا
يَمْكُرُونَ إِلَّا بِأَنفُسِهِمْ وَمَا يَشْعُرُونَ ١٢٣ وَإِذَا جَاءَتْهُمْ
آيَةٌ قَالُوا لَن نُّؤْمِنَ حَتَّىٰ نُؤْتَىٰ مِثْلَ مَا أُوتِيَ رُسُلُ اللَّهِ اللَّهُ
أَعْلَمُ حَيْثُ يَجْعَلُ رِسَالَتَهُ سَيُصِيبُ الَّذِينَ أَجْرَمُوا صَغَارٌ
عِندَ اللَّهِ وَعَذَابٌ شَدِيدٌ بِمَا كَانُوا يَمْكُرُونَ ١٢٤
8-6-144
فَمَن يُرِدِ اللَّهُ أَن يَهْدِيَهُ يَشْرَحْ صَدْرَهُ لِلْإِسْلَامِ وَمَن
يُرِدْ أَن يُضِلَّهُ يَجْعَلْ صَدْرَهُ ضَيِّقًا حَرَجًا كَأَنَّمَا
يَصَّعَّدُ فِي السَّمَاءِ كَذَٰلِكَ يَجْعَلُ اللَّهُ الرِّجْسَ عَلَى الَّذِينَ
لَا يُؤْمِنُونَ ١٢٥ وَهَٰذَا صِرَاطُ رَبِّكَ مُسْتَقِيمًا قَدْ فَصَّلْنَا
الْآيَاتِ لِقَوْمٍ يَذَّكَّرُونَ ١٢٦ لَهُمْ دَارُ السَّلَامِ عِندَ
رَبِّهِمْ وَهُوَ وَلِيُّهُم بِمَا كَانُوا يَعْمَلُونَ ١٢٧ وَيَوْمَ يَحْشُرُهُمْ
جَمِيعًا يَا مَعْشَرَ الْجِنِّ قَدِ اسْتَكْثَرْتُم مِّنَ الْإِنسِ وَقَالَ
أَوْلِيَاؤُهُم مِّنَ الْإِنسِ رَبَّنَا اسْتَمْتَعَ بَعْضُنَا بِبَعْضٍ وَبَلَغْنَا
أَجَلَنَا الَّذِي أَجَّلْتَ لَنَا قَالَ النَّارُ مَثْوَاكُمْ خَالِدِينَ فِيهَا
إِلَّا مَا شَاءَ اللَّهُ إِنَّ رَبَّكَ حَكِيمٌ عَلِيمٌ ١٢٨ وَكَذَٰلِكَ نُوَلِّي
بَعْضَ الظَّالِمِينَ بَعْضًا بِمَا كَانُوا يَكْسِبُونَ ١٢٩
يَا مَعْشَرَ الْجِنِّ وَالْإِنسِ أَلَمْ يَأْتِكُمْ رُسُلٌ مِّنكُمْ
يَقُصُّونَ عَلَيْكُمْ آيَاتِي وَيُنذِرُونَكُمْ لِقَاءَ يَوْمِكُمْ
هَٰذَا قَالُوا شَهِدْنَا عَلَىٰ أَنفُسِنَا وَغَرَّتْهُمُ الْحَيَاةُ الدُّنْيَا
وَشَهِدُوا عَلَىٰ أَنفُسِهِمْ أَنَّهُمْ كَانُوا كَافِرِينَ ١٣٠
8-6-145
ذَٰلِكَ أَن لَّمْ يَكُن رَّبُّكَ مُهْلِكَ الْقُرَىٰ بِظُلْمٍ وَأَهْلُهَا
غَافِلُونَ ١٣١ وَلِكُلٍّ دَرَجَاتٌ مِّمَّا عَمِلُوا وَمَا رَبُّكَ
بِغَافِلٍ عَمَّا يَعْمَلُونَ ١٣٢ وَرَبُّكَ الْغَنِيُّ ذُو الرَّحْمَةِ
إِن يَشَأْ يُذْهِبْكُمْ وَيَسْتَخْلِفْ مِن بَعْدِكُم مَّا
يَشَاءُ كَمَا أَنشَأَكُم مِّن ذُرِّيَّةِ قَوْمٍ آخَرِينَ ١٣٣
إِنَّ مَا تُوعَدُونَ لَآتٍ وَمَا أَنتُم بِمُعْجِزِينَ ١٣٤ قُلْ يَا قَوْمِ
اعْمَلُوا عَلَىٰ مَكَانَتِكُمْ إِنِّي عَامِلٌ فَسَوْفَ تَعْلَمُونَ
مَن تَكُونُ لَهُ عَاقِبَةُ الدَّارِ إِنَّهُ لَا يُفْلِحُ الظَّالِمُونَ ١٣٥
وَجَعَلُوا لِلَّهِ مِمَّا ذَرَأَ مِنَ الْحَرْثِ وَالْأَنْعَامِ نَصِيبًا
فَقَالُوا هَٰذَا لِلَّهِ بِزَعْمِهِمْ وَهَٰذَا لِشُرَكَائِنَا فَمَا كَانَ
لِشُرَكَائِهِمْ فَلَا يَصِلُ إِلَى اللَّهِ وَمَا كَانَ لِلَّهِ فَهُوَ
يَصِلُ إِلَىٰ شُرَكَائِهِمْ سَاءَ مَا يَحْكُمُونَ ١٣٦ وَكَذَٰلِكَ
زَيَّنَ لِكَثِيرٍ مِّنَ الْمُشْرِكِينَ قَتْلَ أَوْلَادِهِمْ
شُرَكَاؤُهُمْ لِيُرْدُوهُمْ وَلِيَلْبِسُوا عَلَيْهِمْ دِينَهُمْ
وَلَوْ شَاءَ اللَّهُ مَا فَعَلُوهُ فَذَرْهُمْ وَمَا يَفْتَرُونَ ١٣٧
8-6-146
وَقَالُوا هَٰذِهِ أَنْعَامٌ وَحَرْثٌ حِجْرٌ لَّا يَطْعَمُهَا إِلَّا مَن نَّشَاءُ
بِزَعْمِهِمْ وَأَنْعَامٌ حُرِّمَتْ ظُهُورُهَا وَأَنْعَامٌ لَّا يَذْكُرُونَ
اسْمَ اللَّهِ عَلَيْهَا افْتِرَاءً عَلَيْهِ سَيَجْزِيهِم بِمَا كَانُوا
يَفْتَرُونَ ١٣٨ وَقَالُوا مَا فِي بُطُونِ هَٰذِهِ الْأَنْعَامِ خَالِصَةٌ
لِّذُكُورِنَا وَمُحَرَّمٌ عَلَىٰ أَزْوَاجِنَا وَإِن يَكُن مَّيْتَةً
فَهُمْ فِيهِ شُرَكَاءُ سَيَجْزِيهِمْ وَصْفَهُمْ إِنَّهُ حَكِيمٌ
عَلِيمٌ ١٣٩ قَدْ خَسِرَ الَّذِينَ قَتَلُوا أَوْلَادَهُمْ سَفَهًا بِغَيْرِ
عِلْمٍ وَحَرَّمُوا مَا رَزَقَهُمُ اللَّهُ افْتِرَاءً عَلَى اللَّهِ قَدْ ضَلُّوا
وَمَا كَانُوا مُهْتَدِينَ ١٤٠ وَهُوَ الَّذِي أَنشَأَ جَنَّاتٍ
مَّعْرُوشَاتٍ وَغَيْرَ مَعْرُوشَاتٍ وَالنَّخْلَ وَالزَّرْعَ مُخْتَلِفًا
أُكُلُهُ وَالزَّيْتُونَ وَالرُّمَّانَ مُتَشَابِهًا وَغَيْرَ مُتَشَابِهٍ
كُلُوا مِن ثَمَرِهِ إِذَا أَثْمَرَ وَآتُوا حَقَّهُ يَوْمَ حَصَادِهِ
وَلَا تُسْرِفُوا إِنَّهُ لَا يُحِبُّ الْمُسْرِفِينَ ١٤١ وَمِنَ الْأَنْعَامِ
حَمُولَةً وَفَرْشًا كُلُوا مِمَّا رَزَقَكُمُ اللَّهُ وَلَا تَتَّبِعُوا
خُطُوَاتِ الشَّيْطَانِ إِنَّهُ لَكُمْ عَدُوٌّ مُّبِينٌ ١٤٢
8-6-147
ثَمَانِيَةَ أَزْوَاجٍ مِّنَ الضَّأْنِ اثْنَيْنِ وَمِنَ الْمَعْزِ اثْنَيْنِ
قُلْ آلذَّكَرَيْنِ حَرَّمَ أَمِ الْأُنثَيَيْنِ أَمَّا اشْتَمَلَتْ عَلَيْهِ
أَرْحَامُ الْأُنثَيَيْنِ نَبِّئُونِي بِعِلْمٍ إِن كُنتُمْ صَادِقِينَ ١٤٣
وَمِنَ الْإِبِلِ اثْنَيْنِ وَمِنَ الْبَقَرِ اثْنَيْنِ قُلْ آلذَّكَرَيْنِ
حَرَّمَ أَمِ الْأُنثَيَيْنِ أَمَّا اشْتَمَلَتْ عَلَيْهِ أَرْحَامُ الْأُنثَيَيْنِ
أَمْ كُنتُمْ شُهَدَاءَ إِذْ وَصَّاكُمُ اللَّهُ بِهَٰذَا فَمَنْ
أَظْلَمُ مِمَّنِ افْتَرَىٰ عَلَى اللَّهِ كَذِبًا لِّيُضِلَّ النَّاسَ بِغَيْرِ
عِلْمٍ إِنَّ اللَّهَ لَا يَهْدِي الْقَوْمَ الظَّالِمِينَ ١٤٤ قُل لَّا أَجِدُ
فِي مَا أُوحِيَ إِلَيَّ مُحَرَّمًا عَلَىٰ طَاعِمٍ يَطْعَمُهُ إِلَّا أَن يَكُونَ
مَيْتَةً أَوْ دَمًا مَّسْفُوحًا أَوْ لَحْمَ خِنزِيرٍ فَإِنَّهُ رِجْسٌ أَوْ
فِسْقًا أُهِلَّ لِغَيْرِ اللَّهِ بِهِ فَمَنِ اضْطُرَّ غَيْرَ بَاغٍ وَلَا عَادٍ
فَإِنَّ رَبَّكَ غَفُورٌ رَّحِيمٌ ١٤٥ وَعَلَى الَّذِينَ هَادُوا حَرَّمْنَا
كُلَّ ذِي ظُفُرٍ وَمِنَ الْبَقَرِ وَالْغَنَمِ حَرَّمْنَا عَلَيْهِمْ
شُحُومَهُمَا إِلَّا مَا حَمَلَتْ ظُهُورُهُمَا أَوِ الْحَوَايَا أَوْ مَا اخْتَلَطَ
بِعَظْمٍ ذَٰلِكَ جَزَيْنَاهُم بِبَغْيِهِمْ وَإِنَّا لَصَادِقُونَ ١٤٦

فَإِن كَذَّبُوكَ فَقُل رَّبُّكُمْ ذُو رَحْمَةٍ وَاسِعَةٍ وَلَا يُرَدُّ بَأْسُهُ عَنِ الْقَوْمِ الْمُجْرِمِينَ ١٤٧

8 - 6 - 148

سَيَقُولُ الَّذِينَ أَشْرَكُوا لَوْ شَاءَ اللَّهُ مَا أَشْرَكْنَا وَلَا آبَاؤُنَا وَلَا حَرَّمْنَا مِن شَيْءٍ كَذَٰلِكَ كَذَّبَ الَّذِينَ مِن قَبْلِهِمْ حَتَّىٰ ذَاقُوا بَأْسَنَا قُلْ هَلْ عِندَكُم مِّنْ عِلْمٍ فَتُخْرِجُوهُ لَنَا إِن تَتَّبِعُونَ إِلَّا الظَّنَّ وَإِنْ أَنتُمْ إِلَّا تَخْرُصُونَ ١٤٨ قُلْ فَلِلَّهِ الْحُجَّةُ الْبَالِغَةُ فَلَوْ شَاءَ لَهَدَاكُمْ أَجْمَعِينَ ١٤٩ قُلْ هَلُمَّ شُهَدَاءَكُمُ الَّذِينَ يَشْهَدُونَ أَنَّ اللَّهَ حَرَّمَ هَٰذَا فَإِن شَهِدُوا فَلَا تَشْهَدْ مَعَهُمْ وَلَا تَتَّبِعْ أَهْوَاءَ الَّذِينَ كَذَّبُوا بِآيَاتِنَا وَالَّذِينَ لَا يُؤْمِنُونَ بِالْآخِرَةِ وَهُم بِرَبِّهِمْ يَعْدِلُونَ ١٥٠ قُلْ تَعَالَوْا أَتْلُ مَا حَرَّمَ رَبُّكُمْ عَلَيْكُمْ أَلَّا تُشْرِكُوا بِهِ شَيْئًا وَبِالْوَالِدَيْنِ إِحْسَانًا وَلَا تَقْتُلُوا أَوْلَادَكُم مِّنْ إِمْلَاقٍ نَّحْنُ نَرْزُقُكُمْ وَإِيَّاهُمْ وَلَا تَقْرَبُوا الْفَوَاحِشَ مَا ظَهَرَ مِنْهَا وَمَا بَطَنَ وَلَا تَقْتُلُوا النَّفْسَ الَّتِي حَرَّمَ اللَّهُ إِلَّا بِالْحَقِّ ذَٰلِكُمْ وَصَّاكُم بِهِ لَعَلَّكُمْ تَعْقِلُونَ ١٥١

8 - 6 - 149

وَلَا تَقْرَبُوا مَالَ الْيَتِيمِ إِلَّا بِالَّتِي هِيَ أَحْسَنُ حَتَّىٰ يَبْلُغَ أَشُدَّهُ وَأَوْفُوا الْكَيْلَ وَالْمِيزَانَ بِالْقِسْطِ لَا نُكَلِّفُ نَفْسًا إِلَّا وُسْعَهَا وَإِذَا قُلْتُمْ فَاعْدِلُوا وَلَوْ كَانَ ذَا قُرْبَىٰ وَبِعَهْدِ اللَّهِ أَوْفُوا ذَٰلِكُمْ وَصَّاكُم بِهِ لَعَلَّكُمْ تَذَكَّرُونَ ١٥٢ وَأَنَّ هَٰذَا صِرَاطِي مُسْتَقِيمًا فَاتَّبِعُوهُ وَلَا تَتَّبِعُوا السُّبُلَ فَتَفَرَّقَ بِكُمْ عَن سَبِيلِهِ ذَٰلِكُمْ وَصَّاكُم بِهِ لَعَلَّكُمْ تَتَّقُونَ ١٥٣ ثُمَّ آتَيْنَا مُوسَى الْكِتَابَ تَمَامًا عَلَى الَّذِي أَحْسَنَ وَتَفْصِيلًا لِّكُلِّ شَيْءٍ وَهُدًى وَرَحْمَةً لَّعَلَّهُم بِلِقَاءِ رَبِّهِمْ يُؤْمِنُونَ ١٥٤ وَهَٰذَا كِتَابٌ أَنزَلْنَاهُ مُبَارَكٌ فَاتَّبِعُوهُ وَاتَّقُوا لَعَلَّكُمْ تُرْحَمُونَ ١٥٥ أَن تَقُولُوا إِنَّمَا أُنزِلَ الْكِتَابُ عَلَىٰ طَائِفَتَيْنِ مِن قَبْلِنَا وَإِن كُنَّا عَن دِرَاسَتِهِمْ لَغَافِلِينَ ١٥٦ أَوْ تَقُولُوا لَوْ أَنَّا أُنزِلَ عَلَيْنَا الْكِتَابُ لَكُنَّا أَهْدَىٰ مِنْهُمْ فَقَدْ جَاءَكُم بَيِّنَةٌ مِّن رَّبِّكُمْ وَهُدًى وَرَحْمَةٌ فَمَنْ أَظْلَمُ مِمَّن كَذَّبَ بِآيَاتِ اللَّهِ وَصَدَفَ عَنْهَا سَنَجْزِي الَّذِينَ يَصْدِفُونَ عَنْ آيَاتِنَا سُوءَ الْعَذَابِ بِمَا كَانُوا يَصْدِفُونَ ١٥٧

8 - 6 - 150

هَلْ يَنظُرُونَ إِلَّا أَن تَأْتِيَهُمُ الْمَلَائِكَةُ أَوْ يَأْتِيَ رَبُّكَ أَوْ يَأْتِيَ بَعْضُ آيَاتِ رَبِّكَ يَوْمَ يَأْتِي بَعْضُ آيَاتِ رَبِّكَ لَا يَنفَعُ نَفْسًا إِيمَانُهَا لَمْ تَكُنْ آمَنَتْ مِن قَبْلُ أَوْ كَسَبَتْ فِي إِيمَانِهَا خَيْرًا قُلِ انتَظِرُوا إِنَّا مُنتَظِرُونَ ١٥٨ إِنَّ الَّذِينَ فَرَّقُوا دِينَهُمْ وَكَانُوا شِيَعًا لَّسْتَ مِنْهُمْ فِي شَيْءٍ إِنَّمَا أَمْرُهُمْ إِلَى اللَّهِ ثُمَّ يُنَبِّئُهُم بِمَا كَانُوا يَفْعَلُونَ ١٥٩ مَن جَاءَ بِالْحَسَنَةِ فَلَهُ عَشْرُ أَمْثَالِهَا وَمَن جَاءَ بِالسَّيِّئَةِ فَلَا يُجْزَىٰ إِلَّا مِثْلَهَا وَهُمْ لَا يُظْلَمُونَ ١٦٠ قُلْ إِنَّنِي هَدَانِي رَبِّي إِلَىٰ صِرَاطٍ مُّسْتَقِيمٍ دِينًا قِيَمًا مِّلَّةَ إِبْرَاهِيمَ حَنِيفًا وَمَا كَانَ مِنَ الْمُشْرِكِينَ ١٦١ قُلْ إِنَّ صَلَاتِي وَنُسُكِي وَمَحْيَايَ وَمَمَاتِي لِلَّهِ رَبِّ الْعَالَمِينَ ١٦٢ لَا شَرِيكَ لَهُ وَبِذَٰلِكَ أُمِرْتُ وَأَنَا أَوَّلُ الْمُسْلِمِينَ ١٦٣ قُلْ أَغَيْرَ اللَّهِ أَبْغِي رَبًّا وَهُوَ رَبُّ كُلِّ شَيْءٍ وَلَا تَكْسِبُ كُلُّ نَفْسٍ إِلَّا عَلَيْهَا وَلَا تَزِرُ وَازِرَةٌ وِزْرَ أُخْرَىٰ ثُمَّ إِلَىٰ رَبِّكُم مَّرْجِعُكُمْ فَيُنَبِّئُكُم بِمَا كُنتُمْ فِيهِ تَخْتَلِفُونَ ١٦٤ وَهُوَ الَّذِي جَعَلَكُمْ خَلَائِفَ الْأَرْضِ وَرَفَعَ بَعْضَكُمْ فَوْقَ بَعْضٍ دَرَجَاتٍ لِّيَبْلُوَكُمْ فِي مَا آتَاكُمْ إِنَّ رَبَّكَ سَرِيعُ الْعِقَابِ وَإِنَّهُ لَغَفُورٌ رَّحِيمٌ ١٦٥

سُورَةُ الأَعْرَافِ

8 - 7 - 151

بِسْمِ اللَّهِ الرَّحْمَٰنِ الرَّحِيمِ

الْمص ١ كِتَابٌ أُنزِلَ إِلَيْكَ فَلَا يَكُن فِي صَدْرِكَ حَرَجٌ مِّنْهُ لِتُنذِرَ بِهِ وَذِكْرَىٰ لِلْمُؤْمِنِينَ ٢ اتَّبِعُوا مَا أُنزِلَ إِلَيْكُم مِّن رَّبِّكُمْ وَلَا تَتَّبِعُوا مِن دُونِهِ أَوْلِيَاءَ قَلِيلًا مَّا تَذَكَّرُونَ ٣ وَكَم مِّن قَرْيَةٍ أَهْلَكْنَاهَا فَجَاءَهَا بَأْسُنَا بَيَاتًا أَوْ هُمْ قَائِلُونَ ٤ فَمَا كَانَ دَعْوَاهُمْ إِذْ جَاءَهُم بَأْسُنَا إِلَّا أَن قَالُوا إِنَّا كُنَّا ظَالِمِينَ ٥ فَلَنَسْأَلَنَّ الَّذِينَ أُرْسِلَ إِلَيْهِمْ وَلَنَسْأَلَنَّ الْمُرْسَلِينَ ٦ فَلَنَقُصَّنَّ عَلَيْهِم بِعِلْمٍ وَمَا كُنَّا غَائِبِينَ ٧ وَالْوَزْنُ يَوْمَئِذٍ الْحَقُّ فَمَن ثَقُلَتْ مَوَازِينُهُ فَأُولَٰئِكَ هُمُ الْمُفْلِحُونَ ٨ وَمَنْ خَفَّتْ مَوَازِينُهُ فَأُولَٰئِكَ الَّذِينَ خَسِرُوا أَنفُسَهُم بِمَا كَانُوا بِآيَاتِنَا يَظْلِمُونَ ٩ وَلَقَدْ مَكَّنَّاكُمْ فِي الْأَرْضِ وَجَعَلْنَا لَكُمْ فِيهَا مَعَايِشَ قَلِيلًا مَّا تَشْكُرُونَ ١٠ وَلَقَدْ خَلَقْنَاكُمْ ثُمَّ صَوَّرْنَاكُمْ ثُمَّ قُلْنَا لِلْمَلَائِكَةِ اسْجُدُوا لِآدَمَ فَسَجَدُوا إِلَّا إِبْلِيسَ لَمْ يَكُن مِّنَ السَّاجِدِينَ ١١

8 - 7 - 152

قَالَ مَا مَنَعَكَ أَلَّا تَسْجُدَ إِذْ أَمَرْتُكَ قَالَ أَنَا خَيْرٌ مِّنْهُ خَلَقْتَنِي مِن نَّارٍ وَخَلَقْتَهُ مِن طِينٍ ١٢ قَالَ فَاهْبِطْ مِنْهَا فَمَا يَكُونُ لَكَ أَن تَتَكَبَّرَ فِيهَا فَاخْرُجْ إِنَّكَ مِنَ الصَّاغِرِينَ ١٣ قَالَ أَنظِرْنِي إِلَىٰ يَوْمِ يُبْعَثُونَ ١٤ قَالَ إِنَّكَ مِنَ الْمُنظَرِينَ ١٥ قَالَ فَبِمَا أَغْوَيْتَنِي لَأَقْعُدَنَّ لَهُمْ صِرَاطَكَ الْمُسْتَقِيمَ ١٦ ثُمَّ لَآتِيَنَّهُم مِّن بَيْنِ أَيْدِيهِمْ وَمِنْ خَلْفِهِمْ وَعَنْ أَيْمَانِهِمْ وَعَن شَمَائِلِهِمْ وَلَا تَجِدُ أَكْثَرَهُمْ شَاكِرِينَ ١٧ قَالَ اخْرُجْ مِنْهَا مَذْءُومًا مَّدْحُورًا لَّمَن تَبِعَكَ مِنْهُمْ لَأَمْلَأَنَّ جَهَنَّمَ مِنكُمْ أَجْمَعِينَ ١٨ وَيَا آدَمُ اسْكُنْ أَنتَ وَزَوْجُكَ الْجَنَّةَ فَكُلَا مِنْ حَيْثُ شِئْتُمَا وَلَا تَقْرَبَا هَٰذِهِ الشَّجَرَةَ فَتَكُونَا مِنَ الظَّالِمِينَ ١٩ فَوَسْوَسَ لَهُمَا الشَّيْطَانُ لِيُبْدِيَ لَهُمَا مَا وُورِيَ عَنْهُمَا مِن سَوْآتِهِمَا وَقَالَ مَا نَهَاكُمَا رَبُّكُمَا عَنْ هَٰذِهِ الشَّجَرَةِ إِلَّا أَن تَكُونَا مَلَكَيْنِ أَوْ تَكُونَا مِنَ الْخَالِدِينَ ٢٠ وَقَاسَمَهُمَا إِنِّي لَكُمَا لَمِنَ النَّاصِحِينَ ٢١ فَدَلَّاهُمَا بِغُرُورٍ فَلَمَّا ذَاقَا الشَّجَرَةَ بَدَتْ لَهُمَا سَوْآتُهُمَا وَطَفِقَا يَخْصِفَانِ عَلَيْهِمَا مِن وَرَقِ الْجَنَّةِ وَنَادَاهُمَا رَبُّهُمَا أَلَمْ أَنْهَكُمَا عَن تِلْكُمَا الشَّجَرَةِ وَأَقُل لَّكُمَا إِنَّ الشَّيْطَانَ لَكُمَا عَدُوٌّ مُّبِينٌ ٢٢

8 - 7 - 153

قَالَا رَبَّنَا ظَلَمْنَا أَنفُسَنَا وَإِن لَّمْ تَغْفِرْ لَنَا وَتَرْحَمْنَا لَنَكُونَنَّ مِنَ الْخَاسِرِينَ ٢٣ قَالَ اهْبِطُوا بَعْضُكُمْ لِبَعْضٍ عَدُوٌّ وَلَكُمْ فِي الْأَرْضِ مُسْتَقَرٌّ وَمَتَاعٌ إِلَىٰ حِينٍ ٢٤ قَالَ فِيهَا تَحْيَوْنَ وَفِيهَا تَمُوتُونَ وَمِنْهَا تُخْرَجُونَ ٢٥ يَا بَنِي آدَمَ قَدْ أَنزَلْنَا عَلَيْكُمْ لِبَاسًا يُوَارِي سَوْآتِكُمْ وَرِيشًا وَلِبَاسُ التَّقْوَىٰ ذَٰلِكَ خَيْرٌ ذَٰلِكَ مِنْ آيَاتِ اللَّهِ لَعَلَّهُمْ يَذَّكَّرُونَ ٢٦ يَا بَنِي آدَمَ لَا يَفْتِنَنَّكُمُ الشَّيْطَانُ كَمَا أَخْرَجَ أَبَوَيْكُم مِّنَ الْجَنَّةِ يَنزِعُ عَنْهُمَا لِبَاسَهُمَا لِيُرِيَهُمَا سَوْآتِهِمَا إِنَّهُ يَرَاكُمْ هُوَ وَقَبِيلُهُ مِنْ حَيْثُ لَا تَرَوْنَهُمْ إِنَّا جَعَلْنَا الشَّيَاطِينَ أَوْلِيَاءَ لِلَّذِينَ لَا يُؤْمِنُونَ ٢٧ وَإِذَا فَعَلُوا فَاحِشَةً قَالُوا وَجَدْنَا عَلَيْهَا آبَاءَنَا وَاللَّهُ أَمَرَنَا بِهَا قُلْ إِنَّ اللَّهَ لَا يَأْمُرُ بِالْفَحْشَاءِ أَتَقُولُونَ عَلَى اللَّهِ مَا لَا تَعْلَمُونَ ٢٨ قُلْ أَمَرَ رَبِّي بِالْقِسْطِ وَأَقِيمُوا وُجُوهَكُمْ عِندَ كُلِّ مَسْجِدٍ وَادْعُوهُ مُخْلِصِينَ لَهُ الدِّينَ كَمَا بَدَأَكُمْ تَعُودُونَ ٢٩ فَرِيقًا هَدَىٰ وَفَرِيقًا حَقَّ عَلَيْهِمُ الضَّلَالَةُ إِنَّهُمُ اتَّخَذُوا الشَّيَاطِينَ أَوْلِيَاءَ مِن دُونِ اللَّهِ وَيَحْسَبُونَ أَنَّهُم مُّهْتَدُونَ ٣٠

8 - 7 - 154

يَا بَنِي آدَمَ خُذُوا زِينَتَكُمْ عِندَ كُلِّ مَسْجِدٍ وَكُلُوا وَاشْرَبُوا وَلَا تُسْرِفُوا إِنَّهُ لَا يُحِبُّ الْمُسْرِفِينَ ٣١ قُلْ مَنْ حَرَّمَ زِينَةَ اللَّهِ الَّتِي أَخْرَجَ لِعِبَادِهِ وَالطَّيِّبَاتِ مِنَ الرِّزْقِ قُلْ هِيَ لِلَّذِينَ آمَنُوا فِي الْحَيَاةِ الدُّنْيَا خَالِصَةً يَوْمَ الْقِيَامَةِ كَذَٰلِكَ نُفَصِّلُ الْآيَاتِ لِقَوْمٍ يَعْلَمُونَ ٣٢ قُلْ إِنَّمَا حَرَّمَ رَبِّيَ الْفَوَاحِشَ مَا ظَهَرَ مِنْهَا وَمَا بَطَنَ وَالْإِثْمَ وَالْبَغْيَ بِغَيْرِ الْحَقِّ وَأَن تُشْرِكُوا بِاللَّهِ مَا لَمْ يُنَزِّلْ بِهِ سُلْطَانًا وَأَن تَقُولُوا عَلَى اللَّهِ مَا لَا تَعْلَمُونَ ٣٣ وَلِكُلِّ أُمَّةٍ أَجَلٌ فَإِذَا جَاءَ أَجَلُهُمْ لَا يَسْتَأْخِرُونَ سَاعَةً وَلَا يَسْتَقْدِمُونَ ٣٤ يَا بَنِي آدَمَ إِمَّا يَأْتِيَنَّكُمْ رُسُلٌ مِّنكُمْ يَقُصُّونَ عَلَيْكُمْ آيَاتِي فَمَنِ اتَّقَىٰ وَأَصْلَحَ فَلَا خَوْفٌ عَلَيْهِمْ وَلَا هُمْ يَحْزَنُونَ ٣٥ وَالَّذِينَ كَذَّبُوا بِآيَاتِنَا وَاسْتَكْبَرُوا عَنْهَا أُولَٰئِكَ أَصْحَابُ النَّارِ هُمْ فِيهَا خَالِدُونَ ٣٦ فَمَنْ أَظْلَمُ مِمَّنِ افْتَرَىٰ عَلَى اللَّهِ كَذِبًا أَوْ كَذَّبَ بِآيَاتِهِ أُولَٰئِكَ يَنَالُهُمْ نَصِيبُهُم مِّنَ الْكِتَابِ حَتَّىٰ إِذَا جَاءَتْهُمْ رُسُلُنَا يَتَوَفَّوْنَهُمْ قَالُوا أَيْنَ مَا كُنتُمْ تَدْعُونَ مِن دُونِ اللَّهِ قَالُوا ضَلُّوا عَنَّا وَشَهِدُوا عَلَىٰ أَنفُسِهِمْ أَنَّهُمْ كَانُوا كَافِرِينَ ٣٧

8 - 7 - 155

قَالَ ادْخُلُوا فِي أُمَمٍ قَدْ خَلَتْ مِن قَبْلِكُم مِّنَ الْجِنِّ وَالْإِنسِ فِي النَّارِ كُلَّمَا دَخَلَتْ أُمَّةٌ لَّعَنَتْ أُخْتَهَا حَتَّىٰ إِذَا ادَّارَكُوا فِيهَا جَمِيعًا قَالَتْ أُخْرَاهُمْ لِأُولَاهُمْ رَبَّنَا هَٰؤُلَاءِ أَضَلُّونَا فَآتِهِمْ عَذَابًا ضِعْفًا مِّنَ النَّارِ قَالَ لِكُلٍّ ضِعْفٌ وَلَٰكِن لَّا تَعْلَمُونَ ٣٨ وَقَالَتْ أُولَاهُمْ لِأُخْرَاهُمْ فَمَا كَانَ لَكُمْ عَلَيْنَا مِن فَضْلٍ فَذُوقُوا الْعَذَابَ بِمَا كُنتُمْ تَكْسِبُونَ ٣٩ إِنَّ الَّذِينَ كَذَّبُوا بِآيَاتِنَا وَاسْتَكْبَرُوا عَنْهَا لَا تُفَتَّحُ لَهُمْ أَبْوَابُ السَّمَاءِ وَلَا يَدْخُلُونَ الْجَنَّةَ حَتَّىٰ يَلِجَ الْجَمَلُ فِي سَمِّ الْخِيَاطِ وَكَذَٰلِكَ نَجْزِي الْمُجْرِمِينَ ٤٠ لَهُم مِّن جَهَنَّمَ مِهَادٌ وَمِن فَوْقِهِمْ غَوَاشٍ وَكَذَٰلِكَ نَجْزِي الظَّالِمِينَ ٤١ وَالَّذِينَ آمَنُوا وَعَمِلُوا الصَّالِحَاتِ لَا نُكَلِّفُ نَفْسًا إِلَّا وُسْعَهَا أُولَٰئِكَ أَصْحَابُ الْجَنَّةِ هُمْ فِيهَا خَالِدُونَ ٤٢ وَنَزَعْنَا مَا فِي صُدُورِهِم مِّنْ غِلٍّ تَجْرِي مِن تَحْتِهِمُ الْأَنْهَارُ وَقَالُوا الْحَمْدُ لِلَّهِ الَّذِي هَدَانَا لِهَٰذَا وَمَا كُنَّا لِنَهْتَدِيَ لَوْلَا أَنْ هَدَانَا اللَّهُ لَقَدْ جَاءَتْ رُسُلُ رَبِّنَا بِالْحَقِّ وَنُودُوا أَن تِلْكُمُ الْجَنَّةُ أُورِثْتُمُوهَا بِمَا كُنتُمْ تَعْمَلُونَ ٤٣

8 - 7 - 156

وَنَادَىٰ أَصْحَابُ الْجَنَّةِ أَصْحَابَ النَّارِ أَن قَدْ وَجَدْنَا مَا وَعَدَنَا رَبُّنَا حَقًّا فَهَلْ وَجَدتُّم مَّا وَعَدَ رَبُّكُمْ حَقًّا قَالُوا نَعَمْ فَأَذَّنَ مُؤَذِّنٌ بَيْنَهُمْ أَن لَّعْنَةُ اللَّهِ عَلَى الظَّالِمِينَ ٤٤ الَّذِينَ يَصُدُّونَ عَن سَبِيلِ اللَّهِ وَيَبْغُونَهَا عِوَجًا وَهُم بِالْآخِرَةِ كَافِرُونَ ٤٥ وَبَيْنَهُمَا حِجَابٌ وَعَلَى الْأَعْرَافِ رِجَالٌ يَعْرِفُونَ كُلًّا بِسِيمَاهُمْ وَنَادَوْا أَصْحَابَ الْجَنَّةِ أَن سَلَامٌ عَلَيْكُمْ لَمْ يَدْخُلُوهَا وَهُمْ يَطْمَعُونَ ٤٦ وَإِذَا صُرِفَتْ أَبْصَارُهُمْ تِلْقَاءَ أَصْحَابِ النَّارِ قَالُوا رَبَّنَا لَا تَجْعَلْنَا مَعَ الْقَوْمِ الظَّالِمِينَ ٤٧ وَنَادَىٰ أَصْحَابُ الْأَعْرَافِ رِجَالًا يَعْرِفُونَهُم بِسِيمَاهُمْ قَالُوا مَا أَغْنَىٰ عَنكُمْ جَمْعُكُمْ وَمَا كُنتُمْ تَسْتَكْبِرُونَ ٤٨ أَهَٰؤُلَاءِ الَّذِينَ أَقْسَمْتُمْ لَا يَنَالُهُمُ اللَّهُ بِرَحْمَةٍ ادْخُلُوا الْجَنَّةَ لَا خَوْفٌ عَلَيْكُمْ وَلَا أَنتُمْ تَحْزَنُونَ ٤٩ وَنَادَىٰ أَصْحَابُ النَّارِ أَصْحَابَ الْجَنَّةِ أَنْ أَفِيضُوا عَلَيْنَا مِنَ الْمَاءِ أَوْ مِمَّا رَزَقَكُمُ اللَّهُ قَالُوا إِنَّ اللَّهَ حَرَّمَهُمَا عَلَى الْكَافِرِينَ ٥٠ الَّذِينَ اتَّخَذُوا دِينَهُمْ لَهْوًا وَلَعِبًا وَغَرَّتْهُمُ الْحَيَاةُ الدُّنْيَا فَالْيَوْمَ نَنسَاهُمْ كَمَا نَسُوا لِقَاءَ يَوْمِهِمْ هَٰذَا وَمَا كَانُوا بِآيَاتِنَا يَجْحَدُونَ ٥١

8 - 7 - 157

وَلَقَدْ جِئْنَاهُم بِكِتَابٍ فَصَّلْنَاهُ عَلَىٰ عِلْمٍ هُدًى وَرَحْمَةً لِّقَوْمٍ يُؤْمِنُونَ ٥٢ هَلْ يَنظُرُونَ إِلَّا تَأْوِيلَهُ يَوْمَ يَأْتِي تَأْوِيلُهُ يَقُولُ الَّذِينَ نَسُوهُ مِن قَبْلُ قَدْ جَاءَتْ رُسُلُ رَبِّنَا بِالْحَقِّ فَهَل لَّنَا مِن شُفَعَاءَ فَيَشْفَعُوا لَنَا أَوْ نُرَدُّ فَنَعْمَلَ غَيْرَ الَّذِي كُنَّا نَعْمَلُ قَدْ خَسِرُوا أَنفُسَهُمْ وَضَلَّ عَنْهُم مَّا كَانُوا يَفْتَرُونَ ٥٣ إِنَّ رَبَّكُمُ اللَّهُ الَّذِي خَلَقَ السَّمَاوَاتِ وَالْأَرْضَ فِي سِتَّةِ أَيَّامٍ ثُمَّ اسْتَوَىٰ عَلَى الْعَرْشِ يُغْشِي اللَّيْلَ النَّهَارَ يَطْلُبُهُ حَثِيثًا وَالشَّمْسَ وَالْقَمَرَ وَالنُّجُومَ مُسَخَّرَاتٍ بِأَمْرِهِ أَلَا لَهُ الْخَلْقُ وَالْأَمْرُ تَبَارَكَ اللَّهُ رَبُّ الْعَالَمِينَ ٥٤ ادْعُوا رَبَّكُمْ تَضَرُّعًا وَخُفْيَةً إِنَّهُ لَا يُحِبُّ الْمُعْتَدِينَ ٥٥ وَلَا تُفْسِدُوا فِي الْأَرْضِ بَعْدَ إِصْلَاحِهَا وَادْعُوهُ خَوْفًا وَطَمَعًا إِنَّ رَحْمَتَ اللَّهِ قَرِيبٌ مِّنَ الْمُحْسِنِينَ ٥٦ وَهُوَ الَّذِي يُرْسِلُ الرِّيَاحَ بُشْرًا بَيْنَ يَدَيْ رَحْمَتِهِ حَتَّىٰ إِذَا أَقَلَّتْ سَحَابًا ثِقَالًا سُقْنَاهُ لِبَلَدٍ مَّيِّتٍ فَأَنزَلْنَا بِهِ الْمَاءَ فَأَخْرَجْنَا بِهِ مِن كُلِّ الثَّمَرَاتِ كَذَٰلِكَ نُخْرِجُ الْمَوْتَىٰ لَعَلَّكُمْ تَذَكَّرُونَ ٥٧

8 - 7 - 158

وَالْبَلَدُ الطَّيِّبُ يَخْرُجُ نَبَاتُهُ بِإِذْنِ رَبِّهِ وَالَّذِي خَبُثَ لَا يَخْرُجُ إِلَّا نَكِدًا كَذَٰلِكَ نُصَرِّفُ الْآيَاتِ لِقَوْمٍ يَشْكُرُونَ ٥٨ لَقَدْ أَرْسَلْنَا نُوحًا إِلَىٰ قَوْمِهِ فَقَالَ يَا قَوْمِ اعْبُدُوا اللَّهَ مَا لَكُم مِّنْ إِلَٰهٍ غَيْرُهُ إِنِّي أَخَافُ عَلَيْكُمْ عَذَابَ يَوْمٍ عَظِيمٍ ٥٩ قَالَ الْمَلَأُ مِن قَوْمِهِ إِنَّا لَنَرَاكَ فِي ضَلَالٍ مُّبِينٍ ٦٠ قَالَ يَا قَوْمِ لَيْسَ بِي ضَلَالَةٌ وَلَٰكِنِّي رَسُولٌ مِّن رَّبِّ الْعَالَمِينَ ٦١ أُبَلِّغُكُمْ رِسَالَاتِ رَبِّي وَأَنصَحُ لَكُمْ وَأَعْلَمُ مِنَ اللَّهِ مَا لَا تَعْلَمُونَ ٦٢ أَوَعَجِبْتُمْ أَن جَاءَكُمْ ذِكْرٌ مِّن رَّبِّكُمْ عَلَىٰ رَجُلٍ مِّنكُمْ لِيُنذِرَكُمْ وَلِتَتَّقُوا وَلَعَلَّكُمْ تُرْحَمُونَ ٦٣ فَكَذَّبُوهُ فَأَنجَيْنَاهُ وَالَّذِينَ مَعَهُ فِي الْفُلْكِ وَأَغْرَقْنَا الَّذِينَ كَذَّبُوا بِآيَاتِنَا إِنَّهُمْ كَانُوا قَوْمًا عَمِينَ ٦٤ وَإِلَىٰ عَادٍ أَخَاهُمْ هُودًا قَالَ يَا قَوْمِ اعْبُدُوا اللَّهَ مَا لَكُم مِّنْ إِلَٰهٍ غَيْرُهُ أَفَلَا تَتَّقُونَ ٦٥ قَالَ الْمَلَأُ الَّذِينَ كَفَرُوا مِن قَوْمِهِ إِنَّا لَنَرَاكَ فِي سَفَاهَةٍ وَإِنَّا لَنَظُنُّكَ مِنَ الْكَاذِبِينَ ٦٦ قَالَ يَا قَوْمِ لَيْسَ بِي سَفَاهَةٌ وَلَٰكِنِّي رَسُولٌ مِّن رَّبِّ الْعَالَمِينَ ٦٧

8 - 7 - 159

أُبَلِّغُكُمْ رِسَالَاتِ رَبِّي وَأَنَا لَكُمْ نَاصِحٌ أَمِينٌ ٦٨ أَوَعَجِبْتُمْ أَن جَاءَكُمْ ذِكْرٌ مِّن رَّبِّكُمْ عَلَىٰ رَجُلٍ مِّنكُمْ لِيُنذِرَكُمْ وَاذْكُرُوا إِذْ جَعَلَكُمْ خُلَفَاءَ مِن بَعْدِ قَوْمِ نُوحٍ وَزَادَكُمْ فِي الْخَلْقِ بَصْطَةً فَاذْكُرُوا آلَاءَ اللَّهِ لَعَلَّكُمْ تُفْلِحُونَ ٦٩ قَالُوا أَجِئْتَنَا لِنَعْبُدَ اللَّهَ وَحْدَهُ وَنَذَرَ مَا كَانَ يَعْبُدُ آبَاؤُنَا فَأْتِنَا بِمَا تَعِدُنَا إِن كُنتَ مِنَ الصَّادِقِينَ ٧٠ قَالَ قَدْ وَقَعَ عَلَيْكُم مِّن رَّبِّكُمْ رِجْسٌ وَغَضَبٌ أَتُجَادِلُونَنِي فِي أَسْمَاءٍ سَمَّيْتُمُوهَا أَنتُمْ وَآبَاؤُكُم مَّا نَزَّلَ اللَّهُ بِهَا مِن سُلْطَانٍ فَانتَظِرُوا إِنِّي مَعَكُم مِّنَ الْمُنتَظِرِينَ ٧١ فَأَنجَيْنَاهُ وَالَّذِينَ مَعَهُ بِرَحْمَةٍ مِّنَّا وَقَطَعْنَا دَابِرَ الَّذِينَ كَذَّبُوا بِآيَاتِنَا وَمَا كَانُوا مُؤْمِنِينَ ٧٢ وَإِلَىٰ ثَمُودَ أَخَاهُمْ صَالِحًا قَالَ يَا قَوْمِ اعْبُدُوا اللَّهَ مَا لَكُم مِّنْ إِلَٰهٍ غَيْرُهُ قَدْ جَاءَتْكُم بَيِّنَةٌ مِّن رَّبِّكُمْ هَٰذِهِ نَاقَةُ اللَّهِ لَكُمْ آيَةً فَذَرُوهَا تَأْكُلْ فِي أَرْضِ اللَّهِ وَلَا تَمَسُّوهَا بِسُوءٍ فَيَأْخُذَكُمْ عَذَابٌ أَلِيمٌ ٧٣

8 - 7 - 160

وَاذْكُرُوا إِذْ جَعَلَكُمْ خُلَفَاءَ مِن بَعْدِ عَادٍ وَبَوَّأَكُمْ فِي الْأَرْضِ تَتَّخِذُونَ مِن سُهُولِهَا قُصُورًا وَتَنْحِتُونَ الْجِبَالَ بُيُوتًا فَاذْكُرُوا آلَاءَ اللَّهِ وَلَا تَعْثَوْا فِي الْأَرْضِ مُفْسِدِينَ ٧٤ قَالَ الْمَلَأُ الَّذِينَ اسْتَكْبَرُوا مِن قَوْمِهِ لِلَّذِينَ اسْتُضْعِفُوا لِمَنْ آمَنَ مِنْهُمْ أَتَعْلَمُونَ أَنَّ صَالِحًا مُّرْسَلٌ مِّن رَّبِّهِ قَالُوا إِنَّا بِمَا أُرْسِلَ بِهِ مُؤْمِنُونَ ٧٥ قَالَ الَّذِينَ اسْتَكْبَرُوا إِنَّا بِالَّذِي آمَنتُم بِهِ كَافِرُونَ ٧٦ فَعَقَرُوا النَّاقَةَ وَعَتَوْا عَنْ أَمْرِ رَبِّهِمْ وَقَالُوا يَا صَالِحُ ائْتِنَا بِمَا تَعِدُنَا إِن كُنتَ مِنَ الْمُرْسَلِينَ ٧٧ فَأَخَذَتْهُمُ الرَّجْفَةُ فَأَصْبَحُوا فِي دَارِهِمْ جَاثِمِينَ ٧٨ فَتَوَلَّىٰ عَنْهُمْ وَقَالَ يَا قَوْمِ لَقَدْ أَبْلَغْتُكُمْ رِسَالَةَ رَبِّي وَنَصَحْتُ لَكُمْ وَلَٰكِن لَّا تُحِبُّونَ النَّاصِحِينَ ٧٩ وَلُوطًا إِذْ قَالَ لِقَوْمِهِ أَتَأْتُونَ الْفَاحِشَةَ مَا سَبَقَكُم بِهَا مِنْ أَحَدٍ مِّنَ الْعَالَمِينَ ٨٠ إِنَّكُمْ لَتَأْتُونَ الرِّجَالَ شَهْوَةً مِّن دُونِ النِّسَاءِ بَلْ أَنتُمْ قَوْمٌ مُّسْرِفُونَ ٨١

8 - 7 - 161

وَمَا كَانَ جَوَابَ قَوْمِهِ إِلَّا أَن قَالُوا أَخْرِجُوهُم مِّن قَرْيَتِكُمْ إِنَّهُمْ أُنَاسٌ يَتَطَهَّرُونَ ٨٢ فَأَنجَيْنَاهُ وَأَهْلَهُ إِلَّا امْرَأَتَهُ كَانَتْ مِنَ الْغَابِرِينَ ٨٣ وَأَمْطَرْنَا عَلَيْهِم مَّطَرًا فَانظُرْ كَيْفَ كَانَ عَاقِبَةُ الْمُجْرِمِينَ ٨٤ وَإِلَىٰ مَدْيَنَ أَخَاهُمْ شُعَيْبًا قَالَ يَا قَوْمِ اعْبُدُوا اللَّهَ مَا لَكُم مِّنْ إِلَٰهٍ غَيْرُهُ قَدْ جَاءَتْكُم بَيِّنَةٌ مِّن رَّبِّكُمْ فَأَوْفُوا الْكَيْلَ وَالْمِيزَانَ وَلَا تَبْخَسُوا النَّاسَ أَشْيَاءَهُمْ وَلَا تُفْسِدُوا فِي الْأَرْضِ بَعْدَ إِصْلَاحِهَا ذَٰلِكُمْ خَيْرٌ لَّكُمْ إِن كُنتُم مُّؤْمِنِينَ ٨٥ وَلَا تَقْعُدُوا بِكُلِّ صِرَاطٍ تُوعِدُونَ وَتَصُدُّونَ عَن سَبِيلِ اللَّهِ مَنْ آمَنَ بِهِ وَتَبْغُونَهَا عِوَجًا وَاذْكُرُوا إِذْ كُنتُمْ قَلِيلًا فَكَثَّرَكُمْ وَانظُرُوا كَيْفَ كَانَ عَاقِبَةُ الْمُفْسِدِينَ ٨٦ وَإِن كَانَ طَائِفَةٌ مِّنكُمْ آمَنُوا بِالَّذِي أُرْسِلْتُ بِهِ وَطَائِفَةٌ لَّمْ يُؤْمِنُوا فَاصْبِرُوا حَتَّىٰ يَحْكُمَ اللَّهُ بَيْنَنَا وَهُوَ خَيْرُ الْحَاكِمِينَ ٨٧

9 - 7 - 162
* قال الملأ الذين استكبروا من قومه لنخرجنك يا شعيب والذين آمنوا معك من قريتنا أو لتعودن في ملتنا قال أولو كنا كارهين ﴿٨٨﴾
قد افترينا على الله كذبا إن عدنا في ملتكم بعد إذ نجانا الله منها وما يكون لنا أن نعود فيها إلا أن يشاء الله ربنا وسع ربنا كل شيء علما على الله توكلنا ربنا افتح بيننا وبين قومنا بالحق وأنت خير الفاتحين ﴿٨٩﴾
وقال الملأ الذين كفروا من قومه لئن اتبعتم شعيبا إنكم إذا لخاسرون ﴿٩٠﴾
فأخذتهم الرجفة فأصبحوا في دارهم جاثمين ﴿٩١﴾
الذين كذبوا شعيبا كأن لم يغنوا فيها الذين كذبوا شعيبا كانوا هم الخاسرين ﴿٩٢﴾
فتولى عنهم وقال يا قوم لقد أبلغتكم رسالات ربي ونصحت لكم فكيف آسى على قوم كافرين ﴿٩٣﴾
وما أرسلنا في قرية من نبي إلا أخذنا أهلها بالبأساء والضراء لعلهم يضرعون ﴿٩٤﴾
ثم بدلنا مكان السيئة الحسنة حتى عفوا وقالوا قد مس آباءنا الضراء والسراء فأخذناهم بغتة وهم لا يشعرون ﴿٩٥﴾

9 - 7 - 163
ولو أن أهل القرى آمنوا واتقوا لفتحنا عليهم بركات من السماء والأرض ولكن كذبوا فأخذناهم بما كانوا يكسبون ﴿٩٦﴾
أفأمن أهل القرى أن يأتيهم بأسنا بياتا وهم نائمون ﴿٩٧﴾
أوأمن أهل القرى أن يأتيهم بأسنا ضحى وهم يلعبون ﴿٩٨﴾
أفأمنوا مكر الله فلا يأمن مكر الله إلا القوم الخاسرون ﴿٩٩﴾
أولم يهد للذين يرثون الأرض من بعد أهلها أن لو نشاء أصبناهم بذنوبهم ونطبع على قلوبهم فهم لا يسمعون ﴿١٠٠﴾
تلك القرى نقص عليك من أنبائها ولقد جاءتهم رسلهم بالبينات فما كانوا ليؤمنوا بما كذبوا من قبل كذلك يطبع الله على قلوب الكافرين ﴿١٠١﴾
وما وجدنا لأكثرهم من عهد وإن وجدنا أكثرهم لفاسقين ﴿١٠٢﴾
ثم بعثنا من بعدهم موسى بآياتنا إلى فرعون وملئه فظلموا بها فانظر كيف كان عاقبة المفسدين ﴿١٠٣﴾
وقال موسى يا فرعون إني رسول من رب العالمين ﴿١٠٤﴾

9 - 7 - 164
حقيق على أن لا أقول على الله إلا الحق قد جئتكم ببينة من ربكم فأرسل معي بني إسرائيل ﴿١٠٥﴾
قال إن كنت جئت بآية فأت بها إن كنت من الصادقين ﴿١٠٦﴾
فألقى عصاه فإذا هي ثعبان مبين ﴿١٠٧﴾
ونزع يده فإذا هي بيضاء للناظرين ﴿١٠٨﴾
قال الملأ من قوم فرعون إن هذا لساحر عليم ﴿١٠٩﴾
يريد أن يخرجكم من أرضكم فماذا تأمرون ﴿١١٠﴾
قالوا أرجه وأخاه وأرسل في المدائن حاشرين ﴿١١١﴾
يأتوك بكل ساحر عليم ﴿١١٢﴾
وجاء السحرة فرعون قالوا إن لنا لأجرا إن كنا نحن الغالبين ﴿١١٣﴾
قال نعم وإنكم لمن المقربين ﴿١١٤﴾
قالوا يا موسى إما أن تلقي وإما أن نكون نحن الملقين ﴿١١٥﴾
قال ألقوا فلما ألقوا سحروا أعين الناس واسترهبوهم وجاءوا بسحر عظيم ﴿١١٦﴾
* وأوحينا إلى موسى أن ألق عصاك فإذا هي تلقف ما يأفكون ﴿١١٧﴾
فوقع الحق وبطل ما كانوا يعملون ﴿١١٨﴾
فغلبوا هنالك وانقلبوا صاغرين ﴿١١٩﴾
وألقي السحرة ساجدين ﴿١٢٠﴾

9 - 7 - 165
قالوا آمنا برب العالمين ﴿١٢١﴾
رب موسى وهارون ﴿١٢٢﴾
قال فرعون آمنتم به قبل أن آذن لكم إن هذا لمكر مكرتموه في المدينة لتخرجوا منها أهلها فسوف تعلمون ﴿١٢٣﴾
لأقطعن أيديكم وأرجلكم من خلاف ثم لأصلبنكم أجمعين ﴿١٢٤﴾
قالوا إنا إلى ربنا منقلبون ﴿١٢٥﴾
وما تنقم منا إلا أن آمنا بآيات ربنا لما جاءتنا ربنا أفرغ علينا صبرا وتوفنا مسلمين ﴿١٢٦﴾
وقال الملأ من قوم فرعون أتذر موسى وقومه ليفسدوا في الأرض ويذرك وآلهتك قال سنقتل أبناءهم ونستحيي نساءهم وإنا فوقهم قاهرون ﴿١٢٧﴾
قال موسى لقومه استعينوا بالله واصبروا إن الأرض لله يورثها من يشاء من عباده والعاقبة للمتقين ﴿١٢٨﴾
قالوا أوذينا من قبل أن تأتينا ومن بعد ما جئتنا قال عسى ربكم أن يهلك عدوكم ويستخلفكم في الأرض فينظر كيف تعملون ﴿١٢٩﴾
ولقد أخذنا آل فرعون بالسنين ونقص من الثمرات لعلهم يذكرون ﴿١٣٠﴾

9 - 7 - 166
فإذا جاءتهم الحسنة قالوا لنا هذه وإن تصبهم سيئة يطيروا بموسى ومن معه ألا إنما طائرهم عند الله ولكن أكثرهم لا يعلمون ﴿١٣١﴾
وقالوا مهما تأتنا به من آية لتسحرنا بها فما نحن لك بمؤمنين ﴿١٣٢﴾
فأرسلنا عليهم الطوفان والجراد والقمل والضفادع والدم آيات مفصلات فاستكبروا وكانوا قوما مجرمين ﴿١٣٣﴾
ولما وقع عليهم الرجز قالوا يا موسى ادع لنا ربك بما عهد عندك لئن كشفت عنا الرجز لنؤمنن لك ولنرسلن معك بني إسرائيل ﴿١٣٤﴾
فلما كشفنا عنهم الرجز إلى أجل هم بالغوه إذا هم ينكثون ﴿١٣٥﴾
فانتقمنا منهم فأغرقناهم في اليم بأنهم كذبوا بآياتنا وكانوا عنها غافلين ﴿١٣٦﴾
وأورثنا القوم الذين كانوا يستضعفون مشارق الأرض ومغاربها التي باركنا فيها وتمت كلمت ربك الحسنى على بني إسرائيل بما صبروا ودمرنا ما كان يصنع فرعون وقومه وما كانوا يعرشون ﴿١٣٧﴾

9 - 7 - 167
وجاوزنا ببني إسرائيل البحر فأتوا على قوم يعكفون على أصنام لهم قالوا يا موسى اجعل لنا إلها كما لهم آلهة قال إنكم قوم تجهلون ﴿١٣٨﴾
إن هؤلاء متبر ما هم فيه وباطل ما كانوا يعملون ﴿١٣٩﴾
قال أغير الله أبغيكم إلها وهو فضلكم على العالمين ﴿١٤٠﴾
وإذ أنجيناكم من آل فرعون يسومونكم سوء العذاب يقتلون أبناءكم ويستحيون نساءكم وفي ذلكم بلاء من ربكم عظيم ﴿١٤١﴾
* وواعدنا موسى ثلاثين ليلة وأتممناها بعشر فتم ميقات ربه أربعين ليلة وقال موسى لأخيه هارون اخلفني في قومي وأصلح ولا تتبع سبيل المفسدين ﴿١٤٢﴾
ولما جاء موسى لميقاتنا وكلمه ربه قال رب أرني أنظر إليك قال لن تراني ولكن انظر إلى الجبل فإن استقر مكانه فسوف تراني فلما تجلى ربه للجبل جعله دكا وخر موسى صعقا فلما أفاق قال سبحانك تبت إليك وأنا أول المؤمنين ﴿١٤٣﴾

9 - 7 - 168
قال يا موسى إني اصطفيتك على الناس برسالاتي وبكلامي فخذ ما آتيتك وكن من الشاكرين ﴿١٤٤﴾
وكتبنا له في الألواح من كل شيء موعظة وتفصيلا لكل شيء فخذها بقوة وأمر قومك يأخذوا بأحسنها سأوريكم دار الفاسقين ﴿١٤٥﴾
سأصرف عن آياتي الذين يتكبرون في الأرض بغير الحق وإن يروا كل آية لا يؤمنوا بها وإن يروا سبيل الرشد لا يتخذوه سبيلا وإن يروا سبيل الغي يتخذوه سبيلا ذلك بأنهم كذبوا بآياتنا وكانوا عنها غافلين ﴿١٤٦﴾
والذين كذبوا بآياتنا ولقاء الآخرة حبطت أعمالهم هل يجزون إلا ما كانوا يعملون ﴿١٤٧﴾
واتخذ قوم موسى من بعده من حليهم عجلا جسدا له خوار ألم يروا أنه لا يكلمهم ولا يهديهم سبيلا اتخذوه وكانوا ظالمين ﴿١٤٨﴾
ولما سقط في أيديهم ورأوا أنهم قد ضلوا قالوا لئن لم يرحمنا ربنا ويغفر لنا لنكونن من الخاسرين ﴿١٤٩﴾

9 - 7 - 169
ولما رجع موسى إلى قومه غضبان أسفا قال بئسما خلفتموني من بعدي أعجلتم أمر ربكم وألقى الألواح وأخذ برأس أخيه يجره إليه قال ابن أم إن القوم استضعفوني وكادوا يقتلونني فلا تشمت بي الأعداء ولا تجعلني مع القوم الظالمين ﴿١٥٠﴾
قال رب اغفر لي ولأخي وأدخلنا في رحمتك وأنت أرحم الراحمين ﴿١٥١﴾
إن الذين اتخذوا العجل سينالهم غضب من ربهم وذلة في الحياة الدنيا وكذلك نجزي المفترين ﴿١٥٢﴾
والذين عملوا السيئات ثم تابوا من بعدها وآمنوا إن ربك من بعدها لغفور رحيم ﴿١٥٣﴾
ولما سكت عن موسى الغضب أخذ الألواح وفي نسختها هدى ورحمة للذين هم لربهم يرهبون ﴿١٥٤﴾
واختار موسى قومه سبعين رجلا لميقاتنا فلما أخذتهم الرجفة قال رب لو شئت أهلكتهم من قبل وإياي أتهلكنا بما فعل السفهاء منا إن هي إلا فتنتك تضل بها من تشاء وتهدي من تشاء أنت ولينا فاغفر لنا وارحمنا وأنت خير الغافرين ﴿١٥٥﴾

9 - 7 - 170
* واكتب لنا في هذه الدنيا حسنة وفي الآخرة إنا هدنا إليك قال عذابي أصيب به من أشاء ورحمتي وسعت كل شيء فسأكتبها للذين يتقون ويؤتون الزكاة والذين هم بآياتنا يؤمنون ﴿١٥٦﴾
الذين يتبعون الرسول النبي الأمي الذي يجدونه مكتوبا عندهم في التوراة والإنجيل يأمرهم بالمعروف وينهاهم عن المنكر ويحل لهم الطيبات ويحرم عليهم الخبائث ويضع عنهم إصرهم والأغلال التي كانت عليهم فالذين آمنوا به وعزروه ونصروه واتبعوا النور الذي أنزل معه أولئك هم المفلحون ﴿١٥٧﴾
قل يا أيها الناس إني رسول الله إليكم جميعا الذي له ملك السماوات والأرض لا إله إلا هو يحيي ويميت فآمنوا بالله ورسوله النبي الأمي الذي يؤمن بالله وكلماته واتبعوه لعلكم تهتدون ﴿١٥٨﴾
ومن قوم موسى أمة يهدون بالحق وبه يعدلون ﴿١٥٩﴾

9 - 7 - 171
وقطعناهم اثنتي عشرة أسباطا أمما وأوحينا إلى موسى إذ استسقاه قومه أن اضرب بعصاك الحجر فانبجست منه اثنتا عشرة عينا قد علم كل أناس مشربهم وظللنا عليهم الغمام وأنزلنا عليهم المن والسلوى كلوا من طيبات ما رزقناكم وما ظلمونا ولكن كانوا أنفسهم يظلمون ﴿١٦٠﴾
وإذ قيل لهم اسكنوا هذه القرية وكلوا منها حيث شئتم وقولوا حطة وادخلوا الباب سجدا نغفر لكم خطيئاتكم سنزيد المحسنين ﴿١٦١﴾
فبدل الذين ظلموا منهم قولا غير الذي قيل لهم فأرسلنا عليهم رجزا من السماء بما كانوا يظلمون ﴿١٦٢﴾
واسألهم عن القرية التي كانت حاضرة البحر إذ يعدون في السبت إذ تأتيهم حيتانهم يوم سبتهم شرعا ويوم لا يسبتون لا تأتيهم كذلك نبلوهم بما كانوا يفسقون ﴿١٦٣﴾

9 - 7 - 172
وإذ قالت أمة منهم لم تعظون قوما الله مهلكهم أو معذبهم عذابا شديدا قالوا معذرة إلى ربكم ولعلهم يتقون ﴿١٦٤﴾
فلما نسوا ما ذكروا به أنجينا الذين ينهون عن السوء وأخذنا الذين ظلموا بعذاب بئيس بما كانوا يفسقون ﴿١٦٥﴾
فلما عتوا عن ما نهوا عنه قلنا لهم كونوا قردة خاسئين ﴿١٦٦﴾
وإذ تأذن ربك ليبعثن عليهم إلى يوم القيامة من يسومهم سوء العذاب إن ربك لسريع العقاب وإنه لغفور رحيم ﴿١٦٧﴾
وقطعناهم في الأرض أمما منهم الصالحون ومنهم دون ذلك وبلوناهم بالحسنات والسيئات لعلهم يرجعون ﴿١٦٨﴾
فخلف من بعدهم خلف ورثوا الكتاب يأخذون عرض هذا الأدنى ويقولون سيغفر لنا وإن يأتهم عرض مثله يأخذوه ألم يؤخذ عليهم ميثاق الكتاب أن لا يقولوا على الله إلا الحق ودرسوا ما فيه والدار الآخرة خير للذين يتقون أفلا تعقلون ﴿١٦٩﴾
والذين يمسكون بالكتاب وأقاموا الصلاة إنا لا نضيع أجر المصلحين ﴿١٧٠﴾

9 - 7 - 173
* وإذ نتقنا الجبل فوقهم كأنه ظلة وظنوا أنه واقع بهم خذوا ما آتيناكم بقوة واذكروا ما فيه لعلكم تتقون ﴿١٧١﴾
وإذ أخذ ربك من بني آدم من ظهورهم ذريتهم وأشهدهم على أنفسهم ألست بربكم قالوا بلى شهدنا أن تقولوا يوم القيامة إنا كنا عن هذا غافلين ﴿١٧٢﴾
أو تقولوا إنما أشرك آباؤنا من قبل وكنا ذرية من بعدهم أفتهلكنا بما فعل المبطلون ﴿١٧٣﴾
وكذلك نفصل الآيات ولعلهم يرجعون ﴿١٧٤﴾
واتل عليهم نبأ الذي آتيناه آياتنا فانسلخ منها فأتبعه الشيطان فكان من الغاوين ﴿١٧٥﴾
ولو شئنا لرفعناه بها ولكنه أخلد إلى الأرض واتبع هواه فمثله كمثل الكلب إن تحمل عليه يلهث أو تتركه يلهث ذلك مثل القوم الذين كذبوا بآياتنا فاقصص القصص لعلهم يتفكرون ﴿١٧٦﴾
ساء مثلا القوم الذين كذبوا بآياتنا وأنفسهم كانوا يظلمون ﴿١٧٧﴾
من يهد الله فهو المهتدي ومن يضلل فأولئك هم الخاسرون ﴿١٧٨﴾

9 - 7 - 174
ولقد ذرأنا لجهنم كثيرا من الجن والإنس لهم قلوب لا يفقهون بها ولهم أعين لا يبصرون بها ولهم آذان لا يسمعون بها أولئك كالأنعام بل هم أضل أولئك هم الغافلون ﴿١٧٩﴾
ولله الأسماء الحسنى فادعوه بها وذروا الذين يلحدون في أسمائه سيجزون ما كانوا يعملون ﴿١٨٠﴾
وممن خلقنا أمة يهدون بالحق وبه يعدلون ﴿١٨١﴾
والذين كذبوا بآياتنا سنستدرجهم من حيث لا يعلمون ﴿١٨٢﴾
وأملي لهم إن كيدي متين ﴿١٨٣﴾
أولم يتفكروا ما بصاحبهم من جنة إن هو إلا نذير مبين ﴿١٨٤﴾
أولم ينظروا في ملكوت السماوات والأرض وما خلق الله من شيء وأن عسى أن يكون قد اقترب أجلهم فبأي حديث بعده يؤمنون ﴿١٨٥﴾
من يضلل الله فلا هادي له ويذرهم في طغيانهم يعمهون ﴿١٨٦﴾
يسألونك عن الساعة أيان مرساها قل إنما علمها عند ربي لا يجليها لوقتها إلا هو ثقلت في السماوات والأرض لا تأتيكم إلا بغتة يسألونك كأنك حفي عنها قل إنما علمها عند الله ولكن أكثر الناس لا يعلمون ﴿١٨٧﴾

قُل لَّآ أَمۡلِكُ لِنَفۡسِي نَفۡعٗا وَلَا ضَرًّا إِلَّا مَا شَآءَ ٱللَّهُۚ وَلَوۡ كُنتُ
أَعۡلَمُ ٱلۡغَيۡبَ لَٱسۡتَكۡثَرۡتُ مِنَ ٱلۡخَيۡرِ وَمَا مَسَّنِيَ ٱلسُّوٓءُۚ
إِنۡ أَنَا۠ إِلَّا نَذِيرٞ وَبَشِيرٞ لِّقَوۡمٖ يُؤۡمِنُونَ ١٨٨ ۞هُوَ ٱلَّذِي خَلَقَكُم
مِّن نَّفۡسٖ وَٰحِدَةٖ وَجَعَلَ مِنۡهَا زَوۡجَهَا لِيَسۡكُنَ إِلَيۡهَاۖ فَلَمَّا
تَغَشَّىٰهَا حَمَلَتۡ حَمۡلًا خَفِيفٗا فَمَرَّتۡ بِهِۦۖ فَلَمَّآ أَثۡقَلَت دَّعَوَا
ٱللَّهَ رَبَّهُمَا لَئِنۡ ءَاتَيۡتَنَا صَٰلِحٗا لَّنَكُونَنَّ مِنَ ٱلشَّٰكِرِينَ ١٨٩
فَلَمَّآ ءَاتَىٰهُمَا صَٰلِحٗا جَعَلَا لَهُۥ شُرَكَآءَ فِيمَآ ءَاتَىٰهُمَاۚ فَتَعَٰلَى
ٱللَّهُ عَمَّا يُشۡرِكُونَ ١٩٠ أَيُشۡرِكُونَ مَا لَا يَخۡلُقُ شَيۡـٔٗا وَهُمۡ يُخۡلَقُونَ ١٩١
وَلَا يَسۡتَطِيعُونَ لَهُمۡ نَصۡرٗا وَلَآ أَنفُسَهُمۡ يَنصُرُونَ ١٩٢
وَإِن تَدۡعُوهُمۡ إِلَى ٱلۡهُدَىٰ لَا يَتَّبِعُوكُمۡۚ سَوَآءٌ عَلَيۡكُمۡ أَدَعَوۡتُمُوهُمۡ
أَمۡ أَنتُمۡ صَٰمِتُونَ ١٩٣ إِنَّ ٱلَّذِينَ تَدۡعُونَ مِن دُونِ ٱللَّهِ عِبَادٌ
أَمۡثَالُكُمۡۖ فَٱدۡعُوهُمۡ فَلۡيَسۡتَجِيبُواْ لَكُمۡ إِن كُنتُمۡ
صَٰدِقِينَ ١٩٤ أَلَهُمۡ أَرۡجُلٞ يَمۡشُونَ بِهَآۖ أَمۡ لَهُمۡ أَيۡدٖ يَبۡطِشُونَ
بِهَآۖ أَمۡ لَهُمۡ أَعۡيُنٞ يُبۡصِرُونَ بِهَآۖ أَمۡ لَهُمۡ ءَاذَانٞ يَسۡمَعُونَ
بِهَاۗ قُلِ ٱدۡعُواْ شُرَكَآءَكُمۡ ثُمَّ كِيدُونِ فَلَا تُنظِرُونِ ١٩٥
إِنَّ وَلِـِّۧيَ ٱللَّهُ ٱلَّذِي نَزَّلَ ٱلۡكِتَٰبَۖ وَهُوَ يَتَوَلَّى ٱلصَّٰلِحِينَ ١٩٦
وَٱلَّذِينَ تَدۡعُونَ مِن دُونِهِۦ لَا يَسۡتَطِيعُونَ نَصۡرَكُمۡ
وَلَآ أَنفُسَهُمۡ يَنصُرُونَ ١٩٧ وَإِن تَدۡعُوهُمۡ إِلَى ٱلۡهُدَىٰ لَا يَسۡمَعُواْۖ
وَتَرَىٰهُمۡ يَنظُرُونَ إِلَيۡكَ وَهُمۡ لَا يُبۡصِرُونَ ١٩٨ خُذِ ٱلۡعَفۡوَ
وَأۡمُرۡ بِٱلۡعُرۡفِ وَأَعۡرِضۡ عَنِ ٱلۡجَٰهِلِينَ ١٩٩ وَإِمَّا يَنزَغَنَّكَ
مِنَ ٱلشَّيۡطَٰنِ نَزۡغٞ فَٱسۡتَعِذۡ بِٱللَّهِۚ إِنَّهُۥ سَمِيعٌ عَلِيمٌ ٢٠٠ إِنَّ
ٱلَّذِينَ ٱتَّقَوۡاْ إِذَا مَسَّهُمۡ طَٰٓئِفٞ مِّنَ ٱلشَّيۡطَٰنِ تَذَكَّرُواْ
فَإِذَا هُم مُّبۡصِرُونَ ٢٠١ وَإِخۡوَٰنُهُمۡ يَمُدُّونَهُمۡ فِي ٱلۡغَيِّ ثُمَّ
لَا يُقۡصِرُونَ ٢٠٢ وَإِذَا لَمۡ تَأۡتِهِم بِـَٔايَةٖ قَالُواْ لَوۡلَا ٱجۡتَبَيۡتَهَاۚ
قُلۡ إِنَّمَآ أَتَّبِعُ مَا يُوحَىٰٓ إِلَيَّ مِن رَّبِّيۚ هَٰذَا بَصَآئِرُ مِن رَّبِّكُمۡ
وَهُدٗى وَرَحۡمَةٞ لِّقَوۡمٖ يُؤۡمِنُونَ ٢٠٣ وَإِذَا قُرِئَ ٱلۡقُرۡءَانُ
فَٱسۡتَمِعُواْ لَهُۥ وَأَنصِتُواْ لَعَلَّكُمۡ تُرۡحَمُونَ ٢٠٤ وَٱذۡكُر رَّبَّكَ
فِي نَفۡسِكَ تَضَرُّعٗا وَخِيفَةٗ وَدُونَ ٱلۡجَهۡرِ مِنَ ٱلۡقَوۡلِ بِٱلۡغُدُوِّ
وَٱلۡأٓصَالِ وَلَا تَكُن مِّنَ ٱلۡغَٰفِلِينَ ٢٠٥ إِنَّ ٱلَّذِينَ عِندَ رَبِّكَ
لَا يَسۡتَكۡبِرُونَ عَنۡ عِبَادَتِهِۦ وَيُسَبِّحُونَهُۥ وَلَهُۥ يَسۡجُدُونَ ۩ ٢٠٦

سُورَةُ الأَنفَالِ

بِسۡمِ ٱللَّهِ ٱلرَّحۡمَٰنِ ٱلرَّحِيمِ

يَسۡـَٔلُونَكَ عَنِ ٱلۡأَنفَالِۖ قُلِ ٱلۡأَنفَالُ لِلَّهِ وَٱلرَّسُولِۖ فَٱتَّقُواْ ٱللَّهَ
وَأَصۡلِحُواْ ذَاتَ بَيۡنِكُمۡۖ وَأَطِيعُواْ ٱللَّهَ وَرَسُولَهُۥٓ إِن كُنتُم
مُّؤۡمِنِينَ ١ إِنَّمَا ٱلۡمُؤۡمِنُونَ ٱلَّذِينَ إِذَا ذُكِرَ ٱللَّهُ وَجِلَتۡ
قُلُوبُهُمۡ وَإِذَا تُلِيَتۡ عَلَيۡهِمۡ ءَايَٰتُهُۥ زَادَتۡهُمۡ إِيمَٰنٗا وَعَلَىٰ رَبِّهِمۡ
يَتَوَكَّلُونَ ٢ ٱلَّذِينَ يُقِيمُونَ ٱلصَّلَوٰةَ وَمِمَّا رَزَقۡنَٰهُمۡ
يُنفِقُونَ ٣ أُوْلَٰٓئِكَ هُمُ ٱلۡمُؤۡمِنُونَ حَقّٗاۚ لَّهُمۡ دَرَجَٰتٌ عِندَ
رَبِّهِمۡ وَمَغۡفِرَةٞ وَرِزۡقٞ كَرِيمٞ ٤ كَمَآ أَخۡرَجَكَ رَبُّكَ
مِنۢ بَيۡتِكَ بِٱلۡحَقِّ وَإِنَّ فَرِيقٗا مِّنَ ٱلۡمُؤۡمِنِينَ لَكَٰرِهُونَ ٥
يُجَٰدِلُونَكَ فِي ٱلۡحَقِّ بَعۡدَ مَا تَبَيَّنَ كَأَنَّمَا يُسَاقُونَ إِلَى ٱلۡمَوۡتِ
وَهُمۡ يَنظُرُونَ ٦ وَإِذۡ يَعِدُكُمُ ٱللَّهُ إِحۡدَى ٱلطَّآئِفَتَيۡنِ أَنَّهَا
لَكُمۡ وَتَوَدُّونَ أَنَّ غَيۡرَ ذَاتِ ٱلشَّوۡكَةِ تَكُونُ لَكُمۡ وَيُرِيدُ
ٱللَّهُ أَن يُحِقَّ ٱلۡحَقَّ بِكَلِمَٰتِهِۦ وَيَقۡطَعَ دَابِرَ ٱلۡكَٰفِرِينَ ٧
لِيُحِقَّ ٱلۡحَقَّ وَيُبۡطِلَ ٱلۡبَٰطِلَ وَلَوۡ كَرِهَ ٱلۡمُجۡرِمُونَ ٨
إِذۡ تَسۡتَغِيثُونَ رَبَّكُمۡ فَٱسۡتَجَابَ لَكُمۡ أَنِّي مُمِدُّكُم بِأَلۡفٖ
مِّنَ ٱلۡمَلَٰٓئِكَةِ مُرۡدِفِينَ ٩ وَمَا جَعَلَهُ ٱللَّهُ إِلَّا بُشۡرَىٰ
وَلِتَطۡمَئِنَّ بِهِۦ قُلُوبُكُمۡۚ وَمَا ٱلنَّصۡرُ إِلَّا مِنۡ عِندِ ٱللَّهِۚ إِنَّ ٱللَّهَ
عَزِيزٌ حَكِيمٌ ١٠ إِذۡ يُغَشِّيكُمُ ٱلنُّعَاسَ أَمَنَةٗ مِّنۡهُ وَيُنَزِّلُ
عَلَيۡكُم مِّنَ ٱلسَّمَآءِ مَآءٗ لِّيُطَهِّرَكُم بِهِۦ وَيُذۡهِبَ عَنكُمۡ
رِجۡزَ ٱلشَّيۡطَٰنِ وَلِيَرۡبِطَ عَلَىٰ قُلُوبِكُمۡ وَيُثَبِّتَ بِهِ ٱلۡأَقۡدَامَ ١١
إِذۡ يُوحِي رَبُّكَ إِلَى ٱلۡمَلَٰٓئِكَةِ أَنِّي مَعَكُمۡ فَثَبِّتُواْ ٱلَّذِينَ
ءَامَنُواْۚ سَأُلۡقِي فِي قُلُوبِ ٱلَّذِينَ كَفَرُواْ ٱلرُّعۡبَ فَٱضۡرِبُواْ
فَوۡقَ ٱلۡأَعۡنَاقِ وَٱضۡرِبُواْ مِنۡهُمۡ كُلَّ بَنَانٖ ١٢ ذَٰلِكَ بِأَنَّهُمۡ
شَآقُّواْ ٱللَّهَ وَرَسُولَهُۥۚ وَمَن يُشَاقِقِ ٱللَّهَ وَرَسُولَهُۥ فَإِنَّ ٱللَّهَ
شَدِيدُ ٱلۡعِقَابِ ١٣ ذَٰلِكُمۡ فَذُوقُوهُ وَأَنَّ لِلۡكَٰفِرِينَ
عَذَابَ ٱلنَّارِ ١٤ يَٰٓأَيُّهَا ٱلَّذِينَ ءَامَنُوٓاْ إِذَا لَقِيتُمُ ٱلَّذِينَ
كَفَرُواْ زَحۡفٗا فَلَا تُوَلُّوهُمُ ٱلۡأَدۡبَارَ ١٥ وَمَن يُوَلِّهِمۡ يَوۡمَئِذٖ
دُبُرَهُۥٓ إِلَّا مُتَحَرِّفٗا لِّقِتَالٍ أَوۡ مُتَحَيِّزًا إِلَىٰ فِئَةٖ فَقَدۡ بَآءَ
بِغَضَبٖ مِّنَ ٱللَّهِ وَمَأۡوَىٰهُ جَهَنَّمُۖ وَبِئۡسَ ٱلۡمَصِيرُ ١٦
فَلَمۡ تَقۡتُلُوهُمۡ وَلَٰكِنَّ ٱللَّهَ قَتَلَهُمۡۚ وَمَا رَمَيۡتَ إِذۡ رَمَيۡتَ
وَلَٰكِنَّ ٱللَّهَ رَمَىٰ وَلِيُبۡلِيَ ٱلۡمُؤۡمِنِينَ مِنۡهُ بَلَآءً حَسَنًاۚ
إِنَّ ٱللَّهَ سَمِيعٌ عَلِيمٞ ١٧ ذَٰلِكُمۡ وَأَنَّ ٱللَّهَ مُوهِنُ كَيۡدِ
ٱلۡكَٰفِرِينَ ١٨ إِن تَسۡتَفۡتِحُواْ فَقَدۡ جَآءَكُمُ ٱلۡفَتۡحُۖ وَإِن
تَنتَهُواْ فَهُوَ خَيۡرٞ لَّكُمۡۖ وَإِن تَعُودُواْ نَعُدۡ وَلَن تُغۡنِيَ عَنكُمۡ
فِئَتُكُمۡ شَيۡـٔٗا وَلَوۡ كَثُرَتۡ وَأَنَّ ٱللَّهَ مَعَ ٱلۡمُؤۡمِنِينَ ١٩
يَٰٓأَيُّهَا ٱلَّذِينَ ءَامَنُوٓاْ أَطِيعُواْ ٱللَّهَ وَرَسُولَهُۥ وَلَا تَوَلَّوۡاْ عَنۡهُ
وَأَنتُمۡ تَسۡمَعُونَ ٢٠ وَلَا تَكُونُواْ كَٱلَّذِينَ قَالُواْ سَمِعۡنَا وَهُمۡ
لَا يَسۡمَعُونَ ٢١ ۞إِنَّ شَرَّ ٱلدَّوَآبِّ عِندَ ٱللَّهِ ٱلصُّمُّ ٱلۡبُكۡمُ
ٱلَّذِينَ لَا يَعۡقِلُونَ ٢٢ وَلَوۡ عَلِمَ ٱللَّهُ فِيهِمۡ خَيۡرٗا لَّأَسۡمَعَهُمۡۖ
وَلَوۡ أَسۡمَعَهُمۡ لَتَوَلَّواْ وَّهُم مُّعۡرِضُونَ ٢٣ يَٰٓأَيُّهَا ٱلَّذِينَ
ءَامَنُواْ ٱسۡتَجِيبُواْ لِلَّهِ وَلِلرَّسُولِ إِذَا دَعَاكُمۡ لِمَا يُحۡيِيكُمۡۖ
وَٱعۡلَمُوٓاْ أَنَّ ٱللَّهَ يَحُولُ بَيۡنَ ٱلۡمَرۡءِ وَقَلۡبِهِۦ وَأَنَّهُۥٓ إِلَيۡهِ
تُحۡشَرُونَ ٢٤ وَٱتَّقُواْ فِتۡنَةٗ لَّا تُصِيبَنَّ ٱلَّذِينَ ظَلَمُواْ
مِنكُمۡ خَآصَّةٗۖ وَٱعۡلَمُوٓاْ أَنَّ ٱللَّهَ شَدِيدُ ٱلۡعِقَابِ ٢٥
وَٱذۡكُرُوٓاْ إِذۡ أَنتُمۡ قَلِيلٞ مُّسۡتَضۡعَفُونَ فِي ٱلۡأَرۡضِ تَخَافُونَ
أَن يَتَخَطَّفَكُمُ ٱلنَّاسُ فَـَٔاوَىٰكُمۡ وَأَيَّدَكُم بِنَصۡرِهِۦ وَرَزَقَكُم
مِّنَ ٱلطَّيِّبَٰتِ لَعَلَّكُمۡ تَشۡكُرُونَ ٢٦ يَٰٓأَيُّهَا ٱلَّذِينَ ءَامَنُواْ
لَا تَخُونُواْ ٱللَّهَ وَٱلرَّسُولَ وَتَخُونُوٓاْ أَمَٰنَٰتِكُمۡ وَأَنتُمۡ تَعۡلَمُونَ ٢٧
وَٱعۡلَمُوٓاْ أَنَّمَآ أَمۡوَٰلُكُمۡ وَأَوۡلَٰدُكُمۡ فِتۡنَةٞ وَأَنَّ ٱللَّهَ
عِندَهُۥٓ أَجۡرٌ عَظِيمٞ ٢٨ يَٰٓأَيُّهَا ٱلَّذِينَ ءَامَنُوٓاْ إِن تَتَّقُواْ
ٱللَّهَ يَجۡعَل لَّكُمۡ فُرۡقَانٗا وَيُكَفِّرۡ عَنكُمۡ سَيِّـَٔاتِكُمۡ
وَيَغۡفِرۡ لَكُمۡۗ وَٱللَّهُ ذُو ٱلۡفَضۡلِ ٱلۡعَظِيمِ ٢٩ وَإِذۡ يَمۡكُرُ بِكَ
ٱلَّذِينَ كَفَرُواْ لِيُثۡبِتُوكَ أَوۡ يَقۡتُلُوكَ أَوۡ يُخۡرِجُوكَۚ وَيَمۡكُرُونَ
وَيَمۡكُرُ ٱللَّهُۖ وَٱللَّهُ خَيۡرُ ٱلۡمَٰكِرِينَ ٣٠ وَإِذَا تُتۡلَىٰ عَلَيۡهِمۡ
ءَايَٰتُنَا قَالُواْ قَدۡ سَمِعۡنَا لَوۡ نَشَآءُ لَقُلۡنَا مِثۡلَ هَٰذَآ إِنۡ هَٰذَآ
إِلَّآ أَسَٰطِيرُ ٱلۡأَوَّلِينَ ٣١ وَإِذۡ قَالُواْ ٱللَّهُمَّ إِن كَانَ هَٰذَا
هُوَ ٱلۡحَقَّ مِنۡ عِندِكَ فَأَمۡطِرۡ عَلَيۡنَا حِجَارَةٗ مِّنَ ٱلسَّمَآءِ
أَوِ ٱئۡتِنَا بِعَذَابٍ أَلِيمٖ ٣٢ وَمَا كَانَ ٱللَّهُ لِيُعَذِّبَهُمۡ وَأَنتَ
فِيهِمۡۚ وَمَا كَانَ ٱللَّهُ مُعَذِّبَهُمۡ وَهُمۡ يَسۡتَغۡفِرُونَ ٣٣
وَمَا لَهُمۡ أَلَّا يُعَذِّبَهُمُ ٱللَّهُ وَهُمۡ يَصُدُّونَ عَنِ ٱلۡمَسۡجِدِ
ٱلۡحَرَامِ وَمَا كَانُوٓاْ أَوۡلِيَآءَهُۥٓۚ إِنۡ أَوۡلِيَآؤُهُۥٓ إِلَّا ٱلۡمُتَّقُونَ
وَلَٰكِنَّ أَكۡثَرَهُمۡ لَا يَعۡلَمُونَ ٣٤ وَمَا كَانَ صَلَاتُهُمۡ
عِندَ ٱلۡبَيۡتِ إِلَّا مُكَآءٗ وَتَصۡدِيَةٗۚ فَذُوقُواْ ٱلۡعَذَابَ
بِمَا كُنتُمۡ تَكۡفُرُونَ ٣٥ إِنَّ ٱلَّذِينَ كَفَرُواْ يُنفِقُونَ
أَمۡوَٰلَهُمۡ لِيَصُدُّواْ عَن سَبِيلِ ٱللَّهِۚ فَسَيُنفِقُونَهَا ثُمَّ تَكُونُ
عَلَيۡهِمۡ حَسۡرَةٗ ثُمَّ يُغۡلَبُونَۗ وَٱلَّذِينَ كَفَرُوٓاْ إِلَىٰ جَهَنَّمَ
يُحۡشَرُونَ ٣٦ لِيَمِيزَ ٱللَّهُ ٱلۡخَبِيثَ مِنَ ٱلطَّيِّبِ وَيَجۡعَلَ
ٱلۡخَبِيثَ بَعۡضَهُۥ عَلَىٰ بَعۡضٖ فَيَرۡكُمَهُۥ جَمِيعٗا فَيَجۡعَلَهُۥ
فِي جَهَنَّمَۚ أُوْلَٰٓئِكَ هُمُ ٱلۡخَٰسِرُونَ ٣٧ قُل لِّلَّذِينَ
كَفَرُوٓاْ إِن يَنتَهُواْ يُغۡفَرۡ لَهُم مَّا قَدۡ سَلَفَ وَإِن يَعُودُواْ
فَقَدۡ مَضَتۡ سُنَّتُ ٱلۡأَوَّلِينَ ٣٨ وَقَٰتِلُوهُمۡ حَتَّىٰ
لَا تَكُونَ فِتۡنَةٞ وَيَكُونَ ٱلدِّينُ كُلُّهُۥ لِلَّهِۚ فَإِنِ
ٱنتَهَوۡاْ فَإِنَّ ٱللَّهَ بِمَا يَعۡمَلُونَ بَصِيرٞ ٣٩ وَإِن تَوَلَّوۡاْ
فَٱعۡلَمُوٓاْ أَنَّ ٱللَّهَ مَوۡلَىٰكُمۡۚ نِعۡمَ ٱلۡمَوۡلَىٰ وَنِعۡمَ ٱلنَّصِيرُ ٤٠
۞وَٱعۡلَمُوٓاْ أَنَّمَا غَنِمۡتُم مِّن شَيۡءٖ فَأَنَّ لِلَّهِ خُمُسَهُۥ وَلِلرَّسُولِ
وَلِذِي ٱلۡقُرۡبَىٰ وَٱلۡيَتَٰمَىٰ وَٱلۡمَسَٰكِينِ وَٱبۡنِ ٱلسَّبِيلِ إِن
كُنتُمۡ ءَامَنتُم بِٱللَّهِ وَمَآ أَنزَلۡنَا عَلَىٰ عَبۡدِنَا يَوۡمَ ٱلۡفُرۡقَانِ
يَوۡمَ ٱلۡتَقَى ٱلۡجَمۡعَانِۗ وَٱللَّهُ عَلَىٰ كُلِّ شَيۡءٖ قَدِيرٌ ٤١ إِذۡ
أَنتُم بِٱلۡعُدۡوَةِ ٱلدُّنۡيَا وَهُم بِٱلۡعُدۡوَةِ ٱلۡقُصۡوَىٰ وَٱلرَّكۡبُ
أَسۡفَلَ مِنكُمۡۚ وَلَوۡ تَوَاعَدتُّمۡ لَٱخۡتَلَفۡتُمۡ فِي ٱلۡمِيعَٰدِ
وَلَٰكِن لِّيَقۡضِيَ ٱللَّهُ أَمۡرٗا كَانَ مَفۡعُولٗا لِّيَهۡلِكَ مَنۡ
هَلَكَ عَنۢ بَيِّنَةٖ وَيَحۡيَىٰ مَنۡ حَيَّ عَنۢ بَيِّنَةٖۗ وَإِنَّ ٱللَّهَ
لَسَمِيعٌ عَلِيمٌ ٤٢ إِذۡ يُرِيكَهُمُ ٱللَّهُ فِي مَنَامِكَ قَلِيلٗاۖ
وَلَوۡ أَرَىٰكَهُمۡ كَثِيرٗا لَّفَشِلۡتُمۡ وَلَتَنَٰزَعۡتُمۡ فِي ٱلۡأَمۡرِ
وَلَٰكِنَّ ٱللَّهَ سَلَّمَۚ إِنَّهُۥ عَلِيمُۢ بِذَاتِ ٱلصُّدُورِ ٤٣ وَإِذۡ
يُرِيكُمُوهُمۡ إِذِ ٱلۡتَقَيۡتُمۡ فِيٓ أَعۡيُنِكُمۡ قَلِيلٗا وَيُقَلِّلُكُمۡ
فِيٓ أَعۡيُنِهِمۡ لِيَقۡضِيَ ٱللَّهُ أَمۡرٗا كَانَ مَفۡعُولٗاۗ وَإِلَى ٱللَّهِ
تُرۡجَعُ ٱلۡأُمُورُ ٤٤ يَٰٓأَيُّهَا ٱلَّذِينَ ءَامَنُوٓاْ إِذَا لَقِيتُمۡ فِئَةٗ
فَٱثۡبُتُواْ وَٱذۡكُرُواْ ٱللَّهَ كَثِيرٗا لَّعَلَّكُمۡ تُفۡلِحُونَ ٤٥
وَأَطِيعُواْ ٱللَّهَ وَرَسُولَهُۥ وَلَا تَنَٰزَعُواْ فَتَفۡشَلُواْ وَتَذۡهَبَ
رِيحُكُمۡۖ وَٱصۡبِرُوٓاْۚ إِنَّ ٱللَّهَ مَعَ ٱلصَّٰبِرِينَ ٤٦ وَلَا تَكُونُواْ
كَٱلَّذِينَ خَرَجُواْ مِن دِيَٰرِهِم بَطَرٗا وَرِئَآءَ ٱلنَّاسِ وَيَصُدُّونَ
عَن سَبِيلِ ٱللَّهِۚ وَٱللَّهُ بِمَا يَعۡمَلُونَ مُحِيطٞ ٤٧ وَإِذۡ زَيَّنَ
لَهُمُ ٱلشَّيۡطَٰنُ أَعۡمَٰلَهُمۡ وَقَالَ لَا غَالِبَ لَكُمُ ٱلۡيَوۡمَ مِنَ
ٱلنَّاسِ وَإِنِّي جَارٞ لَّكُمۡۖ فَلَمَّا تَرَآءَتِ ٱلۡفِئَتَانِ نَكَصَ
عَلَىٰ عَقِبَيۡهِ وَقَالَ إِنِّي بَرِيٓءٞ مِّنكُمۡ إِنِّيٓ أَرَىٰ مَا لَا
تَرَوۡنَ إِنِّيٓ أَخَافُ ٱللَّهَۚ وَٱللَّهُ شَدِيدُ ٱلۡعِقَابِ ٤٨ إِذۡ يَقُولُ
ٱلۡمُنَٰفِقُونَ وَٱلَّذِينَ فِي قُلُوبِهِم مَّرَضٌ غَرَّ هَٰٓؤُلَآءِ دِينُهُمۡۗ
وَمَن يَتَوَكَّلۡ عَلَى ٱللَّهِ فَإِنَّ ٱللَّهَ عَزِيزٌ حَكِيمٞ ٤٩ وَلَوۡ
تَرَىٰٓ إِذۡ يَتَوَفَّى ٱلَّذِينَ كَفَرُواْ ٱلۡمَلَٰٓئِكَةُ يَضۡرِبُونَ
وُجُوهَهُمۡ وَأَدۡبَٰرَهُمۡ وَذُوقُواْ عَذَابَ ٱلۡحَرِيقِ ٥٠ ذَٰلِكَ
بِمَا قَدَّمَتۡ أَيۡدِيكُمۡ وَأَنَّ ٱللَّهَ لَيۡسَ بِظَلَّٰمٖ لِّلۡعَبِيدِ ٥١
كَدَأۡبِ ءَالِ فِرۡعَوۡنَ وَٱلَّذِينَ مِن قَبۡلِهِمۡۚ كَفَرُواْ بِـَٔايَٰتِ ٱللَّهِ
فَأَخَذَهُمُ ٱللَّهُ بِذُنُوبِهِمۡۚ إِنَّ ٱللَّهَ قَوِيّٞ شَدِيدُ ٱلۡعِقَابِ ٥٢
ذَٰلِكَ بِأَنَّ ٱللَّهَ لَمۡ يَكُ مُغَيِّرٗا نِّعۡمَةً أَنۡعَمَهَا عَلَىٰ قَوۡمٍ حَتَّىٰ
يُغَيِّرُواْ مَا بِأَنفُسِهِمۡ وَأَنَّ ٱللَّهَ سَمِيعٌ عَلِيمٞ ٥٣ كَدَأۡبِ ءَالِ
فِرۡعَوۡنَ وَٱلَّذِينَ مِن قَبۡلِهِمۡۚ كَذَّبُواْ بِـَٔايَٰتِ رَبِّهِمۡ فَأَهۡلَكۡنَٰهُم
بِذُنُوبِهِمۡ وَأَغۡرَقۡنَآ ءَالَ فِرۡعَوۡنَۚ وَكُلّٞ كَانُواْ ظَٰلِمِينَ ٥٤
إِنَّ شَرَّ ٱلدَّوَآبِّ عِندَ ٱللَّهِ ٱلَّذِينَ كَفَرُواْ فَهُمۡ لَا يُؤۡمِنُونَ ٥٥
ٱلَّذِينَ عَٰهَدتَّ مِنۡهُمۡ ثُمَّ يَنقُضُونَ عَهۡدَهُمۡ فِي كُلِّ
مَرَّةٖ وَهُمۡ لَا يَتَّقُونَ ٥٦ فَإِمَّا تَثۡقَفَنَّهُمۡ فِي ٱلۡحَرۡبِ فَشَرِّدۡ بِهِم
مَّنۡ خَلۡفَهُمۡ لَعَلَّهُمۡ يَذَّكَّرُونَ ٥٧ وَإِمَّا تَخَافَنَّ مِن قَوۡمٍ
خِيَانَةٗ فَٱنۢبِذۡ إِلَيۡهِمۡ عَلَىٰ سَوَآءٍۚ إِنَّ ٱللَّهَ لَا يُحِبُّ ٱلۡخَآئِنِينَ ٥٨
وَلَا يَحۡسَبَنَّ ٱلَّذِينَ كَفَرُواْ سَبَقُوٓاْۚ إِنَّهُمۡ لَا يُعۡجِزُونَ ٥٩
وَأَعِدُّواْ لَهُم مَّا ٱسۡتَطَعۡتُم مِّن قُوَّةٖ وَمِن رِّبَاطِ ٱلۡخَيۡلِ
تُرۡهِبُونَ بِهِۦ عَدُوَّ ٱللَّهِ وَعَدُوَّكُمۡ وَءَاخَرِينَ مِن دُونِهِمۡ
لَا تَعۡلَمُونَهُمُ ٱللَّهُ يَعۡلَمُهُمۡۚ وَمَا تُنفِقُواْ مِن شَيۡءٖ فِي سَبِيلِ
ٱللَّهِ يُوَفَّ إِلَيۡكُمۡ وَأَنتُمۡ لَا تُظۡلَمُونَ ٦٠ ۞وَإِن جَنَحُواْ لِلسَّلۡمِ
فَٱجۡنَحۡ لَهَا وَتَوَكَّلۡ عَلَى ٱللَّهِۚ إِنَّهُۥ هُوَ ٱلسَّمِيعُ ٱلۡعَلِيمُ ٦١
وَإِن يُرِيدُوٓاْ أَن يَخۡدَعُوكَ فَإِنَّ حَسۡبَكَ ٱللَّهُۚ هُوَ ٱلَّذِيٓ أَيَّدَكَ
بِنَصۡرِهِۦ وَبِٱلۡمُؤۡمِنِينَ ٦٢ وَأَلَّفَ بَيۡنَ قُلُوبِهِمۡۚ لَوۡ أَنفَقۡتَ
مَا فِي ٱلۡأَرۡضِ جَمِيعٗا مَّآ أَلَّفۡتَ بَيۡنَ قُلُوبِهِمۡ وَلَٰكِنَّ ٱللَّهَ
أَلَّفَ بَيۡنَهُمۡۚ إِنَّهُۥ عَزِيزٌ حَكِيمٞ ٦٣ يَٰٓأَيُّهَا ٱلنَّبِيُّ حَسۡبُكَ
ٱللَّهُ وَمَنِ ٱتَّبَعَكَ مِنَ ٱلۡمُؤۡمِنِينَ ٦٤ يَٰٓأَيُّهَا ٱلنَّبِيُّ حَرِّضِ
ٱلۡمُؤۡمِنِينَ عَلَى ٱلۡقِتَالِۚ إِن يَكُن مِّنكُمۡ عِشۡرُونَ صَٰبِرُونَ
يَغۡلِبُواْ مِاْئَتَيۡنِۚ وَإِن يَكُن مِّنكُم مِّاْئَةٞ يَغۡلِبُوٓاْ أَلۡفٗا مِّنَ
ٱلَّذِينَ كَفَرُواْ بِأَنَّهُمۡ قَوۡمٞ لَّا يَفۡقَهُونَ ٦٥ ٱلۡـَٰٔنَ خَفَّفَ
ٱللَّهُ عَنكُمۡ وَعَلِمَ أَنَّ فِيكُمۡ ضَعۡفٗاۚ فَإِن يَكُن مِّنكُم مِّاْئَةٞ
صَابِرَةٞ يَغۡلِبُواْ مِاْئَتَيۡنِۚ وَإِن يَكُن مِّنكُمۡ أَلۡفٞ يَغۡلِبُوٓاْ
أَلۡفَيۡنِ بِإِذۡنِ ٱللَّهِۗ وَٱللَّهُ مَعَ ٱلصَّٰبِرِينَ ٦٦ مَا كَانَ لِنَبِيٍّ
أَن يَكُونَ لَهُۥٓ أَسۡرَىٰ حَتَّىٰ يُثۡخِنَ فِي ٱلۡأَرۡضِۚ تُرِيدُونَ عَرَضَ
ٱلدُّنۡيَا وَٱللَّهُ يُرِيدُ ٱلۡأٓخِرَةَۗ وَٱللَّهُ عَزِيزٌ حَكِيمٞ ٦٧ لَّوۡلَا كِتَٰبٞ
مِّنَ ٱللَّهِ سَبَقَ لَمَسَّكُمۡ فِيمَآ أَخَذۡتُمۡ عَذَابٌ عَظِيمٞ ٦٨ فَكُلُواْ
مِمَّا غَنِمۡتُمۡ حَلَٰلٗا طَيِّبٗاۚ وَٱتَّقُواْ ٱللَّهَۚ إِنَّ ٱللَّهَ غَفُورٞ رَّحِيمٞ ٦٩
يَٰٓأَيُّهَا ٱلنَّبِيُّ قُل لِّمَن فِيٓ أَيۡدِيكُم مِّنَ ٱلۡأَسۡرَىٰٓ إِن يَعۡلَمِ ٱللَّهُ
فِي قُلُوبِكُمۡ خَيۡرٗا يُؤۡتِكُمۡ خَيۡرٗا مِّمَّآ أُخِذَ مِنكُمۡ وَيَغۡفِرۡ لَكُمۡۚ
وَٱللَّهُ غَفُورٞ رَّحِيمٞ ٧٠ وَإِن يُرِيدُواْ خِيَانَتَكَ فَقَدۡ خَانُواْ ٱللَّهَ
مِن قَبۡلُ فَأَمۡكَنَ مِنۡهُمۡۗ وَٱللَّهُ عَلِيمٌ حَكِيمٌ ٧١ إِنَّ ٱلَّذِينَ
ءَامَنُواْ وَهَاجَرُواْ وَجَٰهَدُواْ بِأَمۡوَٰلِهِمۡ وَأَنفُسِهِمۡ فِي سَبِيلِ
ٱللَّهِ وَٱلَّذِينَ ءَاوَواْ وَّنَصَرُوٓاْ أُوْلَٰٓئِكَ بَعۡضُهُمۡ أَوۡلِيَآءُ بَعۡضٖۚ وَٱلَّذِينَ
ءَامَنُواْ وَلَمۡ يُهَاجِرُواْ مَا لَكُم مِّن وَلَٰيَتِهِم مِّن شَيۡءٍ حَتَّىٰ يُهَاجِرُواْۚ
وَإِنِ ٱسۡتَنصَرُوكُمۡ فِي ٱلدِّينِ فَعَلَيۡكُمُ ٱلنَّصۡرُ إِلَّا عَلَىٰ قَوۡمِۭ
بَيۡنَكُمۡ وَبَيۡنَهُم مِّيثَٰقٞۗ وَٱللَّهُ بِمَا تَعۡمَلُونَ بَصِيرٞ ٧٢ وَٱلَّذِينَ
كَفَرُواْ بَعۡضُهُمۡ أَوۡلِيَآءُ بَعۡضٍۚ إِلَّا تَفۡعَلُوهُ تَكُن فِتۡنَةٞ فِي
ٱلۡأَرۡضِ وَفَسَادٞ كَبِيرٞ ٧٣ وَٱلَّذِينَ ءَامَنُواْ وَهَاجَرُواْ وَجَٰهَدُواْ
فِي سَبِيلِ ٱللَّهِ وَٱلَّذِينَ ءَاوَواْ وَّنَصَرُوٓاْ أُوْلَٰٓئِكَ هُمُ ٱلۡمُؤۡمِنُونَ
حَقّٗاۚ لَّهُم مَّغۡفِرَةٞ وَرِزۡقٞ كَرِيمٞ ٧٤ وَٱلَّذِينَ ءَامَنُواْ مِنۢ بَعۡدُ
وَهَاجَرُواْ وَجَٰهَدُواْ مَعَكُمۡ فَأُوْلَٰٓئِكَ مِنكُمۡۚ وَأُوْلُواْ ٱلۡأَرۡحَامِ
بَعۡضُهُمۡ أَوۡلَىٰ بِبَعۡضٖ فِي كِتَٰبِ ٱللَّهِۚ إِنَّ ٱللَّهَ بِكُلِّ شَيۡءٍ عَلِيمُۢ ٧٥

سُورَةُ التَّوۡبَةِ

بَرَآءَةٞ مِّنَ ٱللَّهِ وَرَسُولِهِۦٓ إِلَى ٱلَّذِينَ عَٰهَدتُّم مِّنَ ٱلۡمُشۡرِكِينَ ١
فَسِيحُواْ فِي ٱلۡأَرۡضِ أَرۡبَعَةَ أَشۡهُرٖ وَٱعۡلَمُوٓاْ أَنَّكُمۡ غَيۡرُ مُعۡجِزِي
ٱللَّهِ وَأَنَّ ٱللَّهَ مُخۡزِي ٱلۡكَٰفِرِينَ ٢ وَأَذَٰنٞ مِّنَ ٱللَّهِ وَرَسُولِهِۦٓ
إِلَى ٱلنَّاسِ يَوۡمَ ٱلۡحَجِّ ٱلۡأَكۡبَرِ أَنَّ ٱللَّهَ بَرِيٓءٞ مِّنَ ٱلۡمُشۡرِكِينَ
وَرَسُولُهُۥۚ فَإِن تُبۡتُمۡ فَهُوَ خَيۡرٞ لَّكُمۡۖ وَإِن تَوَلَّيۡتُمۡ فَٱعۡلَمُوٓاْ
أَنَّكُمۡ غَيۡرُ مُعۡجِزِي ٱللَّهِۗ وَبَشِّرِ ٱلَّذِينَ كَفَرُواْ بِعَذَابٍ أَلِيمٍ ٣
إِلَّا ٱلَّذِينَ عَٰهَدتُّم مِّنَ ٱلۡمُشۡرِكِينَ ثُمَّ لَمۡ يَنقُصُوكُمۡ شَيۡـٔٗا
وَلَمۡ يُظَٰهِرُواْ عَلَيۡكُمۡ أَحَدٗا فَأَتِمُّوٓاْ إِلَيۡهِمۡ عَهۡدَهُمۡ إِلَىٰ مُدَّتِهِمۡۚ
إِنَّ ٱللَّهَ يُحِبُّ ٱلۡمُتَّقِينَ ٤ فَإِذَا ٱنسَلَخَ ٱلۡأَشۡهُرُ ٱلۡحُرُمُ
فَٱقۡتُلُواْ ٱلۡمُشۡرِكِينَ حَيۡثُ وَجَدتُّمُوهُمۡ وَخُذُوهُمۡ وَٱحۡصُرُوهُمۡ
وَٱقۡعُدُواْ لَهُمۡ كُلَّ مَرۡصَدٖۚ فَإِن تَابُواْ وَأَقَامُواْ ٱلصَّلَوٰةَ وَءَاتَوُاْ
ٱلزَّكَوٰةَ فَخَلُّواْ سَبِيلَهُمۡۚ إِنَّ ٱللَّهَ غَفُورٞ رَّحِيمٞ ٥ وَإِنۡ أَحَدٞ
مِّنَ ٱلۡمُشۡرِكِينَ ٱسۡتَجَارَكَ فَأَجِرۡهُ حَتَّىٰ يَسۡمَعَ كَلَٰمَ
ٱللَّهِ ثُمَّ أَبۡلِغۡهُ مَأۡمَنَهُۥۚ ذَٰلِكَ بِأَنَّهُمۡ قَوۡمٞ لَّا يَعۡلَمُونَ ٦

10 - 9 - 188 كيف يكون للمشركين عهد عند الله وعند رسوله إلا الذين عاهدتم عند المسجد الحرام فما استقاموا لكم فاستقيموا لهم إن الله يحب المتقين ﴿٧﴾ كيف وإن يظهروا عليكم لا يرقبوا فيكم إلا ولا ذمة يرضونكم بأفواههم وتأبى قلوبهم وأكثرهم فاسقون ﴿٨﴾ اشتروا بآيات الله ثمنا قليلا فصدوا عن سبيله إنهم ساء ما كانوا يعملون ﴿٩﴾ لا يرقبون في مؤمن إلا ولا ذمة وأولئك هم المعتدون ﴿١٠﴾ فإن تابوا وأقاموا الصلاة وآتوا الزكاة فإخوانكم في الدين ونفصل الآيات لقوم يعلمون ﴿١١﴾ وإن نكثوا أيمانهم من بعد عهدهم وطعنوا في دينكم فقاتلوا أئمة الكفر إنهم لا أيمان لهم لعلهم ينتهون ﴿١٢﴾ ألا تقاتلون قوما نكثوا أيمانهم وهموا بإخراج الرسول وهم بدءوكم أول مرة أتخشونهم فالله أحق أن تخشوه إن كنتم مؤمنين ﴿١٣﴾

10 - 9 - 189 قاتلوهم يعذبهم الله بأيديكم ويخزهم وينصركم عليهم ويشف صدور قوم مؤمنين ﴿١٤﴾ ويذهب غيظ قلوبهم ويتوب الله على من يشاء والله عليم حكيم ﴿١٥﴾ أم حسبتم أن تتركوا ولما يعلم الله الذين جاهدوا منكم ولم يتخذوا من دون الله ولا رسوله ولا المؤمنين وليجة والله خبير بما تعملون ﴿١٦﴾ ما كان للمشركين أن يعمروا مساجد الله شاهدين على أنفسهم بالكفر أولئك حبطت أعمالهم وفي النار هم خالدون ﴿١٧﴾ إنما يعمر مساجد الله من آمن بالله واليوم الآخر وأقام الصلاة وآتى الزكاة ولم يخش إلا الله فعسى أولئك أن يكونوا من المهتدين ﴿١٨﴾ أجعلتم سقاية الحاج وعمارة المسجد الحرام كمن آمن بالله واليوم الآخر وجاهد في سبيل الله لا يستوون عند الله والله لا يهدي القوم الظالمين ﴿١٩﴾ الذين آمنوا وهاجروا وجاهدوا في سبيل الله بأموالهم وأنفسهم أعظم درجة عند الله وأولئك هم الفائزون ﴿٢٠﴾

10 - 9 - 190 يبشرهم ربهم برحمة منه ورضوان وجنات لهم فيها نعيم مقيم ﴿٢١﴾ خالدين فيها أبدا إن الله عنده أجر عظيم ﴿٢٢﴾ يا أيها الذين آمنوا لا تتخذوا آباءكم وإخوانكم أولياء إن استحبوا الكفر على الإيمان ومن يتولهم منكم فأولئك هم الظالمون ﴿٢٣﴾ قل إن كان آباؤكم وأبناؤكم وإخوانكم وأزواجكم وعشيرتكم وأموال اقترفتموها وتجارة تخشون كسادها ومساكن ترضونها أحب إليكم من الله ورسوله وجهاد في سبيله فتربصوا حتى يأتي الله بأمره والله لا يهدي القوم الفاسقين ﴿٢٤﴾ لقد نصركم الله في مواطن كثيرة ويوم حنين إذ أعجبتكم كثرتكم فلم تغن عنكم شيئا وضاقت عليكم الأرض بما رحبت ثم وليتم مدبرين ﴿٢٥﴾ ثم أنزل الله سكينته على رسوله وعلى المؤمنين وأنزل جنودا لم تروها وعذب الذين كفروا وذلك جزاء الكافرين ﴿٢٦﴾

10 - 9 - 191 ثم يتوب الله من بعد ذلك على من يشاء والله غفور رحيم ﴿٢٧﴾ يا أيها الذين آمنوا إنما المشركون نجس فلا يقربوا المسجد الحرام بعد عامهم هذا وإن خفتم عيلة فسوف يغنيكم الله من فضله إن شاء إن الله عليم حكيم ﴿٢٨﴾ قاتلوا الذين لا يؤمنون بالله ولا باليوم الآخر ولا يحرمون ما حرم الله ورسوله ولا يدينون دين الحق من الذين أوتوا الكتاب حتى يعطوا الجزية عن يد وهم صاغرون ﴿٢٩﴾ وقالت اليهود عزير ابن الله وقالت النصارى المسيح ابن الله ذلك قولهم بأفواههم يضاهئون قول الذين كفروا من قبل قاتلهم الله أنى يؤفكون ﴿٣٠﴾ اتخذوا أحبارهم ورهبانهم أربابا من دون الله والمسيح ابن مريم وما أمروا إلا ليعبدوا إلها واحدا لا إله إلا هو سبحانه عما يشركون ﴿٣١﴾

10 - 9 - 192 يريدون أن يطفئوا نور الله بأفواههم ويأبى الله إلا أن يتم نوره ولو كره الكافرون ﴿٣٢﴾ هو الذي أرسل رسوله بالهدى ودين الحق ليظهره على الدين كله ولو كره المشركون ﴿٣٣﴾ يا أيها الذين آمنوا إن كثيرا من الأحبار والرهبان ليأكلون أموال الناس بالباطل ويصدون عن سبيل الله والذين يكنزون الذهب والفضة ولا ينفقونها في سبيل الله فبشرهم بعذاب أليم ﴿٣٤﴾ يوم يحمى عليها في نار جهنم فتكوى بها جباههم وجنوبهم وظهورهم هذا ما كنزتم لأنفسكم فذوقوا ما كنتم تكنزون ﴿٣٥﴾ إن عدة الشهور عند الله اثنا عشر شهرا في كتاب الله يوم خلق السماوات والأرض منها أربعة حرم ذلك الدين القيم فلا تظلموا فيهن أنفسكم وقاتلوا المشركين كافة كما يقاتلونكم كافة واعلموا أن الله مع المتقين ﴿٣٦﴾

10 - 9 - 193 إنما النسيء زيادة في الكفر يضل به الذين كفروا يحلونه عاما ويحرمونه عاما ليواطئوا عدة ما حرم الله فيحلوا ما حرم الله زين لهم سوء أعمالهم والله لا يهدي القوم الكافرين ﴿٣٧﴾ يا أيها الذين آمنوا ما لكم إذا قيل لكم انفروا في سبيل الله اثاقلتم إلى الأرض أرضيتم بالحياة الدنيا من الآخرة فما متاع الحياة الدنيا في الآخرة إلا قليل ﴿٣٨﴾ إلا تنفروا يعذبكم عذابا أليما ويستبدل قوما غيركم ولا تضروه شيئا والله على كل شيء قدير ﴿٣٩﴾ إلا تنصروه فقد نصره الله إذ أخرجه الذين كفروا ثاني اثنين إذ هما في الغار إذ يقول لصاحبه لا تحزن إن الله معنا فأنزل الله سكينته عليه وأيده بجنود لم تروها وجعل كلمة الذين كفروا السفلى وكلمة الله هي العليا والله عزيز حكيم ﴿٤٠﴾

10 - 9 - 194 انفروا خفافا وثقالا وجاهدوا بأموالكم وأنفسكم في سبيل الله ذلكم خير لكم إن كنتم تعلمون ﴿٤١﴾ لو كان عرضا قريبا وسفرا قاصدا لاتبعوك ولكن بعدت عليهم الشقة وسيحلفون بالله لو استطعنا لخرجنا معكم يهلكون أنفسهم والله يعلم إنهم لكاذبون ﴿٤٢﴾ عفا الله عنك لم أذنت لهم حتى يتبين لك الذين صدقوا وتعلم الكاذبين ﴿٤٣﴾ لا يستأذنك الذين يؤمنون بالله واليوم الآخر أن يجاهدوا بأموالهم وأنفسهم والله عليم بالمتقين ﴿٤٤﴾ إنما يستأذنك الذين لا يؤمنون بالله واليوم الآخر وارتابت قلوبهم فهم في ريبهم يترددون ﴿٤٥﴾ ولو أرادوا الخروج لأعدوا له عدة ولكن كره الله انبعاثهم فثبطهم وقيل اقعدوا مع القاعدين ﴿٤٦﴾ لو خرجوا فيكم ما زادوكم إلا خبالا ولأوضعوا خلالكم يبغونكم الفتنة وفيكم سماعون لهم والله عليم بالظالمين ﴿٤٧﴾

10 - 9 - 195 لقد ابتغوا الفتنة من قبل وقلبوا لك الأمور حتى جاء الحق وظهر أمر الله وهم كارهون ﴿٤٨﴾ ومنهم من يقول ائذن لي ولا تفتني ألا في الفتنة سقطوا وإن جهنم لمحيطة بالكافرين ﴿٤٩﴾ إن تصبك حسنة تسؤهم وإن تصبك مصيبة يقولوا قد أخذنا أمرنا من قبل ويتولوا وهم فرحون ﴿٥٠﴾ قل لن يصيبنا إلا ما كتب الله لنا هو مولانا وعلى الله فليتوكل المؤمنون ﴿٥١﴾ قل هل تربصون بنا إلا إحدى الحسنيين ونحن نتربص بكم أن يصيبكم الله بعذاب من عنده أو بأيدينا فتربصوا إنا معكم متربصون ﴿٥٢﴾ قل أنفقوا طوعا أو كرها لن يتقبل منكم إنكم كنتم قوما فاسقين ﴿٥٣﴾ وما منعهم أن تقبل منهم نفقاتهم إلا أنهم كفروا بالله وبرسوله ولا يأتون الصلاة إلا وهم كسالى ولا ينفقون إلا وهم كارهون ﴿٥٤﴾

10 - 9 - 196 فلا تعجبك أموالهم ولا أولادهم إنما يريد الله ليعذبهم بها في الحياة الدنيا وتزهق أنفسهم وهم كافرون ﴿٥٥﴾ ويحلفون بالله إنهم لمنكم وما هم منكم ولكنهم قوم يفرقون ﴿٥٦﴾ لو يجدون ملجأ أو مغارات أو مدخلا لولوا إليه وهم يجمحون ﴿٥٧﴾ ومنهم من يلمزك في الصدقات فإن أعطوا منها رضوا وإن لم يعطوا منها إذا هم يسخطون ﴿٥٨﴾ ولو أنهم رضوا ما آتاهم الله ورسوله وقالوا حسبنا الله سيؤتينا الله من فضله ورسوله إنا إلى الله راغبون ﴿٥٩﴾ إنما الصدقات للفقراء والمساكين والعاملين عليها والمؤلفة قلوبهم وفي الرقاب والغارمين وفي سبيل الله وابن السبيل فريضة من الله والله عليم حكيم ﴿٦٠﴾ ومنهم الذين يؤذون النبي ويقولون هو أذن قل أذن خير لكم يؤمن بالله ويؤمن للمؤمنين ورحمة للذين آمنوا منكم والذين يؤذون رسول الله لهم عذاب أليم ﴿٦١﴾

10 - 9 - 197 يحلفون بالله لكم ليرضوكم والله ورسوله أحق أن يرضوه إن كانوا مؤمنين ﴿٦٢﴾ ألم يعلموا أنه من يحادد الله ورسوله فأن له نار جهنم خالدا فيها ذلك الخزي العظيم ﴿٦٣﴾ يحذر المنافقون أن تنزل عليهم سورة تنبئهم بما في قلوبهم قل استهزءوا إن الله مخرج ما تحذرون ﴿٦٤﴾ ولئن سألتهم ليقولن إنما كنا نخوض ونلعب قل أبالله وآياته ورسوله كنتم تستهزءون ﴿٦٥﴾ لا تعتذروا قد كفرتم بعد إيمانكم إن نعف عن طائفة منكم نعذب طائفة بأنهم كانوا مجرمين ﴿٦٦﴾ المنافقون والمنافقات بعضهم من بعض يأمرون بالمنكر وينهون عن المعروف ويقبضون أيديهم نسوا الله فنسيهم إن المنافقين هم الفاسقون ﴿٦٧﴾ وعد الله المنافقين والمنافقات والكفار نار جهنم خالدين فيها هي حسبهم ولعنهم الله ولهم عذاب مقيم ﴿٦٨﴾

10 - 9 - 198 كالذين من قبلكم كانوا أشد منكم قوة وأكثر أموالا وأولادا فاستمتعوا بخلاقهم فاستمتعتم بخلاقكم كما استمتع الذين من قبلكم بخلاقهم وخضتم كالذي خاضوا أولئك حبطت أعمالهم في الدنيا والآخرة وأولئك هم الخاسرون ﴿٦٩﴾ ألم يأتهم نبأ الذين من قبلهم قوم نوح وعاد وثمود وقوم إبراهيم وأصحاب مدين والمؤتفكات أتتهم رسلهم بالبينات فما كان الله ليظلمهم ولكن كانوا أنفسهم يظلمون ﴿٧٠﴾ والمؤمنون والمؤمنات بعضهم أولياء بعض يأمرون بالمعروف وينهون عن المنكر ويقيمون الصلاة ويؤتون الزكاة ويطيعون الله ورسوله أولئك سيرحمهم الله إن الله عزيز حكيم ﴿٧١﴾ وعد الله المؤمنين والمؤمنات جنات تجري من تحتها الأنهار خالدين فيها ومساكن طيبة في جنات عدن ورضوان من الله أكبر ذلك هو الفوز العظيم ﴿٧٢﴾

10 - 9 - 199 يا أيها النبي جاهد الكفار والمنافقين واغلظ عليهم ومأواهم جهنم وبئس المصير ﴿٧٣﴾ يحلفون بالله ما قالوا ولقد قالوا كلمة الكفر وكفروا بعد إسلامهم وهموا بما لم ينالوا وما نقموا إلا أن أغناهم الله ورسوله من فضله فإن يتوبوا يك خيرا لهم وإن يتولوا يعذبهم الله عذابا أليما في الدنيا والآخرة وما لهم في الأرض من ولي ولا نصير ﴿٧٤﴾ ومنهم من عاهد الله لئن آتانا من فضله لنصدقن ولنكونن من الصالحين ﴿٧٥﴾ فلما آتاهم من فضله بخلوا به وتولوا وهم معرضون ﴿٧٦﴾ فأعقبهم نفاقا في قلوبهم إلى يوم يلقونه بما أخلفوا الله ما وعدوه وبما كانوا يكذبون ﴿٧٧﴾ ألم يعلموا أن الله يعلم سرهم ونجواهم وأن الله علام الغيوب ﴿٧٨﴾ الذين يلمزون المطوعين من المؤمنين في الصدقات والذين لا يجدون إلا جهدهم فيسخرون منهم سخر الله منهم ولهم عذاب أليم ﴿٧٩﴾

10 - 9 - 200 استغفر لهم أو لا تستغفر لهم إن تستغفر لهم سبعين مرة فلن يغفر الله لهم ذلك بأنهم كفروا بالله ورسوله والله لا يهدي القوم الفاسقين ﴿٨٠﴾ فرح المخلفون بمقعدهم خلاف رسول الله وكرهوا أن يجاهدوا بأموالهم وأنفسهم في سبيل الله وقالوا لا تنفروا في الحر قل نار جهنم أشد حرا لو كانوا يفقهون ﴿٨١﴾ فليضحكوا قليلا وليبكوا كثيرا جزاء بما كانوا يكسبون ﴿٨٢﴾ فإن رجعك الله إلى طائفة منهم فاستأذنوك للخروج فقل لن تخرجوا معي أبدا ولن تقاتلوا معي عدوا إنكم رضيتم بالقعود أول مرة فاقعدوا مع الخالفين ﴿٨٣﴾ ولا تصل على أحد منهم مات أبدا ولا تقم على قبره إنهم كفروا بالله ورسوله وماتوا وهم فاسقون ﴿٨٤﴾ ولا تعجبك أموالهم وأولادهم إنما يريد الله أن يعذبهم بها في الدنيا وتزهق أنفسهم وهم كافرون ﴿٨٥﴾ وإذا أنزلت سورة أن آمنوا بالله وجاهدوا مع رسوله استأذنك أولو الطول منهم وقالوا ذرنا نكن مع القاعدين ﴿٨٦﴾

10 - 9 - 201 رضوا بأن يكونوا مع الخوالف وطبع على قلوبهم فهم لا يفقهون ﴿٨٧﴾ لكن الرسول والذين آمنوا معه جاهدوا بأموالهم وأنفسهم وأولئك لهم الخيرات وأولئك هم المفلحون ﴿٨٨﴾ أعد الله لهم جنات تجري من تحتها الأنهار خالدين فيها ذلك الفوز العظيم ﴿٨٩﴾ وجاء المعذرون من الأعراب ليؤذن لهم وقعد الذين كذبوا الله ورسوله سيصيب الذين كفروا منهم عذاب أليم ﴿٩٠﴾ ليس على الضعفاء ولا على المرضى ولا على الذين لا يجدون ما ينفقون حرج إذا نصحوا لله ورسوله ما على المحسنين من سبيل والله غفور رحيم ﴿٩١﴾ ولا على الذين إذا ما أتوك لتحملهم قلت لا أجد ما أحملكم عليه تولوا وأعينهم تفيض من الدمع حزنا ألا يجدوا ما ينفقون ﴿٩٢﴾ إنما السبيل على الذين يستأذنونك وهم أغنياء رضوا بأن يكونوا مع الخوالف وطبع الله على قلوبهم فهم لا يعلمون ﴿٩٣﴾

11 - 9 - 202

يعتذرون إليكم إذا رجعتم إليهم قل لا تعتذروا لن نؤمن لكم قد نبأنا الله من أخباركم وسيرى الله عملكم ورسوله ثم تردون إلى عالم الغيب والشهادة فينبئكم بما كنتم تعملون ٩٤ سيحلفون بالله لكم إذا انقلبتم إليهم لتعرضوا عنهم فأعرضوا عنهم إنهم رجس ومأواهم جهنم جزاء بما كانوا يكسبون ٩٥ يحلفون لكم لترضوا عنهم فإن ترضوا عنهم فإن الله لا يرضى عن القوم الفاسقين ٩٦ الأعراب أشد كفرا ونفاقا وأجدر ألا يعلموا حدود ما أنزل الله على رسوله والله عليم حكيم ٩٧ ومن الأعراب من يتخذ ما ينفق مغرما ويتربص بكم الدوائر عليهم دائرة السوء والله سميع عليم ٩٨ ومن الأعراب من يؤمن بالله واليوم الآخر ويتخذ ما ينفق قربات عند الله وصلوات الرسول ألا إنها قربة لهم سيدخلهم الله في رحمته إن الله غفور رحيم ٩٩

11 - 9 - 203

والسابقون الأولون من المهاجرين والأنصار والذين اتبعوهم بإحسان رضي الله عنهم ورضوا عنه وأعد لهم جنات تجري تحتها الأنهار خالدين فيها أبدا ذلك الفوز العظيم ١٠٠ وممن حولكم من الأعراب منافقون ومن أهل المدينة مردوا على النفاق لا تعلمهم نحن نعلمهم سنعذبهم مرتين ثم يردون إلى عذاب عظيم ١٠١ وآخرون اعترفوا بذنوبهم خلطوا عملا صالحا وآخر سيئا عسى الله أن يتوب عليهم إن الله غفور رحيم ١٠٢ خذ من أموالهم صدقة تطهرهم وتزكيهم بها وصل عليهم إن صلاتك سكن لهم والله سميع عليم ١٠٣ ألم يعلموا أن الله هو يقبل التوبة عن عباده ويأخذ الصدقات وأن الله هو التواب الرحيم ١٠٤ وقل اعملوا فسيرى الله عملكم ورسوله والمؤمنون وستردون إلى عالم الغيب والشهادة فينبئكم بما كنتم تعملون ١٠٥ وآخرون مرجون لأمر الله إما يعذبهم وإما يتوب عليهم والله عليم حكيم ١٠٦

11 - 9 - 204

والذين اتخذوا مسجدا ضرارا وكفرا وتفريقا بين المؤمنين وإرصادا لمن حارب الله ورسوله من قبل وليحلفن إن أردنا إلا الحسنى والله يشهد إنهم لكاذبون ١٠٧ لا تقم فيه أبدا لمسجد أسس على التقوى من أول يوم أحق أن تقوم فيه فيه رجال يحبون أن يتطهروا والله يحب المطهرين ١٠٨ أفمن أسس بنيانه على تقوى من الله ورضوان خير أم من أسس بنيانه على شفا جرف هار فانهار به في نار جهنم والله لا يهدي القوم الظالمين ١٠٩ لا يزال بنيانهم الذي بنوا ريبة في قلوبهم إلا أن تقطع قلوبهم والله عليم حكيم ١١٠ إن الله اشترى من المؤمنين أنفسهم وأموالهم بأن لهم الجنة يقاتلون في سبيل الله فيقتلون ويقتلون وعدا عليه حقا في التوراة والإنجيل والقرآن ومن أوفى بعهده من الله فاستبشروا ببيعكم الذي بايعتم به وذلك هو الفوز العظيم ١١١

11 - 9 - 205

التائبون العابدون الحامدون السائحون الراكعون الساجدون الآمرون بالمعروف والناهون عن المنكر والحافظون لحدود الله وبشر المؤمنين ١١٢ ما كان للنبي والذين آمنوا أن يستغفروا للمشركين ولو كانوا أولي قربى من بعد ما تبين لهم أنهم أصحاب الجحيم ١١٣ وما كان استغفار إبراهيم لأبيه إلا عن موعدة وعدها إياه فلما تبين له أنه عدو لله تبرأ منه إن إبراهيم لأواه حليم ١١٤ وما كان الله ليضل قوما بعد إذ هداهم حتى يبين لهم ما يتقون إن الله بكل شيء عليم ١١٥ إن الله له ملك السماوات والأرض يحيي ويميت وما لكم من دون الله من ولي ولا نصير ١١٦ لقد تاب الله على النبي والمهاجرين والأنصار الذين اتبعوه في ساعة العسرة من بعد ما كاد يزيغ قلوب فريق منهم ثم تاب عليهم إنه بهم رءوف رحيم ١١٧

11 - 9 - 206

وعلى الثلاثة الذين خلفوا حتى إذا ضاقت عليهم الأرض بما رحبت وضاقت عليهم أنفسهم وظنوا أن لا ملجأ من الله إلا إليه ثم تاب عليهم ليتوبوا إن الله هو التواب الرحيم ١١٨ يا أيها الذين آمنوا اتقوا الله وكونوا مع الصادقين ١١٩ ما كان لأهل المدينة ومن حولهم من الأعراب أن يتخلفوا عن رسول الله ولا يرغبوا بأنفسهم عن نفسه ذلك بأنهم لا يصيبهم ظمأ ولا نصب ولا مخمصة في سبيل الله ولا يطئون موطئا يغيظ الكفار ولا ينالون من عدو نيلا إلا كتب لهم به عمل صالح إن الله لا يضيع أجر المحسنين ١٢٠ ولا ينفقون نفقة صغيرة ولا كبيرة ولا يقطعون واديا إلا كتب لهم ليجزيهم الله أحسن ما كانوا يعملون ١٢١ وما كان المؤمنون لينفروا كافة فلولا نفر من كل فرقة منهم طائفة ليتفقهوا في الدين ولينذروا قومهم إذا رجعوا إليهم لعلهم يحذرون ١٢٢

11 - 9 - 207

يا أيها الذين آمنوا قاتلوا الذين يلونكم من الكفار وليجدوا فيكم غلظة واعلموا أن الله مع المتقين ١٢٣ وإذا ما أنزلت سورة فمنهم من يقول أيكم زادته هذه إيمانا فأما الذين آمنوا فزادتهم إيمانا وهم يستبشرون ١٢٤ وأما الذين في قلوبهم مرض فزادتهم رجسا إلى رجسهم وماتوا وهم كافرون ١٢٥ أولا يرون أنهم يفتنون في كل عام مرة أو مرتين ثم لا يتوبون ولا هم يذكرون ١٢٦ وإذا ما أنزلت سورة نظر بعضهم إلى بعض هل يراكم من أحد ثم انصرفوا صرف الله قلوبهم بأنهم قوم لا يفقهون ١٢٧ لقد جاءكم رسول من أنفسكم عزيز عليه ما عنتم حريص عليكم بالمؤمنين رءوف رحيم ١٢٨ فإن تولوا فقل حسبي الله لا إله إلا هو عليه توكلت وهو رب العرش العظيم ١٢٩

11 - 10 - 208

سورة يونس

بسم الله الرحمن الرحيم

الر تلك آيات الكتاب الحكيم ١ أكان للناس عجبا أن أوحينا إلى رجل منهم أن أنذر الناس وبشر الذين آمنوا أن لهم قدم صدق عند ربهم قال الكافرون إن هذا لساحر مبين ٢ إن ربكم الله الذي خلق السماوات والأرض في ستة أيام ثم استوى على العرش يدبر الأمر ما من شفيع إلا من بعد إذنه ذلكم الله ربكم فاعبدوه أفلا تذكرون ٣ إليه مرجعكم جميعا وعد الله حقا إنه يبدأ الخلق ثم يعيده ليجزي الذين آمنوا وعملوا الصالحات بالقسط والذين كفروا لهم شراب من حميم وعذاب أليم بما كانوا يكفرون ٤ هو الذي جعل الشمس ضياء والقمر نورا وقدره منازل لتعلموا عدد السنين والحساب ما خلق الله ذلك إلا بالحق يفصل الآيات لقوم يعلمون ٥ إن في اختلاف الليل والنهار وما خلق الله في السماوات والأرض لآيات لقوم يتقون ٦

11 - 10 - 209

إن الذين لا يرجون لقاءنا ورضوا بالحياة الدنيا واطمأنوا بها والذين هم عن آياتنا غافلون ٧ أولئك مأواهم النار بما كانوا يكسبون ٨ إن الذين آمنوا وعملوا الصالحات يهديهم ربهم بإيمانهم تجري من تحتهم الأنهار في جنات النعيم ٩ دعواهم فيها سبحانك اللهم وتحيتهم فيها سلام وآخر دعواهم أن الحمد لله رب العالمين ١٠ ولو يعجل الله للناس الشر استعجالهم بالخير لقضي إليهم أجلهم فنذر الذين لا يرجون لقاءنا في طغيانهم يعمهون ١١ وإذا مس الإنسان الضر دعانا لجنبه أو قاعدا أو قائما فلما كشفنا عنه ضره مر كأن لم يدعنا إلى ضر مسه كذلك زين للمسرفين ما كانوا يعملون ١٢ ولقد أهلكنا القرون من قبلكم لما ظلموا وجاءتهم رسلهم بالبينات وما كانوا ليؤمنوا كذلك نجزي القوم المجرمين ١٣ ثم جعلناكم خلائف في الأرض من بعدهم لننظر كيف تعملون ١٤

11 - 10 - 210

وإذا تتلى عليهم آياتنا بينات قال الذين لا يرجون لقاءنا ائت بقرآن غير هذا أو بدله قل ما يكون لي أن أبدله من تلقاء نفسي إن أتبع إلا ما يوحى إلي إني أخاف إن عصيت ربي عذاب يوم عظيم ١٥ قل لو شاء الله ما تلوته عليكم ولا أدراكم به فقد لبثت فيكم عمرا من قبله أفلا تعقلون ١٦ فمن أظلم ممن افترى على الله كذبا أو كذب بآياته إنه لا يفلح المجرمون ١٧ ويعبدون من دون الله ما لا يضرهم ولا ينفعهم ويقولون هؤلاء شفعاؤنا عند الله قل أتنبئون الله بما لا يعلم في السماوات ولا في الأرض سبحانه وتعالى عما يشركون ١٨ وما كان الناس إلا أمة واحدة فاختلفوا ولولا كلمة سبقت من ربك لقضي بينهم فيما فيه يختلفون ١٩ ويقولون لولا أنزل عليه آية من ربه فقل إنما الغيب لله فانتظروا إني معكم من المنتظرين ٢٠

11 - 10 - 211

وإذا أذقنا الناس رحمة من بعد ضراء مستهم إذا لهم مكر في آياتنا قل الله أسرع مكرا إن رسلنا يكتبون ما تمكرون ٢١ هو الذي يسيركم في البر والبحر حتى إذا كنتم في الفلك وجرين بهم بريح طيبة وفرحوا بها جاءتها ريح عاصف وجاءهم الموج من كل مكان وظنوا أنهم أحيط بهم دعوا الله مخلصين له الدين لئن أنجيتنا من هذه لنكونن من الشاكرين ٢٢ فلما أنجاهم إذا هم يبغون في الأرض بغير الحق يا أيها الناس إنما بغيكم على أنفسكم متاع الحياة الدنيا ثم إلينا مرجعكم فننبئكم بما كنتم تعملون ٢٣ إنما مثل الحياة الدنيا كماء أنزلناه من السماء فاختلط به نبات الأرض مما يأكل الناس والأنعام حتى إذا أخذت الأرض زخرفها وازينت وظن أهلها أنهم قادرون عليها أتاها أمرنا ليلا أو نهارا فجعلناها حصيدا كأن لم تغن بالأمس كذلك نفصل الآيات لقوم يتفكرون ٢٤ والله يدعو إلى دار السلام ويهدي من يشاء إلى صراط مستقيم ٢٥

11 - 10 - 212

للذين أحسنوا الحسنى وزيادة ولا يرهق وجوههم قتر ولا ذلة أولئك أصحاب الجنة هم فيها خالدون ٢٦ والذين كسبوا السيئات جزاء سيئة بمثلها وترهقهم ذلة ما لهم من الله من عاصم كأنما أغشيت وجوههم قطعا من الليل مظلما أولئك أصحاب النار هم فيها خالدون ٢٧ ويوم نحشرهم جميعا ثم نقول للذين أشركوا مكانكم أنتم وشركاؤكم فزيلنا بينهم وقال شركاؤهم ما كنتم إيانا تعبدون ٢٨ فكفى بالله شهيدا بيننا وبينكم إن كنا عن عبادتكم لغافلين ٢٩ هنالك تبلو كل نفس ما أسلفت وردوا إلى الله مولاهم الحق وضل عنهم ما كانوا يفترون ٣٠ قل من يرزقكم من السماء والأرض أمن يملك السمع والأبصار ومن يخرج الحي من الميت ويخرج الميت من الحي ومن يدبر الأمر فسيقولون الله فقل أفلا تتقون ٣١ فذلكم الله ربكم الحق فماذا بعد الحق إلا الضلال فأنى تصرفون ٣٢ كذلك حقت كلمت ربك على الذين فسقوا أنهم لا يؤمنون ٣٣

11 - 10 - 213

قل هل من شركائكم من يبدأ الخلق ثم يعيده قل الله يبدأ الخلق ثم يعيده فأنى تؤفكون ٣٤ قل هل من شركائكم من يهدي إلى الحق قل الله يهدي للحق أفمن يهدي إلى الحق أحق أن يتبع أمن لا يهدي إلا أن يهدى فما لكم كيف تحكمون ٣٥ وما يتبع أكثرهم إلا ظنا إن الظن لا يغني من الحق شيئا إن الله عليم بما يفعلون ٣٦ وما كان هذا القرآن أن يفترى من دون الله ولكن تصديق الذي بين يديه وتفصيل الكتاب لا ريب فيه من رب العالمين ٣٧ أم يقولون افتراه قل فأتوا بسورة مثله وادعوا من استطعتم من دون الله إن كنتم صادقين ٣٨ بل كذبوا بما لم يحيطوا بعلمه ولما يأتهم تأويله كذلك كذب الذين من قبلهم فانظر كيف كان عاقبة الظالمين ٣٩ ومنهم من يؤمن به ومنهم من لا يؤمن به وربك أعلم بالمفسدين ٤٠ وإن كذبوك فقل لي عملي ولكم عملكم أنتم بريئون مما أعمل وأنا بريء مما تعملون ٤١ ومنهم من يستمعون إليك أفأنت تسمع الصم ولو كانوا لا يعقلون ٤٢ ومنهم من ينظر إليك أفأنت تهدي العمي ولو كانوا لا يبصرون ٤٣

11 - 10 - 214

إن الله لا يظلم الناس شيئا ولكن الناس أنفسهم يظلمون ٤٤ ويوم يحشرهم كأن لم يلبثوا إلا ساعة من النهار يتعارفون بينهم قد خسر الذين كذبوا بلقاء الله وما كانوا مهتدين ٤٥ وإما نرينك بعض الذي نعدهم أو نتوفينك فإلينا مرجعهم ثم الله شهيد على ما يفعلون ٤٦ ولكل أمة رسول فإذا جاء رسولهم قضي بينهم بالقسط وهم لا يظلمون ٤٧ ويقولون متى هذا الوعد إن كنتم صادقين ٤٨ قل لا أملك لنفسي ضرا ولا نفعا إلا ما شاء الله لكل أمة أجل إذا جاء أجلهم فلا يستأخرون ساعة ولا يستقدمون ٤٩ قل أرأيتم إن أتاكم عذابه بياتا أو نهارا ماذا يستعجل منه المجرمون ٥٠ أثم إذا ما وقع آمنتم به آلآن وقد كنتم به تستعجلون ٥١ ثم قيل للذين ظلموا ذوقوا عذاب الخلد هل تجزون إلا بما كنتم تكسبون ٥٢ ويستنبئونك أحق هو قل إي وربي إنه لحق وما أنتم بمعجزين ٥٣

11-10-215 ولو أن لكل نفس ظلمت ما في الأرض لافتدت به وأسروا الندامة لما رأوا العذاب وقضي بينهم بالقسط وهم لا يظلمون ٥٤ ألا إن لله ما في السماوات والأرض ألا إن وعد الله حق ولكن أكثرهم لا يعلمون ٥٥ هو يحيي ويميت وإليه ترجعون ٥٦ يا أيها الناس قد جاءتكم موعظة من ربكم وشفاء لما في الصدور وهدى ورحمة للمؤمنين ٥٧ قل بفضل الله وبرحمته فبذلك فليفرحوا هو خير مما يجمعون ٥٨ قل أرأيتم ما أنزل الله لكم من رزق فجعلتم منه حراما وحلالا قل آلله أذن لكم أم على الله تفترون ٥٩ وما ظن الذين يفترون على الله الكذب يوم القيامة إن الله لذو فضل على الناس ولكن أكثرهم لا يشكرون ٦٠ وما تكون في شأن وما تتلو منه من قرآن ولا تعملون من عمل إلا كنا عليكم شهودا إذ تفيضون فيه وما يعزب عن ربك من مثقال ذرة في الأرض ولا في السماء ولا أصغر من ذلك ولا أكبر إلا في كتاب مبين ٦١

11-10-216 ألا إن أولياء الله لا خوف عليهم ولا هم يحزنون ٦٢ الذين آمنوا وكانوا يتقون ٦٣ لهم البشرى في الحياة الدنيا وفي الآخرة لا تبديل لكلمات الله ذلك هو الفوز العظيم ٦٤ ولا يحزنك قولهم إن العزة لله جميعا هو السميع العليم ٦٥ ألا إن لله من في السماوات ومن في الأرض وما يتبع الذين يدعون من دون الله شركاء إن يتبعون إلا الظن وإن هم إلا يخرصون ٦٦ هو الذي جعل لكم الليل لتسكنوا فيه والنهار مبصرا إن في ذلك لآيات لقوم يسمعون ٦٧ قالوا اتخذ الله ولدا سبحانه هو الغني له ما في السماوات وما في الأرض إن عندكم من سلطان بهذا أتقولون على الله ما لا تعلمون ٦٨ قل إن الذين يفترون على الله الكذب لا يفلحون ٦٩ متاع في الدنيا ثم إلينا مرجعهم ثم نذيقهم العذاب الشديد بما كانوا يكفرون ٧٠

11-10-217 * واتل عليهم نبأ نوح إذ قال لقومه يا قوم إن كان كبر عليكم مقامي وتذكيري بآيات الله فعلى الله توكلت فأجمعوا أمركم وشركاءكم ثم لا يكن أمركم عليكم غمة ثم اقضوا إلي ولا تنظرون ٧١ فإن توليتم فما سألتكم من أجر إن أجري إلا على الله وأمرت أن أكون من المسلمين ٧٢ فكذبوه فنجيناه ومن معه في الفلك وجعلناهم خلائف وأغرقنا الذين كذبوا بآياتنا فانظر كيف كان عاقبة المنذرين ٧٣ ثم بعثنا من بعده رسلا إلى قومهم فجاءوهم بالبينات فما كانوا ليؤمنوا بما كذبوا به من قبل كذلك نطبع على قلوب المعتدين ٧٤ ثم بعثنا من بعدهم موسى وهارون إلى فرعون وملئه بآياتنا فاستكبروا وكانوا قوما مجرمين ٧٥ فلما جاءهم الحق من عندنا قالوا إن هذا لسحر مبين ٧٦ قال موسى أتقولون للحق لما جاءكم أسحر هذا ولا يفلح الساحرون ٧٧ قالوا أجئتنا لتلفتنا عما وجدنا عليه آباءنا وتكون لكما الكبرياء في الأرض وما نحن لكما بمؤمنين ٧٨

11-10-218 وقال فرعون ائتوني بكل ساحر عليم ٧٩ فلما جاء السحرة قال لهم موسى ألقوا ما أنتم ملقون ٨٠ فلما ألقوا قال موسى ما جئتم به السحر إن الله سيبطله إن الله لا يصلح عمل المفسدين ٨١ ويحق الله الحق بكلماته ولو كره المجرمون ٨٢ فما آمن لموسى إلا ذرية من قومه على خوف من فرعون وملئهم أن يفتنهم وإن فرعون لعال في الأرض وإنه لمن المسرفين ٨٣ وقال موسى يا قوم إن كنتم آمنتم بالله فعليه توكلوا إن كنتم مسلمين ٨٤ فقالوا على الله توكلنا ربنا لا تجعلنا فتنة للقوم الظالمين ٨٥ ونجنا برحمتك من القوم الكافرين ٨٦ وأوحينا إلى موسى وأخيه أن تبوآ لقومكما بمصر بيوتا واجعلوا بيوتكم قبلة وأقيموا الصلاة وبشر المؤمنين ٨٧ وقال موسى ربنا إنك آتيت فرعون وملأه زينة وأموالا في الحياة الدنيا ربنا ليضلوا عن سبيلك ربنا اطمس على أموالهم واشدد على قلوبهم فلا يؤمنوا حتى يروا العذاب الأليم ٨٨

11-10-219 قال قد أجيبت دعوتكما فاستقيما ولا تتبعان سبيل الذين لا يعلمون ٨٩ وجاوزنا ببني إسرائيل البحر فأتبعهم فرعون وجنوده بغيا وعدوا حتى إذا أدركه الغرق قال آمنت أنه لا إله إلا الذي آمنت به بنو إسرائيل وأنا من المسلمين ٩٠ آلآن وقد عصيت قبل وكنت من المفسدين ٩١ فاليوم ننجيك ببدنك لتكون لمن خلفك آية وإن كثيرا من الناس عن آياتنا لغافلون ٩٢ ولقد بوأنا بني إسرائيل مبوأ صدق ورزقناهم من الطيبات فما اختلفوا حتى جاءهم العلم إن ربك يقضي بينهم يوم القيامة فيما كانوا فيه يختلفون ٩٣ فإن كنت في شك مما أنزلنا إليك فاسأل الذين يقرءون الكتاب من قبلك لقد جاءك الحق من ربك فلا تكونن من الممترين ٩٤ ولا تكونن من الذين كذبوا بآيات الله فتكون من الخاسرين ٩٥ إن الذين حقت عليهم كلمت ربك لا يؤمنون ٩٦ ولو جاءتهم كل آية حتى يروا العذاب الأليم ٩٧

11-10-220 فلولا كانت قرية آمنت فنفعها إيمانها إلا قوم يونس لما آمنوا كشفنا عنهم عذاب الخزي في الحياة الدنيا ومتعناهم إلى حين ٩٨ ولو شاء ربك لآمن من في الأرض كلهم جميعا أفأنت تكره الناس حتى يكونوا مؤمنين ٩٩ وما كان لنفس أن تؤمن إلا بإذن الله ويجعل الرجس على الذين لا يعقلون ١٠٠ قل انظروا ماذا في السماوات والأرض وما تغني الآيات والنذر عن قوم لا يؤمنون ١٠١ فهل ينتظرون إلا مثل أيام الذين خلوا من قبلهم قل فانتظروا إني معكم من المنتظرين ١٠٢ ثم ننجي رسلنا والذين آمنوا كذلك حقا علينا ننج المؤمنين ١٠٣ قل يا أيها الناس إن كنتم في شك من ديني فلا أعبد الذين تعبدون من دون الله ولكن أعبد الله الذي يتوفاكم وأمرت أن أكون من المؤمنين ١٠٤ وأن أقم وجهك للدين حنيفا ولا تكونن من المشركين ١٠٥ ولا تدع من دون الله ما لا ينفعك ولا يضرك فإن فعلت فإنك إذا من الظالمين ١٠٦ وإن يمسسك الله بضر فلا كاشف له إلا هو وإن يردك

11-10-221 بخير فلا راد لفضله يصيب به من يشاء من عباده وهو الغفور الرحيم ١٠٧ قل يا أيها الناس قد جاءكم الحق من ربكم فمن اهتدى فإنما يهتدي لنفسه ومن ضل فإنما يضل عليها وما أنا عليكم بوكيل ١٠٨ واتبع ما يوحى إليك واصبر حتى يحكم الله وهو خير الحاكمين ١٠٩

سورة هود

بسم الله الرحمن الرحيم

الر كتاب أحكمت آياته ثم فصلت من لدن حكيم خبير ١ ألا تعبدوا إلا الله إنني لكم منه نذير وبشير ٢ وأن استغفروا ربكم ثم توبوا إليه يمتعكم متاعا حسنا إلى أجل مسمى ويؤت كل ذي فضل فضله وإن تولوا فإني أخاف عليكم عذاب يوم كبير ٣ إلى الله مرجعكم وهو على كل شيء قدير ٤ ألا إنهم يثنون صدورهم ليستخفوا منه ألا حين يستغشون ثيابهم يعلم ما يسرون وما يعلنون إنه عليم بذات الصدور ٥

12-11-222 * وما من دابة في الأرض إلا على الله رزقها ويعلم مستقرها ومستودعها كل في كتاب مبين ٦ وهو الذي خلق السماوات والأرض في ستة أيام وكان عرشه على الماء ليبلوكم أيكم أحسن عملا ولئن قلت إنكم مبعوثون من بعد الموت ليقولن الذين كفروا إن هذا إلا سحر مبين ٧ ولئن أخرنا عنهم العذاب إلى أمة معدودة ليقولن ما يحبسه ألا يوم يأتيهم ليس مصروفا عنهم وحاق بهم ما كانوا به يستهزئون ٨ ولئن أذقنا الإنسان منا رحمة ثم نزعناها منه إنه ليئوس كفور ٩ ولئن أذقناه نعماء بعد ضراء مسته ليقولن ذهب السيئات عني إنه لفرح فخور ١٠ إلا الذين صبروا وعملوا الصالحات أولئك لهم مغفرة وأجر كبير ١١ فلعلك تارك بعض ما يوحى إليك وضائق به صدرك أن يقولوا لولا أنزل عليه كنز أو جاء معه ملك إنما أنت نذير والله على كل شيء وكيل ١٢

12-11-223 أم يقولون افتراه قل فأتوا بعشر سور مثله مفتريات وادعوا من استطعتم من دون الله إن كنتم صادقين ١٣ فإلم يستجيبوا لكم فاعلموا أنما أنزل بعلم الله وأن لا إله إلا هو فهل أنتم مسلمون ١٤ من كان يريد الحياة الدنيا وزينتها نوف إليهم أعمالهم فيها وهم فيها لا يبخسون ١٥ أولئك الذين ليس لهم في الآخرة إلا النار وحبط ما صنعوا فيها وباطل ما كانوا يعملون ١٦ أفمن كان على بينة من ربه ويتلوه شاهد منه ومن قبله كتاب موسى إماما ورحمة أولئك يؤمنون به ومن يكفر به من الأحزاب فالنار موعده فلا تك في مرية منه إنه الحق من ربك ولكن أكثر الناس لا يؤمنون ١٧ ومن أظلم ممن افترى على الله كذبا أولئك يعرضون على ربهم ويقول الأشهاد هؤلاء الذين كذبوا على ربهم ألا لعنة الله على الظالمين ١٨ الذين يصدون عن سبيل الله ويبغونها عوجا وهم بالآخرة هم كافرون ١٩

12-11-224 أولئك لم يكونوا معجزين في الأرض وما كان لهم من دون الله من أولياء يضاعف لهم العذاب ما كانوا يستطيعون السمع وما كانوا يبصرون ٢٠ أولئك الذين خسروا أنفسهم وضل عنهم ما كانوا يفترون ٢١ لا جرم أنهم في الآخرة هم الأخسرون ٢٢ إن الذين آمنوا وعملوا الصالحات وأخبتوا إلى ربهم أولئك أصحاب الجنة هم فيها خالدون ٢٣ مثل الفريقين كالأعمى والأصم والبصير والسميع هل يستويان مثلا أفلا تذكرون ٢٤ ولقد أرسلنا نوحا إلى قومه إني لكم نذير مبين ٢٥ أن لا تعبدوا إلا الله إني أخاف عليكم عذاب يوم أليم ٢٦ فقال الملأ الذين كفروا من قومه ما نراك إلا بشرا مثلنا وما نراك اتبعك إلا الذين هم أراذلنا بادي الرأي وما نرى لكم علينا من فضل بل نظنكم كاذبين ٢٧ قال يا قوم أرأيتم إن كنت على بينة من ربي وآتاني رحمة من عنده فعميت عليكم أنلزمكموها وأنتم لها كارهون ٢٨

12-11-225 ويا قوم لا أسألكم عليه مالا إن أجري إلا على الله وما أنا بطارد الذين آمنوا إنهم ملاقو ربهم ولكني أراكم قوما تجهلون ٢٩ ويا قوم من ينصرني من الله إن طردتهم أفلا تذكرون ٣٠ ولا أقول لكم عندي خزائن الله ولا أعلم الغيب ولا أقول إني ملك ولا أقول للذين تزدري أعينكم لن يؤتيهم الله خيرا الله أعلم بما في أنفسهم إني إذا لمن الظالمين ٣١ قالوا يا نوح قد جادلتنا فأكثرت جدالنا فأتنا بما تعدنا إن كنت من الصادقين ٣٢ قال إنما يأتيكم به الله إن شاء وما أنتم بمعجزين ٣٣ ولا ينفعكم نصحي إن أردت أن أنصح لكم إن كان الله يريد أن يغويكم هو ربكم وإليه ترجعون ٣٤ أم يقولون افتراه قل إن افتريته فعلي إجرامي وأنا بريء مما تجرمون ٣٥ وأوحي إلى نوح أنه لن يؤمن من قومك إلا من قد آمن فلا تبتئس بما كانوا يفعلون ٣٦ واصنع الفلك بأعيننا ووحينا ولا تخاطبني في الذين ظلموا إنهم مغرقون ٣٧

12-11-226 ويصنع الفلك وكلما مر عليه ملأ من قومه سخروا منه قال إن تسخروا منا فإنا نسخر منكم كما تسخرون ٣٨ فسوف تعلمون من يأتيه عذاب يخزيه ويحل عليه عذاب مقيم ٣٩ حتى إذا جاء أمرنا وفار التنور قلنا احمل فيها من كل زوجين اثنين وأهلك إلا من سبق عليه القول ومن آمن وما آمن معه إلا قليل ٤٠ * وقال اركبوا فيها بسم الله مجراها ومرساها إن ربي لغفور رحيم ٤١ وهي تجري بهم في موج كالجبال ونادى نوح ابنه وكان في معزل يا بني اركب معنا ولا تكن مع الكافرين ٤٢ قال سآوي إلى جبل يعصمني من الماء قال لا عاصم اليوم من أمر الله إلا من رحم وحال بينهما الموج فكان من المغرقين ٤٣ وقيل يا أرض ابلعي ماءك ويا سماء أقلعي وغيض الماء وقضي الأمر واستوت على الجودي وقيل بعدا للقوم الظالمين ٤٤ ونادى نوح ربه فقال رب إن ابني من أهلي وإن وعدك الحق وأنت أحكم الحاكمين ٤٥

12-11-227 قال يا نوح إنه ليس من أهلك إنه عمل غير صالح فلا تسألن ما ليس لك به علم إني أعظك أن تكون من الجاهلين ٤٦ قال رب إني أعوذ بك أن أسألك ما ليس لي به علم وإلا تغفر لي وترحمني أكن من الخاسرين ٤٧ قيل يا نوح اهبط بسلام منا وبركات عليك وعلى أمم ممن معك وأمم سنمتعهم ثم يمسهم منا عذاب أليم ٤٨ تلك من أنباء الغيب نوحيها إليك ما كنت تعلمها أنت ولا قومك من قبل هذا فاصبر إن العاقبة للمتقين ٤٩ وإلى عاد أخاهم هودا قال يا قوم اعبدوا الله ما لكم من إله غيره إن أنتم إلا مفترون ٥٠ يا قوم لا أسألكم عليه أجرا إن أجري إلا على الذي فطرني أفلا تعقلون ٥١ ويا قوم استغفروا ربكم ثم توبوا إليه يرسل السماء عليكم مدرارا ويزدكم قوة إلى قوتكم ولا تتولوا مجرمين ٥٢ قالوا يا هود ما جئتنا ببينة وما نحن بتاركي آلهتنا عن قولك وما نحن لك بمؤمنين ٥٣

إن نقول إلا اعتراك بعض آلهتنا بسوء قال إني أشهد الله واشهدوا أني بريء مما تشركون ٥٤
من دونه فكيدوني جميعا ثم لا تنظرون ٥٥
إني توكلت على الله ربي وربكم ما من دابة إلا هو آخذ بناصيتها إن ربي على صراط مستقيم ٥٦
فإن تولوا فقد أبلغتكم ما أرسلت به إليكم ويستخلف ربي قوما غيركم ولا تضرونه شيئا إن ربي على كل شيء حفيظ ٥٧
ولما جاء أمرنا نجينا هودا والذين آمنوا معه برحمة منا ونجيناهم من عذاب غليظ ٥٨
وتلك عاد جحدوا بآيات ربهم وعصوا رسله واتبعوا أمر كل جبار عنيد ٥٩
وأتبعوا في هذه الدنيا لعنة ويوم القيامة ألا إن عادا كفروا ربهم ألا بعدا لعاد قوم هود ٦٠
وإلى ثمود أخاهم صالحا قال يا قوم اعبدوا الله ما لكم من إله غيره هو أنشأكم من الأرض واستعمركم فيها فاستغفروه ثم توبوا إليه إن ربي قريب مجيب ٦١
قالوا يا صالح قد كنت فينا مرجوا قبل هذا أتنهانا أن نعبد ما يعبد آباؤنا وإننا لفي شك مما تدعونا إليه مريب ٦٢
قال يا قوم أرأيتم إن كنت على بينة من ربي وآتاني منه رحمة فمن ينصرني من الله إن عصيته فما تزيدونني غير تخسير ٦٣
ويا قوم هذه ناقة الله لكم آية فذروها تأكل في أرض الله ولا تمسوها بسوء فيأخذكم عذاب قريب ٦٤
فعقروها فقال تمتعوا في داركم ثلاثة أيام ذلك وعد غير مكذوب ٦٥
فلما جاء أمرنا نجينا صالحا والذين آمنوا معه برحمة منا ومن خزي يومئذ إن ربك هو القوي العزيز ٦٦
وأخذ الذين ظلموا الصيحة فأصبحوا في ديارهم جاثمين ٦٧
كأن لم يغنوا فيها ألا إن ثمود كفروا ربهم ألا بعدا لثمود ٦٨
ولقد جاءت رسلنا إبراهيم بالبشرى قالوا سلاما قال سلام فما لبث أن جاء بعجل حنيذ ٦٩
فلما رأى أيديهم لا تصل إليه نكرهم وأوجس منهم خيفة قالوا لا تخف إنا أرسلنا إلى قوم لوط ٧٠
وامرأته قائمة فضحكت فبشرناها بإسحاق ومن وراء إسحاق يعقوب ٧١
قالت يا ويلتى أألد وأنا عجوز وهذا بعلي شيخا إن هذا لشيء عجيب ٧٢
قالوا أتعجبين من أمر الله رحمت الله وبركاته عليكم أهل البيت إنه حميد مجيد ٧٣
فلما ذهب عن إبراهيم الروع وجاءته البشرى يجادلنا في قوم لوط ٧٤
إن إبراهيم لحليم أواه منيب ٧٥
يا إبراهيم أعرض عن هذا إنه قد جاء أمر ربك وإنهم آتيهم عذاب غير مردود ٧٦
ولما جاءت رسلنا لوطا سيء بهم وضاق بهم ذرعا وقال هذا يوم عصيب ٧٧
وجاءه قومه يهرعون إليه ومن قبل كانوا يعملون السيئات قال يا قوم هؤلاء بناتي هن أطهر لكم فاتقوا الله ولا تخزون في ضيفي أليس منكم رجل رشيد ٧٨
قالوا لقد علمت ما لنا في بناتك من حق وإنك لتعلم ما نريد ٧٩
قال لو أن لي بكم قوة أو آوي إلى ركن شديد ٨٠
قالوا يا لوط إنا رسل ربك لن يصلوا إليك فأسر بأهلك بقطع من الليل ولا يلتفت منكم أحد إلا امرأتك إنه مصيبها ما أصابهم إن موعدهم الصبح أليس الصبح بقريب ٨١
فلما جاء أمرنا جعلنا عاليها سافلها وأمطرنا عليها حجارة من سجيل منضود ٨٢
مسومة عند ربك وما هي من الظالمين ببعيد ٨٣
وإلى مدين أخاهم شعيبا قال يا قوم اعبدوا الله ما لكم من إله غيره ولا تنقصوا المكيال والميزان إني أراكم بخير وإني أخاف عليكم عذاب يوم محيط ٨٤
ويا قوم أوفوا المكيال والميزان بالقسط ولا تبخسوا الناس أشياءهم ولا تعثوا في الأرض مفسدين ٨٥
بقيت الله خير لكم إن كنتم مؤمنين وما أنا عليكم بحفيظ ٨٦
قالوا يا شعيب أصلاتك تأمرك أن نترك ما يعبد آباؤنا أو أن نفعل في أموالنا ما نشاء إنك لأنت الحليم الرشيد ٨٧
قال يا قوم أرأيتم إن كنت على بينة من ربي ورزقني منه رزقا حسنا وما أريد أن أخالفكم إلى ما أنهاكم عنه إن أريد إلا الإصلاح ما استطعت وما توفيقي إلا بالله عليه توكلت وإليه أنيب ٨٨
ويا قوم لا يجرمنكم شقاقي أن يصيبكم مثل ما أصاب قوم نوح أو قوم هود أو قوم صالح وما قوم لوط منكم ببعيد ٨٩
واستغفروا ربكم ثم توبوا إليه إن ربي رحيم ودود ٩٠
قالوا يا شعيب ما نفقه كثيرا مما تقول وإنا لنراك فينا ضعيفا ولولا رهطك لرجمناك وما أنت علينا بعزيز ٩١
قال يا قوم أرهطي أعز عليكم من الله واتخذتموه وراءكم ظهريا إن ربي بما تعملون محيط ٩٢
ويا قوم اعملوا على مكانتكم إني عامل سوف تعلمون من يأتيه عذاب يخزيه ومن هو كاذب وارتقبوا إني معكم رقيب ٩٣
ولما جاء أمرنا نجينا شعيبا والذين آمنوا معه برحمة منا وأخذت الذين ظلموا الصيحة فأصبحوا في ديارهم جاثمين ٩٤
كأن لم يغنوا فيها ألا بعدا لمدين كما بعدت ثمود ٩٥
ولقد أرسلنا موسى بآياتنا وسلطان مبين ٩٦
إلى فرعون وملئه فاتبعوا أمر فرعون وما أمر فرعون برشيد ٩٧
يقدم قومه يوم القيامة فأوردهم النار وبئس الورد المورود ٩٨
وأتبعوا في هذه لعنة ويوم القيامة بئس الرفد المرفود ٩٩
ذلك من أنباء القرى نقصه عليك منها قائم وحصيد ١٠٠
وما ظلمناهم ولكن ظلموا أنفسهم فما أغنت عنهم آلهتهم التي يدعون من دون الله من شيء لما جاء أمر ربك وما زادوهم غير تتبيب ١٠١
وكذلك أخذ ربك إذا أخذ القرى وهي ظالمة إن أخذه أليم شديد ١٠٢
إن في ذلك لآية لمن خاف عذاب الآخرة ذلك يوم مجموع له الناس وذلك يوم مشهود ١٠٣
وما نؤخره إلا لأجل معدود ١٠٤
يوم يأت لا تكلم نفس إلا بإذنه فمنهم شقي وسعيد ١٠٥
فأما الذين شقوا ففي النار لهم فيها زفير وشهيق ١٠٦
خالدين فيها ما دامت السماوات والأرض إلا ما شاء ربك إن ربك فعال لما يريد ١٠٧
وأما الذين سعدوا ففي الجنة خالدين فيها ما دامت السماوات والأرض إلا ما شاء ربك عطاء غير مجذوذ ١٠٨
فلا تك في مرية مما يعبد هؤلاء ما يعبدون إلا كما يعبد آباؤهم من قبل وإنا لموفوهم نصيبهم غير منقوص ١٠٩
ولقد آتينا موسى الكتاب فاختلف فيه ولولا كلمة سبقت من ربك لقضي بينهم وإنهم لفي شك منه مريب ١١٠
وإن كلا لما ليوفينهم ربك أعمالهم إنه بما يعملون خبير ١١١
فاستقم كما أمرت ومن تاب معك ولا تطغوا إنه بما تعملون بصير ١١٢
ولا تركنوا إلى الذين ظلموا فتمسكم النار وما لكم من دون الله من أولياء ثم لا تنصرون ١١٣
وأقم الصلاة طرفي النهار وزلفا من الليل إن الحسنات يذهبن السيئات ذلك ذكرى للذاكرين ١١٤
واصبر فإن الله لا يضيع أجر المحسنين ١١٥
فلولا كان من القرون من قبلكم أولو بقية ينهون عن الفساد في الأرض إلا قليلا ممن أنجينا منهم واتبع الذين ظلموا ما أترفوا فيه وكانوا مجرمين ١١٦
وما كان ربك ليهلك القرى بظلم وأهلها مصلحون ١١٧
ولو شاء ربك لجعل الناس أمة واحدة ولا يزالون مختلفين ١١٨
إلا من رحم ربك ولذلك خلقهم وتمت كلمة ربك لأملأن جهنم من الجنة والناس أجمعين ١١٩
وكلا نقص عليك من أنباء الرسل ما نثبت به فؤادك وجاءك في هذه الحق وموعظة وذكرى للمؤمنين ١٢٠
وقل للذين لا يؤمنون اعملوا على مكانتكم إنا عاملون ١٢١
وانتظروا إنا منتظرون ١٢٢
ولله غيب السماوات والأرض وإليه يرجع الأمر كله فاعبده وتوكل عليه وما ربك بغافل عما تعملون ١٢٣

سورة يوسف

بسم الله الرحمن الرحيم

الر تلك آيات الكتاب المبين ١
إنا أنزلناه قرآنا عربيا لعلكم تعقلون ٢
نحن نقص عليك أحسن القصص بما أوحينا إليك هذا القرآن وإن كنت من قبله لمن الغافلين ٣
إذ قال يوسف لأبيه يا أبت إني رأيت أحد عشر كوكبا والشمس والقمر رأيتهم لي ساجدين ٤
قال يا بني لا تقصص رؤياك على إخوتك فيكيدوا لك كيدا إن الشيطان للإنسان عدو مبين ٥
وكذلك يجتبيك ربك ويعلمك من تأويل الأحاديث ويتم نعمته عليك وعلى آل يعقوب كما أتمها على أبويك من قبل إبراهيم وإسحاق إن ربك عليم حكيم ٦
لقد كان في يوسف وإخوته آيات للسائلين ٧
إذ قالوا ليوسف وأخوه أحب إلى أبينا منا ونحن عصبة إن أبانا لفي ضلال مبين ٨
اقتلوا يوسف أو اطرحوه أرضا يخل لكم وجه أبيكم وتكونوا من بعده قوما صالحين ٩
قال قائل منهم لا تقتلوا يوسف وألقوه في غيابت الجب يلتقطه بعض السيارة إن كنتم فاعلين ١٠
قالوا يا أبانا ما لك لا تأمنا على يوسف وإنا له لناصحون ١١
أرسله معنا غدا يرتع ويلعب وإنا له لحافظون ١٢
قال إني ليحزنني أن تذهبوا به وأخاف أن يأكله الذئب وأنتم عنه غافلون ١٣
قالوا لئن أكله الذئب ونحن عصبة إنا إذا لخاسرون ١٤
فلما ذهبوا به وأجمعوا أن يجعلوه في غيابت الجب وأوحينا إليه لتنبئنهم بأمرهم هذا وهم لا يشعرون ١٥
وجاءوا أباهم عشاء يبكون ١٦
قالوا يا أبانا إنا ذهبنا نستبق وتركنا يوسف عند متاعنا فأكله الذئب وما أنت بمؤمن لنا ولو كنا صادقين ١٧
وجاءوا على قميصه بدم كذب قال بل سولت لكم أنفسكم أمرا فصبر جميل والله المستعان على ما تصفون ١٨
وجاءت سيارة فأرسلوا واردهم فأدلى دلوه قال يا بشرى هذا غلام وأسروه بضاعة والله عليم بما يعملون ١٩
وشروه بثمن بخس دراهم معدودة وكانوا فيه من الزاهدين ٢٠
وقال الذي اشتراه من مصر لامرأته أكرمي مثواه عسى أن ينفعنا أو نتخذه ولدا وكذلك مكنا ليوسف في الأرض ولنعلمه من تأويل الأحاديث والله غالب على أمره ولكن أكثر الناس لا يعلمون ٢١
ولما بلغ أشده آتيناه حكما وعلما وكذلك نجزي المحسنين ٢٢
وراودته التي هو في بيتها عن نفسه وغلقت الأبواب وقالت هيت لك قال معاذ الله إنه ربي أحسن مثواي إنه لا يفلح الظالمون ٢٣
ولقد همت به وهم بها لولا أن رأى برهان ربه كذلك لنصرف عنه السوء والفحشاء إنه من عبادنا المخلصين ٢٤
واستبقا الباب وقدت قميصه من دبر وألفيا سيدها لدى الباب قالت ما جزاء من أراد بأهلك سوءا إلا أن يسجن أو عذاب أليم ٢٥
قال هي راودتني عن نفسي وشهد شاهد من أهلها إن كان قميصه قد من قبل فصدقت وهو من الكاذبين ٢٦
وإن كان قميصه قد من دبر فكذبت وهو من الصادقين ٢٧
فلما رأى قميصه قد من دبر قال إنه من كيدكن إن كيدكن عظيم ٢٨
يوسف أعرض عن هذا واستغفري لذنبك إنك كنت من الخاطئين ٢٩
وقال نسوة في المدينة امرأت العزيز تراود فتاها عن نفسه قد شغفها حبا إنا لنراها في ضلال مبين ٣٠
فلما سمعت بمكرهن أرسلت إليهن وأعتدت لهن متكأ وآتت كل واحدة منهن سكينا وقالت اخرج عليهن فلما رأينه أكبرنه وقطعن أيديهن وقلن حاش لله ما هذا بشرا إن هذا إلا ملك كريم ٣١
قالت فذلكن الذي لمتنني فيه ولقد راودته عن نفسه فاستعصم ولئن لم يفعل ما آمره ليسجنن وليكونا من الصاغرين ٣٢
قال رب السجن أحب إلي مما يدعونني إليه وإلا تصرف عني كيدهن أصب إليهن وأكن من الجاهلين ٣٣
فاستجاب له ربه فصرف عنه كيدهن إنه هو السميع العليم ٣٤
ثم بدا لهم من بعد ما رأوا الآيات ليسجننه حتى حين ٣٥
ودخل معه السجن فتيان قال أحدهما إني أراني أعصر خمرا وقال الآخر إني أراني أحمل فوق رأسي خبزا تأكل الطير منه نبئنا بتأويله إنا نراك من المحسنين ٣٦
قال لا يأتيكما طعام ترزقانه إلا نبأتكما بتأويله قبل أن يأتيكما ذلكما مما علمني ربي إني تركت ملة قوم لا يؤمنون بالله وهم بالآخرة هم كافرون ٣٧
واتبعت ملة آبائي إبراهيم وإسحاق ويعقوب ما كان لنا أن نشرك بالله من شيء ذلك من فضل الله علينا وعلى الناس ولكن أكثر الناس لا يشكرون ٣٨
يا صاحبي السجن أأرباب متفرقون خير أم الله الواحد القهار ٣٩
ما تعبدون من دونه إلا أسماء سميتموها أنتم وآباؤكم ما أنزل الله بها من سلطان إن الحكم إلا لله أمر ألا تعبدوا إلا إياه ذلك الدين القيم ولكن أكثر الناس لا يعلمون ٤٠
يا صاحبي السجن أما أحدكما فيسقي ربه خمرا وأما الآخر فيصلب فتأكل الطير من رأسه قضي الأمر الذي فيه تستفتيان ٤١
وقال للذي ظن أنه ناج منهما اذكرني عند ربك فأنساه الشيطان ذكر ربه فلبث في السجن بضع سنين ٤٢
وقال الملك إني أرى سبع بقرات سمان يأكلهن سبع عجاف وسبع سنبلات خضر وأخر يابسات يا أيها الملأ أفتوني في رؤياي إن كنتم للرؤيا تعبرون ٤٣
قالوا أضغاث أحلام وما نحن بتأويل الأحلام بعالمين ٤٤
وقال الذي نجا منهما وادكر بعد أمة أنا أنبئكم بتأويله فأرسلون ٤٥
يوسف أيها الصديق أفتنا في سبع بقرات سمان يأكلهن سبع عجاف وسبع سنبلات خضر وأخر يابسات لعلي أرجع إلى الناس لعلهم يعلمون ٤٦
قال تزرعون سبع سنين دأبا فما حصدتم فذروه في سنبله إلا قليلا مما تأكلون ٤٧
ثم يأتي من بعد ذلك سبع شداد يأكلن ما قدمتم لهن إلا قليلا مما تحصنون ٤٨
ثم يأتي من بعد ذلك عام فيه يغاث الناس وفيه يعصرون ٤٩
وقال الملك ائتوني به فلما جاءه الرسول قال ارجع إلى ربك فاسأله ما بال النسوة اللاتي قطعن أيديهن إن ربي بكيدهن عليم ٥٠
قال ما خطبكن إذ راودتن يوسف عن نفسه قلن حاش لله ما علمنا عليه من سوء قالت امرأت العزيز الآن حصحص الحق أنا راودته عن نفسه وإنه لمن الصادقين ٥١
ذلك ليعلم أني لم أخنه بالغيب وأن الله لا يهدي كيد الخائنين ٥٢

13-12-242

۞ وَمَآ أُبَرِّئُ نَفۡسِيٓۚ إِنَّ ٱلنَّفۡسَ لَأَمَّارَةُۢ بِٱلسُّوٓءِ إِلَّا مَا رَحِمَ رَبِّيٓۚ إِنَّ رَبِّي غَفُورٞ رَّحِيمٞ ﴿٥٣﴾ وَقَالَ ٱلۡمَلِكُ ٱئۡتُونِي بِهِۦٓ أَسۡتَخۡلِصۡهُ لِنَفۡسِيۖ فَلَمَّا كَلَّمَهُۥ قَالَ إِنَّكَ ٱلۡيَوۡمَ لَدَيۡنَا مَكِينٌ أَمِينٞ ﴿٥٤﴾ قَالَ ٱجۡعَلۡنِي عَلَىٰ خَزَآئِنِ ٱلۡأَرۡضِۖ إِنِّي حَفِيظٌ عَلِيمٞ ﴿٥٥﴾ وَكَذَٰلِكَ مَكَّنَّا لِيُوسُفَ فِي ٱلۡأَرۡضِ يَتَبَوَّأُ مِنۡهَا حَيۡثُ يَشَآءُۚ نُصِيبُ بِرَحۡمَتِنَا مَن نَّشَآءُۖ وَلَا نُضِيعُ أَجۡرَ ٱلۡمُحۡسِنِينَ ﴿٥٦﴾ وَلَأَجۡرُ ٱلۡأٓخِرَةِ خَيۡرٞ لِّلَّذِينَ ءَامَنُواْ وَكَانُواْ يَتَّقُونَ ﴿٥٧﴾ وَجَآءَ إِخۡوَةُ يُوسُفَ فَدَخَلُواْ عَلَيۡهِ فَعَرَفَهُمۡ وَهُمۡ لَهُۥ مُنكِرُونَ ﴿٥٨﴾ وَلَمَّا جَهَّزَهُم بِجَهَازِهِمۡ قَالَ ٱئۡتُونِي بِأَخٖ لَّكُم مِّنۡ أَبِيكُمۡۚ أَلَا تَرَوۡنَ أَنِّيٓ أُوفِي ٱلۡكَيۡلَ وَأَنَا۠ خَيۡرُ ٱلۡمُنزِلِينَ ﴿٥٩﴾ فَإِن لَّمۡ تَأۡتُونِي بِهِۦ فَلَا كَيۡلَ لَكُمۡ عِندِي وَلَا تَقۡرَبُونِ ﴿٦٠﴾ قَالُواْ سَنُرَٰوِدُ عَنۡهُ أَبَاهُ وَإِنَّا لَفَٰعِلُونَ ﴿٦١﴾ وَقَالَ لِفِتۡيَٰنِهِ ٱجۡعَلُواْ بِضَٰعَتَهُمۡ فِي رِحَالِهِمۡ لَعَلَّهُمۡ يَعۡرِفُونَهَآ إِذَا ٱنقَلَبُوٓاْ إِلَىٰٓ أَهۡلِهِمۡ لَعَلَّهُمۡ يَرۡجِعُونَ ﴿٦٢﴾ فَلَمَّا رَجَعُوٓاْ إِلَىٰٓ أَبِيهِمۡ قَالُواْ يَٰٓأَبَانَا مُنِعَ مِنَّا ٱلۡكَيۡلُ فَأَرۡسِلۡ مَعَنَآ أَخَانَا نَكۡتَلۡ وَإِنَّا لَهُۥ لَحَٰفِظُونَ ﴿٦٣﴾

13-12-243

قَالَ هَلۡ ءَامَنُكُمۡ عَلَيۡهِ إِلَّا كَمَآ أَمِنتُكُمۡ عَلَىٰٓ أَخِيهِ مِن قَبۡلُ فَٱللَّهُ خَيۡرٌ حَٰفِظٗاۖ وَهُوَ أَرۡحَمُ ٱلرَّٰحِمِينَ ﴿٦٤﴾ وَلَمَّا فَتَحُواْ مَتَٰعَهُمۡ وَجَدُواْ بِضَٰعَتَهُمۡ رُدَّتۡ إِلَيۡهِمۡۖ قَالُواْ يَٰٓأَبَانَا مَا نَبۡغِيۖ هَٰذِهِۦ بِضَٰعَتُنَا رُدَّتۡ إِلَيۡنَاۖ وَنَمِيرُ أَهۡلَنَا وَنَحۡفَظُ أَخَانَا وَنَزۡدَادُ كَيۡلَ بَعِيرٖۖ ذَٰلِكَ كَيۡلٞ يَسِيرٞ ﴿٦٥﴾ قَالَ لَنۡ أُرۡسِلَهُۥ مَعَكُمۡ حَتَّىٰ تُؤۡتُونِ مَوۡثِقٗا مِّنَ ٱللَّهِ لَتَأۡتُنَّنِي بِهِۦٓ إِلَّآ أَن يُحَاطَ بِكُمۡۖ فَلَمَّآ ءَاتَوۡهُ مَوۡثِقَهُمۡ قَالَ ٱللَّهُ عَلَىٰ مَا نَقُولُ وَكِيلٞ ﴿٦٦﴾ وَقَالَ يَٰبَنِيَّ لَا تَدۡخُلُواْ مِنۢ بَابٖ وَٰحِدٖ وَٱدۡخُلُواْ مِنۡ أَبۡوَٰبٖ مُّتَفَرِّقَةٖۖ وَمَآ أُغۡنِي عَنكُم مِّنَ ٱللَّهِ مِن شَيۡءٍۖ إِنِ ٱلۡحُكۡمُ إِلَّا لِلَّهِۖ عَلَيۡهِ تَوَكَّلۡتُۖ وَعَلَيۡهِ فَلۡيَتَوَكَّلِ ٱلۡمُتَوَكِّلُونَ ﴿٦٧﴾ وَلَمَّا دَخَلُواْ مِنۡ حَيۡثُ أَمَرَهُمۡ أَبُوهُم مَّا كَانَ يُغۡنِي عَنۡهُم مِّنَ ٱللَّهِ مِن شَيۡءٍ إِلَّا حَاجَةٗ فِي نَفۡسِ يَعۡقُوبَ قَضَىٰهَاۚ وَإِنَّهُۥ لَذُو عِلۡمٖ لِّمَا عَلَّمۡنَٰهُ وَلَٰكِنَّ أَكۡثَرَ ٱلنَّاسِ لَا يَعۡلَمُونَ ﴿٦٨﴾ وَلَمَّا دَخَلُواْ عَلَىٰ يُوسُفَ ءَاوَىٰٓ إِلَيۡهِ أَخَاهُۖ قَالَ إِنِّيٓ أَنَا۠ أَخُوكَ فَلَا تَبۡتَئِسۡ بِمَا كَانُواْ يَعۡمَلُونَ ﴿٦٩﴾

13-12-244

فَلَمَّا جَهَّزَهُم بِجَهَازِهِمۡ جَعَلَ ٱلسِّقَايَةَ فِي رَحۡلِ أَخِيهِ ثُمَّ أَذَّنَ مُؤَذِّنٌ أَيَّتُهَا ٱلۡعِيرُ إِنَّكُمۡ لَسَٰرِقُونَ ﴿٧٠﴾ قَالُواْ وَأَقۡبَلُواْ عَلَيۡهِم مَّاذَا تَفۡقِدُونَ ﴿٧١﴾ قَالُواْ نَفۡقِدُ صُوَاعَ ٱلۡمَلِكِ وَلِمَن جَآءَ بِهِۦ حِمۡلُ بَعِيرٖ وَأَنَا۠ بِهِۦ زَعِيمٞ ﴿٧٢﴾ قَالُواْ تَٱللَّهِ لَقَدۡ عَلِمۡتُم مَّا جِئۡنَا لِنُفۡسِدَ فِي ٱلۡأَرۡضِ وَمَا كُنَّا سَٰرِقِينَ ﴿٧٣﴾ قَالُواْ فَمَا جَزَٰٓؤُهُۥٓ إِن كُنتُمۡ كَٰذِبِينَ ﴿٧٤﴾ قَالُواْ جَزَٰٓؤُهُۥ مَن وُجِدَ فِي رَحۡلِهِۦ فَهُوَ جَزَٰٓؤُهُۥۚ كَذَٰلِكَ نَجۡزِي ٱلظَّٰلِمِينَ ﴿٧٥﴾ فَبَدَأَ بِأَوۡعِيَتِهِمۡ قَبۡلَ وِعَآءِ أَخِيهِ ثُمَّ ٱسۡتَخۡرَجَهَا مِن وِعَآءِ أَخِيهِۚ كَذَٰلِكَ كِدۡنَا لِيُوسُفَۖ مَا كَانَ لِيَأۡخُذَ أَخَاهُ فِي دِينِ ٱلۡمَلِكِ إِلَّآ أَن يَشَآءَ ٱللَّهُۚ نَرۡفَعُ دَرَجَٰتٖ مَّن نَّشَآءُۗ وَفَوۡقَ كُلِّ ذِي عِلۡمٍ عَلِيمٞ ﴿٧٦﴾ ۞ قَالُوٓاْ إِن يَسۡرِقۡ فَقَدۡ سَرَقَ أَخٞ لَّهُۥ مِن قَبۡلُۚ فَأَسَرَّهَا يُوسُفُ فِي نَفۡسِهِۦ وَلَمۡ يُبۡدِهَا لَهُمۡۚ قَالَ أَنتُمۡ شَرّٞ مَّكَانٗاۖ وَٱللَّهُ أَعۡلَمُ بِمَا تَصِفُونَ ﴿٧٧﴾ قَالُواْ يَٰٓأَيُّهَا ٱلۡعَزِيزُ إِنَّ لَهُۥٓ أَبٗا شَيۡخٗا كَبِيرٗا فَخُذۡ أَحَدَنَا مَكَانَهُۥٓۖ إِنَّا نَرَىٰكَ مِنَ ٱلۡمُحۡسِنِينَ ﴿٧٨﴾

13-12-245

قَالَ مَعَاذَ ٱللَّهِ أَن نَّأۡخُذَ إِلَّا مَن وَجَدۡنَا مَتَٰعَنَا عِندَهُۥٓ إِنَّآ إِذٗا لَّظَٰلِمُونَ ﴿٧٩﴾ فَلَمَّا ٱسۡتَيۡـَٔسُواْ مِنۡهُ خَلَصُواْ نَجِيّٗاۖ قَالَ كَبِيرُهُمۡ أَلَمۡ تَعۡلَمُوٓاْ أَنَّ أَبَاكُمۡ قَدۡ أَخَذَ عَلَيۡكُم مَّوۡثِقٗا مِّنَ ٱللَّهِ وَمِن قَبۡلُ مَا فَرَّطتُمۡ فِي يُوسُفَۖ فَلَنۡ أَبۡرَحَ ٱلۡأَرۡضَ حَتَّىٰ يَأۡذَنَ لِيٓ أَبِيٓ أَوۡ يَحۡكُمَ ٱللَّهُ لِيۖ وَهُوَ خَيۡرُ ٱلۡحَٰكِمِينَ ﴿٨٠﴾ ٱرۡجِعُوٓاْ إِلَىٰٓ أَبِيكُمۡ فَقُولُواْ يَٰٓأَبَانَآ إِنَّ ٱبۡنَكَ سَرَقَ وَمَا شَهِدۡنَآ إِلَّا بِمَا عَلِمۡنَا وَمَا كُنَّا لِلۡغَيۡبِ حَٰفِظِينَ ﴿٨١﴾ وَسۡـَٔلِ ٱلۡقَرۡيَةَ ٱلَّتِي كُنَّا فِيهَا وَٱلۡعِيرَ ٱلَّتِيٓ أَقۡبَلۡنَا فِيهَاۖ وَإِنَّا لَصَٰدِقُونَ ﴿٨٢﴾ قَالَ بَلۡ سَوَّلَتۡ لَكُمۡ أَنفُسُكُمۡ أَمۡرٗاۖ فَصَبۡرٞ جَمِيلٌۖ عَسَى ٱللَّهُ أَن يَأۡتِيَنِي بِهِمۡ جَمِيعًاۚ إِنَّهُۥ هُوَ ٱلۡعَلِيمُ ٱلۡحَكِيمُ ﴿٨٣﴾ وَتَوَلَّىٰ عَنۡهُمۡ وَقَالَ يَٰٓأَسَفَىٰ عَلَىٰ يُوسُفَ وَٱبۡيَضَّتۡ عَيۡنَاهُ مِنَ ٱلۡحُزۡنِ فَهُوَ كَظِيمٞ ﴿٨٤﴾ قَالُواْ تَٱللَّهِ تَفۡتَؤُاْ تَذۡكُرُ يُوسُفَ حَتَّىٰ تَكُونَ حَرَضًا أَوۡ تَكُونَ مِنَ ٱلۡهَٰلِكِينَ ﴿٨٥﴾ قَالَ إِنَّمَآ أَشۡكُواْ بَثِّي وَحُزۡنِيٓ إِلَى ٱللَّهِ وَأَعۡلَمُ مِنَ ٱللَّهِ مَا لَا تَعۡلَمُونَ ﴿٨٦﴾

13-12-246

يَٰبَنِيَّ ٱذۡهَبُواْ فَتَحَسَّسُواْ مِن يُوسُفَ وَأَخِيهِ وَلَا تَاْيۡـَٔسُواْ مِن رَّوۡحِ ٱللَّهِۖ إِنَّهُۥ لَا يَاْيۡـَٔسُ مِن رَّوۡحِ ٱللَّهِ إِلَّا ٱلۡقَوۡمُ ٱلۡكَٰفِرُونَ ﴿٨٧﴾ فَلَمَّا دَخَلُواْ عَلَيۡهِ قَالُواْ يَٰٓأَيُّهَا ٱلۡعَزِيزُ مَسَّنَا وَأَهۡلَنَا ٱلضُّرُّ وَجِئۡنَا بِبِضَٰعَةٖ مُّزۡجَىٰةٖ فَأَوۡفِ لَنَا ٱلۡكَيۡلَ وَتَصَدَّقۡ عَلَيۡنَآۖ إِنَّ ٱللَّهَ يَجۡزِي ٱلۡمُتَصَدِّقِينَ ﴿٨٨﴾

قَالَ هَلۡ عَلِمۡتُم مَّا فَعَلۡتُم بِيُوسُفَ وَأَخِيهِ إِذۡ أَنتُمۡ جَٰهِلُونَ ﴿٨٩﴾ قَالُوٓاْ أَءِنَّكَ لَأَنتَ يُوسُفُۖ قَالَ أَنَا۠ يُوسُفُ وَهَٰذَآ أَخِيۖ قَدۡ مَنَّ ٱللَّهُ عَلَيۡنَآۖ إِنَّهُۥ مَن يَتَّقِ وَيَصۡبِرۡ فَإِنَّ ٱللَّهَ لَا يُضِيعُ أَجۡرَ ٱلۡمُحۡسِنِينَ ﴿٩٠﴾ قَالُواْ تَٱللَّهِ لَقَدۡ ءَاثَرَكَ ٱللَّهُ عَلَيۡنَا وَإِن كُنَّا لَخَٰطِـِٔينَ ﴿٩١﴾ قَالَ لَا تَثۡرِيبَ عَلَيۡكُمُ ٱلۡيَوۡمَۖ يَغۡفِرُ ٱللَّهُ لَكُمۡۖ وَهُوَ أَرۡحَمُ ٱلرَّٰحِمِينَ ﴿٩٢﴾ ٱذۡهَبُواْ بِقَمِيصِي هَٰذَا فَأَلۡقُوهُ عَلَىٰ وَجۡهِ أَبِي يَأۡتِ بَصِيرٗا وَأۡتُونِي بِأَهۡلِكُمۡ أَجۡمَعِينَ ﴿٩٣﴾ وَلَمَّا فَصَلَتِ ٱلۡعِيرُ قَالَ أَبُوهُمۡ إِنِّي لَأَجِدُ رِيحَ يُوسُفَۖ لَوۡلَآ أَن تُفَنِّدُونِ ﴿٩٤﴾ قَالُواْ تَٱللَّهِ إِنَّكَ لَفِي ضَلَٰلِكَ ٱلۡقَدِيمِ ﴿٩٥﴾

13-12-247

فَلَمَّآ أَن جَآءَ ٱلۡبَشِيرُ أَلۡقَىٰهُ عَلَىٰ وَجۡهِهِۦ فَٱرۡتَدَّ بَصِيرٗاۖ قَالَ أَلَمۡ أَقُل لَّكُمۡ إِنِّيٓ أَعۡلَمُ مِنَ ٱللَّهِ مَا لَا تَعۡلَمُونَ ﴿٩٦﴾ قَالُواْ يَٰٓأَبَانَا ٱسۡتَغۡفِرۡ لَنَا ذُنُوبَنَآ إِنَّا كُنَّا خَٰطِـِٔينَ ﴿٩٧﴾ قَالَ سَوۡفَ أَسۡتَغۡفِرُ لَكُمۡ رَبِّيٓۖ إِنَّهُۥ هُوَ ٱلۡغَفُورُ ٱلرَّحِيمُ ﴿٩٨﴾ فَلَمَّا دَخَلُواْ عَلَىٰ يُوسُفَ ءَاوَىٰٓ إِلَيۡهِ أَبَوَيۡهِ وَقَالَ ٱدۡخُلُواْ مِصۡرَ إِن شَآءَ ٱللَّهُ ءَامِنِينَ ﴿٩٩﴾ وَرَفَعَ أَبَوَيۡهِ عَلَى ٱلۡعَرۡشِ وَخَرُّواْ لَهُۥ سُجَّدٗاۖ وَقَالَ يَٰٓأَبَتِ هَٰذَا تَأۡوِيلُ رُءۡيَٰيَ مِن قَبۡلُ قَدۡ جَعَلَهَا رَبِّي حَقّٗاۖ وَقَدۡ أَحۡسَنَ بِيٓ إِذۡ أَخۡرَجَنِي مِنَ ٱلسِّجۡنِ وَجَآءَ بِكُم مِّنَ ٱلۡبَدۡوِ مِنۢ بَعۡدِ أَن نَّزَغَ ٱلشَّيۡطَٰنُ بَيۡنِي وَبَيۡنَ إِخۡوَتِيٓۚ إِنَّ رَبِّي لَطِيفٞ لِّمَا يَشَآءُۚ إِنَّهُۥ هُوَ ٱلۡعَلِيمُ ٱلۡحَكِيمُ ﴿١٠٠﴾ ۞ رَبِّ قَدۡ ءَاتَيۡتَنِي مِنَ ٱلۡمُلۡكِ وَعَلَّمۡتَنِي مِن تَأۡوِيلِ ٱلۡأَحَادِيثِۚ فَاطِرَ ٱلسَّمَٰوَٰتِ وَٱلۡأَرۡضِ أَنتَ وَلِيِّۦ فِي ٱلدُّنۡيَا وَٱلۡأٓخِرَةِۖ تَوَفَّنِي مُسۡلِمٗا وَأَلۡحِقۡنِي بِٱلصَّٰلِحِينَ ﴿١٠١﴾ ذَٰلِكَ مِنۡ أَنۢبَآءِ ٱلۡغَيۡبِ نُوحِيهِ إِلَيۡكَۖ وَمَا كُنتَ لَدَيۡهِمۡ إِذۡ أَجۡمَعُوٓاْ أَمۡرَهُمۡ وَهُمۡ يَمۡكُرُونَ ﴿١٠٢﴾ وَمَآ أَكۡثَرُ ٱلنَّاسِ وَلَوۡ حَرَصۡتَ بِمُؤۡمِنِينَ ﴿١٠٣﴾

13-12-248

وَمَا تَسۡـَٔلُهُمۡ عَلَيۡهِ مِنۡ أَجۡرٍۚ إِنۡ هُوَ إِلَّا ذِكۡرٞ لِّلۡعَٰلَمِينَ ﴿١٠٤﴾ وَكَأَيِّن مِّنۡ ءَايَةٖ فِي ٱلسَّمَٰوَٰتِ وَٱلۡأَرۡضِ يَمُرُّونَ عَلَيۡهَا وَهُمۡ عَنۡهَا مُعۡرِضُونَ ﴿١٠٥﴾ وَمَا يُؤۡمِنُ أَكۡثَرُهُم بِٱللَّهِ إِلَّا وَهُم مُّشۡرِكُونَ ﴿١٠٦﴾ أَفَأَمِنُوٓاْ أَن تَأۡتِيَهُمۡ غَٰشِيَةٞ مِّنۡ عَذَابِ ٱللَّهِ أَوۡ تَأۡتِيَهُمُ ٱلسَّاعَةُ بَغۡتَةٗ وَهُمۡ لَا يَشۡعُرُونَ ﴿١٠٧﴾ قُلۡ هَٰذِهِۦ سَبِيلِيٓ أَدۡعُوٓاْ إِلَى ٱللَّهِۚ عَلَىٰ بَصِيرَةٍ أَنَا۠ وَمَنِ ٱتَّبَعَنِيۖ وَسُبۡحَٰنَ ٱللَّهِ وَمَآ أَنَا۠ مِنَ ٱلۡمُشۡرِكِينَ ﴿١٠٨﴾ وَمَآ أَرۡسَلۡنَا مِن قَبۡلِكَ إِلَّا رِجَالٗا نُّوحِيٓ إِلَيۡهِم مِّنۡ أَهۡلِ ٱلۡقُرَىٰٓۗ أَفَلَمۡ يَسِيرُواْ فِي ٱلۡأَرۡضِ فَيَنظُرُواْ كَيۡفَ كَانَ عَٰقِبَةُ ٱلَّذِينَ مِن قَبۡلِهِمۡۗ وَلَدَارُ ٱلۡأٓخِرَةِ خَيۡرٞ لِّلَّذِينَ ٱتَّقَوۡاْۚ أَفَلَا تَعۡقِلُونَ ﴿١٠٩﴾ حَتَّىٰٓ إِذَا ٱسۡتَيۡـَٔسَ ٱلرُّسُلُ وَظَنُّوٓاْ أَنَّهُمۡ قَدۡ كُذِبُواْ جَآءَهُمۡ نَصۡرُنَا فَنُجِّيَ مَن نَّشَآءُۖ وَلَا يُرَدُّ بَأۡسُنَا عَنِ ٱلۡقَوۡمِ ٱلۡمُجۡرِمِينَ ﴿١١٠﴾ لَقَدۡ كَانَ فِي قَصَصِهِمۡ عِبۡرَةٞ لِّأُوْلِي ٱلۡأَلۡبَٰبِۗ مَا كَانَ حَدِيثٗا يُفۡتَرَىٰ وَلَٰكِن تَصۡدِيقَ ٱلَّذِي بَيۡنَ يَدَيۡهِ وَتَفۡصِيلَ كُلِّ شَيۡءٖ وَهُدٗى وَرَحۡمَةٗ لِّقَوۡمٖ يُؤۡمِنُونَ ﴿١١١﴾

13-13-249

سُورَةُ الرَّعۡدِ

بِسۡمِ ٱللَّهِ ٱلرَّحۡمَٰنِ ٱلرَّحِيمِ

الٓمٓرۚ تِلۡكَ ءَايَٰتُ ٱلۡكِتَٰبِۗ وَٱلَّذِيٓ أُنزِلَ إِلَيۡكَ مِن رَّبِّكَ ٱلۡحَقُّ وَلَٰكِنَّ أَكۡثَرَ ٱلنَّاسِ لَا يُؤۡمِنُونَ ﴿١﴾ ٱللَّهُ ٱلَّذِي رَفَعَ ٱلسَّمَٰوَٰتِ بِغَيۡرِ عَمَدٖ تَرَوۡنَهَاۖ ثُمَّ ٱسۡتَوَىٰ عَلَى ٱلۡعَرۡشِۖ وَسَخَّرَ ٱلشَّمۡسَ وَٱلۡقَمَرَۖ كُلّٞ يَجۡرِي لِأَجَلٖ مُّسَمّٗىۚ يُدَبِّرُ ٱلۡأَمۡرَ يُفَصِّلُ ٱلۡأٓيَٰتِ لَعَلَّكُم بِلِقَآءِ رَبِّكُمۡ تُوقِنُونَ ﴿٢﴾ وَهُوَ ٱلَّذِي مَدَّ ٱلۡأَرۡضَ وَجَعَلَ فِيهَا رَوَٰسِيَ وَأَنۡهَٰرٗاۖ وَمِن كُلِّ ٱلثَّمَرَٰتِ جَعَلَ فِيهَا زَوۡجَيۡنِ ٱثۡنَيۡنِۖ يُغۡشِي ٱلَّيۡلَ ٱلنَّهَارَۚ إِنَّ فِي ذَٰلِكَ لَأٓيَٰتٖ لِّقَوۡمٖ يَتَفَكَّرُونَ ﴿٣﴾ وَفِي ٱلۡأَرۡضِ قِطَعٞ مُّتَجَٰوِرَٰتٞ وَجَنَّٰتٞ مِّنۡ أَعۡنَٰبٖ وَزَرۡعٞ وَنَخِيلٞ صِنۡوَانٞ وَغَيۡرُ صِنۡوَانٖ يُسۡقَىٰ بِمَآءٖ وَٰحِدٖ وَنُفَضِّلُ بَعۡضَهَا عَلَىٰ بَعۡضٖ فِي ٱلۡأُكُلِۚ إِنَّ فِي ذَٰلِكَ لَأٓيَٰتٖ لِّقَوۡمٖ يَعۡقِلُونَ ﴿٤﴾ ۞ وَإِن تَعۡجَبۡ فَعَجَبٞ قَوۡلُهُمۡ أَءِذَا كُنَّا تُرَٰبًا أَءِنَّا لَفِي خَلۡقٖ جَدِيدٍۗ أُوْلَٰٓئِكَ ٱلَّذِينَ كَفَرُواْ بِرَبِّهِمۡۖ وَأُوْلَٰٓئِكَ ٱلۡأَغۡلَٰلُ فِيٓ أَعۡنَاقِهِمۡۖ وَأُوْلَٰٓئِكَ أَصۡحَٰبُ ٱلنَّارِۖ هُمۡ فِيهَا خَٰلِدُونَ ﴿٥﴾

13-13-250

وَيَسۡتَعۡجِلُونَكَ بِٱلسَّيِّئَةِ قَبۡلَ ٱلۡحَسَنَةِ وَقَدۡ خَلَتۡ مِن قَبۡلِهِمُ ٱلۡمَثُلَٰتُۗ وَإِنَّ رَبَّكَ لَذُو مَغۡفِرَةٖ لِّلنَّاسِ عَلَىٰ ظُلۡمِهِمۡۖ وَإِنَّ رَبَّكَ لَشَدِيدُ ٱلۡعِقَابِ ﴿٦﴾ وَيَقُولُ ٱلَّذِينَ كَفَرُواْ لَوۡلَآ أُنزِلَ عَلَيۡهِ ءَايَةٞ مِّن رَّبِّهِۦٓۗ إِنَّمَآ أَنتَ مُنذِرٞۖ وَلِكُلِّ قَوۡمٍ هَادٍ ﴿٧﴾ ٱللَّهُ يَعۡلَمُ مَا تَحۡمِلُ كُلُّ أُنثَىٰ وَمَا تَغِيضُ ٱلۡأَرۡحَامُ وَمَا تَزۡدَادُۚ وَكُلُّ شَيۡءٍ عِندَهُۥ بِمِقۡدَارٍ ﴿٨﴾ عَٰلِمُ ٱلۡغَيۡبِ وَٱلشَّهَٰدَةِ ٱلۡكَبِيرُ ٱلۡمُتَعَالِ ﴿٩﴾ سَوَآءٞ مِّنكُم مَّنۡ أَسَرَّ ٱلۡقَوۡلَ وَمَن جَهَرَ بِهِۦ وَمَنۡ هُوَ مُسۡتَخۡفِۭ بِٱلَّيۡلِ وَسَارِبُۢ بِٱلنَّهَارِ ﴿١٠﴾ لَهُۥ مُعَقِّبَٰتٞ مِّنۢ بَيۡنِ يَدَيۡهِ وَمِنۡ خَلۡفِهِۦ يَحۡفَظُونَهُۥ مِنۡ أَمۡرِ ٱللَّهِۗ إِنَّ ٱللَّهَ لَا يُغَيِّرُ مَا بِقَوۡمٍ حَتَّىٰ يُغَيِّرُواْ مَا بِأَنفُسِهِمۡۗ وَإِذَآ أَرَادَ ٱللَّهُ بِقَوۡمٖ سُوٓءٗا فَلَا مَرَدَّ لَهُۥۚ وَمَا لَهُم مِّن دُونِهِۦ مِن وَالٍ ﴿١١﴾ هُوَ ٱلَّذِي يُرِيكُمُ ٱلۡبَرۡقَ خَوۡفٗا وَطَمَعٗا وَيُنشِئُ ٱلسَّحَابَ ٱلثِّقَالَ ﴿١٢﴾ وَيُسَبِّحُ ٱلرَّعۡدُ بِحَمۡدِهِۦ وَٱلۡمَلَٰٓئِكَةُ مِنۡ خِيفَتِهِۦ وَيُرۡسِلُ ٱلصَّوَٰعِقَ فَيُصِيبُ بِهَا مَن يَشَآءُ وَهُمۡ يُجَٰدِلُونَ فِي ٱللَّهِ وَهُوَ شَدِيدُ ٱلۡمِحَالِ ﴿١٣﴾

13-13-251

لَهُۥ دَعۡوَةُ ٱلۡحَقِّۚ وَٱلَّذِينَ يَدۡعُونَ مِن دُونِهِۦ لَا يَسۡتَجِيبُونَ لَهُم بِشَيۡءٍ إِلَّا كَبَٰسِطِ كَفَّيۡهِ إِلَى ٱلۡمَآءِ لِيَبۡلُغَ فَاهُ وَمَا هُوَ بِبَٰلِغِهِۦۚ وَمَا دُعَآءُ ٱلۡكَٰفِرِينَ إِلَّا فِي ضَلَٰلٖ ﴿١٤﴾ وَلِلَّهِ يَسۡجُدُ مَن فِي ٱلسَّمَٰوَٰتِ وَٱلۡأَرۡضِ طَوۡعٗا وَكَرۡهٗا وَظِلَٰلُهُم بِٱلۡغُدُوِّ وَٱلۡأٓصَالِ۩ ﴿١٥﴾ قُلۡ مَن رَّبُّ ٱلسَّمَٰوَٰتِ وَٱلۡأَرۡضِ قُلِ ٱللَّهُۚ قُلۡ أَفَٱتَّخَذۡتُم مِّن دُونِهِۦٓ أَوۡلِيَآءَ لَا يَمۡلِكُونَ لِأَنفُسِهِمۡ نَفۡعٗا وَلَا ضَرّٗاۚ قُلۡ هَلۡ يَسۡتَوِي ٱلۡأَعۡمَىٰ وَٱلۡبَصِيرُ أَمۡ هَلۡ تَسۡتَوِي ٱلظُّلُمَٰتُ وَٱلنُّورُۗ أَمۡ جَعَلُواْ لِلَّهِ شُرَكَآءَ خَلَقُواْ كَخَلۡقِهِۦ فَتَشَٰبَهَ ٱلۡخَلۡقُ عَلَيۡهِمۡۚ قُلِ ٱللَّهُ خَٰلِقُ كُلِّ شَيۡءٖ وَهُوَ ٱلۡوَٰحِدُ ٱلۡقَهَّٰرُ ﴿١٦﴾ أَنزَلَ مِنَ ٱلسَّمَآءِ مَآءٗ فَسَالَتۡ أَوۡدِيَةُۢ بِقَدَرِهَا فَٱحۡتَمَلَ ٱلسَّيۡلُ زَبَدٗا رَّابِيٗاۖ وَمِمَّا يُوقِدُونَ عَلَيۡهِ فِي ٱلنَّارِ ٱبۡتِغَآءَ حِلۡيَةٍ أَوۡ مَتَٰعٖ زَبَدٞ مِّثۡلُهُۥۚ كَذَٰلِكَ يَضۡرِبُ ٱللَّهُ ٱلۡحَقَّ وَٱلۡبَٰطِلَۚ فَأَمَّا ٱلزَّبَدُ فَيَذۡهَبُ جُفَآءٗۖ وَأَمَّا مَا يَنفَعُ ٱلنَّاسَ فَيَمۡكُثُ فِي ٱلۡأَرۡضِۚ كَذَٰلِكَ يَضۡرِبُ ٱللَّهُ ٱلۡأَمۡثَالَ ﴿١٧﴾ لِلَّذِينَ ٱسۡتَجَابُواْ لِرَبِّهِمُ ٱلۡحُسۡنَىٰۚ وَٱلَّذِينَ لَمۡ يَسۡتَجِيبُواْ لَهُۥ لَوۡ أَنَّ لَهُم مَّا فِي ٱلۡأَرۡضِ جَمِيعٗا وَمِثۡلَهُۥ مَعَهُۥ لَٱفۡتَدَوۡاْ بِهِۦٓۚ أُوْلَٰٓئِكَ لَهُمۡ سُوٓءُ ٱلۡحِسَابِ وَمَأۡوَىٰهُمۡ جَهَنَّمُۖ وَبِئۡسَ ٱلۡمِهَادُ ﴿١٨﴾

13-13-252

۞ أَفَمَن يَعۡلَمُ أَنَّمَآ أُنزِلَ إِلَيۡكَ مِن رَّبِّكَ ٱلۡحَقُّ كَمَنۡ هُوَ أَعۡمَىٰٓۚ إِنَّمَا يَتَذَكَّرُ أُوْلُواْ ٱلۡأَلۡبَٰبِ ﴿١٩﴾ ٱلَّذِينَ يُوفُونَ بِعَهۡدِ ٱللَّهِ وَلَا يَنقُضُونَ ٱلۡمِيثَٰقَ ﴿٢٠﴾ وَٱلَّذِينَ يَصِلُونَ مَآ أَمَرَ ٱللَّهُ بِهِۦٓ أَن يُوصَلَ وَيَخۡشَوۡنَ رَبَّهُمۡ وَيَخَافُونَ سُوٓءَ ٱلۡحِسَابِ ﴿٢١﴾ وَٱلَّذِينَ صَبَرُواْ ٱبۡتِغَآءَ وَجۡهِ رَبِّهِمۡ وَأَقَامُواْ ٱلصَّلَوٰةَ وَأَنفَقُواْ مِمَّا رَزَقۡنَٰهُمۡ سِرّٗا وَعَلَانِيَةٗ وَيَدۡرَءُونَ بِٱلۡحَسَنَةِ ٱلسَّيِّئَةَ أُوْلَٰٓئِكَ لَهُمۡ عُقۡبَى ٱلدَّارِ ﴿٢٢﴾ جَنَّٰتُ عَدۡنٖ يَدۡخُلُونَهَا وَمَن صَلَحَ مِنۡ ءَابَآئِهِمۡ وَأَزۡوَٰجِهِمۡ وَذُرِّيَّٰتِهِمۡۖ وَٱلۡمَلَٰٓئِكَةُ يَدۡخُلُونَ عَلَيۡهِم مِّن كُلِّ بَابٖ ﴿٢٣﴾ سَلَٰمٌ عَلَيۡكُم بِمَا صَبَرۡتُمۡۚ فَنِعۡمَ عُقۡبَى ٱلدَّارِ ﴿٢٤﴾ وَٱلَّذِينَ يَنقُضُونَ عَهۡدَ ٱللَّهِ مِنۢ بَعۡدِ مِيثَٰقِهِۦ وَيَقۡطَعُونَ مَآ أَمَرَ ٱللَّهُ بِهِۦٓ أَن يُوصَلَ وَيُفۡسِدُونَ فِي ٱلۡأَرۡضِ أُوْلَٰٓئِكَ لَهُمُ ٱللَّعۡنَةُ وَلَهُمۡ سُوٓءُ ٱلدَّارِ ﴿٢٥﴾ ٱللَّهُ يَبۡسُطُ ٱلرِّزۡقَ لِمَن يَشَآءُ وَيَقۡدِرُۚ وَفَرِحُواْ بِٱلۡحَيَوٰةِ ٱلدُّنۡيَا وَمَا ٱلۡحَيَوٰةُ ٱلدُّنۡيَا فِي ٱلۡأٓخِرَةِ إِلَّا مَتَٰعٞ ﴿٢٦﴾ وَيَقُولُ ٱلَّذِينَ كَفَرُواْ لَوۡلَآ أُنزِلَ عَلَيۡهِ ءَايَةٞ مِّن رَّبِّهِۦۚ قُلۡ إِنَّ ٱللَّهَ يُضِلُّ مَن يَشَآءُ وَيَهۡدِيٓ إِلَيۡهِ مَنۡ أَنَابَ ﴿٢٧﴾ ٱلَّذِينَ ءَامَنُواْ وَتَطۡمَئِنُّ قُلُوبُهُم بِذِكۡرِ ٱللَّهِۗ أَلَا بِذِكۡرِ ٱللَّهِ تَطۡمَئِنُّ ٱلۡقُلُوبُ ﴿٢٨﴾

13-13-253

ٱلَّذِينَ ءَامَنُواْ وَعَمِلُواْ ٱلصَّٰلِحَٰتِ طُوبَىٰ لَهُمۡ وَحُسۡنُ مَـَٔابٖ ﴿٢٩﴾ كَذَٰلِكَ أَرۡسَلۡنَٰكَ فِيٓ أُمَّةٖ قَدۡ خَلَتۡ مِن قَبۡلِهَآ أُمَمٞ لِّتَتۡلُوَاْ عَلَيۡهِمُ ٱلَّذِيٓ أَوۡحَيۡنَآ إِلَيۡكَ وَهُمۡ يَكۡفُرُونَ بِٱلرَّحۡمَٰنِۚ قُلۡ هُوَ رَبِّي لَآ إِلَٰهَ إِلَّا هُوَ عَلَيۡهِ تَوَكَّلۡتُ وَإِلَيۡهِ مَتَابِ ﴿٣٠﴾ وَلَوۡ أَنَّ قُرۡءَانٗا سُيِّرَتۡ بِهِ ٱلۡجِبَالُ أَوۡ قُطِّعَتۡ بِهِ ٱلۡأَرۡضُ أَوۡ كُلِّمَ بِهِ ٱلۡمَوۡتَىٰۗ بَل لِّلَّهِ ٱلۡأَمۡرُ جَمِيعًاۗ أَفَلَمۡ يَاْيۡـَٔسِ ٱلَّذِينَ ءَامَنُوٓاْ أَن لَّوۡ يَشَآءُ ٱللَّهُ لَهَدَى ٱلنَّاسَ جَمِيعٗاۗ وَلَا يَزَالُ ٱلَّذِينَ كَفَرُواْ تُصِيبُهُم بِمَا صَنَعُواْ قَارِعَةٌ أَوۡ تَحُلُّ قَرِيبٗا مِّن دَارِهِمۡ حَتَّىٰ يَأۡتِيَ وَعۡدُ ٱللَّهِۚ إِنَّ ٱللَّهَ لَا يُخۡلِفُ ٱلۡمِيعَادَ ﴿٣١﴾ وَلَقَدِ ٱسۡتُهۡزِئَ بِرُسُلٖ مِّن قَبۡلِكَ فَأَمۡلَيۡتُ لِلَّذِينَ كَفَرُواْ ثُمَّ أَخَذۡتُهُمۡۖ فَكَيۡفَ كَانَ عِقَابِ ﴿٣٢﴾ أَفَمَنۡ هُوَ قَآئِمٌ عَلَىٰ كُلِّ نَفۡسِۭ بِمَا كَسَبَتۡۗ وَجَعَلُواْ لِلَّهِ شُرَكَآءَ قُلۡ سَمُّوهُمۡۚ أَمۡ تُنَبِّـُٔونَهُۥ بِمَا لَا يَعۡلَمُ فِي ٱلۡأَرۡضِ أَم بِظَٰهِرٖ مِّنَ ٱلۡقَوۡلِۗ بَلۡ زُيِّنَ لِلَّذِينَ كَفَرُواْ مَكۡرُهُمۡ وَصُدُّواْ عَنِ ٱلسَّبِيلِۗ وَمَن يُضۡلِلِ ٱللَّهُ فَمَا لَهُۥ مِنۡ هَادٖ ﴿٣٣﴾ لَّهُمۡ عَذَابٞ فِي ٱلۡحَيَوٰةِ ٱلدُّنۡيَاۖ وَلَعَذَابُ ٱلۡأٓخِرَةِ أَشَقُّۖ وَمَا لَهُم مِّنَ ٱللَّهِ مِن وَاقٖ ﴿٣٤﴾

13-13-254

۞ مَّثَلُ ٱلۡجَنَّةِ ٱلَّتِي وُعِدَ ٱلۡمُتَّقُونَۖ تَجۡرِي مِن تَحۡتِهَا ٱلۡأَنۡهَٰرُۖ أُكُلُهَا دَآئِمٞ وَظِلُّهَاۚ تِلۡكَ عُقۡبَى ٱلَّذِينَ ٱتَّقَواْۚ وَّعُقۡبَى ٱلۡكَٰفِرِينَ ٱلنَّارُ ﴿٣٥﴾ وَٱلَّذِينَ ءَاتَيۡنَٰهُمُ ٱلۡكِتَٰبَ يَفۡرَحُونَ بِمَآ أُنزِلَ إِلَيۡكَۖ وَمِنَ ٱلۡأَحۡزَابِ مَن يُنكِرُ بَعۡضَهُۥۚ قُلۡ إِنَّمَآ أُمِرۡتُ أَنۡ أَعۡبُدَ ٱللَّهَ وَلَآ أُشۡرِكَ بِهِۦٓۚ إِلَيۡهِ أَدۡعُواْ وَإِلَيۡهِ مَـَٔابِ ﴿٣٦﴾ وَكَذَٰلِكَ أَنزَلۡنَٰهُ حُكۡمًا عَرَبِيّٗاۚ وَلَئِنِ ٱتَّبَعۡتَ أَهۡوَآءَهُم بَعۡدَ مَا جَآءَكَ مِنَ ٱلۡعِلۡمِ مَا لَكَ مِنَ ٱللَّهِ مِن وَلِيّٖ وَلَا وَاقٖ ﴿٣٧﴾ وَلَقَدۡ أَرۡسَلۡنَا رُسُلٗا مِّن قَبۡلِكَ وَجَعَلۡنَا لَهُمۡ أَزۡوَٰجٗا وَذُرِّيَّةٗۚ وَمَا كَانَ لِرَسُولٍ أَن يَأۡتِيَ بِـَٔايَةٍ إِلَّا بِإِذۡنِ ٱللَّهِۗ لِكُلِّ أَجَلٖ كِتَابٞ ﴿٣٨﴾ يَمۡحُواْ ٱللَّهُ مَا يَشَآءُ وَيُثۡبِتُۖ وَعِندَهُۥٓ أُمُّ ٱلۡكِتَٰبِ ﴿٣٩﴾ وَإِن مَّا نُرِيَنَّكَ بَعۡضَ ٱلَّذِي نَعِدُهُمۡ أَوۡ نَتَوَفَّيَنَّكَ فَإِنَّمَا عَلَيۡكَ ٱلۡبَلَٰغُ وَعَلَيۡنَا ٱلۡحِسَابُ ﴿٤٠﴾ أَوَلَمۡ يَرَوۡاْ أَنَّا نَأۡتِي ٱلۡأَرۡضَ نَنقُصُهَا مِنۡ أَطۡرَافِهَاۚ وَٱللَّهُ يَحۡكُمُ لَا مُعَقِّبَ لِحُكۡمِهِۦۚ وَهُوَ سَرِيعُ ٱلۡحِسَابِ ﴿٤١﴾ وَقَدۡ مَكَرَ ٱلَّذِينَ مِن قَبۡلِهِمۡ فَلِلَّهِ ٱلۡمَكۡرُ جَمِيعٗاۖ يَعۡلَمُ مَا تَكۡسِبُ كُلُّ نَفۡسٖۗ وَسَيَعۡلَمُ ٱلۡكُفَّٰرُ لِمَنۡ عُقۡبَى ٱلدَّارِ ﴿٤٢﴾

13 - 13 - 255

ويقول الذين كفروا لست مرسلا قل كفى بالله شهيدا بيني وبينكم ومن عنده علم الكتاب ٤٣

سورة إبراهيم

بسم الله الرحمن الرحيم

الر كتاب أنزلناه إليك لتخرج الناس من الظلمات إلى النور بإذن ربهم إلى صراط العزيز الحميد ١ الله الذي له ما في السماوات وما في الأرض وويل للكافرين من عذاب شديد ٢ الذين يستحبون الحياة الدنيا على الآخرة ويصدون عن سبيل الله ويبغونها عوجا أولئك في ضلال بعيد ٣ وما أرسلنا من رسول إلا بلسان قومه ليبين لهم فيضل الله من يشاء ويهدي من يشاء وهو العزيز الحكيم ٤ ولقد أرسلنا موسى بآياتنا أن أخرج قومك من الظلمات إلى النور وذكرهم بأيام الله إن في ذلك لآيات لكل صبار شكور ٥

13 - 14 - 256

وإذ قال موسى لقومه اذكروا نعمة الله عليكم إذ أنجاكم من آل فرعون يسومونكم سوء العذاب ويذبحون أبناءكم ويستحيون نساءكم وفي ذلكم بلاء من ربكم عظيم ٦ وإذ تأذن ربكم لئن شكرتم لأزيدنكم ولئن كفرتم إن عذابي لشديد ٧ وقال موسى إن تكفروا أنتم ومن في الأرض جميعا فإن الله لغني حميد ٨ ألم يأتكم نبأ الذين من قبلكم قوم نوح وعاد وثمود والذين من بعدهم لا يعلمهم إلا الله جاءتهم رسلهم بالبينات فردوا أيديهم في أفواههم وقالوا إنا كفرنا بما أرسلتم به وإنا لفي شك مما تدعوننا إليه مريب ٩ قالت رسلهم أفي الله شك فاطر السماوات والأرض يدعوكم ليغفر لكم من ذنوبكم ويؤخركم إلى أجل مسمى قالوا إن أنتم إلا بشر مثلنا تريدون أن تصدونا عما كان يعبد آباؤنا فأتونا بسلطان مبين ١٠

13 - 14 - 257

قالت لهم رسلهم إن نحن إلا بشر مثلكم ولكن الله يمن على من يشاء من عباده وما كان لنا أن نأتيكم بسلطان إلا بإذن الله وعلى الله فليتوكل المؤمنون ١١ وما لنا ألا نتوكل على الله وقد هدانا سبلنا ولنصبرن على ما آذيتمونا وعلى الله فليتوكل المتوكلون ١٢ وقال الذين كفروا لرسلهم لنخرجنكم من أرضنا أو لتعودن في ملتنا فأوحى إليهم ربهم لنهلكن الظالمين ١٣ ولنسكننكم الأرض من بعدهم ذلك لمن خاف مقامي وخاف وعيد ١٤ واستفتحوا وخاب كل جبار عنيد ١٥ من ورائه جهنم ويسقى من ماء صديد ١٦ يتجرعه ولا يكاد يسيغه ويأتيه الموت من كل مكان وما هو بميت ومن ورائه عذاب غليظ ١٧ مثل الذين كفروا بربهم أعمالهم كرماد اشتدت به الريح في يوم عاصف لا يقدرون مما كسبوا على شيء ذلك هو الضلال البعيد ١٨

13 - 14 - 258

ألم تر أن الله خلق السماوات والأرض بالحق إن يشأ يذهبكم ويأت بخلق جديد ١٩ وما ذلك على الله بعزيز ٢٠ وبرزوا لله جميعا فقال الضعفاء للذين استكبروا إنا كنا لكم تبعا فهل أنتم مغنون عنا من عذاب الله من شيء قالوا لو هدانا الله لهديناكم سواء علينا أجزعنا أم صبرنا ما لنا من محيص ٢١ وقال الشيطان لما قضي الأمر إن الله وعدكم وعد الحق ووعدتكم فأخلفتكم وما كان لي عليكم من سلطان إلا أن دعوتكم فاستجبتم لي فلا تلوموني ولوموا أنفسكم ما أنا بمصرخكم وما أنتم بمصرخي إني كفرت بما أشركتمون من قبل إن الظالمين لهم عذاب أليم ٢٢ وأدخل الذين آمنوا وعملوا الصالحات جنات تجري من تحتها الأنهار خالدين فيها بإذن ربهم تحيتهم فيها سلام ٢٣ ألم تر كيف ضرب الله مثلا كلمة طيبة كشجرة طيبة أصلها ثابت وفرعها في السماء ٢٤

13 - 14 - 259

تؤتي أكلها كل حين بإذن ربها ويضرب الله الأمثال للناس لعلهم يتذكرون ٢٥ ومثل كلمة خبيثة كشجرة خبيثة اجتثت من فوق الأرض ما لها من قرار ٢٦ يثبت الله الذين آمنوا بالقول الثابت في الحياة الدنيا وفي الآخرة ويضل الله الظالمين ويفعل الله ما يشاء ٢٧ ألم تر إلى الذين بدلوا نعمت الله كفرا وأحلوا قومهم دار البوار ٢٨ جهنم يصلونها وبئس القرار ٢٩ وجعلوا لله أندادا ليضلوا عن سبيله قل تمتعوا فإن مصيركم إلى النار ٣٠ قل لعبادي الذين آمنوا يقيموا الصلاة وينفقوا مما رزقناهم سرا وعلانية من قبل أن يأتي يوم لا بيع فيه ولا خلال ٣١ الله الذي خلق السماوات والأرض وأنزل من السماء ماء فأخرج به من الثمرات رزقا لكم وسخر لكم الفلك لتجري في البحر بأمره وسخر لكم الأنهار ٣٢ وسخر لكم الشمس والقمر دائبين وسخر لكم الليل والنهار ٣٣

13 - 14 - 260

وآتاكم من كل ما سألتموه وإن تعدوا نعمت الله لا تحصوها إن الإنسان لظلوم كفار ٣٤ وإذ قال إبراهيم رب اجعل هذا البلد آمنا واجنبني وبني أن نعبد الأصنام ٣٥ رب إنهن أضللن كثيرا من الناس فمن تبعني فإنه مني ومن عصاني فإنك غفور رحيم ٣٦ ربنا إني أسكنت من ذريتي بواد غير ذي زرع عند بيتك المحرم ربنا ليقيموا الصلاة فاجعل أفئدة من الناس تهوي إليهم وارزقهم من الثمرات لعلهم يشكرون ٣٧ ربنا إنك تعلم ما نخفي وما نعلن وما يخفى على الله من شيء في الأرض ولا في السماء ٣٨ الحمد لله الذي وهب لي على الكبر إسماعيل وإسحاق إن ربي لسميع الدعاء ٣٩ رب اجعلني مقيم الصلاة ومن ذريتي ربنا وتقبل دعاء ٤٠ ربنا اغفر لي ولوالدي وللمؤمنين يوم يقوم الحساب ٤١ ولا تحسبن الله غافلا عما يعمل الظالمون إنما يؤخرهم ليوم تشخص فيه الأبصار ٤٢

13 - 14 - 261

مهطعين مقنعي رءوسهم لا يرتد إليهم طرفهم وأفئدتهم هواء ٤٣ وأنذر الناس يوم يأتيهم العذاب فيقول الذين ظلموا ربنا أخرنا إلى أجل قريب نجب دعوتك ونتبع الرسل أولم تكونوا أقسمتم من قبل ما لكم من زوال ٤٤ وسكنتم في مساكن الذين ظلموا أنفسهم وتبين لكم كيف فعلنا بهم وضربنا لكم الأمثال ٤٥ وقد مكروا مكرهم وعند الله مكرهم وإن كان مكرهم لتزول منه الجبال ٤٦ فلا تحسبن الله مخلف وعده رسله إن الله عزيز ذو انتقام ٤٧ يوم تبدل الأرض غير الأرض والسماوات وبرزوا لله الواحد القهار ٤٨ وترى المجرمين يومئذ مقرنين في الأصفاد ٤٩ سرابيلهم من قطران وتغشى وجوههم النار ٥٠ ليجزي الله كل نفس ما كسبت إن الله سريع الحساب ٥١ هذا بلاغ للناس ولينذروا به وليعلموا أنما هو إله واحد وليذكر أولو الألباب ٥٢

14 - 15 - 262

سورة الحجر

بسم الله الرحمن الرحيم

الر تلك آيات الكتاب وقرآن مبين ١ ربما يود الذين كفروا لو كانوا مسلمين ٢ ذرهم يأكلوا ويتمتعوا ويلههم الأمل فسوف يعلمون ٣ وما أهلكنا من قرية إلا ولها كتاب معلوم ٤ ما تسبق من أمة أجلها وما يستأخرون ٥ وقالوا يا أيها الذي نزل عليه الذكر إنك لمجنون ٦ لو ما تأتينا بالملائكة إن كنت من الصادقين ٧ ما ننزل الملائكة إلا بالحق وما كانوا إذا منظرين ٨ إنا نحن نزلنا الذكر وإنا له لحافظون ٩ ولقد أرسلنا من قبلك في شيع الأولين ١٠ وما يأتيهم من رسول إلا كانوا به يستهزئون ١١ كذلك نسلكه في قلوب المجرمين ١٢ لا يؤمنون به وقد خلت سنة الأولين ١٣ ولو فتحنا عليهم بابا من السماء فظلوا فيه يعرجون ١٤ لقالوا إنما سكرت أبصارنا بل نحن قوم مسحورون ١٥

14 - 15 - 263

ولقد جعلنا في السماء بروجا وزيناها للناظرين ١٦ وحفظناها من كل شيطان رجيم ١٧ إلا من استرق السمع فأتبعه شهاب مبين ١٨ والأرض مددناها وألقينا فيها رواسي وأنبتنا فيها من كل شيء موزون ١٩ وجعلنا لكم فيها معايش ومن لستم له برازقين ٢٠ وإن من شيء إلا عندنا خزائنه وما ننزله إلا بقدر معلوم ٢١ وأرسلنا الرياح لواقح فأنزلنا من السماء ماء فأسقيناكموه وما أنتم له بخازنين ٢٢ وإنا لنحن نحيي ونميت ونحن الوارثون ٢٣ ولقد علمنا المستقدمين منكم ولقد علمنا المستأخرين ٢٤ وإن ربك هو يحشرهم إنه حكيم عليم ٢٥ ولقد خلقنا الإنسان من صلصال من حمإ مسنون ٢٦ والجان خلقناه من قبل من نار السموم ٢٧ وإذ قال ربك للملائكة إني خالق بشرا من صلصال من حمإ مسنون ٢٨ فإذا سويته ونفخت فيه من روحي فقعوا له ساجدين ٢٩ فسجد الملائكة كلهم أجمعون ٣٠ إلا إبليس أبى أن يكون مع الساجدين ٣١

14 - 15 - 264

قال يا إبليس ما لك ألا تكون مع الساجدين ٣٢ قال لم أكن لأسجد لبشر خلقته من صلصال من حمإ مسنون ٣٣ قال فاخرج منها فإنك رجيم ٣٤ وإن عليك اللعنة إلى يوم الدين ٣٥ قال رب فأنظرني إلى يوم يبعثون ٣٦ قال فإنك من المنظرين ٣٧ إلى يوم الوقت المعلوم ٣٨ قال رب بما أغويتني لأزينن لهم في الأرض ولأغوينهم أجمعين ٣٩ إلا عبادك منهم المخلصين ٤٠ قال هذا صراط علي مستقيم ٤١ إن عبادي ليس لك عليهم سلطان إلا من اتبعك من الغاوين ٤٢ وإن جهنم لموعدهم أجمعين ٤٣ لها سبعة أبواب لكل باب منهم جزء مقسوم ٤٤ إن المتقين في جنات وعيون ٤٥ ادخلوها بسلام آمنين ٤٦ ونزعنا ما في صدورهم من غل إخوانا على سرر متقابلين ٤٧ لا يمسهم فيها نصب وما هم منها بمخرجين ٤٨ نبئ عبادي أني أنا الغفور الرحيم ٤٩ وأن عذابي هو العذاب الأليم ٥٠ ونبئهم عن ضيف إبراهيم ٥١

14 - 15 - 265

إذ دخلوا عليه فقالوا سلاما قال إنا منكم وجلون ٥٢ قالوا لا توجل إنا نبشرك بغلام عليم ٥٣ قال أبشرتموني على أن مسني الكبر فبم تبشرون ٥٤ قالوا بشرناك بالحق فلا تكن من القانطين ٥٥ قال ومن يقنط من رحمة ربه إلا الضالون ٥٦ قال فما خطبكم أيها المرسلون ٥٧ قالوا إنا أرسلنا إلى قوم مجرمين ٥٨ إلا آل لوط إنا لمنجوهم أجمعين ٥٩ إلا امرأته قدرنا إنها لمن الغابرين ٦٠ فلما جاء آل لوط المرسلون ٦١ قال إنكم قوم منكرون ٦٢ قالوا بل جئناك بما كانوا فيه يمترون ٦٣ وأتيناك بالحق وإنا لصادقون ٦٤ فأسر بأهلك بقطع من الليل واتبع أدبارهم ولا يلتفت منكم أحد وامضوا حيث تؤمرون ٦٥ وقضينا إليه ذلك الأمر أن دابر هؤلاء مقطوع مصبحين ٦٦ وجاء أهل المدينة يستبشرون ٦٧ قال إن هؤلاء ضيفي فلا تفضحون ٦٨ واتقوا الله ولا تخزون ٦٩ قالوا أولم ننهك عن العالمين ٧٠

14 - 15 - 266

قال هؤلاء بناتي إن كنتم فاعلين ٧١ لعمرك إنهم لفي سكرتهم يعمهون ٧٢ فأخذتهم الصيحة مشرقين ٧٣ فجعلنا عاليها سافلها وأمطرنا عليهم حجارة من سجيل ٧٤ إن في ذلك لآيات للمتوسمين ٧٥ وإنها لبسبيل مقيم ٧٦ إن في ذلك لآية للمؤمنين ٧٧ وإن كان أصحاب الأيكة لظالمين ٧٨ فانتقمنا منهم وإنهما لبإمام مبين ٧٩ ولقد كذب أصحاب الحجر المرسلين ٨٠ وآتيناهم آياتنا فكانوا عنها معرضين ٨١ وكانوا ينحتون من الجبال بيوتا آمنين ٨٢ فأخذتهم الصيحة مصبحين ٨٣ فما أغنى عنهم ما كانوا يكسبون ٨٤ وما خلقنا السماوات والأرض وما بينهما إلا بالحق وإن الساعة لآتية فاصفح الصفح الجميل ٨٥ إن ربك هو الخلاق العليم ٨٦ ولقد آتيناك سبعا من المثاني والقرآن العظيم ٨٧ لا تمدن عينيك إلى ما متعنا به أزواجا منهم ولا تحزن عليهم واخفض جناحك للمؤمنين ٨٨ وقل إني أنا النذير المبين ٨٩ كما أنزلنا على المقتسمين ٩٠

14 - 15 - 267

الذين جعلوا القرآن عضين ٩١ فوربك لنسألنهم أجمعين ٩٢ عما كانوا يعملون ٩٣ فاصدع بما تؤمر وأعرض عن المشركين ٩٤ إنا كفيناك المستهزئين ٩٥ الذين يجعلون مع الله إلها آخر فسوف يعلمون ٩٦ ولقد نعلم أنك يضيق صدرك بما يقولون ٩٧ فسبح بحمد ربك وكن من الساجدين ٩٨ واعبد ربك حتى يأتيك اليقين ٩٩

سورة النحل

بسم الله الرحمن الرحيم

أتى أمر الله فلا تستعجلوه سبحانه وتعالى عما يشركون ١ ينزل الملائكة بالروح من أمره على من يشاء من عباده أن أنذروا أنه لا إله إلا أنا فاتقون ٢ خلق السماوات والأرض بالحق تعالى عما يشركون ٣ خلق الإنسان من نطفة فإذا هو خصيم مبين ٤ والأنعام خلقها لكم فيها دفء ومنافع ومنها تأكلون ٥ ولكم فيها جمال حين تريحون وحين تسرحون ٦

وَتَحۡمِلُ أَثۡقَالَكُمۡ إِلَىٰ بَلَدٖ لَّمۡ تَكُونُواْ بَٰلِغِيهِ إِلَّا بِشِقِّ 14 - 16 - 268
ٱلۡأَنفُسِۚ إِنَّ رَبَّكُمۡ لَرَءُوفٞ رَّحِيمٞ ٧ وَٱلۡخَيۡلَ وَٱلۡبِغَالَ
وَٱلۡحَمِيرَ لِتَرۡكَبُوهَا وَزِينَةٗۚ وَيَخۡلُقُ مَا لَا تَعۡلَمُونَ ٨
وَعَلَى ٱللَّهِ قَصۡدُ ٱلسَّبِيلِ وَمِنۡهَا جَآئِرٞۚ وَلَوۡ شَآءَ لَهَدَىٰكُمۡ
أَجۡمَعِينَ ٩ هُوَ ٱلَّذِيٓ أَنزَلَ مِنَ ٱلسَّمَآءِ مَآءٗۖ لَّكُم
مِّنۡهُ شَرَابٞ وَمِنۡهُ شَجَرٞ فِيهِ تُسِيمُونَ ١٠ يُنۢبِتُ لَكُم
بِهِ ٱلزَّرۡعَ وَٱلزَّيۡتُونَ وَٱلنَّخِيلَ وَٱلۡأَعۡنَٰبَ وَمِن كُلِّ
ٱلثَّمَرَٰتِۚ إِنَّ فِي ذَٰلِكَ لَأٓيَةٗ لِّقَوۡمٖ يَتَفَكَّرُونَ ١١
وَسَخَّرَ لَكُمُ ٱلَّيۡلَ وَٱلنَّهَارَ وَٱلشَّمۡسَ وَٱلۡقَمَرَۖ
وَٱلنُّجُومُ مُسَخَّرَٰتُۢ بِأَمۡرِهِۦٓۚ إِنَّ فِي ذَٰلِكَ لَأٓيَٰتٖ لِّقَوۡمٖ
يَعۡقِلُونَ ١٢ وَمَا ذَرَأَ لَكُمۡ فِي ٱلۡأَرۡضِ مُخۡتَلِفًا
أَلۡوَٰنُهُۥٓۚ إِنَّ فِي ذَٰلِكَ لَأٓيَةٗ لِّقَوۡمٖ يَذَّكَّرُونَ ١٣
وَهُوَ ٱلَّذِي سَخَّرَ ٱلۡبَحۡرَ لِتَأۡكُلُواْ مِنۡهُ لَحۡمٗا طَرِيّٗا
وَتَسۡتَخۡرِجُواْ مِنۡهُ حِلۡيَةٗ تَلۡبَسُونَهَاۖ وَتَرَى ٱلۡفُلۡكَ مَوَاخِرَ
فِيهِ وَلِتَبۡتَغُواْ مِن فَضۡلِهِۦ وَلَعَلَّكُمۡ تَشۡكُرُونَ ١٤
وَأَلۡقَىٰ فِي ٱلۡأَرۡضِ رَوَٰسِيَ أَن تَمِيدَ بِكُمۡ وَأَنۡهَٰرٗا وَسُبُلٗا 14 - 16 - 269
لَّعَلَّكُمۡ تَهۡتَدُونَ ١٥ وَعَلَٰمَٰتٖۚ وَبِٱلنَّجۡمِ هُمۡ يَهۡتَدُونَ ١٦
أَفَمَن يَخۡلُقُ كَمَن لَّا يَخۡلُقُۚ أَفَلَا تَذَكَّرُونَ ١٧ وَإِن
تَعُدُّواْ نِعۡمَةَ ٱللَّهِ لَا تُحۡصُوهَآۗ إِنَّ ٱللَّهَ لَغَفُورٞ رَّحِيمٞ ١٨
وَٱللَّهُ يَعۡلَمُ مَا تُسِرُّونَ وَمَا تُعۡلِنُونَ ١٩ وَٱلَّذِينَ يَدۡعُونَ
مِن دُونِ ٱللَّهِ لَا يَخۡلُقُونَ شَيۡـٔٗا وَهُمۡ يُخۡلَقُونَ ٢٠ أَمۡوَٰتٌ
غَيۡرُ أَحۡيَآءٖۖ وَمَا يَشۡعُرُونَ أَيَّانَ يُبۡعَثُونَ ٢١ إِلَٰهُكُمۡ إِلَٰهٞ
وَٰحِدٞۚ فَٱلَّذِينَ لَا يُؤۡمِنُونَ بِٱلۡأٓخِرَةِ قُلُوبُهُم مُّنكِرَةٞ وَهُم
مُّسۡتَكۡبِرُونَ ٢٢ لَا جَرَمَ أَنَّ ٱللَّهَ يَعۡلَمُ مَا يُسِرُّونَ وَمَا
يُعۡلِنُونَۚ إِنَّهُۥ لَا يُحِبُّ ٱلۡمُسۡتَكۡبِرِينَ ٢٣ وَإِذَا قِيلَ لَهُم
مَّاذَآ أَنزَلَ رَبُّكُمۡ قَالُوٓاْ أَسَٰطِيرُ ٱلۡأَوَّلِينَ ٢٤ لِيَحۡمِلُوٓاْ
أَوۡزَارَهُمۡ كَامِلَةٗ يَوۡمَ ٱلۡقِيَٰمَةِ وَمِنۡ أَوۡزَارِ ٱلَّذِينَ يُضِلُّونَهُم
بِغَيۡرِ عِلۡمٍۗ أَلَا سَآءَ مَا يَزِرُونَ ٢٥ قَدۡ مَكَرَ ٱلَّذِينَ مِن قَبۡلِهِمۡ
فَأَتَى ٱللَّهُ بُنۡيَٰنَهُم مِّنَ ٱلۡقَوَاعِدِ فَخَرَّ عَلَيۡهِمُ ٱلسَّقۡفُ
مِن فَوۡقِهِمۡ وَأَتَىٰهُمُ ٱلۡعَذَابُ مِنۡ حَيۡثُ لَا يَشۡعُرُونَ ٢٦
ثُمَّ يَوۡمَ ٱلۡقِيَٰمَةِ يُخۡزِيهِمۡ وَيَقُولُ أَيۡنَ شُرَكَآءِيَ ٱلَّذِينَ 14 - 16 - 270
كُنتُمۡ تُشَٰٓقُّونَ فِيهِمۡۚ قَالَ ٱلَّذِينَ أُوتُواْ ٱلۡعِلۡمَ إِنَّ ٱلۡخِزۡيَ
ٱلۡيَوۡمَ وَٱلسُّوٓءَ عَلَى ٱلۡكَٰفِرِينَ ٢٧ ٱلَّذِينَ تَتَوَفَّىٰهُمُ ٱلۡمَلَٰٓئِكَةُ
ظَالِمِيٓ أَنفُسِهِمۡۖ فَأَلۡقَوُاْ ٱلسَّلَمَ مَا كُنَّا نَعۡمَلُ مِن سُوٓءِۭۚ بَلَىٰٓ
إِنَّ ٱللَّهَ عَلِيمُۢ بِمَا كُنتُمۡ تَعۡمَلُونَ ٢٨ فَٱدۡخُلُوٓاْ أَبۡوَٰبَ جَهَنَّمَ
خَٰلِدِينَ فِيهَاۖ فَلَبِئۡسَ مَثۡوَى ٱلۡمُتَكَبِّرِينَ ٢٩ ۞ وَقِيلَ
لِلَّذِينَ ٱتَّقَوۡاْ مَاذَآ أَنزَلَ رَبُّكُمۡۚ قَالُواْ خَيۡرٗاۗ لِّلَّذِينَ أَحۡسَنُواْ فِي
هَٰذِهِ ٱلدُّنۡيَا حَسَنَةٞۚ وَلَدَارُ ٱلۡأٓخِرَةِ خَيۡرٞۚ وَلَنِعۡمَ دَارُ ٱلۡمُتَّقِينَ ٣٠
جَنَّٰتُ عَدۡنٖ يَدۡخُلُونَهَا تَجۡرِي مِن تَحۡتِهَا ٱلۡأَنۡهَٰرُۖ
لَهُمۡ فِيهَا مَا يَشَآءُونَۚ كَذَٰلِكَ يَجۡزِي ٱللَّهُ ٱلۡمُتَّقِينَ ٣١
ٱلَّذِينَ تَتَوَفَّىٰهُمُ ٱلۡمَلَٰٓئِكَةُ طَيِّبِينَ يَقُولُونَ سَلَٰمٌ عَلَيۡكُمُ
ٱدۡخُلُواْ ٱلۡجَنَّةَ بِمَا كُنتُمۡ تَعۡمَلُونَ ٣٢ هَلۡ يَنظُرُونَ إِلَّآ أَن
تَأۡتِيَهُمُ ٱلۡمَلَٰٓئِكَةُ أَوۡ يَأۡتِيَ أَمۡرُ رَبِّكَۚ كَذَٰلِكَ فَعَلَ ٱلَّذِينَ مِن
قَبۡلِهِمۡۚ وَمَا ظَلَمَهُمُ ٱللَّهُ وَلَٰكِن كَانُوٓاْ أَنفُسَهُمۡ يَظۡلِمُونَ ٣٣
فَأَصَابَهُمۡ سَيِّـَٔاتُ مَا عَمِلُواْ وَحَاقَ بِهِم مَّا كَانُواْ بِهِۦ يَسۡتَهۡزِءُونَ ٣٤
وَقَالَ ٱلَّذِينَ أَشۡرَكُواْ لَوۡ شَآءَ ٱللَّهُ مَا عَبَدۡنَا مِن دُونِهِۦ مِن 14 - 16 - 271
شَيۡءٖ نَّحۡنُ وَلَآ ءَابَآؤُنَا وَلَا حَرَّمۡنَا مِن دُونِهِۦ مِن شَيۡءٖۚ كَذَٰلِكَ
فَعَلَ ٱلَّذِينَ مِن قَبۡلِهِمۡۚ فَهَلۡ عَلَى ٱلرُّسُلِ إِلَّا ٱلۡبَلَٰغُ ٱلۡمُبِينُ ٣٥
وَلَقَدۡ بَعَثۡنَا فِي كُلِّ أُمَّةٖ رَّسُولًا أَنِ ٱعۡبُدُواْ ٱللَّهَ
وَٱجۡتَنِبُواْ ٱلطَّٰغُوتَۖ فَمِنۡهُم مَّنۡ هَدَى ٱللَّهُ وَمِنۡهُم مَّنۡ
حَقَّتۡ عَلَيۡهِ ٱلضَّلَٰلَةُۚ فَسِيرُواْ فِي ٱلۡأَرۡضِ فَٱنظُرُواْ كَيۡفَ
كَانَ عَٰقِبَةُ ٱلۡمُكَذِّبِينَ ٣٦ إِن تَحۡرِصۡ عَلَىٰ هُدَىٰهُمۡ
فَإِنَّ ٱللَّهَ لَا يَهۡدِي مَن يُضِلُّۖ وَمَا لَهُم مِّن نَّٰصِرِينَ ٣٧
وَأَقۡسَمُواْ بِٱللَّهِ جَهۡدَ أَيۡمَٰنِهِمۡ لَا يَبۡعَثُ ٱللَّهُ مَن يَمُوتُۚ بَلَىٰ
وَعۡدًا عَلَيۡهِ حَقّٗا وَلَٰكِنَّ أَكۡثَرَ ٱلنَّاسِ لَا يَعۡلَمُونَ ٣٨
لِيُبَيِّنَ لَهُمُ ٱلَّذِي يَخۡتَلِفُونَ فِيهِ وَلِيَعۡلَمَ ٱلَّذِينَ كَفَرُوٓاْ
أَنَّهُمۡ كَانُواْ كَٰذِبِينَ ٣٩ إِنَّمَا قَوۡلُنَا لِشَيۡءٍ إِذَآ أَرَدۡنَٰهُ أَن نَّقُولَ
لَهُۥ كُن فَيَكُونُ ٤٠ وَٱلَّذِينَ هَاجَرُواْ فِي ٱللَّهِ مِنۢ بَعۡدِ مَا ظُلِمُواْ
لَنُبَوِّئَنَّهُمۡ فِي ٱلدُّنۡيَا حَسَنَةٗۖ وَلَأَجۡرُ ٱلۡأٓخِرَةِ أَكۡبَرُۚ لَوۡ كَانُواْ
يَعۡلَمُونَ ٤١ ٱلَّذِينَ صَبَرُواْ وَعَلَىٰ رَبِّهِمۡ يَتَوَكَّلُونَ ٤٢
وَمَآ أَرۡسَلۡنَا مِن قَبۡلِكَ إِلَّا رِجَالٗا نُّوحِيٓ إِلَيۡهِمۡۖ فَسۡـَٔلُوٓاْ أَهۡلَ 14 - 16 - 272
ٱلذِّكۡرِ إِن كُنتُمۡ لَا تَعۡلَمُونَ ٤٣ بِٱلۡبَيِّنَٰتِ وَٱلزُّبُرِۗ وَأَنزَلۡنَآ إِلَيۡكَ
ٱلذِّكۡرَ لِتُبَيِّنَ لِلنَّاسِ مَا نُزِّلَ إِلَيۡهِمۡ وَلَعَلَّهُمۡ يَتَفَكَّرُونَ ٤٤
أَفَأَمِنَ ٱلَّذِينَ مَكَرُواْ ٱلسَّيِّـَٔاتِ أَن يَخۡسِفَ ٱللَّهُ بِهِمُ ٱلۡأَرۡضَ
أَوۡ يَأۡتِيَهُمُ ٱلۡعَذَابُ مِنۡ حَيۡثُ لَا يَشۡعُرُونَ ٤٥ أَوۡ يَأۡخُذَهُمۡ
فِي تَقَلُّبِهِمۡ فَمَا هُم بِمُعۡجِزِينَ ٤٦ أَوۡ يَأۡخُذَهُمۡ عَلَىٰ تَخَوُّفٖ فَإِنَّ
رَبَّكُمۡ لَرَءُوفٞ رَّحِيمٌ ٤٧ أَوَلَمۡ يَرَوۡاْ إِلَىٰ مَا خَلَقَ ٱللَّهُ مِن شَيۡءٖ
يَتَفَيَّؤُاْ ظِلَٰلُهُۥ عَنِ ٱلۡيَمِينِ وَٱلشَّمَآئِلِ سُجَّدٗا لِّلَّهِ وَهُمۡ دَٰخِرُونَ ٤٨
وَلِلَّهِ يَسۡجُدُ مَا فِي ٱلسَّمَٰوَٰتِ وَمَا فِي ٱلۡأَرۡضِ مِن دَآبَّةٖ
وَٱلۡمَلَٰٓئِكَةُ وَهُمۡ لَا يَسۡتَكۡبِرُونَ ٤٩ يَخَافُونَ رَبَّهُم مِّن فَوۡقِهِمۡ

وَيَفۡعَلُونَ مَا يُؤۡمَرُونَ ۩ ٥٠ ۞ وَقَالَ ٱللَّهُ لَا تَتَّخِذُوٓاْ إِلَٰهَيۡنِ
ٱثۡنَيۡنِۖ إِنَّمَا هُوَ إِلَٰهٞ وَٰحِدٞ فَإِيَّٰيَ فَٱرۡهَبُونِ ٥١ وَلَهُۥ مَا فِي ٱلسَّمَٰوَٰتِ
وَٱلۡأَرۡضِ وَلَهُ ٱلدِّينُ وَاصِبًاۚ أَفَغَيۡرَ ٱللَّهِ تَتَّقُونَ ٥٢ وَمَا بِكُم مِّن
نِّعۡمَةٖ فَمِنَ ٱللَّهِۖ ثُمَّ إِذَا مَسَّكُمُ ٱلضُّرُّ فَإِلَيۡهِ تَجۡـَٔرُونَ ٥٣ ثُمَّ إِذَا
كَشَفَ ٱلضُّرَّ عَنكُمۡ إِذَا فَرِيقٞ مِّنكُم بِرَبِّهِمۡ يُشۡرِكُونَ ٥٤
لِيَكۡفُرُواْ بِمَآ ءَاتَيۡنَٰهُمۡۚ فَتَمَتَّعُواْ فَسَوۡفَ تَعۡلَمُونَ ٥٥ وَيَجۡعَلُونَ 14 - 16 - 273
لِمَا لَا يَعۡلَمُونَ نَصِيبٗا مِّمَّا رَزَقۡنَٰهُمۡۗ تَٱللَّهِ لَتُسۡـَٔلُنَّ عَمَّا كُنتُمۡ
تَفۡتَرُونَ ٥٦ وَيَجۡعَلُونَ لِلَّهِ ٱلۡبَنَٰتِ سُبۡحَٰنَهُۥ وَلَهُم مَّا يَشۡتَهُونَ ٥٧
وَإِذَا بُشِّرَ أَحَدُهُم بِٱلۡأُنثَىٰ ظَلَّ وَجۡهُهُۥ مُسۡوَدّٗا وَهُوَ كَظِيمٞ ٥٨
يَتَوَٰرَىٰ مِنَ ٱلۡقَوۡمِ مِن سُوٓءِ مَا بُشِّرَ بِهِۦٓۚ أَيُمۡسِكُهُۥ عَلَىٰ هُونٍ
أَمۡ يَدُسُّهُۥ فِي ٱلتُّرَابِۗ أَلَا سَآءَ مَا يَحۡكُمُونَ ٥٩ لِلَّذِينَ لَا يُؤۡمِنُونَ
بِٱلۡأٓخِرَةِ مَثَلُ ٱلسَّوۡءِۖ وَلِلَّهِ ٱلۡمَثَلُ ٱلۡأَعۡلَىٰۚ وَهُوَ ٱلۡعَزِيزُ ٱلۡحَكِيمُ ٦٠
وَلَوۡ يُؤَاخِذُ ٱللَّهُ ٱلنَّاسَ بِظُلۡمِهِم مَّا تَرَكَ عَلَيۡهَا مِن دَآبَّةٖ
وَلَٰكِن يُؤَخِّرُهُمۡ إِلَىٰٓ أَجَلٖ مُّسَمّٗىۖ فَإِذَا جَآءَ أَجَلُهُمۡ لَا يَسۡتَـٔۡخِرُونَ
سَاعَةٗ وَلَا يَسۡتَقۡدِمُونَ ٦١ وَيَجۡعَلُونَ لِلَّهِ مَا يَكۡرَهُونَۚ وَتَصِفُ
أَلۡسِنَتُهُمُ ٱلۡكَذِبَ أَنَّ لَهُمُ ٱلۡحُسۡنَىٰۚ لَا جَرَمَ أَنَّ لَهُمُ ٱلنَّارَ
وَأَنَّهُم مُّفۡرَطُونَ ٦٢ تَٱللَّهِ لَقَدۡ أَرۡسَلۡنَآ إِلَىٰٓ أُمَمٖ مِّن قَبۡلِكَ
فَزَيَّنَ لَهُمُ ٱلشَّيۡطَٰنُ أَعۡمَٰلَهُمۡ فَهُوَ وَلِيُّهُمُ ٱلۡيَوۡمَ وَلَهُمۡ
عَذَابٌ أَلِيمٞ ٦٣ وَمَآ أَنزَلۡنَا عَلَيۡكَ ٱلۡكِتَٰبَ إِلَّا لِتُبَيِّنَ لَهُمُ
ٱلَّذِي ٱخۡتَلَفُواْ فِيهِ وَهُدٗى وَرَحۡمَةٗ لِّقَوۡمٖ يُؤۡمِنُونَ ٦٤
وَٱللَّهُ أَنزَلَ مِنَ ٱلسَّمَآءِ مَآءٗ فَأَحۡيَا بِهِ ٱلۡأَرۡضَ بَعۡدَ مَوۡتِهَآۚ إِنَّ فِي 14 - 16 - 274
ذَٰلِكَ لَأٓيَةٗ لِّقَوۡمٖ يَسۡمَعُونَ ٦٥ وَإِنَّ لَكُمۡ فِي ٱلۡأَنۡعَٰمِ لَعِبۡرَةٗۖ نُّسۡقِيكُم
مِّمَّا فِي بُطُونِهِۦ مِنۢ بَيۡنِ فَرۡثٖ وَدَمٖ لَّبَنًا خَالِصٗا سَآئِغٗا لِّلشَّٰرِبِينَ ٦٦
وَمِن ثَمَرَٰتِ ٱلنَّخِيلِ وَٱلۡأَعۡنَٰبِ تَتَّخِذُونَ مِنۡهُ سَكَرٗا وَرِزۡقًا
حَسَنًاۚ إِنَّ فِي ذَٰلِكَ لَأٓيَةٗ لِّقَوۡمٖ يَعۡقِلُونَ ٦٧ وَأَوۡحَىٰ رَبُّكَ إِلَى ٱلنَّحۡلِ
أَنِ ٱتَّخِذِي مِنَ ٱلۡجِبَالِ بُيُوتٗا وَمِنَ ٱلشَّجَرِ وَمِمَّا يَعۡرِشُونَ ٦٨ ثُمَّ
كُلِي مِن كُلِّ ٱلثَّمَرَٰتِ فَٱسۡلُكِي سُبُلَ رَبِّكِ ذُلُلٗاۚ يَخۡرُجُ مِنۢ بُطُونِهَا
شَرَابٞ مُّخۡتَلِفٌ أَلۡوَٰنُهُۥ فِيهِ شِفَآءٞ لِّلنَّاسِۚ إِنَّ فِي ذَٰلِكَ لَأٓيَةٗ لِّقَوۡمٖ
يَتَفَكَّرُونَ ٦٩ وَٱللَّهُ خَلَقَكُمۡ ثُمَّ يَتَوَفَّىٰكُمۡۚ وَمِنكُم مَّن يُرَدُّ إِلَىٰٓ
أَرۡذَلِ ٱلۡعُمُرِ لِكَيۡ لَا يَعۡلَمَ بَعۡدَ عِلۡمٖ شَيۡـًٔاۚ إِنَّ ٱللَّهَ عَلِيمٞ قَدِيرٞ ٧٠
وَٱللَّهُ فَضَّلَ بَعۡضَكُمۡ عَلَىٰ بَعۡضٖ فِي ٱلرِّزۡقِۚ فَمَا ٱلَّذِينَ فُضِّلُواْ
بِرَآدِّي رِزۡقِهِمۡ عَلَىٰ مَا مَلَكَتۡ أَيۡمَٰنُهُمۡ فَهُمۡ فِيهِ سَوَآءٌۚ أَفَبِنِعۡمَةِ
ٱللَّهِ يَجۡحَدُونَ ٧١ وَٱللَّهُ جَعَلَ لَكُم مِّنۡ أَنفُسِكُمۡ أَزۡوَٰجٗا
وَجَعَلَ لَكُم مِّنۡ أَزۡوَٰجِكُم بَنِينَ وَحَفَدَةٗ وَرَزَقَكُم مِّنَ
ٱلطَّيِّبَٰتِۚ أَفَبِٱلۡبَٰطِلِ يُؤۡمِنُونَ وَبِنِعۡمَتِ ٱللَّهِ هُمۡ يَكۡفُرُونَ ٧٢
وَيَعۡبُدُونَ مِن دُونِ ٱللَّهِ مَا لَا يَمۡلِكُ لَهُمۡ رِزۡقٗا مِّنَ ٱلسَّمَٰوَٰتِ 14 - 16 - 275
وَٱلۡأَرۡضِ شَيۡـٔٗا وَلَا يَسۡتَطِيعُونَ ٧٣ فَلَا تَضۡرِبُواْ لِلَّهِ ٱلۡأَمۡثَالَۚ
إِنَّ ٱللَّهَ يَعۡلَمُ وَأَنتُمۡ لَا تَعۡلَمُونَ ٧٤ ۞ ضَرَبَ ٱللَّهُ مَثَلًا عَبۡدٗا
مَّمۡلُوكٗا لَّا يَقۡدِرُ عَلَىٰ شَيۡءٖ وَمَن رَّزَقۡنَٰهُ مِنَّا رِزۡقًا حَسَنٗا
فَهُوَ يُنفِقُ مِنۡهُ سِرّٗا وَجَهۡرًاۖ هَلۡ يَسۡتَوُۥنَۚ ٱلۡحَمۡدُ لِلَّهِۚ
بَلۡ أَكۡثَرُهُمۡ لَا يَعۡلَمُونَ ٧٥ وَضَرَبَ ٱللَّهُ مَثَلٗا رَّجُلَيۡنِ
أَحَدُهُمَآ أَبۡكَمُ لَا يَقۡدِرُ عَلَىٰ شَيۡءٖ وَهُوَ كَلٌّ عَلَىٰ مَوۡلَىٰهُ
أَيۡنَمَا يُوَجِّههُّ لَا يَأۡتِ بِخَيۡرٍ هَلۡ يَسۡتَوِي هُوَ وَمَن يَأۡمُرُ
بِٱلۡعَدۡلِ وَهُوَ عَلَىٰ صِرَٰطٖ مُّسۡتَقِيمٖ ٧٦ وَلِلَّهِ غَيۡبُ
ٱلسَّمَٰوَٰتِ وَٱلۡأَرۡضِۚ وَمَآ أَمۡرُ ٱلسَّاعَةِ إِلَّا كَلَمۡحِ
ٱلۡبَصَرِ أَوۡ هُوَ أَقۡرَبُۚ إِنَّ ٱللَّهَ عَلَىٰ كُلِّ شَيۡءٖ قَدِيرٞ ٧٧
وَٱللَّهُ أَخۡرَجَكُم مِّنۢ بُطُونِ أُمَّهَٰتِكُمۡ لَا تَعۡلَمُونَ شَيۡـٔٗا
وَجَعَلَ لَكُمُ ٱلسَّمۡعَ وَٱلۡأَبۡصَٰرَ وَٱلۡأَفۡـِٔدَةَ لَعَلَّكُمۡ
تَشۡكُرُونَ ٧٨ أَلَمۡ يَرَوۡاْ إِلَى ٱلطَّيۡرِ مُسَخَّرَٰتٖ فِي جَوِّ ٱلسَّمَآءِ
مَا يُمۡسِكُهُنَّ إِلَّا ٱللَّهُۚ إِنَّ فِي ذَٰلِكَ لَأٓيَٰتٖ لِّقَوۡمٖ يُؤۡمِنُونَ ٧٩
وَٱللَّهُ جَعَلَ لَكُم مِّنۢ بُيُوتِكُمۡ سَكَنٗا وَجَعَلَ لَكُم مِّن جُلُودِ 14 - 16 - 276
ٱلۡأَنۡعَٰمِ بُيُوتٗا تَسۡتَخِفُّونَهَا يَوۡمَ ظَعۡنِكُمۡ وَيَوۡمَ إِقَامَتِكُمۡ
وَمِنۡ أَصۡوَافِهَا وَأَوۡبَارِهَا وَأَشۡعَارِهَآ أَثَٰثٗا وَمَتَٰعًا إِلَىٰ حِينٖ ٨٠
وَٱللَّهُ جَعَلَ لَكُم مِّمَّا خَلَقَ ظِلَٰلٗا وَجَعَلَ لَكُم مِّنَ
ٱلۡجِبَالِ أَكۡنَٰنٗا وَجَعَلَ لَكُمۡ سَرَٰبِيلَ تَقِيكُمُ
ٱلۡحَرَّ وَسَرَٰبِيلَ تَقِيكُم بَأۡسَكُمۡۚ كَذَٰلِكَ يُتِمُّ نِعۡمَتَهُۥ
عَلَيۡكُمۡ لَعَلَّكُمۡ تُسۡلِمُونَ ٨١ فَإِن تَوَلَّوۡاْ فَإِنَّمَا عَلَيۡكَ
ٱلۡبَلَٰغُ ٱلۡمُبِينُ ٨٢ يَعۡرِفُونَ نِعۡمَتَ ٱللَّهِ ثُمَّ يُنكِرُونَهَا
وَأَكۡثَرُهُمُ ٱلۡكَٰفِرُونَ ٨٣ وَيَوۡمَ نَبۡعَثُ مِن كُلِّ أُمَّةٖ
شَهِيدٗا ثُمَّ لَا يُؤۡذَنُ لِلَّذِينَ كَفَرُواْ وَلَا هُمۡ يُسۡتَعۡتَبُونَ ٨٤
وَإِذَا رَءَا ٱلَّذِينَ ظَلَمُواْ ٱلۡعَذَابَ فَلَا يُخَفَّفُ عَنۡهُمۡ وَلَا هُمۡ
يُنظَرُونَ ٨٥ وَإِذَا رَءَا ٱلَّذِينَ أَشۡرَكُواْ شُرَكَآءَهُمۡ قَالُواْ
رَبَّنَا هَٰٓؤُلَآءِ شُرَكَآؤُنَا ٱلَّذِينَ كُنَّا نَدۡعُواْ مِن دُونِكَۖ
فَأَلۡقَوۡاْ إِلَيۡهِمُ ٱلۡقَوۡلَ إِنَّكُمۡ لَكَٰذِبُونَ ٨٦ وَأَلۡقَوۡاْ إِلَى
ٱللَّهِ يَوۡمَئِذٍ ٱلسَّلَمَۖ وَضَلَّ عَنۡهُم مَّا كَانُواْ يَفۡتَرُونَ ٨٧
ٱلَّذِينَ كَفَرُواْ وَصَدُّواْ عَن سَبِيلِ ٱللَّهِ زِدۡنَٰهُمۡ عَذَابٗا 14 - 16 - 277
فَوۡقَ ٱلۡعَذَابِ بِمَا كَانُواْ يُفۡسِدُونَ ٨٨ وَيَوۡمَ نَبۡعَثُ فِي
كُلِّ أُمَّةٖ شَهِيدًا عَلَيۡهِم مِّنۡ أَنفُسِهِمۡۖ وَجِئۡنَا بِكَ
شَهِيدًا عَلَىٰ هَٰٓؤُلَآءِۚ وَنَزَّلۡنَا عَلَيۡكَ ٱلۡكِتَٰبَ تِبۡيَٰنٗا لِّكُلِّ
شَيۡءٖ وَهُدٗى وَرَحۡمَةٗ وَبُشۡرَىٰ لِلۡمُسۡلِمِينَ ٨٩ ۞ إِنَّ ٱللَّهَ

يَأۡمُرُ بِٱلۡعَدۡلِ وَٱلۡإِحۡسَٰنِ وَإِيتَآيِٕ ذِي ٱلۡقُرۡبَىٰ وَيَنۡهَىٰ عَنِ
ٱلۡفَحۡشَآءِ وَٱلۡمُنكَرِ وَٱلۡبَغۡيِۚ يَعِظُكُمۡ لَعَلَّكُمۡ تَذَكَّرُونَ ٩٠
وَأَوۡفُواْ بِعَهۡدِ ٱللَّهِ إِذَا عَٰهَدتُّمۡ وَلَا تَنقُضُواْ ٱلۡأَيۡمَٰنَ
بَعۡدَ تَوۡكِيدِهَا وَقَدۡ جَعَلۡتُمُ ٱللَّهَ عَلَيۡكُمۡ كَفِيلًاۚ إِنَّ
ٱللَّهَ يَعۡلَمُ مَا تَفۡعَلُونَ ٩١ وَلَا تَكُونُواْ كَٱلَّتِي نَقَضَتۡ
غَزۡلَهَا مِنۢ بَعۡدِ قُوَّةٍ أَنكَٰثٗا تَتَّخِذُونَ أَيۡمَٰنَكُمۡ دَخَلَۢا
بَيۡنَكُمۡ أَن تَكُونَ أُمَّةٌ هِيَ أَرۡبَىٰ مِنۡ أُمَّةٍۚ إِنَّمَا يَبۡلُوكُمُ ٱللَّهُ
بِهِۦۚ وَلَيُبَيِّنَنَّ لَكُمۡ يَوۡمَ ٱلۡقِيَٰمَةِ مَا كُنتُمۡ فِيهِ تَخۡتَلِفُونَ ٩٢
وَلَوۡ شَآءَ ٱللَّهُ لَجَعَلَكُمۡ أُمَّةٗ وَٰحِدَةٗ وَلَٰكِن يُضِلُّ مَن
يَشَآءُ وَيَهۡدِي مَن يَشَآءُۚ وَلَتُسۡـَٔلُنَّ عَمَّا كُنتُمۡ تَعۡمَلُونَ ٩٣
وَلَا تَتَّخِذُوٓاْ أَيۡمَٰنَكُمۡ دَخَلَۢا بَيۡنَكُمۡ فَتَزِلَّ قَدَمُۢ بَعۡدَ 14 - 16 - 278
ثُبُوتِهَا وَتَذُوقُواْ ٱلسُّوٓءَ بِمَا صَدَدتُّمۡ عَن سَبِيلِ ٱللَّهِ وَلَكُمۡ
عَذَابٌ عَظِيمٞ ٩٤ وَلَا تَشۡتَرُواْ بِعَهۡدِ ٱللَّهِ ثَمَنٗا قَلِيلًاۚ إِنَّمَا
عِندَ ٱللَّهِ هُوَ خَيۡرٞ لَّكُمۡ إِن كُنتُمۡ تَعۡلَمُونَ ٩٥ مَا عِندَكُمۡ
يَنفَدُ وَمَا عِندَ ٱللَّهِ بَاقٖۗ وَلَنَجۡزِيَنَّ ٱلَّذِينَ صَبَرُوٓاْ أَجۡرَهُم
بِأَحۡسَنِ مَا كَانُواْ يَعۡمَلُونَ ٩٦ مَنۡ عَمِلَ صَٰلِحٗا
مِّن ذَكَرٍ أَوۡ أُنثَىٰ وَهُوَ مُؤۡمِنٞ فَلَنُحۡيِيَنَّهُۥ حَيَوٰةٗ طَيِّبَةٗۖ
وَلَنَجۡزِيَنَّهُمۡ أَجۡرَهُم بِأَحۡسَنِ مَا كَانُواْ يَعۡمَلُونَ ٩٧
فَإِذَا قَرَأۡتَ ٱلۡقُرۡءَانَ فَٱسۡتَعِذۡ بِٱللَّهِ مِنَ ٱلشَّيۡطَٰنِ ٱلرَّجِيمِ ٩٨
إِنَّهُۥ لَيۡسَ لَهُۥ سُلۡطَٰنٌ عَلَى ٱلَّذِينَ ءَامَنُواْ وَعَلَىٰ رَبِّهِمۡ
يَتَوَكَّلُونَ ٩٩ إِنَّمَا سُلۡطَٰنُهُۥ عَلَى ٱلَّذِينَ يَتَوَلَّوۡنَهُۥ وَٱلَّذِينَ
هُم بِهِۦ مُشۡرِكُونَ ١٠٠ وَإِذَا بَدَّلۡنَآ ءَايَةٗ مَّكَانَ ءَايَةٖ
وَٱللَّهُ أَعۡلَمُ بِمَا يُنَزِّلُ قَالُوٓاْ إِنَّمَآ أَنتَ مُفۡتَرِۭۚ بَلۡ أَكۡثَرُهُمۡ
لَا يَعۡلَمُونَ ١٠١ قُلۡ نَزَّلَهُۥ رُوحُ ٱلۡقُدُسِ مِن رَّبِّكَ بِٱلۡحَقِّ
لِيُثَبِّتَ ٱلَّذِينَ ءَامَنُواْ وَهُدٗى وَبُشۡرَىٰ لِلۡمُسۡلِمِينَ ١٠٢
وَلَقَدۡ نَعۡلَمُ أَنَّهُمۡ يَقُولُونَ إِنَّمَا يُعَلِّمُهُۥ بَشَرٞۗ لِّسَانُ 14 - 16 - 279
ٱلَّذِي يُلۡحِدُونَ إِلَيۡهِ أَعۡجَمِيّٞ وَهَٰذَا لِسَانٌ عَرَبِيّٞ مُّبِينٌ ١٠٣
إِنَّ ٱلَّذِينَ لَا يُؤۡمِنُونَ بِـَٔايَٰتِ ٱللَّهِ لَا يَهۡدِيهِمُ ٱللَّهُ
وَلَهُمۡ عَذَابٌ أَلِيمٌ ١٠٤ إِنَّمَا يَفۡتَرِي ٱلۡكَذِبَ ٱلَّذِينَ
لَا يُؤۡمِنُونَ بِـَٔايَٰتِ ٱللَّهِۖ وَأُوْلَٰٓئِكَ هُمُ ٱلۡكَٰذِبُونَ ١٠٥
مَن كَفَرَ بِٱللَّهِ مِنۢ بَعۡدِ إِيمَٰنِهِۦٓ إِلَّا مَنۡ أُكۡرِهَ وَقَلۡبُهُۥ
مُطۡمَئِنُّۢ بِٱلۡإِيمَٰنِ وَلَٰكِن مَّن شَرَحَ بِٱلۡكُفۡرِ
صَدۡرٗا فَعَلَيۡهِمۡ غَضَبٞ مِّنَ ٱللَّهِ وَلَهُمۡ عَذَابٌ عَظِيمٞ ١٠٦
ذَٰلِكَ بِأَنَّهُمُ ٱسۡتَحَبُّواْ ٱلۡحَيَوٰةَ ٱلدُّنۡيَا عَلَى
ٱلۡأٓخِرَةِ وَأَنَّ ٱللَّهَ لَا يَهۡدِي ٱلۡقَوۡمَ ٱلۡكَٰفِرِينَ ١٠٧
أُوْلَٰٓئِكَ ٱلَّذِينَ طَبَعَ ٱللَّهُ عَلَىٰ قُلُوبِهِمۡ وَسَمۡعِهِمۡ
وَأَبۡصَٰرِهِمۡۖ وَأُوْلَٰٓئِكَ هُمُ ٱلۡغَٰفِلُونَ ١٠٨ لَا جَرَمَ
أَنَّهُمۡ فِي ٱلۡأٓخِرَةِ هُمُ ٱلۡخَٰسِرُونَ ١٠٩ ثُمَّ إِنَّ رَبَّكَ
لِلَّذِينَ هَاجَرُواْ مِنۢ بَعۡدِ مَا فُتِنُواْ ثُمَّ جَٰهَدُواْ
وَصَبَرُوٓاْ إِنَّ رَبَّكَ مِنۢ بَعۡدِهَا لَغَفُورٞ رَّحِيمٞ ١١٠
۞ يَوۡمَ تَأۡتِي كُلُّ نَفۡسٖ تُجَٰدِلُ عَن نَّفۡسِهَا وَتُوَفَّىٰ كُلُّ 14 - 16 - 280
نَفۡسٖ مَّا عَمِلَتۡ وَهُمۡ لَا يُظۡلَمُونَ ١١١ وَضَرَبَ ٱللَّهُ مَثَلٗا
قَرۡيَةٗ كَانَتۡ ءَامِنَةٗ مُّطۡمَئِنَّةٗ يَأۡتِيهَا رِزۡقُهَا رَغَدٗا مِّن
كُلِّ مَكَانٖ فَكَفَرَتۡ بِأَنۡعُمِ ٱللَّهِ فَأَذَٰقَهَا ٱللَّهُ لِبَاسَ
ٱلۡجُوعِ وَٱلۡخَوۡفِ بِمَا كَانُواْ يَصۡنَعُونَ ١١٢ وَلَقَدۡ جَآءَهُمۡ
رَسُولٞ مِّنۡهُمۡ فَكَذَّبُوهُ فَأَخَذَهُمُ ٱلۡعَذَابُ وَهُمۡ ظَٰلِمُونَ ١١٣
فَكُلُواْ مِمَّا رَزَقَكُمُ ٱللَّهُ حَلَٰلٗا طَيِّبٗا وَٱشۡكُرُواْ
نِعۡمَتَ ٱللَّهِ إِن كُنتُمۡ إِيَّاهُ تَعۡبُدُونَ ١١٤ إِنَّمَا حَرَّمَ
عَلَيۡكُمُ ٱلۡمَيۡتَةَ وَٱلدَّمَ وَلَحۡمَ ٱلۡخِنزِيرِ وَمَآ أُهِلَّ لِغَيۡرِ
ٱللَّهِ بِهِۦۖ فَمَنِ ٱضۡطُرَّ غَيۡرَ بَاغٖ وَلَا عَادٖ فَإِنَّ ٱللَّهَ غَفُورٞ
رَّحِيمٞ ١١٥ وَلَا تَقُولُواْ لِمَا تَصِفُ أَلۡسِنَتُكُمُ ٱلۡكَذِبَ
هَٰذَا حَلَٰلٞ وَهَٰذَا حَرَامٞ لِّتَفۡتَرُواْ عَلَى ٱللَّهِ ٱلۡكَذِبَۚ إِنَّ
ٱلَّذِينَ يَفۡتَرُونَ عَلَى ٱللَّهِ ٱلۡكَذِبَ لَا يُفۡلِحُونَ ١١٦ مَتَٰعٞ قَلِيلٞ
وَلَهُمۡ عَذَابٌ أَلِيمٞ ١١٧ وَعَلَى ٱلَّذِينَ هَادُواْ حَرَّمۡنَا مَا قَصَصۡنَا عَلَيۡكَ
مِن قَبۡلُۖ وَمَا ظَلَمۡنَٰهُمۡ وَلَٰكِن كَانُوٓاْ أَنفُسَهُمۡ يَظۡلِمُونَ ١١٨
ثُمَّ إِنَّ رَبَّكَ لِلَّذِينَ عَمِلُواْ ٱلسُّوٓءَ بِجَهَٰلَةٖ ثُمَّ تَابُواْ مِنۢ بَعۡدِ 14 - 16 - 281
ذَٰلِكَ وَأَصۡلَحُوٓاْ إِنَّ رَبَّكَ مِنۢ بَعۡدِهَا لَغَفُورٞ رَّحِيمٌ ١١٩ إِنَّ
إِبۡرَٰهِيمَ كَانَ أُمَّةٗ قَانِتٗا لِّلَّهِ حَنِيفٗا وَلَمۡ يَكُ مِنَ ٱلۡمُشۡرِكِينَ ١٢٠
شَاكِرٗا لِّأَنۡعُمِهِۚ ٱجۡتَبَىٰهُ وَهَدَىٰهُ إِلَىٰ صِرَٰطٖ مُّسۡتَقِيمٖ ١٢١
وَءَاتَيۡنَٰهُ فِي ٱلدُّنۡيَا حَسَنَةٗۖ وَإِنَّهُۥ فِي ٱلۡأٓخِرَةِ لَمِنَ ٱلصَّٰلِحِينَ ١٢٢
ثُمَّ أَوۡحَيۡنَآ إِلَيۡكَ أَنِ ٱتَّبِعۡ مِلَّةَ إِبۡرَٰهِيمَ حَنِيفٗاۖ وَمَا كَانَ
مِنَ ٱلۡمُشۡرِكِينَ ١٢٣ إِنَّمَا جُعِلَ ٱلسَّبۡتُ عَلَى ٱلَّذِينَ ٱخۡتَلَفُواْ
فِيهِۚ وَإِنَّ رَبَّكَ لَيَحۡكُمُ بَيۡنَهُمۡ يَوۡمَ ٱلۡقِيَٰمَةِ فِيمَا
كَانُواْ فِيهِ يَخۡتَلِفُونَ ١٢٤ ٱدۡعُ إِلَىٰ سَبِيلِ رَبِّكَ بِٱلۡحِكۡمَةِ
وَٱلۡمَوۡعِظَةِ ٱلۡحَسَنَةِۖ وَجَٰدِلۡهُم بِٱلَّتِي هِيَ أَحۡسَنُۚ إِنَّ رَبَّكَ
هُوَ أَعۡلَمُ بِمَن ضَلَّ عَن سَبِيلِهِۦ وَهُوَ أَعۡلَمُ بِٱلۡمُهۡتَدِينَ ١٢٥
وَإِنۡ عَاقَبۡتُمۡ فَعَاقِبُواْ بِمِثۡلِ مَا عُوقِبۡتُم بِهِۦۖ وَلَئِن
صَبَرۡتُمۡ لَهُوَ خَيۡرٞ لِّلصَّٰبِرِينَ ١٢٦ وَٱصۡبِرۡ وَمَا صَبۡرُكَ
إِلَّا بِٱللَّهِۚ وَلَا تَحۡزَنۡ عَلَيۡهِمۡ وَلَا تَكُ فِي ضَيۡقٖ مِّمَّا يَمۡكُرُونَ ١٢٧
إِنَّ ٱللَّهَ مَعَ ٱلَّذِينَ ٱتَّقَواْ وَّٱلَّذِينَ هُم مُّحۡسِنُونَ ١٢٨

سُورَةُ الإِسْرَاءِ

15 - 17 - 282

بِسْمِ اللَّهِ الرَّحْمَٰنِ الرَّحِيمِ

سُبْحَانَ الَّذِي أَسْرَىٰ بِعَبْدِهِ لَيْلًا مِّنَ الْمَسْجِدِ الْحَرَامِ إِلَى الْمَسْجِدِ الْأَقْصَى الَّذِي بَارَكْنَا حَوْلَهُ لِنُرِيَهُ مِنْ آيَاتِنَا ۚ إِنَّهُ هُوَ السَّمِيعُ الْبَصِيرُ ﴿١﴾ وَآتَيْنَا مُوسَى الْكِتَابَ وَجَعَلْنَاهُ هُدًى لِّبَنِي إِسْرَائِيلَ أَلَّا تَتَّخِذُوا مِن دُونِي وَكِيلًا ﴿٢﴾ ذُرِّيَّةَ مَنْ حَمَلْنَا مَعَ نُوحٍ ۚ إِنَّهُ كَانَ عَبْدًا شَكُورًا ﴿٣﴾ وَقَضَيْنَا إِلَىٰ بَنِي إِسْرَائِيلَ فِي الْكِتَابِ لَتُفْسِدُنَّ فِي الْأَرْضِ مَرَّتَيْنِ وَلَتَعْلُنَّ عُلُوًّا كَبِيرًا ﴿٤﴾ فَإِذَا جَاءَ وَعْدُ أُولَاهُمَا بَعَثْنَا عَلَيْكُمْ عِبَادًا لَّنَا أُولِي بَأْسٍ شَدِيدٍ فَجَاسُوا خِلَالَ الدِّيَارِ ۚ وَكَانَ وَعْدًا مَّفْعُولًا ﴿٥﴾ ثُمَّ رَدَدْنَا لَكُمُ الْكَرَّةَ عَلَيْهِمْ وَأَمْدَدْنَاكُم بِأَمْوَالٍ وَبَنِينَ وَجَعَلْنَاكُمْ أَكْثَرَ نَفِيرًا ﴿٦﴾ إِنْ أَحْسَنتُمْ أَحْسَنتُمْ لِأَنفُسِكُمْ ۖ وَإِنْ أَسَأْتُمْ فَلَهَا ۚ فَإِذَا جَاءَ وَعْدُ الْآخِرَةِ لِيَسُوءُوا وُجُوهَكُمْ وَلِيَدْخُلُوا الْمَسْجِدَ كَمَا دَخَلُوهُ أَوَّلَ مَرَّةٍ وَلِيُتَبِّرُوا مَا عَلَوْا تَتْبِيرًا ﴿٧﴾ عَسَىٰ رَبُّكُمْ أَن يَرْحَمَكُمْ ۚ وَإِنْ عُدتُّمْ عُدْنَا ۘ وَجَعَلْنَا جَهَنَّمَ لِلْكَافِرِينَ حَصِيرًا ﴿٨﴾

15 - 17 - 283

إِنَّ هَٰذَا الْقُرْآنَ يَهْدِي لِلَّتِي هِيَ أَقْوَمُ وَيُبَشِّرُ الْمُؤْمِنِينَ الَّذِينَ يَعْمَلُونَ الصَّالِحَاتِ أَنَّ لَهُمْ أَجْرًا كَبِيرًا ﴿٩﴾ وَأَنَّ الَّذِينَ لَا يُؤْمِنُونَ بِالْآخِرَةِ أَعْتَدْنَا لَهُمْ عَذَابًا أَلِيمًا ﴿١٠﴾ وَيَدْعُ الْإِنسَانُ بِالشَّرِّ دُعَاءَهُ بِالْخَيْرِ ۖ وَكَانَ الْإِنسَانُ عَجُولًا ﴿١١﴾ وَجَعَلْنَا اللَّيْلَ وَالنَّهَارَ آيَتَيْنِ ۖ فَمَحَوْنَا آيَةَ اللَّيْلِ وَجَعَلْنَا آيَةَ النَّهَارِ مُبْصِرَةً لِّتَبْتَغُوا فَضْلًا مِّن رَّبِّكُمْ وَلِتَعْلَمُوا عَدَدَ السِّنِينَ وَالْحِسَابَ ۚ وَكُلَّ شَيْءٍ فَصَّلْنَاهُ تَفْصِيلًا ﴿١٢﴾ وَكُلَّ إِنسَانٍ أَلْزَمْنَاهُ طَائِرَهُ فِي عُنُقِهِ ۖ وَنُخْرِجُ لَهُ يَوْمَ الْقِيَامَةِ كِتَابًا يَلْقَاهُ مَنشُورًا ﴿١٣﴾ اقْرَأْ كِتَابَكَ كَفَىٰ بِنَفْسِكَ الْيَوْمَ عَلَيْكَ حَسِيبًا ﴿١٤﴾ مَّنِ اهْتَدَىٰ فَإِنَّمَا يَهْتَدِي لِنَفْسِهِ ۖ وَمَن ضَلَّ فَإِنَّمَا يَضِلُّ عَلَيْهَا ۚ وَلَا تَزِرُ وَازِرَةٌ وِزْرَ أُخْرَىٰ ۗ وَمَا كُنَّا مُعَذِّبِينَ حَتَّىٰ نَبْعَثَ رَسُولًا ﴿١٥﴾ وَإِذَا أَرَدْنَا أَن نُّهْلِكَ قَرْيَةً أَمَرْنَا مُتْرَفِيهَا فَفَسَقُوا فِيهَا فَحَقَّ عَلَيْهَا الْقَوْلُ فَدَمَّرْنَاهَا تَدْمِيرًا ﴿١٦﴾ وَكَمْ أَهْلَكْنَا مِنَ الْقُرُونِ مِن بَعْدِ نُوحٍ ۗ وَكَفَىٰ بِرَبِّكَ بِذُنُوبِ عِبَادِهِ خَبِيرًا بَصِيرًا ﴿١٧﴾ مَّن كَانَ يُرِيدُ الْعَاجِلَةَ عَجَّلْنَا لَهُ فِيهَا مَا نَشَاءُ لِمَن نُّرِيدُ ثُمَّ جَعَلْنَا لَهُ جَهَنَّمَ يَصْلَاهَا مَذْمُومًا مَّدْحُورًا ﴿١٨﴾

15 - 17 - 284

وَمَنْ أَرَادَ الْآخِرَةَ وَسَعَىٰ لَهَا سَعْيَهَا وَهُوَ مُؤْمِنٌ فَأُولَٰئِكَ كَانَ سَعْيُهُم مَّشْكُورًا ﴿١٩﴾ كُلًّا نُّمِدُّ هَٰؤُلَاءِ وَهَٰؤُلَاءِ مِنْ عَطَاءِ رَبِّكَ ۚ وَمَا كَانَ عَطَاءُ رَبِّكَ مَحْظُورًا ﴿٢٠﴾ انظُرْ كَيْفَ فَضَّلْنَا بَعْضَهُمْ عَلَىٰ بَعْضٍ ۚ وَلَلْآخِرَةُ أَكْبَرُ دَرَجَاتٍ وَأَكْبَرُ تَفْضِيلًا ﴿٢١﴾ لَّا تَجْعَلْ مَعَ اللَّهِ إِلَٰهًا آخَرَ فَتَقْعُدَ مَذْمُومًا مَّخْذُولًا ﴿٢٢﴾ ۞ وَقَضَىٰ رَبُّكَ أَلَّا تَعْبُدُوا إِلَّا إِيَّاهُ وَبِالْوَالِدَيْنِ إِحْسَانًا ۚ إِمَّا يَبْلُغَنَّ عِندَكَ الْكِبَرَ أَحَدُهُمَا أَوْ كِلَاهُمَا فَلَا تَقُل لَّهُمَا أُفٍّ وَلَا تَنْهَرْهُمَا وَقُل لَّهُمَا قَوْلًا كَرِيمًا ﴿٢٣﴾ وَاخْفِضْ لَهُمَا جَنَاحَ الذُّلِّ مِنَ الرَّحْمَةِ وَقُل رَّبِّ ارْحَمْهُمَا كَمَا رَبَّيَانِي صَغِيرًا ﴿٢٤﴾ رَّبُّكُمْ أَعْلَمُ بِمَا فِي نُفُوسِكُمْ ۚ إِن تَكُونُوا صَالِحِينَ فَإِنَّهُ كَانَ لِلْأَوَّابِينَ غَفُورًا ﴿٢٥﴾ وَآتِ ذَا الْقُرْبَىٰ حَقَّهُ وَالْمِسْكِينَ وَابْنَ السَّبِيلِ وَلَا تُبَذِّرْ تَبْذِيرًا ﴿٢٦﴾ إِنَّ الْمُبَذِّرِينَ كَانُوا إِخْوَانَ الشَّيَاطِينِ ۖ وَكَانَ الشَّيْطَانُ لِرَبِّهِ كَفُورًا ﴿٢٧﴾ وَإِمَّا تُعْرِضَنَّ عَنْهُمُ ابْتِغَاءَ رَحْمَةٍ مِّن رَّبِّكَ تَرْجُوهَا فَقُل لَّهُمْ قَوْلًا مَّيْسُورًا ﴿٢٨﴾

15 - 17 - 285

وَلَا تَجْعَلْ يَدَكَ مَغْلُولَةً إِلَىٰ عُنُقِكَ وَلَا تَبْسُطْهَا كُلَّ الْبَسْطِ فَتَقْعُدَ مَلُومًا مَّحْسُورًا ﴿٢٩﴾ إِنَّ رَبَّكَ يَبْسُطُ الرِّزْقَ لِمَن يَشَاءُ وَيَقْدِرُ ۚ إِنَّهُ كَانَ بِعِبَادِهِ خَبِيرًا بَصِيرًا ﴿٣٠﴾ وَلَا تَقْتُلُوا أَوْلَادَكُمْ خَشْيَةَ إِمْلَاقٍ ۖ نَّحْنُ نَرْزُقُهُمْ وَإِيَّاكُمْ ۚ إِنَّ قَتْلَهُمْ كَانَ خِطْئًا كَبِيرًا ﴿٣١﴾ وَلَا تَقْرَبُوا الزِّنَىٰ ۖ إِنَّهُ كَانَ فَاحِشَةً وَسَاءَ سَبِيلًا ﴿٣٢﴾ وَلَا تَقْتُلُوا النَّفْسَ الَّتِي حَرَّمَ اللَّهُ إِلَّا بِالْحَقِّ ۗ وَمَن قُتِلَ مَظْلُومًا فَقَدْ جَعَلْنَا لِوَلِيِّهِ سُلْطَانًا فَلَا يُسْرِف فِّي الْقَتْلِ ۖ إِنَّهُ كَانَ مَنصُورًا ﴿٣٣﴾ وَلَا تَقْرَبُوا مَالَ الْيَتِيمِ إِلَّا بِالَّتِي هِيَ أَحْسَنُ حَتَّىٰ يَبْلُغَ أَشُدَّهُ ۚ وَأَوْفُوا بِالْعَهْدِ ۖ إِنَّ الْعَهْدَ كَانَ مَسْئُولًا ﴿٣٤﴾ وَأَوْفُوا الْكَيْلَ إِذَا كِلْتُمْ وَزِنُوا بِالْقِسْطَاسِ الْمُسْتَقِيمِ ۚ ذَٰلِكَ خَيْرٌ وَأَحْسَنُ تَأْوِيلًا ﴿٣٥﴾ وَلَا تَقْفُ مَا لَيْسَ لَكَ بِهِ عِلْمٌ ۚ إِنَّ السَّمْعَ وَالْبَصَرَ وَالْفُؤَادَ كُلُّ أُولَٰئِكَ كَانَ عَنْهُ مَسْئُولًا ﴿٣٦﴾ وَلَا تَمْشِ فِي الْأَرْضِ مَرَحًا ۖ إِنَّكَ لَن تَخْرِقَ الْأَرْضَ وَلَن تَبْلُغَ الْجِبَالَ طُولًا ﴿٣٧﴾ كُلُّ ذَٰلِكَ كَانَ سَيِّئُهُ عِندَ رَبِّكَ مَكْرُوهًا ﴿٣٨﴾ ذَٰلِكَ مِمَّا أَوْحَىٰ إِلَيْكَ رَبُّكَ مِنَ الْحِكْمَةِ ۗ وَلَا تَجْعَلْ مَعَ اللَّهِ إِلَٰهًا آخَرَ فَتُلْقَىٰ فِي جَهَنَّمَ مَلُومًا مَّدْحُورًا ﴿٣٩﴾

15 - 17 - 286

أَفَأَصْفَاكُمْ رَبُّكُم بِالْبَنِينَ وَاتَّخَذَ مِنَ الْمَلَائِكَةِ إِنَاثًا ۚ إِنَّكُمْ لَتَقُولُونَ قَوْلًا عَظِيمًا ﴿٤٠﴾ وَلَقَدْ صَرَّفْنَا فِي هَٰذَا الْقُرْآنِ لِيَذَّكَّرُوا وَمَا يَزِيدُهُمْ إِلَّا نُفُورًا ﴿٤١﴾ قُل لَّوْ كَانَ مَعَهُ آلِهَةٌ كَمَا يَقُولُونَ إِذًا لَّابْتَغَوْا إِلَىٰ ذِي الْعَرْشِ سَبِيلًا ﴿٤٢﴾ سُبْحَانَهُ وَتَعَالَىٰ عَمَّا يَقُولُونَ عُلُوًّا كَبِيرًا ﴿٤٣﴾ تُسَبِّحُ لَهُ السَّمَاوَاتُ السَّبْعُ وَالْأَرْضُ وَمَن فِيهِنَّ ۚ وَإِن مِّن شَيْءٍ إِلَّا يُسَبِّحُ بِحَمْدِهِ وَلَٰكِن لَّا تَفْقَهُونَ تَسْبِيحَهُمْ ۗ إِنَّهُ كَانَ حَلِيمًا غَفُورًا ﴿٤٤﴾ وَإِذَا قَرَأْتَ الْقُرْآنَ جَعَلْنَا بَيْنَكَ وَبَيْنَ الَّذِينَ لَا يُؤْمِنُونَ بِالْآخِرَةِ حِجَابًا مَّسْتُورًا ﴿٤٥﴾ وَجَعَلْنَا عَلَىٰ قُلُوبِهِمْ أَكِنَّةً أَن يَفْقَهُوهُ وَفِي آذَانِهِمْ وَقْرًا ۚ وَإِذَا ذَكَرْتَ رَبَّكَ فِي الْقُرْآنِ وَحْدَهُ وَلَّوْا عَلَىٰ أَدْبَارِهِمْ نُفُورًا ﴿٤٦﴾ نَّحْنُ أَعْلَمُ بِمَا يَسْتَمِعُونَ بِهِ إِذْ يَسْتَمِعُونَ إِلَيْكَ وَإِذْ هُمْ نَجْوَىٰ إِذْ يَقُولُ الظَّالِمُونَ إِن تَتَّبِعُونَ إِلَّا رَجُلًا مَّسْحُورًا ﴿٤٧﴾ انظُرْ كَيْفَ ضَرَبُوا لَكَ الْأَمْثَالَ فَضَلُّوا فَلَا يَسْتَطِيعُونَ سَبِيلًا ﴿٤٨﴾ وَقَالُوا أَإِذَا كُنَّا عِظَامًا وَرُفَاتًا أَإِنَّا لَمَبْعُوثُونَ خَلْقًا جَدِيدًا ﴿٤٩﴾

15 - 17 - 287

۞ قُلْ كُونُوا حِجَارَةً أَوْ حَدِيدًا ﴿٥٠﴾ أَوْ خَلْقًا مِّمَّا يَكْبُرُ فِي صُدُورِكُمْ ۚ فَسَيَقُولُونَ مَن يُعِيدُنَا ۖ قُلِ الَّذِي فَطَرَكُمْ أَوَّلَ مَرَّةٍ ۚ فَسَيُنْغِضُونَ إِلَيْكَ رُءُوسَهُمْ وَيَقُولُونَ مَتَىٰ هُوَ ۖ قُلْ عَسَىٰ أَن يَكُونَ قَرِيبًا ﴿٥١﴾ يَوْمَ يَدْعُوكُمْ فَتَسْتَجِيبُونَ بِحَمْدِهِ وَتَظُنُّونَ إِن لَّبِثْتُمْ إِلَّا قَلِيلًا ﴿٥٢﴾ وَقُل لِّعِبَادِي يَقُولُوا الَّتِي هِيَ أَحْسَنُ ۚ إِنَّ الشَّيْطَانَ يَنزَغُ بَيْنَهُمْ ۚ إِنَّ الشَّيْطَانَ كَانَ لِلْإِنسَانِ عَدُوًّا مُّبِينًا ﴿٥٣﴾ رَّبُّكُمْ أَعْلَمُ بِكُمْ ۖ إِن يَشَأْ يَرْحَمْكُمْ أَوْ إِن يَشَأْ يُعَذِّبْكُمْ ۚ وَمَا أَرْسَلْنَاكَ عَلَيْهِمْ وَكِيلًا ﴿٥٤﴾ وَرَبُّكَ أَعْلَمُ بِمَن فِي السَّمَاوَاتِ وَالْأَرْضِ ۗ وَلَقَدْ فَضَّلْنَا بَعْضَ النَّبِيِّينَ عَلَىٰ بَعْضٍ ۖ وَآتَيْنَا دَاوُودَ زَبُورًا ﴿٥٥﴾ قُلِ ادْعُوا الَّذِينَ زَعَمْتُم مِّن دُونِهِ فَلَا يَمْلِكُونَ كَشْفَ الضُّرِّ عَنكُمْ وَلَا تَحْوِيلًا ﴿٥٦﴾ أُولَٰئِكَ الَّذِينَ يَدْعُونَ يَبْتَغُونَ إِلَىٰ رَبِّهِمُ الْوَسِيلَةَ أَيُّهُمْ أَقْرَبُ وَيَرْجُونَ رَحْمَتَهُ وَيَخَافُونَ عَذَابَهُ ۚ إِنَّ عَذَابَ رَبِّكَ كَانَ مَحْذُورًا ﴿٥٧﴾ وَإِن مِّن قَرْيَةٍ إِلَّا نَحْنُ مُهْلِكُوهَا قَبْلَ يَوْمِ الْقِيَامَةِ أَوْ مُعَذِّبُوهَا عَذَابًا شَدِيدًا ۚ كَانَ ذَٰلِكَ فِي الْكِتَابِ مَسْطُورًا ﴿٥٨﴾

15 - 17 - 288

وَمَا مَنَعَنَا أَن نُّرْسِلَ بِالْآيَاتِ إِلَّا أَن كَذَّبَ بِهَا الْأَوَّلُونَ ۚ وَآتَيْنَا ثَمُودَ النَّاقَةَ مُبْصِرَةً فَظَلَمُوا بِهَا ۚ وَمَا نُرْسِلُ بِالْآيَاتِ إِلَّا تَخْوِيفًا ﴿٥٩﴾ وَإِذْ قُلْنَا لَكَ إِنَّ رَبَّكَ أَحَاطَ بِالنَّاسِ ۚ وَمَا جَعَلْنَا الرُّؤْيَا الَّتِي أَرَيْنَاكَ إِلَّا فِتْنَةً لِّلنَّاسِ وَالشَّجَرَةَ الْمَلْعُونَةَ فِي الْقُرْآنِ ۚ وَنُخَوِّفُهُمْ فَمَا يَزِيدُهُمْ إِلَّا طُغْيَانًا كَبِيرًا ﴿٦٠﴾ وَإِذْ قُلْنَا لِلْمَلَائِكَةِ اسْجُدُوا لِآدَمَ فَسَجَدُوا إِلَّا إِبْلِيسَ قَالَ أَأَسْجُدُ لِمَنْ خَلَقْتَ طِينًا ﴿٦١﴾ قَالَ أَرَأَيْتَكَ هَٰذَا الَّذِي كَرَّمْتَ عَلَيَّ لَئِنْ أَخَّرْتَنِ إِلَىٰ يَوْمِ الْقِيَامَةِ لَأَحْتَنِكَنَّ ذُرِّيَّتَهُ إِلَّا قَلِيلًا ﴿٦٢﴾ قَالَ اذْهَبْ فَمَن تَبِعَكَ مِنْهُمْ فَإِنَّ جَهَنَّمَ جَزَاؤُكُمْ جَزَاءً مَّوْفُورًا ﴿٦٣﴾ وَاسْتَفْزِزْ مَنِ اسْتَطَعْتَ مِنْهُم بِصَوْتِكَ وَأَجْلِبْ عَلَيْهِم بِخَيْلِكَ وَرَجِلِكَ وَشَارِكْهُمْ فِي الْأَمْوَالِ وَالْأَوْلَادِ وَعِدْهُمْ ۚ وَمَا يَعِدُهُمُ الشَّيْطَانُ إِلَّا غُرُورًا ﴿٦٤﴾ إِنَّ عِبَادِي لَيْسَ لَكَ عَلَيْهِمْ سُلْطَانٌ ۚ وَكَفَىٰ بِرَبِّكَ وَكِيلًا ﴿٦٥﴾ رَّبُّكُمُ الَّذِي يُزْجِي لَكُمُ الْفُلْكَ فِي الْبَحْرِ لِتَبْتَغُوا مِن فَضْلِهِ ۚ إِنَّهُ كَانَ بِكُمْ رَحِيمًا ﴿٦٦﴾

15 - 17 - 289

وَإِذَا مَسَّكُمُ الضُّرُّ فِي الْبَحْرِ ضَلَّ مَن تَدْعُونَ إِلَّا إِيَّاهُ ۖ فَلَمَّا نَجَّاكُمْ إِلَى الْبَرِّ أَعْرَضْتُمْ ۚ وَكَانَ الْإِنسَانُ كَفُورًا ﴿٦٧﴾ أَفَأَمِنتُمْ أَن يَخْسِفَ بِكُمْ جَانِبَ الْبَرِّ أَوْ يُرْسِلَ عَلَيْكُمْ حَاصِبًا ثُمَّ لَا تَجِدُوا لَكُمْ وَكِيلًا ﴿٦٨﴾ أَمْ أَمِنتُمْ أَن يُعِيدَكُمْ فِيهِ تَارَةً أُخْرَىٰ فَيُرْسِلَ عَلَيْكُمْ قَاصِفًا مِّنَ الرِّيحِ فَيُغْرِقَكُم بِمَا كَفَرْتُمْ ۙ ثُمَّ لَا تَجِدُوا لَكُمْ عَلَيْنَا بِهِ تَبِيعًا ﴿٦٩﴾ ۞ وَلَقَدْ كَرَّمْنَا بَنِي آدَمَ وَحَمَلْنَاهُمْ فِي الْبَرِّ وَالْبَحْرِ وَرَزَقْنَاهُم مِّنَ الطَّيِّبَاتِ وَفَضَّلْنَاهُمْ عَلَىٰ كَثِيرٍ مِّمَّنْ خَلَقْنَا تَفْضِيلًا ﴿٧٠﴾ يَوْمَ نَدْعُو كُلَّ أُنَاسٍ بِإِمَامِهِمْ ۖ فَمَنْ أُوتِيَ كِتَابَهُ بِيَمِينِهِ فَأُولَٰئِكَ يَقْرَءُونَ كِتَابَهُمْ وَلَا يُظْلَمُونَ فَتِيلًا ﴿٧١﴾ وَمَن كَانَ فِي هَٰذِهِ أَعْمَىٰ فَهُوَ فِي الْآخِرَةِ أَعْمَىٰ وَأَضَلُّ سَبِيلًا ﴿٧٢﴾ وَإِن كَادُوا لَيَفْتِنُونَكَ عَنِ الَّذِي أَوْحَيْنَا إِلَيْكَ لِتَفْتَرِيَ عَلَيْنَا غَيْرَهُ ۖ وَإِذًا لَّاتَّخَذُوكَ خَلِيلًا ﴿٧٣﴾ وَلَوْلَا أَن ثَبَّتْنَاكَ لَقَدْ كِدتَّ تَرْكَنُ إِلَيْهِمْ شَيْئًا قَلِيلًا ﴿٧٤﴾ إِذًا لَّأَذَقْنَاكَ ضِعْفَ الْحَيَاةِ وَضِعْفَ الْمَمَاتِ ثُمَّ لَا تَجِدُ لَكَ عَلَيْنَا نَصِيرًا ﴿٧٥﴾

15 - 17 - 290

وَإِن كَادُوا لَيَسْتَفِزُّونَكَ مِنَ الْأَرْضِ لِيُخْرِجُوكَ مِنْهَا ۖ وَإِذًا لَّا يَلْبَثُونَ خِلَافَكَ إِلَّا قَلِيلًا ﴿٧٦﴾ سُنَّةَ مَن قَدْ أَرْسَلْنَا قَبْلَكَ مِن رُّسُلِنَا ۖ وَلَا تَجِدُ لِسُنَّتِنَا تَحْوِيلًا ﴿٧٧﴾ أَقِمِ الصَّلَاةَ لِدُلُوكِ الشَّمْسِ إِلَىٰ غَسَقِ اللَّيْلِ وَقُرْآنَ الْفَجْرِ ۖ إِنَّ قُرْآنَ الْفَجْرِ كَانَ مَشْهُودًا ﴿٧٨﴾ وَمِنَ اللَّيْلِ فَتَهَجَّدْ بِهِ نَافِلَةً لَّكَ عَسَىٰ أَن يَبْعَثَكَ رَبُّكَ مَقَامًا مَّحْمُودًا ﴿٧٩﴾ وَقُل رَّبِّ أَدْخِلْنِي مُدْخَلَ صِدْقٍ وَأَخْرِجْنِي مُخْرَجَ صِدْقٍ وَاجْعَل لِّي مِن لَّدُنكَ سُلْطَانًا نَّصِيرًا ﴿٨٠﴾ وَقُلْ جَاءَ الْحَقُّ وَزَهَقَ الْبَاطِلُ ۚ إِنَّ الْبَاطِلَ كَانَ زَهُوقًا ﴿٨١﴾ وَنُنَزِّلُ مِنَ الْقُرْآنِ مَا هُوَ شِفَاءٌ وَرَحْمَةٌ لِّلْمُؤْمِنِينَ ۙ وَلَا يَزِيدُ الظَّالِمِينَ إِلَّا خَسَارًا ﴿٨٢﴾ وَإِذَا أَنْعَمْنَا عَلَى الْإِنسَانِ أَعْرَضَ وَنَأَىٰ بِجَانِبِهِ ۖ وَإِذَا مَسَّهُ الشَّرُّ كَانَ يَئُوسًا ﴿٨٣﴾ قُلْ كُلٌّ يَعْمَلُ عَلَىٰ شَاكِلَتِهِ فَرَبُّكُمْ أَعْلَمُ بِمَنْ هُوَ أَهْدَىٰ سَبِيلًا ﴿٨٤﴾ وَيَسْأَلُونَكَ عَنِ الرُّوحِ ۖ قُلِ الرُّوحُ مِنْ أَمْرِ رَبِّي وَمَا أُوتِيتُم مِّنَ الْعِلْمِ إِلَّا قَلِيلًا ﴿٨٥﴾ وَلَئِن شِئْنَا لَنَذْهَبَنَّ بِالَّذِي أَوْحَيْنَا إِلَيْكَ ثُمَّ لَا تَجِدُ لَكَ بِهِ عَلَيْنَا وَكِيلًا ﴿٨٦﴾ إِلَّا رَحْمَةً مِّن رَّبِّكَ ۚ إِنَّ فَضْلَهُ كَانَ عَلَيْكَ كَبِيرًا ﴿٨٧﴾

15 - 17 - 291

قُل لَّئِنِ اجْتَمَعَتِ الْإِنسُ وَالْجِنُّ عَلَىٰ أَن يَأْتُوا بِمِثْلِ هَٰذَا الْقُرْآنِ لَا يَأْتُونَ بِمِثْلِهِ وَلَوْ كَانَ بَعْضُهُمْ لِبَعْضٍ ظَهِيرًا ﴿٨٨﴾ وَلَقَدْ صَرَّفْنَا لِلنَّاسِ فِي هَٰذَا الْقُرْآنِ مِن كُلِّ مَثَلٍ فَأَبَىٰ أَكْثَرُ النَّاسِ إِلَّا كُفُورًا ﴿٨٩﴾ وَقَالُوا لَن نُّؤْمِنَ لَكَ حَتَّىٰ تَفْجُرَ لَنَا مِنَ الْأَرْضِ يَنبُوعًا ﴿٩٠﴾ أَوْ تَكُونَ لَكَ جَنَّةٌ مِّن نَّخِيلٍ وَعِنَبٍ فَتُفَجِّرَ الْأَنْهَارَ خِلَالَهَا تَفْجِيرًا ﴿٩١﴾ أَوْ تُسْقِطَ السَّمَاءَ كَمَا زَعَمْتَ عَلَيْنَا كِسَفًا أَوْ تَأْتِيَ بِاللَّهِ وَالْمَلَائِكَةِ قَبِيلًا ﴿٩٢﴾ أَوْ يَكُونَ لَكَ بَيْتٌ مِّن زُخْرُفٍ أَوْ تَرْقَىٰ فِي السَّمَاءِ وَلَن نُّؤْمِنَ لِرُقِيِّكَ حَتَّىٰ تُنَزِّلَ عَلَيْنَا كِتَابًا نَّقْرَؤُهُ ۗ قُلْ سُبْحَانَ رَبِّي هَلْ كُنتُ إِلَّا بَشَرًا رَّسُولًا ﴿٩٣﴾ وَمَا مَنَعَ النَّاسَ أَن يُؤْمِنُوا إِذْ جَاءَهُمُ الْهُدَىٰ إِلَّا أَن قَالُوا أَبَعَثَ اللَّهُ بَشَرًا رَّسُولًا ﴿٩٤﴾ قُل لَّوْ كَانَ فِي الْأَرْضِ مَلَائِكَةٌ يَمْشُونَ مُطْمَئِنِّينَ لَنَزَّلْنَا عَلَيْهِم مِّنَ السَّمَاءِ مَلَكًا رَّسُولًا ﴿٩٥﴾ قُلْ كَفَىٰ بِاللَّهِ شَهِيدًا بَيْنِي وَبَيْنَكُمْ ۚ إِنَّهُ كَانَ بِعِبَادِهِ خَبِيرًا بَصِيرًا ﴿٩٦﴾

15 - 17 - 292

وَمَن يَهْدِ اللَّهُ فَهُوَ الْمُهْتَدِ ۖ وَمَن يُضْلِلْ فَلَن تَجِدَ لَهُمْ أَوْلِيَاءَ مِن دُونِهِ ۖ وَنَحْشُرُهُمْ يَوْمَ الْقِيَامَةِ عَلَىٰ وُجُوهِهِمْ عُمْيًا وَبُكْمًا وَصُمًّا ۖ مَّأْوَاهُمْ جَهَنَّمُ ۖ كُلَّمَا خَبَتْ زِدْنَاهُمْ سَعِيرًا ﴿٩٧﴾ ذَٰلِكَ جَزَاؤُهُم بِأَنَّهُمْ كَفَرُوا بِآيَاتِنَا وَقَالُوا أَإِذَا كُنَّا عِظَامًا وَرُفَاتًا أَإِنَّا لَمَبْعُوثُونَ خَلْقًا جَدِيدًا ﴿٩٨﴾ ۞ أَوَلَمْ يَرَوْا أَنَّ اللَّهَ الَّذِي خَلَقَ السَّمَاوَاتِ وَالْأَرْضَ قَادِرٌ عَلَىٰ أَن يَخْلُقَ مِثْلَهُمْ وَجَعَلَ لَهُمْ أَجَلًا لَّا رَيْبَ فِيهِ فَأَبَى الظَّالِمُونَ إِلَّا كُفُورًا ﴿٩٩﴾ قُل لَّوْ أَنتُمْ تَمْلِكُونَ خَزَائِنَ رَحْمَةِ رَبِّي إِذًا لَّأَمْسَكْتُمْ خَشْيَةَ الْإِنفَاقِ ۚ وَكَانَ الْإِنسَانُ قَتُورًا ﴿١٠٠﴾ وَلَقَدْ آتَيْنَا مُوسَىٰ تِسْعَ آيَاتٍ بَيِّنَاتٍ ۖ فَاسْأَلْ بَنِي إِسْرَائِيلَ إِذْ جَاءَهُمْ فَقَالَ لَهُ فِرْعَوْنُ إِنِّي لَأَظُنُّكَ يَا مُوسَىٰ مَسْحُورًا ﴿١٠١﴾ قَالَ لَقَدْ عَلِمْتَ مَا أَنزَلَ هَٰؤُلَاءِ إِلَّا رَبُّ السَّمَاوَاتِ وَالْأَرْضِ بَصَائِرَ وَإِنِّي لَأَظُنُّكَ يَا فِرْعَوْنُ مَثْبُورًا ﴿١٠٢﴾ فَأَرَادَ أَن يَسْتَفِزَّهُم مِّنَ الْأَرْضِ فَأَغْرَقْنَاهُ وَمَن مَّعَهُ جَمِيعًا ﴿١٠٣﴾ وَقُلْنَا مِن بَعْدِهِ لِبَنِي إِسْرَائِيلَ اسْكُنُوا الْأَرْضَ فَإِذَا جَاءَ وَعْدُ الْآخِرَةِ جِئْنَا بِكُمْ لَفِيفًا ﴿١٠٤﴾

15 - 17 - 293

وَبِالْحَقِّ أَنزَلْنَاهُ وَبِالْحَقِّ نَزَلَ ۗ وَمَا أَرْسَلْنَاكَ إِلَّا مُبَشِّرًا وَنَذِيرًا ﴿١٠٥﴾ وَقُرْآنًا فَرَقْنَاهُ لِتَقْرَأَهُ عَلَى النَّاسِ عَلَىٰ مُكْثٍ وَنَزَّلْنَاهُ تَنزِيلًا ﴿١٠٦﴾ قُلْ آمِنُوا بِهِ أَوْ لَا تُؤْمِنُوا ۚ إِنَّ الَّذِينَ أُوتُوا الْعِلْمَ مِن قَبْلِهِ إِذَا يُتْلَىٰ عَلَيْهِمْ يَخِرُّونَ لِلْأَذْقَانِ سُجَّدًا ﴿١٠٧﴾ وَيَقُولُونَ سُبْحَانَ رَبِّنَا إِن كَانَ وَعْدُ رَبِّنَا لَمَفْعُولًا ﴿١٠٨﴾ وَيَخِرُّونَ لِلْأَذْقَانِ يَبْكُونَ وَيَزِيدُهُمْ خُشُوعًا ۩ ﴿١٠٩﴾ قُلِ ادْعُوا اللَّهَ أَوِ ادْعُوا الرَّحْمَٰنَ ۖ أَيًّا مَّا تَدْعُوا فَلَهُ الْأَسْمَاءُ الْحُسْنَىٰ ۚ وَلَا تَجْهَرْ بِصَلَاتِكَ وَلَا تُخَافِتْ بِهَا وَابْتَغِ بَيْنَ ذَٰلِكَ سَبِيلًا ﴿١١٠﴾ وَقُلِ الْحَمْدُ لِلَّهِ الَّذِي لَمْ يَتَّخِذْ وَلَدًا وَلَمْ يَكُن لَّهُ شَرِيكٌ فِي الْمُلْكِ وَلَمْ يَكُن لَّهُ وَلِيٌّ مِّنَ الذُّلِّ ۖ وَكَبِّرْهُ تَكْبِيرًا ﴿١١١﴾

سُورَةُ الْكَهْفِ

بِسْمِ اللَّهِ الرَّحْمَٰنِ الرَّحِيمِ

الْحَمْدُ لِلَّهِ الَّذِي أَنزَلَ عَلَىٰ عَبْدِهِ الْكِتَابَ وَلَمْ يَجْعَل لَّهُ عِوَجًا ۜ ﴿١﴾ قَيِّمًا لِّيُنذِرَ بَأْسًا شَدِيدًا مِّن لَّدُنْهُ وَيُبَشِّرَ الْمُؤْمِنِينَ الَّذِينَ يَعْمَلُونَ الصَّالِحَاتِ أَنَّ لَهُمْ أَجْرًا حَسَنًا ﴿٢﴾ مَّاكِثِينَ فِيهِ أَبَدًا ﴿٣﴾ وَيُنذِرَ الَّذِينَ قَالُوا اتَّخَذَ اللَّهُ وَلَدًا ﴿٤﴾ مَّا لَهُم بِهِ مِنْ عِلْمٍ وَلَا لِآبَائِهِمْ ۚ كَبُرَتْ كَلِمَةً تَخْرُجُ مِنْ أَفْوَاهِهِمْ ۚ إِن يَقُولُونَ إِلَّا كَذِبًا ﴿٥﴾

15 - 18 - 294

فَلَعَلَّكَ بَاخِعٌ نَّفْسَكَ عَلَىٰ آثَارِهِمْ إِن لَّمْ يُؤْمِنُوا بِهَٰذَا الْحَدِيثِ أَسَفًا ﴿٦﴾ إِنَّا جَعَلْنَا مَا عَلَى الْأَرْضِ زِينَةً لَّهَا لِنَبْلُوَهُمْ أَيُّهُمْ أَحْسَنُ عَمَلًا ﴿٧﴾ وَإِنَّا لَجَاعِلُونَ مَا عَلَيْهَا صَعِيدًا جُرُزًا ﴿٨﴾ أَمْ حَسِبْتَ أَنَّ أَصْحَابَ الْكَهْفِ وَالرَّقِيمِ كَانُوا مِنْ آيَاتِنَا عَجَبًا ﴿٩﴾ إِذْ أَوَى الْفِتْيَةُ إِلَى الْكَهْفِ فَقَالُوا رَبَّنَا آتِنَا مِن لَّدُنكَ رَحْمَةً وَهَيِّئْ لَنَا مِنْ أَمْرِنَا رَشَدًا ﴿١٠﴾ فَضَرَبْنَا عَلَىٰ آذَانِهِمْ فِي الْكَهْفِ سِنِينَ عَدَدًا ﴿١١﴾ ثُمَّ بَعَثْنَاهُمْ لِنَعْلَمَ أَيُّ الْحِزْبَيْنِ أَحْصَىٰ لِمَا لَبِثُوا أَمَدًا ﴿١٢﴾ نَّحْنُ نَقُصُّ عَلَيْكَ نَبَأَهُم بِالْحَقِّ ۚ إِنَّهُمْ فِتْيَةٌ آمَنُوا بِرَبِّهِمْ وَزِدْنَاهُمْ هُدًى ﴿١٣﴾ وَرَبَطْنَا عَلَىٰ قُلُوبِهِمْ إِذْ قَامُوا فَقَالُوا رَبُّنَا رَبُّ السَّمَاوَاتِ وَالْأَرْضِ لَن نَّدْعُوَ مِن دُونِهِ إِلَٰهًا ۖ لَّقَدْ قُلْنَا إِذًا شَطَطًا ﴿١٤﴾ هَٰؤُلَاءِ قَوْمُنَا اتَّخَذُوا مِن دُونِهِ آلِهَةً ۖ لَّوْلَا يَأْتُونَ عَلَيْهِم بِسُلْطَانٍ بَيِّنٍ ۖ فَمَنْ أَظْلَمُ مِمَّنِ افْتَرَىٰ عَلَى اللَّهِ كَذِبًا ﴿١٥﴾

15 - 18 - 295 وَإِذِ ٱعۡتَزَلۡتُمُوهُمۡ وَمَا يَعۡبُدُونَ إِلَّا ٱللَّهَ فَأۡوُۥٓاْ إِلَى ٱلۡكَهۡفِ
يَنشُرۡ لَكُمۡ رَبُّكُم مِّن رَّحۡمَتِهِۦ وَيُهَيِّئۡ لَكُم مِّنۡ أَمۡرِكُم مِّرۡفَقٗا ١٦
۞وَتَرَى ٱلشَّمۡسَ إِذَا طَلَعَت تَّزَٰوَرُ عَن كَهۡفِهِمۡ ذَاتَ
ٱلۡيَمِينِ وَإِذَا غَرَبَت تَّقۡرِضُهُمۡ ذَاتَ ٱلشِّمَالِ وَهُمۡ فِي فَجۡوَةٖ
مِّنۡهُۚ ذَٰلِكَ مِنۡ ءَايَٰتِ ٱللَّهِۗ مَن يَهۡدِ ٱللَّهُ فَهُوَ ٱلۡمُهۡتَدِۖ وَمَن
يُضۡلِلۡ فَلَن تَجِدَ لَهُۥ وَلِيّٗا مُّرۡشِدٗا ١٧ وَتَحۡسَبُهُمۡ أَيۡقَاظٗا
وَهُمۡ رُقُودٞۚ وَنُقَلِّبُهُمۡ ذَاتَ ٱلۡيَمِينِ وَذَاتَ ٱلشِّمَالِۖ وَكَلۡبُهُم
بَٰسِطٞ ذِرَاعَيۡهِ بِٱلۡوَصِيدِۚ لَوِ ٱطَّلَعۡتَ عَلَيۡهِمۡ لَوَلَّيۡتَ مِنۡهُمۡ
فِرَارٗا وَلَمُلِئۡتَ مِنۡهُمۡ رُعۡبٗا ١٨ وَكَذَٰلِكَ بَعَثۡنَٰهُمۡ
لِيَتَسَآءَلُواْ بَيۡنَهُمۡۚ قَالَ قَآئِلٞ مِّنۡهُمۡ كَمۡ لَبِثۡتُمۡۖ قَالُواْ لَبِثۡنَا
يَوۡمًا أَوۡ بَعۡضَ يَوۡمٖۚ قَالُواْ رَبُّكُمۡ أَعۡلَمُ بِمَا لَبِثۡتُمۡ فَٱبۡعَثُوٓاْ
أَحَدَكُم بِوَرِقِكُمۡ هَٰذِهِۦٓ إِلَى ٱلۡمَدِينَةِ فَلۡيَنظُرۡ أَيُّهَآ أَزۡكَىٰ
طَعَامٗا فَلۡيَأۡتِكُم بِرِزۡقٖ مِّنۡهُ وَلۡيَتَلَطَّفۡ وَلَا يُشۡعِرَنَّ
بِكُمۡ أَحَدًا ١٩ إِنَّهُمۡ إِن يَظۡهَرُواْ عَلَيۡكُمۡ يَرۡجُمُوكُمۡ
أَوۡ يُعِيدُوكُمۡ فِي مِلَّتِهِمۡ وَلَن تُفۡلِحُوٓاْ إِذًا أَبَدٗا ٢٠
15 - 18 - 296 وَكَذَٰلِكَ أَعۡثَرۡنَا عَلَيۡهِمۡ لِيَعۡلَمُوٓاْ أَنَّ وَعۡدَ ٱللَّهِ حَقّٞ وَأَنَّ
ٱلسَّاعَةَ لَا رَيۡبَ فِيهَآ إِذۡ يَتَنَٰزَعُونَ بَيۡنَهُمۡ أَمۡرَهُمۡۖ فَقَالُواْ
ٱبۡنُواْ عَلَيۡهِم بُنۡيَٰنٗاۖ رَّبُّهُمۡ أَعۡلَمُ بِهِمۡۚ قَالَ ٱلَّذِينَ غَلَبُواْ عَلَىٰٓ
أَمۡرِهِمۡ لَنَتَّخِذَنَّ عَلَيۡهِم مَّسۡجِدٗا ٢١ سَيَقُولُونَ ثَلَٰثَةٞ
رَّابِعُهُمۡ كَلۡبُهُمۡ وَيَقُولُونَ خَمۡسَةٞ سَادِسُهُمۡ كَلۡبُهُمۡ
رَجۡمَۢا بِٱلۡغَيۡبِۖ وَيَقُولُونَ سَبۡعَةٞ وَثَامِنُهُمۡ كَلۡبُهُمۡۚ قُل رَّبِّيٓ
أَعۡلَمُ بِعِدَّتِهِم مَّا يَعۡلَمُهُمۡ إِلَّا قَلِيلٞۗ فَلَا تُمَارِ فِيهِمۡ إِلَّا مِرَآءٗ
ظَٰهِرٗا وَلَا تَسۡتَفۡتِ فِيهِم مِّنۡهُمۡ أَحَدٗا ٢٢ وَلَا تَقُولَنَّ لِشَاْيۡءٍ
إِنِّي فَاعِلٞ ذَٰلِكَ غَدًا ٢٣ إِلَّآ أَن يَشَآءَ ٱللَّهُۚ وَٱذۡكُر رَّبَّكَ
إِذَا نَسِيتَ وَقُلۡ عَسَىٰٓ أَن يَهۡدِيَنِ رَبِّي لِأَقۡرَبَ مِنۡ هَٰذَا رَشَدٗا ٢٤
وَلَبِثُواْ فِي كَهۡفِهِمۡ ثَلَٰثَ مِاْئَةٖ سِنِينَ وَٱزۡدَادُواْ تِسۡعٗا ٢٥
قُلِ ٱللَّهُ أَعۡلَمُ بِمَا لَبِثُواْۖ لَهُۥ غَيۡبُ ٱلسَّمَٰوَٰتِ وَٱلۡأَرۡضِۖ
أَبۡصِرۡ بِهِۦ وَأَسۡمِعۡۚ مَا لَهُم مِّن دُونِهِۦ مِن وَلِيّٖ وَلَا يُشۡرِكُ
فِي حُكۡمِهِۦٓ أَحَدٗا ٢٦ وَٱتۡلُ مَآ أُوحِيَ إِلَيۡكَ مِن كِتَابِ
رَبِّكَۖ لَا مُبَدِّلَ لِكَلِمَٰتِهِۦ وَلَن تَجِدَ مِن دُونِهِۦ مُلۡتَحَدٗا ٢٧
15 - 18 - 297 وَٱصۡبِرۡ نَفۡسَكَ مَعَ ٱلَّذِينَ يَدۡعُونَ رَبَّهُم بِٱلۡغَدَوٰةِ وَٱلۡعَشِيِّ
يُرِيدُونَ وَجۡهَهُۥۖ وَلَا تَعۡدُ عَيۡنَاكَ عَنۡهُمۡ تُرِيدُ زِينَةَ ٱلۡحَيَوٰةِ
ٱلدُّنۡيَاۖ وَلَا تُطِعۡ مَنۡ أَغۡفَلۡنَا قَلۡبَهُۥ عَن ذِكۡرِنَا وَٱتَّبَعَ هَوَىٰهُ وَكَانَ
أَمۡرُهُۥ فُرُطٗا ٢٨ وَقُلِ ٱلۡحَقُّ مِن رَّبِّكُمۡۖ فَمَن شَآءَ فَلۡيُؤۡمِن وَمَن
شَآءَ فَلۡيَكۡفُرۡۚ إِنَّآ أَعۡتَدۡنَا لِلظَّٰلِمِينَ نَارًا أَحَاطَ بِهِمۡ سُرَادِقُهَاۚ
وَإِن يَسۡتَغِيثُواْ يُغَاثُواْ بِمَآءٖ كَٱلۡمُهۡلِ يَشۡوِي ٱلۡوُجُوهَۚ بِئۡسَ
ٱلشَّرَابُ وَسَآءَتۡ مُرۡتَفَقًا ٢٩ إِنَّ ٱلَّذِينَ ءَامَنُواْ وَعَمِلُواْ
ٱلصَّٰلِحَٰتِ إِنَّا لَا نُضِيعُ أَجۡرَ مَنۡ أَحۡسَنَ عَمَلًا ٣٠ أُوْلَٰٓئِكَ
لَهُمۡ جَنَّٰتُ عَدۡنٖ تَجۡرِي مِن تَحۡتِهِمُ ٱلۡأَنۡهَٰرُ يُحَلَّوۡنَ فِيهَا مِنۡ أَسَاوِرَ
مِن ذَهَبٖ وَيَلۡبَسُونَ ثِيَابًا خُضۡرٗا مِّن سُندُسٖ وَإِسۡتَبۡرَقٖ مُّتَّكِـِٔينَ
فِيهَا عَلَى ٱلۡأَرَآئِكِۚ نِعۡمَ ٱلثَّوَابُ وَحَسُنَتۡ مُرۡتَفَقٗا ٣١ ۞وَٱضۡرِبۡ
لَهُم مَّثَلٗا رَّجُلَيۡنِ جَعَلۡنَا لِأَحَدِهِمَا جَنَّتَيۡنِ مِنۡ أَعۡنَٰبٖ وَحَفَفۡنَٰهُمَا
بِنَخۡلٖ وَجَعَلۡنَا بَيۡنَهُمَا زَرۡعٗا ٣٢ كِلۡتَا ٱلۡجَنَّتَيۡنِ ءَاتَتۡ أُكُلَهَا وَلَمۡ
تَظۡلِم مِّنۡهُ شَيۡـٔٗاۚ وَفَجَّرۡنَا خِلَٰلَهُمَا نَهَرٗا ٣٣ وَكَانَ لَهُۥ ثَمَرٞ فَقَالَ
لِصَٰحِبِهِۦ وَهُوَ يُحَاوِرُهُۥٓ أَنَا۠ أَكۡثَرُ مِنكَ مَالٗا وَأَعَزُّ نَفَرٗا ٣٤
15 - 18 - 298 وَدَخَلَ جَنَّتَهُۥ وَهُوَ ظَالِمٞ لِّنَفۡسِهِۦ قَالَ مَآ أَظُنُّ أَن تَبِيدَ هَٰذِهِۦٓ
أَبَدٗا ٣٥ وَمَآ أَظُنُّ ٱلسَّاعَةَ قَآئِمَةٗ وَلَئِن رُّدِدتُّ إِلَىٰ رَبِّي لَأَجِدَنَّ
خَيۡرٗا مِّنۡهَا مُنقَلَبٗا ٣٦ قَالَ لَهُۥ صَاحِبُهُۥ وَهُوَ يُحَاوِرُهُۥٓ أَكَفَرۡتَ
بِٱلَّذِي خَلَقَكَ مِن تُرَابٖ ثُمَّ مِن نُّطۡفَةٖ ثُمَّ سَوَّىٰكَ رَجُلٗا ٣٧
لَّٰكِنَّا۠ هُوَ ٱللَّهُ رَبِّي وَلَآ أُشۡرِكُ بِرَبِّيٓ أَحَدٗا ٣٨ وَلَوۡلَآ إِذۡ دَخَلۡتَ
جَنَّتَكَ قُلۡتَ مَا شَآءَ ٱللَّهُ لَا قُوَّةَ إِلَّا بِٱللَّهِۚ إِن تَرَنِ أَنَا۠ أَقَلَّ مِنكَ
مَالٗا وَوَلَدٗا ٣٩ فَعَسَىٰ رَبِّيٓ أَن يُؤۡتِيَنِ خَيۡرٗا مِّن جَنَّتِكَ وَيُرۡسِلَ
عَلَيۡهَا حُسۡبَانٗا مِّنَ ٱلسَّمَآءِ فَتُصۡبِحَ صَعِيدٗا زَلَقًا ٤٠ أَوۡ يُصۡبِحَ
مَآؤُهَا غَوۡرٗا فَلَن تَسۡتَطِيعَ لَهُۥ طَلَبٗا ٤١ وَأُحِيطَ بِثَمَرِهِۦ
فَأَصۡبَحَ يُقَلِّبُ كَفَّيۡهِ عَلَىٰ مَآ أَنفَقَ فِيهَا وَهِيَ خَاوِيَةٌ عَلَىٰ
عُرُوشِهَا وَيَقُولُ يَٰلَيۡتَنِي لَمۡ أُشۡرِكۡ بِرَبِّيٓ أَحَدٗا ٤٢ وَلَمۡ تَكُن لَّهُۥ
فِئَةٞ يَنصُرُونَهُۥ مِن دُونِ ٱللَّهِ وَمَا كَانَ مُنتَصِرًا ٤٣ هُنَالِكَ ٱلۡوَلَٰيَةُ
لِلَّهِ ٱلۡحَقِّۚ هُوَ خَيۡرٞ ثَوَابٗا وَخَيۡرٌ عُقۡبٗا ٤٤ وَٱضۡرِبۡ لَهُم مَّثَلَ ٱلۡحَيَوٰةِ
ٱلدُّنۡيَا كَمَآءٍ أَنزَلۡنَٰهُ مِنَ ٱلسَّمَآءِ فَٱخۡتَلَطَ بِهِۦ نَبَاتُ ٱلۡأَرۡضِ
فَأَصۡبَحَ هَشِيمٗا تَذۡرُوهُ ٱلرِّيَٰحُۗ وَكَانَ ٱللَّهُ عَلَىٰ كُلِّ شَيۡءٖ مُّقۡتَدِرًا ٤٥
15 - 18 - 299 ٱلۡمَالُ وَٱلۡبَنُونَ زِينَةُ ٱلۡحَيَوٰةِ ٱلدُّنۡيَاۖ وَٱلۡبَٰقِيَٰتُ ٱلصَّٰلِحَٰتُ
خَيۡرٌ عِندَ رَبِّكَ ثَوَابٗا وَخَيۡرٌ أَمَلٗا ٤٦ وَيَوۡمَ نُسَيِّرُ ٱلۡجِبَالَ وَتَرَى
ٱلۡأَرۡضَ بَارِزَةٗ وَحَشَرۡنَٰهُمۡ فَلَمۡ نُغَادِرۡ مِنۡهُمۡ أَحَدٗا ٤٧ وَعُرِضُواْ
عَلَىٰ رَبِّكَ صَفّٗا لَّقَدۡ جِئۡتُمُونَا كَمَا خَلَقۡنَٰكُمۡ أَوَّلَ مَرَّةِۭۚ بَلۡ زَعَمۡتُمۡ
أَلَّن نَّجۡعَلَ لَكُم مَّوۡعِدٗا ٤٨ وَوُضِعَ ٱلۡكِتَٰبُ فَتَرَى ٱلۡمُجۡرِمِينَ

مُشۡفِقِينَ مِمَّا فِيهِ وَيَقُولُونَ يَٰوَيۡلَتَنَا مَالِ هَٰذَا ٱلۡكِتَٰبِ
لَا يُغَادِرُ صَغِيرَةٗ وَلَا كَبِيرَةً إِلَّآ أَحۡصَىٰهَاۚ وَوَجَدُواْ مَا عَمِلُواْ
حَاضِرٗاۗ وَلَا يَظۡلِمُ رَبُّكَ أَحَدٗا ٤٩ وَإِذۡ قُلۡنَا لِلۡمَلَٰٓئِكَةِ ٱسۡجُدُواْ
لِأٓدَمَ فَسَجَدُوٓاْ إِلَّآ إِبۡلِيسَ كَانَ مِنَ ٱلۡجِنِّ فَفَسَقَ عَنۡ أَمۡرِ رَبِّهِۦٓۗ
أَفَتَتَّخِذُونَهُۥ وَذُرِّيَّتَهُۥٓ أَوۡلِيَآءَ مِن دُونِي وَهُمۡ لَكُمۡ عَدُوُّۢۚ
بِئۡسَ لِلظَّٰلِمِينَ بَدَلٗا ٥٠ ۞مَّآ أَشۡهَدتُّهُمۡ خَلۡقَ ٱلسَّمَٰوَٰتِ وَٱلۡأَرۡضِ
وَلَا خَلۡقَ أَنفُسِهِمۡ وَمَا كُنتُ مُتَّخِذَ ٱلۡمُضِلِّينَ عَضُدٗا ٥١
وَيَوۡمَ يَقُولُ نَادُواْ شُرَكَآءِيَ ٱلَّذِينَ زَعَمۡتُمۡ فَدَعَوۡهُمۡ
فَلَمۡ يَسۡتَجِيبُواْ لَهُمۡ وَجَعَلۡنَا بَيۡنَهُم مَّوۡبِقٗا ٥٢ وَرَءَا ٱلۡمُجۡرِمُونَ
ٱلنَّارَ فَظَنُّوٓاْ أَنَّهُم مُّوَاقِعُوهَا وَلَمۡ يَجِدُواْ عَنۡهَا مَصۡرِفٗا ٥٣
15 - 18 - 300 وَلَقَدۡ صَرَّفۡنَا فِي هَٰذَا ٱلۡقُرۡءَانِ لِلنَّاسِ مِن كُلِّ مَثَلٖۚ وَكَانَ
ٱلۡإِنسَٰنُ أَكۡثَرَ شَيۡءٖ جَدَلٗا ٥٤ وَمَا مَنَعَ ٱلنَّاسَ أَن يُؤۡمِنُوٓاْ
إِذۡ جَآءَهُمُ ٱلۡهُدَىٰ وَيَسۡتَغۡفِرُواْ رَبَّهُمۡ إِلَّآ أَن تَأۡتِيَهُمۡ سُنَّةُ
ٱلۡأَوَّلِينَ أَوۡ يَأۡتِيَهُمُ ٱلۡعَذَابُ قُبُلٗا ٥٥ وَمَا نُرۡسِلُ ٱلۡمُرۡسَلِينَ
إِلَّا مُبَشِّرِينَ وَمُنذِرِينَۚ وَيُجَٰدِلُ ٱلَّذِينَ كَفَرُواْ بِٱلۡبَٰطِلِ
لِيُدۡحِضُواْ بِهِ ٱلۡحَقَّۖ وَٱتَّخَذُوٓاْ ءَايَٰتِي وَمَآ أُنذِرُواْ هُزُوٗا ٥٦
وَمَنۡ أَظۡلَمُ مِمَّن ذُكِّرَ بِـَٔايَٰتِ رَبِّهِۦ فَأَعۡرَضَ عَنۡهَا وَنَسِيَ
مَا قَدَّمَتۡ يَدَاهُۚ إِنَّا جَعَلۡنَا عَلَىٰ قُلُوبِهِمۡ أَكِنَّةً أَن يَفۡقَهُوهُ
وَفِيٓ ءَاذَانِهِمۡ وَقۡرٗاۖ وَإِن تَدۡعُهُمۡ إِلَى ٱلۡهُدَىٰ فَلَن يَهۡتَدُوٓاْ إِذًا
أَبَدٗا ٥٧ وَرَبُّكَ ٱلۡغَفُورُ ذُو ٱلرَّحۡمَةِۖ لَوۡ يُؤَاخِذُهُم بِمَا كَسَبُواْ
لَعَجَّلَ لَهُمُ ٱلۡعَذَابَۚ بَل لَّهُم مَّوۡعِدٞ لَّن يَجِدُواْ مِن دُونِهِۦ
مَوۡئِلٗا ٥٨ وَتِلۡكَ ٱلۡقُرَىٰٓ أَهۡلَكۡنَٰهُمۡ لَمَّا ظَلَمُواْ وَجَعَلۡنَا
لِمَهۡلِكِهِم مَّوۡعِدٗا ٥٩ وَإِذۡ قَالَ مُوسَىٰ لِفَتَىٰهُ لَآ أَبۡرَحُ حَتَّىٰٓ
أَبۡلُغَ مَجۡمَعَ ٱلۡبَحۡرَيۡنِ أَوۡ أَمۡضِيَ حُقُبٗا ٦٠ فَلَمَّا بَلَغَا مَجۡمَعَ
بَيۡنِهِمَا نَسِيَا حُوتَهُمَا فَٱتَّخَذَ سَبِيلَهُۥ فِي ٱلۡبَحۡرِ سَرَبٗا ٦١
15 - 18 - 301 فَلَمَّا جَاوَزَا قَالَ لِفَتَىٰهُ ءَاتِنَا غَدَآءَنَا لَقَدۡ لَقِينَا مِن سَفَرِنَا
هَٰذَا نَصَبٗا ٦٢ قَالَ أَرَءَيۡتَ إِذۡ أَوَيۡنَآ إِلَى ٱلصَّخۡرَةِ فَإِنِّي نَسِيتُ
ٱلۡحُوتَ وَمَآ أَنسَىٰنِيهُ إِلَّا ٱلشَّيۡطَٰنُ أَنۡ أَذۡكُرَهُۥۚ وَٱتَّخَذَ سَبِيلَهُۥ
فِي ٱلۡبَحۡرِ عَجَبٗا ٦٣ قَالَ ذَٰلِكَ مَا كُنَّا نَبۡغِۚ فَٱرۡتَدَّا عَلَىٰٓ ءَاثَارِهِمَا
قَصَصٗا ٦٤ فَوَجَدَا عَبۡدٗا مِّنۡ عِبَادِنَآ ءَاتَيۡنَٰهُ رَحۡمَةٗ مِّنۡ عِندِنَا
وَعَلَّمۡنَٰهُ مِن لَّدُنَّا عِلۡمٗا ٦٥ قَالَ لَهُۥ مُوسَىٰ هَلۡ أَتَّبِعُكَ عَلَىٰٓ أَن
تُعَلِّمَنِ مِمَّا عُلِّمۡتَ رُشۡدٗا ٦٦ قَالَ إِنَّكَ لَن تَسۡتَطِيعَ مَعِيَ
صَبۡرٗا ٦٧ وَكَيۡفَ تَصۡبِرُ عَلَىٰ مَا لَمۡ تُحِطۡ بِهِۦ خُبۡرٗا ٦٨ قَالَ
سَتَجِدُنِيٓ إِن شَآءَ ٱللَّهُ صَابِرٗا وَلَآ أَعۡصِي لَكَ أَمۡرٗا ٦٩ قَالَ فَإِنِ
ٱتَّبَعۡتَنِي فَلَا تَسۡـَٔلۡنِي عَن شَيۡءٍ حَتَّىٰٓ أُحۡدِثَ لَكَ مِنۡهُ ذِكۡرٗا ٧٠
فَٱنطَلَقَا حَتَّىٰٓ إِذَا رَكِبَا فِي ٱلسَّفِينَةِ خَرَقَهَاۖ قَالَ أَخَرَقۡتَهَا
لِتُغۡرِقَ أَهۡلَهَا لَقَدۡ جِئۡتَ شَيۡـًٔا إِمۡرٗا ٧١ قَالَ أَلَمۡ أَقُلۡ إِنَّكَ
لَن تَسۡتَطِيعَ مَعِيَ صَبۡرٗا ٧٢ قَالَ لَا تُؤَاخِذۡنِي بِمَا نَسِيتُ وَلَا
تُرۡهِقۡنِي مِنۡ أَمۡرِي عُسۡرٗا ٧٣ فَٱنطَلَقَا حَتَّىٰٓ إِذَا لَقِيَا غُلَٰمٗا فَقَتَلَهُۥ
قَالَ أَقَتَلۡتَ نَفۡسٗا زَكِيَّةَۢ بِغَيۡرِ نَفۡسٖ لَّقَدۡ جِئۡتَ شَيۡـٔٗا نُّكۡرٗا ٧٤
16 - 18 - 302 ۞قَالَ أَلَمۡ أَقُل لَّكَ إِنَّكَ لَن تَسۡتَطِيعَ مَعِيَ صَبۡرٗا ٧٥ قَالَ إِن
سَأَلۡتُكَ عَن شَيۡءِۭ بَعۡدَهَا فَلَا تُصَٰحِبۡنِيۖ قَدۡ بَلَغۡتَ مِن لَّدُنِّي
عُذۡرٗا ٧٦ فَٱنطَلَقَا حَتَّىٰٓ إِذَآ أَتَيَآ أَهۡلَ قَرۡيَةٍ ٱسۡتَطۡعَمَآ أَهۡلَهَا فَأَبَوۡاْ
أَن يُضَيِّفُوهُمَا فَوَجَدَا فِيهَا جِدَارٗا يُرِيدُ أَن يَنقَضَّ فَأَقَامَهُۥۖ
قَالَ لَوۡ شِئۡتَ لَتَّخَذۡتَ عَلَيۡهِ أَجۡرٗا ٧٧ قَالَ هَٰذَا فِرَاقُ بَيۡنِي
وَبَيۡنِكَۚ سَأُنَبِّئُكَ بِتَأۡوِيلِ مَا لَمۡ تَسۡتَطِع عَّلَيۡهِ صَبۡرًا ٧٨ أَمَّا
ٱلسَّفِينَةُ فَكَانَتۡ لِمَسَٰكِينَ يَعۡمَلُونَ فِي ٱلۡبَحۡرِ فَأَرَدتُّ أَنۡ
أَعِيبَهَا وَكَانَ وَرَآءَهُم مَّلِكٞ يَأۡخُذُ كُلَّ سَفِينَةٍ غَصۡبٗا ٧٩ وَأَمَّا
ٱلۡغُلَٰمُ فَكَانَ أَبَوَاهُ مُؤۡمِنَيۡنِ فَخَشِينَآ أَن يُرۡهِقَهُمَا طُغۡيَٰنٗا
وَكُفۡرٗا ٨٠ فَأَرَدۡنَآ أَن يُبۡدِلَهُمَا رَبُّهُمَا خَيۡرٗا مِّنۡهُ زَكَوٰةٗ وَأَقۡرَبَ
رُحۡمٗا ٨١ وَأَمَّا ٱلۡجِدَارُ فَكَانَ لِغُلَٰمَيۡنِ يَتِيمَيۡنِ فِي ٱلۡمَدِينَةِ
وَكَانَ تَحۡتَهُۥ كَنزٞ لَّهُمَا وَكَانَ أَبُوهُمَا صَٰلِحٗا فَأَرَادَ رَبُّكَ أَن
يَبۡلُغَآ أَشُدَّهُمَا وَيَسۡتَخۡرِجَا كَنزَهُمَا رَحۡمَةٗ مِّن رَّبِّكَۚ
وَمَا فَعَلۡتُهُۥ عَنۡ أَمۡرِيۚ ذَٰلِكَ تَأۡوِيلُ مَا لَمۡ تَسۡطِع عَّلَيۡهِ صَبۡرٗا ٨٢
وَيَسۡـَٔلُونَكَ عَن ذِي ٱلۡقَرۡنَيۡنِۖ قُلۡ سَأَتۡلُواْ عَلَيۡكُم مِّنۡهُ ذِكۡرًا ٨٣
16 - 18 - 303 إِنَّا مَكَّنَّا لَهُۥ فِي ٱلۡأَرۡضِ وَءَاتَيۡنَٰهُ مِن كُلِّ شَيۡءٖ سَبَبٗا ٨٤ فَأَتۡبَعَ
سَبَبًا ٨٥ حَتَّىٰٓ إِذَا بَلَغَ مَغۡرِبَ ٱلشَّمۡسِ وَجَدَهَا تَغۡرُبُ فِي عَيۡنٍ حَمِئَةٖ
وَوَجَدَ عِندَهَا قَوۡمٗاۖ قُلۡنَا يَٰذَا ٱلۡقَرۡنَيۡنِ إِمَّآ أَن تُعَذِّبَ وَإِمَّآ أَن تَتَّخِذَ
فِيهِمۡ حُسۡنٗا ٨٦ قَالَ أَمَّا مَن ظَلَمَ فَسَوۡفَ نُعَذِّبُهُۥ ثُمَّ يُرَدُّ إِلَىٰ رَبِّهِۦ
فَيُعَذِّبُهُۥ عَذَابٗا نُّكۡرٗا ٨٧ وَأَمَّا مَنۡ ءَامَنَ وَعَمِلَ صَٰلِحٗا فَلَهُۥ جَزَآءً
ٱلۡحُسۡنَىٰۖ وَسَنَقُولُ لَهُۥ مِنۡ أَمۡرِنَا يُسۡرٗا ٨٨ ثُمَّ أَتۡبَعَ سَبَبًا ٨٩ حَتَّىٰٓ
إِذَا بَلَغَ مَطۡلِعَ ٱلشَّمۡسِ وَجَدَهَا تَطۡلُعُ عَلَىٰ قَوۡمٖ لَّمۡ نَجۡعَل لَّهُم مِّن
دُونِهَا سِتۡرٗا ٩٠ كَذَٰلِكَۖ وَقَدۡ أَحَطۡنَا بِمَا لَدَيۡهِ خُبۡرٗا ٩١ ثُمَّ
أَتۡبَعَ سَبَبًا ٩٢ حَتَّىٰٓ إِذَا بَلَغَ بَيۡنَ ٱلسَّدَّيۡنِ وَجَدَ مِن دُونِهِمَا قَوۡمٗا
لَّا يَكَادُونَ يَفۡقَهُونَ قَوۡلٗا ٩٣ قَالُواْ يَٰذَا ٱلۡقَرۡنَيۡنِ إِنَّ يَأۡجُوجَ

وَمَأۡجُوجَ مُفۡسِدُونَ فِي ٱلۡأَرۡضِ فَهَلۡ نَجۡعَلُ لَكَ خَرۡجًا عَلَىٰٓ أَن
تَجۡعَلَ بَيۡنَنَا وَبَيۡنَهُمۡ سَدّٗا ٩٤ قَالَ مَا مَكَّنِّي فِيهِ رَبِّي خَيۡرٞ فَأَعِينُونِي
بِقُوَّةٍ أَجۡعَلۡ بَيۡنَكُمۡ وَبَيۡنَهُمۡ رَدۡمًا ٩٥ ءَاتُونِي زُبَرَ ٱلۡحَدِيدِۖ حَتَّىٰٓ إِذَا سَاوَىٰ
بَيۡنَ ٱلصَّدَفَيۡنِ قَالَ ٱنفُخُواْۖ حَتَّىٰٓ إِذَا جَعَلَهُۥ نَارٗا قَالَ ءَاتُونِيٓ أُفۡرِغۡ عَلَيۡهِ
قِطۡرٗا ٩٦ فَمَا ٱسۡطَٰعُوٓاْ أَن يَظۡهَرُوهُ وَمَا ٱسۡتَطَٰعُواْ لَهُۥ نَقۡبٗا ٩٧
16 - 18 - 304 قَالَ هَٰذَا رَحۡمَةٞ مِّن رَّبِّيۖ فَإِذَا جَآءَ وَعۡدُ رَبِّي جَعَلَهُۥ دَكَّآءَۖ وَكَانَ وَعۡدُ رَبِّي
حَقّٗا ٩٨ ۞وَتَرَكۡنَا بَعۡضَهُمۡ يَوۡمَئِذٖ يَمُوجُ فِي بَعۡضٖۖ وَنُفِخَ فِي ٱلصُّورِ
فَجَمَعۡنَٰهُمۡ جَمۡعٗا ٩٩ وَعَرَضۡنَا جَهَنَّمَ يَوۡمَئِذٖ لِّلۡكَٰفِرِينَ عَرۡضًا ١٠٠ ٱلَّذِينَ
كَانَتۡ أَعۡيُنُهُمۡ فِي غِطَآءٍ عَن ذِكۡرِي وَكَانُواْ لَا يَسۡتَطِيعُونَ سَمۡعًا ١٠١
أَفَحَسِبَ ٱلَّذِينَ كَفَرُوٓاْ أَن يَتَّخِذُواْ عِبَادِي مِن دُونِيٓ أَوۡلِيَآءَۚ إِنَّآ
أَعۡتَدۡنَا جَهَنَّمَ لِلۡكَٰفِرِينَ نُزُلٗا ١٠٢ قُلۡ هَلۡ نُنَبِّئُكُم بِٱلۡأَخۡسَرِينَ أَعۡمَٰلًا ١٠٣
ٱلَّذِينَ ضَلَّ سَعۡيُهُمۡ فِي ٱلۡحَيَوٰةِ ٱلدُّنۡيَا وَهُمۡ يَحۡسَبُونَ أَنَّهُمۡ يُحۡسِنُونَ
صُنۡعًا ١٠٤ أُوْلَٰٓئِكَ ٱلَّذِينَ كَفَرُواْ بِـَٔايَٰتِ رَبِّهِمۡ وَلِقَآئِهِۦ فَحَبِطَتۡ
أَعۡمَٰلُهُمۡ فَلَا نُقِيمُ لَهُمۡ يَوۡمَ ٱلۡقِيَٰمَةِ وَزۡنٗا ١٠٥ ذَٰلِكَ جَزَآؤُهُمۡ جَهَنَّمُ
بِمَا كَفَرُواْ وَٱتَّخَذُوٓاْ ءَايَٰتِي وَرُسُلِي هُزُوًا ١٠٦ إِنَّ ٱلَّذِينَ ءَامَنُواْ وَعَمِلُواْ
ٱلصَّٰلِحَٰتِ كَانَتۡ لَهُمۡ جَنَّٰتُ ٱلۡفِرۡدَوۡسِ نُزُلًا ١٠٧ خَٰلِدِينَ فِيهَا
لَا يَبۡغُونَ عَنۡهَا حِوَلٗا ١٠٨ قُل لَّوۡ كَانَ ٱلۡبَحۡرُ مِدَادٗا لِّكَلِمَٰتِ رَبِّي لَنَفِدَ
ٱلۡبَحۡرُ قَبۡلَ أَن تَنفَدَ كَلِمَٰتُ رَبِّي وَلَوۡ جِئۡنَا بِمِثۡلِهِۦ مَدَدٗا ١٠٩ قُلۡ إِنَّمَآ
أَنَا۠ بَشَرٞ مِّثۡلُكُمۡ يُوحَىٰٓ إِلَيَّ أَنَّمَآ إِلَٰهُكُمۡ إِلَٰهٞ وَٰحِدٞۖ فَمَن كَانَ يَرۡجُواْ
لِقَآءَ رَبِّهِۦ فَلۡيَعۡمَلۡ عَمَلٗا صَٰلِحٗا وَلَا يُشۡرِكۡ بِعِبَادَةِ رَبِّهِۦٓ أَحَدَۢا ١١٠

سُورَةُ مَرۡيَمَ
16 - 19 - 305

بِسۡمِ ٱللَّهِ ٱلرَّحۡمَٰنِ ٱلرَّحِيمِ

كٓهيعٓصٓ ١ ذِكۡرُ رَحۡمَتِ رَبِّكَ عَبۡدَهُۥ زَكَرِيَّآ ٢ إِذۡ
نَادَىٰ رَبَّهُۥ نِدَآءً خَفِيّٗا ٣ قَالَ رَبِّ إِنِّي وَهَنَ ٱلۡعَظۡمُ مِنِّي
وَٱشۡتَعَلَ ٱلرَّأۡسُ شَيۡبٗا وَلَمۡ أَكُنۢ بِدُعَآئِكَ رَبِّ شَقِيّٗا ٤
وَإِنِّي خِفۡتُ ٱلۡمَوَٰلِيَ مِن وَرَآءِي وَكَانَتِ ٱمۡرَأَتِي
عَاقِرٗا فَهَبۡ لِي مِن لَّدُنكَ وَلِيّٗا ٥ يَرِثُنِي وَيَرِثُ مِنۡ
ءَالِ يَعۡقُوبَۖ وَٱجۡعَلۡهُ رَبِّ رَضِيّٗا ٦ يَٰزَكَرِيَّآ إِنَّا
نُبَشِّرُكَ بِغُلَٰمٍ ٱسۡمُهُۥ يَحۡيَىٰ لَمۡ نَجۡعَل لَّهُۥ مِن قَبۡلُ سَمِيّٗا ٧
قَالَ رَبِّ أَنَّىٰ يَكُونُ لِي غُلَٰمٞ وَكَانَتِ ٱمۡرَأَتِي عَاقِرٗا
وَقَدۡ بَلَغۡتُ مِنَ ٱلۡكِبَرِ عِتِيّٗا ٨ قَالَ كَذَٰلِكَ قَالَ
رَبُّكَ هُوَ عَلَيَّ هَيِّنٞ وَقَدۡ خَلَقۡتُكَ مِن قَبۡلُ وَلَمۡ تَكُ
شَيۡـٔٗا ٩ قَالَ رَبِّ ٱجۡعَل لِّيٓ ءَايَةٗۖ قَالَ ءَايَتُكَ أَلَّا
تُكَلِّمَ ٱلنَّاسَ ثَلَٰثَ لَيَالٖ سَوِيّٗا ١٠ فَخَرَجَ عَلَىٰ قَوۡمِهِۦ مِنَ
ٱلۡمِحۡرَابِ فَأَوۡحَىٰٓ إِلَيۡهِمۡ أَن سَبِّحُواْ بُكۡرَةٗ وَعَشِيّٗا ١١
16 - 19 - 306 يَٰيَحۡيَىٰ خُذِ ٱلۡكِتَٰبَ بِقُوَّةٖۖ وَءَاتَيۡنَٰهُ ٱلۡحُكۡمَ صَبِيّٗا ١٢
وَحَنَانٗا مِّن لَّدُنَّا وَزَكَوٰةٗۖ وَكَانَ تَقِيّٗا ١٣ وَبَرَّۢا بِوَٰلِدَيۡهِ وَلَمۡ
يَكُن جَبَّارًا عَصِيّٗا ١٤ وَسَلَٰمٌ عَلَيۡهِ يَوۡمَ وُلِدَ وَيَوۡمَ يَمُوتُ
وَيَوۡمَ يُبۡعَثُ حَيّٗا ١٥ وَٱذۡكُرۡ فِي ٱلۡكِتَٰبِ مَرۡيَمَ إِذِ ٱنتَبَذَتۡ
مِنۡ أَهۡلِهَا مَكَانٗا شَرۡقِيّٗا ١٦ فَٱتَّخَذَتۡ مِن دُونِهِمۡ حِجَابٗا
فَأَرۡسَلۡنَآ إِلَيۡهَا رُوحَنَا فَتَمَثَّلَ لَهَا بَشَرٗا سَوِيّٗا ١٧ قَالَتۡ إِنِّيٓ
أَعُوذُ بِٱلرَّحۡمَٰنِ مِنكَ إِن كُنتَ تَقِيّٗا ١٨ قَالَ إِنَّمَآ أَنَا۠ رَسُولُ
رَبِّكِ لِأَهَبَ لَكِ غُلَٰمٗا زَكِيّٗا ١٩ قَالَتۡ أَنَّىٰ يَكُونُ لِي
غُلَٰمٞ وَلَمۡ يَمۡسَسۡنِي بَشَرٞ وَلَمۡ أَكُ بَغِيّٗا ٢٠ قَالَ كَذَٰلِكِ
قَالَ رَبُّكِ هُوَ عَلَيَّ هَيِّنٞۖ وَلِنَجۡعَلَهُۥٓ ءَايَةٗ لِّلنَّاسِ وَرَحۡمَةٗ
مِّنَّاۚ وَكَانَ أَمۡرٗا مَّقۡضِيّٗا ٢١ ۞فَحَمَلَتۡهُ فَٱنتَبَذَتۡ بِهِۦ
مَكَانٗا قَصِيّٗا ٢٢ فَأَجَآءَهَا ٱلۡمَخَاضُ إِلَىٰ جِذۡعِ ٱلنَّخۡلَةِ
قَالَتۡ يَٰلَيۡتَنِي مِتُّ قَبۡلَ هَٰذَا وَكُنتُ نَسۡيٗا مَّنسِيّٗا ٢٣
فَنَادَىٰهَا مِن تَحۡتِهَآ أَلَّا تَحۡزَنِي قَدۡ جَعَلَ رَبُّكِ تَحۡتَكِ سَرِيّٗا ٢٤
وَهُزِّيٓ إِلَيۡكِ بِجِذۡعِ ٱلنَّخۡلَةِ تُسَٰقِطۡ عَلَيۡكِ رُطَبٗا جَنِيّٗا ٢٥
16 - 19 - 307 فَكُلِي وَٱشۡرَبِي وَقَرِّي عَيۡنٗاۖ فَإِمَّا تَرَيِنَّ مِنَ ٱلۡبَشَرِ أَحَدٗا فَقُولِيٓ
إِنِّي نَذَرۡتُ لِلرَّحۡمَٰنِ صَوۡمٗا فَلَنۡ أُكَلِّمَ ٱلۡيَوۡمَ إِنسِيّٗا ٢٦ فَأَتَتۡ
بِهِۦ قَوۡمَهَا تَحۡمِلُهُۥۖ قَالُواْ يَٰمَرۡيَمُ لَقَدۡ جِئۡتِ شَيۡـٔٗا فَرِيّٗا ٢٧
يَٰٓأُخۡتَ هَٰرُونَ مَا كَانَ أَبُوكِ ٱمۡرَأَ سَوۡءٖ وَمَا كَانَتۡ
أُمُّكِ بَغِيّٗا ٢٨ فَأَشَارَتۡ إِلَيۡهِۖ قَالُواْ كَيۡفَ نُكَلِّمُ مَن كَانَ فِي
ٱلۡمَهۡدِ صَبِيّٗا ٢٩ قَالَ إِنِّي عَبۡدُ ٱللَّهِ ءَاتَىٰنِيَ ٱلۡكِتَٰبَ وَجَعَلَنِي
نَبِيّٗا ٣٠ وَجَعَلَنِي مُبَارَكًا أَيۡنَ مَا كُنتُ وَأَوۡصَٰنِي بِٱلصَّلَوٰةِ
وَٱلزَّكَوٰةِ مَا دُمۡتُ حَيّٗا ٣١ وَبَرَّۢا بِوَٰلِدَتِي وَلَمۡ يَجۡعَلۡنِي
جَبَّارٗا شَقِيّٗا ٣٢ وَٱلسَّلَٰمُ عَلَيَّ يَوۡمَ وُلِدتُّ وَيَوۡمَ أَمُوتُ
وَيَوۡمَ أُبۡعَثُ حَيّٗا ٣٣ ذَٰلِكَ عِيسَى ٱبۡنُ مَرۡيَمَۖ قَوۡلَ ٱلۡحَقِّ
ٱلَّذِي فِيهِ يَمۡتَرُونَ ٣٤ مَا كَانَ لِلَّهِ أَن يَتَّخِذَ مِن وَلَدٖۖ سُبۡحَٰنَهُۥٓۚ
إِذَا قَضَىٰٓ أَمۡرٗا فَإِنَّمَا يَقُولُ لَهُۥ كُن فَيَكُونُ ٣٥ وَإِنَّ ٱللَّهَ رَبِّي وَرَبُّكُمۡ
فَٱعۡبُدُوهُۚ هَٰذَا صِرَٰطٞ مُّسۡتَقِيمٞ ٣٦ فَٱخۡتَلَفَ ٱلۡأَحۡزَابُ مِنۢ
بَيۡنِهِمۡۖ فَوَيۡلٞ لِّلَّذِينَ كَفَرُواْ مِن مَّشۡهَدِ يَوۡمٍ عَظِيمٍ ٣٧ أَسۡمِعۡ بِهِمۡ
وَأَبۡصِرۡ يَوۡمَ يَأۡتُونَنَا لَٰكِنِ ٱلظَّٰلِمُونَ ٱلۡيَوۡمَ فِي ضَلَٰلٖ مُّبِينٖ ٣٨

16-19-308

وأنذرهم يوم الحسرة إذ قضي الأمر وهم في غفلة وهم لا يؤمنون ٣٩ إنا نحن نرث الأرض ومن عليها وإلينا يرجعون ٤٠ واذكر في الكتاب إبراهيم إنه كان صديقا نبيا ٤١ إذ قال لأبيه يا أبت لم تعبد ما لا يسمع ولا يبصر ولا يغني عنك شيئا ٤٢ يا أبت إني قد جاءني من العلم ما لم يأتك فاتبعني أهدك صراطا سويا ٤٣ يا أبت لا تعبد الشيطان إن الشيطان كان للرحمن عصيا ٤٤ يا أبت إني أخاف أن يمسك عذاب من الرحمن فتكون للشيطان وليا ٤٥ قال أراغب أنت عن آلهتي يا إبراهيم لئن لم تنته لأرجمنك واهجرني مليا ٤٦ قال سلام عليك سأستغفر لك ربي إنه كان بي حفيا ٤٧ وأعتزلكم وما تدعون من دون الله وأدعو ربي عسى ألا أكون بدعاء ربي شقيا ٤٨ فلما اعتزلهم وما يعبدون من دون الله وهبنا له إسحاق ويعقوب وكلا جعلنا نبيا ٤٩ ووهبنا لهم من رحمتنا وجعلنا لهم لسان صدق عليا ٥٠ واذكر في الكتاب موسى إنه كان مخلصا وكان رسولا نبيا ٥١

16-19-309

وناديناه من جانب الطور الأيمن وقربناه نجيا ٥٢ ووهبنا له من رحمتنا أخاه هارون نبيا ٥٣ واذكر في الكتاب إسماعيل إنه كان صادق الوعد وكان رسولا نبيا ٥٤ وكان يأمر أهله بالصلاة والزكاة وكان عند ربه مرضيا ٥٥ واذكر في الكتاب إدريس إنه كان صديقا نبيا ٥٦ ورفعناه مكانا عليا ٥٧ أولئك الذين أنعم الله عليهم من النبيين من ذرية آدم وممن حملنا مع نوح ومن ذرية إبراهيم وإسرائيل وممن هدينا واجتبينا إذا تتلى عليهم آيات الرحمن خروا سجدا وبكيا ۩ ٥٨ ۞ فخلف من بعدهم خلف أضاعوا الصلاة واتبعوا الشهوات فسوف يلقون غيا ٥٩ إلا من تاب وآمن وعمل صالحا فأولئك يدخلون الجنة ولا يظلمون شيئا ٦٠ جنات عدن التي وعد الرحمن عباده بالغيب إنه كان وعده مأتيا ٦١ لا يسمعون فيها لغوا إلا سلاما ولهم رزقهم فيها بكرة وعشيا ٦٢ تلك الجنة التي نورث من عبادنا من كان تقيا ٦٣ وما نتنزل إلا بأمر ربك له ما بين أيدينا وما خلفنا وما بين ذلك وما كان ربك نسيا ٦٤

16-19-310

رب السماوات والأرض وما بينهما فاعبده واصطبر لعبادته هل تعلم له سميا ٦٥ ويقول الإنسان أإذا ما مت لسوف أخرج حيا ٦٦ أولا يذكر الإنسان أنا خلقناه من قبل ولم يك شيئا ٦٧ فوربك لنحشرنهم والشياطين ثم لنحضرنهم حول جهنم جثيا ٦٨ ثم لننزعن من كل شيعة أيهم أشد على الرحمن عتيا ٦٩ ثم لنحن أعلم بالذين هم أولى بها صليا ٧٠ وإن منكم إلا واردها كان على ربك حتما مقضيا ٧١ ثم ننجي الذين اتقوا ونذر الظالمين فيها جثيا ٧٢ وإذا تتلى عليهم آياتنا بينات قال الذين كفروا للذين آمنوا أي الفريقين خير مقاما وأحسن نديا ٧٣ وكم أهلكنا قبلهم من قرن هم أحسن أثاثا ورئيا ٧٤ قل من كان في الضلالة فليمدد له الرحمن مدا حتى إذا رأوا ما يوعدون إما العذاب وإما الساعة فسيعلمون من هو شر مكانا وأضعف جندا ٧٥ ويزيد الله الذين اهتدوا هدى والباقيات الصالحات خير عند ربك ثوابا وخير مردا ٧٦

16-19-311

أفرأيت الذي كفر بآياتنا وقال لأوتين مالا وولدا ٧٧ أطلع الغيب أم اتخذ عند الرحمن عهدا ٧٨ كلا سنكتب ما يقول ونمد له من العذاب مدا ٧٩ ونرثه ما يقول ويأتينا فردا ٨٠ واتخذوا من دون الله آلهة ليكونوا لهم عزا ٨١ كلا سيكفرون بعبادتهم ويكونون عليهم ضدا ٨٢ ألم تر أنا أرسلنا الشياطين على الكافرين تؤزهم أزا ٨٣ فلا تعجل عليهم إنما نعد لهم عدا ٨٤ يوم نحشر المتقين إلى الرحمن وفدا ٨٥ ونسوق المجرمين إلى جهنم وردا ٨٦ لا يملكون الشفاعة إلا من اتخذ عند الرحمن عهدا ٨٧ وقالوا اتخذ الرحمن ولدا ٨٨ لقد جئتم شيئا إدا ٨٩ تكاد السماوات يتفطرن منه وتنشق الأرض وتخر الجبال هدا ٩٠ أن دعوا للرحمن ولدا ٩١ وما ينبغي للرحمن أن يتخذ ولدا ٩٢ إن كل من في السماوات والأرض إلا آتي الرحمن عبدا ٩٣ لقد أحصاهم وعدهم عدا ٩٤ وكلهم آتيه يوم القيامة فردا ٩٥

16-19-312

إن الذين آمنوا وعملوا الصالحات سيجعل لهم الرحمن ودا ٩٦ فإنما يسرناه بلسانك لتبشر به المتقين وتنذر به قوما لدا ٩٧ وكم أهلكنا قبلهم من قرن هل تحس منهم من أحد أو تسمع لهم ركزا ٩٨

سورة طه

بسم الله الرحمن الرحيم

طه ١ ما أنزلنا عليك القرآن لتشقى ٢ إلا تذكرة لمن يخشى ٣ تنزيلا ممن خلق الأرض والسماوات العلى ٤ الرحمن على العرش استوى ٥ له ما في السماوات وما في الأرض وما بينهما وما تحت الثرى ٦ وإن تجهر بالقول فإنه يعلم السر وأخفى ٧ الله لا إله إلا هو له الأسماء الحسنى ٨ وهل أتاك حديث موسى ٩ إذ رأى نارا فقال لأهله امكثوا إني آنست نارا لعلي آتيكم منها بقبس أو أجد على النار هدى ١٠ فلما أتاها نودي يا موسى ١١ إني أنا ربك فاخلع نعليك إنك بالواد المقدس طوى ١٢ وأنا اخترتك فاستمع لما يوحى ١٣

16-20-313

إنني أنا الله لا إله إلا أنا فاعبدني وأقم الصلاة لذكري ١٤ إن الساعة آتية أكاد أخفيها لتجزى كل نفس بما تسعى ١٥ فلا يصدنك عنها من لا يؤمن بها واتبع هواه فتردى ١٦ وما تلك بيمينك يا موسى ١٧ قال هي عصاي أتوكأ عليها وأهش بها على غنمي ولي فيها مآرب أخرى ١٨ قال ألقها يا موسى ١٩ فألقاها فإذا هي حية تسعى ٢٠ قال خذها ولا تخف سنعيدها سيرتها الأولى ٢١ واضمم يدك إلى جناحك تخرج بيضاء من غير سوء آية أخرى ٢٢ لنريك من آياتنا الكبرى ٢٣ اذهب إلى فرعون إنه طغى ٢٤ قال رب اشرح لي صدري ٢٥ ويسر لي أمري ٢٦ واحلل عقدة من لساني ٢٧ يفقهوا قولي ٢٨ واجعل لي وزيرا من أهلي ٢٩ هارون أخي ٣٠ اشدد به أزري ٣١ وأشركه في أمري ٣٢ كي نسبحك كثيرا ٣٣ ونذكرك كثيرا ٣٤ إنك كنت بنا بصيرا ٣٥ قال قد أوتيت سؤلك يا موسى ٣٦ ولقد مننا عليك مرة أخرى ٣٧ إذ أوحينا إلى أمك ما يوحى ٣٨

16-20-314

أن اقذفيه في التابوت فاقذفيه في اليم فليلقه اليم بالساحل يأخذه عدو لي وعدو له وألقيت عليك محبة مني ولتصنع على عيني ٣٩ إذ تمشي أختك فتقول هل أدلكم على من يكفله فرجعناك إلى أمك كي تقر عينها ولا تحزن وقتلت نفسا فنجيناك من الغم وفتناك فتونا فلبثت سنين في أهل مدين ثم جئت على قدر يا موسى ٤٠ واصطنعتك لنفسي ٤١ اذهب أنت وأخوك بآياتي ولا تنيا في ذكري ٤٢ اذهبا إلى فرعون إنه طغى ٤٣ فقولا له قولا لينا لعله يتذكر أو يخشى ٤٤ قالا ربنا إننا نخاف أن يفرط علينا أو أن يطغى ٤٥ قال لا تخافا إنني معكما أسمع وأرى ٤٦ فأتياه فقولا إنا رسولا ربك فأرسل معنا بني إسرائيل ولا تعذبهم قد جئناك بآية من ربك والسلام على من اتبع الهدى ٤٧ إنا قد أوحي إلينا أن العذاب على من كذب وتولى ٤٨ قال فمن ربكما يا موسى ٤٩ قال ربنا الذي أعطى كل شيء خلقه ثم هدى ٥٠ قال فما بال القرون الأولى ٥١ قال علمها عند ربي في كتاب لا يضل ربي ولا ينسى ٥٢

16-20-315

الذي جعل لكم الأرض مهدا وسلك لكم فيها سبلا وأنزل من السماء ماء فأخرجنا به أزواجا من نبات شتى ٥٣ كلوا وارعوا أنعامكم إن في ذلك لآيات لأولي النهى ٥٤ ۞ منها خلقناكم وفيها نعيدكم ومنها نخرجكم تارة أخرى ٥٥ ولقد أريناه آياتنا كلها فكذب وأبى ٥٦ قال أجئتنا لتخرجنا من أرضنا بسحرك يا موسى ٥٧ فلنأتينك بسحر مثله فاجعل بيننا وبينك موعدا لا نخلفه نحن ولا أنت مكانا سوى ٥٨ قال موعدكم يوم الزينة وأن يحشر الناس ضحى ٥٩ فتولى فرعون فجمع كيده ثم أتى ٦٠ قال لهم موسى ويلكم لا تفتروا على الله كذبا فيسحتكم بعذاب وقد خاب من افترى ٦١ فتنازعوا أمرهم بينهم وأسروا النجوى ٦٢ قالوا إن هذان لساحران يريدان أن يخرجاكم من أرضكم بسحرهما ويذهبا بطريقتكم المثلى ٦٣ فأجمعوا كيدكم ثم ائتوا صفا وقد أفلح اليوم من استعلى ٦٤ قالوا يا موسى إما أن تلقي وإما أن نكون أول من ألقى ٦٥

16-20-316

قال بل ألقوا فإذا حبالهم وعصيهم يخيل إليه من سحرهم أنها تسعى ٦٦ فأوجس في نفسه خيفة موسى ٦٧ قلنا لا تخف إنك أنت الأعلى ٦٨ وألق ما في يمينك تلقف ما صنعوا إنما صنعوا كيد ساحر ولا يفلح الساحر حيث أتى ٦٩ فألقي السحرة سجدا قالوا آمنا برب هارون وموسى ٧٠ قال آمنتم له قبل أن آذن لكم إنه لكبيركم الذي علمكم السحر فلأقطعن أيديكم وأرجلكم من خلاف ولأصلبنكم في جذوع النخل ولتعلمن أينا أشد عذابا وأبقى ٧١ قالوا لن نؤثرك على ما جاءنا من البينات والذي فطرنا فاقض ما أنت قاض إنما تقضي هذه الحياة الدنيا ٧٢ إنا آمنا بربنا ليغفر لنا خطايانا وما أكرهتنا عليه من السحر والله خير وأبقى ٧٣ إنه من يأت ربه مجرما فإن له جهنم لا يموت فيها ولا يحيى ٧٤ ومن يأته مؤمنا قد عمل الصالحات فأولئك لهم الدرجات العلى ٧٥ جنات عدن تجري من تحتها الأنهار خالدين فيها وذلك جزاء من تزكى ٧٦ ولقد أوحينا إلى موسى أن أسر بعبادي فاضرب لهم طريقا في البحر يبسا لا تخاف دركا ولا تخشى ٧٧

16-20-317

فأتبعهم فرعون بجنوده فغشيهم من اليم ما غشيهم ٧٨ وأضل فرعون قومه وما هدى ٧٩ يا بني إسرائيل قد أنجيناكم من عدوكم وواعدناكم جانب الطور الأيمن ونزلنا عليكم المن والسلوى ٨٠ كلوا من طيبات ما رزقناكم ولا تطغوا فيه فيحل عليكم غضبي ومن يحلل عليه غضبي فقد هوى ٨١ وإني لغفار لمن تاب وآمن وعمل صالحا ثم اهتدى ٨٢ ۞ وما أعجلك عن قومك يا موسى ٨٣ قال هم أولاء على أثري وعجلت إليك رب لترضى ٨٤ قال فإنا قد فتنا قومك من بعدك وأضلهم السامري ٨٥ فرجع موسى إلى قومه غضبان أسفا قال يا قوم ألم يعدكم ربكم وعدا حسنا أفطال عليكم العهد أم أردتم أن يحل عليكم غضب من ربكم فأخلفتم موعدي ٨٦ قالوا ما أخلفنا موعدك بملكنا ولكنا حملنا أوزارا من زينة القوم فقذفناها فكذلك ألقى السامري ٨٧

16-20-318

فأخرج لهم عجلا جسدا له خوار فقالوا هذا إلهكم وإله موسى فنسي ٨٨ أفلا يرون ألا يرجع إليهم قولا ولا يملك لهم ضرا ولا نفعا ٨٩ ولقد قال لهم هارون من قبل يا قوم إنما فتنتم به وإن ربكم الرحمن فاتبعوني وأطيعوا أمري ٩٠ قالوا لن نبرح عليه عاكفين حتى يرجع إلينا موسى ٩١ قال يا هارون ما منعك إذ رأيتهم ضلوا ٩٢ ألا تتبعن أفعصيت أمري ٩٣ قال يا ابن أم لا تأخذ بلحيتي ولا برأسي إني خشيت أن تقول فرقت بين بني إسرائيل ولم ترقب قولي ٩٤ قال فما خطبك يا سامري ٩٥ قال بصرت بما لم يبصروا به فقبضت قبضة من أثر الرسول فنبذتها وكذلك سولت لي نفسي ٩٦ قال فاذهب فإن لك في الحياة أن تقول لا مساس وإن لك موعدا لن تخلفه وانظر إلى إلهك الذي ظلت عليه عاكفا لنحرقنه ثم لننسفنه في اليم نسفا ٩٧ إنما إلهكم الله الذي لا إله إلا هو وسع كل شيء علما ٩٨

16-20-319

كذلك نقص عليك من أنباء ما قد سبق وقد آتيناك من لدنا ذكرا ٩٩ من أعرض عنه فإنه يحمل يوم القيامة وزرا ١٠٠ خالدين فيه وساء لهم يوم القيامة حملا ١٠١ يوم ينفخ في الصور ونحشر المجرمين يومئذ زرقا ١٠٢ يتخافتون بينهم إن لبثتم إلا عشرا ١٠٣ نحن أعلم بما يقولون إذ يقول أمثلهم طريقة إن لبثتم إلا يوما ١٠٤ ويسألونك عن الجبال فقل ينسفها ربي نسفا ١٠٥ فيذرها قاعا صفصفا ١٠٦ لا ترى فيها عوجا ولا أمتا ١٠٧ يومئذ يتبعون الداعي لا عوج له وخشعت الأصوات للرحمن فلا تسمع إلا همسا ١٠٨ يومئذ لا تنفع الشفاعة إلا من أذن له الرحمن ورضي له قولا ١٠٩ يعلم ما بين أيديهم وما خلفهم ولا يحيطون به علما ١١٠ ۞ وعنت الوجوه للحي القيوم وقد خاب من حمل ظلما ١١١ ومن يعمل من الصالحات وهو مؤمن فلا يخاف ظلما ولا هضما ١١٢ وكذلك أنزلناه قرآنا عربيا وصرفنا فيه من الوعيد لعلهم يتقون أو يحدث لهم ذكرا ١١٣

16-20-320

فتعالى الله الملك الحق ولا تعجل بالقرآن من قبل أن يقضى إليك وحيه وقل رب زدني علما ١١٤ ولقد عهدنا إلى آدم من قبل فنسي ولم نجد له عزما ١١٥ وإذ قلنا للملائكة اسجدوا لآدم فسجدوا إلا إبليس أبى ١١٦ فقلنا يا آدم إن هذا عدو لك ولزوجك فلا يخرجنكما من الجنة فتشقى ١١٧ إن لك ألا تجوع فيها ولا تعرى ١١٨ وأنك لا تظمأ فيها ولا تضحى ١١٩ فوسوس إليه الشيطان قال يا آدم هل أدلك على شجرة الخلد وملك لا يبلى ١٢٠ فأكلا منها فبدت لهما سوآتهما وطفقا يخصفان عليهما من ورق الجنة وعصى آدم ربه فغوى ١٢١ ثم اجتباه ربه فتاب عليه وهدى ١٢٢ قال اهبطا منها جميعا بعضكم لبعض عدو فإما يأتينكم مني هدى فمن اتبع هداي فلا يضل ولا يشقى ١٢٣ ومن أعرض عن ذكري فإن له معيشة ضنكا ونحشره يوم القيامة أعمى ١٢٤ قال رب لم حشرتني أعمى وقد كنت بصيرا ١٢٥

16-20-321

قال كذلك أتتك آياتنا فنسيتها وكذلك اليوم تنسى ١٢٦ وكذلك نجزي من أسرف ولم يؤمن بآيات ربه ولعذاب الآخرة أشد وأبقى ١٢٧ أفلم يهد لهم كم أهلكنا قبلهم من القرون يمشون في مساكنهم إن في ذلك لآيات لأولي النهى ١٢٨ ولولا كلمة سبقت من ربك لكان لزاما وأجل مسمى ١٢٩ فاصبر على ما يقولون وسبح بحمد ربك قبل طلوع الشمس وقبل غروبها ومن آناء الليل فسبح وأطراف النهار لعلك ترضى ١٣٠ ولا تمدن عينيك إلى ما متعنا به أزواجا منهم زهرة الحياة الدنيا لنفتنهم فيه ورزق ربك خير وأبقى ١٣١ وأمر أهلك بالصلاة واصطبر عليها لا نسألك رزقا نحن نرزقك والعاقبة للتقوى ١٣٢ وقالوا لولا يأتينا بآية من ربه أولم تأتهم بينة ما في الصحف الأولى ١٣٣ ولو أنا أهلكناهم بعذاب من قبله لقالوا ربنا لولا أرسلت إلينا رسولا فنتبع آياتك من قبل أن نذل ونخزى ١٣٤ قل كل متربص فتربصوا فستعلمون من أصحاب الصراط السوي ومن اهتدى ١٣٥

SOURCE : DIGITAL MUṢ-HAF OF MADINAH-KING FAHD QURAN COMPLEX

17-21-322

سورة الأنبياء

بسم الله الرحمن الرحيم

اقترب للناس حسابهم وهم في غفلة معرضون (١) ما يأتيهم من ذكر من ربهم محدث إلا استمعوه وهم يلعبون (٢) لاهية قلوبهم وأسروا النجوى الذين ظلموا هل هذا إلا بشر مثلكم أفتأتون السحر وأنتم تبصرون (٣) قال ربي يعلم القول في السماء والأرض وهو السميع العليم (٤) بل قالوا أضغاث أحلام بل افتراه بل هو شاعر فليأتنا بآية كما أرسل الأولون (٥) ما آمنت قبلهم من قرية أهلكناها أفهم يؤمنون (٦) وما أرسلنا قبلك إلا رجالا نوحي إليهم فاسألوا أهل الذكر إن كنتم لا تعلمون (٧) وما جعلناهم جسدا لا يأكلون الطعام وما كانوا خالدين (٨) ثم صدقناهم الوعد فأنجيناهم ومن نشاء وأهلكنا المسرفين (٩) لقد أنزلنا إليكم كتابا فيه ذكركم أفلا تعقلون (١٠)

17-21-323

وكم قصمنا من قرية كانت ظالمة وأنشأنا بعدها قوما آخرين (١١) فلما أحسوا بأسنا إذا هم منها يركضون (١٢) لا تركضوا وارجعوا إلى ما أترفتم فيه ومساكنكم لعلكم تسألون (١٣) قالوا يا ويلنا إنا كنا ظالمين (١٤) فما زالت تلك دعواهم حتى جعلناهم حصيدا خامدين (١٥) وما خلقنا السماء والأرض وما بينهما لاعبين (١٦) لو أردنا أن نتخذ لهوا لاتخذناه من لدنا إن كنا فاعلين (١٧) بل نقذف بالحق على الباطل فيدمغه فإذا هو زاهق ولكم الويل مما تصفون (١٨) وله من في السماوات والأرض ومن عنده لا يستكبرون عن عبادته ولا يستحسرون (١٩) يسبحون الليل والنهار لا يفترون (٢٠) أم اتخذوا آلهة من الأرض هم ينشرون (٢١) لو كان فيهما آلهة إلا الله لفسدتا فسبحان الله رب العرش عما يصفون (٢٢) لا يسأل عما يفعل وهم يسألون (٢٣) أم اتخذوا من دونه آلهة قل هاتوا برهانكم هذا ذكر من معي وذكر من قبلي بل أكثرهم لا يعلمون الحق فهم معرضون (٢٤)

17-21-324

وما أرسلنا من قبلك من رسول إلا نوحي إليه أنه لا إله إلا أنا فاعبدون (٢٥) وقالوا اتخذ الرحمن ولدا سبحانه بل عباد مكرمون (٢٦) لا يسبقونه بالقول وهم بأمره يعملون (٢٧) يعلم ما بين أيديهم وما خلفهم ولا يشفعون إلا لمن ارتضى وهم من خشيته مشفقون (٢٨) ومن يقل منهم إني إله من دونه فذلك نجزيه جهنم كذلك نجزي الظالمين (٢٩) أولم ير الذين كفروا أن السماوات والأرض كانتا رتقا ففتقناهما وجعلنا من الماء كل شيء حي أفلا يؤمنون (٣٠) وجعلنا في الأرض رواسي أن تميد بهم وجعلنا فيها فجاجا سبلا لعلهم يهتدون (٣١) وجعلنا السماء سقفا محفوظا وهم عن آياتها معرضون (٣٢) وهو الذي خلق الليل والنهار والشمس والقمر كل في فلك يسبحون (٣٣) وما جعلنا لبشر من قبلك الخلد أفإن مت فهم الخالدون (٣٤) كل نفس ذائقة الموت ونبلوكم بالشر والخير فتنة وإلينا ترجعون (٣٥)

17-21-325

وإذا رآك الذين كفروا إن يتخذونك إلا هزوا أهذا الذي يذكر آلهتكم وهم بذكر الرحمن هم كافرون (٣٦) خلق الإنسان من عجل سأوريكم آياتي فلا تستعجلون (٣٧) ويقولون متى هذا الوعد إن كنتم صادقين (٣٨) لو يعلم الذين كفروا حين لا يكفون عن وجوههم النار ولا عن ظهورهم ولا هم ينصرون (٣٩) بل تأتيهم بغتة فتبهتهم فلا يستطيعون ردها ولا هم ينظرون (٤٠) ولقد استهزئ برسل من قبلك فحاق بالذين سخروا منهم ما كانوا به يستهزئون (٤١) قل من يكلؤكم بالليل والنهار من الرحمن بل هم عن ذكر ربهم معرضون (٤٢) أم لهم آلهة تمنعهم من دوننا لا يستطيعون نصر أنفسهم ولا هم منا يصحبون (٤٣) بل متعنا هؤلاء وآباءهم حتى طال عليهم العمر أفلا يرون أنا نأتي الأرض ننقصها من أطرافها أفهم الغالبون (٤٤)

17-21-326

قل إنما أنذركم بالوحي ولا يسمع الصم الدعاء إذا ما ينذرون (٤٥) ولئن مستهم نفحة من عذاب ربك ليقولن يا ويلنا إنا كنا ظالمين (٤٦) ونضع الموازين القسط ليوم القيامة فلا تظلم نفس شيئا وإن كان مثقال حبة من خردل أتينا بها وكفى بنا حاسبين (٤٧)

ولقد آتينا موسى وهارون الفرقان وضياء وذكرا للمتقين (٤٨) الذين يخشون ربهم بالغيب وهم من الساعة مشفقون (٤٩) وهذا ذكر مبارك أنزلناه أفأنتم له منكرون (٥٠) ولقد آتينا إبراهيم رشده من قبل وكنا به عالمين (٥١) إذ قال لأبيه وقومه ما هذه التماثيل التي أنتم لها عاكفون (٥٢) قالوا وجدنا آباءنا لها عابدين (٥٣) قال لقد كنتم أنتم وآباؤكم في ضلال مبين (٥٤) قالوا أجئتنا بالحق أم أنت من اللاعبين (٥٥) قال بل ربكم رب السماوات والأرض الذي فطرهن وأنا على ذلكم من الشاهدين (٥٦) وتالله لأكيدن أصنامكم بعد أن تولوا مدبرين (٥٧)

17-21-327

فجعلهم جذاذا إلا كبيرا لهم لعلهم إليه يرجعون (٥٨) قالوا من فعل هذا بآلهتنا إنه لمن الظالمين (٥٩) قالوا سمعنا فتى يذكرهم يقال له إبراهيم (٦٠) قالوا فأتوا به على أعين الناس لعلهم يشهدون (٦١) قالوا أأنت فعلت هذا بآلهتنا يا إبراهيم (٦٢) قال بل فعله كبيرهم هذا فاسألوهم إن كانوا ينطقون (٦٣) فرجعوا إلى أنفسهم فقالوا إنكم أنتم الظالمون (٦٤) ثم نكسوا على رءوسهم لقد علمت ما هؤلاء ينطقون (٦٥) قال أفتعبدون من دون الله ما لا ينفعكم شيئا ولا يضركم (٦٦) أف لكم ولما تعبدون من دون الله أفلا تعقلون (٦٧) قالوا حرقوه وانصروا آلهتكم إن كنتم فاعلين (٦٨) قلنا يا نار كوني بردا وسلاما على إبراهيم (٦٩) وأرادوا به كيدا فجعلناهم الأخسرين (٧٠) ونجيناه ولوطا إلى الأرض التي باركنا فيها للعالمين (٧١) ووهبنا له إسحاق ويعقوب نافلة وكلا جعلنا صالحين (٧٢)

17-21-328

وجعلناهم أئمة يهدون بأمرنا وأوحينا إليهم فعل الخيرات وإقام الصلاة وإيتاء الزكاة وكانوا لنا عابدين (٧٣) ولوطا آتيناه حكما وعلما ونجيناه من القرية التي كانت تعمل الخبائث إنهم كانوا قوم سوء فاسقين (٧٤) وأدخلناه في رحمتنا إنه من الصالحين (٧٥) ونوحا إذ نادى من قبل فاستجبنا له فنجيناه وأهله من الكرب العظيم (٧٦) ونصرناه من القوم الذين كذبوا بآياتنا إنهم كانوا قوم سوء فأغرقناهم أجمعين (٧٧) وداوود وسليمان إذ يحكمان في الحرث إذ نفشت فيه غنم القوم وكنا لحكمهم شاهدين (٧٨) ففهمناها سليمان وكلا آتينا حكما وعلما وسخرنا مع داوود الجبال يسبحن والطير وكنا فاعلين (٧٩) وعلمناه صنعة لبوس لكم لتحصنكم من بأسكم فهل أنتم شاكرون (٨٠) ولسليمان الريح عاصفة تجري بأمره إلى الأرض التي باركنا فيها وكنا بكل شيء عالمين (٨١)

17-21-329

ومن الشياطين من يغوصون له ويعملون عملا دون ذلك وكنا لهم حافظين (٨٢) وأيوب إذ نادى ربه أني مسني الضر وأنت أرحم الراحمين (٨٣) فاستجبنا له فكشفنا ما به من ضر وآتيناه أهله ومثلهم معهم رحمة من عندنا وذكرى للعابدين (٨٤) وإسماعيل وإدريس وذا الكفل كل من الصابرين (٨٥) وأدخلناهم في رحمتنا إنهم من الصالحين (٨٦) وذا النون إذ ذهب مغاضبا فظن أن لن نقدر عليه فنادى في الظلمات أن لا إله إلا أنت سبحانك إني كنت من الظالمين (٨٧) فاستجبنا له ونجيناه من الغم وكذلك ننجي المؤمنين (٨٨) وزكريا إذ نادى ربه رب لا تذرني فردا وأنت خير الوارثين (٨٩) فاستجبنا له ووهبنا له يحيى وأصلحنا له زوجه إنهم كانوا يسارعون في الخيرات ويدعوننا رغبا ورهبا وكانوا لنا خاشعين (٩٠)

17-21-330

والتي أحصنت فرجها فنفخنا فيها من روحنا وجعلناها وابنها آية للعالمين (٩١) إن هذه أمتكم أمة واحدة وأنا ربكم فاعبدون (٩٢) وتقطعوا أمرهم بينهم كل إلينا راجعون (٩٣) فمن يعمل من الصالحات وهو مؤمن فلا كفران لسعيه وإنا له كاتبون (٩٤) وحرام على قرية أهلكناها أنهم لا يرجعون (٩٥) حتى إذا فتحت يأجوج ومأجوج وهم من كل حدب ينسلون (٩٦) واقترب الوعد الحق فإذا هي شاخصة أبصار الذين كفروا يا ويلنا قد كنا في غفلة من هذا بل كنا ظالمين (٩٧) إنكم وما تعبدون من دون الله حصب جهنم أنتم لها واردون (٩٨) لو كان هؤلاء آلهة ما وردوها وكل فيها خالدون (٩٩) لهم فيها زفير وهم فيها لا يسمعون (١٠٠) إن الذين سبقت لهم منا الحسنى أولئك عنها مبعدون (١٠١) لا يسمعون حسيسها وهم في ما اشتهت أنفسهم خالدون (١٠٢)

17-21-331

لا يحزنهم الفزع الأكبر وتتلقاهم الملائكة هذا يومكم الذي كنتم توعدون (١٠٣) يوم نطوي السماء كطي السجل للكتب كما بدأنا أول خلق نعيده وعدا علينا إنا كنا فاعلين (١٠٤) ولقد كتبنا في الزبور من بعد الذكر أن الأرض يرثها عبادي الصالحون (١٠٥) إن في هذا لبلاغا لقوم عابدين (١٠٦) وما أرسلناك إلا رحمة للعالمين (١٠٧) قل إنما يوحى إلي أنما إلهكم إله واحد فهل أنتم مسلمون (١٠٨) فإن تولوا فقل آذنتكم على سواء وإن أدري أقريب أم بعيد ما توعدون (١٠٩) إنه يعلم الجهر من القول ويعلم ما تكتمون (١١٠) وإن أدري لعله فتنة لكم ومتاع إلى حين (١١١) قال رب احكم بالحق وربنا الرحمن المستعان على ما تصفون (١١٢)

17-22-332

سورة الحج

بسم الله الرحمن الرحيم

يا أيها الناس اتقوا ربكم إن زلزلة الساعة شيء عظيم (١) يوم ترونها تذهل كل مرضعة عما أرضعت وتضع كل ذات حمل حملها وترى الناس سكارى وما هم بسكارى ولكن عذاب الله شديد (٢) ومن الناس من يجادل في الله بغير علم ويتبع كل شيطان مريد (٣) كتب عليه أنه من تولاه فأنه يضله ويهديه إلى عذاب السعير (٤) يا أيها الناس إن كنتم في ريب من البعث فإنا خلقناكم من تراب ثم من نطفة ثم من علقة ثم من مضغة مخلقة وغير مخلقة لنبين لكم ونقر في الأرحام ما نشاء إلى أجل مسمى ثم نخرجكم طفلا ثم لتبلغوا أشدكم ومنكم من يتوفى ومنكم من يرد إلى أرذل العمر لكيلا يعلم من بعد علم شيئا وترى الأرض هامدة فإذا أنزلنا عليها الماء اهتزت وربت وأنبتت من كل زوج بهيج (٥)

17-22-333

ذلك بأن الله هو الحق وأنه يحيي الموتى وأنه على كل شيء قدير (٦) وأن الساعة آتية لا ريب فيها وأن الله يبعث من في القبور (٧) ومن الناس من يجادل في الله بغير علم ولا هدى ولا كتاب منير (٨) ثاني عطفه ليضل عن سبيل الله له في الدنيا خزي ونذيقه يوم القيامة عذاب الحريق (٩) ذلك بما قدمت يداك وأن الله ليس بظلام للعبيد (١٠) ومن الناس من يعبد الله على حرف فإن أصابه خير اطمأن به وإن أصابته فتنة انقلب على وجهه خسر الدنيا والآخرة ذلك هو الخسران المبين (١١) يدعو من دون الله ما لا يضره وما لا ينفعه ذلك هو الضلال البعيد (١٢) يدعو لمن ضره أقرب من نفعه لبئس المولى ولبئس العشير (١٣) إن الله يدخل الذين آمنوا وعملوا الصالحات جنات تجري من تحتها الأنهار إن الله يفعل ما يريد (١٤) من كان يظن أن لن ينصره الله في الدنيا والآخرة فليمدد بسبب إلى السماء ثم ليقطع فلينظر هل يذهبن كيده ما يغيظ (١٥)

17-22-334

وكذلك أنزلناه آيات بينات وأن الله يهدي من يريد (١٦) إن الذين آمنوا والذين هادوا والصابئين والنصارى والمجوس والذين أشركوا إن الله يفصل بينهم يوم القيامة إن الله على كل شيء شهيد (١٧) ألم تر أن الله يسجد له من في السماوات ومن في الأرض والشمس والقمر والنجوم والجبال والشجر والدواب وكثير من الناس وكثير حق عليه العذاب ومن يهن الله فما له من مكرم إن الله يفعل ما يشاء (١٨) هذان خصمان اختصموا في ربهم فالذين كفروا قطعت لهم ثياب من نار يصب من فوق رءوسهم الحميم (١٩) يصهر به ما في بطونهم والجلود (٢٠) ولهم مقامع من حديد (٢١) كلما أرادوا أن يخرجوا منها من غم أعيدوا فيها وذوقوا عذاب الحريق (٢٢) إن الله يدخل الذين آمنوا وعملوا الصالحات جنات تجري من تحتها الأنهار يحلون فيها من أساور من ذهب ولؤلؤا ولباسهم فيها حرير (٢٣)

17 - 22 - 335

وَهُدُوٓا۟ إِلَى ٱلطَّيِّبِ مِنَ ٱلْقَوْلِ وَهُدُوٓا۟ إِلَىٰ صِرَٰطِ ٱلْحَمِيدِ ٢٤ إِنَّ ٱلَّذِينَ كَفَرُوا۟ وَيَصُدُّونَ عَن سَبِيلِ ٱللَّهِ وَٱلْمَسْجِدِ ٱلْحَرَامِ ٱلَّذِى جَعَلْنَٰهُ لِلنَّاسِ سَوَآءً ٱلْعَٰكِفُ فِيهِ وَٱلْبَادِ ۚ وَمَن يُرِدْ فِيهِ بِإِلْحَادٍۭ بِظُلْمٍ نُّذِقْهُ مِنْ عَذَابٍ أَلِيمٍ ٢٥ وَإِذْ بَوَّأْنَا لِإِبْرَٰهِيمَ مَكَانَ ٱلْبَيْتِ أَن لَّا تُشْرِكْ بِى شَيْـًٔا وَطَهِّرْ بَيْتِىَ لِلطَّآئِفِينَ وَٱلْقَآئِمِينَ وَٱلرُّكَّعِ ٱلسُّجُودِ ٢٦ وَأَذِّن فِى ٱلنَّاسِ بِٱلْحَجِّ يَأْتُوكَ رِجَالًا وَعَلَىٰ كُلِّ ضَامِرٍ يَأْتِينَ مِن كُلِّ فَجٍّ عَمِيقٍ ٢٧ لِّيَشْهَدُوا۟ مَنَٰفِعَ لَهُمْ وَيَذْكُرُوا۟ ٱسْمَ ٱللَّهِ فِىٓ أَيَّامٍ مَّعْلُومَٰتٍ عَلَىٰ مَا رَزَقَهُم مِّنۢ بَهِيمَةِ ٱلْأَنْعَٰمِ ۖ فَكُلُوا۟ مِنْهَا وَأَطْعِمُوا۟ ٱلْبَآئِسَ ٱلْفَقِيرَ ٢٨ ثُمَّ لْيَقْضُوا۟ تَفَثَهُمْ وَلْيُوفُوا۟ نُذُورَهُمْ وَلْيَطَّوَّفُوا۟ بِٱلْبَيْتِ ٱلْعَتِيقِ ٢٩ ذَٰلِكَ وَمَن يُعَظِّمْ حُرُمَٰتِ ٱللَّهِ فَهُوَ خَيْرٌ لَّهُۥ عِندَ رَبِّهِۦ ۗ وَأُحِلَّتْ لَكُمُ ٱلْأَنْعَٰمُ إِلَّا مَا يُتْلَىٰ عَلَيْكُمْ ۖ فَٱجْتَنِبُوا۟ ٱلرِّجْسَ مِنَ ٱلْأَوْثَٰنِ وَٱجْتَنِبُوا۟ قَوْلَ ٱلزُّورِ ٣٠

17 - 22 - 336

حُنَفَآءَ لِلَّهِ غَيْرَ مُشْرِكِينَ بِهِۦ ۚ وَمَن يُشْرِكْ بِٱللَّهِ فَكَأَنَّمَا خَرَّ مِنَ ٱلسَّمَآءِ فَتَخْطَفُهُ ٱلطَّيْرُ أَوْ تَهْوِى بِهِ ٱلرِّيحُ فِى مَكَانٍ سَحِيقٍ ٣١ ذَٰلِكَ وَمَن يُعَظِّمْ شَعَٰٓئِرَ ٱللَّهِ فَإِنَّهَا مِن تَقْوَى ٱلْقُلُوبِ ٣٢ لَكُمْ فِيهَا مَنَٰفِعُ إِلَىٰٓ أَجَلٍ مُّسَمًّى ثُمَّ مَحِلُّهَآ إِلَى ٱلْبَيْتِ ٱلْعَتِيقِ ٣٣ وَلِكُلِّ أُمَّةٍ جَعَلْنَا مَنسَكًا لِّيَذْكُرُوا۟ ٱسْمَ ٱللَّهِ عَلَىٰ مَا رَزَقَهُم مِّنۢ بَهِيمَةِ ٱلْأَنْعَٰمِ ۗ فَإِلَٰهُكُمْ إِلَٰهٌ وَٰحِدٌ فَلَهُۥٓ أَسْلِمُوا۟ ۗ وَبَشِّرِ ٱلْمُخْبِتِينَ ٣٤ ٱلَّذِينَ إِذَا ذُكِرَ ٱللَّهُ وَجِلَتْ قُلُوبُهُمْ وَٱلصَّٰبِرِينَ عَلَىٰ مَآ أَصَابَهُمْ وَٱلْمُقِيمِى ٱلصَّلَوٰةِ وَمِمَّا رَزَقْنَٰهُمْ يُنفِقُونَ ٣٥ وَٱلْبُدْنَ جَعَلْنَٰهَا لَكُم مِّن شَعَٰٓئِرِ ٱللَّهِ لَكُمْ فِيهَا خَيْرٌ ۖ فَٱذْكُرُوا۟ ٱسْمَ ٱللَّهِ عَلَيْهَا صَوَآفَّ ۖ فَإِذَا وَجَبَتْ جُنُوبُهَا فَكُلُوا۟ مِنْهَا وَأَطْعِمُوا۟ ٱلْقَانِعَ وَٱلْمُعْتَرَّ ۚ كَذَٰلِكَ سَخَّرْنَٰهَا لَكُمْ لَعَلَّكُمْ تَشْكُرُونَ ٣٦ لَن يَنَالَ ٱللَّهَ لُحُومُهَا وَلَا دِمَآؤُهَا وَلَٰكِن يَنَالُهُ ٱلتَّقْوَىٰ مِنكُمْ ۚ كَذَٰلِكَ سَخَّرَهَا لَكُمْ لِتُكَبِّرُوا۟ ٱللَّهَ عَلَىٰ مَا هَدَىٰكُمْ ۗ وَبَشِّرِ ٱلْمُحْسِنِينَ ٣٧ ۞ إِنَّ ٱللَّهَ يُدَٰفِعُ عَنِ ٱلَّذِينَ ءَامَنُوٓا۟ ۗ إِنَّ ٱللَّهَ لَا يُحِبُّ كُلَّ خَوَّانٍ كَفُورٍ ٣٨

17 - 22 - 337

أُذِنَ لِلَّذِينَ يُقَٰتَلُونَ بِأَنَّهُمْ ظُلِمُوا۟ ۚ وَإِنَّ ٱللَّهَ عَلَىٰ نَصْرِهِمْ لَقَدِيرٌ ٣٩ ٱلَّذِينَ أُخْرِجُوا۟ مِن دِيَٰرِهِم بِغَيْرِ حَقٍّ إِلَّآ أَن يَقُولُوا۟ رَبُّنَا ٱللَّهُ ۗ وَلَوْلَا دَفْعُ ٱللَّهِ ٱلنَّاسَ بَعْضَهُم بِبَعْضٍ لَّهُدِّمَتْ صَوَٰمِعُ وَبِيَعٌ وَصَلَوَٰتٌ وَمَسَٰجِدُ يُذْكَرُ فِيهَا ٱسْمُ ٱللَّهِ كَثِيرًا ۗ وَلَيَنصُرَنَّ ٱللَّهُ مَن يَنصُرُهُۥٓ ۗ إِنَّ ٱللَّهَ لَقَوِىٌّ عَزِيزٌ ٤٠ ٱلَّذِينَ إِن مَّكَّنَّٰهُمْ فِى ٱلْأَرْضِ أَقَامُوا۟ ٱلصَّلَوٰةَ وَءَاتَوُا۟ ٱلزَّكَوٰةَ وَأَمَرُوا۟ بِٱلْمَعْرُوفِ وَنَهَوْا۟ عَنِ ٱلْمُنكَرِ ۗ وَلِلَّهِ عَٰقِبَةُ ٱلْأُمُورِ ٤١ وَإِن يُكَذِّبُوكَ فَقَدْ كَذَّبَتْ قَبْلَهُمْ قَوْمُ نُوحٍ وَعَادٌ وَثَمُودُ ٤٢ وَقَوْمُ إِبْرَٰهِيمَ وَقَوْمُ لُوطٍ ٤٣ وَأَصْحَٰبُ مَدْيَنَ ۖ وَكُذِّبَ مُوسَىٰ فَأَمْلَيْتُ لِلْكَٰفِرِينَ ثُمَّ أَخَذْتُهُمْ ۖ فَكَيْفَ كَانَ نَكِيرِ ٤٤ فَكَأَيِّن مِّن قَرْيَةٍ أَهْلَكْنَٰهَا وَهِىَ ظَالِمَةٌ فَهِىَ خَاوِيَةٌ عَلَىٰ عُرُوشِهَا وَبِئْرٍ مُّعَطَّلَةٍ وَقَصْرٍ مَّشِيدٍ ٤٥ أَفَلَمْ يَسِيرُوا۟ فِى ٱلْأَرْضِ فَتَكُونَ لَهُمْ قُلُوبٌ يَعْقِلُونَ بِهَآ أَوْ ءَاذَانٌ يَسْمَعُونَ بِهَا ۖ فَإِنَّهَا لَا تَعْمَى ٱلْأَبْصَٰرُ وَلَٰكِن تَعْمَى ٱلْقُلُوبُ ٱلَّتِى فِى ٱلصُّدُورِ ٤٦

17 - 22 - 338

وَيَسْتَعْجِلُونَكَ بِٱلْعَذَابِ وَلَن يُخْلِفَ ٱللَّهُ وَعْدَهُۥ ۚ وَإِنَّ يَوْمًا عِندَ رَبِّكَ كَأَلْفِ سَنَةٍ مِّمَّا تَعُدُّونَ ٤٧ وَكَأَيِّن مِّن قَرْيَةٍ أَمْلَيْتُ لَهَا وَهِىَ ظَالِمَةٌ ثُمَّ أَخَذْتُهَا وَإِلَىَّ ٱلْمَصِيرُ ٤٨ قُلْ يَٰٓأَيُّهَا ٱلنَّاسُ إِنَّمَآ أَنَا۠ لَكُمْ نَذِيرٌ مُّبِينٌ ٤٩ فَٱلَّذِينَ ءَامَنُوا۟ وَعَمِلُوا۟ ٱلصَّٰلِحَٰتِ لَهُم مَّغْفِرَةٌ وَرِزْقٌ كَرِيمٌ ٥٠ وَٱلَّذِينَ سَعَوْا۟ فِىٓ ءَايَٰتِنَا مُعَٰجِزِينَ أُو۟لَٰٓئِكَ أَصْحَٰبُ ٱلْجَحِيمِ ٥١ وَمَآ أَرْسَلْنَا مِن قَبْلِكَ مِن رَّسُولٍ وَلَا نَبِىٍّ إِلَّآ إِذَا تَمَنَّىٰٓ أَلْقَى ٱلشَّيْطَٰنُ فِىٓ أُمْنِيَّتِهِۦ فَيَنسَخُ ٱللَّهُ مَا يُلْقِى ٱلشَّيْطَٰنُ ثُمَّ يُحْكِمُ ٱللَّهُ ءَايَٰتِهِۦ ۗ وَٱللَّهُ عَلِيمٌ حَكِيمٌ ٥٢ لِّيَجْعَلَ مَا يُلْقِى ٱلشَّيْطَٰنُ فِتْنَةً لِّلَّذِينَ فِى قُلُوبِهِم مَّرَضٌ وَٱلْقَاسِيَةِ قُلُوبُهُمْ ۗ وَإِنَّ ٱلظَّٰلِمِينَ لَفِى شِقَاقٍۭ بَعِيدٍ ٥٣ وَلِيَعْلَمَ ٱلَّذِينَ أُوتُوا۟ ٱلْعِلْمَ أَنَّهُ ٱلْحَقُّ مِن رَّبِّكَ فَيُؤْمِنُوا۟ بِهِۦ فَتُخْبِتَ لَهُۥ قُلُوبُهُمْ ۗ وَإِنَّ ٱللَّهَ لَهَادِ ٱلَّذِينَ ءَامَنُوٓا۟ إِلَىٰ صِرَٰطٍ مُّسْتَقِيمٍ ٥٤ وَلَا يَزَالُ ٱلَّذِينَ كَفَرُوا۟ فِى مِرْيَةٍ مِّنْهُ حَتَّىٰ تَأْتِيَهُمُ ٱلسَّاعَةُ بَغْتَةً أَوْ يَأْتِيَهُمْ عَذَابُ يَوْمٍ عَقِيمٍ ٥٥

17 - 22 - 339

ٱلْمُلْكُ يَوْمَئِذٍ لِّلَّهِ يَحْكُمُ بَيْنَهُمْ ۚ فَٱلَّذِينَ ءَامَنُوا۟ وَعَمِلُوا۟ ٱلصَّٰلِحَٰتِ فِى جَنَّٰتِ ٱلنَّعِيمِ ٥٦ وَٱلَّذِينَ كَفَرُوا۟ وَكَذَّبُوا۟ بِـَٔايَٰتِنَا فَأُو۟لَٰٓئِكَ لَهُمْ عَذَابٌ مُّهِينٌ ٥٧ وَٱلَّذِينَ هَاجَرُوا۟ فِى سَبِيلِ ٱللَّهِ ثُمَّ قُتِلُوٓا۟ أَوْ مَاتُوا۟ لَيَرْزُقَنَّهُمُ ٱللَّهُ رِزْقًا حَسَنًا ۚ وَإِنَّ ٱللَّهَ لَهُوَ خَيْرُ ٱلرَّٰزِقِينَ ٥٨ لَيُدْخِلَنَّهُم مُّدْخَلًا يَرْضَوْنَهُۥ ۗ وَإِنَّ ٱللَّهَ لَعَلِيمٌ حَلِيمٌ ٥٩ ۞ ذَٰلِكَ وَمَنْ عَاقَبَ بِمِثْلِ مَا عُوقِبَ بِهِۦ ثُمَّ بُغِىَ عَلَيْهِ لَيَنصُرَنَّهُ ٱللَّهُ ۗ إِنَّ ٱللَّهَ لَعَفُوٌّ غَفُورٌ ٦٠ ذَٰلِكَ بِأَنَّ ٱللَّهَ يُولِجُ ٱلَّيْلَ فِى ٱلنَّهَارِ وَيُولِجُ ٱلنَّهَارَ فِى ٱلَّيْلِ وَأَنَّ ٱللَّهَ سَمِيعٌۢ بَصِيرٌ ٦١ ذَٰلِكَ بِأَنَّ ٱللَّهَ هُوَ ٱلْحَقُّ وَأَنَّ مَا يَدْعُونَ مِن دُونِهِۦ هُوَ ٱلْبَٰطِلُ وَأَنَّ ٱللَّهَ هُوَ ٱلْعَلِىُّ ٱلْكَبِيرُ ٦٢ أَلَمْ تَرَ أَنَّ ٱللَّهَ أَنزَلَ مِنَ ٱلسَّمَآءِ مَآءً فَتُصْبِحُ ٱلْأَرْضُ مُخْضَرَّةً ۗ إِنَّ ٱللَّهَ لَطِيفٌ خَبِيرٌ ٦٣ لَّهُۥ مَا فِى ٱلسَّمَٰوَٰتِ وَمَا فِى ٱلْأَرْضِ ۗ وَإِنَّ ٱللَّهَ لَهُوَ ٱلْغَنِىُّ ٱلْحَمِيدُ ٦٤

17 - 22 - 340

أَلَمْ تَرَ أَنَّ ٱللَّهَ سَخَّرَ لَكُم مَّا فِى ٱلْأَرْضِ وَٱلْفُلْكَ تَجْرِى فِى ٱلْبَحْرِ بِأَمْرِهِۦ وَيُمْسِكُ ٱلسَّمَآءَ أَن تَقَعَ عَلَى ٱلْأَرْضِ إِلَّا بِإِذْنِهِۦٓ ۗ إِنَّ ٱللَّهَ بِٱلنَّاسِ لَرَءُوفٌ رَّحِيمٌ ٦٥ وَهُوَ ٱلَّذِىٓ أَحْيَاكُمْ ثُمَّ يُمِيتُكُمْ ثُمَّ يُحْيِيكُمْ ۗ إِنَّ ٱلْإِنسَٰنَ لَكَفُورٌ ٦٦ لِّكُلِّ أُمَّةٍ جَعَلْنَا مَنسَكًا هُمْ نَاسِكُوهُ ۖ فَلَا يُنَٰزِعُنَّكَ فِى ٱلْأَمْرِ ۚ وَٱدْعُ إِلَىٰ رَبِّكَ ۖ إِنَّكَ لَعَلَىٰ هُدًى مُّسْتَقِيمٍ ٦٧ وَإِن جَٰدَلُوكَ فَقُلِ ٱللَّهُ أَعْلَمُ بِمَا تَعْمَلُونَ ٦٨ ٱللَّهُ يَحْكُمُ بَيْنَكُمْ يَوْمَ ٱلْقِيَٰمَةِ فِيمَا كُنتُمْ فِيهِ تَخْتَلِفُونَ ٦٩ أَلَمْ تَعْلَمْ أَنَّ ٱللَّهَ يَعْلَمُ مَا فِى ٱلسَّمَآءِ وَٱلْأَرْضِ ۗ إِنَّ ذَٰلِكَ فِى كِتَٰبٍ ۚ إِنَّ ذَٰلِكَ عَلَى ٱللَّهِ يَسِيرٌ ٧٠ وَيَعْبُدُونَ مِن دُونِ ٱللَّهِ مَا لَمْ يُنَزِّلْ بِهِۦ سُلْطَٰنًا وَمَا لَيْسَ لَهُم بِهِۦ عِلْمٌ ۗ وَمَا لِلظَّٰلِمِينَ مِن نَّصِيرٍ ٧١ وَإِذَا تُتْلَىٰ عَلَيْهِمْ ءَايَٰتُنَا بَيِّنَٰتٍ تَعْرِفُ فِى وُجُوهِ ٱلَّذِينَ كَفَرُوا۟ ٱلْمُنكَرَ ۖ يَكَادُونَ يَسْطُونَ بِٱلَّذِينَ يَتْلُونَ عَلَيْهِمْ ءَايَٰتِنَا ۗ قُلْ أَفَأُنَبِّئُكُم بِشَرٍّ مِّن ذَٰلِكُمُ ۗ ٱلنَّارُ وَعَدَهَا ٱللَّهُ ٱلَّذِينَ كَفَرُوا۟ ۖ وَبِئْسَ ٱلْمَصِيرُ ٧٢

17 - 22 - 341

يَٰٓأَيُّهَا ٱلنَّاسُ ضُرِبَ مَثَلٌ فَٱسْتَمِعُوا۟ لَهُۥٓ ۚ إِنَّ ٱلَّذِينَ تَدْعُونَ مِن دُونِ ٱللَّهِ لَن يَخْلُقُوا۟ ذُبَابًا وَلَوِ ٱجْتَمَعُوا۟ لَهُۥ ۖ وَإِن يَسْلُبْهُمُ ٱلذُّبَابُ شَيْـًٔا لَّا يَسْتَنقِذُوهُ مِنْهُ ۚ ضَعُفَ ٱلطَّالِبُ وَٱلْمَطْلُوبُ ٧٣ مَا قَدَرُوا۟ ٱللَّهَ حَقَّ قَدْرِهِۦٓ ۗ إِنَّ ٱللَّهَ لَقَوِىٌّ عَزِيزٌ ٧٤ ٱللَّهُ يَصْطَفِى مِنَ ٱلْمَلَٰٓئِكَةِ رُسُلًا وَمِنَ ٱلنَّاسِ ۚ إِنَّ ٱللَّهَ سَمِيعٌۢ بَصِيرٌ ٧٥ يَعْلَمُ مَا بَيْنَ أَيْدِيهِمْ وَمَا خَلْفَهُمْ ۗ وَإِلَى ٱللَّهِ تُرْجَعُ ٱلْأُمُورُ ٧٦ يَٰٓأَيُّهَا ٱلَّذِينَ ءَامَنُوا۟ ٱرْكَعُوا۟ وَٱسْجُدُوا۟ وَٱعْبُدُوا۟ رَبَّكُمْ وَٱفْعَلُوا۟ ٱلْخَيْرَ لَعَلَّكُمْ تُفْلِحُونَ ۩ ٧٧ وَجَٰهِدُوا۟ فِى ٱللَّهِ حَقَّ جِهَادِهِۦ ۚ هُوَ ٱجْتَبَىٰكُمْ وَمَا جَعَلَ عَلَيْكُمْ فِى ٱلدِّينِ مِنْ حَرَجٍ ۚ مِّلَّةَ أَبِيكُمْ إِبْرَٰهِيمَ ۚ هُوَ سَمَّىٰكُمُ ٱلْمُسْلِمِينَ مِن قَبْلُ وَفِى هَٰذَا لِيَكُونَ ٱلرَّسُولُ شَهِيدًا عَلَيْكُمْ وَتَكُونُوا۟ شُهَدَآءَ عَلَى ٱلنَّاسِ ۚ فَأَقِيمُوا۟ ٱلصَّلَوٰةَ وَءَاتُوا۟ ٱلزَّكَوٰةَ وَٱعْتَصِمُوا۟ بِٱللَّهِ هُوَ مَوْلَىٰكُمْ ۖ فَنِعْمَ ٱلْمَوْلَىٰ وَنِعْمَ ٱلنَّصِيرُ ٧٨

سُورَةُ المُؤۡمِنُونَ

بِسْمِ ٱللَّهِ ٱلرَّحْمَٰنِ ٱلرَّحِيمِ

18 - 23 - 342

قَدْ أَفْلَحَ ٱلْمُؤْمِنُونَ ١ ٱلَّذِينَ هُمْ فِى صَلَاتِهِمْ خَٰشِعُونَ ٢ وَٱلَّذِينَ هُمْ عَنِ ٱللَّغْوِ مُعْرِضُونَ ٣ وَٱلَّذِينَ هُمْ لِلزَّكَوٰةِ فَٰعِلُونَ ٤ وَٱلَّذِينَ هُمْ لِفُرُوجِهِمْ حَٰفِظُونَ ٥ إِلَّا عَلَىٰٓ أَزْوَٰجِهِمْ أَوْ مَا مَلَكَتْ أَيْمَٰنُهُمْ فَإِنَّهُمْ غَيْرُ مَلُومِينَ ٦ فَمَنِ ٱبْتَغَىٰ وَرَآءَ ذَٰلِكَ فَأُو۟لَٰٓئِكَ هُمُ ٱلْعَادُونَ ٧ وَٱلَّذِينَ هُمْ لِأَمَٰنَٰتِهِمْ وَعَهْدِهِمْ رَٰعُونَ ٨ وَٱلَّذِينَ هُمْ عَلَىٰ صَلَوَٰتِهِمْ يُحَافِظُونَ ٩ أُو۟لَٰٓئِكَ هُمُ ٱلْوَٰرِثُونَ ١٠ ٱلَّذِينَ يَرِثُونَ ٱلْفِرْدَوْسَ هُمْ فِيهَا خَٰلِدُونَ ١١ وَلَقَدْ خَلَقْنَا ٱلْإِنسَٰنَ مِن سُلَٰلَةٍ مِّن طِينٍ ١٢ ثُمَّ جَعَلْنَٰهُ نُطْفَةً فِى قَرَارٍ مَّكِينٍ ١٣ ثُمَّ خَلَقْنَا ٱلنُّطْفَةَ عَلَقَةً فَخَلَقْنَا ٱلْعَلَقَةَ مُضْغَةً فَخَلَقْنَا ٱلْمُضْغَةَ عِظَٰمًا فَكَسَوْنَا ٱلْعِظَٰمَ لَحْمًا ثُمَّ أَنشَأْنَٰهُ خَلْقًا ءَاخَرَ ۚ فَتَبَارَكَ ٱللَّهُ أَحْسَنُ ٱلْخَٰلِقِينَ ١٤ ثُمَّ إِنَّكُم بَعْدَ ذَٰلِكَ لَمَيِّتُونَ ١٥ ثُمَّ إِنَّكُمْ يَوْمَ ٱلْقِيَٰمَةِ تُبْعَثُونَ ١٦ وَلَقَدْ خَلَقْنَا فَوْقَكُمْ سَبْعَ طَرَآئِقَ وَمَا كُنَّا عَنِ ٱلْخَلْقِ غَٰفِلِينَ ١٧

18 - 23 - 343

وَأَنزَلْنَا مِنَ ٱلسَّمَآءِ مَآءًۢ بِقَدَرٍ فَأَسْكَنَّٰهُ فِى ٱلْأَرْضِ ۖ وَإِنَّا عَلَىٰ ذَهَابٍۭ بِهِۦ لَقَٰدِرُونَ ١٨ فَأَنشَأْنَا لَكُم بِهِۦ جَنَّٰتٍ مِّن نَّخِيلٍ وَأَعْنَٰبٍ لَّكُمْ فِيهَا فَوَٰكِهُ كَثِيرَةٌ وَمِنْهَا تَأْكُلُونَ ١٩ وَشَجَرَةً تَخْرُجُ مِن طُورِ سَيْنَآءَ تَنۢبُتُ بِٱلدُّهْنِ وَصِبْغٍ لِّلْـَٔاكِلِينَ ٢٠ وَإِنَّ لَكُمْ فِى ٱلْأَنْعَٰمِ لَعِبْرَةً ۖ نُّسْقِيكُم مِّمَّا فِى بُطُونِهَا وَلَكُمْ فِيهَا مَنَٰفِعُ كَثِيرَةٌ وَمِنْهَا تَأْكُلُونَ ٢١ وَعَلَيْهَا وَعَلَى ٱلْفُلْكِ تُحْمَلُونَ ٢٢ وَلَقَدْ أَرْسَلْنَا نُوحًا إِلَىٰ قَوْمِهِۦ فَقَالَ يَٰقَوْمِ ٱعْبُدُوا۟ ٱللَّهَ مَا لَكُم مِّنْ إِلَٰهٍ غَيْرُهُۥٓ ۖ أَفَلَا تَتَّقُونَ ٢٣ فَقَالَ ٱلْمَلَؤُا۟ ٱلَّذِينَ كَفَرُوا۟ مِن قَوْمِهِۦ مَا هَٰذَآ إِلَّا بَشَرٌ مِّثْلُكُمْ يُرِيدُ أَن يَتَفَضَّلَ عَلَيْكُمْ وَلَوْ شَآءَ ٱللَّهُ لَأَنزَلَ مَلَٰٓئِكَةً مَّا سَمِعْنَا بِهَٰذَا فِىٓ ءَابَآئِنَا ٱلْأَوَّلِينَ ٢٤ إِنْ هُوَ إِلَّا رَجُلٌۢ بِهِۦ جِنَّةٌ فَتَرَبَّصُوا۟ بِهِۦ حَتَّىٰ حِينٍ ٢٥ قَالَ رَبِّ ٱنصُرْنِى بِمَا كَذَّبُونِ ٢٦ فَأَوْحَيْنَآ إِلَيْهِ أَنِ ٱصْنَعِ ٱلْفُلْكَ بِأَعْيُنِنَا وَوَحْيِنَا فَإِذَا جَآءَ أَمْرُنَا وَفَارَ ٱلتَّنُّورُ ۙ فَٱسْلُكْ فِيهَا مِن كُلٍّ زَوْجَيْنِ ٱثْنَيْنِ وَأَهْلَكَ إِلَّا مَن سَبَقَ عَلَيْهِ ٱلْقَوْلُ مِنْهُمْ ۖ وَلَا تُخَٰطِبْنِى فِى ٱلَّذِينَ ظَلَمُوٓا۟ ۖ إِنَّهُم مُّغْرَقُونَ ٢٧

18 - 23 - 344

فَإِذَا ٱسْتَوَيْتَ أَنتَ وَمَن مَّعَكَ عَلَى ٱلْفُلْكِ فَقُلِ ٱلْحَمْدُ لِلَّهِ ٱلَّذِى نَجَّىٰنَا مِنَ ٱلْقَوْمِ ٱلظَّٰلِمِينَ ٢٨ وَقُل رَّبِّ أَنزِلْنِى مُنزَلًا مُّبَارَكًا وَأَنتَ خَيْرُ ٱلْمُنزِلِينَ ٢٩ إِنَّ فِى ذَٰلِكَ لَءَايَٰتٍ وَإِن كُنَّا لَمُبْتَلِينَ ٣٠ ثُمَّ أَنشَأْنَا مِنۢ بَعْدِهِمْ قَرْنًا ءَاخَرِينَ ٣١ فَأَرْسَلْنَا فِيهِمْ رَسُولًا مِّنْهُمْ أَنِ ٱعْبُدُوا۟ ٱللَّهَ مَا لَكُم مِّنْ إِلَٰهٍ غَيْرُهُۥٓ ۖ أَفَلَا تَتَّقُونَ ٣٢ وَقَالَ ٱلْمَلَأُ مِن قَوْمِهِ ٱلَّذِينَ كَفَرُوا۟ وَكَذَّبُوا۟ بِلِقَآءِ ٱلْـَٔاخِرَةِ وَأَتْرَفْنَٰهُمْ فِى ٱلْحَيَوٰةِ ٱلدُّنْيَا مَا هَٰذَآ إِلَّا بَشَرٌ مِّثْلُكُمْ يَأْكُلُ مِمَّا تَأْكُلُونَ مِنْهُ وَيَشْرَبُ مِمَّا تَشْرَبُونَ ٣٣ وَلَئِنْ أَطَعْتُم بَشَرًا مِّثْلَكُمْ إِنَّكُمْ إِذًا لَّخَٰسِرُونَ ٣٤ أَيَعِدُكُمْ أَنَّكُمْ إِذَا مِتُّمْ وَكُنتُمْ تُرَابًا وَعِظَٰمًا أَنَّكُم مُّخْرَجُونَ ٣٥ ۞ هَيْهَاتَ هَيْهَاتَ لِمَا تُوعَدُونَ ٣٦ إِنْ هِىَ إِلَّا حَيَاتُنَا ٱلدُّنْيَا نَمُوتُ وَنَحْيَا وَمَا نَحْنُ بِمَبْعُوثِينَ ٣٧ إِنْ هُوَ إِلَّا رَجُلٌ ٱفْتَرَىٰ عَلَى ٱللَّهِ كَذِبًا وَمَا نَحْنُ لَهُۥ بِمُؤْمِنِينَ ٣٨ قَالَ رَبِّ ٱنصُرْنِى بِمَا كَذَّبُونِ ٣٩ قَالَ عَمَّا قَلِيلٍ لَّيُصْبِحُنَّ نَٰدِمِينَ ٤٠ فَأَخَذَتْهُمُ ٱلصَّيْحَةُ بِٱلْحَقِّ فَجَعَلْنَٰهُمْ غُثَآءً ۚ فَبُعْدًا لِّلْقَوْمِ ٱلظَّٰلِمِينَ ٤١ ثُمَّ أَنشَأْنَا مِنۢ بَعْدِهِمْ قُرُونًا ءَاخَرِينَ ٤٢

18 - 23 - 345

مَا تَسْبِقُ مِنْ أُمَّةٍ أَجَلَهَا وَمَا يَسْتَـْٔخِرُونَ ٤٣ ثُمَّ أَرْسَلْنَا رُسُلَنَا تَتْرَا ۖ كُلَّ مَا جَآءَ أُمَّةً رَّسُولُهَا كَذَّبُوهُ ۚ فَأَتْبَعْنَا بَعْضَهُم بَعْضًا وَجَعَلْنَٰهُمْ أَحَادِيثَ ۚ فَبُعْدًا لِّقَوْمٍ لَّا يُؤْمِنُونَ ٤٤ ثُمَّ أَرْسَلْنَا مُوسَىٰ وَأَخَاهُ هَٰرُونَ بِـَٔايَٰتِنَا وَسُلْطَٰنٍ مُّبِينٍ ٤٥ إِلَىٰ فِرْعَوْنَ وَمَلَإِي۟هِۦ فَٱسْتَكْبَرُوا۟ وَكَانُوا۟ قَوْمًا عَالِينَ ٤٦ فَقَالُوٓا۟ أَنُؤْمِنُ لِبَشَرَيْنِ مِثْلِنَا وَقَوْمُهُمَا لَنَا عَٰبِدُونَ ٤٧ فَكَذَّبُوهُمَا فَكَانُوا۟ مِنَ ٱلْمُهْلَكِينَ ٤٨ وَلَقَدْ ءَاتَيْنَا مُوسَى ٱلْكِتَٰبَ لَعَلَّهُمْ يَهْتَدُونَ ٤٩ وَجَعَلْنَا ٱبْنَ مَرْيَمَ وَأُمَّهُۥٓ ءَايَةً وَءَاوَيْنَٰهُمَآ إِلَىٰ رَبْوَةٍ ذَاتِ قَرَارٍ وَمَعِينٍ ٥٠ يَٰٓأَيُّهَا ٱلرُّسُلُ كُلُوا۟ مِنَ ٱلطَّيِّبَٰتِ وَٱعْمَلُوا۟ صَٰلِحًا ۖ إِنِّى بِمَا تَعْمَلُونَ عَلِيمٌ ٥١ وَإِنَّ هَٰذِهِۦٓ أُمَّتُكُمْ أُمَّةً وَٰحِدَةً وَأَنَا۠ رَبُّكُمْ فَٱتَّقُونِ ٥٢ فَتَقَطَّعُوٓا۟ أَمْرَهُم بَيْنَهُمْ زُبُرًا ۖ كُلُّ حِزْبٍۭ بِمَا لَدَيْهِمْ فَرِحُونَ ٥٣ فَذَرْهُمْ فِى غَمْرَتِهِمْ حَتَّىٰ حِينٍ ٥٤ أَيَحْسَبُونَ أَنَّمَا نُمِدُّهُم بِهِۦ مِن مَّالٍ وَبَنِينَ ٥٥ نُسَارِعُ لَهُمْ فِى ٱلْخَيْرَٰتِ ۚ بَل لَّا يَشْعُرُونَ ٥٦ إِنَّ ٱلَّذِينَ هُم مِّنْ خَشْيَةِ رَبِّهِم مُّشْفِقُونَ ٥٧ وَٱلَّذِينَ هُم بِـَٔايَٰتِ رَبِّهِمْ يُؤْمِنُونَ ٥٨ وَٱلَّذِينَ هُم بِرَبِّهِمْ لَا يُشْرِكُونَ ٥٩

18 - 23 - 346

وَٱلَّذِينَ يُؤْتُونَ مَآ ءَاتَوا۟ وَّقُلُوبُهُمْ وَجِلَةٌ أَنَّهُمْ إِلَىٰ رَبِّهِمْ رَٰجِعُونَ ٦٠ أُو۟لَٰٓئِكَ يُسَٰرِعُونَ فِى ٱلْخَيْرَٰتِ وَهُمْ لَهَا سَٰبِقُونَ ٦١ وَلَا نُكَلِّفُ نَفْسًا إِلَّا وُسْعَهَا ۖ وَلَدَيْنَا كِتَٰبٌ يَنطِقُ بِٱلْحَقِّ ۚ وَهُمْ لَا يُظْلَمُونَ ٦٢ بَلْ قُلُوبُهُمْ فِى غَمْرَةٍ مِّنْ هَٰذَا وَلَهُمْ أَعْمَٰلٌ مِّن دُونِ ذَٰلِكَ هُمْ لَهَا عَٰمِلُونَ ٦٣ حَتَّىٰٓ إِذَآ أَخَذْنَا مُتْرَفِيهِم بِٱلْعَذَابِ إِذَا هُمْ يَجْـَٔرُونَ ٦٤ لَا تَجْـَٔرُوا۟ ٱلْيَوْمَ ۖ إِنَّكُم مِّنَّا لَا تُنصَرُونَ ٦٥ قَدْ كَانَتْ ءَايَٰتِى تُتْلَىٰ عَلَيْكُمْ فَكُنتُمْ عَلَىٰٓ أَعْقَٰبِكُمْ تَنكِصُونَ ٦٦ مُسْتَكْبِرِينَ بِهِۦ سَٰمِرًا تَهْجُرُونَ ٦٧ أَفَلَمْ يَدَّبَّرُوا۟ ٱلْقَوْلَ أَمْ جَآءَهُم مَّا لَمْ يَأْتِ ءَابَآءَهُمُ ٱلْأَوَّلِينَ ٦٨ أَمْ لَمْ يَعْرِفُوا۟ رَسُولَهُمْ فَهُمْ لَهُۥ مُنكِرُونَ ٦٩ أَمْ يَقُولُونَ بِهِۦ جِنَّةٌۢ ۚ بَلْ جَآءَهُم بِٱلْحَقِّ وَأَكْثَرُهُمْ لِلْحَقِّ كَٰرِهُونَ ٧٠ وَلَوِ ٱتَّبَعَ ٱلْحَقُّ أَهْوَآءَهُمْ لَفَسَدَتِ ٱلسَّمَٰوَٰتُ وَٱلْأَرْضُ وَمَن فِيهِنَّ ۚ بَلْ أَتَيْنَٰهُم بِذِكْرِهِمْ فَهُمْ عَن ذِكْرِهِم مُّعْرِضُونَ ٧١ أَمْ تَسْـَٔلُهُمْ خَرْجًا فَخَرَاجُ رَبِّكَ خَيْرٌ ۖ وَهُوَ خَيْرُ ٱلرَّٰزِقِينَ ٧٢ وَإِنَّكَ لَتَدْعُوهُمْ إِلَىٰ صِرَٰطٍ مُّسْتَقِيمٍ ٧٣ وَإِنَّ ٱلَّذِينَ لَا يُؤْمِنُونَ بِٱلْـَٔاخِرَةِ عَنِ ٱلصِّرَٰطِ لَنَٰكِبُونَ ٧٤

18 - 23 - 347

۞ وَلَوْ رَحِمْنَٰهُمْ وَكَشَفْنَا مَا بِهِم مِّن ضُرٍّ لَّلَجُّوا۟ فِى طُغْيَٰنِهِمْ يَعْمَهُونَ ٧٥ وَلَقَدْ أَخَذْنَٰهُم بِٱلْعَذَابِ فَمَا ٱسْتَكَانُوا۟ لِرَبِّهِمْ وَمَا يَتَضَرَّعُونَ ٧٦ حَتَّىٰٓ إِذَا فَتَحْنَا عَلَيْهِم بَابًا ذَا عَذَابٍ شَدِيدٍ إِذَا هُمْ فِيهِ مُبْلِسُونَ ٧٧ وَهُوَ ٱلَّذِىٓ أَنشَأَ لَكُمُ ٱلسَّمْعَ وَٱلْأَبْصَٰرَ وَٱلْأَفْـِٔدَةَ ۚ قَلِيلًا مَّا تَشْكُرُونَ ٧٨ وَهُوَ ٱلَّذِى ذَرَأَكُمْ فِى ٱلْأَرْضِ وَإِلَيْهِ تُحْشَرُونَ ٧٩ وَهُوَ ٱلَّذِى يُحْىِۦ وَيُمِيتُ وَلَهُ ٱخْتِلَٰفُ ٱلَّيْلِ وَٱلنَّهَارِ ۚ أَفَلَا تَعْقِلُونَ ٨٠ بَلْ قَالُوا۟ مِثْلَ مَا قَالَ ٱلْأَوَّلُونَ ٨١ قَالُوٓا۟ أَءِذَا مِتْنَا وَكُنَّا تُرَابًا وَعِظَٰمًا أَءِنَّا لَمَبْعُوثُونَ ٨٢ لَقَدْ وُعِدْنَا نَحْنُ وَءَابَآؤُنَا هَٰذَا مِن قَبْلُ إِنْ هَٰذَآ إِلَّآ أَسَٰطِيرُ ٱلْأَوَّلِينَ ٨٣ قُل لِّمَنِ ٱلْأَرْضُ وَمَن فِيهَآ إِن كُنتُمْ تَعْلَمُونَ ٨٤ سَيَقُولُونَ لِلَّهِ ۚ قُلْ أَفَلَا تَذَكَّرُونَ ٨٥ قُلْ مَن رَّبُّ ٱلسَّمَٰوَٰتِ ٱلسَّبْعِ وَرَبُّ ٱلْعَرْشِ ٱلْعَظِيمِ ٨٦ سَيَقُولُونَ لِلَّهِ ۚ قُلْ أَفَلَا تَتَّقُونَ ٨٧ قُلْ مَنۢ بِيَدِهِۦ مَلَكُوتُ كُلِّ شَىْءٍ وَهُوَ يُجِيرُ وَلَا يُجَارُ عَلَيْهِ إِن كُنتُمْ تَعْلَمُونَ ٨٨ سَيَقُولُونَ لِلَّهِ ۚ قُلْ فَأَنَّىٰ تُسْحَرُونَ ٨٩

بَلْ أَتَيْنَٰهُم بِٱلْحَقِّ وَإِنَّهُمْ لَكَٰذِبُونَ (٩٠) مَا ٱتَّخَذَ ٱللَّهُ مِن
وَلَدٍ وَمَا كَانَ مَعَهُۥ مِنْ إِلَٰهٍ إِذًا لَّذَهَبَ كُلُّ إِلَٰهٍۭ بِمَا خَلَقَ
وَلَعَلَا بَعْضُهُمْ عَلَىٰ بَعْضٍ سُبْحَٰنَ ٱللَّهِ عَمَّا يَصِفُونَ (٩١)
عَٰلِمِ ٱلْغَيْبِ وَٱلشَّهَٰدَةِ فَتَعَٰلَىٰ عَمَّا يُشْرِكُونَ (٩٢) قُل رَّبِّ
إِمَّا تُرِيَنِّى مَا يُوعَدُونَ (٩٣) رَبِّ فَلَا تَجْعَلْنِى فِى ٱلْقَوْمِ ٱلظَّٰلِمِينَ (٩٤)
وَإِنَّا عَلَىٰٓ أَن نُّرِيَكَ مَا نَعِدُهُمْ لَقَٰدِرُونَ (٩٥) ٱدْفَعْ بِٱلَّتِى
هِىَ أَحْسَنُ ٱلسَّيِّئَةَ نَحْنُ أَعْلَمُ بِمَا يَصِفُونَ (٩٦) وَقُل رَّبِّ
أَعُوذُ بِكَ مِنْ هَمَزَٰتِ ٱلشَّيَٰطِينِ (٩٧) وَأَعُوذُ بِكَ رَبِّ أَن
يَحْضُرُونِ (٩٨) حَتَّىٰٓ إِذَا جَآءَ أَحَدَهُمُ ٱلْمَوْتُ قَالَ رَبِّ
ٱرْجِعُونِ (٩٩) لَعَلِّىٓ أَعْمَلُ صَٰلِحًا فِيمَا تَرَكْتُ كَلَّآ إِنَّهَا
كَلِمَةٌ هُوَ قَآئِلُهَا وَمِن وَرَآئِهِم بَرْزَخٌ إِلَىٰ يَوْمِ يُبْعَثُونَ (١٠٠)
فَإِذَا نُفِخَ فِى ٱلصُّورِ فَلَآ أَنسَابَ بَيْنَهُمْ يَوْمَئِذٍ وَلَا يَتَسَآءَلُونَ (١٠١)
فَمَن ثَقُلَتْ مَوَٰزِينُهُۥ فَأُو۟لَٰٓئِكَ هُمُ ٱلْمُفْلِحُونَ (١٠٢) وَمَنْ
خَفَّتْ مَوَٰزِينُهُۥ فَأُو۟لَٰٓئِكَ ٱلَّذِينَ خَسِرُوٓا۟ أَنفُسَهُمْ فِى جَهَنَّمَ
خَٰلِدُونَ (١٠٣) تَلْفَحُ وُجُوهَهُمُ ٱلنَّارُ وَهُمْ فِيهَا كَٰلِحُونَ (١٠٤)
18 - 23 - 349
أَلَمْ تَكُنْ ءَايَٰتِى تُتْلَىٰ عَلَيْكُمْ فَكُنتُم بِهَا تُكَذِّبُونَ (١٠٥)
قَالُوا۟ رَبَّنَا غَلَبَتْ عَلَيْنَا شِقْوَتُنَا وَكُنَّا قَوْمًا ضَآلِّينَ (١٠٦)
رَبَّنَآ أَخْرِجْنَا مِنْهَا فَإِنْ عُدْنَا فَإِنَّا ظَٰلِمُونَ (١٠٧)
قَالَ ٱخْسَـُٔوا۟ فِيهَا وَلَا تُكَلِّمُونِ (١٠٨) إِنَّهُۥ كَانَ فَرِيقٌ مِّنْ
عِبَادِى يَقُولُونَ رَبَّنَآ ءَامَنَّا فَٱغْفِرْ لَنَا وَٱرْحَمْنَا وَأَنتَ
خَيْرُ ٱلرَّٰحِمِينَ (١٠٩) فَٱتَّخَذْتُمُوهُمْ سِخْرِيًّا حَتَّىٰٓ أَنسَوْكُمْ ذِكْرِى
وَكُنتُم مِّنْهُمْ تَضْحَكُونَ (١١٠) إِنِّى جَزَيْتُهُمُ ٱلْيَوْمَ بِمَا صَبَرُوٓا۟
أَنَّهُمْ هُمُ ٱلْفَآئِزُونَ (١١١) قَٰلَ كَمْ لَبِثْتُمْ فِى ٱلْأَرْضِ عَدَدَ
سِنِينَ (١١٢) قَالُوا۟ لَبِثْنَا يَوْمًا أَوْ بَعْضَ يَوْمٍ فَسْـَٔلِ ٱلْعَآدِّينَ (١١٣)
قَٰلَ إِن لَّبِثْتُمْ إِلَّا قَلِيلًا لَّوْ أَنَّكُمْ كُنتُمْ تَعْلَمُونَ (١١٤)
أَفَحَسِبْتُمْ أَنَّمَا خَلَقْنَٰكُمْ عَبَثًا وَأَنَّكُمْ إِلَيْنَا لَا تُرْجَعُونَ (١١٥)
فَتَعَٰلَى ٱللَّهُ ٱلْمَلِكُ ٱلْحَقُّ لَآ إِلَٰهَ إِلَّا هُوَ رَبُّ ٱلْعَرْشِ ٱلْكَرِيمِ (١١٦)
وَمَن يَدْعُ مَعَ ٱللَّهِ إِلَٰهًا ءَاخَرَ لَا بُرْهَٰنَ لَهُۥ بِهِۦ
فَإِنَّمَا حِسَابُهُۥ عِندَ رَبِّهِۦٓ إِنَّهُۥ لَا يُفْلِحُ ٱلْكَٰفِرُونَ (١١٧)
وَقُل رَّبِّ ٱغْفِرْ وَٱرْحَمْ وَأَنتَ خَيْرُ ٱلرَّٰحِمِينَ (١١٨)

18 - 24 - 350

سُورَةُ النُّورِ

بِسْمِ ٱللَّهِ ٱلرَّحْمَٰنِ ٱلرَّحِيمِ

سُورَةٌ أَنزَلْنَٰهَا وَفَرَضْنَٰهَا وَأَنزَلْنَا فِيهَآ ءَايَٰتٍۭ بَيِّنَٰتٍ لَّعَلَّكُمْ تَذَكَّرُونَ (١)
ٱلزَّانِيَةُ وَٱلزَّانِى فَٱجْلِدُوا۟ كُلَّ وَٰحِدٍ مِّنْهُمَا مِا۟ئَةَ جَلْدَةٍ وَلَا تَأْخُذْكُم بِهِمَا
رَأْفَةٌ فِى دِينِ ٱللَّهِ إِن كُنتُمْ تُؤْمِنُونَ بِٱللَّهِ وَٱلْيَوْمِ ٱلْءَاخِرِ وَلْيَشْهَدْ عَذَابَهُمَا
طَآئِفَةٌ مِّنَ ٱلْمُؤْمِنِينَ (٢) ٱلزَّانِى لَا يَنكِحُ إِلَّا زَانِيَةً أَوْ مُشْرِكَةً وَٱلزَّانِيَةُ
لَا يَنكِحُهَآ إِلَّا زَانٍ أَوْ مُشْرِكٌ وَحُرِّمَ ذَٰلِكَ عَلَى ٱلْمُؤْمِنِينَ (٣) وَٱلَّذِينَ
يَرْمُونَ ٱلْمُحْصَنَٰتِ ثُمَّ لَمْ يَأْتُوا۟ بِأَرْبَعَةِ شُهَدَآءَ فَٱجْلِدُوهُمْ ثَمَٰنِينَ
جَلْدَةً وَلَا تَقْبَلُوا۟ لَهُمْ شَهَٰدَةً أَبَدًا وَأُو۟لَٰٓئِكَ هُمُ ٱلْفَٰسِقُونَ (٤) إِلَّا
ٱلَّذِينَ تَابُوا۟ مِنۢ بَعْدِ ذَٰلِكَ وَأَصْلَحُوا۟ فَإِنَّ ٱللَّهَ غَفُورٌ رَّحِيمٌ (٥) وَٱلَّذِينَ
يَرْمُونَ أَزْوَٰجَهُمْ وَلَمْ يَكُن لَّهُمْ شُهَدَآءُ إِلَّآ أَنفُسُهُمْ فَشَهَٰدَةُ أَحَدِهِمْ أَرْبَعُ
شَهَٰدَٰتٍۭ بِٱللَّهِ إِنَّهُۥ لَمِنَ ٱلصَّٰدِقِينَ (٦) وَٱلْخَٰمِسَةُ أَنَّ لَعْنَتَ ٱللَّهِ عَلَيْهِ
إِن كَانَ مِنَ ٱلْكَٰذِبِينَ (٧) وَيَدْرَؤُا۟ عَنْهَا ٱلْعَذَابَ أَن تَشْهَدَ أَرْبَعَ شَهَٰدَٰتٍۭ
بِٱللَّهِ إِنَّهُۥ لَمِنَ ٱلْكَٰذِبِينَ (٨) وَٱلْخَٰمِسَةَ أَنَّ غَضَبَ ٱللَّهِ عَلَيْهَآ إِن كَانَ مِنَ
ٱلصَّٰدِقِينَ (٩) وَلَوْلَا فَضْلُ ٱللَّهِ عَلَيْكُمْ وَرَحْمَتُهُۥ وَأَنَّ ٱللَّهَ تَوَّابٌ حَكِيمٌ (١٠)
18 - 24 - 351
إِنَّ ٱلَّذِينَ جَآءُو بِٱلْإِفْكِ عُصْبَةٌ مِّنكُمْ لَا تَحْسَبُوهُ شَرًّا لَّكُم بَلْ
هُوَ خَيْرٌ لَّكُمْ لِكُلِّ ٱمْرِئٍ مِّنْهُم مَّا ٱكْتَسَبَ مِنَ ٱلْإِثْمِ وَٱلَّذِى تَوَلَّىٰ
كِبْرَهُۥ مِنْهُمْ لَهُۥ عَذَابٌ عَظِيمٌ (١١) لَّوْلَآ إِذْ سَمِعْتُمُوهُ ظَنَّ ٱلْمُؤْمِنُونَ
وَٱلْمُؤْمِنَٰتُ بِأَنفُسِهِمْ خَيْرًا وَقَالُوا۟ هَٰذَآ إِفْكٌ مُّبِينٌ (١٢) لَّوْلَا
جَآءُو عَلَيْهِ بِأَرْبَعَةِ شُهَدَآءَ فَإِذْ لَمْ يَأْتُوا۟ بِٱلشُّهَدَآءِ فَأُو۟لَٰٓئِكَ
عِندَ ٱللَّهِ هُمُ ٱلْكَٰذِبُونَ (١٣) وَلَوْلَا فَضْلُ ٱللَّهِ عَلَيْكُمْ وَرَحْمَتُهُۥ
فِى ٱلدُّنْيَا وَٱلْءَاخِرَةِ لَمَسَّكُمْ فِى مَآ أَفَضْتُمْ فِيهِ عَذَابٌ عَظِيمٌ (١٤)
إِذْ تَلَقَّوْنَهُۥ بِأَلْسِنَتِكُمْ وَتَقُولُونَ بِأَفْوَاهِكُم مَّا لَيْسَ لَكُم بِهِۦ عِلْمٌ
وَتَحْسَبُونَهُۥ هَيِّنًا وَهُوَ عِندَ ٱللَّهِ عَظِيمٌ (١٥) وَلَوْلَآ إِذْ سَمِعْتُمُوهُ
قُلْتُم مَّا يَكُونُ لَنَآ أَن نَّتَكَلَّمَ بِهَٰذَا سُبْحَٰنَكَ هَٰذَا بُهْتَٰنٌ
عَظِيمٌ (١٦) يَعِظُكُمُ ٱللَّهُ أَن تَعُودُوا۟ لِمِثْلِهِۦٓ أَبَدًا إِن كُنتُم
مُّؤْمِنِينَ (١٧) وَيُبَيِّنُ ٱللَّهُ لَكُمُ ٱلْءَايَٰتِ وَٱللَّهُ عَلِيمٌ حَكِيمٌ (١٨) إِنَّ
ٱلَّذِينَ يُحِبُّونَ أَن تَشِيعَ ٱلْفَٰحِشَةُ فِى ٱلَّذِينَ ءَامَنُوا۟ لَهُمْ عَذَابٌ
أَلِيمٌ فِى ٱلدُّنْيَا وَٱلْءَاخِرَةِ وَٱللَّهُ يَعْلَمُ وَأَنتُمْ لَا تَعْلَمُونَ (١٩) وَلَوْلَا
فَضْلُ ٱللَّهِ عَلَيْكُمْ وَرَحْمَتُهُۥ وَأَنَّ ٱللَّهَ رَءُوفٌ رَّحِيمٌ (٢٠)
18 - 24 - 352
۞ يَٰٓأَيُّهَا ٱلَّذِينَ ءَامَنُوا۟ لَا تَتَّبِعُوا۟ خُطُوَٰتِ ٱلشَّيْطَٰنِ وَمَن يَتَّبِعْ
خُطُوَٰتِ ٱلشَّيْطَٰنِ فَإِنَّهُۥ يَأْمُرُ بِٱلْفَحْشَآءِ وَٱلْمُنكَرِ وَلَوْلَا
فَضْلُ ٱللَّهِ عَلَيْكُمْ وَرَحْمَتُهُۥ مَا زَكَىٰ مِنكُم مِّنْ أَحَدٍ أَبَدًا وَلَٰكِنَّ
ٱللَّهَ يُزَكِّى مَن يَشَآءُ وَٱللَّهُ سَمِيعٌ عَلِيمٌ (٢١) وَلَا يَأْتَلِ أُو۟لُوا۟ ٱلْفَضْلِ
مِنكُمْ وَٱلسَّعَةِ أَن يُؤْتُوٓا۟ أُو۟لِى ٱلْقُرْبَىٰ وَٱلْمَسَٰكِينَ وَٱلْمُهَٰجِرِينَ
فِى سَبِيلِ ٱللَّهِ وَلْيَعْفُوا۟ وَلْيَصْفَحُوٓا۟ أَلَا تُحِبُّونَ أَن يَغْفِرَ ٱللَّهُ
لَكُمْ وَٱللَّهُ غَفُورٌ رَّحِيمٌ (٢٢) إِنَّ ٱلَّذِينَ يَرْمُونَ ٱلْمُحْصَنَٰتِ
ٱلْغَٰفِلَٰتِ ٱلْمُؤْمِنَٰتِ لُعِنُوا۟ فِى ٱلدُّنْيَا وَٱلْءَاخِرَةِ وَلَهُمْ عَذَابٌ
عَظِيمٌ (٢٣) يَوْمَ تَشْهَدُ عَلَيْهِمْ أَلْسِنَتُهُمْ وَأَيْدِيهِمْ وَأَرْجُلُهُم بِمَا
كَانُوا۟ يَعْمَلُونَ (٢٤) يَوْمَئِذٍ يُوَفِّيهِمُ ٱللَّهُ دِينَهُمُ ٱلْحَقَّ وَيَعْلَمُونَ أَنَّ

ٱللَّهَ هُوَ ٱلْحَقُّ ٱلْمُبِينُ (٢٥) ٱلْخَبِيثَٰتُ لِلْخَبِيثِينَ وَٱلْخَبِيثُونَ
لِلْخَبِيثَٰتِ وَٱلطَّيِّبَٰتُ لِلطَّيِّبِينَ وَٱلطَّيِّبُونَ لِلطَّيِّبَٰتِ
أُو۟لَٰٓئِكَ مُبَرَّءُونَ مِمَّا يَقُولُونَ لَهُم مَّغْفِرَةٌ وَرِزْقٌ كَرِيمٌ (٢٦) يَٰٓأَيُّهَا
ٱلَّذِينَ ءَامَنُوا۟ لَا تَدْخُلُوا۟ بُيُوتًا غَيْرَ بُيُوتِكُمْ حَتَّىٰ تَسْتَأْنِسُوا۟
وَتُسَلِّمُوا۟ عَلَىٰٓ أَهْلِهَا ذَٰلِكُمْ خَيْرٌ لَّكُمْ لَعَلَّكُمْ تَذَكَّرُونَ (٢٧)
18 - 24 - 353
فَإِن لَّمْ تَجِدُوا۟ فِيهَآ أَحَدًا فَلَا تَدْخُلُوهَا حَتَّىٰ يُؤْذَنَ لَكُمْ
وَإِن قِيلَ لَكُمُ ٱرْجِعُوا۟ فَٱرْجِعُوا۟ هُوَ أَزْكَىٰ لَكُمْ وَٱللَّهُ بِمَا
تَعْمَلُونَ عَلِيمٌ (٢٨) لَّيْسَ عَلَيْكُمْ جُنَاحٌ أَن تَدْخُلُوا۟ بُيُوتًا
غَيْرَ مَسْكُونَةٍ فِيهَا مَتَٰعٌ لَّكُمْ وَٱللَّهُ يَعْلَمُ مَا تُبْدُونَ وَمَا
تَكْتُمُونَ (٢٩) قُل لِّلْمُؤْمِنِينَ يَغُضُّوا۟ مِنْ أَبْصَٰرِهِمْ وَيَحْفَظُوا۟
فُرُوجَهُمْ ذَٰلِكَ أَزْكَىٰ لَهُمْ إِنَّ ٱللَّهَ خَبِيرٌۢ بِمَا يَصْنَعُونَ (٣٠)
وَقُل لِّلْمُؤْمِنَٰتِ يَغْضُضْنَ مِنْ أَبْصَٰرِهِنَّ وَيَحْفَظْنَ
فُرُوجَهُنَّ وَلَا يُبْدِينَ زِينَتَهُنَّ إِلَّا مَا ظَهَرَ مِنْهَا وَلْيَضْرِبْنَ
بِخُمُرِهِنَّ عَلَىٰ جُيُوبِهِنَّ وَلَا يُبْدِينَ زِينَتَهُنَّ إِلَّا لِبُعُولَتِهِنَّ
أَوْ ءَابَآئِهِنَّ أَوْ ءَابَآءِ بُعُولَتِهِنَّ أَوْ أَبْنَآئِهِنَّ أَوْ أَبْنَآءِ بُعُولَتِهِنَّ
أَوْ إِخْوَٰنِهِنَّ أَوْ بَنِىٓ إِخْوَٰنِهِنَّ أَوْ بَنِىٓ أَخَوَٰتِهِنَّ أَوْ نِسَآئِهِنَّ
أَوْ مَا مَلَكَتْ أَيْمَٰنُهُنَّ أَوِ ٱلتَّٰبِعِينَ غَيْرِ أُو۟لِى ٱلْإِرْبَةِ مِنَ
ٱلرِّجَالِ أَوِ ٱلطِّفْلِ ٱلَّذِينَ لَمْ يَظْهَرُوا۟ عَلَىٰ عَوْرَٰتِ ٱلنِّسَآءِ
وَلَا يَضْرِبْنَ بِأَرْجُلِهِنَّ لِيُعْلَمَ مَا يُخْفِينَ مِن زِينَتِهِنَّ وَتُوبُوٓا۟
إِلَى ٱللَّهِ جَمِيعًا أَيُّهَ ٱلْمُؤْمِنُونَ لَعَلَّكُمْ تُفْلِحُونَ (٣١)
18 - 24 - 354
وَأَنكِحُوا۟ ٱلْأَيَٰمَىٰ مِنكُمْ وَٱلصَّٰلِحِينَ مِنْ عِبَادِكُمْ وَإِمَآئِكُمْ إِن
يَكُونُوا۟ فُقَرَآءَ يُغْنِهِمُ ٱللَّهُ مِن فَضْلِهِۦ وَٱللَّهُ وَٰسِعٌ عَلِيمٌ (٣٢)
وَلْيَسْتَعْفِفِ ٱلَّذِينَ لَا يَجِدُونَ نِكَاحًا حَتَّىٰ يُغْنِيَهُمُ ٱللَّهُ مِن فَضْلِهِۦ
وَٱلَّذِينَ يَبْتَغُونَ ٱلْكِتَٰبَ مِمَّا مَلَكَتْ أَيْمَٰنُكُمْ فَكَاتِبُوهُمْ إِنْ
عَلِمْتُمْ فِيهِمْ خَيْرًا وَءَاتُوهُم مِّن مَّالِ ٱللَّهِ ٱلَّذِىٓ ءَاتَىٰكُمْ وَلَا تُكْرِهُوا۟
فَتَيَٰتِكُمْ عَلَى ٱلْبِغَآءِ إِنْ أَرَدْنَ تَحَصُّنًا لِّتَبْتَغُوا۟ عَرَضَ ٱلْحَيَوٰةِ
ٱلدُّنْيَا وَمَن يُكْرِههُّنَّ فَإِنَّ ٱللَّهَ مِنۢ بَعْدِ إِكْرَٰهِهِنَّ غَفُورٌ رَّحِيمٌ (٣٣)
وَلَقَدْ أَنزَلْنَآ إِلَيْكُمْ ءَايَٰتٍ مُّبَيِّنَٰتٍ وَمَثَلًا مِّنَ ٱلَّذِينَ خَلَوْا۟
مِن قَبْلِكُمْ وَمَوْعِظَةً لِّلْمُتَّقِينَ (٣٤) ۞ ٱللَّهُ نُورُ ٱلسَّمَٰوَٰتِ وَٱلْأَرْضِ
مَثَلُ نُورِهِۦ كَمِشْكَوٰةٍ فِيهَا مِصْبَاحٌ ٱلْمِصْبَاحُ فِى زُجَاجَةٍ
ٱلزُّجَاجَةُ كَأَنَّهَا كَوْكَبٌ دُرِّىٌّ يُوقَدُ مِن شَجَرَةٍ مُّبَٰرَكَةٍ زَيْتُونَةٍ
لَّا شَرْقِيَّةٍ وَلَا غَرْبِيَّةٍ يَكَادُ زَيْتُهَا يُضِىٓءُ وَلَوْ لَمْ تَمْسَسْهُ نَارٌ
نُّورٌ عَلَىٰ نُورٍ يَهْدِى ٱللَّهُ لِنُورِهِۦ مَن يَشَآءُ وَيَضْرِبُ ٱللَّهُ ٱلْأَمْثَٰلَ
لِلنَّاسِ وَٱللَّهُ بِكُلِّ شَىْءٍ عَلِيمٌ (٣٥) فِى بُيُوتٍ أَذِنَ ٱللَّهُ أَن تُرْفَعَ
وَيُذْكَرَ فِيهَا ٱسْمُهُۥ يُسَبِّحُ لَهُۥ فِيهَا بِٱلْغُدُوِّ وَٱلْءَاصَالِ (٣٦)
18 - 24 - 355
رِجَالٌ لَّا تُلْهِيهِمْ تِجَٰرَةٌ وَلَا بَيْعٌ عَن ذِكْرِ ٱللَّهِ وَإِقَامِ ٱلصَّلَوٰةِ
وَإِيتَآءِ ٱلزَّكَوٰةِ يَخَافُونَ يَوْمًا تَتَقَلَّبُ فِيهِ ٱلْقُلُوبُ وَٱلْأَبْصَٰرُ (٣٧)
لِيَجْزِيَهُمُ ٱللَّهُ أَحْسَنَ مَا عَمِلُوا۟ وَيَزِيدَهُم مِّن فَضْلِهِۦ وَٱللَّهُ
يَرْزُقُ مَن يَشَآءُ بِغَيْرِ حِسَابٍ (٣٨) وَٱلَّذِينَ كَفَرُوٓا۟ أَعْمَٰلُهُمْ كَسَرَابٍۭ
بِقِيعَةٍ يَحْسَبُهُ ٱلظَّمْـَٔانُ مَآءً حَتَّىٰٓ إِذَا جَآءَهُۥ لَمْ يَجِدْهُ شَيْـًٔا
وَوَجَدَ ٱللَّهَ عِندَهُۥ فَوَفَّىٰهُ حِسَابَهُۥ وَٱللَّهُ سَرِيعُ ٱلْحِسَابِ (٣٩)
أَوْ كَظُلُمَٰتٍ فِى بَحْرٍ لُّجِّىٍّ يَغْشَىٰهُ مَوْجٌ مِّن فَوْقِهِۦ مَوْجٌ مِّن فَوْقِهِۦ
سَحَابٌ ظُلُمَٰتٌۢ بَعْضُهَا فَوْقَ بَعْضٍ إِذَآ أَخْرَجَ يَدَهُۥ لَمْ يَكَدْ
يَرَىٰهَا وَمَن لَّمْ يَجْعَلِ ٱللَّهُ لَهُۥ نُورًا فَمَا لَهُۥ مِن نُّورٍ (٤٠) أَلَمْ تَرَ أَنَّ
ٱللَّهَ يُسَبِّحُ لَهُۥ مَن فِى ٱلسَّمَٰوَٰتِ وَٱلْأَرْضِ وَٱلطَّيْرُ صَٰٓفَّٰتٍ كُلٌّ
قَدْ عَلِمَ صَلَاتَهُۥ وَتَسْبِيحَهُۥ وَٱللَّهُ عَلِيمٌۢ بِمَا يَفْعَلُونَ (٤١) وَلِلَّهِ مُلْكُ
ٱلسَّمَٰوَٰتِ وَٱلْأَرْضِ وَإِلَى ٱللَّهِ ٱلْمَصِيرُ (٤٢) أَلَمْ تَرَ أَنَّ ٱللَّهَ يُزْجِى
سَحَابًا ثُمَّ يُؤَلِّفُ بَيْنَهُۥ ثُمَّ يَجْعَلُهُۥ رُكَامًا فَتَرَى ٱلْوَدْقَ يَخْرُجُ مِنْ
خِلَٰلِهِۦ وَيُنَزِّلُ مِنَ ٱلسَّمَآءِ مِن جِبَالٍ فِيهَا مِنۢ بَرَدٍ فَيُصِيبُ بِهِۦ مَن يَشَآءُ
وَيَصْرِفُهُۥ عَن مَّن يَشَآءُ يَكَادُ سَنَا بَرْقِهِۦ يَذْهَبُ بِٱلْأَبْصَٰرِ (٤٣)
18 - 24 - 356
يُقَلِّبُ ٱللَّهُ ٱلَّيْلَ وَٱلنَّهَارَ إِنَّ فِى ذَٰلِكَ لَعِبْرَةً لِّأُو۟لِى ٱلْأَبْصَٰرِ (٤٤)
وَٱللَّهُ خَلَقَ كُلَّ دَآبَّةٍ مِّن مَّآءٍ فَمِنْهُم مَّن يَمْشِى عَلَىٰ بَطْنِهِۦ وَمِنْهُم مَّن
يَمْشِى عَلَىٰ رِجْلَيْنِ وَمِنْهُم مَّن يَمْشِى عَلَىٰٓ أَرْبَعٍ يَخْلُقُ ٱللَّهُ مَا يَشَآءُ
إِنَّ ٱللَّهَ عَلَىٰ كُلِّ شَىْءٍ قَدِيرٌ (٤٥) لَّقَدْ أَنزَلْنَآ ءَايَٰتٍ مُّبَيِّنَٰتٍ
وَٱللَّهُ يَهْدِى مَن يَشَآءُ إِلَىٰ صِرَٰطٍ مُّسْتَقِيمٍ (٤٦) وَيَقُولُونَ
ءَامَنَّا بِٱللَّهِ وَبِٱلرَّسُولِ وَأَطَعْنَا ثُمَّ يَتَوَلَّىٰ فَرِيقٌ مِّنْهُم مِّنۢ بَعْدِ
ذَٰلِكَ وَمَآ أُو۟لَٰٓئِكَ بِٱلْمُؤْمِنِينَ (٤٧) وَإِذَا دُعُوٓا۟ إِلَى ٱللَّهِ وَرَسُولِهِۦ
لِيَحْكُمَ بَيْنَهُمْ إِذَا فَرِيقٌ مِّنْهُم مُّعْرِضُونَ (٤٨) وَإِن يَكُن لَّهُمُ ٱلْحَقُّ
يَأْتُوٓا۟ إِلَيْهِ مُذْعِنِينَ (٤٩) أَفِى قُلُوبِهِم مَّرَضٌ أَمِ ٱرْتَابُوٓا۟ أَمْ يَخَافُونَ
أَن يَحِيفَ ٱللَّهُ عَلَيْهِمْ وَرَسُولُهُۥ بَلْ أُو۟لَٰٓئِكَ هُمُ ٱلظَّٰلِمُونَ (٥٠) إِنَّمَا
كَانَ قَوْلَ ٱلْمُؤْمِنِينَ إِذَا دُعُوٓا۟ إِلَى ٱللَّهِ وَرَسُولِهِۦ لِيَحْكُمَ بَيْنَهُمْ
أَن يَقُولُوا۟ سَمِعْنَا وَأَطَعْنَا وَأُو۟لَٰٓئِكَ هُمُ ٱلْمُفْلِحُونَ (٥١) وَمَن
يُطِعِ ٱللَّهَ وَرَسُولَهُۥ وَيَخْشَ ٱللَّهَ وَيَتَّقْهِ فَأُو۟لَٰٓئِكَ هُمُ ٱلْفَآئِزُونَ (٥٢)
۞ وَأَقْسَمُوا۟ بِٱللَّهِ جَهْدَ أَيْمَٰنِهِمْ لَئِنْ أَمَرْتَهُمْ لَيَخْرُجُنَّ قُل
لَّا تُقْسِمُوا۟ طَاعَةٌ مَّعْرُوفَةٌ إِنَّ ٱللَّهَ خَبِيرٌۢ بِمَا تَعْمَلُونَ (٥٣)
18 - 24 - 357
قُلْ أَطِيعُوا۟ ٱللَّهَ وَأَطِيعُوا۟ ٱلرَّسُولَ فَإِن تَوَلَّوْا۟ فَإِنَّمَا عَلَيْهِ مَا حُمِّلَ
وَعَلَيْكُم مَّا حُمِّلْتُمْ وَإِن تُطِيعُوهُ تَهْتَدُوا۟ وَمَا عَلَى ٱلرَّسُولِ
إِلَّا ٱلْبَلَٰغُ ٱلْمُبِينُ (٥٤) وَعَدَ ٱللَّهُ ٱلَّذِينَ ءَامَنُوا۟ مِنكُمْ وَعَمِلُوا۟
ٱلصَّٰلِحَٰتِ لَيَسْتَخْلِفَنَّهُمْ فِى ٱلْأَرْضِ كَمَا ٱسْتَخْلَفَ
ٱلَّذِينَ مِن قَبْلِهِمْ وَلَيُمَكِّنَنَّ لَهُمْ دِينَهُمُ ٱلَّذِى ٱرْتَضَىٰ

لَهُمْ وَلَيُبَدِّلَنَّهُم مِّنۢ بَعْدِ خَوْفِهِمْ أَمْنًا يَعْبُدُونَنِى لَا يُشْرِكُونَ
بِى شَيْـًٔا وَمَن كَفَرَ بَعْدَ ذَٰلِكَ فَأُو۟لَٰٓئِكَ هُمُ ٱلْفَٰسِقُونَ (٥٥)
وَأَقِيمُوا۟ ٱلصَّلَوٰةَ وَءَاتُوا۟ ٱلزَّكَوٰةَ وَأَطِيعُوا۟ ٱلرَّسُولَ لَعَلَّكُمْ
تُرْحَمُونَ (٥٦) لَا تَحْسَبَنَّ ٱلَّذِينَ كَفَرُوا۟ مُعْجِزِينَ فِى ٱلْأَرْضِ
وَمَأْوَىٰهُمُ ٱلنَّارُ وَلَبِئْسَ ٱلْمَصِيرُ (٥٧) يَٰٓأَيُّهَا ٱلَّذِينَ ءَامَنُوا۟
لِيَسْتَـْٔذِنكُمُ ٱلَّذِينَ مَلَكَتْ أَيْمَٰنُكُمْ وَٱلَّذِينَ لَمْ يَبْلُغُوا۟ ٱلْحُلُمَ مِنكُمْ
ثَلَٰثَ مَرَّٰتٍ مِّن قَبْلِ صَلَوٰةِ ٱلْفَجْرِ وَحِينَ تَضَعُونَ ثِيَابَكُم مِّنَ
ٱلظَّهِيرَةِ وَمِنۢ بَعْدِ صَلَوٰةِ ٱلْعِشَآءِ ثَلَٰثُ عَوْرَٰتٍ لَّكُمْ لَيْسَ عَلَيْكُمْ
وَلَا عَلَيْهِمْ جُنَاحٌۢ بَعْدَهُنَّ طَوَّٰفُونَ عَلَيْكُم بَعْضُكُمْ عَلَىٰ بَعْضٍ
كَذَٰلِكَ يُبَيِّنُ ٱللَّهُ لَكُمُ ٱلْءَايَٰتِ وَٱللَّهُ عَلِيمٌ حَكِيمٌ (٥٨)
وَإِذَا بَلَغَ ٱلْأَطْفَٰلُ مِنكُمُ ٱلْحُلُمَ فَلْيَسْتَـْٔذِنُوا۟ كَمَا
18 - 24 - 358
ٱسْتَـْٔذَنَ ٱلَّذِينَ مِن قَبْلِهِمْ كَذَٰلِكَ يُبَيِّنُ ٱللَّهُ لَكُمْ
ءَايَٰتِهِۦ وَٱللَّهُ عَلِيمٌ حَكِيمٌ (٥٩) وَٱلْقَوَٰعِدُ مِنَ ٱلنِّسَآءِ
ٱلَّٰتِى لَا يَرْجُونَ نِكَاحًا فَلَيْسَ عَلَيْهِنَّ جُنَاحٌ أَن يَضَعْنَ
ثِيَابَهُنَّ غَيْرَ مُتَبَرِّجَٰتٍۭ بِزِينَةٍ وَأَن يَسْتَعْفِفْنَ خَيْرٌ
لَّهُنَّ وَٱللَّهُ سَمِيعٌ عَلِيمٌ (٦٠) لَّيْسَ عَلَى ٱلْأَعْمَىٰ حَرَجٌ وَلَا
عَلَى ٱلْأَعْرَجِ حَرَجٌ وَلَا عَلَى ٱلْمَرِيضِ حَرَجٌ وَلَا عَلَىٰٓ أَنفُسِكُمْ
أَن تَأْكُلُوا۟ مِنۢ بُيُوتِكُمْ أَوْ بُيُوتِ ءَابَآئِكُمْ أَوْ بُيُوتِ
أُمَّهَٰتِكُمْ أَوْ بُيُوتِ إِخْوَٰنِكُمْ أَوْ بُيُوتِ أَخَوَٰتِكُمْ
أَوْ بُيُوتِ أَعْمَٰمِكُمْ أَوْ بُيُوتِ عَمَّٰتِكُمْ أَوْ بُيُوتِ
أَخْوَٰلِكُمْ أَوْ بُيُوتِ خَٰلَٰتِكُمْ أَوْ مَا مَلَكْتُم
مَّفَاتِحَهُۥٓ أَوْ صَدِيقِكُمْ لَيْسَ عَلَيْكُمْ جُنَاحٌ أَن
تَأْكُلُوا۟ جَمِيعًا أَوْ أَشْتَاتًا فَإِذَا دَخَلْتُم بُيُوتًا فَسَلِّمُوا۟
عَلَىٰٓ أَنفُسِكُمْ تَحِيَّةً مِّنْ عِندِ ٱللَّهِ مُبَٰرَكَةً طَيِّبَةً كَذَٰلِكَ
يُبَيِّنُ ٱللَّهُ لَكُمُ ٱلْءَايَٰتِ لَعَلَّكُمْ تَعْقِلُونَ (٦١)
18 - 24 - 359
إِنَّمَا ٱلْمُؤْمِنُونَ ٱلَّذِينَ ءَامَنُوا۟ بِٱللَّهِ وَرَسُولِهِۦ وَإِذَا كَانُوا۟ مَعَهُۥ
عَلَىٰٓ أَمْرٍ جَامِعٍ لَّمْ يَذْهَبُوا۟ حَتَّىٰ يَسْتَـْٔذِنُوهُ إِنَّ ٱلَّذِينَ يَسْتَـْٔذِنُونَكَ
أُو۟لَٰٓئِكَ ٱلَّذِينَ يُؤْمِنُونَ بِٱللَّهِ وَرَسُولِهِۦ فَإِذَا ٱسْتَـْٔذَنُوكَ
لِبَعْضِ شَأْنِهِمْ فَأْذَن لِّمَن شِئْتَ مِنْهُمْ وَٱسْتَغْفِرْ لَهُمُ
ٱللَّهَ إِنَّ ٱللَّهَ غَفُورٌ رَّحِيمٌ (٦٢) لَّا تَجْعَلُوا۟ دُعَآءَ ٱلرَّسُولِ
بَيْنَكُمْ كَدُعَآءِ بَعْضِكُم بَعْضًا قَدْ يَعْلَمُ ٱللَّهُ ٱلَّذِينَ
يَتَسَلَّلُونَ مِنكُمْ لِوَاذًا فَلْيَحْذَرِ ٱلَّذِينَ يُخَالِفُونَ عَنْ
أَمْرِهِۦٓ أَن تُصِيبَهُمْ فِتْنَةٌ أَوْ يُصِيبَهُمْ عَذَابٌ أَلِيمٌ (٦٣) أَلَآ إِنَّ
لِلَّهِ مَا فِى ٱلسَّمَٰوَٰتِ وَٱلْأَرْضِ قَدْ يَعْلَمُ مَآ أَنتُمْ عَلَيْهِ وَيَوْمَ
يُرْجَعُونَ إِلَيْهِ فَيُنَبِّئُهُم بِمَا عَمِلُوا۟ وَٱللَّهُ بِكُلِّ شَىْءٍ عَلِيمٌۢ (٦٤)

سُورَةُ الفُرْقَانِ

بِسْمِ ٱللَّهِ ٱلرَّحْمَٰنِ ٱلرَّحِيمِ

تَبَارَكَ ٱلَّذِى نَزَّلَ ٱلْفُرْقَانَ عَلَىٰ عَبْدِهِۦ لِيَكُونَ لِلْعَٰلَمِينَ نَذِيرًا (١)
ٱلَّذِى لَهُۥ مُلْكُ ٱلسَّمَٰوَٰتِ وَٱلْأَرْضِ وَلَمْ يَتَّخِذْ وَلَدًا وَلَمْ يَكُن
لَّهُۥ شَرِيكٌ فِى ٱلْمُلْكِ وَخَلَقَ كُلَّ شَىْءٍ فَقَدَّرَهُۥ تَقْدِيرًا (٢)
18 - 25 - 360
وَٱتَّخَذُوا۟ مِن دُونِهِۦٓ ءَالِهَةً لَّا يَخْلُقُونَ شَيْـًٔا وَهُمْ يُخْلَقُونَ
وَلَا يَمْلِكُونَ لِأَنفُسِهِمْ ضَرًّا وَلَا نَفْعًا وَلَا يَمْلِكُونَ مَوْتًا
وَلَا حَيَوٰةً وَلَا نُشُورًا (٣) وَقَالَ ٱلَّذِينَ كَفَرُوٓا۟ إِنْ هَٰذَآ إِلَّآ
إِفْكٌ ٱفْتَرَىٰهُ وَأَعَانَهُۥ عَلَيْهِ قَوْمٌ ءَاخَرُونَ فَقَدْ جَآءُو ظُلْمًا
وَزُورًا (٤) وَقَالُوٓا۟ أَسَٰطِيرُ ٱلْأَوَّلِينَ ٱكْتَتَبَهَا فَهِىَ تُمْلَىٰ
عَلَيْهِ بُكْرَةً وَأَصِيلًا (٥) قُلْ أَنزَلَهُ ٱلَّذِى يَعْلَمُ ٱلسِّرَّ
فِى ٱلسَّمَٰوَٰتِ وَٱلْأَرْضِ إِنَّهُۥ كَانَ غَفُورًا رَّحِيمًا (٦)
وَقَالُوا۟ مَالِ هَٰذَا ٱلرَّسُولِ يَأْكُلُ ٱلطَّعَامَ وَيَمْشِى فِى
ٱلْأَسْوَاقِ لَوْلَآ أُنزِلَ إِلَيْهِ مَلَكٌ فَيَكُونَ مَعَهُۥ نَذِيرًا (٧)
أَوْ يُلْقَىٰٓ إِلَيْهِ كَنزٌ أَوْ تَكُونُ لَهُۥ جَنَّةٌ يَأْكُلُ مِنْهَا وَقَالَ
ٱلظَّٰلِمُونَ إِن تَتَّبِعُونَ إِلَّا رَجُلًا مَّسْحُورًا (٨) ٱنظُرْ
كَيْفَ ضَرَبُوا۟ لَكَ ٱلْأَمْثَٰلَ فَضَلُّوا۟ فَلَا يَسْتَطِيعُونَ
سَبِيلًا (٩) تَبَارَكَ ٱلَّذِىٓ إِن شَآءَ جَعَلَ لَكَ خَيْرًا مِّن ذَٰلِكَ
جَنَّٰتٍ تَجْرِى مِن تَحْتِهَا ٱلْأَنْهَٰرُ وَيَجْعَل لَّكَ قُصُورًۢا (١٠) بَلْ
كَذَّبُوا۟ بِٱلسَّاعَةِ وَأَعْتَدْنَا لِمَن كَذَّبَ بِٱلسَّاعَةِ سَعِيرًا (١١)
18 - 25 - 361
إِذَا رَأَتْهُم مِّن مَّكَانٍۭ بَعِيدٍ سَمِعُوا۟ لَهَا تَغَيُّظًا وَزَفِيرًا (١٢)
وَإِذَآ أُلْقُوا۟ مِنْهَا مَكَانًا ضَيِّقًا مُّقَرَّنِينَ دَعَوْا۟ هُنَالِكَ ثُبُورًا (١٣)
لَّا تَدْعُوا۟ ٱلْيَوْمَ ثُبُورًا وَٰحِدًا وَٱدْعُوا۟ ثُبُورًا كَثِيرًا (١٤)
قُلْ أَذَٰلِكَ خَيْرٌ أَمْ جَنَّةُ ٱلْخُلْدِ ٱلَّتِى وُعِدَ ٱلْمُتَّقُونَ كَانَتْ
لَهُمْ جَزَآءً وَمَصِيرًا (١٥) لَّهُمْ فِيهَا مَا يَشَآءُونَ خَٰلِدِينَ
كَانَ عَلَىٰ رَبِّكَ وَعْدًا مَّسْـُٔولًا (١٦) وَيَوْمَ يَحْشُرُهُمْ وَمَا
يَعْبُدُونَ مِن دُونِ ٱللَّهِ فَيَقُولُ ءَأَنتُمْ أَضْلَلْتُمْ عِبَادِى
هَٰٓؤُلَآءِ أَمْ هُمْ ضَلُّوا۟ ٱلسَّبِيلَ (١٧) قَالُوا۟ سُبْحَٰنَكَ مَا كَانَ
يَنۢبَغِى لَنَآ أَن نَّتَّخِذَ مِن دُونِكَ مِنْ أَوْلِيَآءَ وَلَٰكِن مَّتَّعْتَهُمْ
وَءَابَآءَهُمْ حَتَّىٰ نَسُوا۟ ٱلذِّكْرَ وَكَانُوا۟ قَوْمًۢا بُورًا (١٨)
فَقَدْ كَذَّبُوكُم بِمَا تَقُولُونَ فَمَا تَسْتَطِيعُونَ صَرْفًا
وَلَا نَصْرًا وَمَن يَظْلِم مِّنكُمْ نُذِقْهُ عَذَابًا كَبِيرًا (١٩)
وَمَآ أَرْسَلْنَا قَبْلَكَ مِنَ ٱلْمُرْسَلِينَ إِلَّآ إِنَّهُمْ لَيَأْكُلُونَ
ٱلطَّعَامَ وَيَمْشُونَ فِى ٱلْأَسْوَاقِ وَجَعَلْنَا بَعْضَكُمْ
لِبَعْضٍ فِتْنَةً أَتَصْبِرُونَ وَكَانَ رَبُّكَ بَصِيرًا (٢٠)

19 - 25 - 362
وَقَالَ الَّذِينَ لَا يَرْجُونَ لِقَاءَنَا لَوْلَا أُنزِلَ عَلَيْنَا الْمَلَائِكَةُ أَوْ نَرَىٰ رَبَّنَا ۗ لَقَدِ اسْتَكْبَرُوا فِي أَنفُسِهِمْ وَعَتَوْا عُتُوًّا كَبِيرًا ٢١ يَوْمَ يَرَوْنَ الْمَلَائِكَةَ لَا بُشْرَىٰ يَوْمَئِذٍ لِّلْمُجْرِمِينَ وَيَقُولُونَ حِجْرًا مَّحْجُورًا ٢٢ وَقَدِمْنَا إِلَىٰ مَا عَمِلُوا مِنْ عَمَلٍ فَجَعَلْنَاهُ هَبَاءً مَّنثُورًا ٢٣ أَصْحَابُ الْجَنَّةِ يَوْمَئِذٍ خَيْرٌ مُّسْتَقَرًّا وَأَحْسَنُ مَقِيلًا ٢٤ وَيَوْمَ تَشَقَّقُ السَّمَاءُ بِالْغَمَامِ وَنُزِّلَ الْمَلَائِكَةُ تَنزِيلًا ٢٥ الْمُلْكُ يَوْمَئِذٍ الْحَقُّ لِلرَّحْمَٰنِ ۚ وَكَانَ يَوْمًا عَلَى الْكَافِرِينَ عَسِيرًا ٢٦ وَيَوْمَ يَعَضُّ الظَّالِمُ عَلَىٰ يَدَيْهِ يَقُولُ يَا لَيْتَنِي اتَّخَذْتُ مَعَ الرَّسُولِ سَبِيلًا ٢٧ يَا وَيْلَتَىٰ لَيْتَنِي لَمْ أَتَّخِذْ فُلَانًا خَلِيلًا ٢٨ لَّقَدْ أَضَلَّنِي عَنِ الذِّكْرِ بَعْدَ إِذْ جَاءَنِي ۗ وَكَانَ الشَّيْطَانُ لِلْإِنسَانِ خَذُولًا ٢٩ وَقَالَ الرَّسُولُ يَا رَبِّ إِنَّ قَوْمِي اتَّخَذُوا هَٰذَا الْقُرْآنَ مَهْجُورًا ٣٠ وَكَذَٰلِكَ جَعَلْنَا لِكُلِّ نَبِيٍّ عَدُوًّا مِّنَ الْمُجْرِمِينَ ۗ وَكَفَىٰ بِرَبِّكَ هَادِيًا وَنَصِيرًا ٣١ وَقَالَ الَّذِينَ كَفَرُوا لَوْلَا نُزِّلَ عَلَيْهِ الْقُرْآنُ جُمْلَةً وَاحِدَةً ۚ كَذَٰلِكَ لِنُثَبِّتَ بِهِ فُؤَادَكَ ۖ وَرَتَّلْنَاهُ تَرْتِيلًا ٣٢

19 - 25 - 363
وَلَا يَأْتُونَكَ بِمَثَلٍ إِلَّا جِئْنَاكَ بِالْحَقِّ وَأَحْسَنَ تَفْسِيرًا ٣٣ الَّذِينَ يُحْشَرُونَ عَلَىٰ وُجُوهِهِمْ إِلَىٰ جَهَنَّمَ أُولَٰئِكَ شَرٌّ مَّكَانًا وَأَضَلُّ سَبِيلًا ٣٤ وَلَقَدْ آتَيْنَا مُوسَى الْكِتَابَ وَجَعَلْنَا مَعَهُ أَخَاهُ هَارُونَ وَزِيرًا ٣٥ فَقُلْنَا اذْهَبَا إِلَى الْقَوْمِ الَّذِينَ كَذَّبُوا بِآيَاتِنَا فَدَمَّرْنَاهُمْ تَدْمِيرًا ٣٦ وَقَوْمَ نُوحٍ لَّمَّا كَذَّبُوا الرُّسُلَ أَغْرَقْنَاهُمْ وَجَعَلْنَاهُمْ لِلنَّاسِ آيَةً ۖ وَأَعْتَدْنَا لِلظَّالِمِينَ عَذَابًا أَلِيمًا ٣٧ وَعَادًا وَثَمُودَ وَأَصْحَابَ الرَّسِّ وَقُرُونًا بَيْنَ ذَٰلِكَ كَثِيرًا ٣٨ وَكُلًّا ضَرَبْنَا لَهُ الْأَمْثَالَ ۖ وَكُلًّا تَبَّرْنَا تَتْبِيرًا ٣٩ وَلَقَدْ أَتَوْا عَلَى الْقَرْيَةِ الَّتِي أُمْطِرَتْ مَطَرَ السَّوْءِ ۚ أَفَلَمْ يَكُونُوا يَرَوْنَهَا ۚ بَلْ كَانُوا لَا يَرْجُونَ نُشُورًا ٤٠ وَإِذَا رَأَوْكَ إِن يَتَّخِذُونَكَ إِلَّا هُزُوًا أَهَٰذَا الَّذِي بَعَثَ اللَّهُ رَسُولًا ٤١ إِن كَادَ لَيُضِلُّنَا عَنْ آلِهَتِنَا لَوْلَا أَن صَبَرْنَا عَلَيْهَا ۚ وَسَوْفَ يَعْلَمُونَ حِينَ يَرَوْنَ الْعَذَابَ مَنْ أَضَلُّ سَبِيلًا ٤٢ أَرَأَيْتَ مَنِ اتَّخَذَ إِلَٰهَهُ هَوَاهُ أَفَأَنتَ تَكُونُ عَلَيْهِ وَكِيلًا ٤٣

19 - 25 - 364
أَمْ تَحْسَبُ أَنَّ أَكْثَرَهُمْ يَسْمَعُونَ أَوْ يَعْقِلُونَ ۚ إِنْ هُمْ إِلَّا كَالْأَنْعَامِ ۖ بَلْ هُمْ أَضَلُّ سَبِيلًا ٤٤ أَلَمْ تَرَ إِلَىٰ رَبِّكَ كَيْفَ مَدَّ الظِّلَّ وَلَوْ شَاءَ لَجَعَلَهُ سَاكِنًا ثُمَّ جَعَلْنَا الشَّمْسَ عَلَيْهِ دَلِيلًا ٤٥ ثُمَّ قَبَضْنَاهُ إِلَيْنَا قَبْضًا يَسِيرًا ٤٦ وَهُوَ الَّذِي جَعَلَ لَكُمُ اللَّيْلَ لِبَاسًا وَالنَّوْمَ سُبَاتًا وَجَعَلَ النَّهَارَ نُشُورًا ٤٧ وَهُوَ الَّذِي أَرْسَلَ الرِّيَاحَ بُشْرًا بَيْنَ يَدَيْ رَحْمَتِهِ ۚ وَأَنزَلْنَا مِنَ السَّمَاءِ مَاءً طَهُورًا ٤٨ لِّنُحْيِيَ بِهِ بَلْدَةً مَّيْتًا وَنُسْقِيَهُ مِمَّا خَلَقْنَا أَنْعَامًا وَأَنَاسِيَّ كَثِيرًا ٤٩ وَلَقَدْ صَرَّفْنَاهُ بَيْنَهُمْ لِيَذَّكَّرُوا فَأَبَىٰ أَكْثَرُ النَّاسِ إِلَّا كُفُورًا ٥٠ وَلَوْ شِئْنَا لَبَعَثْنَا فِي كُلِّ قَرْيَةٍ نَّذِيرًا ٥١ فَلَا تُطِعِ الْكَافِرِينَ وَجَاهِدْهُم بِهِ جِهَادًا كَبِيرًا ٥٢ وَهُوَ الَّذِي مَرَجَ الْبَحْرَيْنِ هَٰذَا عَذْبٌ فُرَاتٌ وَهَٰذَا مِلْحٌ أُجَاجٌ وَجَعَلَ بَيْنَهُمَا بَرْزَخًا وَحِجْرًا مَّحْجُورًا ٥٣ وَهُوَ الَّذِي خَلَقَ مِنَ الْمَاءِ بَشَرًا فَجَعَلَهُ نَسَبًا وَصِهْرًا ۗ وَكَانَ رَبُّكَ قَدِيرًا ٥٤ وَيَعْبُدُونَ مِن دُونِ اللَّهِ مَا لَا يَنفَعُهُمْ وَلَا يَضُرُّهُمْ ۗ وَكَانَ الْكَافِرُ عَلَىٰ رَبِّهِ ظَهِيرًا ٥٥

19 - 25 - 365
وَمَا أَرْسَلْنَاكَ إِلَّا مُبَشِّرًا وَنَذِيرًا ٥٦ قُلْ مَا أَسْأَلُكُمْ عَلَيْهِ مِنْ أَجْرٍ إِلَّا مَن شَاءَ أَن يَتَّخِذَ إِلَىٰ رَبِّهِ سَبِيلًا ٥٧ وَتَوَكَّلْ عَلَى الْحَيِّ الَّذِي لَا يَمُوتُ وَسَبِّحْ بِحَمْدِهِ ۚ وَكَفَىٰ بِهِ بِذُنُوبِ عِبَادِهِ خَبِيرًا ٥٨ الَّذِي خَلَقَ السَّمَاوَاتِ وَالْأَرْضَ وَمَا بَيْنَهُمَا فِي سِتَّةِ أَيَّامٍ ثُمَّ اسْتَوَىٰ عَلَى الْعَرْشِ ۚ الرَّحْمَٰنُ فَاسْأَلْ بِهِ خَبِيرًا ٥٩ وَإِذَا قِيلَ لَهُمُ اسْجُدُوا لِلرَّحْمَٰنِ قَالُوا وَمَا الرَّحْمَٰنُ أَنَسْجُدُ لِمَا تَأْمُرُنَا وَزَادَهُمْ نُفُورًا ۩ ٦٠ تَبَارَكَ الَّذِي جَعَلَ فِي السَّمَاءِ بُرُوجًا وَجَعَلَ فِيهَا سِرَاجًا وَقَمَرًا مُّنِيرًا ٦١ وَهُوَ الَّذِي جَعَلَ اللَّيْلَ وَالنَّهَارَ خِلْفَةً لِّمَنْ أَرَادَ أَن يَذَّكَّرَ أَوْ أَرَادَ شُكُورًا ٦٢ وَعِبَادُ الرَّحْمَٰنِ الَّذِينَ يَمْشُونَ عَلَى الْأَرْضِ هَوْنًا وَإِذَا خَاطَبَهُمُ الْجَاهِلُونَ قَالُوا سَلَامًا ٦٣ وَالَّذِينَ يَبِيتُونَ لِرَبِّهِمْ سُجَّدًا وَقِيَامًا ٦٤ وَالَّذِينَ يَقُولُونَ رَبَّنَا اصْرِفْ عَنَّا عَذَابَ جَهَنَّمَ ۖ إِنَّ عَذَابَهَا كَانَ غَرَامًا ٦٥ إِنَّهَا سَاءَتْ مُسْتَقَرًّا وَمُقَامًا ٦٦ وَالَّذِينَ إِذَا أَنفَقُوا لَمْ يُسْرِفُوا وَلَمْ يَقْتُرُوا وَكَانَ بَيْنَ ذَٰلِكَ قَوَامًا ٦٧

19 - 25 - 366
وَالَّذِينَ لَا يَدْعُونَ مَعَ اللَّهِ إِلَٰهًا آخَرَ وَلَا يَقْتُلُونَ النَّفْسَ الَّتِي حَرَّمَ اللَّهُ إِلَّا بِالْحَقِّ وَلَا يَزْنُونَ ۚ وَمَن يَفْعَلْ ذَٰلِكَ يَلْقَ أَثَامًا ٦٨ يُضَاعَفْ لَهُ الْعَذَابُ يَوْمَ الْقِيَامَةِ وَيَخْلُدْ فِيهِ مُهَانًا ٦٩ إِلَّا مَن تَابَ وَآمَنَ وَعَمِلَ عَمَلًا صَالِحًا فَأُولَٰئِكَ يُبَدِّلُ اللَّهُ سَيِّئَاتِهِمْ حَسَنَاتٍ ۗ وَكَانَ اللَّهُ غَفُورًا رَّحِيمًا ٧٠ وَمَن تَابَ وَعَمِلَ صَالِحًا فَإِنَّهُ يَتُوبُ إِلَى اللَّهِ مَتَابًا ٧١ وَالَّذِينَ لَا يَشْهَدُونَ الزُّورَ وَإِذَا مَرُّوا بِاللَّغْوِ مَرُّوا كِرَامًا ٧٢ وَالَّذِينَ إِذَا ذُكِّرُوا بِآيَاتِ رَبِّهِمْ لَمْ يَخِرُّوا عَلَيْهَا صُمًّا وَعُمْيَانًا ٧٣ وَالَّذِينَ يَقُولُونَ رَبَّنَا هَبْ لَنَا مِنْ أَزْوَاجِنَا وَذُرِّيَّاتِنَا قُرَّةَ أَعْيُنٍ وَاجْعَلْنَا لِلْمُتَّقِينَ إِمَامًا ٧٤ أُولَٰئِكَ يُجْزَوْنَ الْغُرْفَةَ بِمَا صَبَرُوا وَيُلَقَّوْنَ فِيهَا تَحِيَّةً وَسَلَامًا ٧٥ خَالِدِينَ فِيهَا ۚ حَسُنَتْ مُسْتَقَرًّا وَمُقَامًا ٧٦ قُلْ مَا يَعْبَأُ بِكُمْ رَبِّي لَوْلَا دُعَاؤُكُمْ ۖ فَقَدْ كَذَّبْتُمْ فَسَوْفَ يَكُونُ لِزَامًا ٧٧

19 - 26 - 367

سُورَةُ الشُّعَرَاءِ

بِسْمِ اللَّهِ الرَّحْمَٰنِ الرَّحِيمِ

طسم ١ تِلْكَ آيَاتُ الْكِتَابِ الْمُبِينِ ٢ لَعَلَّكَ بَاخِعٌ نَّفْسَكَ أَلَّا يَكُونُوا مُؤْمِنِينَ ٣ إِن نَّشَأْ نُنَزِّلْ عَلَيْهِم مِّنَ السَّمَاءِ آيَةً فَظَلَّتْ أَعْنَاقُهُمْ لَهَا خَاضِعِينَ ٤ وَمَا يَأْتِيهِم مِّن ذِكْرٍ مِّنَ الرَّحْمَٰنِ مُحْدَثٍ إِلَّا كَانُوا عَنْهُ مُعْرِضِينَ ٥ فَقَدْ كَذَّبُوا فَسَيَأْتِيهِمْ أَنبَاءُ مَا كَانُوا بِهِ يَسْتَهْزِئُونَ ٦ أَوَلَمْ يَرَوْا إِلَى الْأَرْضِ كَمْ أَنبَتْنَا فِيهَا مِن كُلِّ زَوْجٍ كَرِيمٍ ٧ إِنَّ فِي ذَٰلِكَ لَآيَةً ۖ وَمَا كَانَ أَكْثَرُهُم مُّؤْمِنِينَ ٨ وَإِنَّ رَبَّكَ لَهُوَ الْعَزِيزُ الرَّحِيمُ ٩ وَإِذْ نَادَىٰ رَبُّكَ مُوسَىٰ أَنِ ائْتِ الْقَوْمَ الظَّالِمِينَ ١٠ قَوْمَ فِرْعَوْنَ ۚ أَلَا يَتَّقُونَ ١١ قَالَ رَبِّ إِنِّي أَخَافُ أَن يُكَذِّبُونِ ١٢ وَيَضِيقُ صَدْرِي وَلَا يَنطَلِقُ لِسَانِي فَأَرْسِلْ إِلَىٰ هَارُونَ ١٣ وَلَهُمْ عَلَيَّ ذَنبٌ فَأَخَافُ أَن يَقْتُلُونِ ١٤ قَالَ كَلَّا ۖ فَاذْهَبَا بِآيَاتِنَا ۖ إِنَّا مَعَكُم مُّسْتَمِعُونَ ١٥ فَأْتِيَا فِرْعَوْنَ فَقُولَا إِنَّا رَسُولُ رَبِّ الْعَالَمِينَ ١٦ أَنْ أَرْسِلْ مَعَنَا بَنِي إِسْرَائِيلَ ١٧ قَالَ أَلَمْ نُرَبِّكَ فِينَا وَلِيدًا وَلَبِثْتَ فِينَا مِنْ عُمُرِكَ سِنِينَ ١٨ وَفَعَلْتَ فَعْلَتَكَ الَّتِي فَعَلْتَ وَأَنتَ مِنَ الْكَافِرِينَ ١٩

19 - 26 - 368
قَالَ فَعَلْتُهَا إِذًا وَأَنَا مِنَ الضَّالِّينَ ٢٠ فَفَرَرْتُ مِنكُمْ لَمَّا خِفْتُكُمْ فَوَهَبَ لِي رَبِّي حُكْمًا وَجَعَلَنِي مِنَ الْمُرْسَلِينَ ٢١ وَتِلْكَ نِعْمَةٌ تَمُنُّهَا عَلَيَّ أَنْ عَبَّدتَّ بَنِي إِسْرَائِيلَ ٢٢ قَالَ فِرْعَوْنُ وَمَا رَبُّ الْعَالَمِينَ ٢٣ قَالَ رَبُّ السَّمَاوَاتِ وَالْأَرْضِ وَمَا بَيْنَهُمَا ۖ إِن كُنتُم مُّوقِنِينَ ٢٤ قَالَ لِمَنْ حَوْلَهُ أَلَا تَسْتَمِعُونَ ٢٥ قَالَ رَبُّكُمْ وَرَبُّ آبَائِكُمُ الْأَوَّلِينَ ٢٦ قَالَ إِنَّ رَسُولَكُمُ الَّذِي أُرْسِلَ إِلَيْكُمْ لَمَجْنُونٌ ٢٧ قَالَ رَبُّ الْمَشْرِقِ وَالْمَغْرِبِ وَمَا بَيْنَهُمَا ۖ إِن كُنتُمْ تَعْقِلُونَ ٢٨ قَالَ لَئِنِ اتَّخَذْتَ إِلَٰهًا غَيْرِي لَأَجْعَلَنَّكَ مِنَ الْمَسْجُونِينَ ٢٩ قَالَ أَوَلَوْ جِئْتُكَ بِشَيْءٍ مُّبِينٍ ٣٠ قَالَ فَأْتِ بِهِ إِن كُنتَ مِنَ الصَّادِقِينَ ٣١ فَأَلْقَىٰ عَصَاهُ فَإِذَا هِيَ ثُعْبَانٌ مُّبِينٌ ٣٢ وَنَزَعَ يَدَهُ فَإِذَا هِيَ بَيْضَاءُ لِلنَّاظِرِينَ ٣٣ قَالَ لِلْمَلَإِ حَوْلَهُ إِنَّ هَٰذَا لَسَاحِرٌ عَلِيمٌ ٣٤ يُرِيدُ أَن يُخْرِجَكُم مِّنْ أَرْضِكُم بِسِحْرِهِ فَمَاذَا تَأْمُرُونَ ٣٥ قَالُوا أَرْجِهْ وَأَخَاهُ وَابْعَثْ فِي الْمَدَائِنِ حَاشِرِينَ ٣٦ يَأْتُوكَ بِكُلِّ سَحَّارٍ عَلِيمٍ ٣٧ فَجُمِعَ السَّحَرَةُ لِمِيقَاتِ يَوْمٍ مَّعْلُومٍ ٣٨ وَقِيلَ لِلنَّاسِ هَلْ أَنتُم مُّجْتَمِعُونَ ٣٩

19 - 26 - 369
لَعَلَّنَا نَتَّبِعُ السَّحَرَةَ إِن كَانُوا هُمُ الْغَالِبِينَ ٤٠ فَلَمَّا جَاءَ السَّحَرَةُ قَالُوا لِفِرْعَوْنَ أَئِنَّ لَنَا لَأَجْرًا إِن كُنَّا نَحْنُ الْغَالِبِينَ ٤١ قَالَ نَعَمْ وَإِنَّكُمْ إِذًا لَّمِنَ الْمُقَرَّبِينَ ٤٢ قَالَ لَهُم مُّوسَىٰ أَلْقُوا مَا أَنتُم مُّلْقُونَ ٤٣ فَأَلْقَوْا حِبَالَهُمْ وَعِصِيَّهُمْ وَقَالُوا بِعِزَّةِ فِرْعَوْنَ إِنَّا لَنَحْنُ الْغَالِبُونَ ٤٤ فَأَلْقَىٰ مُوسَىٰ عَصَاهُ فَإِذَا هِيَ تَلْقَفُ مَا يَأْفِكُونَ ٤٥ فَأُلْقِيَ السَّحَرَةُ سَاجِدِينَ ٤٦ قَالُوا آمَنَّا بِرَبِّ الْعَالَمِينَ ٤٧ رَبِّ مُوسَىٰ وَهَارُونَ ٤٨ قَالَ آمَنتُمْ لَهُ قَبْلَ أَنْ آذَنَ لَكُمْ ۖ إِنَّهُ لَكَبِيرُكُمُ الَّذِي عَلَّمَكُمُ السِّحْرَ فَلَسَوْفَ تَعْلَمُونَ ۚ لَأُقَطِّعَنَّ أَيْدِيَكُمْ وَأَرْجُلَكُم مِّنْ خِلَافٍ وَلَأُصَلِّبَنَّكُمْ أَجْمَعِينَ ٤٩ قَالُوا لَا ضَيْرَ ۖ إِنَّا إِلَىٰ رَبِّنَا مُنقَلِبُونَ ٥٠ إِنَّا نَطْمَعُ أَن يَغْفِرَ لَنَا رَبُّنَا خَطَايَانَا أَن كُنَّا أَوَّلَ الْمُؤْمِنِينَ ٥١ وَأَوْحَيْنَا إِلَىٰ مُوسَىٰ أَنْ أَسْرِ بِعِبَادِي إِنَّكُم مُّتَّبَعُونَ ٥٢ فَأَرْسَلَ فِرْعَوْنُ فِي الْمَدَائِنِ حَاشِرِينَ ٥٣ إِنَّ هَٰؤُلَاءِ لَشِرْذِمَةٌ قَلِيلُونَ ٥٤ وَإِنَّهُمْ لَنَا لَغَائِظُونَ ٥٥ وَإِنَّا لَجَمِيعٌ حَاذِرُونَ ٥٦ فَأَخْرَجْنَاهُم مِّن جَنَّاتٍ وَعُيُونٍ ٥٧ وَكُنُوزٍ وَمَقَامٍ كَرِيمٍ ٥٨ كَذَٰلِكَ وَأَوْرَثْنَاهَا بَنِي إِسْرَائِيلَ ٥٩ فَأَتْبَعُوهُم مُّشْرِقِينَ ٦٠

19 - 26 - 370
فَلَمَّا تَرَاءَى الْجَمْعَانِ قَالَ أَصْحَابُ مُوسَىٰ إِنَّا لَمُدْرَكُونَ ٦١ قَالَ كَلَّا ۖ إِنَّ مَعِيَ رَبِّي سَيَهْدِينِ ٦٢ فَأَوْحَيْنَا إِلَىٰ مُوسَىٰ أَنِ اضْرِب بِّعَصَاكَ الْبَحْرَ ۖ فَانفَلَقَ فَكَانَ كُلُّ فِرْقٍ كَالطَّوْدِ الْعَظِيمِ ٦٣ وَأَزْلَفْنَا ثَمَّ الْآخَرِينَ ٦٤ وَأَنجَيْنَا مُوسَىٰ وَمَن مَّعَهُ أَجْمَعِينَ ٦٥ ثُمَّ أَغْرَقْنَا الْآخَرِينَ ٦٦ إِنَّ فِي ذَٰلِكَ لَآيَةً ۖ وَمَا كَانَ أَكْثَرُهُم مُّؤْمِنِينَ ٦٧ وَإِنَّ رَبَّكَ لَهُوَ الْعَزِيزُ الرَّحِيمُ ٦٨ وَاتْلُ عَلَيْهِمْ نَبَأَ إِبْرَاهِيمَ ٦٩ إِذْ قَالَ لِأَبِيهِ وَقَوْمِهِ مَا تَعْبُدُونَ ٧٠ قَالُوا نَعْبُدُ أَصْنَامًا فَنَظَلُّ لَهَا عَاكِفِينَ ٧١ قَالَ هَلْ يَسْمَعُونَكُمْ إِذْ تَدْعُونَ ٧٢ أَوْ يَنفَعُونَكُمْ أَوْ يَضُرُّونَ ٧٣ قَالُوا بَلْ وَجَدْنَا آبَاءَنَا كَذَٰلِكَ يَفْعَلُونَ ٧٤ قَالَ أَفَرَأَيْتُم مَّا كُنتُمْ تَعْبُدُونَ ٧٥ أَنتُمْ وَآبَاؤُكُمُ الْأَقْدَمُونَ ٧٦ فَإِنَّهُمْ عَدُوٌّ لِّي إِلَّا رَبَّ الْعَالَمِينَ ٧٧ الَّذِي خَلَقَنِي فَهُوَ يَهْدِينِ ٧٨ وَالَّذِي هُوَ يُطْعِمُنِي وَيَسْقِينِ ٧٩ وَإِذَا مَرِضْتُ فَهُوَ يَشْفِينِ ٨٠ وَالَّذِي يُمِيتُنِي ثُمَّ يُحْيِينِ ٨١ وَالَّذِي أَطْمَعُ أَن يَغْفِرَ لِي خَطِيئَتِي يَوْمَ الدِّينِ ٨٢ رَبِّ هَبْ لِي حُكْمًا وَأَلْحِقْنِي بِالصَّالِحِينَ ٨٣

19 - 26 - 371
وَاجْعَل لِّي لِسَانَ صِدْقٍ فِي الْآخِرِينَ ٨٤ وَاجْعَلْنِي مِن وَرَثَةِ جَنَّةِ النَّعِيمِ ٨٥ وَاغْفِرْ لِأَبِي إِنَّهُ كَانَ مِنَ الضَّالِّينَ ٨٦ وَلَا تُخْزِنِي يَوْمَ يُبْعَثُونَ ٨٧ يَوْمَ لَا يَنفَعُ مَالٌ وَلَا بَنُونَ ٨٨ إِلَّا مَنْ أَتَى اللَّهَ بِقَلْبٍ سَلِيمٍ ٨٩ وَأُزْلِفَتِ الْجَنَّةُ لِلْمُتَّقِينَ ٩٠ وَبُرِّزَتِ الْجَحِيمُ لِلْغَاوِينَ ٩١ وَقِيلَ لَهُمْ أَيْنَ مَا كُنتُمْ تَعْبُدُونَ ٩٢ مِن دُونِ اللَّهِ هَلْ يَنصُرُونَكُمْ أَوْ يَنتَصِرُونَ ٩٣ فَكُبْكِبُوا فِيهَا هُمْ وَالْغَاوُونَ ٩٤ وَجُنُودُ إِبْلِيسَ أَجْمَعُونَ ٩٥ قَالُوا وَهُمْ فِيهَا يَخْتَصِمُونَ ٩٦ تَاللَّهِ إِن كُنَّا لَفِي ضَلَالٍ مُّبِينٍ ٩٧ إِذْ نُسَوِّيكُم بِرَبِّ الْعَالَمِينَ ٩٨ وَمَا أَضَلَّنَا إِلَّا الْمُجْرِمُونَ ٩٩ فَمَا لَنَا مِن شَافِعِينَ ١٠٠ وَلَا صَدِيقٍ حَمِيمٍ ١٠١ فَلَوْ أَنَّ لَنَا كَرَّةً فَنَكُونَ مِنَ الْمُؤْمِنِينَ ١٠٢ إِنَّ فِي ذَٰلِكَ لَآيَةً ۖ وَمَا كَانَ أَكْثَرُهُم مُّؤْمِنِينَ ١٠٣ وَإِنَّ رَبَّكَ لَهُوَ الْعَزِيزُ الرَّحِيمُ ١٠٤ كَذَّبَتْ قَوْمُ نُوحٍ الْمُرْسَلِينَ ١٠٥ إِذْ قَالَ لَهُمْ أَخُوهُمْ نُوحٌ أَلَا تَتَّقُونَ ١٠٦ إِنِّي لَكُمْ رَسُولٌ أَمِينٌ ١٠٧ فَاتَّقُوا اللَّهَ وَأَطِيعُونِ ١٠٨ وَمَا أَسْأَلُكُمْ عَلَيْهِ مِنْ أَجْرٍ ۖ إِنْ أَجْرِيَ إِلَّا عَلَىٰ رَبِّ الْعَالَمِينَ ١٠٩ فَاتَّقُوا اللَّهَ وَأَطِيعُونِ ١١٠ قَالُوا أَنُؤْمِنُ لَكَ وَاتَّبَعَكَ الْأَرْذَلُونَ ١١١

19 - 26 - 372
قَالَ وَمَا عِلْمِي بِمَا كَانُوا يَعْمَلُونَ ١١٢ إِنْ حِسَابُهُمْ إِلَّا عَلَىٰ رَبِّي ۖ لَوْ تَشْعُرُونَ ١١٣ وَمَا أَنَا بِطَارِدِ الْمُؤْمِنِينَ ١١٤ إِنْ أَنَا إِلَّا نَذِيرٌ مُّبِينٌ ١١٥ قَالُوا لَئِن لَّمْ تَنتَهِ يَا نُوحُ لَتَكُونَنَّ مِنَ الْمَرْجُومِينَ ١١٦ قَالَ رَبِّ إِنَّ قَوْمِي كَذَّبُونِ ١١٧ فَافْتَحْ بَيْنِي وَبَيْنَهُمْ فَتْحًا وَنَجِّنِي وَمَن مَّعِيَ مِنَ الْمُؤْمِنِينَ ١١٨ فَأَنجَيْنَاهُ وَمَن مَّعَهُ فِي الْفُلْكِ الْمَشْحُونِ ١١٩ ثُمَّ أَغْرَقْنَا بَعْدُ الْبَاقِينَ ١٢٠ إِنَّ فِي ذَٰلِكَ لَآيَةً ۖ وَمَا كَانَ أَكْثَرُهُم مُّؤْمِنِينَ ١٢١ وَإِنَّ رَبَّكَ لَهُوَ الْعَزِيزُ الرَّحِيمُ ١٢٢ كَذَّبَتْ عَادٌ الْمُرْسَلِينَ ١٢٣ إِذْ قَالَ لَهُمْ أَخُوهُمْ هُودٌ أَلَا تَتَّقُونَ ١٢٤ إِنِّي لَكُمْ رَسُولٌ أَمِينٌ ١٢٥ فَاتَّقُوا اللَّهَ وَأَطِيعُونِ ١٢٦ وَمَا أَسْأَلُكُمْ عَلَيْهِ مِنْ أَجْرٍ ۖ إِنْ أَجْرِيَ إِلَّا عَلَىٰ رَبِّ الْعَالَمِينَ ١٢٧ أَتَبْنُونَ بِكُلِّ رِيعٍ آيَةً تَعْبَثُونَ ١٢٨ وَتَتَّخِذُونَ مَصَانِعَ لَعَلَّكُمْ تَخْلُدُونَ ١٢٩ وَإِذَا بَطَشْتُم بَطَشْتُمْ جَبَّارِينَ ١٣٠ فَاتَّقُوا اللَّهَ وَأَطِيعُونِ ١٣١ وَاتَّقُوا الَّذِي أَمَدَّكُم بِمَا تَعْلَمُونَ ١٣٢ أَمَدَّكُم بِأَنْعَامٍ وَبَنِينَ ١٣٣ وَجَنَّاتٍ وَعُيُونٍ ١٣٤ إِنِّي أَخَافُ عَلَيْكُمْ عَذَابَ يَوْمٍ عَظِيمٍ ١٣٥ قَالُوا سَوَاءٌ عَلَيْنَا أَوَعَظْتَ أَمْ لَمْ تَكُن مِّنَ الْوَاعِظِينَ ١٣٦

19 - 26 - 373
إِنْ هَٰذَا إِلَّا خُلُقُ الْأَوَّلِينَ ١٣٧ وَمَا نَحْنُ بِمُعَذَّبِينَ ١٣٨ فَكَذَّبُوهُ فَأَهْلَكْنَاهُمْ ۗ إِنَّ فِي ذَٰلِكَ لَآيَةً ۖ وَمَا كَانَ أَكْثَرُهُم مُّؤْمِنِينَ ١٣٩ وَإِنَّ رَبَّكَ لَهُوَ الْعَزِيزُ الرَّحِيمُ ١٤٠ كَذَّبَتْ ثَمُودُ الْمُرْسَلِينَ ١٤١ إِذْ قَالَ لَهُمْ أَخُوهُمْ صَالِحٌ أَلَا تَتَّقُونَ ١٤٢ إِنِّي لَكُمْ رَسُولٌ أَمِينٌ ١٤٣ فَاتَّقُوا اللَّهَ وَأَطِيعُونِ ١٤٤ وَمَا أَسْأَلُكُمْ عَلَيْهِ مِنْ أَجْرٍ ۖ إِنْ أَجْرِيَ إِلَّا عَلَىٰ رَبِّ الْعَالَمِينَ ١٤٥ أَتُتْرَكُونَ فِي مَا هَاهُنَا آمِنِينَ ١٤٦ فِي جَنَّاتٍ وَعُيُونٍ ١٤٧ وَزُرُوعٍ وَنَخْلٍ طَلْعُهَا هَضِيمٌ ١٤٨ وَتَنْحِتُونَ مِنَ الْجِبَالِ بُيُوتًا فَارِهِينَ ١٤٩ فَاتَّقُوا اللَّهَ وَأَطِيعُونِ ١٥٠ وَلَا تُطِيعُوا أَمْرَ الْمُسْرِفِينَ ١٥١ الَّذِينَ يُفْسِدُونَ فِي الْأَرْضِ وَلَا يُصْلِحُونَ ١٥٢ قَالُوا إِنَّمَا أَنتَ مِنَ الْمُسَحَّرِينَ ١٥٣ مَا أَنتَ إِلَّا بَشَرٌ مِّثْلُنَا فَأْتِ بِآيَةٍ إِن كُنتَ مِنَ الصَّادِقِينَ ١٥٤ قَالَ هَٰذِهِ نَاقَةٌ لَّهَا شِرْبٌ وَلَكُمْ شِرْبُ يَوْمٍ مَّعْلُومٍ ١٥٥ وَلَا تَمَسُّوهَا بِسُوءٍ فَيَأْخُذَكُمْ عَذَابُ يَوْمٍ عَظِيمٍ ١٥٦ فَعَقَرُوهَا فَأَصْبَحُوا نَادِمِينَ ١٥٧ فَأَخَذَهُمُ الْعَذَابُ ۗ إِنَّ فِي ذَٰلِكَ لَآيَةً ۖ وَمَا كَانَ أَكْثَرُهُم مُّؤْمِنِينَ ١٥٨ وَإِنَّ رَبَّكَ لَهُوَ الْعَزِيزُ الرَّحِيمُ ١٥٩

19 - 26 - 374
كَذَّبَتْ قَوْمُ لُوطٍ الْمُرْسَلِينَ ١٦٠ إِذْ قَالَ لَهُمْ أَخُوهُمْ لُوطٌ أَلَا تَتَّقُونَ ١٦١ إِنِّي لَكُمْ رَسُولٌ أَمِينٌ ١٦٢ فَاتَّقُوا اللَّهَ وَأَطِيعُونِ ١٦٣ وَمَا أَسْأَلُكُمْ عَلَيْهِ مِنْ أَجْرٍ ۖ إِنْ أَجْرِيَ إِلَّا عَلَىٰ رَبِّ الْعَالَمِينَ ١٦٤ أَتَأْتُونَ الذُّكْرَانَ مِنَ الْعَالَمِينَ ١٦٥ وَتَذَرُونَ مَا خَلَقَ لَكُمْ رَبُّكُم مِّنْ أَزْوَاجِكُم ۚ بَلْ أَنتُمْ قَوْمٌ عَادُونَ ١٦٦ قَالُوا لَئِن لَّمْ تَنتَهِ يَا لُوطُ لَتَكُونَنَّ مِنَ الْمُخْرَجِينَ ١٦٧ قَالَ إِنِّي لِعَمَلِكُم مِّنَ الْقَالِينَ ١٦٨ رَبِّ نَجِّنِي وَأَهْلِي مِمَّا يَعْمَلُونَ ١٦٩ فَنَجَّيْنَاهُ وَأَهْلَهُ أَجْمَعِينَ ١٧٠ إِلَّا عَجُوزًا فِي الْغَابِرِينَ ١٧١ ثُمَّ دَمَّرْنَا الْآخَرِينَ ١٧٢ وَأَمْطَرْنَا عَلَيْهِم مَّطَرًا ۖ فَسَاءَ مَطَرُ الْمُنذَرِينَ ١٧٣ إِنَّ فِي ذَٰلِكَ لَآيَةً ۖ وَمَا كَانَ أَكْثَرُهُم مُّؤْمِنِينَ ١٧٤ وَإِنَّ رَبَّكَ لَهُوَ الْعَزِيزُ الرَّحِيمُ ١٧٥ كَذَّبَ أَصْحَابُ الْأَيْكَةِ الْمُرْسَلِينَ ١٧٦ إِذْ قَالَ لَهُمْ شُعَيْبٌ أَلَا تَتَّقُونَ ١٧٧ إِنِّي لَكُمْ رَسُولٌ أَمِينٌ ١٧٨ فَاتَّقُوا اللَّهَ وَأَطِيعُونِ ١٧٩ وَمَا أَسْأَلُكُمْ عَلَيْهِ مِنْ أَجْرٍ ۖ إِنْ أَجْرِيَ إِلَّا عَلَىٰ رَبِّ الْعَالَمِينَ ١٨٠ ۞ أَوْفُوا الْكَيْلَ وَلَا تَكُونُوا مِنَ الْمُخْسِرِينَ ١٨١ وَزِنُوا بِالْقِسْطَاسِ الْمُسْتَقِيمِ ١٨٢ وَلَا تَبْخَسُوا النَّاسَ أَشْيَاءَهُمْ وَلَا تَعْثَوْا فِي الْأَرْضِ مُفْسِدِينَ ١٨٣

19 - 26 - 375

وَاتَّقُوا الَّذِي خَلَقَكُمْ وَالْجِبِلَّةَ الْأَوَّلِينَ ١٨٤ قَالُوا إِنَّمَا أَنتَ مِنَ الْمُسَحَّرِينَ ١٨٥ وَمَا أَنتَ إِلَّا بَشَرٌ مِّثْلُنَا وَإِن نَّظُنُّكَ لَمِنَ الْكَاذِبِينَ ١٨٦ فَأَسْقِطْ عَلَيْنَا كِسَفًا مِّنَ السَّمَاءِ إِن كُنتَ مِنَ الصَّادِقِينَ ١٨٧ قَالَ رَبِّي أَعْلَمُ بِمَا تَعْمَلُونَ ١٨٨ فَكَذَّبُوهُ فَأَخَذَهُمْ عَذَابُ يَوْمِ الظُّلَّةِ إِنَّهُ كَانَ عَذَابَ يَوْمٍ عَظِيمٍ ١٨٩ إِنَّ فِي ذَٰلِكَ لَآيَةً وَمَا كَانَ أَكْثَرُهُم مُّؤْمِنِينَ ١٩٠ وَإِنَّ رَبَّكَ لَهُوَ الْعَزِيزُ الرَّحِيمُ ١٩١ وَإِنَّهُ لَتَنزِيلُ رَبِّ الْعَالَمِينَ ١٩٢ نَزَلَ بِهِ الرُّوحُ الْأَمِينُ ١٩٣ عَلَىٰ قَلْبِكَ لِتَكُونَ مِنَ الْمُنذِرِينَ ١٩٤ بِلِسَانٍ عَرَبِيٍّ مُّبِينٍ ١٩٥ وَإِنَّهُ لَفِي زُبُرِ الْأَوَّلِينَ ١٩٦ أَوَلَمْ يَكُن لَّهُمْ آيَةً أَن يَعْلَمَهُ عُلَمَاءُ بَنِي إِسْرَائِيلَ ١٩٧ وَلَوْ نَزَّلْنَاهُ عَلَىٰ بَعْضِ الْأَعْجَمِينَ ١٩٨ فَقَرَأَهُ عَلَيْهِم مَّا كَانُوا بِهِ مُؤْمِنِينَ ١٩٩ كَذَٰلِكَ سَلَكْنَاهُ فِي قُلُوبِ الْمُجْرِمِينَ ٢٠٠ لَا يُؤْمِنُونَ بِهِ حَتَّىٰ يَرَوُا الْعَذَابَ الْأَلِيمَ ٢٠١ فَيَأْتِيَهُم بَغْتَةً وَهُمْ لَا يَشْعُرُونَ ٢٠٢ فَيَقُولُوا هَلْ نَحْنُ مُنظَرُونَ ٢٠٣ أَفَبِعَذَابِنَا يَسْتَعْجِلُونَ ٢٠٤ أَفَرَأَيْتَ إِن مَّتَّعْنَاهُمْ سِنِينَ ٢٠٥ ثُمَّ جَاءَهُم مَّا كَانُوا يُوعَدُونَ ٢٠٦

19 - 26 - 376

مَا أَغْنَىٰ عَنْهُم مَّا كَانُوا يُمَتَّعُونَ ٢٠٧ وَمَا أَهْلَكْنَا مِن قَرْيَةٍ إِلَّا لَهَا مُنذِرُونَ ٢٠٨ ذِكْرَىٰ وَمَا كُنَّا ظَالِمِينَ ٢٠٩ وَمَا تَنَزَّلَتْ بِهِ الشَّيَاطِينُ ٢١٠ وَمَا يَنبَغِي لَهُمْ وَمَا يَسْتَطِيعُونَ ٢١١ إِنَّهُمْ عَنِ السَّمْعِ لَمَعْزُولُونَ ٢١٢ فَلَا تَدْعُ مَعَ اللَّهِ إِلَٰهًا آخَرَ فَتَكُونَ مِنَ الْمُعَذَّبِينَ ٢١٣ وَأَنذِرْ عَشِيرَتَكَ الْأَقْرَبِينَ ٢١٤ وَاخْفِضْ جَنَاحَكَ لِمَنِ اتَّبَعَكَ مِنَ الْمُؤْمِنِينَ ٢١٥ فَإِنْ عَصَوْكَ فَقُلْ إِنِّي بَرِيءٌ مِّمَّا تَعْمَلُونَ ٢١٦ وَتَوَكَّلْ عَلَى الْعَزِيزِ الرَّحِيمِ ٢١٧ الَّذِي يَرَاكَ حِينَ تَقُومُ ٢١٨ وَتَقَلُّبَكَ فِي السَّاجِدِينَ ٢١٩ إِنَّهُ هُوَ السَّمِيعُ الْعَلِيمُ ٢٢٠ هَلْ أُنَبِّئُكُمْ عَلَىٰ مَن تَنَزَّلُ الشَّيَاطِينُ ٢٢١ تَنَزَّلُ عَلَىٰ كُلِّ أَفَّاكٍ أَثِيمٍ ٢٢٢ يُلْقُونَ السَّمْعَ وَأَكْثَرُهُمْ كَاذِبُونَ ٢٢٣ وَالشُّعَرَاءُ يَتَّبِعُهُمُ الْغَاوُونَ ٢٢٤ أَلَمْ تَرَ أَنَّهُمْ فِي كُلِّ وَادٍ يَهِيمُونَ ٢٢٥ وَأَنَّهُمْ يَقُولُونَ مَا لَا يَفْعَلُونَ ٢٢٦ إِلَّا الَّذِينَ آمَنُوا وَعَمِلُوا الصَّالِحَاتِ وَذَكَرُوا اللَّهَ كَثِيرًا وَانتَصَرُوا مِن بَعْدِ مَا ظُلِمُوا وَسَيَعْلَمُ الَّذِينَ ظَلَمُوا أَيَّ مُنقَلَبٍ يَنقَلِبُونَ ٢٢٧

سُورَةُ النَّمْلِ

19 - 27 - 377

بِسْمِ اللَّهِ الرَّحْمَٰنِ الرَّحِيمِ

طس تِلْكَ آيَاتُ الْقُرْآنِ وَكِتَابٍ مُّبِينٍ ١ هُدًى وَبُشْرَىٰ لِلْمُؤْمِنِينَ ٢ الَّذِينَ يُقِيمُونَ الصَّلَاةَ وَيُؤْتُونَ الزَّكَاةَ وَهُم بِالْآخِرَةِ هُمْ يُوقِنُونَ ٣ إِنَّ الَّذِينَ لَا يُؤْمِنُونَ بِالْآخِرَةِ زَيَّنَّا لَهُمْ أَعْمَالَهُمْ فَهُمْ يَعْمَهُونَ ٤ أُولَٰئِكَ الَّذِينَ لَهُمْ سُوءُ الْعَذَابِ وَهُمْ فِي الْآخِرَةِ هُمُ الْأَخْسَرُونَ ٥ وَإِنَّكَ لَتُلَقَّى الْقُرْآنَ مِن لَّدُنْ حَكِيمٍ عَلِيمٍ ٦ إِذْ قَالَ مُوسَىٰ لِأَهْلِهِ إِنِّي آنَسْتُ نَارًا سَآتِيكُم مِّنْهَا بِخَبَرٍ أَوْ آتِيكُم بِشِهَابٍ قَبَسٍ لَّعَلَّكُمْ تَصْطَلُونَ ٧ فَلَمَّا جَاءَهَا نُودِيَ أَن بُورِكَ مَن فِي النَّارِ وَمَنْ حَوْلَهَا وَسُبْحَانَ اللَّهِ رَبِّ الْعَالَمِينَ ٨ يَا مُوسَىٰ إِنَّهُ أَنَا اللَّهُ الْعَزِيزُ الْحَكِيمُ ٩ وَأَلْقِ عَصَاكَ فَلَمَّا رَآهَا تَهْتَزُّ كَأَنَّهَا جَانٌّ وَلَّىٰ مُدْبِرًا وَلَمْ يُعَقِّبْ يَا مُوسَىٰ لَا تَخَفْ إِنِّي لَا يَخَافُ لَدَيَّ الْمُرْسَلُونَ ١٠ إِلَّا مَن ظَلَمَ ثُمَّ بَدَّلَ حُسْنًا بَعْدَ سُوءٍ فَإِنِّي غَفُورٌ رَّحِيمٌ ١١ وَأَدْخِلْ يَدَكَ فِي جَيْبِكَ تَخْرُجْ بَيْضَاءَ مِنْ غَيْرِ سُوءٍ فِي تِسْعِ آيَاتٍ إِلَىٰ فِرْعَوْنَ وَقَوْمِهِ إِنَّهُمْ كَانُوا قَوْمًا فَاسِقِينَ ١٢ فَلَمَّا جَاءَتْهُمْ آيَاتُنَا مُبْصِرَةً قَالُوا هَٰذَا سِحْرٌ مُّبِينٌ ١٣

19 - 27 - 378

وَجَحَدُوا بِهَا وَاسْتَيْقَنَتْهَا أَنفُسُهُمْ ظُلْمًا وَعُلُوًّا فَانظُرْ كَيْفَ كَانَ عَاقِبَةُ الْمُفْسِدِينَ ١٤ وَلَقَدْ آتَيْنَا دَاوُودَ وَسُلَيْمَانَ عِلْمًا وَقَالَا الْحَمْدُ لِلَّهِ الَّذِي فَضَّلَنَا عَلَىٰ كَثِيرٍ مِّنْ عِبَادِهِ الْمُؤْمِنِينَ ١٥ وَوَرِثَ سُلَيْمَانُ دَاوُودَ وَقَالَ يَا أَيُّهَا النَّاسُ عُلِّمْنَا مَنطِقَ الطَّيْرِ وَأُوتِينَا مِن كُلِّ شَيْءٍ إِنَّ هَٰذَا لَهُوَ الْفَضْلُ الْمُبِينُ ١٦ وَحُشِرَ لِسُلَيْمَانَ جُنُودُهُ مِنَ الْجِنِّ وَالْإِنسِ وَالطَّيْرِ فَهُمْ يُوزَعُونَ ١٧ حَتَّىٰ إِذَا أَتَوْا عَلَىٰ وَادِ النَّمْلِ قَالَتْ نَمْلَةٌ يَا أَيُّهَا النَّمْلُ ادْخُلُوا مَسَاكِنَكُمْ لَا يَحْطِمَنَّكُمْ سُلَيْمَانُ وَجُنُودُهُ وَهُمْ لَا يَشْعُرُونَ ١٨ فَتَبَسَّمَ ضَاحِكًا مِّن قَوْلِهَا وَقَالَ رَبِّ أَوْزِعْنِي أَنْ أَشْكُرَ نِعْمَتَكَ الَّتِي أَنْعَمْتَ عَلَيَّ وَعَلَىٰ وَالِدَيَّ وَأَنْ أَعْمَلَ صَالِحًا تَرْضَاهُ وَأَدْخِلْنِي بِرَحْمَتِكَ فِي عِبَادِكَ الصَّالِحِينَ ١٩ وَتَفَقَّدَ الطَّيْرَ فَقَالَ مَا لِيَ لَا أَرَى الْهُدْهُدَ أَمْ كَانَ مِنَ الْغَائِبِينَ ٢٠ لَأُعَذِّبَنَّهُ عَذَابًا شَدِيدًا أَوْ لَأَذْبَحَنَّهُ أَوْ لَيَأْتِيَنِّي بِسُلْطَانٍ مُّبِينٍ ٢١ فَمَكَثَ غَيْرَ بَعِيدٍ فَقَالَ أَحَطتُ بِمَا لَمْ تُحِطْ بِهِ وَجِئْتُكَ مِن سَبَإٍ بِنَبَإٍ يَقِينٍ ٢٢

19 - 27 - 379

إِنِّي وَجَدتُّ امْرَأَةً تَمْلِكُهُمْ وَأُوتِيَتْ مِن كُلِّ شَيْءٍ وَلَهَا عَرْشٌ عَظِيمٌ ٢٣ وَجَدتُّهَا وَقَوْمَهَا يَسْجُدُونَ لِلشَّمْسِ مِن دُونِ اللَّهِ وَزَيَّنَ لَهُمُ الشَّيْطَانُ أَعْمَالَهُمْ فَصَدَّهُمْ عَنِ السَّبِيلِ فَهُمْ لَا يَهْتَدُونَ ٢٤ أَلَّا يَسْجُدُوا لِلَّهِ الَّذِي يُخْرِجُ الْخَبْءَ فِي السَّمَاوَاتِ وَالْأَرْضِ وَيَعْلَمُ مَا تُخْفُونَ وَمَا تُعْلِنُونَ ٢٥ اللَّهُ

لَا إِلَٰهَ إِلَّا هُوَ رَبُّ الْعَرْشِ الْعَظِيمِ ۩ ٢٦ قَالَ سَنَنظُرُ أَصَدَقْتَ أَمْ كُنتَ مِنَ الْكَاذِبِينَ ٢٧ اذْهَب بِّكِتَابِي هَٰذَا فَأَلْقِهْ إِلَيْهِمْ ثُمَّ تَوَلَّ عَنْهُمْ فَانظُرْ مَاذَا يَرْجِعُونَ ٢٨ قَالَتْ يَا أَيُّهَا الْمَلَأُ إِنِّي أُلْقِيَ إِلَيَّ كِتَابٌ كَرِيمٌ ٢٩ إِنَّهُ مِن سُلَيْمَانَ وَإِنَّهُ بِسْمِ اللَّهِ الرَّحْمَٰنِ الرَّحِيمِ ٣٠ أَلَّا تَعْلُوا عَلَيَّ وَأْتُونِي مُسْلِمِينَ ٣١ قَالَتْ يَا أَيُّهَا الْمَلَأُ أَفْتُونِي فِي أَمْرِي مَا كُنتُ قَاطِعَةً أَمْرًا حَتَّىٰ تَشْهَدُونِ ٣٢ قَالُوا نَحْنُ أُولُو قُوَّةٍ وَأُولُو بَأْسٍ شَدِيدٍ وَالْأَمْرُ إِلَيْكِ فَانظُرِي مَاذَا تَأْمُرِينَ ٣٣ قَالَتْ إِنَّ الْمُلُوكَ إِذَا دَخَلُوا قَرْيَةً أَفْسَدُوهَا وَجَعَلُوا أَعِزَّةَ أَهْلِهَا أَذِلَّةً وَكَذَٰلِكَ يَفْعَلُونَ ٣٤ وَإِنِّي مُرْسِلَةٌ إِلَيْهِم بِهَدِيَّةٍ فَنَاظِرَةٌ بِمَ يَرْجِعُ الْمُرْسَلُونَ ٣٥

19 - 27 - 380

فَلَمَّا جَاءَ سُلَيْمَانَ قَالَ أَتُمِدُّونَنِ بِمَالٍ فَمَا آتَانِيَ اللَّهُ خَيْرٌ مِّمَّا آتَاكُم بَلْ أَنتُم بِهَدِيَّتِكُمْ تَفْرَحُونَ ٣٦ ارْجِعْ إِلَيْهِمْ فَلَنَأْتِيَنَّهُم بِجُنُودٍ لَّا قِبَلَ لَهُم بِهَا وَلَنُخْرِجَنَّهُم مِّنْهَا أَذِلَّةً وَهُمْ صَاغِرُونَ ٣٧ قَالَ يَا أَيُّهَا الْمَلَأُ أَيُّكُمْ يَأْتِينِي بِعَرْشِهَا قَبْلَ أَن يَأْتُونِي مُسْلِمِينَ ٣٨ قَالَ عِفْرِيتٌ مِّنَ الْجِنِّ أَنَا آتِيكَ بِهِ قَبْلَ أَن تَقُومَ مِن مَّقَامِكَ وَإِنِّي عَلَيْهِ لَقَوِيٌّ أَمِينٌ ٣٩ قَالَ الَّذِي عِندَهُ عِلْمٌ مِّنَ الْكِتَابِ أَنَا آتِيكَ بِهِ قَبْلَ أَن يَرْتَدَّ إِلَيْكَ طَرْفُكَ فَلَمَّا رَآهُ مُسْتَقِرًّا عِندَهُ قَالَ هَٰذَا مِن فَضْلِ رَبِّي لِيَبْلُوَنِي أَأَشْكُرُ أَمْ أَكْفُرُ وَمَن شَكَرَ فَإِنَّمَا يَشْكُرُ لِنَفْسِهِ وَمَن كَفَرَ فَإِنَّ رَبِّي غَنِيٌّ كَرِيمٌ ٤٠ قَالَ نَكِّرُوا لَهَا عَرْشَهَا نَنظُرْ أَتَهْتَدِي أَمْ تَكُونُ مِنَ الَّذِينَ لَا يَهْتَدُونَ ٤١ فَلَمَّا جَاءَتْ قِيلَ أَهَٰكَذَا عَرْشُكِ قَالَتْ كَأَنَّهُ هُوَ وَأُوتِينَا الْعِلْمَ مِن قَبْلِهَا وَكُنَّا مُسْلِمِينَ ٤٢ وَصَدَّهَا مَا كَانَت تَّعْبُدُ مِن دُونِ اللَّهِ إِنَّهَا كَانَتْ مِن قَوْمٍ كَافِرِينَ ٤٣ قِيلَ لَهَا ادْخُلِي الصَّرْحَ فَلَمَّا رَأَتْهُ حَسِبَتْهُ لُجَّةً وَكَشَفَتْ عَن سَاقَيْهَا قَالَ إِنَّهُ صَرْحٌ مُّمَرَّدٌ مِّن قَوَارِيرَ قَالَتْ رَبِّ إِنِّي ظَلَمْتُ نَفْسِي وَأَسْلَمْتُ مَعَ سُلَيْمَانَ لِلَّهِ رَبِّ الْعَالَمِينَ ٤٤

19 - 27 - 381

وَلَقَدْ أَرْسَلْنَا إِلَىٰ ثَمُودَ أَخَاهُمْ صَالِحًا أَنِ اعْبُدُوا اللَّهَ فَإِذَا هُمْ فَرِيقَانِ يَخْتَصِمُونَ ٤٥ قَالَ يَا قَوْمِ لِمَ تَسْتَعْجِلُونَ بِالسَّيِّئَةِ قَبْلَ الْحَسَنَةِ لَوْلَا تَسْتَغْفِرُونَ اللَّهَ لَعَلَّكُمْ تُرْحَمُونَ ٤٦ قَالُوا اطَّيَّرْنَا بِكَ وَبِمَن مَّعَكَ قَالَ طَائِرُكُمْ عِندَ اللَّهِ بَلْ أَنتُمْ قَوْمٌ تُفْتَنُونَ ٤٧ وَكَانَ فِي الْمَدِينَةِ تِسْعَةُ رَهْطٍ يُفْسِدُونَ فِي الْأَرْضِ وَلَا يُصْلِحُونَ ٤٨ قَالُوا تَقَاسَمُوا بِاللَّهِ لَنُبَيِّتَنَّهُ وَأَهْلَهُ ثُمَّ لَنَقُولَنَّ لِوَلِيِّهِ مَا شَهِدْنَا مَهْلِكَ أَهْلِهِ وَإِنَّا لَصَادِقُونَ ٤٩ وَمَكَرُوا مَكْرًا وَمَكَرْنَا مَكْرًا وَهُمْ لَا يَشْعُرُونَ ٥٠ فَانظُرْ كَيْفَ كَانَ عَاقِبَةُ مَكْرِهِمْ أَنَّا دَمَّرْنَاهُمْ وَقَوْمَهُمْ أَجْمَعِينَ ٥١ فَتِلْكَ بُيُوتُهُمْ خَاوِيَةً بِمَا ظَلَمُوا إِنَّ فِي ذَٰلِكَ لَآيَةً لِّقَوْمٍ يَعْلَمُونَ ٥٢ وَأَنجَيْنَا الَّذِينَ آمَنُوا وَكَانُوا يَتَّقُونَ ٥٣ وَلُوطًا إِذْ قَالَ لِقَوْمِهِ أَتَأْتُونَ الْفَاحِشَةَ وَأَنتُمْ تُبْصِرُونَ ٥٤ أَئِنَّكُمْ لَتَأْتُونَ الرِّجَالَ شَهْوَةً مِّن دُونِ النِّسَاءِ بَلْ أَنتُمْ قَوْمٌ تَجْهَلُونَ ٥٥

20 - 27 - 382

۞ فَمَا كَانَ جَوَابَ قَوْمِهِ إِلَّا أَن قَالُوا أَخْرِجُوا آلَ لُوطٍ مِّن قَرْيَتِكُمْ إِنَّهُمْ أُنَاسٌ يَتَطَهَّرُونَ ٥٦ فَأَنجَيْنَاهُ وَأَهْلَهُ إِلَّا امْرَأَتَهُ قَدَّرْنَاهَا مِنَ الْغَابِرِينَ ٥٧ وَأَمْطَرْنَا عَلَيْهِم مَّطَرًا فَسَاءَ مَطَرُ الْمُنذَرِينَ ٥٨ قُلِ الْحَمْدُ لِلَّهِ وَسَلَامٌ عَلَىٰ عِبَادِهِ الَّذِينَ اصْطَفَىٰ آللَّهُ خَيْرٌ أَمَّا يُشْرِكُونَ ٥٩ أَمَّنْ خَلَقَ السَّمَاوَاتِ وَالْأَرْضَ وَأَنزَلَ لَكُم مِّنَ السَّمَاءِ مَاءً فَأَنبَتْنَا بِهِ حَدَائِقَ ذَاتَ بَهْجَةٍ مَّا كَانَ لَكُمْ أَن تُنبِتُوا شَجَرَهَا أَإِلَٰهٌ مَّعَ اللَّهِ بَلْ هُمْ قَوْمٌ يَعْدِلُونَ ٦٠ أَمَّن جَعَلَ الْأَرْضَ قَرَارًا وَجَعَلَ خِلَالَهَا أَنْهَارًا وَجَعَلَ لَهَا رَوَاسِيَ وَجَعَلَ بَيْنَ الْبَحْرَيْنِ حَاجِزًا أَإِلَٰهٌ مَّعَ اللَّهِ بَلْ أَكْثَرُهُمْ لَا يَعْلَمُونَ ٦١ أَمَّن يُجِيبُ الْمُضْطَرَّ إِذَا دَعَاهُ وَيَكْشِفُ السُّوءَ وَيَجْعَلُكُمْ خُلَفَاءَ الْأَرْضِ أَإِلَٰهٌ مَّعَ اللَّهِ قَلِيلًا مَّا تَذَكَّرُونَ ٦٢ أَمَّن يَهْدِيكُمْ فِي ظُلُمَاتِ الْبَرِّ وَالْبَحْرِ وَمَن يُرْسِلُ الرِّيَاحَ بُشْرًا بَيْنَ يَدَيْ رَحْمَتِهِ أَإِلَٰهٌ مَّعَ اللَّهِ تَعَالَى اللَّهُ عَمَّا يُشْرِكُونَ ٦٣

20 - 27 - 383

أَمَّن يَبْدَأُ الْخَلْقَ ثُمَّ يُعِيدُهُ وَمَن يَرْزُقُكُم مِّنَ السَّمَاءِ وَالْأَرْضِ أَإِلَٰهٌ مَّعَ اللَّهِ قُلْ هَاتُوا بُرْهَانَكُمْ إِن كُنتُمْ صَادِقِينَ ٦٤ قُل لَّا يَعْلَمُ مَن فِي السَّمَاوَاتِ وَالْأَرْضِ الْغَيْبَ إِلَّا اللَّهُ وَمَا يَشْعُرُونَ أَيَّانَ يُبْعَثُونَ ٦٥ بَلِ ادَّارَكَ عِلْمُهُمْ فِي الْآخِرَةِ بَلْ هُمْ فِي شَكٍّ مِّنْهَا بَلْ هُم مِّنْهَا عَمُونَ ٦٦ وَقَالَ الَّذِينَ كَفَرُوا أَإِذَا كُنَّا تُرَابًا وَآبَاؤُنَا أَئِنَّا لَمُخْرَجُونَ ٦٧ لَقَدْ وُعِدْنَا هَٰذَا نَحْنُ وَآبَاؤُنَا مِن قَبْلُ إِنْ هَٰذَا إِلَّا أَسَاطِيرُ الْأَوَّلِينَ ٦٨ قُلْ سِيرُوا فِي الْأَرْضِ فَانظُرُوا كَيْفَ كَانَ عَاقِبَةُ الْمُجْرِمِينَ ٦٩ وَلَا تَحْزَنْ عَلَيْهِمْ وَلَا تَكُن فِي ضَيْقٍ مِّمَّا يَمْكُرُونَ ٧٠ وَيَقُولُونَ مَتَىٰ هَٰذَا الْوَعْدُ إِن كُنتُمْ صَادِقِينَ ٧١ قُلْ عَسَىٰ

أَن يَكُونَ رَدِفَ لَكُم بَعْضُ الَّذِي تَسْتَعْجِلُونَ ٧٢ وَإِنَّ رَبَّكَ لَذُو فَضْلٍ عَلَى النَّاسِ وَلَٰكِنَّ أَكْثَرَهُمْ لَا يَشْكُرُونَ ٧٣ وَإِنَّ رَبَّكَ لَيَعْلَمُ مَا تُكِنُّ صُدُورُهُمْ وَمَا يُعْلِنُونَ ٧٤ وَمَا مِنْ غَائِبَةٍ فِي السَّمَاءِ وَالْأَرْضِ إِلَّا فِي كِتَابٍ مُّبِينٍ ٧٥ إِنَّ هَٰذَا الْقُرْآنَ يَقُصُّ عَلَىٰ بَنِي إِسْرَائِيلَ أَكْثَرَ الَّذِي هُمْ فِيهِ يَخْتَلِفُونَ ٧٦ وَإِنَّهُ لَهُدًى وَرَحْمَةٌ لِّلْمُؤْمِنِينَ ٧٧

20 - 27 - 384

إِنَّ رَبَّكَ يَقْضِي بَيْنَهُم بِحُكْمِهِ وَهُوَ الْعَزِيزُ الْعَلِيمُ ٧٨ فَتَوَكَّلْ عَلَى اللَّهِ إِنَّكَ عَلَى الْحَقِّ الْمُبِينِ ٧٩ إِنَّكَ لَا تُسْمِعُ الْمَوْتَىٰ وَلَا تُسْمِعُ الصُّمَّ الدُّعَاءَ إِذَا وَلَّوْا مُدْبِرِينَ ٨٠ وَمَا أَنتَ بِهَادِي الْعُمْيِ عَن ضَلَالَتِهِمْ إِن تُسْمِعُ إِلَّا مَن يُؤْمِنُ بِآيَاتِنَا فَهُم مُّسْلِمُونَ ٨١ ۞ وَإِذَا وَقَعَ الْقَوْلُ عَلَيْهِمْ أَخْرَجْنَا لَهُمْ دَابَّةً مِّنَ الْأَرْضِ تُكَلِّمُهُمْ أَنَّ النَّاسَ كَانُوا بِآيَاتِنَا لَا يُوقِنُونَ ٨٢ وَيَوْمَ نَحْشُرُ مِن كُلِّ أُمَّةٍ فَوْجًا مِّمَّن يُكَذِّبُ بِآيَاتِنَا فَهُمْ يُوزَعُونَ ٨٣ حَتَّىٰ إِذَا جَاءُوا قَالَ أَكَذَّبْتُم بِآيَاتِي وَلَمْ تُحِيطُوا بِهَا عِلْمًا أَمَّاذَا كُنتُمْ تَعْمَلُونَ ٨٤ وَوَقَعَ الْقَوْلُ عَلَيْهِم بِمَا ظَلَمُوا فَهُمْ لَا يَنطِقُونَ ٨٥ أَلَمْ يَرَوْا أَنَّا جَعَلْنَا اللَّيْلَ لِيَسْكُنُوا فِيهِ وَالنَّهَارَ مُبْصِرًا إِنَّ فِي ذَٰلِكَ لَآيَاتٍ لِّقَوْمٍ يُؤْمِنُونَ ٨٦ وَيَوْمَ يُنفَخُ فِي الصُّورِ فَفَزِعَ مَن فِي السَّمَاوَاتِ وَمَن فِي الْأَرْضِ إِلَّا مَن شَاءَ اللَّهُ وَكُلٌّ أَتَوْهُ دَاخِرِينَ ٨٧ وَتَرَى الْجِبَالَ تَحْسَبُهَا جَامِدَةً وَهِيَ تَمُرُّ مَرَّ السَّحَابِ صُنْعَ اللَّهِ الَّذِي أَتْقَنَ كُلَّ شَيْءٍ إِنَّهُ خَبِيرٌ بِمَا تَفْعَلُونَ ٨٨

20 - 27 - 385

مَن جَاءَ بِالْحَسَنَةِ فَلَهُ خَيْرٌ مِّنْهَا وَهُم مِّن فَزَعٍ يَوْمَئِذٍ آمِنُونَ ٨٩ وَمَن جَاءَ بِالسَّيِّئَةِ فَكُبَّتْ وُجُوهُهُمْ فِي النَّارِ هَلْ تُجْزَوْنَ إِلَّا مَا كُنتُمْ تَعْمَلُونَ ٩٠ إِنَّمَا أُمِرْتُ أَنْ أَعْبُدَ رَبَّ هَٰذِهِ الْبَلْدَةِ الَّذِي حَرَّمَهَا وَلَهُ كُلُّ شَيْءٍ وَأُمِرْتُ أَنْ أَكُونَ مِنَ الْمُسْلِمِينَ ٩١ وَأَنْ أَتْلُوَ الْقُرْآنَ فَمَنِ اهْتَدَىٰ فَإِنَّمَا يَهْتَدِي لِنَفْسِهِ وَمَن ضَلَّ فَقُلْ إِنَّمَا أَنَا مِنَ الْمُنذِرِينَ ٩٢ وَقُلِ الْحَمْدُ لِلَّهِ سَيُرِيكُمْ آيَاتِهِ فَتَعْرِفُونَهَا وَمَا رَبُّكَ بِغَافِلٍ عَمَّا تَعْمَلُونَ ٩٣

سُورَةُ الْقَصَصِ

بِسْمِ اللَّهِ الرَّحْمَٰنِ الرَّحِيمِ

طسم ١ تِلْكَ آيَاتُ الْكِتَابِ الْمُبِينِ ٢ نَتْلُو عَلَيْكَ مِن نَّبَإِ مُوسَىٰ وَفِرْعَوْنَ بِالْحَقِّ لِقَوْمٍ يُؤْمِنُونَ ٣ إِنَّ فِرْعَوْنَ عَلَا فِي الْأَرْضِ وَجَعَلَ أَهْلَهَا شِيَعًا يَسْتَضْعِفُ طَائِفَةً مِّنْهُمْ يُذَبِّحُ أَبْنَاءَهُمْ وَيَسْتَحْيِي نِسَاءَهُمْ إِنَّهُ كَانَ مِنَ الْمُفْسِدِينَ ٤ وَنُرِيدُ أَن نَّمُنَّ عَلَى الَّذِينَ اسْتُضْعِفُوا فِي الْأَرْضِ وَنَجْعَلَهُمْ أَئِمَّةً وَنَجْعَلَهُمُ الْوَارِثِينَ ٥

20 - 28 - 386

وَنُمَكِّنَ لَهُمْ فِي الْأَرْضِ وَنُرِيَ فِرْعَوْنَ وَهَامَانَ وَجُنُودَهُمَا مِنْهُم مَّا كَانُوا يَحْذَرُونَ ٦ وَأَوْحَيْنَا إِلَىٰ أُمِّ مُوسَىٰ أَنْ أَرْضِعِيهِ فَإِذَا خِفْتِ عَلَيْهِ فَأَلْقِيهِ فِي الْيَمِّ وَلَا تَخَافِي وَلَا تَحْزَنِي إِنَّا رَادُّوهُ إِلَيْكِ وَجَاعِلُوهُ مِنَ الْمُرْسَلِينَ ٧ فَالْتَقَطَهُ آلُ فِرْعَوْنَ لِيَكُونَ لَهُمْ عَدُوًّا وَحَزَنًا إِنَّ فِرْعَوْنَ وَهَامَانَ وَجُنُودَهُمَا كَانُوا خَاطِئِينَ ٨ وَقَالَتِ امْرَأَتُ فِرْعَوْنَ قُرَّتُ عَيْنٍ لِّي وَلَكَ لَا تَقْتُلُوهُ عَسَىٰ أَن يَنفَعَنَا أَوْ نَتَّخِذَهُ وَلَدًا وَهُمْ لَا يَشْعُرُونَ ٩ وَأَصْبَحَ فُؤَادُ أُمِّ مُوسَىٰ فَارِغًا إِن كَادَتْ لَتُبْدِي بِهِ لَوْلَا أَن رَّبَطْنَا عَلَىٰ قَلْبِهَا لِتَكُونَ مِنَ الْمُؤْمِنِينَ ١٠ وَقَالَتْ لِأُخْتِهِ قُصِّيهِ فَبَصُرَتْ بِهِ عَن جُنُبٍ وَهُمْ لَا يَشْعُرُونَ ١١ ۞ وَحَرَّمْنَا عَلَيْهِ الْمَرَاضِعَ مِن قَبْلُ فَقَالَتْ هَلْ أَدُلُّكُمْ عَلَىٰ أَهْلِ بَيْتٍ يَكْفُلُونَهُ لَكُمْ وَهُمْ لَهُ نَاصِحُونَ ١٢ فَرَدَدْنَاهُ إِلَىٰ أُمِّهِ كَيْ تَقَرَّ عَيْنُهَا وَلَا تَحْزَنَ وَلِتَعْلَمَ أَنَّ وَعْدَ اللَّهِ حَقٌّ وَلَٰكِنَّ أَكْثَرَهُمْ لَا يَعْلَمُونَ ١٣

20 - 28 - 387

وَلَمَّا بَلَغَ أَشُدَّهُ وَاسْتَوَىٰ آتَيْنَاهُ حُكْمًا وَعِلْمًا وَكَذَٰلِكَ نَجْزِي الْمُحْسِنِينَ ١٤ وَدَخَلَ الْمَدِينَةَ عَلَىٰ حِينِ غَفْلَةٍ مِّنْ أَهْلِهَا فَوَجَدَ فِيهَا رَجُلَيْنِ يَقْتَتِلَانِ هَٰذَا مِن شِيعَتِهِ وَهَٰذَا مِنْ عَدُوِّهِ فَاسْتَغَاثَهُ الَّذِي مِن شِيعَتِهِ عَلَى الَّذِي مِنْ عَدُوِّهِ فَوَكَزَهُ مُوسَىٰ فَقَضَىٰ عَلَيْهِ قَالَ هَٰذَا مِنْ عَمَلِ الشَّيْطَانِ إِنَّهُ عَدُوٌّ مُّضِلٌّ مُّبِينٌ ١٥ قَالَ رَبِّ إِنِّي ظَلَمْتُ نَفْسِي فَاغْفِرْ لِي فَغَفَرَ لَهُ إِنَّهُ هُوَ الْغَفُورُ الرَّحِيمُ ١٦ قَالَ رَبِّ بِمَا أَنْعَمْتَ عَلَيَّ فَلَنْ أَكُونَ ظَهِيرًا لِّلْمُجْرِمِينَ ١٧ فَأَصْبَحَ فِي الْمَدِينَةِ خَائِفًا يَتَرَقَّبُ فَإِذَا الَّذِي اسْتَنصَرَهُ بِالْأَمْسِ يَسْتَصْرِخُهُ قَالَ لَهُ مُوسَىٰ إِنَّكَ لَغَوِيٌّ مُّبِينٌ ١٨ فَلَمَّا أَنْ أَرَادَ أَن يَبْطِشَ بِالَّذِي هُوَ عَدُوٌّ لَّهُمَا قَالَ يَا مُوسَىٰ أَتُرِيدُ أَن تَقْتُلَنِي كَمَا قَتَلْتَ نَفْسًا بِالْأَمْسِ إِن تُرِيدُ إِلَّا أَن تَكُونَ جَبَّارًا فِي الْأَرْضِ وَمَا تُرِيدُ أَن تَكُونَ مِنَ الْمُصْلِحِينَ ١٩ وَجَاءَ رَجُلٌ مِّنْ أَقْصَى الْمَدِينَةِ يَسْعَىٰ قَالَ يَا مُوسَىٰ إِنَّ الْمَلَأَ يَأْتَمِرُونَ بِكَ لِيَقْتُلُوكَ فَاخْرُجْ إِنِّي لَكَ مِنَ النَّاصِحِينَ ٢٠ فَخَرَجَ مِنْهَا خَائِفًا يَتَرَقَّبُ قَالَ رَبِّ نَجِّنِي مِنَ الْقَوْمِ الظَّالِمِينَ ٢١

ولما توجه تلقاء مدين قال عسى ربي أن يهديني سواء السبيل ٢٢
ولما ورد ماء مدين وجد عليه أمة من الناس يسقون ووجد من دونهم امرأتين تذودان قال ما خطبكما قالتا لا نسقي حتى يصدر الرعاء وأبونا شيخ كبير ٢٣
فسقى لهما ثم تولى إلى الظل فقال رب إني لما أنزلت إلي من خير فقير ٢٤
فجاءته إحداهما تمشي على استحياء قالت إن أبي يدعوك ليجزيك أجر ما سقيت لنا فلما جاءه وقص عليه القصص قال لا تخف نجوت من القوم الظالمين ٢٥
قالت إحداهما يا أبت استأجره إن خير من استأجرت القوي الأمين ٢٦
قال إني أريد أن أنكحك إحدى ابنتي هاتين على أن تأجرني ثماني حجج فإن أتممت عشرا فمن عندك وما أريد أن أشق عليك ستجدني إن شاء الله من الصالحين ٢٧
قال ذلك بيني وبينك أيما الأجلين قضيت فلا عدوان علي والله على ما نقول وكيل ٢٨
فلما قضى موسى الأجل وسار بأهله آنس من جانب الطور نارا قال لأهله امكثوا إني آنست نارا لعلي آتيكم منها بخبر أو جذوة من النار لعلكم تصطلون ٢٩
فلما أتاها نودي من شاطئ الواد الأيمن في البقعة المباركة من الشجرة أن يا موسى إني أنا الله رب العالمين ٣٠
وأن ألق عصاك فلما رآها تهتز كأنها جان ولى مدبرا ولم يعقب يا موسى أقبل ولا تخف إنك من الآمنين ٣١
اسلك يدك في جيبك تخرج بيضاء من غير سوء واضمم إليك جناحك من الرهب فذانك برهانان من ربك إلى فرعون وملئه إنهم كانوا قوما فاسقين ٣٢
قال رب إني قتلت منهم نفسا فأخاف أن يقتلون ٣٣
وأخي هارون هو أفصح مني لسانا فأرسله معي ردءا يصدقني إني أخاف أن يكذبون ٣٤
قال سنشد عضدك بأخيك ونجعل لكما سلطانا فلا يصلون إليكما بآياتنا أنتما ومن اتبعكما الغالبون ٣٥
فلما جاءهم موسى بآياتنا بينات قالوا ما هذا إلا سحر مفترى وما سمعنا بهذا في آبائنا الأولين ٣٦
وقال موسى ربي أعلم بمن جاء بالهدى من عنده ومن تكون له عاقبة الدار إنه لا يفلح الظالمون ٣٧
وقال فرعون يا أيها الملأ ما علمت لكم من إله غيري فأوقد لي يا هامان على الطين فاجعل لي صرحا لعلي أطلع إلى إله موسى وإني لأظنه من الكاذبين ٣٨
واستكبر هو وجنوده في الأرض بغير الحق وظنوا أنهم إلينا لا يرجعون ٣٩
فأخذناه وجنوده فنبذناهم في اليم فانظر كيف كان عاقبة الظالمين ٤٠
وجعلناهم أئمة يدعون إلى النار ويوم القيامة لا ينصرون ٤١
وأتبعناهم في هذه الدنيا لعنة ويوم القيامة هم من المقبوحين ٤٢
ولقد آتينا موسى الكتاب من بعد ما أهلكنا القرون الأولى بصائر للناس وهدى ورحمة لعلهم يتذكرون ٤٣
وما كنت بجانب الغربي إذ قضينا إلى موسى الأمر وما كنت من الشاهدين ٤٤
ولكنا أنشأنا قرونا فتطاول عليهم العمر وما كنت ثاويا في أهل مدين تتلو عليهم آياتنا ولكنا كنا مرسلين ٤٥
وما كنت بجانب الطور إذ نادينا ولكن رحمة من ربك لتنذر قوما ما أتاهم من نذير من قبلك لعلهم يتذكرون ٤٦
ولولا أن تصيبهم مصيبة بما قدمت أيديهم فيقولوا ربنا لولا أرسلت إلينا رسولا فنتبع آياتك ونكون من المؤمنين ٤٧
فلما جاءهم الحق من عندنا قالوا لولا أوتي مثل ما أوتي موسى أولم يكفروا بما أوتي موسى من قبل قالوا سحران تظاهرا وقالوا إنا بكل كافرون ٤٨
قل فأتوا بكتاب من عند الله هو أهدى منهما أتبعه إن كنتم صادقين ٤٩
فإن لم يستجيبوا لك فاعلم أنما يتبعون أهواءهم ومن أضل ممن اتبع هواه بغير هدى من الله إن الله لا يهدي القوم الظالمين ٥٠
ولقد وصلنا لهم القول لعلهم يتذكرون ٥١
الذين آتيناهم الكتاب من قبله هم به يؤمنون ٥٢
وإذا يتلى عليهم قالوا آمنا به إنه الحق من ربنا إنا كنا من قبله مسلمين ٥٣
أولئك يؤتون أجرهم مرتين بما صبروا ويدرءون بالحسنة السيئة ومما رزقناهم ينفقون ٥٤
وإذا سمعوا اللغو أعرضوا عنه وقالوا لنا أعمالنا ولكم أعمالكم سلام عليكم لا نبتغي الجاهلين ٥٥
إنك لا تهدي من أحببت ولكن الله يهدي من يشاء وهو أعلم بالمهتدين ٥٦
وقالوا إن نتبع الهدى معك نتخطف من أرضنا أولم نمكن لهم حرما آمنا يجبى إليه ثمرات كل شيء رزقا من لدنا ولكن أكثرهم لا يعلمون ٥٧
وكم أهلكنا من قرية بطرت معيشتها فتلك مساكنهم لم تسكن من بعدهم إلا قليلا وكنا نحن الوارثين ٥٨
وما كان ربك مهلك القرى حتى يبعث في أمها رسولا يتلو عليهم آياتنا وما كنا مهلكي القرى إلا وأهلها ظالمون ٥٩
وما أوتيتم من شيء فمتاع الحياة الدنيا وزينتها وما عند الله خير وأبقى أفلا تعقلون ٦٠
أفمن وعدناه وعدا حسنا فهو لاقيه كمن متعناه متاع الحياة الدنيا ثم هو يوم القيامة من المحضرين ٦١
ويوم يناديهم فيقول أين شركائي الذين كنتم تزعمون ٦٢
قال الذين حق عليهم القول ربنا هؤلاء الذين أغوينا أغويناهم كما غوينا تبرأنا إليك ما كانوا إيانا يعبدون ٦٣
وقيل ادعوا شركاءكم فدعوهم فلم يستجيبوا لهم ورأوا العذاب لو أنهم كانوا يهتدون ٦٤
ويوم يناديهم فيقول ماذا أجبتم المرسلين ٦٥
فعميت عليهم الأنباء يومئذ فهم لا يتساءلون ٦٦
فأما من تاب وآمن وعمل صالحا فعسى أن يكون من المفلحين ٦٧
وربك يخلق ما يشاء ويختار ما كان لهم الخيرة سبحان الله وتعالى عما يشركون ٦٨
وربك يعلم ما تكن صدورهم وما يعلنون ٦٩
وهو الله لا إله إلا هو له الحمد في الأولى والآخرة وله الحكم وإليه ترجعون ٧٠
قل أرأيتم إن جعل الله عليكم الليل سرمدا إلى يوم القيامة من إله غير الله يأتيكم بضياء أفلا تسمعون ٧١
قل أرأيتم إن جعل الله عليكم النهار سرمدا إلى يوم القيامة من إله غير الله يأتيكم بليل تسكنون فيه أفلا تبصرون ٧٢
ومن رحمته جعل لكم الليل والنهار لتسكنوا فيه ولتبتغوا من فضله ولعلكم تشكرون ٧٣
ويوم يناديهم فيقول أين شركائي الذين كنتم تزعمون ٧٤
ونزعنا من كل أمة شهيدا فقلنا هاتوا برهانكم فعلموا أن الحق لله وضل عنهم ما كانوا يفترون ٧٥
إن قارون كان من قوم موسى فبغى عليهم وآتيناه من الكنوز ما إن مفاتحه لتنوء بالعصبة أولي القوة إذ قال له قومه لا تفرح إن الله لا يحب الفرحين ٧٦
وابتغ فيما آتاك الله الدار الآخرة ولا تنس نصيبك من الدنيا وأحسن كما أحسن الله إليك ولا تبغ الفساد في الأرض إن الله لا يحب المفسدين ٧٧
قال إنما أوتيته على علم عندي أولم يعلم أن الله قد أهلك من قبله من القرون من هو أشد منه قوة وأكثر جمعا ولا يسأل عن ذنوبهم المجرمون ٧٨
فخرج على قومه في زينته قال الذين يريدون الحياة الدنيا يا ليت لنا مثل ما أوتي قارون إنه لذو حظ عظيم ٧٩
وقال الذين أوتوا العلم ويلكم ثواب الله خير لمن آمن وعمل صالحا ولا يلقاها إلا الصابرون ٨٠
فخسفنا به وبداره الأرض فما كان له من فئة ينصرونه من دون الله وما كان من المنتصرين ٨١
وأصبح الذين تمنوا مكانه بالأمس يقولون ويكأن الله يبسط الرزق لمن يشاء من عباده ويقدر لولا أن من الله علينا لخسف بنا ويكأنه لا يفلح الكافرون ٨٢
تلك الدار الآخرة نجعلها للذين لا يريدون علوا في الأرض ولا فسادا والعاقبة للمتقين ٨٣
من جاء بالحسنة فله خير منها ومن جاء بالسيئة فلا يجزى الذين عملوا السيئات إلا ما كانوا يعملون ٨٤
إن الذي فرض عليك القرآن لرادك إلى معاد قل ربي أعلم من جاء بالهدى ومن هو في ضلال مبين ٨٥
وما كنت ترجو أن يلقى إليك الكتاب إلا رحمة من ربك فلا تكونن ظهيرا للكافرين ٨٦
ولا يصدنك عن آيات الله بعد إذ أنزلت إليك وادع إلى ربك ولا تكونن من المشركين ٨٧
ولا تدع مع الله إلها آخر لا إله إلا هو كل شيء هالك إلا وجهه له الحكم وإليه ترجعون ٨٨

سورة العنكبوت

بسم الله الرحمن الرحيم

الم ١
أحسب الناس أن يتركوا أن يقولوا آمنا وهم لا يفتنون ٢
ولقد فتنا الذين من قبلهم فليعلمن الله الذين صدقوا وليعلمن الكاذبين ٣
أم حسب الذين يعملون السيئات أن يسبقونا ساء ما يحكمون ٤
من كان يرجو لقاء الله فإن أجل الله لآت وهو السميع العليم ٥
ومن جاهد فإنما يجاهد لنفسه إن الله لغني عن العالمين ٦
والذين آمنوا وعملوا الصالحات لنكفرن عنهم سيئاتهم ولنجزينهم أحسن الذي كانوا يعملون ٧
ووصينا الإنسان بوالديه حسنا وإن جاهداك لتشرك بي ما ليس لك به علم فلا تطعهما إلي مرجعكم فأنبئكم بما كنتم تعملون ٨
والذين آمنوا وعملوا الصالحات لندخلنهم في الصالحين ٩
ومن الناس من يقول آمنا بالله فإذا أوذي في الله جعل فتنة الناس كعذاب الله ولئن جاء نصر من ربك ليقولن إنا كنا معكم أوليس الله بأعلم بما في صدور العالمين ١٠
وليعلمن الله الذين آمنوا وليعلمن المنافقين ١١
وقال الذين كفروا للذين آمنوا اتبعوا سبيلنا ولنحمل خطاياكم وما هم بحاملين من خطاياهم من شيء إنهم لكاذبون ١٢
وليحملن أثقالهم وأثقالا مع أثقالهم وليسألن يوم القيامة عما كانوا يفترون ١٣
ولقد أرسلنا نوحا إلى قومه فلبث فيهم ألف سنة إلا خمسين عاما فأخذهم الطوفان وهم ظالمون ١٤
فأنجيناه وأصحاب السفينة وجعلناها آية للعالمين ١٥
وإبراهيم إذ قال لقومه اعبدوا الله واتقوه ذلكم خير لكم إن كنتم تعلمون ١٦
إنما تعبدون من دون الله أوثانا وتخلقون إفكا إن الذين تعبدون من دون الله لا يملكون لكم رزقا فابتغوا عند الله الرزق واعبدوه واشكروا له إليه ترجعون ١٧
وإن تكذبوا فقد كذب أمم من قبلكم وما على الرسول إلا البلاغ المبين ١٨
أولم يروا كيف يبدئ الله الخلق ثم يعيده إن ذلك على الله يسير ١٩
قل سيروا في الأرض فانظروا كيف بدأ الخلق ثم الله ينشئ النشأة الآخرة إن الله على كل شيء قدير ٢٠
يعذب من يشاء ويرحم من يشاء وإليه تقلبون ٢١
وما أنتم بمعجزين في الأرض ولا في السماء وما لكم من دون الله من ولي ولا نصير ٢٢
والذين كفروا بآيات الله ولقائه أولئك يئسوا من رحمتي وأولئك لهم عذاب أليم ٢٣
فما كان جواب قومه إلا أن قالوا اقتلوه أو حرقوه فأنجاه الله من النار إن في ذلك لآيات لقوم يؤمنون ٢٤
وقال إنما اتخذتم من دون الله أوثانا مودة بينكم في الحياة الدنيا ثم يوم القيامة يكفر بعضكم ببعض ويلعن بعضكم بعضا ومأواكم النار وما لكم من ناصرين ٢٥
فآمن له لوط وقال إني مهاجر إلى ربي إنه هو العزيز الحكيم ٢٦
ووهبنا له إسحاق ويعقوب وجعلنا في ذريته النبوة والكتاب وآتيناه أجره في الدنيا وإنه في الآخرة لمن الصالحين ٢٧
ولوطا إذ قال لقومه إنكم لتأتون الفاحشة ما سبقكم بها من أحد من العالمين ٢٨
أئنكم لتأتون الرجال وتقطعون السبيل وتأتون في ناديكم المنكر فما كان جواب قومه إلا أن قالوا ائتنا بعذاب الله إن كنت من الصادقين ٢٩
قال رب انصرني على القوم المفسدين ٣٠
ولما جاءت رسلنا إبراهيم بالبشرى قالوا إنا مهلكو أهل هذه القرية إن أهلها كانوا ظالمين ٣١
قال إن فيها لوطا قالوا نحن أعلم بمن فيها لننجينه وأهله إلا امرأته كانت من الغابرين ٣٢
ولما أن جاءت رسلنا لوطا سيء بهم وضاق بهم ذرعا وقالوا لا تخف ولا تحزن إنا منجوك وأهلك إلا امرأتك كانت من الغابرين ٣٣
إنا منزلون على أهل هذه القرية رجزا من السماء بما كانوا يفسقون ٣٤
ولقد تركنا منها آية بينة لقوم يعقلون ٣٥
وإلى مدين أخاهم شعيبا فقال يا قوم اعبدوا الله وارجوا اليوم الآخر ولا تعثوا في الأرض مفسدين ٣٦
فكذبوه فأخذتهم الرجفة فأصبحوا في دارهم جاثمين ٣٧
وعادا وثمود وقد تبين لكم من مساكنهم وزين لهم الشيطان أعمالهم فصدهم عن السبيل وكانوا مستبصرين ٣٨
وقارون وفرعون وهامان ولقد جاءهم موسى بالبينات فاستكبروا في الأرض وما كانوا سابقين ٣٩
فكلا أخذنا بذنبه فمنهم من أرسلنا عليه حاصبا ومنهم من أخذته الصيحة ومنهم من خسفنا به الأرض ومنهم من أغرقنا وما كان الله ليظلمهم ولكن كانوا أنفسهم يظلمون ٤٠
مثل الذين اتخذوا من دون الله أولياء كمثل العنكبوت اتخذت بيتا وإن أوهن البيوت لبيت العنكبوت لو كانوا يعلمون ٤١
إن الله يعلم ما يدعون من دونه من شيء وهو العزيز الحكيم ٤٢
وتلك الأمثال نضربها للناس وما يعقلها إلا العالمون ٤٣
خلق الله السماوات والأرض بالحق إن في ذلك لآية للمؤمنين ٤٤
اتل ما أوحي إليك من الكتاب وأقم الصلاة إن الصلاة تنهى عن الفحشاء والمنكر ولذكر الله أكبر والله يعلم ما تصنعون ٤٥

21-29-402 ۞ولا تجادلوا أهل الكتب إلا بالتي هي أحسن إلا
الذين ظلموا منهم وقولوا ءامنا بالذي أنزل إلينا وأنزل
إليكم وإلهنا وإلهكم وحد ونحن له مسلمون ﴿٤٦﴾
وكذلك أنزلنا إليك الكتب فالذين ءاتينهم
الكتب يؤمنون به ومن هؤلاء من يؤمن به وما
يجحد بـٔايتنا إلا الكفرون ﴿٤٧﴾ وما كنت تتلوا من
قبله من كتب ولا تخطه بيمينك إذا لارتاب
المبطلون ﴿٤٨﴾ بل هو ءايت بينت في صدور الذين
أوتوا العلم وما يجحد بـٔايتنا إلا الظلمون ﴿٤٩﴾ وقالوا
لولا أنزل عليه ءايت من ربه قل إنما الأيت عند الله
وإنما أنا نذير مبين ﴿٥٠﴾ أولم يكفهم أنا أنزلنا عليك
الكتب يتلى عليهم إن في ذلك لرحمة وذكرى
لقوم يؤمنون ﴿٥١﴾ قل كفى بالله بيني وبينكم
شهيدا يعلم ما في السموت والأرض والذين ءامنوا
بالبطل وكفروا بالله أولئك هم الخسرون ﴿٥٢﴾
21-29-403 ويستعجلونك بالعذاب ولولا أجل مسمى لجاءهم العذاب
وليأتينهم بغتة وهم لا يشعرون ﴿٥٣﴾ يستعجلونك بالعذاب
وإن جهنم لمحيطة بالكفرين ﴿٥٤﴾ يوم يغشىهم العذاب
من فوقهم ومن تحت أرجلهم ويقول ذوقوا ما كنتم تعملون ﴿٥٥﴾
يعبادي الذين ءامنوا إن أرضي وسعة فإيي فاعبدون ﴿٥٦﴾
كل نفس ذائقة الموت ثم إلينا ترجعون ﴿٥٧﴾ والذين
ءامنوا وعملوا الصلحت لنبوئنهم من الجنة غرفا تجري
من تحتها الأنهر خلدين فيها نعم أجر العملين ﴿٥٨﴾ الذين
صبروا وعلى ربهم يتوكلون ﴿٥٩﴾ وكأين من دابة لا تحمل
رزقها الله يرزقها وإياكم وهو السميع العليم ﴿٦٠﴾ ولئن
سألتهم من خلق السموت والأرض وسخر الشمس والقمر
ليقولن الله فأنى يؤفكون ﴿٦١﴾ الله يبسط الرزق لمن يشاء من
عباده ويقدر له إن الله بكل شيء عليم ﴿٦٢﴾ ولئن سألتهم
من نزل من السماء ماء فأحيا به الأرض من بعد موتها
ليقولن الله قل الحمد لله بل أكثرهم لا يعقلون ﴿٦٣﴾
21-29-404 وما هذه الحيوة الدنيا إلا لهو ولعب وإن الدار الأخرة لهي
الحيوان لو كانوا يعلمون ﴿٦٤﴾ فإذا ركبوا في الفلك دعوا الله
مخلصين له الدين فلما نجىهم إلى البر إذا هم يشركون ﴿٦٥﴾
ليكفروا بما ءاتينهم وليتمتعوا فسوف يعلمون ﴿٦٦﴾
أولم يروا أنا جعلنا حرما ءامنا ويتخطف الناس من
حولهم أفبالبطل يؤمنون وبنعمة الله يكفرون ﴿٦٧﴾
ومن أظلم ممن افترى على الله كذبا أو كذب بالحق لما جاءه
أليس في جهنم مثوى للكفرين ﴿٦٨﴾ والذين جهدوا
فينا لنهدينهم سبلنا وإن الله لمع المحسنين ﴿٦٩﴾

سورة الروم

بسم الله الرحمن الرحيم

الم ﴿١﴾ غلبت الروم ﴿٢﴾ في أدنى الأرض وهم من
بعد غلبهم سيغلبون ﴿٣﴾ في بضع سنين لله الأمر
من قبل ومن بعد ويومئذ يفرح المؤمنون ﴿٤﴾
بنصر الله ينصر من يشاء وهو العزيز الرحيم ﴿٥﴾
21-30-405 وعد الله لا يخلف الله وعده ولكن أكثر الناس لا يعلمون ﴿٦﴾
يعلمون ظهرا من الحيوة الدنيا وهم عن الأخرة هم
غفلون ﴿٧﴾ أولم يتفكروا في أنفسهم ما خلق الله السموت
والأرض وما بينهما إلا بالحق وأجل مسمى وإن كثيرا
من الناس بلقاي ربهم لكفرون ﴿٨﴾ أولم يسيروا في
الأرض فينظروا كيف كان عقبة الذين من قبلهم كانوا
أشد منهم قوة وأثاروا الأرض وعمروها أكثر مما
عمروها وجاءتهم رسلهم بالبينت فما كان الله
ليظلمهم ولكن كانوا أنفسهم يظلمون ﴿٩﴾ ثم كان
عقبة الذين أسئوا السوأى أن كذبوا بـٔايت الله وكانوا بها
يستهزءون ﴿١٠﴾ الله يبدؤا الخلق ثم يعيده ثم إليه ترجعون ﴿١١﴾
ويوم تقوم الساعة يبلس المجرمون ﴿١٢﴾ ولم يكن لهم من
شركائهم شفعؤا وكانوا بشركائهم كفرين ﴿١٣﴾
ويوم تقوم الساعة يومئذ يتفرقون ﴿١٤﴾ فأما الذين
ءامنوا وعملوا الصلحت فهم في روضة يحبرون ﴿١٥﴾
21-30-406 وأما الذين كفروا وكذبوا بـٔايتنا ولقاي الأخرة
فأولئك في العذاب محضرون ﴿١٦﴾ فسبحن الله حين تمسون
وحين تصبحون ﴿١٧﴾ وله الحمد في السموت والأرض
وعشيا وحين تظهرون ﴿١٨﴾ يخرج الحي من الميت ويخرج
الميت من الحي ويحي الأرض بعد موتها وكذلك تخرجون ﴿١٩﴾

ومن ءايته أن خلقكم من تراب ثم إذا أنتم بشر
تنتشرون ﴿٢٠﴾ ومن ءايته أن خلق لكم من أنفسكم
أزوجا لتسكنوا إليها وجعل بينكم مودة ورحمة
إن في ذلك لأيت لقوم يتفكرون ﴿٢١﴾ ومن ءايته
خلق السموت والأرض واختلف ألسنتكم وألونكم
إن في ذلك لأيت للعلمين ﴿٢٢﴾ ومن ءايته منامكم
باليل والنهار وابتغاؤكم من فضله إن في ذلك
لأيت لقوم يسمعون ﴿٢٣﴾ ومن ءايته يريكم البرق
خوفا وطمعا وينزل من السماء ماء فيحي به الأرض
بعد موتها إن في ذلك لأيت لقوم يعقلون ﴿٢٤﴾
21-30-407 ومن ءايته أن تقوم السماء والأرض بأمره ثم إذا دعاكم
دعوة من الأرض إذا أنتم تخرجون ﴿٢٥﴾ وله من في السموت
والأرض كل له قنتون ﴿٢٦﴾ وهو الذي يبدؤا الخلق ثم
يعيده وهو أهون عليه وله المثل الأعلى في السموت
والأرض وهو العزيز الحكيم ﴿٢٧﴾ ضرب لكم مثلا
من أنفسكم هل لكم من ما ملكت أيمنكم من
شركاء في ما رزقنكم فأنتم فيه سواء تخافونهم
كخيفتكم أنفسكم كذلك نفصل الأيت لقوم
يعقلون ﴿٢٨﴾ بل اتبع الذين ظلموا أهواءهم بغير علم
فمن يهدي من أضل الله وما لهم من نصرين ﴿٢٩﴾ فأقم
وجهك للدين حنيفا فطرت الله التي فطر الناس عليها
لا تبديل لخلق الله ذلك الدين القيم ولكن أكثر
الناس لا يعلمون ﴿٣٠﴾ ۞منيبين إليه واتقوه وأقيموا
الصلوة ولا تكونوا من المشركين ﴿٣١﴾ من الذين فرقوا
دينهم وكانوا شيعا كل حزب بما لديهم فرحون ﴿٣٢﴾
21-30-408 وإذا مس الناس ضر دعوا ربهم منيبين إليه ثم إذا أذاقهم
منه رحمة إذا فريق منهم بربهم يشركون ﴿٣٣﴾ ليكفروا بما
ءاتينهم فتمتعوا فسوف تعلمون ﴿٣٤﴾ أم أنزلنا عليهم
سلطنا فهو يتكلم بما كانوا به يشركون ﴿٣٥﴾ وإذا أذقنا
الناس رحمة فرحوا بها وإن تصبهم سيئة بما قدمت أيديهم
إذا هم يقنطون ﴿٣٦﴾ أولم يروا أن الله يبسط الرزق لمن يشاء
ويقدر إن في ذلك لأيت لقوم يؤمنون ﴿٣٧﴾ فـٔات ذا القربى
حقه والمسكين وابن السبيل ذلك خير للذين يريدون
وجه الله وأولئك هم المفلحون ﴿٣٨﴾ وما ءاتيتم من ربا
ليربوا في أمول الناس فلا يربوا عند الله وما ءاتيتم من
زكوة تريدون وجه الله فأولئك هم المضعفون ﴿٣٩﴾
الله الذي خلقكم ثم رزقكم ثم يميتكم ثم يحييكم هل من
شركائكم من يفعل من ذلكم من شيء سبحنه وتعلى
عما يشركون ﴿٤٠﴾ ظهر الفساد في البر والبحر بما كسبت
أيدي الناس ليذيقهم بعض الذي عملوا لعلهم يرجعون ﴿٤١﴾
21-30-409 قل سيروا في الأرض فانظروا كيف كان عقبة الذين من قبل
كان أكثرهم مشركين ﴿٤٢﴾ فأقم وجهك للدين القيم من
قبل أن يأتي يوم لا مرد له من الله يومئذ يصدعون ﴿٤٣﴾ من
كفر فعليه كفره ومن عمل صلحا فلأنفسهم يمهدون ﴿٤٤﴾
ليجزي الذين ءامنوا وعملوا الصلحت من فضله إنه لا يحب
الكفرين ﴿٤٥﴾ ومن ءايته أن يرسل الرياح مبشرت وليذيقكم
من رحمته ولتجري الفلك بأمره ولتبتغوا من فضله ولعلكم
تشكرون ﴿٤٦﴾ ولقد أرسلنا من قبلك رسلا إلى قومهم فجاءوهم
بالبينت فانتقمنا من الذين أجرموا وكان حقا علينا نصر
المؤمنين ﴿٤٧﴾ الله الذي يرسل الريح فتثير سحابا فيبسطه
في السماء كيف يشاء ويجعله كسفا فترى الودق يخرج من
خلله فإذا أصاب به من يشاء من عباده إذا هم يستبشرون ﴿٤٨﴾
وإن كانوا من قبل أن ينزل عليهم من قبله لمبلسين ﴿٤٩﴾
فانظر إلى ءاثر رحمت الله كيف يحي الأرض بعد موتها
إن ذلك لمحي الموتى وهو على كل شيء قدير ﴿٥٠﴾
21-30-410 ولئن أرسلنا ريحا فرأوه مصفرا لظلوا من بعده يكفرون ﴿٥١﴾
فإنك لا تسمع الموتى ولا تسمع الصم الدعاء إذا ولوا
مدبرين ﴿٥٢﴾ وما أنت بهد العمي عن ضللتهم إن تسمع إلا
من يؤمن بـٔايتنا فهم مسلمون ﴿٥٣﴾ ۞الله الذي خلقكم
من ضعف ثم جعل من بعد ضعف قوة ثم جعل من بعد
قوة ضعفا وشيبة يخلق ما يشاء وهو العليم القدير ﴿٥٤﴾
ويوم تقوم الساعة يقسم المجرمون ما لبثوا غير
ساعة كذلك كانوا يؤفكون ﴿٥٥﴾ وقال الذين أوتوا
العلم والإيمن لقد لبثتم في كتب الله إلى يوم البعث
فهذا يوم البعث ولكنكم كنتم لا تعلمون ﴿٥٦﴾ فيومئذ

لا ينفع الذين ظلموا معذرتهم ولا هم يستعتبون ﴿٥٧﴾
ولقد ضربنا للناس في هذا القرءان من كل مثل
ولئن جئتهم بـٔاية ليقولن الذين كفروا إن أنتم إلا
مبطلون ﴿٥٨﴾ كذلك يطبع الله على قلوب الذين لا يعلمون ﴿٥٩﴾
فاصبر إن وعد الله حق ولا يستخفنك الذين لا يوقنون ﴿٦٠﴾

سورة لقمان

21-31-411 بسم الله الرحمن الرحيم

الم ﴿١﴾ تلك ءايت الكتب الحكيم ﴿٢﴾ هدى ورحمة
للمحسنين ﴿٣﴾ الذين يقيمون الصلوة ويؤتون الزكوة وهم
بالأخرة هم يوقنون ﴿٤﴾ أولئك على هدى من ربهم وأولئك
هم المفلحون ﴿٥﴾ ومن الناس من يشتري لهو الحديث
ليضل عن سبيل الله بغير علم ويتخذها هزوا أولئك لهم
عذاب مهين ﴿٦﴾ وإذا تتلى عليه ءايتنا ولى مستكبرا
كأن لم يسمعها كأن في أذنيه وقرا فبشره بعذاب أليم ﴿٧﴾
إن الذين ءامنوا وعملوا الصلحت لهم جنت النعيم ﴿٨﴾
خلدين فيها وعد الله حقا وهو العزيز الحكيم ﴿٩﴾ خلق
السموت بغير عمد ترونها وألقى في الأرض رواسي أن تميد
بكم وبث فيها من كل دابة وأنزلنا من السماء ماء فأنبتنا
فيها من كل زوج كريم ﴿١٠﴾ هذا خلق الله فأروني ماذا
خلق الذين من دونه بل الظلمون في ضلل مبين ﴿١١﴾
21-31-412 ولقد ءاتينا لقمن الحكمة أن اشكر لله ومن يشكر فإنما
يشكر لنفسه ومن كفر فإن الله غني حميد ﴿١٢﴾ وإذ قال
لقمن لابنه وهو يعظه يبني لا تشرك بالله إن الشرك
لظلم عظيم ﴿١٣﴾ ووصينا الإنسن بولديه حملته أمه
وهنا على وهن وفصله في عامين أن اشكر لي ولولديك
إلي المصير ﴿١٤﴾ وإن جهداك على أن تشرك بي ما ليس
لك به علم فلا تطعهما وصاحبهما في الدنيا معروفا
واتبع سبيل من أناب إلي ثم إلي مرجعكم فأنبئكم
بما كنتم تعملون ﴿١٥﴾ يبني إنها إن تك مثقال حبة من
خردل فتكن في صخرة أو في السموت أو في الأرض يأت
بها الله إن الله لطيف خبير ﴿١٦﴾ يبني أقم الصلوة وأمر
بالمعروف وانه عن المنكر واصبر على ما أصابك إن ذلك
من عزم الأمور ﴿١٧﴾ ولا تصعر خدك للناس ولا تمش في الأرض
مرحا إن الله لا يحب كل مختال فخور ﴿١٨﴾ واقصد في مشيك
واغضض من صوتك إن أنكر الأصوت لصوت الحمير ﴿١٩﴾
21-31-413 ألم تروا أن الله سخر لكم ما في السموت وما في الأرض وأسبغ
عليكم نعمه ظهرة وباطنة ومن الناس من يجدل في الله
بغير علم ولا هدى ولا كتب منير ﴿٢٠﴾ وإذا قيل لهم اتبعوا
ما أنزل الله قالوا بل نتبع ما وجدنا عليه ءاباءنا أولو كان
الشيطن يدعوهم إلى عذاب السعير ﴿٢١﴾ ۞ومن يسلم
وجهه إلى الله وهو محسن فقد استمسك بالعروة الوثقى
وإلى الله عقبة الأمور ﴿٢٢﴾ ومن كفر فلا يحزنك كفره إلينا
مرجعهم فننبئهم بما عملوا إن الله عليم بذات الصدور ﴿٢٣﴾
نمتعهم قليلا ثم نضطرهم إلى عذاب غليظ ﴿٢٤﴾
ولئن سألتهم من خلق السموت والأرض ليقولن الله قل
الحمد لله بل أكثرهم لا يعلمون ﴿٢٥﴾ لله ما في السموت
والأرض إن الله هو الغني الحميد ﴿٢٦﴾ ولو أنما في الأرض
من شجرة أقلم والبحر يمده من بعده سبعة أبحر
ما نفدت كلمت الله إن الله عزيز حكيم ﴿٢٧﴾ ما خلقكم
ولا بعثكم إلا كنفس وحدة إن الله سميع بصير ﴿٢٨﴾
21-31-414 ألم تر أن الله يولج اليل في النهار ويولج النهار
في اليل وسخر الشمس والقمر كل يجري إلى
أجل مسمى وأن الله بما تعملون خبير ﴿٢٩﴾
ذلك بأن الله هو الحق وأن ما يدعون من دونه
البطل وأن الله هو العلي الكبير ﴿٣٠﴾ ألم تر أن الفلك
تجري في البحر بنعمت الله ليريكم من ءايته إن
في ذلك لأيت لكل صبار شكور ﴿٣١﴾ وإذا غشيهم موج
كالظلل دعوا الله مخلصين له الدين فلما نجىهم إلى البر
فمنهم مقتصد وما يجحد بـٔايتنا إلا كل ختار كفور ﴿٣٢﴾
يأيها الناس اتقوا ربكم واخشوا يوما لا يجزي والد
عن ولده ولا مولود هو جاز عن والده شيـٔا إن وعد الله
حق فلا تغرنكم الحيوة الدنيا ولا يغرنكم بالله
الغرور ﴿٣٣﴾ إن الله عنده علم الساعة وينزل الغيث
ويعلم ما في الأرحام وما تدري نفس ماذا تكسب غدا
وما تدري نفس بأي أرض تموت إن الله عليم خبير ﴿٣٤﴾

سُورَةُ السَّجْدَةِ

بِسْمِ ٱللَّهِ ٱلرَّحْمَٰنِ ٱلرَّحِيمِ

21 - 32 - 415 الٓمٓ ﴿١﴾ تَنزِيلُ ٱلْكِتَٰبِ لَا رَيْبَ فِيهِ مِن رَّبِّ ٱلْعَٰلَمِينَ ﴿٢﴾
أَمْ يَقُولُونَ ٱفْتَرَىٰهُ ۚ بَلْ هُوَ ٱلْحَقُّ مِن رَّبِّكَ لِتُنذِرَ قَوْمًا مَّآ أَتَىٰهُم
مِّن نَّذِيرٍ مِّن قَبْلِكَ لَعَلَّهُمْ يَهْتَدُونَ ﴿٣﴾ ٱللَّهُ ٱلَّذِى خَلَقَ
ٱلسَّمَٰوَٰتِ وَٱلْأَرْضَ وَمَا بَيْنَهُمَا فِى سِتَّةِ أَيَّامٍ ثُمَّ ٱسْتَوَىٰ عَلَى
ٱلْعَرْشِ ۖ مَا لَكُم مِّن دُونِهِۦ مِن وَلِىٍّ وَلَا شَفِيعٍ ۚ أَفَلَا تَتَذَكَّرُونَ ﴿٤﴾
يُدَبِّرُ ٱلْأَمْرَ مِنَ ٱلسَّمَآءِ إِلَى ٱلْأَرْضِ ثُمَّ يَعْرُجُ إِلَيْهِ فِى يَوْمٍ كَانَ
مِقْدَارُهُۥٓ أَلْفَ سَنَةٍ مِّمَّا تَعُدُّونَ ﴿٥﴾ ذَٰلِكَ عَٰلِمُ ٱلْغَيْبِ وَٱلشَّهَٰدَةِ
ٱلْعَزِيزُ ٱلرَّحِيمُ ﴿٦﴾ ٱلَّذِىٓ أَحْسَنَ كُلَّ شَىْءٍ خَلَقَهُۥ ۖ وَبَدَأَ خَلْقَ ٱلْإِنسَٰنِ
مِن طِينٍ ﴿٧﴾ ثُمَّ جَعَلَ نَسْلَهُۥ مِن سُلَٰلَةٍ مِّن مَّآءٍ مَّهِينٍ ﴿٨﴾
ثُمَّ سَوَّىٰهُ وَنَفَخَ فِيهِ مِن رُّوحِهِۦ ۖ وَجَعَلَ لَكُمُ ٱلسَّمْعَ وَٱلْأَبْصَٰرَ
وَٱلْأَفْـِٔدَةَ ۚ قَلِيلًا مَّا تَشْكُرُونَ ﴿٩﴾ وَقَالُوٓا۟ أَءِذَا ضَلَلْنَا فِى ٱلْأَرْضِ
أَءِنَّا لَفِى خَلْقٍ جَدِيدٍۭ ۚ بَلْ هُم بِلِقَآءِ رَبِّهِمْ كَٰفِرُونَ ﴿١٠﴾ ۞ قُلْ يَتَوَفَّىٰكُم
مَّلَكُ ٱلْمَوْتِ ٱلَّذِى وُكِّلَ بِكُمْ ثُمَّ إِلَىٰ رَبِّكُمْ تُرْجَعُونَ ﴿١١﴾
21 - 32 - 416 وَلَوْ تَرَىٰٓ إِذِ ٱلْمُجْرِمُونَ نَاكِسُوا۟ رُءُوسِهِمْ عِندَ رَبِّهِمْ
رَبَّنَآ أَبْصَرْنَا وَسَمِعْنَا فَٱرْجِعْنَا نَعْمَلْ صَٰلِحًا إِنَّا مُوقِنُونَ ﴿١٢﴾
وَلَوْ شِئْنَا لَءَاتَيْنَا كُلَّ نَفْسٍ هُدَىٰهَا وَلَٰكِنْ حَقَّ
ٱلْقَوْلُ مِنِّى لَأَمْلَأَنَّ جَهَنَّمَ مِنَ ٱلْجِنَّةِ وَٱلنَّاسِ أَجْمَعِينَ ﴿١٣﴾
فَذُوقُوا۟ بِمَا نَسِيتُمْ لِقَآءَ يَوْمِكُمْ هَٰذَآ إِنَّا نَسِينَٰكُمْ ۖ
وَذُوقُوا۟ عَذَابَ ٱلْخُلْدِ بِمَا كُنتُمْ تَعْمَلُونَ ﴿١٤﴾ إِنَّمَا يُؤْمِنُ
بِـَٔايَٰتِنَا ٱلَّذِينَ إِذَا ذُكِّرُوا۟ بِهَا خَرُّوا۟ سُجَّدًا وَسَبَّحُوا۟ بِحَمْدِ
رَبِّهِمْ وَهُمْ لَا يَسْتَكْبِرُونَ ۩ ﴿١٥﴾ تَتَجَافَىٰ جُنُوبُهُمْ
عَنِ ٱلْمَضَاجِعِ يَدْعُونَ رَبَّهُمْ خَوْفًا وَطَمَعًا وَمِمَّا رَزَقْنَٰهُمْ
يُنفِقُونَ ﴿١٦﴾ فَلَا تَعْلَمُ نَفْسٌ مَّآ أُخْفِىَ لَهُم مِّن قُرَّةِ أَعْيُنٍ
جَزَآءًۢ بِمَا كَانُوا۟ يَعْمَلُونَ ﴿١٧﴾ أَفَمَن كَانَ مُؤْمِنًا كَمَن كَانَ فَاسِقًا ۚ
لَّا يَسْتَوُۥنَ ﴿١٨﴾ أَمَّا ٱلَّذِينَ ءَامَنُوا۟ وَعَمِلُوا۟ ٱلصَّٰلِحَٰتِ فَلَهُمْ
جَنَّٰتُ ٱلْمَأْوَىٰ نُزُلًۢا بِمَا كَانُوا۟ يَعْمَلُونَ ﴿١٩﴾ وَأَمَّا ٱلَّذِينَ فَسَقُوا۟
فَمَأْوَىٰهُمُ ٱلنَّارُ ۖ كُلَّمَآ أَرَادُوٓا۟ أَن يَخْرُجُوا۟ مِنْهَآ أُعِيدُوا۟ فِيهَا
وَقِيلَ لَهُمْ ذُوقُوا۟ عَذَابَ ٱلنَّارِ ٱلَّذِى كُنتُم بِهِۦ تُكَذِّبُونَ ﴿٢٠﴾
21 - 32 - 417 وَلَنُذِيقَنَّهُم مِّنَ ٱلْعَذَابِ ٱلْأَدْنَىٰ دُونَ ٱلْعَذَابِ ٱلْأَكْبَرِ
لَعَلَّهُمْ يَرْجِعُونَ ﴿٢١﴾ وَمَنْ أَظْلَمُ مِمَّن ذُكِّرَ بِـَٔايَٰتِ
رَبِّهِۦ ثُمَّ أَعْرَضَ عَنْهَآ ۚ إِنَّا مِنَ ٱلْمُجْرِمِينَ مُنتَقِمُونَ ﴿٢٢﴾
وَلَقَدْ ءَاتَيْنَا مُوسَى ٱلْكِتَٰبَ فَلَا تَكُن فِى مِرْيَةٍ
مِّن لِّقَآئِهِۦ ۖ وَجَعَلْنَٰهُ هُدًى لِّبَنِىٓ إِسْرَٰٓءِيلَ ﴿٢٣﴾
وَجَعَلْنَا مِنْهُمْ أَئِمَّةً يَهْدُونَ بِأَمْرِنَا لَمَّا صَبَرُوا۟ ۖ
وَكَانُوا۟ بِـَٔايَٰتِنَا يُوقِنُونَ ﴿٢٤﴾ إِنَّ رَبَّكَ هُوَ يَفْصِلُ بَيْنَهُمْ
يَوْمَ ٱلْقِيَٰمَةِ فِيمَا كَانُوا۟ فِيهِ يَخْتَلِفُونَ ﴿٢٥﴾ أَوَلَمْ يَهْدِ لَهُمْ
كَمْ أَهْلَكْنَا مِن قَبْلِهِم مِّنَ ٱلْقُرُونِ يَمْشُونَ
فِى مَسَٰكِنِهِمْ ۚ إِنَّ فِى ذَٰلِكَ لَءَايَٰتٍ ۖ أَفَلَا يَسْمَعُونَ ﴿٢٦﴾
أَوَلَمْ يَرَوْا۟ أَنَّا نَسُوقُ ٱلْمَآءَ إِلَى ٱلْأَرْضِ ٱلْجُرُزِ فَنُخْرِجُ بِهِۦ
زَرْعًا تَأْكُلُ مِنْهُ أَنْعَٰمُهُمْ وَأَنفُسُهُمْ ۖ أَفَلَا يُبْصِرُونَ ﴿٢٧﴾
وَيَقُولُونَ مَتَىٰ هَٰذَا ٱلْفَتْحُ إِن كُنتُمْ صَٰدِقِينَ ﴿٢٨﴾
قُلْ يَوْمَ ٱلْفَتْحِ لَا يَنفَعُ ٱلَّذِينَ كَفَرُوٓا۟ إِيمَٰنُهُمْ وَلَا هُمْ
يُنظَرُونَ ﴿٢٩﴾ فَأَعْرِضْ عَنْهُمْ وَٱنتَظِرْ إِنَّهُم مُّنتَظِرُونَ ﴿٣٠﴾

سُورَةُ الأَحْزَابِ

بِسْمِ ٱللَّهِ ٱلرَّحْمَٰنِ ٱلرَّحِيمِ

21 - 33 - 418 يَٰٓأَيُّهَا ٱلنَّبِىُّ ٱتَّقِ ٱللَّهَ وَلَا تُطِعِ ٱلْكَٰفِرِينَ وَٱلْمُنَٰفِقِينَ ۗ إِنَّ ٱللَّهَ
كَانَ عَلِيمًا حَكِيمًا ﴿١﴾ وَٱتَّبِعْ مَا يُوحَىٰٓ إِلَيْكَ مِن رَّبِّكَ ۚ
إِنَّ ٱللَّهَ كَانَ بِمَا تَعْمَلُونَ خَبِيرًا ﴿٢﴾ وَتَوَكَّلْ عَلَى ٱللَّهِ ۚ
وَكَفَىٰ بِٱللَّهِ وَكِيلًا ﴿٣﴾ مَّا جَعَلَ ٱللَّهُ لِرَجُلٍ مِّن قَلْبَيْنِ فِى جَوْفِهِۦ ۚ
وَمَا جَعَلَ أَزْوَٰجَكُمُ ٱلَّٰٓـِٔى تُظَٰهِرُونَ مِنْهُنَّ أُمَّهَٰتِكُمْ ۚ وَمَا جَعَلَ
أَدْعِيَآءَكُمْ أَبْنَآءَكُمْ ۚ ذَٰلِكُمْ قَوْلُكُم بِأَفْوَٰهِكُمْ ۖ وَٱللَّهُ يَقُولُ ٱلْحَقَّ
وَهُوَ يَهْدِى ٱلسَّبِيلَ ﴿٤﴾ ٱدْعُوهُمْ لِءَابَآئِهِمْ هُوَ أَقْسَطُ عِندَ ٱللَّهِ ۚ
فَإِن لَّمْ تَعْلَمُوٓا۟ ءَابَآءَهُمْ فَإِخْوَٰنُكُمْ فِى ٱلدِّينِ وَمَوَٰلِيكُمْ ۚ وَلَيْسَ
عَلَيْكُمْ جُنَاحٌ فِيمَآ أَخْطَأْتُم بِهِۦ وَلَٰكِن مَّا تَعَمَّدَتْ قُلُوبُكُمْ ۚ
وَكَانَ ٱللَّهُ غَفُورًا رَّحِيمًا ﴿٥﴾ ٱلنَّبِىُّ أَوْلَىٰ بِٱلْمُؤْمِنِينَ مِنْ أَنفُسِهِمْ ۖ
وَأَزْوَٰجُهُۥٓ أُمَّهَٰتُهُمْ ۗ وَأُو۟لُوا۟ ٱلْأَرْحَامِ بَعْضُهُمْ أَوْلَىٰ بِبَعْضٍ
فِى كِتَٰبِ ٱللَّهِ مِنَ ٱلْمُؤْمِنِينَ وَٱلْمُهَٰجِرِينَ إِلَّآ أَن تَفْعَلُوٓا۟ إِلَىٰٓ
أَوْلِيَآئِكُم مَّعْرُوفًا ۚ كَانَ ذَٰلِكَ فِى ٱلْكِتَٰبِ مَسْطُورًا ﴿٦﴾
21 - 33 - 419 وَإِذْ أَخَذْنَا مِنَ ٱلنَّبِيِّۦنَ مِيثَٰقَهُمْ وَمِنكَ وَمِن نُّوحٍ وَإِبْرَٰهِيمَ
وَمُوسَىٰ وَعِيسَى ٱبْنِ مَرْيَمَ ۖ وَأَخَذْنَا مِنْهُم مِّيثَٰقًا غَلِيظًا ﴿٧﴾
لِّيَسْـَٔلَ ٱلصَّٰدِقِينَ عَن صِدْقِهِمْ ۚ وَأَعَدَّ لِلْكَٰفِرِينَ عَذَابًا أَلِيمًا ﴿٨﴾
يَٰٓأَيُّهَا ٱلَّذِينَ ءَامَنُوا۟ ٱذْكُرُوا۟ نِعْمَةَ ٱللَّهِ عَلَيْكُمْ إِذْ جَآءَتْكُمْ
جُنُودٌ فَأَرْسَلْنَا عَلَيْهِمْ رِيحًا وَجُنُودًا لَّمْ تَرَوْهَا ۚ وَكَانَ ٱللَّهُ
بِمَا تَعْمَلُونَ بَصِيرًا ﴿٩﴾ إِذْ جَآءُوكُم مِّن فَوْقِكُمْ وَمِنْ أَسْفَلَ
مِنكُمْ وَإِذْ زَاغَتِ ٱلْأَبْصَٰرُ وَبَلَغَتِ ٱلْقُلُوبُ ٱلْحَنَاجِرَ
وَتَظُنُّونَ بِٱللَّهِ ٱلظُّنُونَا۠ ﴿١٠﴾ هُنَالِكَ ٱبْتُلِىَ ٱلْمُؤْمِنُونَ وَزُلْزِلُوا۟
زِلْزَالًا شَدِيدًا ﴿١١﴾ وَإِذْ يَقُولُ ٱلْمُنَٰفِقُونَ وَٱلَّذِينَ فِى قُلُوبِهِم
مَّرَضٌ مَّا وَعَدَنَا ٱللَّهُ وَرَسُولُهُۥٓ إِلَّا غُرُورًا ﴿١٢﴾ وَإِذْ قَالَت طَّآئِفَةٌ
مِّنْهُمْ يَٰٓأَهْلَ يَثْرِبَ لَا مُقَامَ لَكُمْ فَٱرْجِعُوا۟ ۚ وَيَسْتَـْٔذِنُ فَرِيقٌ
مِّنْهُمُ ٱلنَّبِىَّ يَقُولُونَ إِنَّ بُيُوتَنَا عَوْرَةٌ وَمَا هِىَ بِعَوْرَةٍ ۖ إِن يُرِيدُونَ
إِلَّا فِرَارًا ﴿١٣﴾ وَلَوْ دُخِلَتْ عَلَيْهِم مِّنْ أَقْطَارِهَا ثُمَّ سُئِلُوا۟ ٱلْفِتْنَةَ
لَءَاتَوْهَا وَمَا تَلَبَّثُوا۟ بِهَآ إِلَّا يَسِيرًا ﴿١٤﴾ وَلَقَدْ كَانُوا۟ عَٰهَدُوا۟
ٱللَّهَ مِن قَبْلُ لَا يُوَلُّونَ ٱلْأَدْبَٰرَ ۚ وَكَانَ عَهْدُ ٱللَّهِ مَسْـُٔولًا ﴿١٥﴾
21 - 33 - 420 قُل لَّن يَنفَعَكُمُ ٱلْفِرَارُ إِن فَرَرْتُم مِّنَ ٱلْمَوْتِ أَوِ ٱلْقَتْلِ وَإِذًا
لَّا تُمَتَّعُونَ إِلَّا قَلِيلًا ﴿١٦﴾ قُلْ مَن ذَا ٱلَّذِى يَعْصِمُكُم مِّنَ ٱللَّهِ
إِنْ أَرَادَ بِكُمْ سُوٓءًا أَوْ أَرَادَ بِكُمْ رَحْمَةً ۚ وَلَا يَجِدُونَ لَهُم مِّن دُونِ
ٱللَّهِ وَلِيًّا وَلَا نَصِيرًا ﴿١٧﴾ ۞ قَدْ يَعْلَمُ ٱللَّهُ ٱلْمُعَوِّقِينَ مِنكُمْ وَٱلْقَآئِلِينَ
لِإِخْوَٰنِهِمْ هَلُمَّ إِلَيْنَا ۖ وَلَا يَأْتُونَ ٱلْبَأْسَ إِلَّا قَلِيلًا ﴿١٨﴾ أَشِحَّةً
عَلَيْكُمْ ۖ فَإِذَا جَآءَ ٱلْخَوْفُ رَأَيْتَهُمْ يَنظُرُونَ إِلَيْكَ تَدُورُ أَعْيُنُهُمْ
كَٱلَّذِى يُغْشَىٰ عَلَيْهِ مِنَ ٱلْمَوْتِ ۖ فَإِذَا ذَهَبَ ٱلْخَوْفُ سَلَقُوكُم
بِأَلْسِنَةٍ حِدَادٍ أَشِحَّةً عَلَى ٱلْخَيْرِ ۚ أُو۟لَٰٓئِكَ لَمْ يُؤْمِنُوا۟ فَأَحْبَطَ
ٱللَّهُ أَعْمَٰلَهُمْ ۚ وَكَانَ ذَٰلِكَ عَلَى ٱللَّهِ يَسِيرًا ﴿١٩﴾ يَحْسَبُونَ
ٱلْأَحْزَابَ لَمْ يَذْهَبُوا۟ ۖ وَإِن يَأْتِ ٱلْأَحْزَابُ يَوَدُّوا۟ لَوْ أَنَّهُم
بَادُونَ فِى ٱلْأَعْرَابِ يَسْـَٔلُونَ عَنْ أَنۢبَآئِكُمْ ۖ وَلَوْ كَانُوا۟ فِيكُم
مَّا قَٰتَلُوٓا۟ إِلَّا قَلِيلًا ﴿٢٠﴾ لَّقَدْ كَانَ لَكُمْ فِى رَسُولِ ٱللَّهِ أُسْوَةٌ حَسَنَةٌ
لِّمَن كَانَ يَرْجُوا۟ ٱللَّهَ وَٱلْيَوْمَ ٱلْءَاخِرَ وَذَكَرَ ٱللَّهَ كَثِيرًا ﴿٢١﴾
وَلَمَّا رَءَا ٱلْمُؤْمِنُونَ ٱلْأَحْزَابَ قَالُوا۟ هَٰذَا مَا وَعَدَنَا ٱللَّهُ وَرَسُولُهُۥ
وَصَدَقَ ٱللَّهُ وَرَسُولُهُۥ ۚ وَمَا زَادَهُمْ إِلَّآ إِيمَٰنًا وَتَسْلِيمًا ﴿٢٢﴾
21 - 33 - 421 مِّنَ ٱلْمُؤْمِنِينَ رِجَالٌ صَدَقُوا۟ مَا عَٰهَدُوا۟ ٱللَّهَ عَلَيْهِ ۖ فَمِنْهُم مَّن
قَضَىٰ نَحْبَهُۥ وَمِنْهُم مَّن يَنتَظِرُ ۖ وَمَا بَدَّلُوا۟ تَبْدِيلًا ﴿٢٣﴾ لِّيَجْزِىَ
ٱللَّهُ ٱلصَّٰدِقِينَ بِصِدْقِهِمْ وَيُعَذِّبَ ٱلْمُنَٰفِقِينَ إِن شَآءَ أَوْ
يَتُوبَ عَلَيْهِمْ ۚ إِنَّ ٱللَّهَ كَانَ غَفُورًا رَّحِيمًا ﴿٢٤﴾ وَرَدَّ ٱللَّهُ ٱلَّذِينَ
كَفَرُوا۟ بِغَيْظِهِمْ لَمْ يَنَالُوا۟ خَيْرًا ۚ وَكَفَى ٱللَّهُ ٱلْمُؤْمِنِينَ
ٱلْقِتَالَ ۚ وَكَانَ ٱللَّهُ قَوِيًّا عَزِيزًا ﴿٢٥﴾ وَأَنزَلَ ٱلَّذِينَ ظَٰهَرُوهُم مِّنْ
أَهْلِ ٱلْكِتَٰبِ مِن صَيَاصِيهِمْ وَقَذَفَ فِى قُلُوبِهِمُ ٱلرُّعْبَ
فَرِيقًا تَقْتُلُونَ وَتَأْسِرُونَ فَرِيقًا ﴿٢٦﴾ وَأَوْرَثَكُمْ أَرْضَهُمْ
وَدِيَٰرَهُمْ وَأَمْوَٰلَهُمْ وَأَرْضًا لَّمْ تَطَـُٔوهَا ۚ وَكَانَ ٱللَّهُ عَلَىٰ كُلِّ
شَىْءٍ قَدِيرًا ﴿٢٧﴾ يَٰٓأَيُّهَا ٱلنَّبِىُّ قُل لِّأَزْوَٰجِكَ إِن كُنتُنَّ تُرِدْنَ
ٱلْحَيَوٰةَ ٱلدُّنْيَا وَزِينَتَهَا فَتَعَالَيْنَ أُمَتِّعْكُنَّ وَأُسَرِّحْكُنَّ
سَرَاحًا جَمِيلًا ﴿٢٨﴾ وَإِن كُنتُنَّ تُرِدْنَ ٱللَّهَ وَرَسُولَهُۥ وَٱلدَّارَ
ٱلْءَاخِرَةَ فَإِنَّ ٱللَّهَ أَعَدَّ لِلْمُحْسِنَٰتِ مِنكُنَّ أَجْرًا عَظِيمًا ﴿٢٩﴾
يَٰنِسَآءَ ٱلنَّبِىِّ مَن يَأْتِ مِنكُنَّ بِفَٰحِشَةٍ مُّبَيِّنَةٍ يُضَٰعَفْ
لَهَا ٱلْعَذَابُ ضِعْفَيْنِ ۚ وَكَانَ ذَٰلِكَ عَلَى ٱللَّهِ يَسِيرًا ﴿٣٠﴾
22 - 33 - 422 ۞ وَمَن يَقْنُتْ مِنكُنَّ لِلَّهِ وَرَسُولِهِۦ وَتَعْمَلْ صَٰلِحًا نُّؤْتِهَآ
أَجْرَهَا مَرَّتَيْنِ وَأَعْتَدْنَا لَهَا رِزْقًا كَرِيمًا ﴿٣١﴾ يَٰنِسَآءَ ٱلنَّبِىِّ
لَسْتُنَّ كَأَحَدٍ مِّنَ ٱلنِّسَآءِ ۚ إِنِ ٱتَّقَيْتُنَّ فَلَا تَخْضَعْنَ بِٱلْقَوْلِ
فَيَطْمَعَ ٱلَّذِى فِى قَلْبِهِۦ مَرَضٌ وَقُلْنَ قَوْلًا مَّعْرُوفًا ﴿٣٢﴾ وَقَرْنَ
فِى بُيُوتِكُنَّ وَلَا تَبَرَّجْنَ تَبَرُّجَ ٱلْجَٰهِلِيَّةِ ٱلْأُولَىٰ ۖ وَأَقِمْنَ
ٱلصَّلَوٰةَ وَءَاتِينَ ٱلزَّكَوٰةَ وَأَطِعْنَ ٱللَّهَ وَرَسُولَهُۥٓ ۚ إِنَّمَا
يُرِيدُ ٱللَّهُ لِيُذْهِبَ عَنكُمُ ٱلرِّجْسَ أَهْلَ ٱلْبَيْتِ وَيُطَهِّرَكُمْ
تَطْهِيرًا ﴿٣٣﴾ وَٱذْكُرْنَ مَا يُتْلَىٰ فِى بُيُوتِكُنَّ مِنْ
ءَايَٰتِ ٱللَّهِ وَٱلْحِكْمَةِ ۚ إِنَّ ٱللَّهَ كَانَ لَطِيفًا خَبِيرًا ﴿٣٤﴾
إِنَّ ٱلْمُسْلِمِينَ وَٱلْمُسْلِمَٰتِ وَٱلْمُؤْمِنِينَ وَٱلْمُؤْمِنَٰتِ
وَٱلْقَٰنِتِينَ وَٱلْقَٰنِتَٰتِ وَٱلصَّٰدِقِينَ وَٱلصَّٰدِقَٰتِ وَٱلصَّٰبِرِينَ
وَٱلصَّٰبِرَٰتِ وَٱلْخَٰشِعِينَ وَٱلْخَٰشِعَٰتِ وَٱلْمُتَصَدِّقِينَ
وَٱلْمُتَصَدِّقَٰتِ وَٱلصَّٰٓئِمِينَ وَٱلصَّٰٓئِمَٰتِ وَٱلْحَٰفِظِينَ
فُرُوجَهُمْ وَٱلْحَٰفِظَٰتِ وَٱلذَّٰكِرِينَ ٱللَّهَ كَثِيرًا
وَٱلذَّٰكِرَٰتِ أَعَدَّ ٱللَّهُ لَهُم مَّغْفِرَةً وَأَجْرًا عَظِيمًا ﴿٣٥﴾
22 - 33 - 423 وَمَا كَانَ لِمُؤْمِنٍ وَلَا مُؤْمِنَةٍ إِذَا قَضَى ٱللَّهُ وَرَسُولُهُۥٓ أَمْرًا أَن يَكُونَ
لَهُمُ ٱلْخِيَرَةُ مِنْ أَمْرِهِمْ ۗ وَمَن يَعْصِ ٱللَّهَ وَرَسُولَهُۥ فَقَدْ ضَلَّ ضَلَٰلًا
مُّبِينًا ﴿٣٦﴾ وَإِذْ تَقُولُ لِلَّذِىٓ أَنْعَمَ ٱللَّهُ عَلَيْهِ وَأَنْعَمْتَ عَلَيْهِ
أَمْسِكْ عَلَيْكَ زَوْجَكَ وَٱتَّقِ ٱللَّهَ وَتُخْفِى فِى نَفْسِكَ مَا ٱللَّهُ
مُبْدِيهِ وَتَخْشَى ٱلنَّاسَ وَٱللَّهُ أَحَقُّ أَن تَخْشَىٰهُ ۖ فَلَمَّا قَضَىٰ زَيْدٌ
مِّنْهَا وَطَرًا زَوَّجْنَٰكَهَا لِكَىْ لَا يَكُونَ عَلَى ٱلْمُؤْمِنِينَ حَرَجٌ فِىٓ
أَزْوَٰجِ أَدْعِيَآئِهِمْ إِذَا قَضَوْا۟ مِنْهُنَّ وَطَرًا ۚ وَكَانَ أَمْرُ ٱللَّهِ مَفْعُولًا ﴿٣٧﴾
مَّا كَانَ عَلَى ٱلنَّبِىِّ مِنْ حَرَجٍ فِيمَا فَرَضَ ٱللَّهُ لَهُۥ ۖ سُنَّةَ ٱللَّهِ فِى
ٱلَّذِينَ خَلَوْا۟ مِن قَبْلُ ۚ وَكَانَ أَمْرُ ٱللَّهِ قَدَرًا مَّقْدُورًا ﴿٣٨﴾ ٱلَّذِينَ
يُبَلِّغُونَ رِسَٰلَٰتِ ٱللَّهِ وَيَخْشَوْنَهُۥ وَلَا يَخْشَوْنَ أَحَدًا إِلَّا ٱللَّهَ ۗ وَكَفَىٰ
بِٱللَّهِ حَسِيبًا ﴿٣٩﴾ مَّا كَانَ مُحَمَّدٌ أَبَآ أَحَدٍ مِّن رِّجَالِكُمْ وَلَٰكِن
رَّسُولَ ٱللَّهِ وَخَاتَمَ ٱلنَّبِيِّۦنَ ۗ وَكَانَ ٱللَّهُ بِكُلِّ شَىْءٍ عَلِيمًا ﴿٤٠﴾
يَٰٓأَيُّهَا ٱلَّذِينَ ءَامَنُوا۟ ٱذْكُرُوا۟ ٱللَّهَ ذِكْرًا كَثِيرًا ﴿٤١﴾ وَسَبِّحُوهُ
بُكْرَةً وَأَصِيلًا ﴿٤٢﴾ هُوَ ٱلَّذِى يُصَلِّى عَلَيْكُمْ وَمَلَٰٓئِكَتُهُۥ
لِيُخْرِجَكُم مِّنَ ٱلظُّلُمَٰتِ إِلَى ٱلنُّورِ ۚ وَكَانَ بِٱلْمُؤْمِنِينَ رَحِيمًا ﴿٤٣﴾
22 - 33 - 424 تَحِيَّتُهُمْ يَوْمَ يَلْقَوْنَهُۥ سَلَٰمٌ ۚ وَأَعَدَّ لَهُمْ أَجْرًا كَرِيمًا ﴿٤٤﴾ يَٰٓأَيُّهَا
ٱلنَّبِىُّ إِنَّآ أَرْسَلْنَٰكَ شَٰهِدًا وَمُبَشِّرًا وَنَذِيرًا ﴿٤٥﴾ وَدَاعِيًا
إِلَى ٱللَّهِ بِإِذْنِهِۦ وَسِرَاجًا مُّنِيرًا ﴿٤٦﴾ وَبَشِّرِ ٱلْمُؤْمِنِينَ بِأَنَّ لَهُم
مِّنَ ٱللَّهِ فَضْلًا كَبِيرًا ﴿٤٧﴾ وَلَا تُطِعِ ٱلْكَٰفِرِينَ وَٱلْمُنَٰفِقِينَ
وَدَعْ أَذَىٰهُمْ وَتَوَكَّلْ عَلَى ٱللَّهِ ۚ وَكَفَىٰ بِٱللَّهِ وَكِيلًا ﴿٤٨﴾
يَٰٓأَيُّهَا ٱلَّذِينَ ءَامَنُوٓا۟ إِذَا نَكَحْتُمُ ٱلْمُؤْمِنَٰتِ ثُمَّ طَلَّقْتُمُوهُنَّ
مِن قَبْلِ أَن تَمَسُّوهُنَّ فَمَا لَكُمْ عَلَيْهِنَّ مِنْ عِدَّةٍ تَعْتَدُّونَهَا ۖ
فَمَتِّعُوهُنَّ وَسَرِّحُوهُنَّ سَرَاحًا جَمِيلًا ﴿٤٩﴾ يَٰٓأَيُّهَا ٱلنَّبِىُّ
إِنَّآ أَحْلَلْنَا لَكَ أَزْوَٰجَكَ ٱلَّٰتِىٓ ءَاتَيْتَ أُجُورَهُنَّ وَمَا مَلَكَتْ
يَمِينُكَ مِمَّآ أَفَآءَ ٱللَّهُ عَلَيْكَ وَبَنَاتِ عَمِّكَ وَبَنَاتِ عَمَّٰتِكَ
وَبَنَاتِ خَالِكَ وَبَنَاتِ خَٰلَٰتِكَ ٱلَّٰتِى هَاجَرْنَ مَعَكَ وَٱمْرَأَةً
مُّؤْمِنَةً إِن وَهَبَتْ نَفْسَهَا لِلنَّبِىِّ إِنْ أَرَادَ ٱلنَّبِىُّ أَن يَسْتَنكِحَهَا
خَالِصَةً لَّكَ مِن دُونِ ٱلْمُؤْمِنِينَ ۗ قَدْ عَلِمْنَا مَا فَرَضْنَا
عَلَيْهِمْ فِىٓ أَزْوَٰجِهِمْ وَمَا مَلَكَتْ أَيْمَٰنُهُمْ لِكَيْلَا
يَكُونَ عَلَيْكَ حَرَجٌ ۗ وَكَانَ ٱللَّهُ غَفُورًا رَّحِيمًا ﴿٥٠﴾
22 - 33 - 425 ۞ تُرْجِى مَن تَشَآءُ مِنْهُنَّ وَتُـْٔوِىٓ إِلَيْكَ مَن تَشَآءُ ۖ وَمَنِ ٱبْتَغَيْتَ
مِمَّنْ عَزَلْتَ فَلَا جُنَاحَ عَلَيْكَ ۚ ذَٰلِكَ أَدْنَىٰٓ أَن تَقَرَّ أَعْيُنُهُنَّ
وَلَا يَحْزَنَّ وَيَرْضَيْنَ بِمَآ ءَاتَيْتَهُنَّ كُلُّهُنَّ ۚ وَٱللَّهُ يَعْلَمُ
مَا فِى قُلُوبِكُمْ ۚ وَكَانَ ٱللَّهُ عَلِيمًا حَلِيمًا ﴿٥١﴾ لَّا يَحِلُّ لَكَ
ٱلنِّسَآءُ مِنۢ بَعْدُ وَلَآ أَن تَبَدَّلَ بِهِنَّ مِنْ أَزْوَٰجٍ وَلَوْ أَعْجَبَكَ
حُسْنُهُنَّ إِلَّا مَا مَلَكَتْ يَمِينُكَ ۗ وَكَانَ ٱللَّهُ عَلَىٰ كُلِّ
شَىْءٍ رَّقِيبًا ﴿٥٢﴾ يَٰٓأَيُّهَا ٱلَّذِينَ ءَامَنُوا۟ لَا تَدْخُلُوا۟ بُيُوتَ ٱلنَّبِىِّ
إِلَّآ أَن يُؤْذَنَ لَكُمْ إِلَىٰ طَعَامٍ غَيْرَ نَٰظِرِينَ إِنَىٰهُ وَلَٰكِنْ
إِذَا دُعِيتُمْ فَٱدْخُلُوا۟ فَإِذَا طَعِمْتُمْ فَٱنتَشِرُوا۟ وَلَا مُسْتَـْٔنِسِينَ
لِحَدِيثٍ ۚ إِنَّ ذَٰلِكُمْ كَانَ يُؤْذِى ٱلنَّبِىَّ فَيَسْتَحْىِۦ مِنكُمْ ۖ
وَٱللَّهُ لَا يَسْتَحْىِۦ مِنَ ٱلْحَقِّ ۚ وَإِذَا سَأَلْتُمُوهُنَّ مَتَٰعًا فَسْـَٔلُوهُنَّ
مِن وَرَآءِ حِجَابٍ ۚ ذَٰلِكُمْ أَطْهَرُ لِقُلُوبِكُمْ وَقُلُوبِهِنَّ ۚ
وَمَا كَانَ لَكُمْ أَن تُؤْذُوا۟ رَسُولَ ٱللَّهِ وَلَآ أَن تَنكِحُوٓا۟ أَزْوَٰجَهُۥ
مِنۢ بَعْدِهِۦٓ أَبَدًا ۚ إِنَّ ذَٰلِكُمْ كَانَ عِندَ ٱللَّهِ عَظِيمًا ﴿٥٣﴾
إِن تُبْدُوا۟ شَيْـًٔا أَوْ تُخْفُوهُ فَإِنَّ ٱللَّهَ كَانَ بِكُلِّ شَىْءٍ عَلِيمًا ﴿٥٤﴾
22 - 33 - 426 لَّا جُنَاحَ عَلَيْهِنَّ فِىٓ ءَابَآئِهِنَّ وَلَآ أَبْنَآئِهِنَّ وَلَآ إِخْوَٰنِهِنَّ وَلَآ
أَبْنَآءِ إِخْوَٰنِهِنَّ وَلَآ أَبْنَآءِ أَخَوَٰتِهِنَّ وَلَا نِسَآئِهِنَّ وَلَا مَا مَلَكَتْ
أَيْمَٰنُهُنَّ ۗ وَٱتَّقِينَ ٱللَّهَ ۚ إِنَّ ٱللَّهَ كَانَ عَلَىٰ كُلِّ شَىْءٍ شَهِيدًا ﴿٥٥﴾
إِنَّ ٱللَّهَ وَمَلَٰٓئِكَتَهُۥ يُصَلُّونَ عَلَى ٱلنَّبِىِّ ۚ يَٰٓأَيُّهَا ٱلَّذِينَ
ءَامَنُوا۟ صَلُّوا۟ عَلَيْهِ وَسَلِّمُوا۟ تَسْلِيمًا ﴿٥٦﴾ إِنَّ ٱلَّذِينَ يُؤْذُونَ
ٱللَّهَ وَرَسُولَهُۥ لَعَنَهُمُ ٱللَّهُ فِى ٱلدُّنْيَا وَٱلْءَاخِرَةِ وَأَعَدَّ لَهُمْ عَذَابًا
مُّهِينًا ﴿٥٧﴾ وَٱلَّذِينَ يُؤْذُونَ ٱلْمُؤْمِنِينَ وَٱلْمُؤْمِنَٰتِ بِغَيْرِ
مَا ٱكْتَسَبُوا۟ فَقَدِ ٱحْتَمَلُوا۟ بُهْتَٰنًا وَإِثْمًا مُّبِينًا ﴿٥٨﴾
يَٰٓأَيُّهَا ٱلنَّبِىُّ قُل لِّأَزْوَٰجِكَ وَبَنَاتِكَ وَنِسَآءِ ٱلْمُؤْمِنِينَ
يُدْنِينَ عَلَيْهِنَّ مِن جَلَٰبِيبِهِنَّ ۚ ذَٰلِكَ أَدْنَىٰٓ أَن يُعْرَفْنَ فَلَا
يُؤْذَيْنَ ۗ وَكَانَ ٱللَّهُ غَفُورًا رَّحِيمًا ﴿٥٩﴾ ۞ لَّئِن لَّمْ يَنتَهِ ٱلْمُنَٰفِقُونَ
وَٱلَّذِينَ فِى قُلُوبِهِم مَّرَضٌ وَٱلْمُرْجِفُونَ فِى ٱلْمَدِينَةِ
لَنُغْرِيَنَّكَ بِهِمْ ثُمَّ لَا يُجَاوِرُونَكَ فِيهَآ إِلَّا قَلِيلًا ﴿٦٠﴾ مَّلْعُونِينَ ۖ
أَيْنَمَا ثُقِفُوٓا۟ أُخِذُوا۟ وَقُتِّلُوا۟ تَقْتِيلًا ﴿٦١﴾ سُنَّةَ ٱللَّهِ فِى
ٱلَّذِينَ خَلَوْا۟ مِن قَبْلُ ۖ وَلَن تَجِدَ لِسُنَّةِ ٱللَّهِ تَبْدِيلًا ﴿٦٢﴾
22 - 33 - 427 يَسْـَٔلُكَ ٱلنَّاسُ عَنِ ٱلسَّاعَةِ ۖ قُلْ إِنَّمَا عِلْمُهَا عِندَ ٱللَّهِ ۚ وَمَا يُدْرِيكَ
لَعَلَّ ٱلسَّاعَةَ تَكُونُ قَرِيبًا ﴿٦٣﴾ إِنَّ ٱللَّهَ لَعَنَ ٱلْكَٰفِرِينَ وَأَعَدَّ
لَهُمْ سَعِيرًا ﴿٦٤﴾ خَٰلِدِينَ فِيهَآ أَبَدًا ۖ لَّا يَجِدُونَ وَلِيًّا وَلَا نَصِيرًا ﴿٦٥﴾
يَوْمَ تُقَلَّبُ وُجُوهُهُمْ فِى ٱلنَّارِ يَقُولُونَ يَٰلَيْتَنَآ أَطَعْنَا ٱللَّهَ
وَأَطَعْنَا ٱلرَّسُولَا۠ ﴿٦٦﴾ وَقَالُوا۟ رَبَّنَآ إِنَّآ أَطَعْنَا سَادَتَنَا وَكُبَرَآءَنَا
فَأَضَلُّونَا ٱلسَّبِيلَا۠ ﴿٦٧﴾ رَبَّنَآ ءَاتِهِمْ ضِعْفَيْنِ مِنَ ٱلْعَذَابِ
وَٱلْعَنْهُمْ لَعْنًا كَبِيرًا ﴿٦٨﴾ يَٰٓأَيُّهَا ٱلَّذِينَ ءَامَنُوا۟ لَا تَكُونُوا۟ كَٱلَّذِينَ
ءَاذَوْا۟ مُوسَىٰ فَبَرَّأَهُ ٱللَّهُ مِمَّا قَالُوا۟ ۚ وَكَانَ عِندَ ٱللَّهِ وَجِيهًا ﴿٦٩﴾
يَٰٓأَيُّهَا ٱلَّذِينَ ءَامَنُوا۟ ٱتَّقُوا۟ ٱللَّهَ وَقُولُوا۟ قَوْلًا سَدِيدًا ﴿٧٠﴾ يُصْلِحْ
لَكُمْ أَعْمَٰلَكُمْ وَيَغْفِرْ لَكُمْ ذُنُوبَكُمْ ۗ وَمَن يُطِعِ ٱللَّهَ وَرَسُولَهُۥ
فَقَدْ فَازَ فَوْزًا عَظِيمًا ﴿٧١﴾ إِنَّا عَرَضْنَا ٱلْأَمَانَةَ عَلَى ٱلسَّمَٰوَٰتِ
وَٱلْأَرْضِ وَٱلْجِبَالِ فَأَبَيْنَ أَن يَحْمِلْنَهَا وَأَشْفَقْنَ مِنْهَا وَحَمَلَهَا
ٱلْإِنسَٰنُ ۖ إِنَّهُۥ كَانَ ظَلُومًا جَهُولًا ﴿٧٢﴾ لِّيُعَذِّبَ ٱللَّهُ ٱلْمُنَٰفِقِينَ
وَٱلْمُنَٰفِقَٰتِ وَٱلْمُشْرِكِينَ وَٱلْمُشْرِكَٰتِ وَيَتُوبَ ٱللَّهُ
عَلَى ٱلْمُؤْمِنِينَ وَٱلْمُؤْمِنَٰتِ ۗ وَكَانَ ٱللَّهُ غَفُورًا رَّحِيمًا ﴿٧٣﴾

22-34-428

سورة سبإ

بسم الله الرحمن الرحيم

الحمد لله الذي له ما في السماوات وما في الأرض وله الحمد
في الآخرة وهو الحكيم الخبير ١ يعلم ما يلج في الأرض وما
يخرج منها وما ينزل من السماء وما يعرج فيها وهو
الرحيم الغفور ٢ وقال الذين كفروا لا تأتينا الساعة
قل بلى وربي لتأتينكم عالم الغيب لا يعزب عنه مثقال
ذرة في السماوات ولا في الأرض ولا أصغر من ذلك
ولا أكبر إلا في كتاب مبين ٣ ليجزي الذين
آمنوا وعملوا الصالحات أولئك لهم مغفرة ورزق
كريم ٤ والذين سعو في آياتنا معاجزين أولئك
لهم عذاب من رجز أليم ٥ ويرى الذين أوتوا العلم
الذي أنزل إليك من ربك هو الحق ويهدي إلى صراط
العزيز الحميد ٦ وقال الذين كفروا هل ندلكم على رجل
ينبئكم إذا مزقتم كل ممزق إنكم لفي خلق جديد ٧
22-34-429
أفترى على الله كذبا أم به جنة بل الذين لا يؤمنون بالآخرة
في العذاب والضلال البعيد ٨ أفلم يروا إلى ما بين أيديهم
وما خلفهم من السماء والأرض إن نشأ نخسف بهم الأرض
أو نسقط عليهم كسفا من السماء إن في ذلك لآية
لكل عبد منيب ٩ ولقد آتينا داوود منا فضلا
يا جبال أوبي معه والطير وألنا له الحديد ١٠ أن اعمل
سابغات وقدر في السرد واعملوا صالحا إني بما تعملون
بصير ١١ ولسليمان الريح غدوها شهر ورواحها شهر
وأسلنا له عين القطر ومن الجن من يعمل بين يديه بإذن
ربه ومن يزغ منهم عن أمرنا نذقه من عذاب السعير ١٢
يعملون له ما يشاء من محاريب وتماثيل وجفان كالجواب
وقدور راسيات اعملوا آل داوود شكرا وقليل من عبادي
الشكور ١٣ فلما قضينا عليه الموت ما دلهم على موته
إلا دابة الأرض تأكل منسأته فلما خر تبينت الجن
أن لو كانوا يعلمون الغيب ما لبثوا في العذاب المهين ١٤
22-34-430
لقد كان لسبإ في مسكنهم آية جنتان عن يمين وشمال
كلوا من رزق ربكم واشكروا له بلدة طيبة ورب غفور ١٥
فأعرضوا فأرسلنا عليهم سيل العرم وبدلناهم بجنتيهم
جنتين ذواتي أكل خمط وأثل وشيء من سدر قليل ١٦
ذلك جزيناهم بما كفروا وهل نجازي إلا الكفور ١٧
وجعلنا بينهم وبين القرى التي باركنا فيها قرى ظاهرة
وقدرنا فيها السير سيروا فيها ليالي وأياما آمنين ١٨
فقالوا ربنا باعد بين أسفارنا وظلموا أنفسهم فجعلناهم
أحاديث ومزقناهم كل ممزق إن في ذلك لآيات لكل صبار
شكور ١٩ ولقد صدق عليهم إبليس ظنه فاتبعوه إلا
فريقا من المؤمنين ٢٠ وما كان له عليهم من سلطان
إلا لنعلم من يؤمن بالآخرة ممن هو منها في شك
وربك على كل شيء حفيظ ٢١ قل ادعوا الذين زعمتم من
دون الله لا يملكون مثقال ذرة في السماوات ولا في
الأرض وما لهم فيهما من شرك وما له منهم من ظهير ٢٢
22-34-431
ولا تنفع الشفاعة عنده إلا لمن أذن له حتى إذا فزع عن
قلوبهم قالوا ماذا قال ربكم قالوا الحق وهو العلي الكبير ٢٣
قل من يرزقكم من السماوات والأرض قل الله
وإنا أو إياكم لعلى هدى أو في ضلال مبين ٢٤ قل
لا تسألون عما أجرمنا ولا نسأل عما تعملون ٢٥ قل
يجمع بيننا ربنا ثم يفتح بيننا بالحق وهو الفتاح العليم ٢٦
قل أروني الذين ألحقتم به شركاء كلا بل هو الله
العزيز الحكيم ٢٧ وما أرسلناك إلا كافة للناس
بشيرا ونذيرا ولكن أكثر الناس لا يعلمون ٢٨
ويقولون متى هذا الوعد إن كنتم صادقين ٢٩
قل لكم ميعاد يوم لا تستأخرون عنه ساعة ولا تستقدمون ٣٠
وقال الذين كفروا لن نؤمن بهذا القرآن ولا
بالذي بين يديه ولو ترى إذ الظالمون موقوفون عند
ربهم يرجع بعضهم إلى بعض القول يقول الذين
استضعفوا للذين استكبروا لولا أنتم لكنا مؤمنين ٣١
22-34-432
قال الذين استكبروا للذين استضعفوا أنحن صددناكم
عن الهدى بعد إذ جاءكم بل كنتم مجرمين ٣٢ وقال الذين
استضعفوا للذين استكبروا بل مكر الليل والنهار إذ
تأمروننا أن نكفر بالله ونجعل له أندادا وأسروا الندامة
لما رأوا العذاب وجعلنا الأغلال في أعناق الذين كفروا
هل يجزون إلا ما كانوا يعملون ٣٣ وما أرسلنا في قرية
من نذير إلا قال مترفوها إنا بما أرسلتم به كافرون ٣٤
وقالوا نحن أكثر أموالا وأولادا وما نحن بمعذبين ٣٥
قل إن ربي يبسط الرزق لمن يشاء ويقدر ولكن أكثر
الناس لا يعلمون ٣٦ وما أموالكم ولا أولادكم بالتي تقربكم
عندنا زلفى إلا من آمن وعمل صالحا فأولئك لهم جزاء
الضعف بما عملوا وهم في الغرفات آمنون ٣٧ والذين
يسعون في آياتنا معاجزين أولئك في العذاب محضرون ٣٨
قل إن ربي يبسط الرزق لمن يشاء من عباده ويقدر له
وما أنفقتم من شيء فهو يخلفه وهو خير الرازقين ٣٩
22-34-433
ويوم يحشرهم جميعا ثم يقول للملائكة أهؤلاء إياكم كانوا
يعبدون ٤٠ قالوا سبحانك أنت ولينا من دونهم بل كانوا
يعبدون الجن أكثرهم بهم مؤمنون ٤١ فاليوم لا يملك
بعضكم لبعض نفعا ولا ضرا ونقول للذين ظلموا ذوقوا عذاب
النار التي كنتم بها تكذبون ٤٢ وإذا تتلى عليهم آياتنا بينات
قالوا ما هذا إلا رجل يريد أن يصدكم عما كان يعبد آباؤكم
وقالوا ما هذا إلا إفك مفترى وقال الذين كفروا للحق لما
جاءهم إن هذا إلا سحر مبين ٤٣ وما آتيناهم من كتب
يدرسونها وما أرسلنا إليهم قبلك من نذير ٤٤ وكذب
الذين من قبلهم وما بلغوا معشار ما آتيناهم فكذبوا
رسلي فكيف كان نكير ٤٥ قل إنما أعظكم بواحدة أن
تقوموا لله مثنى وفرادى ثم تتفكروا ما بصاحبكم من
جنة إن هو إلا نذير لكم بين يدي عذاب شديد ٤٦ قل
ما سألتكم من أجر فهو لكم إن أجري إلا على الله وهو على
كل شيء شهيد ٤٧ قل إن ربي يقذف بالحق علام الغيوب ٤٨
22-34-434
قل جاء الحق وما يبدئ الباطل وما يعيد ٤٩ قل إن ضللت
فإنما أضل على نفسي وإن اهتديت فبما يوحي إلي ربي إنه
سميع قريب ٥٠ ولو ترى إذ فزعوا فلا فوت وأخذوا من
مكان قريب ٥١ وقالوا آمنا به وأنى لهم التناوش من
مكان بعيد ٥٢ وقد كفروا به من قبل ويقذفون
بالغيب من مكان بعيد ٥٣ وحيل بينهم وبين ما يشتهون
كما فعل بأشياعهم من قبل إنهم كانوا في شك مريب ٥٤

سورة فاطر

بسم الله الرحمن الرحيم

الحمد لله فاطر السماوات والأرض جاعل الملائكة رسلا أولي
أجنحة مثنى وثلاث ورباع يزيد في الخلق ما يشاء إن الله على
كل شيء قدير ١ ما يفتح الله للناس من رحمة فلا ممسك لها
وما يمسك فلا مرسل له من بعده وهو العزيز الحكيم ٢
يا أيها الناس اذكروا نعمت الله عليكم هل من خالق غير الله
يرزقكم من السماء والأرض لا إله إلا هو فأنى تؤفكون ٣
وإن يكذبوك فقد كذبت رسل من قبلك وإلى الله ترجع
22-35-435
الأمور ٤ يا أيها الناس إن وعد الله حق فلا تغرنكم الحياة
الدنيا ولا يغرنكم بالله الغرور ٥ إن الشيطان لكم عدو فاتخذوه
عدوا إنما يدعو حزبه ليكونوا من أصحاب السعير ٦ الذين
كفروا لهم عذاب شديد والذين آمنوا وعملوا الصالحات لهم
مغفرة وأجر كبير ٧ أفمن زين له سوء عمله فرآه حسنا فإن
الله يضل من يشاء ويهدي من يشاء فلا تذهب نفسك عليهم
حسرات إن الله عليم بما يصنعون ٨ والله الذي أرسل
الرياح فتثير سحابا فسقناه إلى بلد ميت فأحيينا به الأرض
بعد موتها كذلك النشور ٩ من كان يريد العزة فلله العزة جميعا
إليه يصعد الكلم الطيب والعمل الصالح يرفعه والذين
يمكرون السيئات لهم عذاب شديد ومكر أولئك هو يبور ١٠
والله خلقكم من تراب ثم من نطفة ثم جعلكم أزواجا
وما تحمل من أنثى ولا تضع إلا بعلمه وما يعمر من معمر
ولا ينقص من عمره إلا في كتاب إن ذلك على الله يسير ١١
22-35-436
وما يستوي البحران هذا عذب فرات سائغ شرابه وهذا
ملح أجاج ومن كل تأكلون لحما طريا وتستخرجون
حلية تلبسونها وترى الفلك فيه مواخر لتبتغوا من فضله
ولعلكم تشكرون ١٢ يولج الليل في النهار ويولج
النهار في الليل وسخر الشمس والقمر كل يجري
لأجل مسمى ذلكم الله ربكم له الملك والذين
تدعون من دونه ما يملكون من قطمير ١٣ إن
تدعوهم لا يسمعوا دعاءكم ولو سمعوا ما استجابوا لكم
ويوم القيامة يكفرون بشرككم ولا ينبئك مثل خبير ١٤
يا أيها الناس أنتم الفقراء إلى الله والله هو الغني
الحميد ١٥ إن يشأ يذهبكم ويأت بخلق جديد ١٦
وما ذلك على الله بعزيز ١٧ ولا تزر وازرة وزر أخرى وإن
تدع مثقلة إلى حملها لا يحمل منه شيء ولو كان ذا قربى
إنما تنذر الذين يخشون ربهم بالغيب وأقاموا الصلاة
ومن تزكى فإنما يتزكى لنفسه وإلى الله المصير ١٨
22-35-437
وما يستوي الأعمى والبصير ١٩ ولا الظلمات ولا النور ٢٠
ولا الظل ولا الحرور ٢١ وما يستوي الأحياء ولا
الأموات إن الله يسمع من يشاء وما أنت بمسمع من في
القبور ٢٢ إن أنت إلا نذير ٢٣ إنا أرسلناك بالحق بشيرا
ونذيرا وإن من أمة إلا خلا فيها نذير ٢٤ وإن يكذبوك
فقد كذب الذين من قبلهم جاءتهم رسلهم بالبينات
وبالزبر وبالكتاب المنير ٢٥ ثم أخذت الذين كفروا
فكيف كان نكير ٢٦ ألم تر أن الله أنزل من السماء
ماء فأخرجنا به ثمرات مختلفا ألوانها ومن الجبال
جدد بيض وحمر مختلف ألوانها وغرابيب سود ٢٧
ومن الناس والدواب والأنعام مختلف ألوانه كذلك
إنما يخشى الله من عباده العلماء إن الله عزيز غفور ٢٨
إن الذين يتلون كتاب الله وأقاموا الصلاة وأنفقوا مما
رزقناهم سرا وعلانية يرجون تجارة لن تبور ٢٩ ليوفيهم
أجورهم ويزيدهم من فضله إنه غفور شكور ٣٠
والذي أوحينا إليك من الكتاب هو الحق مصدقا لما بين
22-35-438
يديه إن الله بعباده لخبير بصير ٣١ ثم أورثنا الكتاب
الذين اصطفينا من عبادنا فمنهم ظالم لنفسه ومنهم
مقتصد ومنهم سابق بالخيرات بإذن الله ذلك هو
الفضل الكبير ٣٢ جنات عدن يدخلونها يحلون
فيها من أساور من ذهب ولؤلؤا ولباسهم فيها حرير ٣٣
وقالوا الحمد لله الذي أذهب عنا الحزن إن ربنا لغفور
شكور ٣٤ الذي أحلنا دار المقامة من فضله لا يمسنا
فيها نصب ولا يمسنا فيها لغوب ٣٥ والذين كفروا لهم
نار جهنم لا يقضى عليهم فيموتوا ولا يخفف عنهم من
عذابها كذلك نجزي كل كفور ٣٦ وهم يصطرخون
فيها ربنا أخرجنا نعمل صالحا غير الذي كنا نعمل
أولم نعمركم ما يتذكر فيه من تذكر وجاءكم النذير
فذوقوا فما للظالمين من نصير ٣٧ إن الله عالم
غيب السماوات والأرض إنه عليم بذات الصدور ٣٨
22-35-439
هو الذي جعلكم خلائف في الأرض فمن كفر فعليه كفره ولا
يزيد الكافرين كفرهم عند ربهم إلا مقتا ولا يزيد الكافرين
كفرهم إلا خسارا ٣٩ قل أرأيتم شركاءكم الذين تدعون من
دون الله أروني ماذا خلقوا من الأرض أم لهم شرك في السماوات
أم آتيناهم كتابا فهم على بينت منه بل إن يعد الظالمون
بعضهم بعضا إلا غرورا ٤٠ إن الله يمسك السماوات
والأرض أن تزولا ولئن زالتا إن أمسكهما من أحد من بعده
إنه كان حليما غفورا ٤١ وأقسموا بالله جهد أيمانهم لئن جاءهم
نذير ليكونن أهدى من إحدى الأمم فلما جاءهم نذير
ما زادهم إلا نفورا ٤٢ استكبارا في الأرض ومكر السيئ
ولا يحيق المكر السيئ إلا بأهله فهل ينظرون إلا سنت
الأولين فلن تجد لسنت الله تبديلا ولن تجد لسنت الله تحويلا ٤٣
أولم يسيروا في الأرض فينظروا كيف كان عاقبة الذين من
قبلهم وكانوا أشد منهم قوة وما كان الله ليعجزه من شيء
في السماوات ولا في الأرض إنه كان عليما قديرا ٤٤
22-35-440
ولو يؤاخذ الله الناس بما كسبوا ما ترك على ظهرها
من دابة ولكن يؤخرهم إلى أجل مسمى فإذا
جاء أجلهم فإن الله كان بعباده بصيرا ٤٥

سورة يس

بسم الله الرحمن الرحيم

يس ١ والقرآن الحكيم ٢ إنك لمن المرسلين ٣ على
صراط مستقيم ٤ تنزيل العزيز الرحيم ٥ لتنذر قوما
ما أنذر آباؤهم فهم غافلون ٦ لقد حق القول على أكثرهم
فهم لا يؤمنون ٧ إنا جعلنا في أعناقهم أغلالا فهي إلى
الأذقان فهم مقمحون ٨ وجعلنا من بين أيديهم سدا
ومن خلفهم سدا فأغشيناهم فهم لا يبصرون ٩ وسواء
عليهم أأنذرتهم أم لم تنذرهم لا يؤمنون ١٠ إنما تنذر
من اتبع الذكر وخشي الرحمن بالغيب فبشره بمغفرة
وأجر كريم ١١ إنا نحن نحيي الموتى ونكتب ما قدموا
وآثارهم وكل شيء أحصيناه في إمام مبين ١٢
22-36-441
واضرب لهم مثلا أصحاب القرية إذ جاءها المرسلون ١٣
إذ أرسلنا إليهم اثنين فكذبوهما فعززنا بثالث فقالوا
إنا إليكم مرسلون ١٤ قالوا ما أنتم إلا بشر مثلنا
وما أنزل الرحمن من شيء إن أنتم إلا تكذبون ١٥ قالوا
ربنا يعلم إنا إليكم لمرسلون ١٦ وما علينا إلا البلاغ
المبين ١٧ قالوا إنا تطيرنا بكم لئن لم تنتهوا لنرجمنكم
وليمسنكم منا عذاب أليم ١٨ قالوا طائركم معكم أئن
ذكرتم بل أنتم قوم مسرفون ١٩ وجاء من أقصا المدينة
رجل يسعى قال يا قوم اتبعوا المرسلين ٢٠ اتبعوا
من لا يسألكم أجرا وهم مهتدون ٢١ وما لي لا أعبد
الذي فطرني وإليه ترجعون ٢٢ أأتخذ من دونه آلهة
إن يردن الرحمن بضر لا تغن عني شفاعتهم شيئا
ولا ينقذون ٢٣ إني إذا لفي ضلال مبين ٢٤ إني آمنت
بربكم فاسمعون ٢٥ قيل ادخل الجنة قال يا ليت قومي
يعلمون ٢٦ بما غفر لي ربي وجعلني من المكرمين ٢٧

23 - 36 - 442

وما أنزلنا على قومه من بعده من جند من السماء وما كنا منزلين ٢٨
إن كانت إلا صيحة واحدة فإذا هم خامدون ٢٩
يا حسرة على العباد ما يأتيهم من رسول إلا كانوا به يستهزئون ٣٠
ألم يروا كم أهلكنا قبلهم من القرون أنهم إليهم لا يرجعون ٣١
وإن كل لما جميع لدينا محضرون ٣٢
وآية لهم الأرض الميتة أحييناها وأخرجنا منها حبا فمنه يأكلون ٣٣
وجعلنا فيها جنات من نخيل وأعناب وفجرنا فيها من العيون ٣٤
ليأكلوا من ثمره وما عملته أيديهم أفلا يشكرون ٣٥
سبحان الذي خلق الأزواج كلها مما تنبت الأرض ومن أنفسهم ومما لا يعلمون ٣٦
وآية لهم الليل نسلخ منه النهار فإذا هم مظلمون ٣٧
والشمس تجري لمستقر لها ذلك تقدير العزيز العليم ٣٨
والقمر قدرناه منازل حتى عاد كالعرجون القديم ٣٩
لا الشمس ينبغي لها أن تدرك القمر ولا الليل سابق النهار وكل في فلك يسبحون ٤٠
وآية لهم أنا حملنا ذريتهم في الفلك المشحون ٤١

23 - 36 - 443

وخلقنا لهم من مثله ما يركبون ٤٢
وإن نشأ نغرقهم فلا صريخ لهم ولا هم ينقذون ٤٣
إلا رحمة منا ومتاعا إلى حين ٤٤
وإذا قيل لهم اتقوا ما بين أيديكم وما خلفكم لعلكم ترحمون ٤٥
وما تأتيهم من آية من آيات ربهم إلا كانوا عنها معرضين ٤٦
وإذا قيل لهم أنفقوا مما رزقكم الله قال الذين كفروا للذين آمنوا أنطعم من لو يشاء الله أطعمه إن أنتم إلا في ضلال مبين ٤٧
ويقولون متى هذا الوعد إن كنتم صادقين ٤٨
ما ينظرون إلا صيحة واحدة تأخذهم وهم يخصمون ٤٩
فلا يستطيعون توصية ولا إلى أهلهم يرجعون ٥٠
ونفخ في الصور فإذا هم من الأجداث إلى ربهم ينسلون ٥١
قالوا يا ويلنا من بعثنا من مرقدنا هذا ما وعد الرحمن وصدق المرسلون ٥٢
إن كانت إلا صيحة واحدة فإذا هم جميع لدينا محضرون ٥٣
فاليوم لا تظلم نفس شيئا ولا تجزون إلا ما كنتم تعملون ٥٤

23 - 36 - 444

إن أصحاب الجنة اليوم في شغل فاكهون ٥٥
هم وأزواجهم في ظلال على الأرائك متكئون ٥٦
لهم فيها فاكهة ولهم ما يدعون ٥٧
سلام قولا من رب رحيم ٥٨
وامتازوا اليوم أيها المجرمون ٥٩
ألم أعهد إليكم يا بني آدم أن لا تعبدوا الشيطان إنه لكم عدو مبين ٦٠
وأن اعبدوني هذا صراط مستقيم ٦١
ولقد أضل منكم جبلا كثيرا أفلم تكونوا تعقلون ٦٢
هذه جهنم التي كنتم توعدون ٦٣
اصلوها اليوم بما كنتم تكفرون ٦٤
اليوم نختم على أفواههم وتكلمنا أيديهم وتشهد أرجلهم بما كانوا يكسبون ٦٥
ولو نشاء لطمسنا على أعينهم فاستبقوا الصراط فأنى يبصرون ٦٦
ولو نشاء لمسخناهم على مكانتهم فما استطاعوا مضيا ولا يرجعون ٦٧
ومن نعمره ننكسه في الخلق أفلا يعقلون ٦٨
وما علمناه الشعر وما ينبغي له إن هو إلا ذكر وقرآن مبين ٦٩
لينذر من كان حيا ويحق القول على الكافرين ٧٠

23 - 36 - 445

أولم يروا أنا خلقنا لهم مما عملت أيدينا أنعاما فهم لها مالكون ٧١
وذللناها لهم فمنها ركوبهم ومنها يأكلون ٧٢
ولهم فيها منافع ومشارب أفلا يشكرون ٧٣
واتخذوا من دون الله آلهة لعلهم ينصرون ٧٤
لا يستطيعون نصرهم وهم لهم جند محضرون ٧٥
فلا يحزنك قولهم إنا نعلم ما يسرون وما يعلنون ٧٦
أولم ير الإنسان أنا خلقناه من نطفة فإذا هو خصيم مبين ٧٧
وضرب لنا مثلا ونسي خلقه قال من يحيي العظام وهي رميم ٧٨
قل يحييها الذي أنشأها أول مرة وهو بكل خلق عليم ٧٩
الذي جعل لكم من الشجر الأخضر نارا فإذا أنتم منه توقدون ٨٠
أوليس الذي خلق السماوات والأرض بقادر على أن يخلق مثلهم بلى وهو الخلاق العليم ٨١
إنما أمره إذا أراد شيئا أن يقول له كن فيكون ٨٢
فسبحان الذي بيده ملكوت كل شيء وإليه ترجعون ٨٣

23 - 36 - 446

سورة الصافات

بسم الله الرحمن الرحيم

والصافات صفا ١
فالزاجرات زجرا ٢
فالتاليات ذكرا ٣
إن إلهكم لواحد ٤
رب السماوات والأرض وما بينهما ورب المشارق ٥
إنا زينا السماء الدنيا بزينة الكواكب ٦
وحفظا من كل شيطان مارد ٧
لا يسمعون إلى الملإ الأعلى ويقذفون من كل جانب ٨
دحورا ولهم عذاب واصب ٩
إلا من خطف الخطفة فأتبعه شهاب ثاقب ١٠
فاستفتهم أهم أشد خلقا أم من خلقنا إنا خلقناهم من طين لازب ١١
بل عجبت ويسخرون ١٢
وإذا ذكروا لا يذكرون ١٣
وإذا رأوا آية يستسخرون ١٤
وقالوا إن هذا إلا سحر مبين ١٥
أإذا متنا وكنا ترابا وعظاما أإنا لمبعوثون ١٦
أوآباؤنا الأولون ١٧
قل نعم وأنتم داخرون ١٨
فإنما هي زجرة واحدة فإذا هم ينظرون ١٩
وقالوا يا ويلنا هذا يوم الدين ٢٠
هذا يوم الفصل الذي كنتم به تكذبون ٢١
احشروا الذين ظلموا وأزواجهم وما كانوا يعبدون ٢٢
من دون الله فاهدوهم إلى صراط الجحيم ٢٣
وقفوهم إنهم مسئولون ٢٤
ما لكم لا تناصرون ٢٥

23 - 37 - 447

بل هم اليوم مستسلمون ٢٦
وأقبل بعضهم على بعض يتساءلون ٢٧
قالوا إنكم كنتم تأتوننا عن اليمين ٢٨
قالوا بل لم تكونوا مؤمنين ٢٩
وما كان لنا عليكم من سلطان بل كنتم قوما طاغين ٣٠
فحق علينا قول ربنا إنا لذائقون ٣١
فأغويناكم إنا كنا غاوين ٣٢
فإنهم يومئذ في العذاب مشتركون ٣٣
إنا كذلك نفعل بالمجرمين ٣٤
إنهم كانوا إذا قيل لهم لا إله إلا الله يستكبرون ٣٥
ويقولون أئنا لتاركو آلهتنا لشاعر مجنون ٣٦
بل جاء بالحق وصدق المرسلين ٣٧
إنكم لذائقو العذاب الأليم ٣٨
وما تجزون إلا ما كنتم تعملون ٣٩
إلا عباد الله المخلصين ٤٠
أولئك لهم رزق معلوم ٤١
فواكه وهم مكرمون ٤٢
في جنات النعيم ٤٣
على سرر متقابلين ٤٤
يطاف عليهم بكأس من معين ٤٥
بيضاء لذة للشاربين ٤٦
لا فيها غول ولا هم عنها ينزفون ٤٧
وعندهم قاصرات الطرف عين ٤٨
كأنهن بيض مكنون ٤٩
فأقبل بعضهم على بعض يتساءلون ٥٠
قال قائل منهم إني كان لي قرين ٥١

23 - 37 - 448

يقول أإنك لمن المصدقين ٥٢
أإذا متنا وكنا ترابا وعظاما أإنا لمدينون ٥٣
قال هل أنتم مطلعون ٥٤
فاطلع فرآه في سواء الجحيم ٥٥
قال تالله إن كدت لتردين ٥٦
ولولا نعمة ربي لكنت من المحضرين ٥٧
أفما نحن بميتين ٥٨
إلا موتتنا الأولى وما نحن بمعذبين ٥٩
إن هذا لهو الفوز العظيم ٦٠
لمثل هذا فليعمل العاملون ٦١
أذلك خير نزلا أم شجرة الزقوم ٦٢
إنا جعلناها فتنة للظالمين ٦٣
إنها شجرة تخرج في أصل الجحيم ٦٤
طلعها كأنه رءوس الشياطين ٦٥
فإنهم لآكلون منها فمالئون منها البطون ٦٦
ثم إن لهم عليها لشوبا من حميم ٦٧
ثم إن مرجعهم لإلى الجحيم ٦٨
إنهم ألفوا آباءهم ضالين ٦٩
فهم على آثارهم يهرعون ٧٠
ولقد ضل قبلهم أكثر الأولين ٧١
ولقد أرسلنا فيهم منذرين ٧٢
فانظر كيف كان عاقبة المنذرين ٧٣
إلا عباد الله المخلصين ٧٤
ولقد نادانا نوح فلنعم المجيبون ٧٥
ونجيناه وأهله من الكرب العظيم ٧٦

23 - 37 - 449

وجعلنا ذريته هم الباقين ٧٧
وتركنا عليه في الآخرين ٧٨
سلام على نوح في العالمين ٧٩
إنا كذلك نجزي المحسنين ٨٠
إنه من عبادنا المؤمنين ٨١
ثم أغرقنا الآخرين ٨٢
وإن من شيعته لإبراهيم ٨٣
إذ جاء ربه بقلب سليم ٨٤
إذ قال لأبيه وقومه ماذا تعبدون ٨٥
أئفكا آلهة دون الله تريدون ٨٦
فما ظنكم برب العالمين ٨٧
فنظر نظرة في النجوم ٨٨
فقال إني سقيم ٨٩
فتولوا عنه مدبرين ٩٠
فراغ إلى آلهتهم فقال ألا تأكلون ٩١
ما لكم لا تنطقون ٩٢
فراغ عليهم ضربا باليمين ٩٣
فأقبلوا إليه يزفون ٩٤
قال أتعبدون ما تنحتون ٩٥
والله خلقكم وما تعملون ٩٦
قالوا ابنوا له بنيانا فألقوه في الجحيم ٩٧
فأرادوا به كيدا فجعلناهم الأسفلين ٩٨
وقال إني ذاهب إلى ربي سيهدين ٩٩
رب هب لي من الصالحين ١٠٠
فبشرناه بغلام حليم ١٠١
فلما بلغ معه السعي قال يا بني إني أرى في المنام أني أذبحك فانظر ماذا ترى قال يا أبت افعل ما تؤمر ستجدني إن شاء الله من الصابرين ١٠٢

23 - 37 - 450

فلما أسلما وتله للجبين ١٠٣
وناديناه أن يا إبراهيم ١٠٤
قد صدقت الرؤيا إنا كذلك نجزي المحسنين ١٠٥
إن هذا لهو البلاء المبين ١٠٦
وفديناه بذبح عظيم ١٠٧
وتركنا عليه في الآخرين ١٠٨
سلام على إبراهيم ١٠٩
كذلك نجزي المحسنين ١١٠
إنه من عبادنا المؤمنين ١١١
وبشرناه بإسحاق نبيا من الصالحين ١١٢
وباركنا عليه وعلى إسحاق ومن ذريتهما محسن وظالم لنفسه مبين ١١٣
ولقد مننا على موسى وهارون ١١٤
ونجيناهما وقومهما من الكرب العظيم ١١٥
ونصرناهم فكانوا هم الغالبين ١١٦
وآتيناهما الكتاب المستبين ١١٧
وهديناهما الصراط المستقيم ١١٨
وتركنا عليهما في الآخرين ١١٩
سلام على موسى وهارون ١٢٠
إنا كذلك نجزي المحسنين ١٢١
إنهما من عبادنا المؤمنين ١٢٢
وإن إلياس لمن المرسلين ١٢٣
إذ قال لقومه ألا تتقون ١٢٤
أتدعون بعلا وتذرون أحسن الخالقين ١٢٥
الله ربكم ورب آبائكم الأولين ١٢٦

23 - 37 - 451

فكذبوه فإنهم لمحضرون ١٢٧
إلا عباد الله المخلصين ١٢٨
وتركنا عليه في الآخرين ١٢٩
سلام على إل ياسين ١٣٠
إنا كذلك نجزي المحسنين ١٣١
إنه من عبادنا المؤمنين ١٣٢
وإن لوطا لمن المرسلين ١٣٣
إذ نجيناه وأهله أجمعين ١٣٤
إلا عجوزا في الغابرين ١٣٥
ثم دمرنا الآخرين ١٣٦
وإنكم لتمرون عليهم مصبحين ١٣٧
وبالليل أفلا تعقلون ١٣٨
وإن يونس لمن المرسلين ١٣٩
إذ أبق إلى الفلك المشحون ١٤٠
فساهم فكان من المدحضين ١٤١
فالتقمه الحوت وهو مليم ١٤٢
فلولا أنه كان من المسبحين ١٤٣
للبث في بطنه إلى يوم يبعثون ١٤٤
فنبذناه بالعراء وهو سقيم ١٤٥
وأنبتنا عليه شجرة من يقطين ١٤٦
وأرسلناه إلى مائة ألف أو يزيدون ١٤٧
فآمنوا فمتعناهم إلى حين ١٤٨
فاستفتهم ألربك البنات ولهم البنون ١٤٩
أم خلقنا الملائكة إناثا وهم شاهدون ١٥٠
ألا إنهم من إفكهم ليقولون ١٥١
ولد الله وإنهم لكاذبون ١٥٢
أصطفى البنات على البنين ١٥٣

23 - 37 - 452

ما لكم كيف تحكمون ١٥٤
أفلا تذكرون ١٥٥
أم لكم سلطان مبين ١٥٦
فأتوا بكتابكم إن كنتم صادقين ١٥٧
وجعلوا بينه وبين الجنة نسبا ولقد علمت الجنة إنهم لمحضرون ١٥٨
سبحان الله عما يصفون ١٥٩
إلا عباد الله المخلصين ١٦٠
فإنكم وما تعبدون ١٦١
ما أنتم عليه بفاتنين ١٦٢
إلا من هو صال الجحيم ١٦٣
وما منا إلا له مقام معلوم ١٦٤
وإنا لنحن الصافون ١٦٥
وإنا لنحن المسبحون ١٦٦
وإن كانوا ليقولون ١٦٧
لو أن عندنا ذكرا من الأولين ١٦٨
لكنا عباد الله المخلصين ١٦٩
فكفروا به فسوف يعلمون ١٧٠
ولقد سبقت كلمتنا لعبادنا المرسلين ١٧١
إنهم لهم المنصورون ١٧٢
وإن جندنا لهم الغالبون ١٧٣
فتول عنهم حتى حين ١٧٤
وأبصرهم فسوف يبصرون ١٧٥
أفبعذابنا يستعجلون ١٧٦
فإذا نزل بساحتهم فساء صباح المنذرين ١٧٧
وتول عنهم حتى حين ١٧٨
وأبصر فسوف يبصرون ١٧٩
سبحان ربك رب العزة عما يصفون ١٨٠
وسلام على المرسلين ١٨١
والحمد لله رب العالمين ١٨٢

23 - 38 - 453

سورة ص

بسم الله الرحمن الرحيم

ص والقرآن ذي الذكر ١
بل الذين كفروا في عزة وشقاق ٢
كم أهلكنا من قبلهم من قرن فنادوا ولات حين مناص ٣
وعجبوا أن جاءهم منذر منهم وقال الكافرون هذا ساحر كذاب ٤
أجعل الآلهة إلها واحدا إن هذا لشيء عجاب ٥
وانطلق الملأ منهم أن امشوا واصبروا على آلهتكم إن هذا لشيء يراد ٦
ما سمعنا بهذا في الملة الآخرة إن هذا إلا اختلاق ٧
أأنزل عليه الذكر من بيننا بل هم في شك من ذكري بل لما يذوقوا عذاب ٨
أم عندهم خزائن رحمة ربك العزيز الوهاب ٩
أم لهم ملك السماوات والأرض وما بينهما فليرتقوا في الأسباب ١٠
جند ما هنالك مهزوم من الأحزاب ١١
كذبت قبلهم قوم نوح وعاد وفرعون ذو الأوتاد ١٢
وثمود وقوم لوط وأصحاب الأيكة أولئك الأحزاب ١٣
إن كل إلا كذب الرسل فحق عقاب ١٤
وما ينظر هؤلاء إلا صيحة واحدة ما لها من فواق ١٥
وقالوا ربنا عجل لنا قطنا قبل يوم الحساب ١٦

23 - 38 - 454

اصبر على ما يقولون واذكر عبدنا داود ذا الأيد إنه أواب ١٧
إنا سخرنا الجبال معه يسبحن بالعشي والإشراق ١٨
والطير محشورة كل له أواب ١٩
وشددنا ملكه وآتيناه الحكمة وفصل الخطاب ٢٠
وهل أتاك نبأ الخصم إذ تسوروا المحراب ٢١
إذ دخلوا على داود ففزع منهم قالوا لا تخف خصمان بغى بعضنا على بعض فاحكم بيننا بالحق ولا تشطط واهدنا إلى سواء الصراط ٢٢
إن هذا أخي له تسع وتسعون نعجة ولي نعجة واحدة فقال أكفلنيها وعزني في الخطاب ٢٣
قال لقد ظلمك بسؤال نعجتك إلى نعاجه وإن كثيرا من الخلطاء ليبغي بعضهم على بعض إلا الذين آمنوا وعملوا الصالحات وقليل ما هم وظن داود أنما فتناه فاستغفر ربه وخر راكعا وأناب ٢٤
فغفرنا له ذلك وإن له عندنا لزلفى وحسن مآب ٢٥
يا داود إنا جعلناك خليفة في الأرض فاحكم بين الناس بالحق ولا تتبع الهوى فيضلك عن سبيل الله إن الذين يضلون عن سبيل الله لهم عذاب شديد بما نسوا يوم الحساب ٢٦

SOURCE : DIGITAL MUṢ-HAF OF MADINAH-KING FAHD QURAN COMPLEX

23 - 38 - 455 وَمَا خَلَقْنَا السَّمَاءَ وَالْأَرْضَ وَمَا بَيْنَهُمَا بَاطِلًا ذَٰلِكَ ظَنُّ الَّذِينَ
كَفَرُوا فَوَيْلٌ لِّلَّذِينَ كَفَرُوا مِنَ النَّارِ (٢٧) أَمْ نَجْعَلُ الَّذِينَ آمَنُوا وَعَمِلُوا
الصَّالِحَاتِ كَالْمُفْسِدِينَ فِي الْأَرْضِ أَمْ نَجْعَلُ الْمُتَّقِينَ كَالْفُجَّارِ (٢٨)
كِتَابٌ أَنزَلْنَاهُ إِلَيْكَ مُبَارَكٌ لِّيَدَّبَّرُوا آيَاتِهِ وَلِيَتَذَكَّرَ أُولُو
الْأَلْبَابِ (٢٩) وَوَهَبْنَا لِدَاوُودَ سُلَيْمَانَ نِعْمَ الْعَبْدُ إِنَّهُ أَوَّابٌ (٣٠)
إِذْ عُرِضَ عَلَيْهِ بِالْعَشِيِّ الصَّافِنَاتُ الْجِيَادُ (٣١) فَقَالَ إِنِّي أَحْبَبْتُ
حُبَّ الْخَيْرِ عَن ذِكْرِ رَبِّي حَتَّىٰ تَوَارَتْ بِالْحِجَابِ (٣٢) رُدُّوهَا عَلَيَّ
فَطَفِقَ مَسْحًا بِالسُّوقِ وَالْأَعْنَاقِ (٣٣) وَلَقَدْ فَتَنَّا سُلَيْمَانَ
وَأَلْقَيْنَا عَلَىٰ كُرْسِيِّهِ جَسَدًا ثُمَّ أَنَابَ (٣٤) قَالَ رَبِّ اغْفِرْ لِي وَهَبْ
لِي مُلْكًا لَّا يَنبَغِي لِأَحَدٍ مِّن بَعْدِي إِنَّكَ أَنتَ الْوَهَّابُ (٣٥)
فَسَخَّرْنَا لَهُ الرِّيحَ تَجْرِي بِأَمْرِهِ رُخَاءً حَيْثُ أَصَابَ (٣٦) وَالشَّيَاطِينَ
كُلَّ بَنَّاءٍ وَغَوَّاصٍ (٣٧) وَآخَرِينَ مُقَرَّنِينَ فِي الْأَصْفَادِ (٣٨) هَٰذَا
عَطَاؤُنَا فَامْنُنْ أَوْ أَمْسِكْ بِغَيْرِ حِسَابٍ (٣٩) وَإِنَّ لَهُ عِندَنَا لَزُلْفَىٰ وَحُسْنَ
مَآبٍ (٤٠) وَاذْكُرْ عَبْدَنَا أَيُّوبَ إِذْ نَادَىٰ رَبَّهُ أَنِّي مَسَّنِيَ الشَّيْطَانُ
بِنُصْبٍ وَعَذَابٍ (٤١) ارْكُضْ بِرِجْلِكَ هَٰذَا مُغْتَسَلٌ بَارِدٌ وَشَرَابٌ (٤٢)
23 - 38 - 456 وَوَهَبْنَا لَهُ أَهْلَهُ وَمِثْلَهُم مَّعَهُمْ رَحْمَةً مِّنَّا وَذِكْرَىٰ لِأُولِي الْأَلْبَابِ (٤٣)
وَخُذْ بِيَدِكَ ضِغْثًا فَاضْرِب بِّهِ وَلَا تَحْنَثْ إِنَّا وَجَدْنَاهُ صَابِرًا نِّعْمَ
الْعَبْدُ إِنَّهُ أَوَّابٌ (٤٤) وَاذْكُرْ عِبَادَنَا إِبْرَاهِيمَ وَإِسْحَاقَ وَيَعْقُوبَ أُولِي
الْأَيْدِي وَالْأَبْصَارِ (٤٥) إِنَّا أَخْلَصْنَاهُم بِخَالِصَةٍ ذِكْرَى الدَّارِ (٤٦)
وَإِنَّهُمْ عِندَنَا لَمِنَ الْمُصْطَفَيْنَ الْأَخْيَارِ (٤٧) وَاذْكُرْ إِسْمَاعِيلَ
وَالْيَسَعَ وَذَا الْكِفْلِ وَكُلٌّ مِّنَ الْأَخْيَارِ (٤٨) هَٰذَا ذِكْرٌ وَإِنَّ لِلْمُتَّقِينَ
لَحُسْنَ مَآبٍ (٤٩) جَنَّاتِ عَدْنٍ مُّفَتَّحَةً لَّهُمُ الْأَبْوَابُ (٥٠) مُتَّكِئِينَ
فِيهَا يَدْعُونَ فِيهَا بِفَاكِهَةٍ كَثِيرَةٍ وَشَرَابٍ (٥١) ۞ وَعِندَهُمْ قَاصِرَاتُ
الطَّرْفِ أَتْرَابٌ (٥٢) هَٰذَا مَا تُوعَدُونَ لِيَوْمِ الْحِسَابِ (٥٣) إِنَّ هَٰذَا
لَرِزْقُنَا مَا لَهُ مِن نَّفَادٍ (٥٤) هَٰذَا وَإِنَّ لِلطَّاغِينَ لَشَرَّ مَآبٍ (٥٥)
جَهَنَّمَ يَصْلَوْنَهَا فَبِئْسَ الْمِهَادُ (٥٦) هَٰذَا فَلْيَذُوقُوهُ حَمِيمٌ
وَغَسَّاقٌ (٥٧) وَآخَرُ مِن شَكْلِهِ أَزْوَاجٌ (٥٨) هَٰذَا فَوْجٌ
مُّقْتَحِمٌ مَّعَكُمْ لَا مَرْحَبًا بِهِمْ إِنَّهُمْ صَالُو النَّارِ (٥٩) قَالُوا
بَلْ أَنتُمْ لَا مَرْحَبًا بِكُمْ أَنتُمْ قَدَّمْتُمُوهُ لَنَا فَبِئْسَ الْقَرَارُ (٦٠)
قَالُوا رَبَّنَا مَن قَدَّمَ لَنَا هَٰذَا فَزِدْهُ عَذَابًا ضِعْفًا فِي النَّارِ (٦١)
23 - 38 - 457 وَقَالُوا مَا لَنَا لَا نَرَىٰ رِجَالًا كُنَّا نَعُدُّهُم مِّنَ الْأَشْرَارِ (٦٢) أَتَّخَذْنَاهُمْ
سِخْرِيًّا أَمْ زَاغَتْ عَنْهُمُ الْأَبْصَارُ (٦٣) إِنَّ ذَٰلِكَ لَحَقٌّ تَخَاصُمُ أَهْلِ
النَّارِ (٦٤) قُلْ إِنَّمَا أَنَا مُنذِرٌ وَمَا مِنْ إِلَٰهٍ إِلَّا اللَّهُ الْوَاحِدُ الْقَهَّارُ (٦٥)
رَبُّ السَّمَاوَاتِ وَالْأَرْضِ وَمَا بَيْنَهُمَا الْعَزِيزُ الْغَفَّارُ (٦٦) قُلْ هُوَ نَبَأٌ
عَظِيمٌ (٦٧) أَنتُمْ عَنْهُ مُعْرِضُونَ (٦٨) مَا كَانَ لِيَ مِنْ عِلْمٍ بِالْمَلَإِ الْأَعْلَىٰ
إِذْ يَخْتَصِمُونَ (٦٩) إِن يُوحَىٰ إِلَيَّ إِلَّا أَنَّمَا أَنَا نَذِيرٌ مُّبِينٌ (٧٠) إِذْ قَالَ
رَبُّكَ لِلْمَلَائِكَةِ إِنِّي خَالِقٌ بَشَرًا مِّن طِينٍ (٧١) فَإِذَا سَوَّيْتُهُ وَنَفَخْتُ
فِيهِ مِن رُّوحِي فَقَعُوا لَهُ سَاجِدِينَ (٧٢) فَسَجَدَ الْمَلَائِكَةُ كُلُّهُمْ
أَجْمَعُونَ (٧٣) إِلَّا إِبْلِيسَ اسْتَكْبَرَ وَكَانَ مِنَ الْكَافِرِينَ (٧٤) قَالَ
يَا إِبْلِيسُ مَا مَنَعَكَ أَن تَسْجُدَ لِمَا خَلَقْتُ بِيَدَيَّ أَسْتَكْبَرْتَ أَمْ كُنتَ
مِنَ الْعَالِينَ (٧٥) قَالَ أَنَا خَيْرٌ مِّنْهُ خَلَقْتَنِي مِن نَّارٍ وَخَلَقْتَهُ مِن
طِينٍ (٧٦) قَالَ فَاخْرُجْ مِنْهَا فَإِنَّكَ رَجِيمٌ (٧٧) وَإِنَّ عَلَيْكَ لَعْنَتِي إِلَىٰ يَوْمِ
الدِّينِ (٧٨) قَالَ رَبِّ فَأَنظِرْنِي إِلَىٰ يَوْمِ يُبْعَثُونَ (٧٩) قَالَ فَإِنَّكَ مِنَ
الْمُنظَرِينَ (٨٠) إِلَىٰ يَوْمِ الْوَقْتِ الْمَعْلُومِ (٨١) قَالَ فَبِعِزَّتِكَ
لَأُغْوِيَنَّهُمْ أَجْمَعِينَ (٨٢) إِلَّا عِبَادَكَ مِنْهُمُ الْمُخْلَصِينَ (٨٣)
23 - 38 - 458 قَالَ فَالْحَقُّ وَالْحَقَّ أَقُولُ (٨٤) لَأَمْلَأَنَّ جَهَنَّمَ مِنكَ وَمِمَّن تَبِعَكَ مِنْهُمْ
أَجْمَعِينَ (٨٥) قُلْ مَا أَسْأَلُكُمْ عَلَيْهِ مِنْ أَجْرٍ وَمَا أَنَا مِنَ الْمُتَكَلِّفِينَ (٨٦)
إِنْ هُوَ إِلَّا ذِكْرٌ لِّلْعَالَمِينَ (٨٧) وَلَتَعْلَمُنَّ نَبَأَهُ بَعْدَ حِينٍ (٨٨)

سُورَةُ الزُّمَرِ

بِسْمِ اللَّهِ الرَّحْمَٰنِ الرَّحِيمِ

تَنزِيلُ الْكِتَابِ مِنَ اللَّهِ الْعَزِيزِ الْحَكِيمِ (١) إِنَّا أَنزَلْنَا إِلَيْكَ
الْكِتَابَ بِالْحَقِّ فَاعْبُدِ اللَّهَ مُخْلِصًا لَّهُ الدِّينَ (٢) أَلَا
لِلَّهِ الدِّينُ الْخَالِصُ وَالَّذِينَ اتَّخَذُوا مِن دُونِهِ أَوْلِيَاءَ
مَا نَعْبُدُهُمْ إِلَّا لِيُقَرِّبُونَا إِلَى اللَّهِ زُلْفَىٰ إِنَّ اللَّهَ يَحْكُمُ
بَيْنَهُمْ فِي مَا هُمْ فِيهِ يَخْتَلِفُونَ إِنَّ اللَّهَ لَا يَهْدِي مَنْ هُوَ
كَاذِبٌ كَفَّارٌ (٣) لَّوْ أَرَادَ اللَّهُ أَن يَتَّخِذَ وَلَدًا لَّاصْطَفَىٰ
مِمَّا يَخْلُقُ مَا يَشَاءُ سُبْحَانَهُ هُوَ اللَّهُ الْوَاحِدُ الْقَهَّارُ (٤)
خَلَقَ السَّمَاوَاتِ وَالْأَرْضَ بِالْحَقِّ يُكَوِّرُ اللَّيْلَ عَلَى
النَّهَارِ وَيُكَوِّرُ النَّهَارَ عَلَى اللَّيْلِ وَسَخَّرَ الشَّمْسَ وَالْقَمَرَ
كُلٌّ يَجْرِي لِأَجَلٍ مُّسَمًّى أَلَا هُوَ الْعَزِيزُ الْغَفَّارُ (٥)
23 - 38 - 459 خَلَقَكُم مِّن نَّفْسٍ وَاحِدَةٍ ثُمَّ جَعَلَ مِنْهَا زَوْجَهَا وَأَنزَلَ لَكُم
مِّنَ الْأَنْعَامِ ثَمَانِيَةَ أَزْوَاجٍ يَخْلُقُكُمْ فِي بُطُونِ أُمَّهَاتِكُمْ
خَلْقًا مِّن بَعْدِ خَلْقٍ فِي ظُلُمَاتٍ ثَلَاثٍ ذَٰلِكُمُ اللَّهُ رَبُّكُمْ لَهُ
الْمُلْكُ لَا إِلَٰهَ إِلَّا هُوَ فَأَنَّىٰ تُصْرَفُونَ (٦) إِن تَكْفُرُوا فَإِنَّ
اللَّهَ غَنِيٌّ عَنكُمْ وَلَا يَرْضَىٰ لِعِبَادِهِ الْكُفْرَ وَإِن تَشْكُرُوا يَرْضَهُ
لَكُمْ وَلَا تَزِرُ وَازِرَةٌ وِزْرَ أُخْرَىٰ ثُمَّ إِلَىٰ رَبِّكُم مَّرْجِعُكُمْ
فَيُنَبِّئُكُم بِمَا كُنتُمْ تَعْمَلُونَ إِنَّهُ عَلِيمٌ بِذَاتِ الصُّدُورِ (٧)
۞ وَإِذَا مَسَّ الْإِنسَانَ ضُرٌّ دَعَا رَبَّهُ مُنِيبًا إِلَيْهِ ثُمَّ إِذَا خَوَّلَهُ نِعْمَةً
مِّنْهُ نَسِيَ مَا كَانَ يَدْعُو إِلَيْهِ مِن قَبْلُ وَجَعَلَ لِلَّهِ أَندَادًا لِّيُضِلَّ
عَن سَبِيلِهِ قُلْ تَمَتَّعْ بِكُفْرِكَ قَلِيلًا إِنَّكَ مِنْ أَصْحَابِ النَّارِ (٨)
أَمَّنْ هُوَ قَانِتٌ آنَاءَ اللَّيْلِ سَاجِدًا وَقَائِمًا يَحْذَرُ الْآخِرَةَ
وَيَرْجُو رَحْمَةَ رَبِّهِ قُلْ هَلْ يَسْتَوِي الَّذِينَ يَعْلَمُونَ وَالَّذِينَ
لَا يَعْلَمُونَ إِنَّمَا يَتَذَكَّرُ أُولُو الْأَلْبَابِ (٩) قُلْ يَا عِبَادِ الَّذِينَ
آمَنُوا اتَّقُوا رَبَّكُمْ لِلَّذِينَ أَحْسَنُوا فِي هَٰذِهِ الدُّنْيَا حَسَنَةٌ
وَأَرْضُ اللَّهِ وَاسِعَةٌ إِنَّمَا يُوَفَّى الصَّابِرُونَ أَجْرَهُم بِغَيْرِ حِسَابٍ (١٠)
23 - 39 - 460 قُلْ إِنِّي أُمِرْتُ أَنْ أَعْبُدَ اللَّهَ مُخْلِصًا لَّهُ الدِّينَ (١١) وَأُمِرْتُ لِأَنْ أَكُونَ
أَوَّلَ الْمُسْلِمِينَ (١٢) قُلْ إِنِّي أَخَافُ إِنْ عَصَيْتُ رَبِّي عَذَابَ يَوْمٍ
عَظِيمٍ (١٣) قُلِ اللَّهَ أَعْبُدُ مُخْلِصًا لَّهُ دِينِي (١٤) فَاعْبُدُوا مَا شِئْتُم مِّن
دُونِهِ قُلْ إِنَّ الْخَاسِرِينَ الَّذِينَ خَسِرُوا أَنفُسَهُمْ وَأَهْلِيهِمْ يَوْمَ الْقِيَامَةِ
أَلَا ذَٰلِكَ هُوَ الْخُسْرَانُ الْمُبِينُ (١٥) لَهُم مِّن فَوْقِهِمْ ظُلَلٌ مِّنَ النَّارِ
وَمِن تَحْتِهِمْ ظُلَلٌ ذَٰلِكَ يُخَوِّفُ اللَّهُ بِهِ عِبَادَهُ يَا عِبَادِ فَاتَّقُونِ (١٦)
وَالَّذِينَ اجْتَنَبُوا الطَّاغُوتَ أَن يَعْبُدُوهَا وَأَنَابُوا إِلَى اللَّهِ لَهُمُ الْبُشْرَىٰ
فَبَشِّرْ عِبَادِ (١٧) الَّذِينَ يَسْتَمِعُونَ الْقَوْلَ فَيَتَّبِعُونَ أَحْسَنَهُ
أُولَٰئِكَ الَّذِينَ هَدَاهُمُ اللَّهُ وَأُولَٰئِكَ هُمْ أُولُو الْأَلْبَابِ (١٨)
أَفَمَنْ حَقَّ عَلَيْهِ كَلِمَةُ الْعَذَابِ أَفَأَنتَ تُنقِذُ مَن فِي النَّارِ (١٩)
لَٰكِنِ الَّذِينَ اتَّقَوْا رَبَّهُمْ لَهُمْ غُرَفٌ مِّن فَوْقِهَا غُرَفٌ مَّبْنِيَّةٌ تَجْرِي
مِن تَحْتِهَا الْأَنْهَارُ وَعْدَ اللَّهِ لَا يُخْلِفُ اللَّهُ الْمِيعَادَ (٢٠) أَلَمْ تَرَ
أَنَّ اللَّهَ أَنزَلَ مِنَ السَّمَاءِ مَاءً فَسَلَكَهُ يَنَابِيعَ فِي الْأَرْضِ ثُمَّ
يُخْرِجُ بِهِ زَرْعًا مُّخْتَلِفًا أَلْوَانُهُ ثُمَّ يَهِيجُ فَتَرَاهُ مُصْفَرًّا ثُمَّ
يَجْعَلُهُ حُطَامًا إِنَّ فِي ذَٰلِكَ لَذِكْرَىٰ لِأُولِي الْأَلْبَابِ (٢١)
23 - 39 - 461 أَفَمَن شَرَحَ اللَّهُ صَدْرَهُ لِلْإِسْلَامِ فَهُوَ عَلَىٰ نُورٍ مِّن رَّبِّهِ فَوَيْلٌ
لِّلْقَاسِيَةِ قُلُوبُهُم مِّن ذِكْرِ اللَّهِ أُولَٰئِكَ فِي ضَلَالٍ مُّبِينٍ (٢٢)
اللَّهُ نَزَّلَ أَحْسَنَ الْحَدِيثِ كِتَابًا مُّتَشَابِهًا مَّثَانِيَ تَقْشَعِرُّ مِنْهُ
جُلُودُ الَّذِينَ يَخْشَوْنَ رَبَّهُمْ ثُمَّ تَلِينُ جُلُودُهُمْ وَقُلُوبُهُمْ
إِلَىٰ ذِكْرِ اللَّهِ ذَٰلِكَ هُدَى اللَّهِ يَهْدِي بِهِ مَن يَشَاءُ وَمَن
يُضْلِلِ اللَّهُ فَمَا لَهُ مِنْ هَادٍ (٢٣) أَفَمَن يَتَّقِي بِوَجْهِهِ سُوءَ
الْعَذَابِ يَوْمَ الْقِيَامَةِ وَقِيلَ لِلظَّالِمِينَ ذُوقُوا مَا كُنتُمْ تَكْسِبُونَ (٢٤)
كَذَّبَ الَّذِينَ مِن قَبْلِهِمْ فَأَتَاهُمُ الْعَذَابُ مِنْ حَيْثُ
لَا يَشْعُرُونَ (٢٥) فَأَذَاقَهُمُ اللَّهُ الْخِزْيَ فِي الْحَيَاةِ الدُّنْيَا وَلَعَذَابُ
الْآخِرَةِ أَكْبَرُ لَوْ كَانُوا يَعْلَمُونَ (٢٦) وَلَقَدْ ضَرَبْنَا لِلنَّاسِ فِي
هَٰذَا الْقُرْآنِ مِن كُلِّ مَثَلٍ لَّعَلَّهُمْ يَتَذَكَّرُونَ (٢٧) قُرْآنًا عَرَبِيًّا
غَيْرَ ذِي عِوَجٍ لَّعَلَّهُمْ يَتَّقُونَ (٢٨) ضَرَبَ اللَّهُ مَثَلًا رَّجُلًا فِيهِ
شُرَكَاءُ مُتَشَاكِسُونَ وَرَجُلًا سَلَمًا لِّرَجُلٍ هَلْ يَسْتَوِيَانِ مَثَلًا
الْحَمْدُ لِلَّهِ بَلْ أَكْثَرُهُمْ لَا يَعْلَمُونَ (٢٩) إِنَّكَ مَيِّتٌ وَإِنَّهُم
مَّيِّتُونَ (٣٠) ثُمَّ إِنَّكُمْ يَوْمَ الْقِيَامَةِ عِندَ رَبِّكُمْ تَخْتَصِمُونَ (٣١)
24 - 39 - 462 ۞ فَمَنْ أَظْلَمُ مِمَّن كَذَبَ عَلَى اللَّهِ وَكَذَّبَ بِالصِّدْقِ
إِذْ جَاءَهُ أَلَيْسَ فِي جَهَنَّمَ مَثْوًى لِّلْكَافِرِينَ (٣٢) وَالَّذِي
جَاءَ بِالصِّدْقِ وَصَدَّقَ بِهِ أُولَٰئِكَ هُمُ الْمُتَّقُونَ (٣٣)
لَهُم مَّا يَشَاءُونَ عِندَ رَبِّهِمْ ذَٰلِكَ جَزَاءُ الْمُحْسِنِينَ (٣٤)
لِيُكَفِّرَ اللَّهُ عَنْهُمْ أَسْوَأَ الَّذِي عَمِلُوا وَيَجْزِيَهُمْ أَجْرَهُم
بِأَحْسَنِ الَّذِي كَانُوا يَعْمَلُونَ (٣٥) أَلَيْسَ اللَّهُ بِكَافٍ
عَبْدَهُ وَيُخَوِّفُونَكَ بِالَّذِينَ مِن دُونِهِ وَمَن يُضْلِلِ اللَّهُ
فَمَا لَهُ مِنْ هَادٍ (٣٦) وَمَن يَهْدِ اللَّهُ فَمَا لَهُ مِن مُّضِلٍّ
أَلَيْسَ اللَّهُ بِعَزِيزٍ ذِي انتِقَامٍ (٣٧) وَلَئِن سَأَلْتَهُم مَّنْ خَلَقَ
السَّمَاوَاتِ وَالْأَرْضَ لَيَقُولُنَّ اللَّهُ قُلْ أَفَرَأَيْتُم مَّا تَدْعُونَ
مِن دُونِ اللَّهِ إِنْ أَرَادَنِيَ اللَّهُ بِضُرٍّ هَلْ هُنَّ كَاشِفَاتُ
ضُرِّهِ أَوْ أَرَادَنِي بِرَحْمَةٍ هَلْ هُنَّ مُمْسِكَاتُ رَحْمَتِهِ
قُلْ حَسْبِيَ اللَّهُ عَلَيْهِ يَتَوَكَّلُ الْمُتَوَكِّلُونَ (٣٨) قُلْ يَا قَوْمِ
اعْمَلُوا عَلَىٰ مَكَانَتِكُمْ إِنِّي عَامِلٌ فَسَوْفَ تَعْلَمُونَ (٣٩)
مَن يَأْتِيهِ عَذَابٌ يُخْزِيهِ وَيَحِلُّ عَلَيْهِ عَذَابٌ مُّقِيمٌ (٤٠)
24 - 39 - 463 إِنَّا أَنزَلْنَا عَلَيْكَ الْكِتَابَ لِلنَّاسِ بِالْحَقِّ فَمَنِ اهْتَدَىٰ
فَلِنَفْسِهِ وَمَن ضَلَّ فَإِنَّمَا يَضِلُّ عَلَيْهَا وَمَا أَنتَ عَلَيْهِم
بِوَكِيلٍ (٤١) اللَّهُ يَتَوَفَّى الْأَنفُسَ حِينَ مَوْتِهَا وَالَّتِي
لَمْ تَمُتْ فِي مَنَامِهَا فَيُمْسِكُ الَّتِي قَضَىٰ عَلَيْهَا الْمَوْتَ
وَيُرْسِلُ الْأُخْرَىٰ إِلَىٰ أَجَلٍ مُّسَمًّى إِنَّ فِي ذَٰلِكَ لَآيَاتٍ لِّقَوْمٍ
يَتَفَكَّرُونَ (٤٢) أَمِ اتَّخَذُوا مِن دُونِ اللَّهِ شُفَعَاءَ قُلْ
أَوَلَوْ كَانُوا لَا يَمْلِكُونَ شَيْئًا وَلَا يَعْقِلُونَ (٤٣) قُل
لِّلَّهِ الشَّفَاعَةُ جَمِيعًا لَّهُ مُلْكُ السَّمَاوَاتِ وَالْأَرْضِ ثُمَّ
إِلَيْهِ تُرْجَعُونَ (٤٤) وَإِذَا ذُكِرَ اللَّهُ وَحْدَهُ اشْمَأَزَّتْ
قُلُوبُ الَّذِينَ لَا يُؤْمِنُونَ بِالْآخِرَةِ وَإِذَا ذُكِرَ الَّذِينَ مِن
دُونِهِ إِذَا هُمْ يَسْتَبْشِرُونَ (٤٥) قُلِ اللَّهُمَّ فَاطِرَ السَّمَاوَاتِ
وَالْأَرْضِ عَالِمَ الْغَيْبِ وَالشَّهَادَةِ أَنتَ تَحْكُمُ بَيْنَ عِبَادِكَ
فِي مَا كَانُوا فِيهِ يَخْتَلِفُونَ (٤٦) وَلَوْ أَنَّ لِلَّذِينَ ظَلَمُوا مَا فِي
الْأَرْضِ جَمِيعًا وَمِثْلَهُ مَعَهُ لَافْتَدَوْا بِهِ مِن سُوءِ الْعَذَابِ
يَوْمَ الْقِيَامَةِ وَبَدَا لَهُم مِّنَ اللَّهِ مَا لَمْ يَكُونُوا يَحْتَسِبُونَ (٤٧)
24 - 39 - 464 وَبَدَا لَهُمْ سَيِّئَاتُ مَا كَسَبُوا وَحَاقَ بِهِم مَّا كَانُوا بِهِ
يَسْتَهْزِئُونَ (٤٨) فَإِذَا مَسَّ الْإِنسَانَ ضُرٌّ دَعَانَا ثُمَّ إِذَا خَوَّلْنَاهُ
نِعْمَةً مِّنَّا قَالَ إِنَّمَا أُوتِيتُهُ عَلَىٰ عِلْمٍ بَلْ هِيَ فِتْنَةٌ وَلَٰكِنَّ
أَكْثَرَهُمْ لَا يَعْلَمُونَ (٤٩) قَدْ قَالَهَا الَّذِينَ مِن قَبْلِهِمْ فَمَا
أَغْنَىٰ عَنْهُم مَّا كَانُوا يَكْسِبُونَ (٥٠) فَأَصَابَهُمْ سَيِّئَاتُ
مَا كَسَبُوا وَالَّذِينَ ظَلَمُوا مِنْ هَٰؤُلَاءِ سَيُصِيبُهُمْ سَيِّئَاتُ
مَا كَسَبُوا وَمَا هُم بِمُعْجِزِينَ (٥١) أَوَلَمْ يَعْلَمُوا أَنَّ اللَّهَ يَبْسُطُ
الرِّزْقَ لِمَن يَشَاءُ وَيَقْدِرُ إِنَّ فِي ذَٰلِكَ لَآيَاتٍ لِّقَوْمٍ يُؤْمِنُونَ (٥٢)
۞ قُلْ يَا عِبَادِيَ الَّذِينَ أَسْرَفُوا عَلَىٰ أَنفُسِهِمْ لَا تَقْنَطُوا
مِن رَّحْمَةِ اللَّهِ إِنَّ اللَّهَ يَغْفِرُ الذُّنُوبَ جَمِيعًا إِنَّهُ هُوَ
الْغَفُورُ الرَّحِيمُ (٥٣) وَأَنِيبُوا إِلَىٰ رَبِّكُمْ وَأَسْلِمُوا لَهُ مِن
قَبْلِ أَن يَأْتِيَكُمُ الْعَذَابُ ثُمَّ لَا تُنصَرُونَ (٥٤) وَاتَّبِعُوا أَحْسَنَ
مَا أُنزِلَ إِلَيْكُم مِّن رَّبِّكُم مِّن قَبْلِ أَن يَأْتِيَكُمُ الْعَذَابُ
بَغْتَةً وَأَنتُمْ لَا تَشْعُرُونَ (٥٥) أَن تَقُولَ نَفْسٌ يَا حَسْرَتَىٰ
عَلَىٰ مَا فَرَّطتُ فِي جَنبِ اللَّهِ وَإِن كُنتُ لَمِنَ السَّاخِرِينَ (٥٦)
24 - 39 - 465 أَوْ تَقُولَ لَوْ أَنَّ اللَّهَ هَدَانِي لَكُنتُ مِنَ الْمُتَّقِينَ (٥٧) أَوْ تَقُولَ
حِينَ تَرَى الْعَذَابَ لَوْ أَنَّ لِي كَرَّةً فَأَكُونَ مِنَ الْمُحْسِنِينَ (٥٨)
بَلَىٰ قَدْ جَاءَتْكَ آيَاتِي فَكَذَّبْتَ بِهَا وَاسْتَكْبَرْتَ وَكُنتَ
مِنَ الْكَافِرِينَ (٥٩) وَيَوْمَ الْقِيَامَةِ تَرَى الَّذِينَ كَذَبُوا عَلَى
اللَّهِ وُجُوهُهُم مُّسْوَدَّةٌ أَلَيْسَ فِي جَهَنَّمَ مَثْوًى لِّلْمُتَكَبِّرِينَ (٦٠)
وَيُنَجِّي اللَّهُ الَّذِينَ اتَّقَوْا بِمَفَازَتِهِمْ لَا يَمَسُّهُمُ السُّوءُ
وَلَا هُمْ يَحْزَنُونَ (٦١) اللَّهُ خَالِقُ كُلِّ شَيْءٍ وَهُوَ عَلَىٰ كُلِّ
شَيْءٍ وَكِيلٌ (٦٢) لَّهُ مَقَالِيدُ السَّمَاوَاتِ وَالْأَرْضِ وَالَّذِينَ
كَفَرُوا بِآيَاتِ اللَّهِ أُولَٰئِكَ هُمُ الْخَاسِرُونَ (٦٣) قُلْ
أَفَغَيْرَ اللَّهِ تَأْمُرُونِّي أَعْبُدُ أَيُّهَا الْجَاهِلُونَ (٦٤) وَلَقَدْ
أُوحِيَ إِلَيْكَ وَإِلَى الَّذِينَ مِن قَبْلِكَ لَئِنْ أَشْرَكْتَ
لَيَحْبَطَنَّ عَمَلُكَ وَلَتَكُونَنَّ مِنَ الْخَاسِرِينَ (٦٥) بَلِ
اللَّهَ فَاعْبُدْ وَكُن مِّنَ الشَّاكِرِينَ (٦٦) وَمَا قَدَرُوا اللَّهَ حَقَّ
قَدْرِهِ وَالْأَرْضُ جَمِيعًا قَبْضَتُهُ يَوْمَ الْقِيَامَةِ وَالسَّمَاوَاتُ
مَطْوِيَّاتٌ بِيَمِينِهِ سُبْحَانَهُ وَتَعَالَىٰ عَمَّا يُشْرِكُونَ (٦٧)
24 - 39 - 466 وَنُفِخَ فِي الصُّورِ فَصَعِقَ مَن فِي السَّمَاوَاتِ وَمَن فِي الْأَرْضِ
إِلَّا مَن شَاءَ اللَّهُ ثُمَّ نُفِخَ فِيهِ أُخْرَىٰ فَإِذَا هُمْ قِيَامٌ يَنظُرُونَ (٦٨)
وَأَشْرَقَتِ الْأَرْضُ بِنُورِ رَبِّهَا وَوُضِعَ الْكِتَابُ وَجِيءَ
بِالنَّبِيِّينَ وَالشُّهَدَاءِ وَقُضِيَ بَيْنَهُم بِالْحَقِّ وَهُمْ لَا يُظْلَمُونَ (٦٩)
وَوُفِّيَتْ كُلُّ نَفْسٍ مَّا عَمِلَتْ وَهُوَ أَعْلَمُ بِمَا يَفْعَلُونَ (٧٠)
وَسِيقَ الَّذِينَ كَفَرُوا إِلَىٰ جَهَنَّمَ زُمَرًا حَتَّىٰ إِذَا جَاءُوهَا
فُتِحَتْ أَبْوَابُهَا وَقَالَ لَهُمْ خَزَنَتُهَا أَلَمْ يَأْتِكُمْ رُسُلٌ مِّنكُمْ
يَتْلُونَ عَلَيْكُمْ آيَاتِ رَبِّكُمْ وَيُنذِرُونَكُمْ لِقَاءَ يَوْمِكُمْ
هَٰذَا قَالُوا بَلَىٰ وَلَٰكِنْ حَقَّتْ كَلِمَةُ الْعَذَابِ عَلَى الْكَافِرِينَ (٧١)
قِيلَ ادْخُلُوا أَبْوَابَ جَهَنَّمَ خَالِدِينَ فِيهَا فَبِئْسَ مَثْوَى
الْمُتَكَبِّرِينَ (٧٢) وَسِيقَ الَّذِينَ اتَّقَوْا رَبَّهُمْ إِلَى الْجَنَّةِ
زُمَرًا حَتَّىٰ إِذَا جَاءُوهَا وَفُتِحَتْ أَبْوَابُهَا وَقَالَ لَهُمْ خَزَنَتُهَا
سَلَامٌ عَلَيْكُمْ طِبْتُمْ فَادْخُلُوهَا خَالِدِينَ (٧٣) وَقَالُوا
الْحَمْدُ لِلَّهِ الَّذِي صَدَقَنَا وَعْدَهُ وَأَوْرَثَنَا الْأَرْضَ
نَتَبَوَّأُ مِنَ الْجَنَّةِ حَيْثُ نَشَاءُ فَنِعْمَ أَجْرُ الْعَامِلِينَ (٧٤)
24 - 39 - 467 وَتَرَى الْمَلَائِكَةَ حَافِّينَ مِنْ حَوْلِ الْعَرْشِ يُسَبِّحُونَ بِحَمْدِ
رَبِّهِمْ وَقُضِيَ بَيْنَهُم بِالْحَقِّ وَقِيلَ الْحَمْدُ لِلَّهِ رَبِّ الْعَالَمِينَ (٧٥)

سُورَةُ غَافِرٍ

بِسْمِ اللَّهِ الرَّحْمَٰنِ الرَّحِيمِ

حم (١) تَنزِيلُ الْكِتَابِ مِنَ اللَّهِ الْعَزِيزِ الْعَلِيمِ (٢) غَافِرِ الذَّنبِ
وَقَابِلِ التَّوْبِ شَدِيدِ الْعِقَابِ ذِي الطَّوْلِ لَا إِلَٰهَ إِلَّا هُوَ إِلَيْهِ
الْمَصِيرُ (٣) مَا يُجَادِلُ فِي آيَاتِ اللَّهِ إِلَّا الَّذِينَ كَفَرُوا فَلَا يَغْرُرْكَ
تَقَلُّبُهُمْ فِي الْبِلَادِ (٤) كَذَّبَتْ قَبْلَهُمْ قَوْمُ نُوحٍ وَالْأَحْزَابُ
مِن بَعْدِهِمْ وَهَمَّتْ كُلُّ أُمَّةٍ بِرَسُولِهِمْ لِيَأْخُذُوهُ
وَجَادَلُوا بِالْبَاطِلِ لِيُدْحِضُوا بِهِ الْحَقَّ فَأَخَذْتُهُمْ فَكَيْفَ
كَانَ عِقَابِ (٥) وَكَذَٰلِكَ حَقَّتْ كَلِمَتُ رَبِّكَ عَلَى الَّذِينَ
كَفَرُوا أَنَّهُمْ أَصْحَابُ النَّارِ (٦) الَّذِينَ يَحْمِلُونَ الْعَرْشَ
وَمَنْ حَوْلَهُ يُسَبِّحُونَ بِحَمْدِ رَبِّهِمْ وَيُؤْمِنُونَ بِهِ وَيَسْتَغْفِرُونَ
لِلَّذِينَ آمَنُوا رَبَّنَا وَسِعْتَ كُلَّ شَيْءٍ رَّحْمَةً وَعِلْمًا فَاغْفِرْ
لِلَّذِينَ تَابُوا وَاتَّبَعُوا سَبِيلَكَ وَقِهِمْ عَذَابَ الْجَحِيمِ (٧)

40.Ghafir [7] - ٤٠ غافر

24-40-468 ربنا وأدخلهم جنات عدن التي وعدتهم ومن صلح
من آبائهم وأزواجهم وذرياتهم إنك أنت العزيز
الحكيم ٨ وقهم السيئات ومن تق السيئات
يومئذ فقد رحمته وذلك هو الفوز العظيم ٩ إن
الذين كفروا ينادون لمقت الله أكبر من مقتكم
أنفسكم إذ تدعون إلى الإيمان فتكفرون ١٠ قالوا ربنا
أمتنا اثنتين وأحييتنا اثنتين فاعترفنا بذنوبنا فهل
إلى خروج من سبيل ١١ ذلكم بأنه إذا دعي الله
وحده كفرتم وإن يشرك به تؤمنوا فالحكم لله
العلي الكبير ١٢ هو الذي يريكم آياته وينزل لكم من
السماء رزقا وما يتذكر إلا من ينيب ١٣ فادعوا الله
مخلصين له الدين ولو كره الكافرون ١٤ رفيع
الدرجات ذو العرش يلقي الروح من أمره على من يشاء
من عباده لينذر يوم التلاق ١٥ يوم هم بارزون لا يخفى
على الله منهم شيء لمن الملك اليوم لله الواحد القهار ١٦
24-40-469 اليوم تجزى كل نفس بما كسبت لا ظلم اليوم إن
الله سريع الحساب ١٧ وأنذرهم يوم الآزفة إذ القلوب
لدى الحناجر كاظمين ما للظالمين من حميم ولا شفيع
يطاع ١٨ يعلم خائنة الأعين وما تخفي الصدور ١٩ والله
يقضي بالحق والذين يدعون من دونه لا يقضون
بشيء إن الله هو السميع البصير ٢٠ أولم يسيروا في
الأرض فينظروا كيف كان عاقبة الذين كانوا من قبلهم
كانوا هم أشد منهم قوة وآثارا في الأرض فأخذهم الله
بذنوبهم وما كان لهم من الله من واق ٢١ ذلك بأنهم
كانت تأتيهم رسلهم بالبينات فكفروا فأخذهم الله
إنه قوي شديد العقاب ٢٢ ولقد أرسلنا موسى بآياتنا
وسلطان مبين ٢٣ إلى فرعون وهامان وقارون
فقالوا ساحر كذاب ٢٤ فلما جاءهم بالحق من
عندنا قالوا اقتلوا أبناء الذين آمنوا معه واستحيوا
نساءهم وما كيد الكافرين إلا في ضلال ٢٥
24-40-470 وقال فرعون ذروني أقتل موسى وليدع ربه إني أخاف
أن يبدل دينكم أو أن يظهر في الأرض الفساد ٢٦
وقال موسى إني عذت بربي وربكم من كل متكبر لا يؤمن
بيوم الحساب ٢٧ وقال رجل مؤمن من آل فرعون
يكتم إيمانه أتقتلون رجلا أن يقول ربي الله وقد
جاءكم بالبينات من ربكم وإن يك كاذبا فعليه
كذبه وإن يك صادقا يصبكم بعض الذي يعدكم
إن الله لا يهدي من هو مسرف كذاب ٢٨ يا قوم لكم
الملك اليوم ظاهرين في الأرض فمن ينصرنا من بأس الله
إن جاءنا قال فرعون ما أريكم إلا ما أرى وما أهديكم
إلا سبيل الرشاد ٢٩ وقال الذي آمن يا قوم إني أخاف
عليكم مثل يوم الأحزاب ٣٠ مثل دأب قوم نوح وعاد
وثمود والذين من بعدهم وما الله يريد ظلما للعباد ٣١
ويا قوم إني أخاف عليكم يوم التناد ٣٢ يوم تولون مدبرين
ما لكم من الله من عاصم ومن يضلل الله فما له من هاد ٣٣
24-40-471 ولقد جاءكم يوسف من قبل بالبينات فما زلتم في
شك مما جاءكم به حتى إذا هلك قلتم لن يبعث الله
من بعده رسولا كذلك يضل الله من هو مسرف
مرتاب ٣٤ الذين يجادلون في آيات الله بغير سلطان
أتاهم كبر مقتا عند الله وعند الذين آمنوا كذلك
يطبع الله على كل قلب متكبر جبار ٣٥ وقال فرعون
يا هامان ابن لي صرحا لعلي أبلغ الأسباب ٣٦ أسباب
السماوات فأطلع إلى إله موسى وإني لأظنه كاذبا
وكذلك زين لفرعون سوء عمله وصد عن السبيل
وما كيد فرعون إلا في تباب ٣٧ وقال الذي آمن
يا قوم اتبعون أهدكم سبيل الرشاد ٣٨ يا قوم
إنما هذه الحياة الدنيا متاع وإن الآخرة هي
دار القرار ٣٩ من عمل سيئة فلا يجزى إلا مثلها
ومن عمل صالحا من ذكر أو أنثى وهو مؤمن فأولئك
يدخلون الجنة يرزقون فيها بغير حساب ٤٠
24-40-472 ۞ ويا قوم ما لي أدعوكم إلى النجاة وتدعونني إلى النار ٤١
تدعونني لأكفر بالله وأشرك به ما ليس لي به
علم وأنا أدعوكم إلى العزيز الغفار ٤٢ لا جرم أنما
تدعونني إليه ليس له دعوة في الدنيا ولا في الآخرة
وأن مردنا إلى الله وأن المسرفين هم أصحاب النار ٤٣
فستذكرون ما أقول لكم وأفوض أمري إلى الله
إن الله بصير بالعباد ٤٤ فوقاه الله سيئات ما مكروا
وحاق بآل فرعون سوء العذاب ٤٥ النار يعرضون
عليها غدوا وعشيا ويوم تقوم الساعة أدخلوا آل
فرعون أشد العذاب ٤٦ وإذ يتحاجون في النار

فيقول الضعفاء للذين استكبروا إنا كنا لكم
تبعا فهل أنتم مغنون عنا نصيبا من النار ٤٧ قال
الذين استكبروا إنا كل فيها إن الله قد حكم
بين العباد ٤٨ وقال الذين في النار لخزنة جهنم
ادعوا ربكم يخفف عنا يوما من العذاب ٤٩
24-40-473 قالوا أولم تك تأتيكم رسلكم بالبينات قالوا بلى
قالوا فادعوا وما دعاء الكافرين إلا في ضلال ٥٠
إنا لننصر رسلنا والذين آمنوا في الحياة الدنيا
ويوم يقوم الأشهاد ٥١ يوم لا ينفع الظالمين معذرتهم
ولهم اللعنة ولهم سوء الدار ٥٢ ولقد آتينا موسى
الهدى وأورثنا بني إسرائيل الكتاب ٥٣ هدى
وذكرى لأولي الألباب ٥٤ فاصبر إن وعد الله
حق واستغفر لذنبك وسبح بحمد ربك بالعشي
والإبكار ٥٥ إن الذين يجادلون في آيات الله
بغير سلطان أتاهم إن في صدورهم إلا كبر
ما هم ببالغيه فاستعذ بالله إنه هو السميع
البصير ٥٦ لخلق السماوات والأرض أكبر من
خلق الناس ولكن أكثر الناس لا يعلمون ٥٧
وما يستوي الأعمى والبصير والذين آمنوا وعملوا
الصالحات ولا المسيء قليلا ما تتذكرون ٥٨
24-40-474 إن الساعة لآتية لا ريب فيها ولكن أكثر الناس
لا يؤمنون ٥٩ وقال ربكم ادعوني أستجب لكم
إن الذين يستكبرون عن عبادتي سيدخلون جهنم
داخرين ٦٠ الله الذي جعل لكم الليل لتسكنوا
فيه والنهار مبصرا إن الله لذو فضل على الناس ولكن
أكثر الناس لا يشكرون ٦١ ذلكم الله ربكم
خالق كل شيء لا إله إلا هو فأنى تؤفكون ٦٢
كذلك يؤفك الذين كانوا بآيات الله يجحدون ٦٣
الله الذي جعل لكم الأرض قرارا والسماء بناء
وصوركم فأحسن صوركم ورزقكم من
الطيبات ذلكم الله ربكم فتبارك الله رب
العالمين ٦٤ هو الحي لا إله إلا هو فادعوه مخلصين
له الدين الحمد لله رب العالمين ٦٥ ۞ قل إني
نهيت أن أعبد الذين تدعون من دون الله لما جاءني
البينات من ربي وأمرت أن أسلم لرب العالمين ٦٦
24-40-475 هو الذي خلقكم من تراب ثم من نطفة ثم من علقة ثم
يخرجكم طفلا ثم لتبلغوا أشدكم ثم لتكونوا شيوخا
ومنكم من يتوفى من قبل ولتبلغوا أجلا مسمى ولعلكم
تعقلون ٦٧ هو الذي يحيي ويميت فإذا قضى أمرا فإنما
يقول له كن فيكون ٦٨ ألم تر إلى الذين يجادلون
في آيات الله أنى يصرفون ٦٩ الذين كذبوا بالكتاب
وبما أرسلنا به رسلنا فسوف يعلمون ٧٠ إذ الأغلال
في أعناقهم والسلاسل يسحبون ٧١ في الحميم
ثم في النار يسجرون ٧٢ ثم قيل لهم أين ما كنتم
تشركون ٧٣ من دون الله قالوا ضلوا عنا بل لم نكن
ندعوا من قبل شيئا كذلك يضل الله الكافرين ٧٤
ذلكم بما كنتم تفرحون في الأرض بغير الحق وبما كنتم
تمرحون ٧٥ ادخلوا أبواب جهنم خالدين فيها فبئس مثوى
المتكبرين ٧٦ فاصبر إن وعد الله حق فإما نرينك
بعض الذي نعدهم أو نتوفينك فإلينا يرجعون ٧٧
24-40-476 ولقد أرسلنا رسلا من قبلك منهم من قصصنا عليك
ومنهم من لم نقصص عليك وما كان لرسول أن يأتي
بآية إلا بإذن الله فإذا جاء أمر الله قضي بالحق وخسر
هنالك المبطلون ٧٨ الله الذي جعل لكم الأنعام
لتركبوا منها ومنها تأكلون ٧٩ ولكم فيها منافع
ولتبلغوا عليها حاجة في صدوركم وعليها وعلى
الفلك تحملون ٨٠ ويريكم آياته فأي آيات الله
تنكرون ٨١ أفلم يسيروا في الأرض فينظروا كيف
كان عاقبة الذين من قبلهم كانوا أكثر منهم وأشد
قوة وآثارا في الأرض فما أغنى عنهم ما كانوا يكسبون ٨٢
فلما جاءتهم رسلهم بالبينات فرحوا بما عندهم من
العلم وحاق بهم ما كانوا به يستهزئون ٨٣ فلما رأوا
بأسنا قالوا آمنا بالله وحده وكفرنا بما كنا به
مشركين ٨٤ فلم يك ينفعهم إيمانهم لما رأوا بأسنا سنت
الله التي قد خلت في عباده وخسر هنالك الكافرون ٨٥

24-40-477

سورة فصلت

بسم الله الرحمن الرحيم

حم ١ تنزيل من الرحمن الرحيم ٢ كتاب فصلت آياته
قرآنا عربيا لقوم يعلمون ٣ بشيرا ونذيرا فأعرض أكثرهم
فهم لا يسمعون ٤ وقالوا قلوبنا في أكنة مما تدعونا إليه وفي
آذاننا وقر ومن بيننا وبينك حجاب فاعمل إننا عاملون ٥
قل إنما أنا بشر مثلكم يوحى إلي أنما إلهكم إله واحد
فاستقيموا إليه واستغفروه وويل للمشركين ٦ الذين
لا يؤتون الزكاة وهم بالآخرة هم كافرون ٧ إن الذين
آمنوا وعملوا الصالحات لهم أجر غير ممنون ٨ ۞ قل أئنكم
لتكفرون بالذي خلق الأرض في يومين وتجعلون له أندادا
ذلك رب العالمين ٩ وجعل فيها رواسي من فوقها
وبارك فيها وقدر فيها أقواتها في أربعة أيام سواء
للسائلين ١٠ ثم استوى إلى السماء وهي دخان فقال
لها وللأرض ائتيا طوعا أو كرها قالتا أتينا طائعين ١١
24-41-478 فقضاهن سبع سماوات في يومين وأوحى في كل سماء أمرها
وزينا السماء الدنيا بمصابيح وحفظا ذلك تقدير العزيز
العليم ١٢ فإن أعرضوا فقل أنذرتكم صاعقة مثل صاعقة
عاد وثمود ١٣ إذ جاءتهم الرسل من بين أيديهم ومن
خلفهم ألا تعبدوا إلا الله قالوا لو شاء ربنا لأنزل ملائكة
فإنا بما أرسلتم به كافرون ١٤ فأما عاد فاستكبروا في
الأرض بغير الحق وقالوا من أشد منا قوة أولم يروا أن الله
الذي خلقهم هو أشد منهم قوة وكانوا بآياتنا يجحدون ١٥
فأرسلنا عليهم ريحا صرصرا في أيام نحسات لنذيقهم
عذاب الخزي في الحياة الدنيا ولعذاب الآخرة أخزى وهم
لا ينصرون ١٦ وأما ثمود فهديناهم فاستحبوا العمى على
الهدى فأخذتهم صاعقة العذاب الهون بما كانوا يكسبون ١٧
ونجينا الذين آمنوا وكانوا يتقون ١٨ ويوم يحشر أعداء الله
إلى النار فهم يوزعون ١٩ حتى إذا ما جاءوها شهد عليهم
سمعهم وأبصارهم وجلودهم بما كانوا يعملون ٢٠
24-41-479 وقالوا لجلودهم لم شهدتم علينا قالوا أنطقنا الله الذي
أنطق كل شيء وهو خلقكم أول مرة وإليه ترجعون ٢١
وما كنتم تستترون أن يشهد عليكم سمعكم ولا أبصاركم
ولا جلودكم ولكن ظننتم أن الله لا يعلم كثيرا مما تعملون ٢٢
وذلكم ظنكم الذي ظننتم بربكم أرداكم فأصبحتم
من الخاسرين ٢٣ فإن يصبروا فالنار مثوى لهم وإن يستعتبوا
فما هم من المعتبين ٢٤ ۞ وقيضنا لهم قرناء فزينوا لهم
ما بين أيديهم وما خلفهم وحق عليهم القول في أمم قد
خلت من قبلهم من الجن والإنس إنهم كانوا خاسرين ٢٥
وقال الذين كفروا لا تسمعوا لهذا القرآن والغوا فيه
لعلكم تغلبون ٢٦ فلنذيقن الذين كفروا عذابا شديدا
ولنجزينهم أسوأ الذي كانوا يعملون ٢٧ ذلك جزاء أعداء الله
النار لهم فيها دار الخلد جزاء بما كانوا بآياتنا يجحدون ٢٨
وقال الذين كفروا ربنا أرنا الذين أضلانا من الجن
والإنس نجعلهما تحت أقدامنا ليكونا من الأسفلين ٢٩
24-41-480 إن الذين قالوا ربنا الله ثم استقاموا تتنزل عليهم
الملائكة ألا تخافوا ولا تحزنوا وأبشروا بالجنة
التي كنتم توعدون ٣٠ نحن أولياؤكم في الحياة الدنيا
وفي الآخرة ولكم فيها ما تشتهي أنفسكم ولكم
فيها ما تدعون ٣١ نزلا من غفور رحيم ٣٢ ومن أحسن
قولا ممن دعا إلى الله وعمل صالحا وقال إنني من
المسلمين ٣٣ ولا تستوي الحسنة ولا السيئة ادفع
بالتي هي أحسن فإذا الذي بينك وبينه عداوة كأنه
ولي حميم ٣٤ وما يلقاها إلا الذين صبروا وما يلقاها
إلا ذو حظ عظيم ٣٥ وإما ينزغنك من الشيطان نزغ
فاستعذ بالله إنه هو السميع العليم ٣٦ ومن آياته
الليل والنهار والشمس والقمر لا تسجدوا للشمس
ولا للقمر واسجدوا لله الذي خلقهن إن كنتم
إياه تعبدون ٣٧ فإن استكبروا فالذين عند
ربك يسبحون له بالليل والنهار وهم لا يسأمون ۩ ٣٨
24-41-481 ومن آياته أنك ترى الأرض خاشعة فإذا أنزلنا عليها الماء
اهتزت وربت إن الذي أحياها لمحيي الموتى إنه على كل شيء
قدير ٣٩ إن الذين يلحدون في آياتنا لا يخفون علينا أفمن
يلقى في النار خير أم من يأتي آمنا يوم القيامة اعملوا ما شئتم
إنه بما تعملون بصير ٤٠ إن الذين كفروا بالذكر لما جاءهم
وإنه لكتاب عزيز ٤١ لا يأتيه الباطل من بين يديه ولا من
خلفه تنزيل من حكيم حميد ٤٢ ما يقال لك إلا ما قد قيل
للرسل من قبلك إن ربك لذو مغفرة وذو عقاب أليم ٤٣
ولو جعلناه قرآنا أعجميا لقالوا لولا فصلت آياته
أأعجمي وعربي قل هو للذين آمنوا هدى وشفاء والذين
لا يؤمنون في آذانهم وقر وهو عليهم عمى أولئك
ينادون من مكان بعيد ٤٤ ولقد آتينا موسى الكتاب
فاختلف فيه ولولا كلمة سبقت من ربك لقضي
بينهم وإنهم لفي شك منه مريب ٤٥ من عمل صالحا
فلنفسه ومن أساء فعليها وما ربك بظلام للعبيد ٤٦

SOURCE : DIGITAL MUS-HAF OF MADINAH-KING FAHD QURAN COMPLEX

25-41-482

إليه يرد علم الساعة وما تخرج من ثمرات من أكمامها وما تحمل من أنثى ولا تضع إلا بعلمه ويوم يناديهم أين شركاءي قالوا آذناك ما منا من شهيد ٤٧ وضل عنهم ما كانوا يدعون من قبل وظنوا ما لهم من محيص ٤٨ لا يسأم الإنسان من دعاء الخير وإن مسه الشر فيئوس قنوط ٤٩ ولئن أذقناه رحمة منا من بعد ضراء مسته ليقولن هذا لي وما أظن الساعة قائمة ولئن رجعت إلى ربي إن لي عنده للحسنى فلننبئن الذين كفروا بما عملوا ولنذيقنهم من عذاب غليظ ٥٠ وإذا أنعمنا على الإنسان أعرض ونأى بجانبه وإذا مسه الشر فذو دعاء عريض ٥١ قل أرأيتم إن كان من عند الله ثم كفرتم به من أضل ممن هو في شقاق بعيد ٥٢ سنريهم آياتنا في الآفاق وفي أنفسهم حتى يتبين لهم أنه الحق أولم يكف بربك أنه على كل شيء شهيد ٥٣ ألا إنهم في مرية من لقاء ربهم ألا إنه بكل شيء محيط ٥٤

سورة الشورى

بسم الله الرحمن الرحيم

25-42-483

حم ١ عسق ٢ كذلك يوحي إليك وإلى الذين من قبلك الله العزيز الحكيم ٣ له ما في السماوات وما في الأرض وهو العلي العظيم ٤ تكاد السماوات يتفطرن من فوقهن والملائكة يسبحون بحمد ربهم ويستغفرون لمن في الأرض ألا إن الله هو الغفور الرحيم ٥ والذين اتخذوا من دونه أولياء الله حفيظ عليهم وما أنت عليهم بوكيل ٦ وكذلك أوحينا إليك قرآنا عربيا لتنذر أم القرى ومن حولها وتنذر يوم الجمع لا ريب فيه فريق في الجنة وفريق في السعير ٧ ولو شاء الله لجعلهم أمة واحدة ولكن يدخل من يشاء في رحمته والظالمون ما لهم من ولي ولا نصير ٨ أم اتخذوا من دونه أولياء فالله هو الولي وهو يحيي الموتى وهو على كل شيء قدير ٩ وما اختلفتم فيه من شيء فحكمه إلى الله ذلكم الله ربي عليه توكلت وإليه أنيب ١٠

25-42-484

فاطر السماوات والأرض جعل لكم من أنفسكم أزواجا ومن الأنعام أزواجا يذرؤكم فيه ليس كمثله شيء وهو السميع البصير ١١ له مقاليد السماوات والأرض يبسط الرزق لمن يشاء ويقدر إنه بكل شيء عليم ١٢ شرع لكم من الدين ما وصى به نوحا والذي أوحينا إليك وما وصينا به إبراهيم وموسى وعيسى أن أقيموا الدين ولا تتفرقوا فيه كبر على المشركين ما تدعوهم إليه الله يجتبي إليه من يشاء ويهدي إليه من ينيب ١٣ وما تفرقوا إلا من بعد ما جاءهم العلم بغيا بينهم ولولا كلمة سبقت من ربك إلى أجل مسمى لقضي بينهم وإن الذين أورثوا الكتاب من بعدهم لفي شك منه مريب ١٤ فلذلك فادع واستقم كما أمرت ولا تتبع أهواءهم وقل آمنت بما أنزل الله من كتاب وأمرت لأعدل بينكم الله ربنا وربكم لنا أعمالنا ولكم أعمالكم لا حجة بيننا وبينكم الله يجمع بيننا وإليه المصير ١٥

25-42-485

والذين يحاجون في الله من بعد ما استجيب له حجتهم داحضة عند ربهم وعليهم غضب ولهم عذاب شديد ١٦ الله الذي أنزل الكتاب بالحق والميزان وما يدريك لعل الساعة قريب ١٧ يستعجل بها الذين لا يؤمنون بها والذين آمنوا مشفقون منها ويعلمون أنها الحق ألا إن الذين يمارون في الساعة لفي ضلال بعيد ١٨ الله لطيف بعباده يرزق من يشاء وهو القوي العزيز ١٩ من كان يريد حرث الآخرة نزد له في حرثه ومن كان يريد حرث الدنيا نؤته منها وما له في الآخرة من نصيب ٢٠ أم لهم شركاء شرعوا لهم من الدين ما لم يأذن به الله ولولا كلمة الفصل لقضي بينهم وإن الظالمين لهم عذاب أليم ٢١ ترى الظالمين مشفقين مما كسبوا وهو واقع بهم والذين آمنوا وعملوا الصالحات في روضات الجنات لهم ما يشاءون عند ربهم ذلك هو الفضل الكبير ٢٢

25-42-486

ذلك الذي يبشر الله عباده الذين آمنوا وعملوا الصالحات قل لا أسألكم عليه أجرا إلا المودة في القربى ومن يقترف حسنة نزد له فيها حسنا إن الله غفور شكور ٢٣ أم يقولون افترى على الله كذبا فإن يشإ الله يختم على قلبك ويمح الله الباطل ويحق الحق بكلماته إنه عليم بذات الصدور ٢٤

وهو الذي يقبل التوبة عن عباده ويعفو عن السيئات ويعلم ما تفعلون ٢٥ ويستجيب الذين آمنوا وعملوا الصالحات ويزيدهم من فضله والكافرون لهم عذاب شديد ٢٦ ولو بسط الله الرزق لعباده لبغوا في الأرض ولكن ينزل بقدر ما يشاء إنه بعباده خبير بصير ٢٧ وهو الذي ينزل الغيث من بعد ما قنطوا وينشر رحمته وهو الولي الحميد ٢٨ ومن آياته خلق السماوات والأرض وما بث فيهما من دابة وهو على جمعهم إذا يشاء قدير ٢٩ وما أصابكم من مصيبة فبما كسبت أيديكم ويعفو عن كثير ٣٠ وما أنتم بمعجزين في الأرض وما لكم من دون الله من ولي ولا نصير ٣١ ومن آياته الجوار في البحر كالأعلام ٣٢

25-42-487

إن يشأ يسكن الريح فيظللن رواكد على ظهره إن في ذلك لآيات لكل صبار شكور ٣٣ أو يوبقهن بما كسبوا ويعف عن كثير ٣٤ ويعلم الذين يجادلون في آياتنا ما لهم من محيص ٣٥ فما أوتيتم من شيء فمتاع الحياة الدنيا وما عند الله خير وأبقى للذين آمنوا وعلى ربهم يتوكلون ٣٦ والذين يجتنبون كبائر الإثم والفواحش وإذا ما غضبوا هم يغفرون ٣٧ والذين استجابوا لربهم وأقاموا الصلاة وأمرهم شورى بينهم ومما رزقناهم ينفقون ٣٨ والذين إذا أصابهم البغي هم ينتصرون ٣٩ وجزاء سيئة سيئة مثلها فمن عفا وأصلح فأجره على الله إنه لا يحب الظالمين ٤٠ ولمن انتصر بعد ظلمه فأولئك ما عليهم من سبيل ٤١ إنما السبيل على الذين يظلمون الناس ويبغون في الأرض بغير الحق أولئك لهم عذاب أليم ٤٢ ولمن صبر وغفر إن ذلك لمن عزم الأمور ٤٣ ومن يضلل الله فما له من ولي من بعده وترى الظالمين لما رأوا العذاب يقولون هل إلى مرد من سبيل ٤٤

25-42-488

وتراهم يعرضون عليها خاشعين من الذل ينظرون من طرف خفي وقال الذين آمنوا إن الخاسرين الذين خسروا أنفسهم وأهليهم يوم القيامة ألا إن الظالمين في عذاب مقيم ٤٥ وما كان لهم من أولياء ينصرونهم من دون الله ومن يضلل الله فما له من سبيل ٤٦ استجيبوا لربكم من قبل أن يأتي يوم لا مرد له من الله ما لكم من ملجإ يومئذ وما لكم من نكير ٤٧ فإن أعرضوا فما أرسلناك عليهم حفيظا إن عليك إلا البلاغ وإنا إذا أذقنا الإنسان منا رحمة فرح بها وإن تصبهم سيئة بما قدمت أيديهم فإن الإنسان كفور ٤٨ لله ملك السماوات والأرض يخلق ما يشاء يهب لمن يشاء إناثا ويهب لمن يشاء الذكور ٤٩ أو يزوجهم ذكرانا وإناثا ويجعل من يشاء عقيما إنه عليم قدير ٥٠ وما كان لبشر أن يكلمه الله إلا وحيا أو من وراء حجاب أو يرسل رسولا فيوحي بإذنه ما يشاء إنه علي حكيم ٥١

25-42-489

وكذلك أوحينا إليك روحا من أمرنا ما كنت تدري ما الكتاب ولا الإيمان ولكن جعلناه نورا نهدي به من نشاء من عبادنا وإنك لتهدي إلى صراط مستقيم ٥٢ صراط الله الذي له ما في السماوات وما في الأرض ألا إلى الله تصير الأمور ٥٣

سورة الزخرف

بسم الله الرحمن الرحيم

حم ١ والكتاب المبين ٢ إنا جعلناه قرآنا عربيا لعلكم تعقلون ٣ وإنه في أم الكتاب لدينا لعلي حكيم ٤ أفنضرب عنكم الذكر صفحا أن كنتم قوما مسرفين ٥ وكم أرسلنا من نبي في الأولين ٦ وما يأتيهم من نبي إلا كانوا به يستهزئون ٧ فأهلكنا أشد منهم بطشا ومضى مثل الأولين ٨ ولئن سألتهم من خلق السماوات والأرض ليقولن خلقهن العزيز العليم ٩ الذي جعل لكم الأرض مهدا وجعل لكم فيها سبلا لعلكم تهتدون ١٠

25-42-490

والذي نزل من السماء ماء بقدر فأنشرنا به بلدة ميتا كذلك تخرجون ١١ والذي خلق الأزواج كلها وجعل لكم من الفلك والأنعام ما تركبون ١٢ لتستووا على ظهوره ثم تذكروا نعمة ربكم إذا استويتم عليه وتقولوا سبحان الذي سخر لنا هذا وما كنا له مقرنين ١٣ وإنا إلى ربنا لمنقلبون ١٤ وجعلوا له من عباده جزءا إن الإنسان لكفور مبين ١٥ أم اتخذ مما يخلق بنات وأصفاكم بالبنين ١٦ وإذا بشر أحدهم بما ضرب للرحمن مثلا ظل وجهه مسودا وهو كظيم ١٧ أومن ينشأ في الحلية وهو في الخصام غير مبين ١٨ وجعلوا الملائكة

الذين هم عباد الرحمن إناثا أشهدوا خلقهم ستكتب شهادتهم ويسألون ١٩ وقالوا لو شاء الرحمن ما عبدناهم ما لهم بذلك من علم إن هم إلا يخرصون ٢٠ أم آتيناهم كتابا من قبله فهم به مستمسكون ٢١ بل قالوا إنا وجدنا آباءنا على أمة وإنا على آثارهم مهتدون ٢٢

25-43-491

وكذلك ما أرسلنا من قبلك في قرية من نذير إلا قال مترفوها إنا وجدنا آباءنا على أمة وإنا على آثارهم مقتدون ٢٣ قال أولو جئتكم بأهدى مما وجدتم عليه آباءكم قالوا إنا بما أرسلتم به كافرون ٢٤ فانتقمنا منهم فانظر كيف كان عاقبة المكذبين ٢٥ وإذ قال إبراهيم لأبيه وقومه إنني براء مما تعبدون ٢٦ إلا الذي فطرني فإنه سيهدين ٢٧ وجعلها كلمة باقية في عقبه لعلهم يرجعون ٢٨ بل متعت هؤلاء وآباءهم حتى جاءهم الحق ورسول مبين ٢٩ ولما جاءهم الحق قالوا هذا سحر وإنا به كافرون ٣٠ وقالوا لولا نزل هذا القرآن على رجل من القريتين عظيم ٣١ أهم يقسمون رحمت ربك نحن قسمنا بينهم معيشتهم في الحياة الدنيا ورفعنا بعضهم فوق بعض درجات ليتخذ بعضهم بعضا سخريا ورحمت ربك خير مما يجمعون ٣٢ ولولا أن يكون الناس أمة واحدة لجعلنا لمن يكفر بالرحمن لبيوتهم سقفا من فضة ومعارج عليها يظهرون ٣٣

25-43-492

ولبيوتهم أبوابا وسررا عليها يتكئون ٣٤ وزخرفا وإن كل ذلك لما متاع الحياة الدنيا والآخرة عند ربك للمتقين ٣٥ ومن يعش عن ذكر الرحمن نقيض له شيطانا فهو له قرين ٣٦ وإنهم ليصدونهم عن السبيل ويحسبون أنهم مهتدون ٣٧ حتى إذا جاءنا قال يا ليت بيني وبينك بعد المشرقين فبئس القرين ٣٨ ولن ينفعكم اليوم إذ ظلمتم أنكم في العذاب مشتركون ٣٩ أفأنت تسمع الصم أو تهدي العمي ومن كان في ضلال مبين ٤٠ فإما نذهبن بك فإنا منهم منتقمون ٤١ أو نرينك الذي وعدناهم فإنا عليهم مقتدرون ٤٢ فاستمسك بالذي أوحي إليك إنك على صراط مستقيم ٤٣ وإنه لذكر لك ولقومك وسوف تسألون ٤٤ واسأل من أرسلنا من قبلك من رسلنا أجعلنا من دون الرحمن آلهة يعبدون ٤٥ ولقد أرسلنا موسى بآياتنا إلى فرعون وملئه فقال إني رسول رب العالمين ٤٦ فلما جاءهم بآياتنا إذا هم منها يضحكون ٤٧

25-43-493

وما نريهم من آية إلا هي أكبر من أختها وأخذناهم بالعذاب لعلهم يرجعون ٤٨ وقالوا يا أيه الساحر ادع لنا ربك بما عهد عندك إننا لمهتدون ٤٩ فلما كشفنا عنهم العذاب إذا هم ينكثون ٥٠ ونادى فرعون في قومه قال يا قوم أليس لي ملك مصر وهذه الأنهار تجري من تحتي أفلا تبصرون ٥١ أم أنا خير من هذا الذي هو مهين ولا يكاد يبين ٥٢ فلولا ألقي عليه أسورة من ذهب أو جاء معه الملائكة مقترنين ٥٣ فاستخف قومه فأطاعوه إنهم كانوا قوما فاسقين ٥٤ فلما آسفونا انتقمنا منهم فأغرقناهم أجمعين ٥٥ فجعلناهم سلفا ومثلا للآخرين ٥٦ ولما ضرب ابن مريم مثلا إذا قومك منه يصدون ٥٧ وقالوا أآلهتنا خير أم هو ما ضربوه لك إلا جدلا بل هم قوم خصمون ٥٨ إن هو إلا عبد أنعمنا عليه وجعلناه مثلا لبني إسرائيل ٥٩ ولو نشاء لجعلنا منكم ملائكة في الأرض يخلفون ٦٠

25-43-494

وإنه لعلم للساعة فلا تمترن بها واتبعون هذا صراط مستقيم ٦١ ولا يصدنكم الشيطان إنه لكم عدو مبين ٦٢ ولما جاء عيسى بالبينات قال قد جئتكم بالحكمة ولأبين لكم بعض الذي تختلفون فيه فاتقوا الله وأطيعون ٦٣ إن الله هو ربي وربكم فاعبدوه هذا صراط مستقيم ٦٤ فاختلف الأحزاب من بينهم فويل للذين ظلموا من عذاب يوم أليم ٦٥ هل ينظرون إلا الساعة أن تأتيهم بغتة وهم لا يشعرون ٦٦ الأخلاء يومئذ بعضهم لبعض عدو إلا المتقين ٦٧ يا عباد لا خوف عليكم اليوم ولا أنتم تحزنون ٦٨ الذين آمنوا بآياتنا وكانوا مسلمين ٦٩ ادخلوا الجنة أنتم وأزواجكم تحبرون ٧٠ يطاف عليهم بصحاف من ذهب وأكواب وفيها ما تشتهيه الأنفس وتلذ الأعين وأنتم فيها خالدون ٧١ وتلك الجنة التي أورثتموها بما كنتم تعملون ٧٢ لكم فيها فاكهة كثيرة منها تأكلون ٧٣

25-43-495 إن المجرمين في عذاب جهنم خالدون ٧٤ لا يفتر عنهم وهم
فيه مبلسون ٧٥ وما ظلمناهم ولكن كانوا هم الظالمين ٧٦
ونادوا يا مالك ليقض علينا ربك قال إنكم ماكثون ٧٧ لقد
جئناكم بالحق ولكن أكثركم للحق كارهون ٧٨ أم أبرموا أمرا
فإنا مبرمون ٧٩ أم يحسبون أنا لا نسمع سرهم ونجواهم بلى
ورسلنا لديهم يكتبون ٨٠ قل إن كان للرحمن ولد فأنا أول
العابدين ٨١ سبحان رب السماوات والأرض رب العرش
عما يصفون ٨٢ فذرهم يخوضوا ويلعبوا حتى يلاقوا يومهم
الذي يوعدون ٨٣ وهو الذي في السماء إله وفي الأرض
إله وهو الحكيم العليم ٨٤ وتبارك الذي له ملك السماوات
والأرض وما بينهما وعنده علم الساعة وإليه ترجعون ٨٥
ولا يملك الذين يدعون من دونه الشفاعة إلا من
شهد بالحق وهم يعلمون ٨٦ ولئن سألتهم من خلقهم
ليقولن الله فأنى يؤفكون ٨٧ وقيله يا رب إن هؤلاء قوم
لا يؤمنون ٨٨ فاصفح عنهم وقل سلام فسوف يعلمون ٨٩

سورة الدخان

25-44

بسم الله الرحمن الرحيم

25-44-496 حم ١ والكتاب المبين ٢ إنا أنزلناه في ليلة مباركة
إنا كنا منذرين ٣ فيها يفرق كل أمر حكيم ٤ أمرا
من عندنا إنا كنا مرسلين ٥ رحمة من ربك إنه هو
السميع العليم ٦ رب السماوات والأرض وما بينهما
إن كنتم موقنين ٧ لا إله إلا هو يحيي ويميت ربكم
ورب آبائكم الأولين ٨ بل هم في شك يلعبون ٩
فارتقب يوم تأتي السماء بدخان مبين ١٠ يغشى الناس
هذا عذاب أليم ١١ ربنا اكشف عنا العذاب إنا مؤمنون ١٢
أنى لهم الذكرى وقد جاءهم رسول مبين ١٣ ثم تولوا
عنه وقالوا معلم مجنون ١٤ إنا كاشفو العذاب قليلا إنكم
عائدون ١٥ يوم نبطش البطشة الكبرى إنا منتقمون ١٦
ولقد فتنا قبلهم قوم فرعون وجاءهم رسول كريم ١٧
أن أدوا إلي عباد الله إني لكم رسول أمين ١٨
25-44-497 وأن لا تعلوا على الله إني آتيكم بسلطان مبين ١٩ وإني عذت
بربي وربكم أن ترجمون ٢٠ وإن لم تؤمنوا لي فاعتزلون ٢١
فدعا ربه أن هؤلاء قوم مجرمون ٢٢ فأسر بعبادي ليلا إنكم
متبعون ٢٣ واترك البحر رهوا إنهم جند مغرقون ٢٤ كم
تركوا من جنات وعيون ٢٥ وزروع ومقام كريم ٢٦ ونعمة
كانوا فيها فاكهين ٢٧ كذلك وأورثناها قوما آخرين ٢٨ فما
بكت عليهم السماء والأرض وما كانوا منظرين ٢٩ ولقد
نجينا بني إسرائيل من العذاب المهين ٣٠ من فرعون إنه
كان عاليا من المسرفين ٣١ ولقد اخترناهم على علم على
العالمين ٣٢ وآتيناهم من الآيات ما فيه بلاء مبين ٣٣
إن هؤلاء ليقولون ٣٤ إن هي إلا موتتنا الأولى وما نحن
بمنشرين ٣٥ فأتوا بآبائنا إن كنتم صادقين ٣٦ أهم
خير أم قوم تبع والذين من قبلهم أهلكناهم إنهم كانوا
مجرمين ٣٧ وما خلقنا السماوات والأرض وما بينهما لاعبين ٣٨
ما خلقناهما إلا بالحق ولكن أكثرهم لا يعلمون ٣٩
إن يوم الفصل ميقاتهم أجمعين ٤٠ يوم لا يغني
25-44-498 مولى عن مولى شيئا ولا هم ينصرون ٤١ إلا من رحم الله
إنه هو العزيز الرحيم ٤٢ إن شجرت الزقوم ٤٣
طعام الأثيم ٤٤ كالمهل يغلي في البطون ٤٥
كغلي الحميم ٤٦ خذوه فاعتلوه إلى سواء
الجحيم ٤٧ ثم صبوا فوق رأسه من عذاب
الحميم ٤٨ ذق إنك أنت العزيز الكريم ٤٩
إن هذا ما كنتم به تمترون ٥٠ إن المتقين
في مقام أمين ٥١ في جنات وعيون ٥٢ يلبسون
من سندس وإستبرق متقابلين ٥٣ كذلك
وزوجناهم بحور عين ٥٤ يدعون فيها بكل
فاكهة آمنين ٥٥ لا يذوقون فيها الموت إلا
الموتة الأولى ووقاهم عذاب الجحيم ٥٦ فضلا من
ربك ذلك هو الفوز العظيم ٥٧ فإنما يسرناه بلسانك
لعلهم يتذكرون ٥٨ فارتقب إنهم مرتقبون ٥٩

سورة الجاثية

25-44-499

بسم الله الرحمن الرحيم

حم ١ تنزيل الكتاب من الله العزيز الحكيم ٢ إن في السماوات
والأرض لآيات للمؤمنين ٣ وفي خلقكم وما يبث من دابة آيات لقوم
يوقنون ٤ واختلاف الليل والنهار وما أنزل الله من السماء من رزق
فأحيا به الأرض بعد موتها وتصريف الرياح آيات لقوم يعقلون ٥
تلك آيات الله نتلوها عليك بالحق فبأي حديث بعد الله وآياته
يؤمنون ٦ ويل لكل أفاك أثيم ٧ يسمع آيات الله تتلى عليه ثم
يصر مستكبرا كأن لم يسمعها فبشره بعذاب أليم ٨ وإذا علم من آياتنا
شيئا اتخذها هزوا أولئك لهم عذاب مهين ٩ من ورائهم جهنم
ولا يغني عنهم ما كسبوا شيئا ولا ما اتخذوا من دون الله أولياء ولهم
عذاب عظيم ١٠ هذا هدى والذين كفروا بآيات ربهم لهم عذاب من
رجز أليم ١١ الله الذي سخر لكم البحر لتجري الفلك فيه بأمره
ولتبتغوا من فضله ولعلكم تشكرون ١٢ وسخر لكم ما في السماوات
وما في الأرض جميعا منه إن في ذلك لآيات لقوم يتفكرون ١٣
25-45-500 قل للذين آمنوا يغفروا للذين لا يرجون أيام الله ليجزي
قوما بما كانوا يكسبون ١٤ من عمل صالحا فلنفسه
ومن أساء فعليها ثم إلى ربكم ترجعون ١٥ ولقد آتينا
بني إسرائيل الكتاب والحكم والنبوة ورزقناهم من الطيبات
وفضلناهم على العالمين ١٦ وآتيناهم بينات من الأمر
فما اختلفوا إلا من بعد ما جاءهم العلم بغيا بينهم إن ربك
يقضي بينهم يوم القيامة فيما كانوا فيه يختلفون ١٧
ثم جعلناك على شريعة من الأمر فاتبعها ولا تتبع
أهواء الذين لا يعلمون ١٨ إنهم لن يغنوا عنك من الله
شيئا وإن الظالمين بعضهم أولياء بعض والله ولي المتقين ١٩
هذا بصائر للناس وهدى ورحمة لقوم يوقنون ٢٠
أم حسب الذين اجترحوا السيئات أن نجعلهم كالذين
آمنوا وعملوا الصالحات سواء محياهم ومماتهم ساء
ما يحكمون ٢١ وخلق الله السماوات والأرض بالحق
ولتجزى كل نفس بما كسبت وهم لا يظلمون ٢٢
25-45-501 أفرأيت من اتخذ إلهه هواه وأضله الله على علم وختم على سمعه
وقلبه وجعل على بصره غشاوة فمن يهديه من بعد الله أفلا
تذكرون ٢٣ وقالوا ما هي إلا حياتنا الدنيا نموت ونحيا وما يهلكنا
إلا الدهر وما لهم بذلك من علم إن هم إلا يظنون ٢٤ وإذا تتلى
عليهم آياتنا بينات ما كان حجتهم إلا أن قالوا ائتوا بآبائنا إن
كنتم صادقين ٢٥ قل الله يحييكم ثم يميتكم ثم يجمعكم إلى
يوم القيامة لا ريب فيه ولكن أكثر الناس لا يعلمون ٢٦ ولله ملك
السماوات والأرض ويوم تقوم الساعة يومئذ يخسر المبطلون ٢٧
وترى كل أمة جاثية كل أمة تدعى إلى كتابها اليوم تجزون ما كنتم
تعملون ٢٨ هذا كتابنا ينطق عليكم بالحق إنا كنا نستنسخ
ما كنتم تعملون ٢٩ فأما الذين آمنوا وعملوا الصالحات
فيدخلهم ربهم في رحمته ذلك هو الفوز المبين ٣٠ وأما
الذين كفروا أفلم تكن آياتي تتلى عليكم فاستكبرتم وكنتم قوما
مجرمين ٣١ وإذا قيل إن وعد الله حق والساعة لا ريب فيها
قلتم ما ندري ما الساعة إن نظن إلا ظنا وما نحن بمستيقنين ٣٢
25-45-502 وبدا لهم سيئات ما عملوا وحاق بهم ما كانوا به يستهزئون ٣٣
وقيل اليوم ننساكم كما نسيتم لقاء يومكم هذا ومأواكم النار
وما لكم من ناصرين ٣٤ ذلكم بأنكم اتخذتم آيات الله هزوا
وغرتكم الحياة الدنيا فاليوم لا يخرجون منها ولا هم يستعتبون ٣٥
فلله الحمد رب السماوات ورب الأرض رب العالمين ٣٦
وله الكبرياء في السماوات والأرض وهو العزيز الحكيم ٣٧

سورة الأحقاف

بسم الله الرحمن الرحيم

حم ١ تنزيل الكتاب من الله العزيز الحكيم ٢ ما خلقنا
السماوات والأرض وما بينهما إلا بالحق وأجل مسمى والذين
كفروا عما أنذروا معرضون ٣ قل أرأيتم ما تدعون من
دون الله أروني ماذا خلقوا من الأرض أم لهم شرك في
السماوات ائتوني بكتاب من قبل هذا أو أثارة من علم إن كنتم
صادقين ٤ ومن أضل ممن يدعو من دون الله من
لا يستجيب له إلى يوم القيامة وهم عن دعائهم غافلون ٥
26-46-503 وإذا حشر الناس كانوا لهم أعداء وكانوا بعبادتهم كافرين ٦ وإذا
تتلى عليهم آياتنا بينات قال الذين كفروا للحق لما جاءهم هذا
سحر مبين ٧ أم يقولون افتراه قل إن افتريته فلا تملكون
لي من الله شيئا هو أعلم بما تفيضون فيه كفى به شهيدا بيني
وبينكم وهو الغفور الرحيم ٨ قل ما كنت بدعا من الرسل
وما أدري ما يفعل بي ولا بكم إن أتبع إلا ما يوحى إلي وما أنا
إلا نذير مبين ٩ قل أرأيتم إن كان من عند الله وكفرتم به
وشهد شاهد من بني إسرائيل على مثله فآمن واستكبرتم
إن الله لا يهدي القوم الظالمين ١٠ وقال الذين كفروا
للذين آمنوا لو كان خيرا ما سبقونا إليه وإذ لم يهتدوا به
فسيقولون هذا إفك قديم ١١ ومن قبله كتاب موسى
إماما ورحمة وهذا كتاب مصدق لسانا عربيا لينذر
الذين ظلموا وبشرى للمحسنين ١٢ إن الذين قالوا ربنا
الله ثم استقاموا فلا خوف عليهم ولا هم يحزنون ١٣
أولئك أصحاب الجنة خالدين فيها جزاء بما كانوا يعملون ١٤
26-46-504 ووصينا الإنسان بوالديه إحسانا حملته أمه كرها ووضعته
كرها وحمله وفصاله ثلاثون شهرا حتى إذا بلغ أشده وبلغ
أربعين سنة قال رب أوزعني أن أشكر نعمتك التي أنعمت
علي وعلى والدي وأن أعمل صالحا ترضاه وأصلح لي في ذريتي
إني تبت إليك وإني من المسلمين ١٥ أولئك الذين نتقبل
عنهم أحسن ما عملوا ونتجاوز عن سيئاتهم في أصحاب
الجنة وعد الصدق الذي كانوا يوعدون ١٦ والذي قال
لوالديه أف لكما أتعدانني أن أخرج وقد خلت القرون من
قبلي وهما يستغيثان الله ويلك آمن إن وعد الله حق فيقول
ما هذا إلا أساطير الأولين ١٧ أولئك الذين حق عليهم القول
في أمم قد خلت من قبلهم من الجن والإنس إنهم كانوا
خاسرين ١٨ ولكل درجات مما عملوا وليوفيهم أعمالهم وهم لا
يظلمون ١٩ ويوم يعرض الذين كفروا على النار أذهبتم طيباتكم في
حياتكم الدنيا واستمتعتم بها فاليوم تجزون عذاب الهون بما
كنتم تستكبرون في الأرض بغير الحق وبما كنتم تفسقون ٢٠
26-46-505 واذكر أخا عاد إذ أنذر قومه بالأحقاف وقد خلت النذر
من بين يديه ومن خلفه ألا تعبدوا إلا الله إني أخاف عليكم
عذاب يوم عظيم ٢١ قالوا أجئتنا لتأفكنا عن آلهتنا فأتنا
بما تعدنا إن كنت من الصادقين ٢٢ قال إنما العلم عند الله
وأبلغكم ما أرسلت به ولكني أراكم قوما تجهلون ٢٣ فلما
رأوه عارضا مستقبل أوديتهم قالوا هذا عارض ممطرنا
بل هو ما استعجلتم به ريح فيها عذاب أليم ٢٤ تدمر كل
شيء بأمر ربها فأصبحوا لا يرى إلا مساكنهم كذلك نجزي
القوم المجرمين ٢٥ ولقد مكناهم فيما إن مكناكم فيه
وجعلنا لهم سمعا وأبصارا وأفئدة فما أغنى عنهم سمعهم
ولا أبصارهم ولا أفئدتهم من شيء إذ كانوا يجحدون بآيات
الله وحاق بهم ما كانوا به يستهزئون ٢٦ ولقد أهلكنا
ما حولكم من القرى وصرفنا الآيات لعلهم يرجعون ٢٧
فلولا نصرهم الذين اتخذوا من دون الله قربانا آلهة
بل ضلوا عنهم وذلك إفكهم وما كانوا يفترون ٢٨
26-46-506 وإذ صرفنا إليك نفرا من الجن يستمعون القرآن
فلما حضروه قالوا أنصتوا فلما قضي ولوا إلى قومهم
منذرين ٢٩ قالوا يا قومنا إنا سمعنا كتابا أنزل من
بعد موسى مصدقا لما بين يديه يهدي إلى الحق
وإلى طريق مستقيم ٣٠ يا قومنا أجيبوا داعي الله وآمنوا
به يغفر لكم من ذنوبكم ويجركم من عذاب أليم ٣١
ومن لا يجب داعي الله فليس بمعجز في الأرض وليس له
من دونه أولياء أولئك في ضلال مبين ٣٢ أولم يروا
أن الله الذي خلق السماوات والأرض ولم يعي بخلقهن
بقادر على أن يحيي الموتى بلى إنه على كل شيء قدير ٣٣
ويوم يعرض الذين كفروا على النار أليس هذا بالحق قالوا
بلى وربنا قال فذوقوا العذاب بما كنتم تكفرون ٣٤
فاصبر كما صبر أولو العزم من الرسل ولا تستعجل
لهم كأنهم يوم يرون ما يوعدون لم يلبثوا إلا ساعة
من نهار بلاغ فهل يهلك إلا القوم الفاسقون ٣٥

سورة محمد

26-47-507

بسم الله الرحمن الرحيم

الذين كفروا وصدوا عن سبيل الله أضل أعمالهم ١ والذين آمنوا
وعملوا الصالحات وآمنوا بما نزل على محمد وهو الحق من ربهم كفر
عنهم سيئاتهم وأصلح بالهم ٢ ذلك بأن الذين كفروا اتبعوا الباطل وأن
الذين آمنوا اتبعوا الحق من ربهم كذلك يضرب الله للناس أمثالهم ٣
فإذا لقيتم الذين كفروا فضرب الرقاب حتى إذا أثخنتموهم فشدوا الوثاق فإما
منا بعد وإما فداء حتى تضع الحرب أوزارها ذلك ولو يشاء الله لانتصر
منهم ولكن ليبلو بعضكم ببعض والذين قتلوا في سبيل الله فلن يضل
أعمالهم ٤ سيهديهم ويصلح بالهم ٥ ويدخلهم الجنة عرفها لهم ٦
يا أيها الذين آمنوا إن تنصروا الله ينصركم ويثبت أقدامكم ٧
والذين كفروا فتعسا لهم وأضل أعمالهم ٨ ذلك بأنهم كرهوا
ما أنزل الله فأحبط أعمالهم ٩ أفلم يسيروا في الأرض فينظروا
كيف كان عاقبة الذين من قبلهم دمر الله عليهم وللكافرين أمثالها ١٠
ذلك بأن الله مولى الذين آمنوا وأن الكافرين لا مولى لهم ١١

26-47-508

إن الله يدخل الذين آمنوا وعملوا الصالحات جنات تجري من تحتها الأنهار والذين كفروا يتمتعون ويأكلون كما تأكل الأنعام والنار مثوى لهم ﴿١٢﴾ وكأين من قرية هي أشد قوة من قريتك التي أخرجتك أهلكناهم فلا ناصر لهم ﴿١٣﴾ أفمن كان على بينة من ربه كمن زين له سوء عمله واتبعوا أهواءهم ﴿١٤﴾ مثل الجنة التي وعد المتقون فيها أنهار من ماء غير آسن وأنهار من لبن لم يتغير طعمه وأنهار من خمر لذة للشاربين وأنهار من عسل مصفى ولهم فيها من كل الثمرات ومغفرة من ربهم كمن هو خالد في النار وسقوا ماء حميما فقطع أمعاءهم ﴿١٥﴾ ومنهم من يستمع إليك حتى إذا خرجوا من عندك قالوا للذين أوتوا العلم ماذا قال آنفا أولئك الذين طبع الله على قلوبهم واتبعوا أهواءهم ﴿١٦﴾ والذين اهتدوا زادهم هدى وآتاهم تقواهم ﴿١٧﴾ فهل ينظرون إلا الساعة أن تأتيهم بغتة فقد جاء أشراطها فأنى لهم إذا جاءتهم ذكراهم ﴿١٨﴾ فاعلم أنه لا إله إلا الله واستغفر لذنبك وللمؤمنين والمؤمنات والله يعلم متقلبكم ومثواكم ﴿١٩﴾

26-47-509

ويقول الذين آمنوا لولا نزلت سورة فإذا أنزلت سورة محكمة وذكر فيها القتال رأيت الذين في قلوبهم مرض ينظرون إليك نظر المغشي عليه من الموت فأولى لهم ﴿٢٠﴾ طاعة وقول معروف فإذا عزم الأمر فلو صدقوا الله لكان خيرا لهم ﴿٢١﴾ فهل عسيتم إن توليتم أن تفسدوا في الأرض وتقطعوا أرحامكم ﴿٢٢﴾ أولئك الذين لعنهم الله فأصمهم وأعمى أبصارهم ﴿٢٣﴾ أفلا يتدبرون القرآن أم على قلوب أقفالها ﴿٢٤﴾ إن الذين ارتدوا على أدبارهم من بعد ما تبين لهم الهدى الشيطان سول لهم وأملى لهم ﴿٢٥﴾ ذلك بأنهم قالوا للذين كرهوا ما نزل الله سنطيعكم في بعض الأمر والله يعلم إسرارهم ﴿٢٦﴾ فكيف إذا توفتهم الملائكة يضربون وجوههم وأدبارهم ﴿٢٧﴾ ذلك بأنهم اتبعوا ما أسخط الله وكرهوا رضوانه فأحبط أعمالهم ﴿٢٨﴾ أم حسب الذين في قلوبهم مرض أن لن يخرج الله أضغانهم ﴿٢٩﴾

26-47-510

ولو نشاء لأريناكهم فلعرفتهم بسيماهم ولتعرفنهم في لحن القول والله يعلم أعمالكم ﴿٣٠﴾ ولنبلونكم حتى نعلم المجاهدين منكم والصابرين ونبلو أخباركم ﴿٣١﴾ إن الذين كفروا وصدوا عن سبيل الله وشاقوا الرسول من بعد ما تبين لهم الهدى لن يضروا الله شيئا وسيحبط أعمالهم ﴿٣٢﴾ يا أيها الذين آمنوا أطيعوا الله وأطيعوا الرسول ولا تبطلوا أعمالكم ﴿٣٣﴾ إن الذين كفروا وصدوا عن سبيل الله ثم ماتوا وهم كفار فلن يغفر الله لهم ﴿٣٤﴾ فلا تهنوا وتدعوا إلى السلم وأنتم الأعلون والله معكم ولن يتركم أعمالكم ﴿٣٥﴾ إنما الحياة الدنيا لعب ولهو وإن تؤمنوا وتتقوا يؤتكم أجوركم ولا يسألكم أموالكم ﴿٣٦﴾ إن يسألكموها فيحفكم تبخلوا ويخرج أضغانكم ﴿٣٧﴾ ها أنتم هؤلاء تدعون لتنفقوا في سبيل الله فمنكم من يبخل ومن يبخل فإنما يبخل عن نفسه والله الغني وأنتم الفقراء وإن تتولوا يستبدل قوما غيركم ثم لا يكونوا أمثالكم ﴿٣٨﴾

سورة الفتح

26-48-511

بسم الله الرحمن الرحيم

إنا فتحنا لك فتحا مبينا ﴿١﴾ ليغفر لك الله ما تقدم من ذنبك وما تأخر ويتم نعمته عليك ويهديك صراطا مستقيما ﴿٢﴾ وينصرك الله نصرا عزيزا ﴿٣﴾ هو الذي أنزل السكينة في قلوب المؤمنين ليزدادوا إيمانا مع إيمانهم ولله جنود السماوات والأرض وكان الله عليما حكيما ﴿٤﴾ ليدخل المؤمنين والمؤمنات جنات تجري من تحتها الأنهار خالدين فيها ويكفر عنهم سيئاتهم وكان ذلك عند الله فوزا عظيما ﴿٥﴾ ويعذب المنافقين والمنافقات والمشركين والمشركات الظانين بالله ظن السوء عليهم دائرة السوء وغضب الله عليهم ولعنهم وأعد لهم جهنم وساءت مصيرا ﴿٦﴾ ولله جنود السماوات والأرض وكان الله عزيزا حكيما ﴿٧﴾ إنا أرسلناك شاهدا ومبشرا ونذيرا ﴿٨﴾ لتؤمنوا بالله ورسوله وتعزروه وتوقروه وتسبحوه بكرة وأصيلا ﴿٩﴾

26-48-512

إن الذين يبايعونك إنما يبايعون الله يد الله فوق أيديهم فمن نكث فإنما ينكث على نفسه ومن أوفى بما عاهد عليه الله فسيؤتيه أجرا عظيما ﴿١٠﴾ سيقول لك المخلفون من الأعراب شغلتنا أموالنا وأهلونا فاستغفر لنا يقولون بألسنتهم ما ليس في قلوبهم قل فمن يملك لكم من الله شيئا إن أراد بكم ضرا أو أراد بكم نفعا بل كان الله بما تعملون خبيرا ﴿١١﴾ بل ظننتم أن لن ينقلب الرسول والمؤمنون إلى أهليهم أبدا وزين ذلك في قلوبكم وظننتم ظن السوء وكنتم قوما بورا ﴿١٢﴾ ومن لم يؤمن بالله ورسوله فإنا أعتدنا للكافرين سعيرا ﴿١٣﴾ ولله ملك السماوات والأرض يغفر لمن يشاء ويعذب من يشاء وكان الله غفورا رحيما ﴿١٤﴾ سيقول المخلفون إذا انطلقتم إلى مغانم لتأخذوها ذرونا نتبعكم يريدون أن يبدلوا كلام الله قل لن تتبعونا كذلكم قال الله من قبل فسيقولون بل تحسدوننا بل كانوا لا يفقهون إلا قليلا ﴿١٥﴾

26-48-513

قل للمخلفين من الأعراب ستدعون إلى قوم أولي بأس شديد تقاتلونهم أو يسلمون فإن تطيعوا يؤتكم الله أجرا حسنا وإن تتولوا كما توليتم من قبل يعذبكم عذابا أليما ﴿١٦﴾ ليس على الأعمى حرج ولا على الأعرج حرج ولا على المريض حرج ومن يطع الله ورسوله يدخله جنات تجري من تحتها الأنهار ومن يتول يعذبه عذابا أليما ﴿١٧﴾ لقد رضي الله عن المؤمنين إذ يبايعونك تحت الشجرة فعلم ما في قلوبهم فأنزل السكينة عليهم وأثابهم فتحا قريبا ﴿١٨﴾ ومغانم كثيرة يأخذونها وكان الله عزيزا حكيما ﴿١٩﴾ وعدكم الله مغانم كثيرة تأخذونها فعجل لكم هذه وكف أيدي الناس عنكم ولتكون آية للمؤمنين ويهديكم صراطا مستقيما ﴿٢٠﴾ وأخرى لم تقدروا عليها قد أحاط الله بها وكان الله على كل شيء قديرا ﴿٢١﴾ ولو قاتلكم الذين كفروا لولوا الأدبار ثم لا يجدون وليا ولا نصيرا ﴿٢٢﴾ سنة الله التي قد خلت من قبل ولن تجد لسنة الله تبديلا ﴿٢٣﴾

26-48-514

وهو الذي كف أيديهم عنكم وأيديكم عنهم ببطن مكة من بعد أن أظفركم عليهم وكان الله بما تعملون بصيرا ﴿٢٤﴾ هم الذين كفروا وصدوكم عن المسجد الحرام والهدي معكوفا أن يبلغ محله ولولا رجال مؤمنون ونساء مؤمنات لم تعلموهم أن تطئوهم فتصيبكم منهم معرة بغير علم ليدخل الله في رحمته من يشاء لو تزيلوا لعذبنا الذين كفروا منهم عذابا أليما ﴿٢٥﴾ إذ جعل الذين كفروا في قلوبهم الحمية حمية الجاهلية فأنزل الله سكينته على رسوله وعلى المؤمنين وألزمهم كلمة التقوى وكانوا أحق بها وأهلها وكان الله بكل شيء عليما ﴿٢٦﴾ لقد صدق الله رسوله الرؤيا بالحق لتدخلن المسجد الحرام إن شاء الله آمنين محلقين رءوسكم ومقصرين لا تخافون فعلم ما لم تعلموا فجعل من دون ذلك فتحا قريبا ﴿٢٧﴾ هو الذي أرسل رسوله بالهدى ودين الحق ليظهره على الدين كله وكفى بالله شهيدا ﴿٢٨﴾

26-48-515

محمد رسول الله والذين معه أشداء على الكفار رحماء بينهم تراهم ركعا سجدا يبتغون فضلا من الله ورضوانا سيماهم في وجوههم من أثر السجود ذلك مثلهم في التوراة ومثلهم في الإنجيل كزرع أخرج شطأه فآزره فاستغلظ فاستوى على سوقه يعجب الزراع ليغيظ بهم الكفار وعد الله الذين آمنوا وعملوا الصالحات منهم مغفرة وأجرا عظيما ﴿٢٩﴾

سورة الحجرات

بسم الله الرحمن الرحيم

يا أيها الذين آمنوا لا تقدموا بين يدي الله ورسوله واتقوا الله إن الله سميع عليم ﴿١﴾ يا أيها الذين آمنوا لا ترفعوا أصواتكم فوق صوت النبي ولا تجهروا له بالقول كجهر بعضكم لبعض أن تحبط أعمالكم وأنتم لا تشعرون ﴿٢﴾ إن الذين يغضون أصواتهم عند رسول الله أولئك الذين امتحن الله قلوبهم للتقوى لهم مغفرة وأجر عظيم ﴿٣﴾ إن الذين ينادونك من وراء الحجرات أكثرهم لا يعقلون ﴿٤﴾ ولو أنهم صبروا حتى تخرج إليهم لكان خيرا لهم والله غفور رحيم ﴿٥﴾

26-49-516

يا أيها الذين آمنوا إن جاءكم فاسق بنبإ فتبينوا أن تصيبوا قوما بجهالة فتصبحوا على ما فعلتم نادمين ﴿٦﴾ واعلموا أن فيكم رسول الله لو يطيعكم في كثير من الأمر لعنتم ولكن الله حبب إليكم الإيمان وزينه في قلوبكم وكره إليكم الكفر والفسوق والعصيان أولئك هم الراشدون ﴿٧﴾ فضلا من الله ونعمة والله عليم حكيم ﴿٨﴾ وإن طائفتان من المؤمنين اقتتلوا فأصلحوا بينهما فإن بغت إحداهما على الأخرى فقاتلوا التي تبغي حتى تفيء إلى أمر الله فإن فاءت فأصلحوا بينهما بالعدل وأقسطوا إن الله يحب المقسطين ﴿٩﴾ إنما المؤمنون إخوة فأصلحوا بين أخويكم واتقوا الله لعلكم ترحمون ﴿١٠﴾ يا أيها الذين آمنوا لا يسخر قوم من قوم عسى أن يكونوا خيرا منهم ولا نساء من نساء عسى أن يكن خيرا منهن ولا تلمزوا أنفسكم ولا تنابزوا بالألقاب بئس الاسم الفسوق بعد الإيمان ومن لم يتب فأولئك هم الظالمون ﴿١١﴾

26-49-517

يا أيها الذين آمنوا اجتنبوا كثيرا من الظن إن بعض الظن إثم ولا تجسسوا ولا يغتب بعضكم بعضا أيحب أحدكم أن يأكل لحم أخيه ميتا فكرهتموه واتقوا الله إن الله تواب رحيم ﴿١٢﴾ يا أيها الناس إنا خلقناكم من ذكر وأنثى وجعلناكم شعوبا وقبائل لتعارفوا إن أكرمكم عند الله أتقاكم إن الله عليم خبير ﴿١٣﴾ قالت الأعراب آمنا قل لم تؤمنوا ولكن قولوا أسلمنا ولما يدخل الإيمان في قلوبكم وإن تطيعوا الله ورسوله لا يلتكم من أعمالكم شيئا إن الله غفور رحيم ﴿١٤﴾ إنما المؤمنون الذين آمنوا بالله ورسوله ثم لم يرتابوا وجاهدوا بأموالهم وأنفسهم في سبيل الله أولئك هم الصادقون ﴿١٥﴾ قل أتعلمون الله بدينكم والله يعلم ما في السماوات وما في الأرض والله بكل شيء عليم ﴿١٦﴾ يمنون عليك أن أسلموا قل لا تمنوا علي إسلامكم بل الله يمن عليكم أن هداكم للإيمان إن كنتم صادقين ﴿١٧﴾ إن الله يعلم غيب السماوات والأرض والله بصير بما تعملون ﴿١٨﴾

سورة ق

26-50-518

بسم الله الرحمن الرحيم

ق والقرآن المجيد ﴿١﴾ بل عجبوا أن جاءهم منذر منهم فقال الكافرون هذا شيء عجيب ﴿٢﴾ أإذا متنا وكنا ترابا ذلك رجع بعيد ﴿٣﴾ قد علمنا ما تنقص الأرض منهم وعندنا كتاب حفيظ ﴿٤﴾ بل كذبوا بالحق لما جاءهم فهم في أمر مريج ﴿٥﴾ أفلم ينظروا إلى السماء فوقهم كيف بنيناها وزيناها وما لها من فروج ﴿٦﴾ والأرض مددناها وألقينا فيها رواسي وأنبتنا فيها من كل زوج بهيج ﴿٧﴾ تبصرة وذكرى لكل عبد منيب ﴿٨﴾ ونزلنا من السماء ماء مباركا فأنبتنا به جنات وحب الحصيد ﴿٩﴾ والنخل باسقات لها طلع نضيد ﴿١٠﴾ رزقا للعباد وأحيينا به بلدة ميتا كذلك الخروج ﴿١١﴾ كذبت قبلهم قوم نوح وأصحاب الرس وثمود ﴿١٢﴾ وعاد وفرعون وإخوان لوط ﴿١٣﴾ وأصحاب الأيكة وقوم تبع كل كذب الرسل فحق وعيد ﴿١٤﴾ أفعيينا بالخلق الأول بل هم في لبس من خلق جديد ﴿١٥﴾

26-50-519

ولقد خلقنا الإنسان ونعلم ما توسوس به نفسه ونحن أقرب إليه من حبل الوريد ﴿١٦﴾ إذ يتلقى المتلقيان عن اليمين وعن الشمال قعيد ﴿١٧﴾ ما يلفظ من قول إلا لديه رقيب عتيد ﴿١٨﴾ وجاءت سكرة الموت بالحق ذلك ما كنت منه تحيد ﴿١٩﴾ ونفخ في الصور ذلك يوم الوعيد ﴿٢٠﴾ وجاءت كل نفس معها سائق وشهيد ﴿٢١﴾ لقد كنت في غفلة من هذا فكشفنا عنك غطاءك فبصرك اليوم حديد ﴿٢٢﴾ وقال قرينه هذا ما لدي عتيد ﴿٢٣﴾ ألقيا في جهنم كل كفار عنيد ﴿٢٤﴾ مناع للخير معتد مريب ﴿٢٥﴾ الذي جعل مع الله إلها آخر فألقياه في العذاب الشديد ﴿٢٦﴾ قال قرينه ربنا ما أطغيته ولكن كان في ضلال بعيد ﴿٢٧﴾ قال لا تختصموا لدي وقد قدمت إليكم بالوعيد ﴿٢٨﴾ ما يبدل القول لدي وما أنا بظلام للعبيد ﴿٢٩﴾ يوم نقول لجهنم هل امتلأت وتقول هل من مزيد ﴿٣٠﴾ وأزلفت الجنة للمتقين غير بعيد ﴿٣١﴾ هذا ما توعدون لكل أواب حفيظ ﴿٣٢﴾ من خشي الرحمن بالغيب وجاء بقلب منيب ﴿٣٣﴾ ادخلوها بسلام ذلك يوم الخلود ﴿٣٤﴾ لهم ما يشاءون فيها ولدينا مزيد ﴿٣٥﴾

26-50-520

وكم أهلكنا قبلهم من قرن هم أشد منهم بطشا فنقبوا في البلاد هل من محيص ﴿٣٦﴾ إن في ذلك لذكرى لمن كان له قلب أو ألقى السمع وهو شهيد ﴿٣٧﴾ ولقد خلقنا السماوات والأرض وما بينهما في ستة أيام وما مسنا من لغوب ﴿٣٨﴾ فاصبر على ما يقولون وسبح بحمد ربك قبل طلوع الشمس وقبل الغروب ﴿٣٩﴾ ومن الليل فسبحه وأدبار السجود ﴿٤٠﴾ واستمع يوم يناد المناد من مكان قريب ﴿٤١﴾ يوم يسمعون الصيحة بالحق ذلك يوم الخروج ﴿٤٢﴾ إنا نحن نحيي ونميت وإلينا المصير ﴿٤٣﴾ يوم تشقق الأرض عنهم سراعا ذلك حشر علينا يسير ﴿٤٤﴾ نحن أعلم بما يقولون وما أنت عليهم بجبار فذكر بالقرآن من يخاف وعيد ﴿٤٥﴾

سورة الذاريات

بسم الله الرحمن الرحيم

والذاريات ذروا ﴿١﴾ فالحاملات وقرا ﴿٢﴾ فالجاريات يسرا ﴿٣﴾ فالمقسمات أمرا ﴿٤﴾ إنما توعدون لصادق ﴿٥﴾ وإن الدين لواقع ﴿٦﴾

26-51-521

والسماء ذات الحبك ﴿٧﴾ إنكم لفي قول مختلف ﴿٨﴾ يؤفك عنه من أفك ﴿٩﴾ قتل الخراصون ﴿١٠﴾ الذين هم في غمرة ساهون ﴿١١﴾ يسألون أيان يوم الدين ﴿١٢﴾ يوم هم على النار يفتنون ﴿١٣﴾ ذوقوا فتنتكم هذا الذي كنتم به تستعجلون ﴿١٤﴾ إن المتقين في جنات وعيون ﴿١٥﴾ آخذين ما آتاهم ربهم إنهم كانوا قبل ذلك محسنين ﴿١٦﴾ كانوا قليلا من الليل ما يهجعون ﴿١٧﴾ وبالأسحار هم يستغفرون ﴿١٨﴾ وفي أموالهم حق للسائل والمحروم ﴿١٩﴾ وفي الأرض آيات للموقنين ﴿٢٠﴾ وفي أنفسكم أفلا تبصرون ﴿٢١﴾ وفي السماء رزقكم وما توعدون ﴿٢٢﴾ فورب السماء والأرض إنه لحق مثل ما أنكم تنطقون ﴿٢٣﴾ هل أتاك حديث ضيف إبراهيم المكرمين ﴿٢٤﴾ إذ دخلوا عليه فقالوا سلاما قال سلام قوم منكرون ﴿٢٥﴾ فراغ إلى أهله فجاء بعجل سمين ﴿٢٦﴾ فقربه إليهم قال ألا تأكلون ﴿٢٧﴾ فأوجس منهم خيفة قالوا لا تخف وبشروه بغلام عليم ﴿٢٨﴾ فأقبلت امرأته في صرة فصكت وجهها وقالت عجوز عقيم ﴿٢٩﴾ قالوا كذلك قال ربك إنه هو الحكيم العليم ﴿٣٠﴾

27 - 51 - 522 ۞ قَالَ فَمَا خَطْبُكُمْ أَيُّهَا ٱلْمُرْسَلُونَ ٣١ قَالُوٓا۟ إِنَّآ أُرْسِلْنَآ إِلَىٰ قَوْمٍ
مُّجْرِمِينَ ٣٢ لِنُرْسِلَ عَلَيْهِمْ حِجَارَةً مِّن طِينٍ ٣٣ مُّسَوَّمَةً عِندَ رَبِّكَ
لِلْمُسْرِفِينَ ٣٤ فَأَخْرَجْنَا مَن كَانَ فِيهَا مِنَ ٱلْمُؤْمِنِينَ ٣٥ فَمَا وَجَدْنَا
فِيهَا غَيْرَ بَيْتٍ مِّنَ ٱلْمُسْلِمِينَ ٣٦ وَتَرَكْنَا فِيهَآ ءَايَةً لِّلَّذِينَ يَخَافُونَ
ٱلْعَذَابَ ٱلْأَلِيمَ ٣٧ وَفِى مُوسَىٰٓ إِذْ أَرْسَلْنَٰهُ إِلَىٰ فِرْعَوْنَ بِسُلْطَٰنٍ
مُّبِينٍ ٣٨ فَتَوَلَّىٰ بِرُكْنِهِۦ وَقَالَ سَٰحِرٌ أَوْ مَجْنُونٌ ٣٩ فَأَخَذْنَٰهُ وَجُنُودَهُۥ
فَنَبَذْنَٰهُمْ فِى ٱلْيَمِّ وَهُوَ مُلِيمٌ ٤٠ وَفِى عَادٍ إِذْ أَرْسَلْنَا عَلَيْهِمُ ٱلرِّيحَ
ٱلْعَقِيمَ ٤١ مَا تَذَرُ مِن شَىْءٍ أَتَتْ عَلَيْهِ إِلَّا جَعَلَتْهُ كَٱلرَّمِيمِ ٤٢
وَفِى ثَمُودَ إِذْ قِيلَ لَهُمْ تَمَتَّعُوا۟ حَتَّىٰ حِينٍ ٤٣ فَعَتَوْا۟ عَنْ أَمْرِ رَبِّهِمْ
فَأَخَذَتْهُمُ ٱلصَّٰعِقَةُ وَهُمْ يَنظُرُونَ ٤٤ فَمَا ٱسْتَطَٰعُوا۟ مِن قِيَامٍ
وَمَا كَانُوا۟ مُنتَصِرِينَ ٤٥ وَقَوْمَ نُوحٍ مِّن قَبْلُ إِنَّهُمْ كَانُوا۟ قَوْمًا
فَٰسِقِينَ ٤٦ وَٱلسَّمَآءَ بَنَيْنَٰهَا بِأَيْي۟دٍ وَإِنَّا لَمُوسِعُونَ ٤٧ وَٱلْأَرْضَ
فَرَشْنَٰهَا فَنِعْمَ ٱلْمَٰهِدُونَ ٤٨ وَمِن كُلِّ شَىْءٍ خَلَقْنَا زَوْجَيْنِ
لَعَلَّكُمْ تَذَكَّرُونَ ٤٩ فَفِرُّوٓا۟ إِلَى ٱللَّهِ إِنِّى لَكُم مِّنْهُ نَذِيرٌ مُّبِينٌ ٥٠
وَلَا تَجْعَلُوا۟ مَعَ ٱللَّهِ إِلَٰهًا ءَاخَرَ إِنِّى لَكُم مِّنْهُ نَذِيرٌ مُّبِينٌ ٥١
27 - 51 - 523 كَذَٰلِكَ مَآ أَتَى ٱلَّذِينَ مِن قَبْلِهِم مِّن رَّسُولٍ إِلَّا قَالُوا۟ سَاحِرٌ
أَوْ مَجْنُونٌ ٥٢ أَتَوَاصَوْا۟ بِهِۦ بَلْ هُمْ قَوْمٌ طَاغُونَ ٥٣ فَتَوَلَّ عَنْهُمْ
فَمَآ أَنتَ بِمَلُومٍ ٥٤ وَذَكِّرْ فَإِنَّ ٱلذِّكْرَىٰ تَنفَعُ ٱلْمُؤْمِنِينَ ٥٥ وَمَا
خَلَقْتُ ٱلْجِنَّ وَٱلْإِنسَ إِلَّا لِيَعْبُدُونِ ٥٦ مَآ أُرِيدُ مِنْهُم مِّن رِّزْقٍ
وَمَآ أُرِيدُ أَن يُطْعِمُونِ ٥٧ إِنَّ ٱللَّهَ هُوَ ٱلرَّزَّاقُ ذُو ٱلْقُوَّةِ ٱلْمَتِينُ ٥٨
فَإِنَّ لِلَّذِينَ ظَلَمُوا۟ ذَنُوبًا مِّثْلَ ذَنُوبِ أَصْحَٰبِهِمْ فَلَا
يَسْتَعْجِلُونِ ٥٩ فَوَيْلٌ لِّلَّذِينَ كَفَرُوا۟ مِن يَوْمِهِمُ ٱلَّذِى يُوعَدُونَ ٦٠

سُورَةُ الطُّورِ

بِسْمِ ٱللَّهِ ٱلرَّحْمَٰنِ ٱلرَّحِيمِ

وَٱلطُّورِ ١ وَكِتَٰبٍ مَّسْطُورٍ ٢ فِى رَقٍّ مَّنشُورٍ ٣ وَٱلْبَيْتِ
ٱلْمَعْمُورِ ٤ وَٱلسَّقْفِ ٱلْمَرْفُوعِ ٥ وَٱلْبَحْرِ ٱلْمَسْجُورِ ٦ إِنَّ
عَذَابَ رَبِّكَ لَوَٰقِعٌ ٧ مَّا لَهُۥ مِن دَافِعٍ ٨ يَوْمَ تَمُورُ ٱلسَّمَآءُ
مَوْرًا ٩ وَتَسِيرُ ٱلْجِبَالُ سَيْرًا ١٠ فَوَيْلٌ يَوْمَئِذٍ لِّلْمُكَذِّبِينَ ١١
ٱلَّذِينَ هُمْ فِى خَوْضٍ يَلْعَبُونَ ١٢ يَوْمَ يُدَعُّونَ إِلَىٰ نَارِ
جَهَنَّمَ دَعًّا ١٣ هَٰذِهِ ٱلنَّارُ ٱلَّتِى كُنتُم بِهَا تُكَذِّبُونَ ١٤
27 - 52 - 524 أَفَسِحْرٌ هَٰذَآ أَمْ أَنتُمْ لَا تُبْصِرُونَ ١٥ ٱصْلَوْهَا فَٱصْبِرُوٓا۟
أَوْ لَا تَصْبِرُوا۟ سَوَآءٌ عَلَيْكُمْ إِنَّمَا تُجْزَوْنَ مَا كُنتُمْ تَعْمَلُونَ ١٦
إِنَّ ٱلْمُتَّقِينَ فِى جَنَّٰتٍ وَنَعِيمٍ ١٧ فَٰكِهِينَ بِمَآ ءَاتَىٰهُمْ رَبُّهُمْ
وَوَقَىٰهُمْ رَبُّهُمْ عَذَابَ ٱلْجَحِيمِ ١٨ كُلُوا۟ وَٱشْرَبُوا۟ هَنِيٓـًٔا بِمَا
كُنتُمْ تَعْمَلُونَ ١٩ مُتَّكِـِٔينَ عَلَىٰ سُرُرٍ مَّصْفُوفَةٍ وَزَوَّجْنَٰهُم
بِحُورٍ عِينٍ ٢٠ وَٱلَّذِينَ ءَامَنُوا۟ وَٱتَّبَعَتْهُمْ ذُرِّيَّتُهُم بِإِيمَٰنٍ أَلْحَقْنَا
بِهِمْ ذُرِّيَّتَهُمْ وَمَآ أَلَتْنَٰهُم مِّنْ عَمَلِهِم مِّن شَىْءٍ كُلُّ ٱمْرِئٍۭ بِمَا
كَسَبَ رَهِينٌ ٢١ وَأَمْدَدْنَٰهُم بِفَٰكِهَةٍ وَلَحْمٍ مِّمَّا يَشْتَهُونَ ٢٢
يَتَنَٰزَعُونَ فِيهَا كَأْسًا لَّا لَغْوٌ فِيهَا وَلَا تَأْثِيمٌ ٢٣ ۞ وَيَطُوفُ عَلَيْهِمْ
غِلْمَانٌ لَّهُمْ كَأَنَّهُمْ لُؤْلُؤٌ مَّكْنُونٌ ٢٤ وَأَقْبَلَ بَعْضُهُمْ عَلَىٰ
بَعْضٍ يَتَسَآءَلُونَ ٢٥ قَالُوٓا۟ إِنَّا كُنَّا قَبْلُ فِىٓ أَهْلِنَا مُشْفِقِينَ ٢٦
فَمَنَّ ٱللَّهُ عَلَيْنَا وَوَقَىٰنَا عَذَابَ ٱلسَّمُومِ ٢٧ إِنَّا كُنَّا
مِن قَبْلُ نَدْعُوهُ إِنَّهُۥ هُوَ ٱلْبَرُّ ٱلرَّحِيمُ ٢٨ فَذَكِّرْ فَمَآ أَنتَ بِنِعْمَتِ
رَبِّكَ بِكَاهِنٍ وَلَا مَجْنُونٍ ٢٩ أَمْ يَقُولُونَ شَاعِرٌ نَّتَرَبَّصُ بِهِۦ رَيْبَ
ٱلْمَنُونِ ٣٠ قُلْ تَرَبَّصُوا۟ فَإِنِّى مَعَكُم مِّنَ ٱلْمُتَرَبِّصِينَ ٣١
27 - 52 - 525 أَمْ تَأْمُرُهُمْ أَحْلَٰمُهُم بِهَٰذَآ أَمْ هُمْ قَوْمٌ طَاغُونَ ٣٢ أَمْ يَقُولُونَ
تَقَوَّلَهُۥ بَل لَّا يُؤْمِنُونَ ٣٣ فَلْيَأْتُوا۟ بِحَدِيثٍ مِّثْلِهِۦٓ إِن كَانُوا۟
صَٰدِقِينَ ٣٤ أَمْ خُلِقُوا۟ مِنْ غَيْرِ شَىْءٍ أَمْ هُمُ ٱلْخَٰلِقُونَ ٣٥
أَمْ خَلَقُوا۟ ٱلسَّمَٰوَٰتِ وَٱلْأَرْضَ بَل لَّا يُوقِنُونَ ٣٦ أَمْ عِندَهُمْ
خَزَآئِنُ رَبِّكَ أَمْ هُمُ ٱلْمُصَيْطِرُونَ ٣٧ أَمْ لَهُمْ سُلَّمٌ
يَسْتَمِعُونَ فِيهِ فَلْيَأْتِ مُسْتَمِعُهُم بِسُلْطَٰنٍ مُّبِينٍ ٣٨
أَمْ لَهُ ٱلْبَنَٰتُ وَلَكُمُ ٱلْبَنُونَ ٣٩ أَمْ تَسْـَٔلُهُمْ أَجْرًا فَهُم مِّن مَّغْرَمٍ
مُّثْقَلُونَ ٤٠ أَمْ عِندَهُمُ ٱلْغَيْبُ فَهُمْ يَكْتُبُونَ ٤١ أَمْ يُرِيدُونَ
كَيْدًا فَٱلَّذِينَ كَفَرُوا۟ هُمُ ٱلْمَكِيدُونَ ٤٢ أَمْ لَهُمْ إِلَٰهٌ غَيْرُ ٱللَّهِ
سُبْحَٰنَ ٱللَّهِ عَمَّا يُشْرِكُونَ ٤٣ وَإِن يَرَوْا۟ كِسْفًا مِّنَ ٱلسَّمَآءِ سَاقِطًا
يَقُولُوا۟ سَحَابٌ مَّرْكُومٌ ٤٤ فَذَرْهُمْ حَتَّىٰ يُلَٰقُوا۟ يَوْمَهُمُ ٱلَّذِى فِيهِ
يُصْعَقُونَ ٤٥ يَوْمَ لَا يُغْنِى عَنْهُمْ كَيْدُهُمْ شَيْـًٔا وَلَا هُمْ يُنصَرُونَ ٤٦
وَإِنَّ لِلَّذِينَ ظَلَمُوا۟ عَذَابًا دُونَ ذَٰلِكَ وَلَٰكِنَّ أَكْثَرَهُمْ
لَا يَعْلَمُونَ ٤٧ وَٱصْبِرْ لِحُكْمِ رَبِّكَ فَإِنَّكَ بِأَعْيُنِنَا وَسَبِّحْ بِحَمْدِ
رَبِّكَ حِينَ تَقُومُ ٤٨ وَمِنَ ٱلَّيْلِ فَسَبِّحْهُ وَإِدْبَٰرَ ٱلنُّجُومِ ٤٩

سُورَةُ النَّجْمِ

بِسْمِ ٱللَّهِ ٱلرَّحْمَٰنِ ٱلرَّحِيمِ

27 - 52 - 526 وَٱلنَّجْمِ إِذَا هَوَىٰ ١ مَا ضَلَّ صَاحِبُكُمْ وَمَا غَوَىٰ ٢ وَمَا يَنطِقُ عَنِ
ٱلْهَوَىٰٓ ٣ إِنْ هُوَ إِلَّا وَحْىٌ يُوحَىٰ ٤ عَلَّمَهُۥ شَدِيدُ ٱلْقُوَىٰ ٥ ذُو مِرَّةٍ
فَٱسْتَوَىٰ ٦ وَهُوَ بِٱلْأُفُقِ ٱلْأَعْلَىٰ ٧ ثُمَّ دَنَا فَتَدَلَّىٰ ٨ فَكَانَ قَابَ
قَوْسَيْنِ أَوْ أَدْنَىٰ ٩ فَأَوْحَىٰٓ إِلَىٰ عَبْدِهِۦ مَآ أَوْحَىٰ ١٠ مَا كَذَبَ ٱلْفُؤَادُ
مَا رَأَىٰٓ ١١ أَفَتُمَٰرُونَهُۥ عَلَىٰ مَا يَرَىٰ ١٢ وَلَقَدْ رَءَاهُ نَزْلَةً أُخْرَىٰ ١٣
عِندَ سِدْرَةِ ٱلْمُنتَهَىٰ ١٤ عِندَهَا جَنَّةُ ٱلْمَأْوَىٰٓ ١٥ إِذْ يَغْشَى ٱلسِّدْرَةَ
مَا يَغْشَىٰ ١٦ مَا زَاغَ ٱلْبَصَرُ وَمَا طَغَىٰ ١٧ لَقَدْ رَأَىٰ مِنْ ءَايَٰتِ رَبِّهِ
ٱلْكُبْرَىٰٓ ١٨ أَفَرَءَيْتُمُ ٱللَّٰتَ وَٱلْعُزَّىٰ ١٩ وَمَنَوٰةَ ٱلثَّالِثَةَ ٱلْأُخْرَىٰٓ ٢٠
أَلَكُمُ ٱلذَّكَرُ وَلَهُ ٱلْأُنثَىٰ ٢١ تِلْكَ إِذًا قِسْمَةٌ ضِيزَىٰٓ ٢٢ إِنْ هِىَ إِلَّآ أَسْمَآءٌ
سَمَّيْتُمُوهَآ أَنتُمْ وَءَابَآؤُكُم مَّآ أَنزَلَ ٱللَّهُ بِهَا مِن سُلْطَٰنٍ إِن يَتَّبِعُونَ إِلَّا
ٱلظَّنَّ وَمَا تَهْوَى ٱلْأَنفُسُ وَلَقَدْ جَآءَهُم مِّن رَّبِّهِمُ ٱلْهُدَىٰٓ ٢٣ أَمْ لِلْإِنسَٰنِ
مَا تَمَنَّىٰ ٢٤ فَلِلَّهِ ٱلْءَاخِرَةُ وَٱلْأُولَىٰ ٢٥ ۞ وَكَم مِّن مَّلَكٍ فِى ٱلسَّمَٰوَٰتِ
لَا تُغْنِى شَفَٰعَتُهُمْ شَيْـًٔا إِلَّا مِنۢ بَعْدِ أَن يَأْذَنَ ٱللَّهُ لِمَن يَشَآءُ وَيَرْضَىٰٓ ٢٦
27 - 53 - 527 إِنَّ ٱلَّذِينَ لَا يُؤْمِنُونَ بِٱلْءَاخِرَةِ لَيُسَمُّونَ ٱلْمَلَٰٓئِكَةَ تَسْمِيَةَ ٱلْأُنثَىٰ ٢٧
وَمَا لَهُم بِهِۦ مِنْ عِلْمٍ إِن يَتَّبِعُونَ إِلَّا ٱلظَّنَّ وَإِنَّ ٱلظَّنَّ لَا يُغْنِى مِنَ
ٱلْحَقِّ شَيْـًٔا ٢٨ فَأَعْرِضْ عَن مَّن تَوَلَّىٰ عَن ذِكْرِنَا وَلَمْ يُرِدْ إِلَّا ٱلْحَيَوٰةَ
ٱلدُّنْيَا ٢٩ ذَٰلِكَ مَبْلَغُهُم مِّنَ ٱلْعِلْمِ إِنَّ رَبَّكَ هُوَ أَعْلَمُ بِمَن ضَلَّ عَن
سَبِيلِهِۦ وَهُوَ أَعْلَمُ بِمَنِ ٱهْتَدَىٰ ٣٠ وَلِلَّهِ مَا فِى ٱلسَّمَٰوَٰتِ وَمَا فِى
ٱلْأَرْضِ لِيَجْزِىَ ٱلَّذِينَ أَسَٰٓـُٔوا۟ بِمَا عَمِلُوا۟ وَيَجْزِىَ ٱلَّذِينَ أَحْسَنُوا۟
بِٱلْحُسْنَى ٣١ ٱلَّذِينَ يَجْتَنِبُونَ كَبَٰٓئِرَ ٱلْإِثْمِ وَٱلْفَوَٰحِشَ إِلَّا ٱللَّمَمَ
إِنَّ رَبَّكَ وَٰسِعُ ٱلْمَغْفِرَةِ هُوَ أَعْلَمُ بِكُمْ إِذْ أَنشَأَكُم مِّنَ ٱلْأَرْضِ
وَإِذْ أَنتُمْ أَجِنَّةٌ فِى بُطُونِ أُمَّهَٰتِكُمْ فَلَا تُزَكُّوٓا۟ أَنفُسَكُمْ هُوَ أَعْلَمُ
بِمَنِ ٱتَّقَىٰٓ ٣٢ أَفَرَءَيْتَ ٱلَّذِى تَوَلَّىٰ ٣٣ وَأَعْطَىٰ قَلِيلًا وَأَكْدَىٰٓ ٣٤
أَعِندَهُۥ عِلْمُ ٱلْغَيْبِ فَهُوَ يَرَىٰٓ ٣٥ أَمْ لَمْ يُنَبَّأْ بِمَا فِى صُحُفِ
مُوسَىٰ ٣٦ وَإِبْرَٰهِيمَ ٱلَّذِى وَفَّىٰٓ ٣٧ أَلَّا تَزِرُ وَازِرَةٌ وِزْرَ أُخْرَىٰ ٣٨
وَأَن لَّيْسَ لِلْإِنسَٰنِ إِلَّا مَا سَعَىٰ ٣٩ وَأَنَّ سَعْيَهُۥ سَوْفَ يُرَىٰ ٤٠
ثُمَّ يُجْزَىٰهُ ٱلْجَزَآءَ ٱلْأَوْفَىٰ ٤١ وَأَنَّ إِلَىٰ رَبِّكَ ٱلْمُنتَهَىٰ ٤٢
وَأَنَّهُۥ هُوَ أَضْحَكَ وَأَبْكَىٰ ٤٣ وَأَنَّهُۥ هُوَ أَمَاتَ وَأَحْيَا ٤٤
27 - 53 - 528 وَأَنَّهُۥ خَلَقَ ٱلزَّوْجَيْنِ ٱلذَّكَرَ وَٱلْأُنثَىٰ ٤٥ مِن نُّطْفَةٍ إِذَا تُمْنَىٰ ٤٦
وَأَنَّ عَلَيْهِ ٱلنَّشْأَةَ ٱلْأُخْرَىٰ ٤٧ وَأَنَّهُۥ هُوَ أَغْنَىٰ وَأَقْنَىٰ ٤٨ وَأَنَّهُۥ هُوَ
رَبُّ ٱلشِّعْرَىٰ ٤٩ وَأَنَّهُۥٓ أَهْلَكَ عَادًا ٱلْأُولَىٰ ٥٠ وَثَمُودَا۟ فَمَآ
أَبْقَىٰ ٥١ وَقَوْمَ نُوحٍ مِّن قَبْلُ إِنَّهُمْ كَانُوا۟ هُمْ أَظْلَمَ وَأَطْغَىٰ ٥٢
وَٱلْمُؤْتَفِكَةَ أَهْوَىٰ ٥٣ فَغَشَّىٰهَا مَا غَشَّىٰ ٥٤ فَبِأَىِّ ءَالَآءِ رَبِّكَ
تَتَمَارَىٰ ٥٥ هَٰذَا نَذِيرٌ مِّنَ ٱلنُّذُرِ ٱلْأُولَىٰٓ ٥٦ أَزِفَتِ ٱلْءَازِفَةُ ٥٧
لَيْسَ لَهَا مِن دُونِ ٱللَّهِ كَاشِفَةٌ ٥٨ أَفَمِنْ هَٰذَا ٱلْحَدِيثِ
تَعْجَبُونَ ٥٩ وَتَضْحَكُونَ وَلَا تَبْكُونَ ٦٠ وَأَنتُمْ سَٰمِدُونَ ٦١
فَٱسْجُدُوا۟ لِلَّهِ وَٱعْبُدُوا۟ ۩ ٦٢

سُورَةُ القَمَرِ

بِسْمِ ٱللَّهِ ٱلرَّحْمَٰنِ ٱلرَّحِيمِ

ٱقْتَرَبَتِ ٱلسَّاعَةُ وَٱنشَقَّ ٱلْقَمَرُ ١ وَإِن يَرَوْا۟ ءَايَةً يُعْرِضُوا۟ وَيَقُولُوا۟
سِحْرٌ مُّسْتَمِرٌّ ٢ وَكَذَّبُوا۟ وَٱتَّبَعُوٓا۟ أَهْوَآءَهُمْ وَكُلُّ أَمْرٍ مُّسْتَقِرٌّ ٣
وَلَقَدْ جَآءَهُم مِّنَ ٱلْأَنۢبَآءِ مَا فِيهِ مُزْدَجَرٌ ٤ حِكْمَةٌۢ بَٰلِغَةٌ فَمَا تُغْنِ
ٱلنُّذُرُ ٥ فَتَوَلَّ عَنْهُمْ يَوْمَ يَدْعُ ٱلدَّاعِ إِلَىٰ شَىْءٍ نُّكُرٍ ٦
27 - 54 - 529 خُشَّعًا أَبْصَٰرُهُمْ يَخْرُجُونَ مِنَ ٱلْأَجْدَاثِ كَأَنَّهُمْ جَرَادٌ مُّنتَشِرٌ ٧
مُّهْطِعِينَ إِلَى ٱلدَّاعِ يَقُولُ ٱلْكَٰفِرُونَ هَٰذَا يَوْمٌ عَسِرٌ ٨ ۞ كَذَّبَتْ
قَبْلَهُمْ قَوْمُ نُوحٍ فَكَذَّبُوا۟ عَبْدَنَا وَقَالُوا۟ مَجْنُونٌ وَٱزْدُجِرَ ٩ فَدَعَا
رَبَّهُۥٓ أَنِّى مَغْلُوبٌ فَٱنتَصِرْ ١٠ فَفَتَحْنَآ أَبْوَٰبَ ٱلسَّمَآءِ بِمَآءٍ مُّنْهَمِرٍ ١١
وَفَجَّرْنَا ٱلْأَرْضَ عُيُونًا فَٱلْتَقَى ٱلْمَآءُ عَلَىٰٓ أَمْرٍ قَدْ قُدِرَ ١٢
وَحَمَلْنَٰهُ عَلَىٰ ذَاتِ أَلْوَٰحٍ وَدُسُرٍ ١٣ تَجْرِى بِأَعْيُنِنَا جَزَآءً لِّمَن كَانَ
كُفِرَ ١٤ وَلَقَد تَّرَكْنَٰهَآ ءَايَةً فَهَلْ مِن مُّدَّكِرٍ ١٥ فَكَيْفَ كَانَ
عَذَابِى وَنُذُرِ ١٦ وَلَقَدْ يَسَّرْنَا ٱلْقُرْءَانَ لِلذِّكْرِ فَهَلْ مِن مُّدَّكِرٍ ١٧
كَذَّبَتْ عَادٌ فَكَيْفَ كَانَ عَذَابِى وَنُذُرِ ١٨ إِنَّآ أَرْسَلْنَا عَلَيْهِمْ رِيحًا
صَرْصَرًا فِى يَوْمِ نَحْسٍ مُّسْتَمِرٍّ ١٩ تَنزِعُ ٱلنَّاسَ كَأَنَّهُمْ أَعْجَازُ نَخْلٍ
مُّنقَعِرٍ ٢٠ فَكَيْفَ كَانَ عَذَابِى وَنُذُرِ ٢١ وَلَقَدْ يَسَّرْنَا ٱلْقُرْءَانَ
لِلذِّكْرِ فَهَلْ مِن مُّدَّكِرٍ ٢٢ كَذَّبَتْ ثَمُودُ بِٱلنُّذُرِ ٢٣ فَقَالُوٓا۟ أَبَشَرًا
مِّنَّا وَٰحِدًا نَّتَّبِعُهُۥٓ إِنَّآ إِذًا لَّفِى ضَلَٰلٍ وَسُعُرٍ ٢٤ أَءُلْقِىَ ٱلذِّكْرُ عَلَيْهِ مِنۢ
بَيْنِنَا بَلْ هُوَ كَذَّابٌ أَشِرٌ ٢٥ سَيَعْلَمُونَ غَدًا مَّنِ ٱلْكَذَّابُ ٱلْأَشِرُ ٢٦
إِنَّا مُرْسِلُوا۟ ٱلنَّاقَةِ فِتْنَةً لَّهُمْ فَٱرْتَقِبْهُمْ وَٱصْطَبِرْ ٢٧
27 - 54 - 530 وَنَبِّئْهُمْ أَنَّ ٱلْمَآءَ قِسْمَةٌۢ بَيْنَهُمْ كُلُّ شِرْبٍ مُّحْتَضَرٌ ٢٨ فَنَادَوْا۟ صَاحِبَهُمْ
فَتَعَاطَىٰ فَعَقَرَ ٢٩ فَكَيْفَ كَانَ عَذَابِى وَنُذُرِ ٣٠ إِنَّآ أَرْسَلْنَا عَلَيْهِمْ
صَيْحَةً وَٰحِدَةً فَكَانُوا۟ كَهَشِيمِ ٱلْمُحْتَظِرِ ٣١ وَلَقَدْ يَسَّرْنَا ٱلْقُرْءَانَ
لِلذِّكْرِ فَهَلْ مِن مُّدَّكِرٍ ٣٢ كَذَّبَتْ قَوْمُ لُوطٍۭ بِٱلنُّذُرِ ٣٣ إِنَّآ أَرْسَلْنَا
عَلَيْهِمْ حَاصِبًا إِلَّآ ءَالَ لُوطٍ نَّجَّيْنَٰهُم بِسَحَرٍ ٣٤ نِّعْمَةً مِّنْ عِندِنَا
كَذَٰلِكَ نَجْزِى مَن شَكَرَ ٣٥ وَلَقَدْ أَنذَرَهُم بَطْشَتَنَا فَتَمَارَوْا۟
بِٱلنُّذُرِ ٣٦ وَلَقَدْ رَٰوَدُوهُ عَن ضَيْفِهِۦ فَطَمَسْنَآ أَعْيُنَهُمْ فَذُوقُوا۟
عَذَابِى وَنُذُرِ ٣٧ وَلَقَدْ صَبَّحَهُم بُكْرَةً عَذَابٌ مُّسْتَقِرٌّ ٣٨ فَذُوقُوا۟
عَذَابِى وَنُذُرِ ٣٩ وَلَقَدْ يَسَّرْنَا ٱلْقُرْءَانَ لِلذِّكْرِ فَهَلْ مِن مُّدَّكِرٍ ٤٠
وَلَقَدْ جَآءَ ءَالَ فِرْعَوْنَ ٱلنُّذُرُ ٤١ كَذَّبُوا۟ بِـَٔايَٰتِنَا كُلِّهَا فَأَخَذْنَٰهُمْ
أَخْذَ عَزِيزٍ مُّقْتَدِرٍ ٤٢ أَكُفَّارُكُمْ خَيْرٌ مِّنْ أُو۟لَٰٓئِكُمْ أَمْ لَكُم بَرَآءَةٌ
فِى ٱلزُّبُرِ ٤٣ أَمْ يَقُولُونَ نَحْنُ جَمِيعٌ مُّنتَصِرٌ ٤٤ سَيُهْزَمُ ٱلْجَمْعُ
وَيُوَلُّونَ ٱلدُّبُرَ ٤٥ بَلِ ٱلسَّاعَةُ مَوْعِدُهُمْ وَٱلسَّاعَةُ أَدْهَىٰ وَأَمَرُّ ٤٦
إِنَّ ٱلْمُجْرِمِينَ فِى ضَلَٰلٍ وَسُعُرٍ ٤٧ يَوْمَ يُسْحَبُونَ فِى ٱلنَّارِ عَلَىٰ
وُجُوهِهِمْ ذُوقُوا۟ مَسَّ سَقَرَ ٤٨ إِنَّا كُلَّ شَىْءٍ خَلَقْنَٰهُ بِقَدَرٍ ٤٩
27 - 54 - 531 وَمَآ أَمْرُنَآ إِلَّا وَٰحِدَةٌ كَلَمْحٍۭ بِٱلْبَصَرِ ٥٠ وَلَقَدْ أَهْلَكْنَآ
أَشْيَاعَكُمْ فَهَلْ مِن مُّدَّكِرٍ ٥١ وَكُلُّ شَىْءٍ فَعَلُوهُ فِى ٱلزُّبُرِ ٥٢
وَكُلُّ صَغِيرٍ وَكَبِيرٍ مُّسْتَطَرٌ ٥٣ إِنَّ ٱلْمُتَّقِينَ فِى
جَنَّٰتٍ وَنَهَرٍ ٥٤ فِى مَقْعَدِ صِدْقٍ عِندَ مَلِيكٍ مُّقْتَدِرٍۭ ٥٥

سُورَةُ الرَّحْمَٰنِ

بِسْمِ ٱللَّهِ ٱلرَّحْمَٰنِ ٱلرَّحِيمِ

ٱلرَّحْمَٰنُ ١ عَلَّمَ ٱلْقُرْءَانَ ٢ خَلَقَ ٱلْإِنسَٰنَ ٣ عَلَّمَهُ ٱلْبَيَانَ ٤
ٱلشَّمْسُ وَٱلْقَمَرُ بِحُسْبَانٍ ٥ وَٱلنَّجْمُ وَٱلشَّجَرُ يَسْجُدَانِ ٦
وَٱلسَّمَآءَ رَفَعَهَا وَوَضَعَ ٱلْمِيزَانَ ٧ أَلَّا تَطْغَوْا۟ فِى ٱلْمِيزَانِ ٨
وَأَقِيمُوا۟ ٱلْوَزْنَ بِٱلْقِسْطِ وَلَا تُخْسِرُوا۟ ٱلْمِيزَانَ ٩ وَٱلْأَرْضَ
وَضَعَهَا لِلْأَنَامِ ١٠ فِيهَا فَٰكِهَةٌ وَٱلنَّخْلُ ذَاتُ ٱلْأَكْمَامِ ١١
وَٱلْحَبُّ ذُو ٱلْعَصْفِ وَٱلرَّيْحَانُ ١٢ فَبِأَىِّ ءَالَآءِ رَبِّكُمَا تُكَذِّبَانِ ١٣
خَلَقَ ٱلْإِنسَٰنَ مِن صَلْصَٰلٍ كَٱلْفَخَّارِ ١٤ وَخَلَقَ ٱلْجَآنَّ مِن
مَّارِجٍ مِّن نَّارٍ ١٥ فَبِأَىِّ ءَالَآءِ رَبِّكُمَا تُكَذِّبَانِ ١٦ رَبُّ
ٱلْمَشْرِقَيْنِ وَرَبُّ ٱلْمَغْرِبَيْنِ ١٧ فَبِأَىِّ ءَالَآءِ رَبِّكُمَا تُكَذِّبَانِ ١٨
27 - 55 - 532 مَرَجَ ٱلْبَحْرَيْنِ يَلْتَقِيَانِ ١٩ بَيْنَهُمَا بَرْزَخٌ لَّا يَبْغِيَانِ ٢٠ فَبِأَىِّ ءَالَآءِ
رَبِّكُمَا تُكَذِّبَانِ ٢١ يَخْرُجُ مِنْهُمَا ٱللُّؤْلُؤُ وَٱلْمَرْجَانُ ٢٢ فَبِأَىِّ ءَالَآءِ
رَبِّكُمَا تُكَذِّبَانِ ٢٣ وَلَهُ ٱلْجَوَارِ ٱلْمُنشَـَٔاتُ فِى ٱلْبَحْرِ كَٱلْأَعْلَٰمِ ٢٤
فَبِأَىِّ ءَالَآءِ رَبِّكُمَا تُكَذِّبَانِ ٢٥ كُلُّ مَنْ عَلَيْهَا فَانٍ ٢٦ وَيَبْقَىٰ وَجْهُ
رَبِّكَ ذُو ٱلْجَلَٰلِ وَٱلْإِكْرَامِ ٢٧ فَبِأَىِّ ءَالَآءِ رَبِّكُمَا تُكَذِّبَانِ ٢٨
يَسْـَٔلُهُۥ مَن فِى ٱلسَّمَٰوَٰتِ وَٱلْأَرْضِ كُلَّ يَوْمٍ هُوَ فِى شَأْنٍ ٢٩ فَبِأَىِّ
ءَالَآءِ رَبِّكُمَا تُكَذِّبَانِ ٣٠ سَنَفْرُغُ لَكُمْ أَيُّهَ ٱلثَّقَلَانِ ٣١ فَبِأَىِّ
ءَالَآءِ رَبِّكُمَا تُكَذِّبَانِ ٣٢ يَٰمَعْشَرَ ٱلْجِنِّ وَٱلْإِنسِ إِنِ ٱسْتَطَعْتُمْ
أَن تَنفُذُوا۟ مِنْ أَقْطَارِ ٱلسَّمَٰوَٰتِ وَٱلْأَرْضِ فَٱنفُذُوا۟ لَا تَنفُذُونَ
إِلَّا بِسُلْطَٰنٍ ٣٣ فَبِأَىِّ ءَالَآءِ رَبِّكُمَا تُكَذِّبَانِ ٣٤ يُرْسَلُ عَلَيْكُمَا
شُوَاظٌ مِّن نَّارٍ وَنُحَاسٌ فَلَا تَنتَصِرَانِ ٣٥ فَبِأَىِّ ءَالَآءِ رَبِّكُمَا
تُكَذِّبَانِ ٣٦ فَإِذَا ٱنشَقَّتِ ٱلسَّمَآءُ فَكَانَتْ وَرْدَةً كَٱلدِّهَانِ ٣٧
فَبِأَىِّ ءَالَآءِ رَبِّكُمَا تُكَذِّبَانِ ٣٨ فَيَوْمَئِذٍ لَّا يُسْـَٔلُ عَن
ذَنۢبِهِۦٓ إِنسٌ وَلَا جَآنٌّ ٣٩ فَبِأَىِّ ءَالَآءِ رَبِّكُمَا تُكَذِّبَانِ ٤٠
يُعْرَفُ ٱلْمُجْرِمُونَ بِسِيمَٰهُمْ فَيُؤْخَذُ بِٱلنَّوَٰصِى وَٱلْأَقْدَامِ ٤١
27 - 55 - 533 فَبِأَىِّ ءَالَآءِ رَبِّكُمَا تُكَذِّبَانِ ٤٢ هَٰذِهِۦ جَهَنَّمُ ٱلَّتِى يُكَذِّبُ بِهَا
ٱلْمُجْرِمُونَ ٤٣ يَطُوفُونَ بَيْنَهَا وَبَيْنَ حَمِيمٍ ءَانٍ ٤٤ فَبِأَىِّ ءَالَآءِ
رَبِّكُمَا تُكَذِّبَانِ ٤٥ وَلِمَنْ خَافَ مَقَامَ رَبِّهِۦ جَنَّتَانِ ٤٦ فَبِأَىِّ ءَالَآءِ
رَبِّكُمَا تُكَذِّبَانِ ٤٧ ذَوَاتَآ أَفْنَانٍ ٤٨ فَبِأَىِّ ءَالَآءِ رَبِّكُمَا تُكَذِّبَانِ ٤٩
فِيهِمَا عَيْنَانِ تَجْرِيَانِ ٥٠ فَبِأَىِّ ءَالَآءِ رَبِّكُمَا تُكَذِّبَانِ ٥١ فِيهِمَا
مِن كُلِّ فَٰكِهَةٍ زَوْجَانِ ٥٢ فَبِأَىِّ ءَالَآءِ رَبِّكُمَا تُكَذِّبَانِ ٥٣ مُتَّكِـِٔينَ
عَلَىٰ فُرُشٍۭ بَطَآئِنُهَا مِنْ إِسْتَبْرَقٍ وَجَنَى ٱلْجَنَّتَيْنِ دَانٍ ٥٤ فَبِأَىِّ
ءَالَآءِ رَبِّكُمَا تُكَذِّبَانِ ٥٥ فِيهِنَّ قَٰصِرَٰتُ ٱلطَّرْفِ لَمْ يَطْمِثْهُنَّ
إِنسٌ قَبْلَهُمْ وَلَا جَآنٌّ ٥٦ فَبِأَىِّ ءَالَآءِ رَبِّكُمَا تُكَذِّبَانِ ٥٧ كَأَنَّهُنَّ
ٱلْيَاقُوتُ وَٱلْمَرْجَانُ ٥٨ فَبِأَىِّ ءَالَآءِ رَبِّكُمَا تُكَذِّبَانِ ٥٩
هَلْ جَزَآءُ ٱلْإِحْسَٰنِ إِلَّا ٱلْإِحْسَٰنُ ٦٠ فَبِأَىِّ ءَالَآءِ رَبِّكُمَا
تُكَذِّبَانِ ٦١ وَمِن دُونِهِمَا جَنَّتَانِ ٦٢ فَبِأَىِّ ءَالَآءِ رَبِّكُمَا
تُكَذِّبَانِ ٦٣ مُدْهَآمَّتَانِ ٦٤ فَبِأَىِّ ءَالَآءِ رَبِّكُمَا تُكَذِّبَانِ ٦٥
فِيهِمَا عَيْنَانِ نَضَّاخَتَانِ ٦٦ فَبِأَىِّ ءَالَآءِ رَبِّكُمَا تُكَذِّبَانِ ٦٧
فِيهِمَا فَٰكِهَةٌ وَنَخْلٌ وَرُمَّانٌ ٦٨ فَبِأَىِّ ءَالَآءِ رَبِّكُمَا تُكَذِّبَانِ ٦٩
27 - 55 - 534 فِيهِنَّ خَيْرَٰتٌ حِسَانٌ ٧٠ فَبِأَىِّ ءَالَآءِ رَبِّكُمَا تُكَذِّبَانِ ٧١
حُورٌ مَّقْصُورَٰتٌ فِى ٱلْخِيَامِ ٧٢ فَبِأَىِّ ءَالَآءِ رَبِّكُمَا
تُكَذِّبَانِ ٧٣ لَمْ يَطْمِثْهُنَّ إِنسٌ قَبْلَهُمْ وَلَا جَآنٌّ ٧٤ فَبِأَىِّ
ءَالَآءِ رَبِّكُمَا تُكَذِّبَانِ ٧٥ مُتَّكِـِٔينَ عَلَىٰ رَفْرَفٍ خُضْرٍ
وَعَبْقَرِىٍّ حِسَانٍ ٧٦ فَبِأَىِّ ءَالَآءِ رَبِّكُمَا تُكَذِّبَانِ ٧٧
تَبَٰرَكَ ٱسْمُ رَبِّكَ ذِى ٱلْجَلَٰلِ وَٱلْإِكْرَامِ ٧٨

سُورَةُ الوَاقِعَةِ

بِسْمِ ٱللَّهِ ٱلرَّحْمَٰنِ ٱلرَّحِيمِ

إِذَا وَقَعَتِ ٱلْوَاقِعَةُ ١ لَيْسَ لِوَقْعَتِهَا كَاذِبَةٌ ٢ خَافِضَةٌ رَّافِعَةٌ ٣
إِذَا رُجَّتِ ٱلْأَرْضُ رَجًّا ٤ وَبُسَّتِ ٱلْجِبَالُ بَسًّا ٥ فَكَانَتْ
هَبَآءً مُّنۢبَثًّا ٦ وَكُنتُمْ أَزْوَٰجًا ثَلَٰثَةً ٧ فَأَصْحَٰبُ ٱلْمَيْمَنَةِ
مَآ أَصْحَٰبُ ٱلْمَيْمَنَةِ ٨ وَأَصْحَٰبُ ٱلْمَشْـَٔمَةِ مَآ أَصْحَٰبُ
ٱلْمَشْـَٔمَةِ ٩ وَٱلسَّٰبِقُونَ ٱلسَّٰبِقُونَ ١٠ أُو۟لَٰٓئِكَ ٱلْمُقَرَّبُونَ ١١
فِى جَنَّٰتِ ٱلنَّعِيمِ ١٢ ثُلَّةٌ مِّنَ ٱلْأَوَّلِينَ ١٣ وَقَلِيلٌ مِّنَ ٱلْءَاخِرِينَ ١٤
عَلَىٰ سُرُرٍ مَّوْضُونَةٍ ١٥ مُّتَّكِـِٔينَ عَلَيْهَا مُتَقَٰبِلِينَ ١٦

27 - 56 - 535

يطوف عليهم ولدان مخلدون ١٧ بأكواب وأباريق وكأس من معين ١٨ لا يصدعون عنها ولا ينزفون ١٩ وفاكهة مما يتخيرون ٢٠ ولحم طير مما يشتهون ٢١ وحور عين ٢٢ كأمثال اللؤلؤ المكنون ٢٣ جزاء بما كانوا يعملون ٢٤ لا يسمعون فيها لغوا ولا تأثيما ٢٥ إلا قيلا سلاما سلاما ٢٦ وأصحاب اليمين ما أصحاب اليمين ٢٧ في سدر مخضود ٢٨ وطلح منضود ٢٩ وظل ممدود ٣٠ وماء مسكوب ٣١ وفاكهة كثيرة ٣٢ لا مقطوعة ولا ممنوعة ٣٣ وفرش مرفوعة ٣٤ إنا أنشأناهن إنشاء ٣٥ فجعلناهن أبكارا ٣٦ عربا أترابا ٣٧ لأصحاب اليمين ٣٨ ثلة من الأولين ٣٩ وثلة من الآخرين ٤٠ وأصحاب الشمال ما أصحاب الشمال ٤١ في سموم وحميم ٤٢ وظل من يحموم ٤٣ لا بارد ولا كريم ٤٤ إنهم كانوا قبل ذلك مترفين ٤٥ وكانوا يصرون على الحنث العظيم ٤٦ وكانوا يقولون أئذا متنا وكنا ترابا وعظاما أإنا لمبعوثون ٤٧ أوآباؤنا الأولون ٤٨ قل إن الأولين والآخرين ٤٩ لمجموعون إلى ميقات يوم معلوم ٥٠

27 - 56 - 536

ثم إنكم أيها الضالون المكذبون ٥١ لآكلون من شجر من زقوم ٥٢ فمالئون منها البطون ٥٣ فشاربون عليه من الحميم ٥٤ فشاربون شرب الهيم ٥٥ هذا نزلهم يوم الدين ٥٦ نحن خلقناكم فلولا تصدقون ٥٧ أفرأيتم ما تمنون ٥٨ أأنتم تخلقونه أم نحن الخالقون ٥٩ نحن قدرنا بينكم الموت وما نحن بمسبوقين ٦٠ على أن نبدل أمثالكم وننشئكم في ما لا تعلمون ٦١ ولقد علمتم النشأة الأولى فلولا تذكرون ٦٢ أفرأيتم ما تحرثون ٦٣ أأنتم تزرعونه أم نحن الزارعون ٦٤ لو نشاء لجعلناه حطاما فظلتم تفكهون ٦٥ إنا لمغرمون ٦٦ بل نحن محرومون ٦٧ أفرأيتم الماء الذي تشربون ٦٨ أأنتم أنزلتموه من المزن أم نحن المنزلون ٦٩ لو نشاء جعلناه أجاجا فلولا تشكرون ٧٠ أفرأيتم النار التي تورون ٧١ أأنتم أنشأتم شجرتها أم نحن المنشئون ٧٢ نحن جعلناها تذكرة ومتاعا للمقوين ٧٣ فسبح باسم ربك العظيم ٧٤ فلا أقسم بمواقع النجوم ٧٥ وإنه لقسم لو تعلمون عظيم ٧٦

27 - 56 - 537

إنه لقرآن كريم ٧٧ في كتاب مكنون ٧٨ لا يمسه إلا المطهرون ٧٩ تنزيل من رب العالمين ٨٠ أفبهذا الحديث أنتم مدهنون ٨١ وتجعلون رزقكم أنكم تكذبون ٨٢ فلولا إذا بلغت الحلقوم ٨٣ وأنتم حينئذ تنظرون ٨٤ ونحن أقرب إليه منكم ولكن لا تبصرون ٨٥ فلولا إن كنتم غير مدينين ٨٦ ترجعونها إن كنتم صادقين ٨٧ فأما إن كان من المقربين ٨٨ فروح وريحان وجنت نعيم ٨٩ وأما إن كان من أصحاب اليمين ٩٠ فسلام لك من أصحاب اليمين ٩١ وأما إن كان من المكذبين الضالين ٩٢ فنزل من حميم ٩٣ وتصلية جحيم ٩٤ إن هذا لهو حق اليقين ٩٥ فسبح باسم ربك العظيم ٩٦

سورة الحديد

بسم الله الرحمن الرحيم

سبح لله ما في السماوات والأرض وهو العزيز الحكيم ١ له ملك السماوات والأرض يحيي ويميت وهو على كل شيء قدير ٢ هو الأول والآخر والظاهر والباطن وهو بكل شيء عليم ٣

27 - 57 - 538

هو الذي خلق السماوات والأرض في ستة أيام ثم استوى على العرش يعلم ما يلج في الأرض وما يخرج منها وما ينزل من السماء وما يعرج فيها وهو معكم أين ما كنتم والله بما تعملون بصير ٤ له ملك السماوات والأرض وإلى الله ترجع الأمور ٥ يولج الليل في النهار ويولج النهار في الليل وهو عليم بذات الصدور ٦ آمنوا بالله ورسوله وأنفقوا مما جعلكم مستخلفين فيه فالذين آمنوا منكم وأنفقوا لهم أجر كبير ٧ وما لكم لا تؤمنون بالله والرسول يدعوكم لتؤمنوا بربكم وقد أخذ ميثاقكم إن كنتم مؤمنين ٨ هو الذي ينزل على عبده آيات بينات ليخرجكم من الظلمات إلى النور وإن الله بكم لرءوف رحيم ٩ وما لكم ألا تنفقوا في سبيل الله ولله ميراث السماوات والأرض لا يستوي منكم من أنفق من قبل الفتح وقاتل أولئك أعظم درجة من الذين أنفقوا من بعد وقاتلوا وكلا وعد الله الحسنى والله بما تعملون خبير ١٠ من ذا الذي يقرض الله قرضا حسنا فيضاعفه له وله أجر كريم ١١

27 - 57 - 539

يوم ترى المؤمنين والمؤمنات يسعى نورهم بين أيديهم وبأيمانهم بشراكم اليوم جنات تجري من تحتها الأنهار خالدين فيها ذلك هو الفوز العظيم ١٢ يوم يقول المنافقون والمنافقات للذين آمنوا انظرونا نقتبس من نوركم قيل ارجعوا وراءكم فالتمسوا نورا فضرب بينهم بسور له باب باطنه فيه الرحمة وظاهره من قبله العذاب ١٣ ينادونهم ألم نكن معكم قالوا بلى ولكنكم فتنتم أنفسكم وتربصتم وارتبتم وغرتكم الأماني حتى جاء أمر الله وغركم بالله الغرور ١٤ فاليوم لا يؤخذ منكم فدية ولا من الذين كفروا مأواكم النار هي مولاكم وبئس المصير ١٥ ألم يأن للذين آمنوا أن تخشع قلوبهم لذكر الله وما نزل من الحق ولا يكونوا كالذين أوتوا الكتاب من قبل فطال عليهم الأمد فقست قلوبهم وكثير منهم فاسقون ١٦ اعلموا أن الله يحيي الأرض بعد موتها قد بينا لكم الآيات لعلكم تعقلون ١٧ إن المصدقين والمصدقات وأقرضوا الله قرضا حسنا يضاعف لهم ولهم أجر كريم ١٨ والذين آمنوا بالله ورسله أولئك هم الصديقون والشهداء عند ربهم لهم أجرهم ونورهم والذين كفروا وكذبوا بآياتنا أولئك أصحاب الجحيم ١٩

27 - 57 - 540

اعلموا أنما الحياة الدنيا لعب ولهو وزينة وتفاخر بينكم وتكاثر في الأموال والأولاد كمثل غيث أعجب الكفار نباته ثم يهيج فتراه مصفرا ثم يكون حطاما وفي الآخرة عذاب شديد ومغفرة من الله ورضوان وما الحياة الدنيا إلا متاع الغرور ٢٠ سابقوا إلى مغفرة من ربكم وجنة عرضها كعرض السماء والأرض أعدت للذين آمنوا بالله ورسله ذلك فضل الله يؤتيه من يشاء والله ذو الفضل العظيم ٢١ ما أصاب من مصيبة في الأرض ولا في أنفسكم إلا في كتاب من قبل أن نبرأها إن ذلك على الله يسير ٢٢ لكيلا تأسوا على ما فاتكم ولا تفرحوا بما آتاكم والله لا يحب كل مختال فخور ٢٣ الذين يبخلون ويأمرون الناس بالبخل ومن يتول فإن الله هو الغني الحميد ٢٤

27 - 57 - 541

لقد أرسلنا رسلنا بالبينات وأنزلنا معهم الكتاب والميزان ليقوم الناس بالقسط وأنزلنا الحديد فيه بأس شديد ومنافع للناس وليعلم الله من ينصره ورسله بالغيب إن الله قوي عزيز ٢٥ ولقد أرسلنا نوحا وإبراهيم وجعلنا في ذريتهما النبوة والكتاب فمنهم مهتد وكثير منهم فاسقون ٢٦ ثم قفينا على آثارهم برسلنا وقفينا بعيسى ابن مريم وآتيناه الإنجيل وجعلنا في قلوب الذين اتبعوه رأفة ورحمة ورهبانية ابتدعوها ما كتبناها عليهم إلا ابتغاء رضوان الله فما رعوها حق رعايتها فآتينا الذين آمنوا منهم أجرهم وكثير منهم فاسقون ٢٧ يا أيها الذين آمنوا اتقوا الله وآمنوا برسوله يؤتكم كفلين من رحمته ويجعل لكم نورا تمشون به ويغفر لكم والله غفور رحيم ٢٨ لئلا يعلم أهل الكتاب ألا يقدرون على شيء من فضل الله وأن الفضل بيد الله يؤتيه من يشاء والله ذو الفضل العظيم ٢٩

سورة المجادلة

28 - 58 - 542

بسم الله الرحمن الرحيم

قد سمع الله قول التي تجادلك في زوجها وتشتكي إلى الله والله يسمع تحاوركما إن الله سميع بصير ١ الذين يظاهرون منكم من نسائهم ما هن أمهاتهم إن أمهاتهم إلا اللائي ولدنهم وإنهم ليقولون منكرا من القول وزورا وإن الله لعفو غفور ٢ والذين يظاهرون من نسائهم ثم يعودون لما قالوا فتحرير رقبة من قبل أن يتماسا ذلكم توعظون به والله بما تعملون خبير ٣ فمن لم يجد فصيام شهرين متتابعين من قبل أن يتماسا فمن لم يستطع فإطعام ستين مسكينا ذلك لتؤمنوا بالله ورسوله وتلك حدود الله وللكافرين عذاب أليم ٤ إن الذين يحادون الله ورسوله كبتوا كما كبت الذين من قبلهم وقد أنزلنا آيات بينات وللكافرين عذاب مهين ٥ يوم يبعثهم الله جميعا فينبئهم بما عملوا أحصاه الله ونسوه والله على كل شيء شهيد ٦

28 - 58 - 543

ألم تر أن الله يعلم ما في السماوات وما في الأرض ما يكون من نجوى ثلاثة إلا هو رابعهم ولا خمسة إلا هو سادسهم ولا أدنى من ذلك ولا أكثر إلا هو معهم أين ما كانوا ثم ينبئهم بما عملوا يوم القيامة إن الله بكل شيء عليم ٧ ألم تر إلى الذين نهوا عن النجوى ثم يعودون لما نهوا عنه ويتناجون بالإثم والعدوان ومعصيت الرسول وإذا جاءوك حيوك بما لم يحيك به الله ويقولون في أنفسهم لولا يعذبنا الله بما نقول حسبهم جهنم يصلونها فبئس المصير ٨ يا أيها الذين آمنوا إذا تناجيتم فلا تتناجوا بالإثم والعدوان ومعصيت الرسول وتناجوا بالبر والتقوى واتقوا الله الذي إليه تحشرون ٩ إنما النجوى من الشيطان ليحزن الذين آمنوا وليس بضارهم شيئا إلا بإذن الله وعلى الله فليتوكل المؤمنون ١٠ يا أيها الذين آمنوا إذا قيل لكم تفسحوا في المجالس فافسحوا يفسح الله لكم وإذا قيل انشزوا فانشزوا يرفع الله الذين آمنوا منكم والذين أوتوا العلم درجات والله بما تعملون خبير ١١

28 - 58 - 544

يا أيها الذين آمنوا إذا ناجيتم الرسول فقدموا بين يدي نجواكم صدقة ذلك خير لكم وأطهر فإن لم تجدوا فإن الله غفور رحيم ١٢ أأشفقتم أن تقدموا بين يدي نجواكم صدقات فإذ لم تفعلوا وتاب الله عليكم فأقيموا الصلاة وآتوا الزكاة وأطيعوا الله ورسوله والله خبير بما تعملون ١٣ ألم تر إلى الذين تولوا قوما غضب الله عليهم ما هم منكم ولا منهم ويحلفون على الكذب وهم يعلمون ١٤ أعد الله لهم عذابا شديدا إنهم ساء ما كانوا يعملون ١٥ اتخذوا أيمانهم جنة فصدوا عن سبيل الله فلهم عذاب مهين ١٦ لن تغني عنهم أموالهم ولا أولادهم من الله شيئا أولئك أصحاب النار هم فيها خالدون ١٧ يوم يبعثهم الله جميعا فيحلفون له كما يحلفون لكم ويحسبون أنهم على شيء ألا إنهم هم الكاذبون ١٨ استحوذ عليهم الشيطان فأنساهم ذكر الله أولئك حزب الشيطان ألا إن حزب الشيطان هم الخاسرون ١٩ إن الذين يحادون الله ورسوله أولئك في الأذلين ٢٠ كتب الله لأغلبن أنا ورسلي إن الله قوي عزيز ٢١

28 - 58 - 545

لا تجد قوما يؤمنون بالله واليوم الآخر يوادون من حاد الله ورسوله ولو كانوا آباءهم أو أبناءهم أو إخوانهم أو عشيرتهم أولئك كتب في قلوبهم الإيمان وأيدهم بروح منه ويدخلهم جنات تجري من تحتها الأنهار خالدين فيها رضي الله عنهم ورضوا عنه أولئك حزب الله ألا إن حزب الله هم المفلحون ٢٢

سورة الحشر

بسم الله الرحمن الرحيم

سبح لله ما في السماوات وما في الأرض وهو العزيز الحكيم ١ هو الذي أخرج الذين كفروا من أهل الكتاب من ديارهم لأول الحشر ما ظننتم أن يخرجوا وظنوا أنهم مانعتهم حصونهم من الله فأتاهم الله من حيث لم يحتسبوا وقذف في قلوبهم الرعب يخربون بيوتهم بأيديهم وأيدي المؤمنين فاعتبروا يا أولي الأبصار ٢ ولولا أن كتب الله عليهم الجلاء لعذبهم في الدنيا ولهم في الآخرة عذاب النار ٣

28 - 59 - 546

ذلك بأنهم شاقوا الله ورسوله ومن يشاق الله فإن الله شديد العقاب ٤ ما قطعتم من لينة أو تركتموها قائمة على أصولها فبإذن الله وليخزي الفاسقين ٥ وما أفاء الله على رسوله منهم فما أوجفتم عليه من خيل ولا ركاب ولكن الله يسلط رسله على من يشاء والله على كل شيء قدير ٦ ما أفاء الله على رسوله من أهل القرى فلله وللرسول ولذي القربى واليتامى والمساكين وابن السبيل كي لا يكون دولة بين الأغنياء منكم وما آتاكم الرسول فخذوه وما نهاكم عنه فانتهوا واتقوا الله إن الله شديد العقاب ٧ للفقراء المهاجرين الذين أخرجوا من ديارهم وأموالهم يبتغون فضلا من الله ورضوانا وينصرون الله ورسوله أولئك هم الصادقون ٨ والذين تبوءوا الدار والإيمان من قبلهم يحبون من هاجر إليهم ولا يجدون في صدورهم حاجة مما أوتوا ويؤثرون على أنفسهم ولو كان بهم خصاصة ومن يوق شح نفسه فأولئك هم المفلحون ٩

28 - 59 - 547

والذين جاءوا من بعدهم يقولون ربنا اغفر لنا ولإخواننا الذين سبقونا بالإيمان ولا تجعل في قلوبنا غلا للذين آمنوا ربنا إنك رءوف رحيم ١٠ ألم تر إلى الذين نافقوا يقولون لإخوانهم الذين كفروا من أهل الكتاب لئن أخرجتم لنخرجن معكم ولا نطيع فيكم أحدا أبدا وإن قوتلتم لننصرنكم والله يشهد إنهم لكاذبون ١١ لئن أخرجوا لا يخرجون معهم ولئن قوتلوا لا ينصرونهم ولئن نصروهم ليولن الأدبار ثم لا ينصرون ١٢ لأنتم أشد رهبة في صدورهم من الله ذلك بأنهم قوم لا يفقهون ١٣ لا يقاتلونكم جميعا إلا في قرى محصنة أو من وراء جدر بأسهم بينهم شديد تحسبهم جميعا وقلوبهم شتى ذلك بأنهم قوم لا يعقلون ١٤ كمثل الذين من قبلهم قريبا ذاقوا وبال أمرهم ولهم عذاب أليم ١٥ كمثل الشيطان إذ قال للإنسان اكفر فلما كفر قال إني بريء منك إني أخاف الله رب العالمين ١٦

28 - 59 - 548

فكان عاقبتهما أنهما في النار خالدين فيها وذلك جزاء الظالمين ١٧
يا أيها الذين آمنوا اتقوا الله ولتنظر نفس ما قدمت لغد واتقوا الله إن الله خبير بما تعملون ١٨
ولا تكونوا كالذين نسوا الله فأنساهم أنفسهم أولئك هم الفاسقون ١٩
لا يستوي أصحاب النار وأصحاب الجنة أصحاب الجنة هم الفائزون ٢٠
لو أنزلنا هذا القرآن على جبل لرأيته خاشعا متصدعا من خشية الله وتلك الأمثال نضربها للناس لعلهم يتفكرون ٢١
هو الله الذي لا إله إلا هو عالم الغيب والشهادة هو الرحمن الرحيم ٢٢
هو الله الذي لا إله إلا هو الملك القدوس السلام المؤمن المهيمن العزيز الجبار المتكبر سبحان الله عما يشركون ٢٣
هو الله الخالق البارئ المصور له الأسماء الحسنى يسبح له ما في السماوات والأرض وهو العزيز الحكيم ٢٤

28 - 60 - 549

سورة الممتحنة

بسم الله الرحمن الرحيم

يا أيها الذين آمنوا لا تتخذوا عدوي وعدوكم أولياء تلقون إليهم بالمودة وقد كفروا بما جاءكم من الحق يخرجون الرسول وإياكم أن تؤمنوا بالله ربكم إن كنتم خرجتم جهادا في سبيلي وابتغاء مرضاتي تسرون إليهم بالمودة وأنا أعلم بما أخفيتم وما أعلنتم ومن يفعله منكم فقد ضل سواء السبيل ١
إن يثقفوكم يكونوا لكم أعداء ويبسطوا إليكم أيديهم وألسنتهم بالسوء وودوا لو تكفرون ٢
لن تنفعكم أرحامكم ولا أولادكم يوم القيامة يفصل بينكم والله بما تعملون بصير ٣
قد كانت لكم أسوة حسنة في إبراهيم والذين معه إذ قالوا لقومهم إنا برآء منكم ومما تعبدون من دون الله كفرنا بكم وبدا بيننا وبينكم العداوة والبغضاء أبدا حتى تؤمنوا بالله وحده إلا قول إبراهيم لأبيه لأستغفرن لك وما أملك لك من الله من شيء ربنا عليك توكلنا وإليك أنبنا وإليك المصير ٤
ربنا لا تجعلنا فتنة للذين كفروا واغفر لنا ربنا إنك أنت العزيز الحكيم ٥

28 - 60 - 550

لقد كان لكم فيهم أسوة حسنة لمن كان يرجو الله واليوم الآخر ومن يتول فإن الله هو الغني الحميد ٦
عسى الله أن يجعل بينكم وبين الذين عاديتم منهم مودة والله قدير والله غفور رحيم ٧
لا ينهاكم الله عن الذين لم يقاتلوكم في الدين ولم يخرجوكم من دياركم أن تبروهم وتقسطوا إليهم إن الله يحب المقسطين ٨
إنما ينهاكم الله عن الذين قاتلوكم في الدين وأخرجوكم من دياركم وظاهروا على إخراجكم أن تولوهم ومن يتولهم فأولئك هم الظالمون ٩
يا أيها الذين آمنوا إذا جاءكم المؤمنات مهاجرات فامتحنوهن الله أعلم بإيمانهن فإن علمتموهن مؤمنات فلا ترجعوهن إلى الكفار لا هن حل لهم ولا هم يحلون لهن وآتوهم ما أنفقوا ولا جناح عليكم أن تنكحوهن إذا آتيتموهن أجورهن ولا تمسكوا بعصم الكوافر واسألوا ما أنفقتم وليسألوا ما أنفقوا ذلكم حكم الله يحكم بينكم والله عليم حكيم ١٠
وإن فاتكم شيء من أزواجكم إلى الكفار فعاقبتم فآتوا الذين ذهبت أزواجهم مثل ما أنفقوا واتقوا الله الذي أنتم به مؤمنون ١١

28 - 60 - 551

يا أيها النبي إذا جاءك المؤمنات يبايعنك على أن لا يشركن بالله شيئا ولا يسرقن ولا يزنين ولا يقتلن أولادهن ولا يأتين ببهتان يفترينه بين أيديهن وأرجلهن ولا يعصينك في معروف فبايعهن واستغفر لهن الله إن الله غفور رحيم ١٢
يا أيها الذين آمنوا لا تتولوا قوما غضب الله عليهم قد يئسوا من الآخرة كما يئس الكفار من أصحاب القبور ١٣

سورة الصف

بسم الله الرحمن الرحيم

سبح لله ما في السماوات وما في الأرض وهو العزيز الحكيم ١
يا أيها الذين آمنوا لم تقولون ما لا تفعلون ٢
كبر مقتا عند الله أن تقولوا ما لا تفعلون ٣
إن الله يحب الذين يقاتلون في سبيله صفا كأنهم بنيان مرصوص ٤
وإذ قال موسى لقومه يا قوم لم تؤذونني وقد تعلمون أني رسول الله إليكم فلما زاغوا أزاغ الله قلوبهم والله لا يهدي القوم الفاسقين ٥

28 - 61 - 552

وإذ قال عيسى ابن مريم يا بني إسرائيل إني رسول الله إليكم مصدقا لما بين يدي من التوراة ومبشرا برسول يأتي من بعدي اسمه أحمد فلما جاءهم بالبينات قالوا هذا سحر مبين ٦
ومن أظلم ممن افترى على الله الكذب وهو يدعى إلى الإسلام والله لا يهدي القوم الظالمين ٧
يريدون ليطفئوا نور الله بأفواههم والله متم نوره ولو كره الكافرون ٨
هو الذي أرسل رسوله بالهدى ودين الحق ليظهره على الدين كله ولو كره المشركون ٩
يا أيها الذين آمنوا هل أدلكم على تجارة تنجيكم من عذاب أليم ١٠
تؤمنون بالله ورسوله وتجاهدون في سبيل الله بأموالكم وأنفسكم ذلكم خير لكم إن كنتم تعلمون ١١
يغفر لكم ذنوبكم ويدخلكم جنات تجري من تحتها الأنهار ومساكن طيبة في جنات عدن ذلك الفوز العظيم ١٢
وأخرى تحبونها نصر من الله وفتح قريب وبشر المؤمنين ١٣
يا أيها الذين آمنوا كونوا أنصار الله كما قال عيسى ابن مريم للحواريين من أنصاري إلى الله قال الحواريون نحن أنصار الله فآمنت طائفة من بني إسرائيل وكفرت طائفة فأيدنا الذين آمنوا على عدوهم فأصبحوا ظاهرين ١٤

28 - 62 - 553

سورة الجمعة

بسم الله الرحمن الرحيم

يسبح لله ما في السماوات وما في الأرض الملك القدوس العزيز الحكيم ١
هو الذي بعث في الأميين رسولا منهم يتلو عليهم آياته ويزكيهم ويعلمهم الكتاب والحكمة وإن كانوا من قبل لفي ضلال مبين ٢
وآخرين منهم لما يلحقوا بهم وهو العزيز الحكيم ٣
ذلك فضل الله يؤتيه من يشاء والله ذو الفضل العظيم ٤
مثل الذين حملوا التوراة ثم لم يحملوها كمثل الحمار يحمل أسفارا بئس مثل القوم الذين كذبوا بآيات الله والله لا يهدي القوم الظالمين ٥
قل يا أيها الذين هادوا إن زعمتم أنكم أولياء لله من دون الناس فتمنوا الموت إن كنتم صادقين ٦
ولا يتمنونه أبدا بما قدمت أيديهم والله عليم بالظالمين ٧
قل إن الموت الذي تفرون منه فإنه ملاقيكم ثم تردون إلى عالم الغيب والشهادة فينبئكم بما كنتم تعملون ٨

28 - 62 - 554

يا أيها الذين آمنوا إذا نودي للصلاة من يوم الجمعة فاسعوا إلى ذكر الله وذروا البيع ذلكم خير لكم إن كنتم تعلمون ٩
فإذا قضيت الصلاة فانتشروا في الأرض وابتغوا من فضل الله واذكروا الله كثيرا لعلكم تفلحون ١٠
وإذا رأوا تجارة أو لهوا انفضوا إليها وتركوك قائما قل ما عند الله خير من اللهو ومن التجارة والله خير الرازقين ١١

سورة المنافقون

بسم الله الرحمن الرحيم

إذا جاءك المنافقون قالوا نشهد إنك لرسول الله والله يعلم إنك لرسوله والله يشهد إن المنافقين لكاذبون ١
اتخذوا أيمانهم جنة فصدوا عن سبيل الله إنهم ساء ما كانوا يعملون ٢
ذلك بأنهم آمنوا ثم كفروا فطبع على قلوبهم فهم لا يفقهون ٣
وإذا رأيتهم تعجبك أجسامهم وإن يقولوا تسمع لقولهم كأنهم خشب مسندة يحسبون كل صيحة عليهم هم العدو فاحذرهم قاتلهم الله أنى يؤفكون ٤

28 - 63 - 555

وإذا قيل لهم تعالوا يستغفر لكم رسول الله لووا رءوسهم ورأيتهم يصدون وهم مستكبرون ٥
سواء عليهم أستغفرت لهم أم لم تستغفر لهم لن يغفر الله لهم إن الله لا يهدي القوم الفاسقين ٦
هم الذين يقولون لا تنفقوا على من عند رسول الله حتى ينفضوا ولله خزائن السماوات والأرض ولكن المنافقين لا يفقهون ٧
يقولون لئن رجعنا إلى المدينة ليخرجن الأعز منها الأذل ولله العزة ولرسوله وللمؤمنين ولكن المنافقين لا يعلمون ٨
يا أيها الذين آمنوا لا تلهكم أموالكم ولا أولادكم عن ذكر الله ومن يفعل ذلك فأولئك هم الخاسرون ٩
وأنفقوا من ما رزقناكم من قبل أن يأتي أحدكم الموت فيقول رب لولا أخرتني إلى أجل قريب فأصدق وأكن من الصالحين ١٠
ولن يؤخر الله نفسا إذا جاء أجلها والله خبير بما تعملون ١١

28 - 64 - 556

سورة التغابن

بسم الله الرحمن الرحيم

يسبح لله ما في السماوات وما في الأرض له الملك وله الحمد وهو على كل شيء قدير ١
هو الذي خلقكم فمنكم كافر ومنكم مؤمن والله بما تعملون بصير ٢
خلق السماوات والأرض بالحق وصوركم فأحسن صوركم وإليه المصير ٣
يعلم ما في السماوات والأرض ويعلم ما تسرون وما تعلنون والله عليم بذات الصدور ٤
ألم يأتكم نبأ الذين كفروا من قبل فذاقوا وبال أمرهم ولهم عذاب أليم ٥
ذلك بأنه كانت تأتيهم رسلهم بالبينات فقالوا أبشر يهدوننا فكفروا وتولوا واستغنى الله والله غني حميد ٦
زعم الذين كفروا أن لن يبعثوا قل بلى وربي لتبعثن ثم لتنبؤن بما عملتم وذلك على الله يسير ٧
فآمنوا بالله ورسوله والنور الذي أنزلنا والله بما تعملون خبير ٨
يوم يجمعكم ليوم الجمع ذلك يوم التغابن ومن يؤمن بالله ويعمل صالحا يكفر عنه سيئاته ويدخله جنات تجري من تحتها الأنهار خالدين فيها أبدا ذلك الفوز العظيم ٩

28 - 64 - 557

والذين كفروا وكذبوا بآياتنا أولئك أصحاب النار خالدين فيها وبئس المصير ١٠
ما أصاب من مصيبة إلا بإذن الله ومن يؤمن بالله يهد قلبه والله بكل شيء عليم ١١
وأطيعوا الله وأطيعوا الرسول فإن توليتم فإنما على رسولنا البلاغ المبين ١٢
الله لا إله إلا هو وعلى الله فليتوكل المؤمنون ١٣
يا أيها الذين آمنوا إن من أزواجكم وأولادكم عدوا لكم فاحذروهم وإن تعفوا وتصفحوا وتغفروا فإن الله غفور رحيم ١٤
إنما أموالكم وأولادكم فتنة والله عنده أجر عظيم ١٥
فاتقوا الله ما استطعتم واسمعوا وأطيعوا وأنفقوا خيرا لأنفسكم ومن يوق شح نفسه فأولئك هم المفلحون ١٦
إن تقرضوا الله قرضا حسنا يضاعفه لكم ويغفر لكم والله شكور حليم ١٧
عالم الغيب والشهادة العزيز الحكيم ١٨

28 - 65 - 558

سورة الطلاق

بسم الله الرحمن الرحيم

يا أيها النبي إذا طلقتم النساء فطلقوهن لعدتهن وأحصوا العدة واتقوا الله ربكم لا تخرجوهن من بيوتهن ولا يخرجن إلا أن يأتين بفاحشة مبينة وتلك حدود الله ومن يتعد حدود الله فقد ظلم نفسه لا تدري لعل الله يحدث بعد ذلك أمرا ١
فإذا بلغن أجلهن فأمسكوهن بمعروف أو فارقوهن بمعروف وأشهدوا ذوي عدل منكم وأقيموا الشهادة لله ذلكم يوعظ به من كان يؤمن بالله واليوم الآخر ومن يتق الله يجعل له مخرجا ٢
ويرزقه من حيث لا يحتسب ومن يتوكل على الله فهو حسبه إن الله بالغ أمره قد جعل الله لكل شيء قدرا ٣
واللائي يئسن من المحيض من نسائكم إن ارتبتم فعدتهن ثلاثة أشهر واللائي لم يحضن وأولات الأحمال أجلهن أن يضعن حملهن ومن يتق الله يجعل له من أمره يسرا ٤
ذلك أمر الله أنزله إليكم ومن يتق الله يكفر عنه سيئاته ويعظم له أجرا ٥

28 - 65 - 559

أسكنوهن من حيث سكنتم من وجدكم ولا تضاروهن لتضيقوا عليهن وإن كن أولات حمل فأنفقوا عليهن حتى يضعن حملهن فإن أرضعن لكم فآتوهن أجورهن وأتمروا بينكم بمعروف وإن تعاسرتم فسترضع له أخرى ٦
لينفق ذو سعة من سعته ومن قدر عليه رزقه فلينفق مما آتاه الله لا يكلف الله نفسا إلا ما آتاها سيجعل الله بعد عسر يسرا ٧
وكأين من قرية عتت عن أمر ربها ورسله فحاسبناها حسابا شديدا وعذبناها عذابا نكرا ٨
فذاقت وبال أمرها وكان عاقبة أمرها خسرا ٩
أعد الله لهم عذابا شديدا فاتقوا الله يا أولي الألباب الذين آمنوا قد أنزل الله إليكم ذكرا ١٠
رسولا يتلو عليكم آيات الله مبينات ليخرج الذين آمنوا وعملوا الصالحات من الظلمات إلى النور ومن يؤمن بالله ويعمل صالحا يدخله جنات تجري من تحتها الأنهار خالدين فيها أبدا قد أحسن الله له رزقا ١١
الله الذي خلق سبع سماوات ومن الأرض مثلهن يتنزل الأمر بينهن لتعلموا أن الله على كل شيء قدير وأن الله قد أحاط بكل شيء علما ١٢

28 - 66 - 560

سورة التحريم

بسم الله الرحمن الرحيم

يا أيها النبي لم تحرم ما أحل الله لك تبتغي مرضات أزواجك والله غفور رحيم ١
قد فرض الله لكم تحلة أيمانكم والله مولاكم وهو العليم الحكيم ٢
وإذ أسر النبي إلى بعض أزواجه حديثا فلما نبأت به وأظهره الله عليه عرف بعضه وأعرض عن بعض فلما نبأها به قالت من أنبأك هذا قال نبأني العليم الخبير ٣
إن تتوبا إلى الله فقد صغت قلوبكما وإن تظاهرا عليه فإن الله هو مولاه وجبريل وصالح المؤمنين والملائكة بعد ذلك ظهير ٤
عسى ربه إن طلقكن أن يبدله أزواجا خيرا منكن مسلمات مؤمنات قانتات تائبات عابدات سائحات ثيبات وأبكارا ٥
يا أيها الذين آمنوا قوا أنفسكم وأهليكم نارا وقودها الناس والحجارة عليها ملائكة غلاظ شداد لا يعصون الله ما أمرهم ويفعلون ما يؤمرون ٦
يا أيها الذين كفروا لا تعتذروا اليوم إنما تجزون ما كنتم تعملون ٧

28 - 66 - 561

يا أيها الذين آمنوا توبوا إلى الله توبة نصوحا عسى ربكم أن يكفر عنكم سيئاتكم ويدخلكم جنات تجري من تحتها الأنهار يوم لا يخزي الله النبي والذين آمنوا معه نورهم يسعى بين أيديهم وبأيمانهم يقولون ربنا أتمم لنا نورنا واغفر لنا إنك على كل شيء قدير ٨
يا أيها النبي جاهد الكفار والمنافقين واغلظ عليهم ومأواهم جهنم وبئس المصير ٩
ضرب الله مثلا للذين كفروا امرأت نوح وامرأت لوط كانتا تحت عبدين من عبادنا صالحين فخانتاهما فلم يغنيا عنهما من الله شيئا وقيل ادخلا النار مع الداخلين ١٠
وضرب الله مثلا للذين آمنوا امرأت فرعون إذ قالت رب ابن لي عندك بيتا في الجنة ونجني من فرعون وعمله ونجني من القوم الظالمين ١١
ومريم ابنت عمران التي أحصنت فرجها فنفخنا فيه من روحنا وصدقت بكلمات ربها وكتبه وكانت من القانتين ١٢

سُورَةُ المُلْكِ

بِسْمِ ٱللَّهِ ٱلرَّحْمَٰنِ ٱلرَّحِيمِ

تَبَٰرَكَ ٱلَّذِى بِيَدِهِ ٱلْمُلْكُ وَهُوَ عَلَىٰ كُلِّ شَىْءٍ قَدِيرٌ ﴿١﴾ ٱلَّذِى خَلَقَ ٱلْمَوْتَ وَٱلْحَيَوٰةَ لِيَبْلُوَكُمْ أَيُّكُمْ أَحْسَنُ عَمَلًا وَهُوَ ٱلْعَزِيزُ ٱلْغَفُورُ ﴿٢﴾ ٱلَّذِى خَلَقَ سَبْعَ سَمَٰوَٰتٍ طِبَاقًا مَّا تَرَىٰ فِى خَلْقِ ٱلرَّحْمَٰنِ مِن تَفَٰوُتٍ فَٱرْجِعِ ٱلْبَصَرَ هَلْ تَرَىٰ مِن فُطُورٍ ﴿٣﴾ ثُمَّ ٱرْجِعِ ٱلْبَصَرَ كَرَّتَيْنِ يَنقَلِبْ إِلَيْكَ ٱلْبَصَرُ خَاسِئًا وَهُوَ حَسِيرٌ ﴿٤﴾ وَلَقَدْ زَيَّنَّا ٱلسَّمَآءَ ٱلدُّنْيَا بِمَصَٰبِيحَ وَجَعَلْنَٰهَا رُجُومًا لِّلشَّيَٰطِينِ وَأَعْتَدْنَا لَهُمْ عَذَابَ ٱلسَّعِيرِ ﴿٥﴾ وَلِلَّذِينَ كَفَرُوا۟ بِرَبِّهِمْ عَذَابُ جَهَنَّمَ وَبِئْسَ ٱلْمَصِيرُ ﴿٦﴾ إِذَآ أُلْقُوا۟ فِيهَا سَمِعُوا۟ لَهَا شَهِيقًا وَهِىَ تَفُورُ ﴿٧﴾ تَكَادُ تَمَيَّزُ مِنَ ٱلْغَيْظِ كُلَّمَآ أُلْقِىَ فِيهَا فَوْجٌ سَأَلَهُمْ خَزَنَتُهَآ أَلَمْ يَأْتِكُمْ نَذِيرٌ ﴿٨﴾ قَالُوا۟ بَلَىٰ قَدْ جَآءَنَا نَذِيرٌ فَكَذَّبْنَا وَقُلْنَا مَا نَزَّلَ ٱللَّهُ مِن شَىْءٍ إِنْ أَنتُمْ إِلَّا فِى ضَلَٰلٍ كَبِيرٍ ﴿٩﴾ وَقَالُوا۟ لَوْ كُنَّا نَسْمَعُ أَوْ نَعْقِلُ مَا كُنَّا فِىٓ أَصْحَٰبِ ٱلسَّعِيرِ ﴿١٠﴾ فَٱعْتَرَفُوا۟ بِذَنۢبِهِمْ فَسُحْقًا لِّأَصْحَٰبِ ٱلسَّعِيرِ ﴿١١﴾ إِنَّ ٱلَّذِينَ يَخْشَوْنَ رَبَّهُم بِٱلْغَيْبِ لَهُم مَّغْفِرَةٌ وَأَجْرٌ كَبِيرٌ ﴿١٢﴾ وَأَسِرُّوا۟ قَوْلَكُمْ أَوِ ٱجْهَرُوا۟ بِهِۦٓ إِنَّهُۥ عَلِيمٌۢ بِذَاتِ ٱلصُّدُورِ ﴿١٣﴾ أَلَا يَعْلَمُ مَنْ خَلَقَ وَهُوَ ٱللَّطِيفُ ٱلْخَبِيرُ ﴿١٤﴾ هُوَ ٱلَّذِى جَعَلَ لَكُمُ ٱلْأَرْضَ ذَلُولًا فَٱمْشُوا۟ فِى مَنَاكِبِهَا وَكُلُوا۟ مِن رِّزْقِهِۦ وَإِلَيْهِ ٱلنُّشُورُ ﴿١٥﴾ ءَأَمِنتُم مَّن فِى ٱلسَّمَآءِ أَن يَخْسِفَ بِكُمُ ٱلْأَرْضَ فَإِذَا هِىَ تَمُورُ ﴿١٦﴾ أَمْ أَمِنتُم مَّن فِى ٱلسَّمَآءِ أَن يُرْسِلَ عَلَيْكُمْ حَاصِبًا فَسَتَعْلَمُونَ كَيْفَ نَذِيرِ ﴿١٧﴾ وَلَقَدْ كَذَّبَ ٱلَّذِينَ مِن قَبْلِهِمْ فَكَيْفَ كَانَ نَكِيرِ ﴿١٨﴾ أَوَلَمْ يَرَوْا۟ إِلَى ٱلطَّيْرِ فَوْقَهُمْ صَٰٓفَّٰتٍ وَيَقْبِضْنَ مَا يُمْسِكُهُنَّ إِلَّا ٱلرَّحْمَٰنُ إِنَّهُۥ بِكُلِّ شَىْءٍۭ بَصِيرٌ ﴿١٩﴾ أَمَّنْ هَٰذَا ٱلَّذِى هُوَ جُندٌ لَّكُمْ يَنصُرُكُم مِّن دُونِ ٱلرَّحْمَٰنِ إِنِ ٱلْكَٰفِرُونَ إِلَّا فِى غُرُورٍ ﴿٢٠﴾ أَمَّنْ هَٰذَا ٱلَّذِى يَرْزُقُكُمْ إِنْ أَمْسَكَ رِزْقَهُۥ بَل لَّجُّوا۟ فِى عُتُوٍّ وَنُفُورٍ ﴿٢١﴾ أَفَمَن يَمْشِى مُكِبًّا عَلَىٰ وَجْهِهِۦٓ أَهْدَىٰٓ أَمَّن يَمْشِى سَوِيًّا عَلَىٰ صِرَٰطٍ مُّسْتَقِيمٍ ﴿٢٢﴾ قُلْ هُوَ ٱلَّذِىٓ أَنشَأَكُمْ وَجَعَلَ لَكُمُ ٱلسَّمْعَ وَٱلْأَبْصَٰرَ وَٱلْأَفْـِٔدَةَ قَلِيلًا مَّا تَشْكُرُونَ ﴿٢٣﴾ قُلْ هُوَ ٱلَّذِى ذَرَأَكُمْ فِى ٱلْأَرْضِ وَإِلَيْهِ تُحْشَرُونَ ﴿٢٤﴾ وَيَقُولُونَ مَتَىٰ هَٰذَا ٱلْوَعْدُ إِن كُنتُمْ صَٰدِقِينَ ﴿٢٥﴾ قُلْ إِنَّمَا ٱلْعِلْمُ عِندَ ٱللَّهِ وَإِنَّمَآ أَنَا۠ نَذِيرٌ مُّبِينٌ ﴿٢٦﴾ فَلَمَّا رَأَوْهُ زُلْفَةً سِيٓـَٔتْ وُجُوهُ ٱلَّذِينَ كَفَرُوا۟ وَقِيلَ هَٰذَا ٱلَّذِى كُنتُم بِهِۦ تَدَّعُونَ ﴿٢٧﴾ قُلْ أَرَءَيْتُمْ إِنْ أَهْلَكَنِىَ ٱللَّهُ وَمَن مَّعِىَ أَوْ رَحِمَنَا فَمَن يُجِيرُ ٱلْكَٰفِرِينَ مِنْ عَذَابٍ أَلِيمٍ ﴿٢٨﴾ قُلْ هُوَ ٱلرَّحْمَٰنُ ءَامَنَّا بِهِۦ وَعَلَيْهِ تَوَكَّلْنَا فَسَتَعْلَمُونَ مَنْ هُوَ فِى ضَلَٰلٍ مُّبِينٍ ﴿٢٩﴾ قُلْ أَرَءَيْتُمْ إِنْ أَصْبَحَ مَآؤُكُمْ غَوْرًا فَمَن يَأْتِيكُم بِمَآءٍ مَّعِينٍۭ ﴿٣٠﴾

سُورَةُ القَلَمِ

بِسْمِ ٱللَّهِ ٱلرَّحْمَٰنِ ٱلرَّحِيمِ

نٓ وَٱلْقَلَمِ وَمَا يَسْطُرُونَ ﴿١﴾ مَآ أَنتَ بِنِعْمَةِ رَبِّكَ بِمَجْنُونٍ ﴿٢﴾ وَإِنَّ لَكَ لَأَجْرًا غَيْرَ مَمْنُونٍ ﴿٣﴾ وَإِنَّكَ لَعَلَىٰ خُلُقٍ عَظِيمٍ ﴿٤﴾ فَسَتُبْصِرُ وَيُبْصِرُونَ ﴿٥﴾ بِأَييِّكُمُ ٱلْمَفْتُونُ ﴿٦﴾ إِنَّ رَبَّكَ هُوَ أَعْلَمُ بِمَن ضَلَّ عَن سَبِيلِهِۦ وَهُوَ أَعْلَمُ بِٱلْمُهْتَدِينَ ﴿٧﴾ فَلَا تُطِعِ ٱلْمُكَذِّبِينَ ﴿٨﴾ وَدُّوا۟ لَوْ تُدْهِنُ فَيُدْهِنُونَ ﴿٩﴾ وَلَا تُطِعْ كُلَّ حَلَّافٍ مَّهِينٍ ﴿١٠﴾ هَمَّازٍ مَّشَّآءٍۭ بِنَمِيمٍ ﴿١١﴾ مَّنَّاعٍ لِّلْخَيْرِ مُعْتَدٍ أَثِيمٍ ﴿١٢﴾ عُتُلٍّۭ بَعْدَ ذَٰلِكَ زَنِيمٍ ﴿١٣﴾ أَن كَانَ ذَا مَالٍ وَبَنِينَ ﴿١٤﴾ إِذَا تُتْلَىٰ عَلَيْهِ ءَايَٰتُنَا قَالَ أَسَٰطِيرُ ٱلْأَوَّلِينَ ﴿١٥﴾ سَنَسِمُهُۥ عَلَى ٱلْخُرْطُومِ ﴿١٦﴾ إِنَّا بَلَوْنَٰهُمْ كَمَا بَلَوْنَآ أَصْحَٰبَ ٱلْجَنَّةِ إِذْ أَقْسَمُوا۟ لَيَصْرِمُنَّهَا مُصْبِحِينَ ﴿١٧﴾ وَلَا يَسْتَثْنُونَ ﴿١٨﴾ فَطَافَ عَلَيْهَا طَآئِفٌ مِّن رَّبِّكَ وَهُمْ نَآئِمُونَ ﴿١٩﴾ فَأَصْبَحَتْ كَٱلصَّرِيمِ ﴿٢٠﴾ فَتَنَادَوْا۟ مُصْبِحِينَ ﴿٢١﴾ أَنِ ٱغْدُوا۟ عَلَىٰ حَرْثِكُمْ إِن كُنتُمْ صَٰرِمِينَ ﴿٢٢﴾ فَٱنطَلَقُوا۟ وَهُمْ يَتَخَٰفَتُونَ ﴿٢٣﴾ أَن لَّا يَدْخُلَنَّهَا ٱلْيَوْمَ عَلَيْكُم مِّسْكِينٌ ﴿٢٤﴾ وَغَدَوْا۟ عَلَىٰ حَرْدٍ قَٰدِرِينَ ﴿٢٥﴾ فَلَمَّا رَأَوْهَا قَالُوٓا۟ إِنَّا لَضَآلُّونَ ﴿٢٦﴾ بَلْ نَحْنُ مَحْرُومُونَ ﴿٢٧﴾ قَالَ أَوْسَطُهُمْ أَلَمْ أَقُل لَّكُمْ لَوْلَا تُسَبِّحُونَ ﴿٢٨﴾ قَالُوا۟ سُبْحَٰنَ رَبِّنَآ إِنَّا كُنَّا ظَٰلِمِينَ ﴿٢٩﴾ فَأَقْبَلَ بَعْضُهُمْ عَلَىٰ بَعْضٍ يَتَلَٰوَمُونَ ﴿٣٠﴾ قَالُوا۟ يَٰوَيْلَنَآ إِنَّا كُنَّا طَٰغِينَ ﴿٣١﴾ عَسَىٰ رَبُّنَآ أَن يُبْدِلَنَا خَيْرًا مِّنْهَآ إِنَّآ إِلَىٰ رَبِّنَا رَٰغِبُونَ ﴿٣٢﴾ كَذَٰلِكَ ٱلْعَذَابُ وَلَعَذَابُ ٱلْـَٔاخِرَةِ أَكْبَرُ لَوْ كَانُوا۟ يَعْلَمُونَ ﴿٣٣﴾ إِنَّ لِلْمُتَّقِينَ عِندَ رَبِّهِمْ جَنَّٰتِ ٱلنَّعِيمِ ﴿٣٤﴾ أَفَنَجْعَلُ ٱلْمُسْلِمِينَ كَٱلْمُجْرِمِينَ ﴿٣٥﴾ مَا لَكُمْ كَيْفَ تَحْكُمُونَ ﴿٣٦﴾ أَمْ لَكُمْ كِتَٰبٌ فِيهِ تَدْرُسُونَ ﴿٣٧﴾ إِنَّ لَكُمْ فِيهِ لَمَا تَخَيَّرُونَ ﴿٣٨﴾ أَمْ لَكُمْ أَيْمَٰنٌ عَلَيْنَا بَٰلِغَةٌ إِلَىٰ يَوْمِ ٱلْقِيَٰمَةِ إِنَّ لَكُمْ لَمَا تَحْكُمُونَ ﴿٣٩﴾ سَلْهُمْ أَيُّهُم بِذَٰلِكَ زَعِيمٌ ﴿٤٠﴾ أَمْ لَهُمْ شُرَكَآءُ فَلْيَأْتُوا۟ بِشُرَكَآئِهِمْ إِن كَانُوا۟ صَٰدِقِينَ ﴿٤١﴾ يَوْمَ يُكْشَفُ عَن سَاقٍ وَيُدْعَوْنَ إِلَى ٱلسُّجُودِ فَلَا يَسْتَطِيعُونَ ﴿٤٢﴾ خَٰشِعَةً أَبْصَٰرُهُمْ تَرْهَقُهُمْ ذِلَّةٌ وَقَدْ كَانُوا۟ يُدْعَوْنَ إِلَى ٱلسُّجُودِ وَهُمْ سَٰلِمُونَ ﴿٤٣﴾ فَذَرْنِى وَمَن يُكَذِّبُ بِهَٰذَا ٱلْحَدِيثِ سَنَسْتَدْرِجُهُم مِّنْ حَيْثُ لَا يَعْلَمُونَ ﴿٤٤﴾ وَأُمْلِى لَهُمْ إِنَّ كَيْدِى مَتِينٌ ﴿٤٥﴾ أَمْ تَسْـَٔلُهُمْ أَجْرًا فَهُم مِّن مَّغْرَمٍ مُّثْقَلُونَ ﴿٤٦﴾ أَمْ عِندَهُمُ ٱلْغَيْبُ فَهُمْ يَكْتُبُونَ ﴿٤٧﴾ فَٱصْبِرْ لِحُكْمِ رَبِّكَ وَلَا تَكُن كَصَاحِبِ ٱلْحُوتِ إِذْ نَادَىٰ وَهُوَ مَكْظُومٌ ﴿٤٨﴾ لَّوْلَآ أَن تَدَٰرَكَهُۥ نِعْمَةٌ مِّن رَّبِّهِۦ لَنُبِذَ بِٱلْعَرَآءِ وَهُوَ مَذْمُومٌ ﴿٤٩﴾ فَٱجْتَبَٰهُ رَبُّهُۥ فَجَعَلَهُۥ مِنَ ٱلصَّٰلِحِينَ ﴿٥٠﴾ وَإِن يَكَادُ ٱلَّذِينَ كَفَرُوا۟ لَيُزْلِقُونَكَ بِأَبْصَٰرِهِمْ لَمَّا سَمِعُوا۟ ٱلذِّكْرَ وَيَقُولُونَ إِنَّهُۥ لَمَجْنُونٌ ﴿٥١﴾ وَمَا هُوَ إِلَّا ذِكْرٌ لِّلْعَٰلَمِينَ ﴿٥٢﴾

سُورَةُ الحَاقَّةِ

بِسْمِ ٱللَّهِ ٱلرَّحْمَٰنِ ٱلرَّحِيمِ

ٱلْحَآقَّةُ ﴿١﴾ مَا ٱلْحَآقَّةُ ﴿٢﴾ وَمَآ أَدْرَىٰكَ مَا ٱلْحَآقَّةُ ﴿٣﴾ كَذَّبَتْ ثَمُودُ وَعَادٌۢ بِٱلْقَارِعَةِ ﴿٤﴾ فَأَمَّا ثَمُودُ فَأُهْلِكُوا۟ بِٱلطَّاغِيَةِ ﴿٥﴾ وَأَمَّا عَادٌ فَأُهْلِكُوا۟ بِرِيحٍ صَرْصَرٍ عَاتِيَةٍ ﴿٦﴾ سَخَّرَهَا عَلَيْهِمْ سَبْعَ لَيَالٍ وَثَمَٰنِيَةَ أَيَّامٍ حُسُومًا فَتَرَى ٱلْقَوْمَ فِيهَا صَرْعَىٰ كَأَنَّهُمْ أَعْجَازُ نَخْلٍ خَاوِيَةٍ ﴿٧﴾ فَهَلْ تَرَىٰ لَهُم مِّنۢ بَاقِيَةٍ ﴿٨﴾ وَجَآءَ فِرْعَوْنُ وَمَن قَبْلَهُۥ وَٱلْمُؤْتَفِكَٰتُ بِٱلْخَاطِئَةِ ﴿٩﴾ فَعَصَوْا۟ رَسُولَ رَبِّهِمْ فَأَخَذَهُمْ أَخْذَةً رَّابِيَةً ﴿١٠﴾ إِنَّا لَمَّا طَغَا ٱلْمَآءُ حَمَلْنَٰكُمْ فِى ٱلْجَارِيَةِ ﴿١١﴾ لِنَجْعَلَهَا لَكُمْ تَذْكِرَةً وَتَعِيَهَآ أُذُنٌ وَٰعِيَةٌ ﴿١٢﴾ فَإِذَا نُفِخَ فِى ٱلصُّورِ نَفْخَةٌ وَٰحِدَةٌ ﴿١٣﴾ وَحُمِلَتِ ٱلْأَرْضُ وَٱلْجِبَالُ فَدُكَّتَا دَكَّةً وَٰحِدَةً ﴿١٤﴾ فَيَوْمَئِذٍ وَقَعَتِ ٱلْوَاقِعَةُ ﴿١٥﴾ وَٱنشَقَّتِ ٱلسَّمَآءُ فَهِىَ يَوْمَئِذٍ وَاهِيَةٌ ﴿١٦﴾ وَٱلْمَلَكُ عَلَىٰٓ أَرْجَآئِهَا وَيَحْمِلُ عَرْشَ رَبِّكَ فَوْقَهُمْ يَوْمَئِذٍ ثَمَٰنِيَةٌ ﴿١٧﴾ يَوْمَئِذٍ تُعْرَضُونَ لَا تَخْفَىٰ مِنكُمْ خَافِيَةٌ ﴿١٨﴾ فَأَمَّا مَنْ أُوتِىَ كِتَٰبَهُۥ بِيَمِينِهِۦ فَيَقُولُ هَآؤُمُ ٱقْرَءُوا۟ كِتَٰبِيَهْ ﴿١٩﴾ إِنِّى ظَنَنتُ أَنِّى مُلَٰقٍ حِسَابِيَهْ ﴿٢٠﴾ فَهُوَ فِى عِيشَةٍ رَّاضِيَةٍ ﴿٢١﴾ فِى جَنَّةٍ عَالِيَةٍ ﴿٢٢﴾ قُطُوفُهَا دَانِيَةٌ ﴿٢٣﴾ كُلُوا۟ وَٱشْرَبُوا۟ هَنِيٓـًٔۢا بِمَآ أَسْلَفْتُمْ فِى ٱلْأَيَّامِ ٱلْخَالِيَةِ ﴿٢٤﴾ وَأَمَّا مَنْ أُوتِىَ كِتَٰبَهُۥ بِشِمَالِهِۦ فَيَقُولُ يَٰلَيْتَنِى لَمْ أُوتَ كِتَٰبِيَهْ ﴿٢٥﴾ وَلَمْ أَدْرِ مَا حِسَابِيَهْ ﴿٢٦﴾ يَٰلَيْتَهَا كَانَتِ ٱلْقَاضِيَةَ ﴿٢٧﴾ مَآ أَغْنَىٰ عَنِّى مَالِيَهْ ﴿٢٨﴾ هَلَكَ عَنِّى سُلْطَٰنِيَهْ ﴿٢٩﴾ خُذُوهُ فَغُلُّوهُ ﴿٣٠﴾ ثُمَّ ٱلْجَحِيمَ صَلُّوهُ ﴿٣١﴾ ثُمَّ فِى سِلْسِلَةٍ ذَرْعُهَا سَبْعُونَ ذِرَاعًا فَٱسْلُكُوهُ ﴿٣٢﴾ إِنَّهُۥ كَانَ لَا يُؤْمِنُ بِٱللَّهِ ٱلْعَظِيمِ ﴿٣٣﴾ وَلَا يَحُضُّ عَلَىٰ طَعَامِ ٱلْمِسْكِينِ ﴿٣٤﴾ فَلَيْسَ لَهُ ٱلْيَوْمَ هَٰهُنَا حَمِيمٌ ﴿٣٥﴾ وَلَا طَعَامٌ إِلَّا مِنْ غِسْلِينٍ ﴿٣٦﴾ لَّا يَأْكُلُهُۥٓ إِلَّا ٱلْخَٰطِـُٔونَ ﴿٣٧﴾ فَلَآ أُقْسِمُ بِمَا تُبْصِرُونَ ﴿٣٨﴾ وَمَا لَا تُبْصِرُونَ ﴿٣٩﴾ إِنَّهُۥ لَقَوْلُ رَسُولٍ كَرِيمٍ ﴿٤٠﴾ وَمَا هُوَ بِقَوْلِ شَاعِرٍ قَلِيلًا مَّا تُؤْمِنُونَ ﴿٤١﴾ وَلَا بِقَوْلِ كَاهِنٍ قَلِيلًا مَّا تَذَكَّرُونَ ﴿٤٢﴾ تَنزِيلٌ مِّن رَّبِّ ٱلْعَٰلَمِينَ ﴿٤٣﴾ وَلَوْ تَقَوَّلَ عَلَيْنَا بَعْضَ ٱلْأَقَاوِيلِ ﴿٤٤﴾ لَأَخَذْنَا مِنْهُ بِٱلْيَمِينِ ﴿٤٥﴾ ثُمَّ لَقَطَعْنَا مِنْهُ ٱلْوَتِينَ ﴿٤٦﴾ فَمَا مِنكُم مِّنْ أَحَدٍ عَنْهُ حَٰجِزِينَ ﴿٤٧﴾ وَإِنَّهُۥ لَتَذْكِرَةٌ لِّلْمُتَّقِينَ ﴿٤٨﴾ وَإِنَّا لَنَعْلَمُ أَنَّ مِنكُم مُّكَذِّبِينَ ﴿٤٩﴾ وَإِنَّهُۥ لَحَسْرَةٌ عَلَى ٱلْكَٰفِرِينَ ﴿٥٠﴾ وَإِنَّهُۥ لَحَقُّ ٱلْيَقِينِ ﴿٥١﴾ فَسَبِّحْ بِٱسْمِ رَبِّكَ ٱلْعَظِيمِ ﴿٥٢﴾

سُورَةُ المَعَارِجِ

بِسْمِ ٱللَّهِ ٱلرَّحْمَٰنِ ٱلرَّحِيمِ

سَأَلَ سَآئِلٌۢ بِعَذَابٍ وَاقِعٍ ﴿١﴾ لِّلْكَٰفِرِينَ لَيْسَ لَهُۥ دَافِعٌ ﴿٢﴾ مِّنَ ٱللَّهِ ذِى ٱلْمَعَارِجِ ﴿٣﴾ تَعْرُجُ ٱلْمَلَٰٓئِكَةُ وَٱلرُّوحُ إِلَيْهِ فِى يَوْمٍ كَانَ مِقْدَارُهُۥ خَمْسِينَ أَلْفَ سَنَةٍ ﴿٤﴾ فَٱصْبِرْ صَبْرًا جَمِيلًا ﴿٥﴾ إِنَّهُمْ يَرَوْنَهُۥ بَعِيدًا ﴿٦﴾ وَنَرَىٰهُ قَرِيبًا ﴿٧﴾ يَوْمَ تَكُونُ ٱلسَّمَآءُ كَٱلْمُهْلِ ﴿٨﴾ وَتَكُونُ ٱلْجِبَالُ كَٱلْعِهْنِ ﴿٩﴾ وَلَا يَسْـَٔلُ حَمِيمٌ حَمِيمًا ﴿١٠﴾ يُبَصَّرُونَهُمْ يَوَدُّ ٱلْمُجْرِمُ لَوْ يَفْتَدِى مِنْ عَذَابِ يَوْمِئِذٍۭ بِبَنِيهِ ﴿١١﴾ وَصَٰحِبَتِهِۦ وَأَخِيهِ ﴿١٢﴾ وَفَصِيلَتِهِ ٱلَّتِى تُـْٔوِيهِ ﴿١٣﴾ وَمَن فِى ٱلْأَرْضِ جَمِيعًا ثُمَّ يُنجِيهِ ﴿١٤﴾ كَلَّآ إِنَّهَا لَظَىٰ ﴿١٥﴾ نَزَّاعَةً لِّلشَّوَىٰ ﴿١٦﴾ تَدْعُوا۟ مَنْ أَدْبَرَ وَتَوَلَّىٰ ﴿١٧﴾ وَجَمَعَ فَأَوْعَىٰٓ ﴿١٨﴾ إِنَّ ٱلْإِنسَٰنَ خُلِقَ هَلُوعًا ﴿١٩﴾ إِذَا مَسَّهُ ٱلشَّرُّ جَزُوعًا ﴿٢٠﴾ وَإِذَا مَسَّهُ ٱلْخَيْرُ مَنُوعًا ﴿٢١﴾ إِلَّا ٱلْمُصَلِّينَ ﴿٢٢﴾ ٱلَّذِينَ هُمْ عَلَىٰ صَلَاتِهِمْ دَآئِمُونَ ﴿٢٣﴾ وَٱلَّذِينَ فِىٓ أَمْوَٰلِهِمْ حَقٌّ مَّعْلُومٌ ﴿٢٤﴾ لِّلسَّآئِلِ وَٱلْمَحْرُومِ ﴿٢٥﴾ وَٱلَّذِينَ يُصَدِّقُونَ بِيَوْمِ ٱلدِّينِ ﴿٢٦﴾ وَٱلَّذِينَ هُم مِّنْ عَذَابِ رَبِّهِم مُّشْفِقُونَ ﴿٢٧﴾ إِنَّ عَذَابَ رَبِّهِمْ غَيْرُ مَأْمُونٍ ﴿٢٨﴾ وَٱلَّذِينَ هُمْ لِفُرُوجِهِمْ حَٰفِظُونَ ﴿٢٩﴾ إِلَّا عَلَىٰٓ أَزْوَٰجِهِمْ أَوْ مَا مَلَكَتْ أَيْمَٰنُهُمْ فَإِنَّهُمْ غَيْرُ مَلُومِينَ ﴿٣٠﴾ فَمَنِ ٱبْتَغَىٰ وَرَآءَ ذَٰلِكَ فَأُو۟لَٰٓئِكَ هُمُ ٱلْعَادُونَ ﴿٣١﴾ وَٱلَّذِينَ هُمْ لِأَمَٰنَٰتِهِمْ وَعَهْدِهِمْ رَٰعُونَ ﴿٣٢﴾ وَٱلَّذِينَ هُم بِشَهَٰدَٰتِهِمْ قَآئِمُونَ ﴿٣٣﴾ وَٱلَّذِينَ هُمْ عَلَىٰ صَلَاتِهِمْ يُحَافِظُونَ ﴿٣٤﴾ أُو۟لَٰٓئِكَ فِى جَنَّٰتٍ مُّكْرَمُونَ ﴿٣٥﴾ فَمَالِ ٱلَّذِينَ كَفَرُوا۟ قِبَلَكَ مُهْطِعِينَ ﴿٣٦﴾ عَنِ ٱلْيَمِينِ وَعَنِ ٱلشِّمَالِ عِزِينَ ﴿٣٧﴾ أَيَطْمَعُ كُلُّ ٱمْرِئٍ مِّنْهُمْ أَن يُدْخَلَ جَنَّةَ نَعِيمٍ ﴿٣٨﴾ كَلَّآ إِنَّا خَلَقْنَٰهُم مِّمَّا يَعْلَمُونَ ﴿٣٩﴾ فَلَآ أُقْسِمُ بِرَبِّ ٱلْمَشَٰرِقِ وَٱلْمَغَٰرِبِ إِنَّا لَقَٰدِرُونَ ﴿٤٠﴾ عَلَىٰٓ أَن نُّبَدِّلَ خَيْرًا مِّنْهُمْ وَمَا نَحْنُ بِمَسْبُوقِينَ ﴿٤١﴾ فَذَرْهُمْ يَخُوضُوا۟ وَيَلْعَبُوا۟ حَتَّىٰ يُلَٰقُوا۟ يَوْمَهُمُ ٱلَّذِى يُوعَدُونَ ﴿٤٢﴾ يَوْمَ يَخْرُجُونَ مِنَ ٱلْأَجْدَاثِ سِرَاعًا كَأَنَّهُمْ إِلَىٰ نُصُبٍ يُوفِضُونَ ﴿٤٣﴾ خَٰشِعَةً أَبْصَٰرُهُمْ تَرْهَقُهُمْ ذِلَّةٌ ذَٰلِكَ ٱلْيَوْمُ ٱلَّذِى كَانُوا۟ يُوعَدُونَ ﴿٤٤﴾

سُورَةُ نُوحٍ

بِسْمِ ٱللَّهِ ٱلرَّحْمَٰنِ ٱلرَّحِيمِ

إِنَّآ أَرْسَلْنَا نُوحًا إِلَىٰ قَوْمِهِۦٓ أَنْ أَنذِرْ قَوْمَكَ مِن قَبْلِ أَن يَأْتِيَهُمْ عَذَابٌ أَلِيمٌ ﴿١﴾ قَالَ يَٰقَوْمِ إِنِّى لَكُمْ نَذِيرٌ مُّبِينٌ ﴿٢﴾ أَنِ ٱعْبُدُوا۟ ٱللَّهَ وَٱتَّقُوهُ وَأَطِيعُونِ ﴿٣﴾ يَغْفِرْ لَكُم مِّن ذُنُوبِكُمْ وَيُؤَخِّرْكُمْ إِلَىٰٓ أَجَلٍ مُّسَمًّى إِنَّ أَجَلَ ٱللَّهِ إِذَا جَآءَ لَا يُؤَخَّرُ لَوْ كُنتُمْ تَعْلَمُونَ ﴿٤﴾ قَالَ رَبِّ إِنِّى دَعَوْتُ قَوْمِى لَيْلًا وَنَهَارًا ﴿٥﴾ فَلَمْ يَزِدْهُمْ دُعَآءِىٓ إِلَّا فِرَارًا ﴿٦﴾ وَإِنِّى كُلَّمَا دَعَوْتُهُمْ لِتَغْفِرَ لَهُمْ جَعَلُوٓا۟ أَصَٰبِعَهُمْ فِىٓ ءَاذَانِهِمْ وَٱسْتَغْشَوْا۟ ثِيَابَهُمْ وَأَصَرُّوا۟ وَٱسْتَكْبَرُوا۟ ٱسْتِكْبَارًا ﴿٧﴾ ثُمَّ إِنِّى دَعَوْتُهُمْ جِهَارًا ﴿٨﴾ ثُمَّ إِنِّىٓ أَعْلَنتُ لَهُمْ وَأَسْرَرْتُ لَهُمْ إِسْرَارًا ﴿٩﴾ فَقُلْتُ ٱسْتَغْفِرُوا۟ رَبَّكُمْ إِنَّهُۥ كَانَ غَفَّارًا ﴿١٠﴾ يُرْسِلِ ٱلسَّمَآءَ عَلَيْكُم مِّدْرَارًا ﴿١١﴾ وَيُمْدِدْكُم بِأَمْوَٰلٍ وَبَنِينَ وَيَجْعَل لَّكُمْ جَنَّٰتٍ وَيَجْعَل لَّكُمْ أَنْهَٰرًا ﴿١٢﴾ مَّا لَكُمْ لَا تَرْجُونَ لِلَّهِ وَقَارًا ﴿١٣﴾ وَقَدْ خَلَقَكُمْ أَطْوَارًا ﴿١٤﴾ أَلَمْ تَرَوْا۟ كَيْفَ خَلَقَ ٱللَّهُ سَبْعَ سَمَٰوَٰتٍ طِبَاقًا ﴿١٥﴾ وَجَعَلَ ٱلْقَمَرَ فِيهِنَّ نُورًا وَجَعَلَ ٱلشَّمْسَ سِرَاجًا ﴿١٦﴾ وَٱللَّهُ أَنۢبَتَكُم مِّنَ ٱلْأَرْضِ نَبَاتًا ﴿١٧﴾ ثُمَّ يُعِيدُكُمْ فِيهَا وَيُخْرِجُكُمْ إِخْرَاجًا ﴿١٨﴾ وَٱللَّهُ جَعَلَ لَكُمُ ٱلْأَرْضَ بِسَاطًا ﴿١٩﴾ لِّتَسْلُكُوا۟ مِنْهَا سُبُلًا فِجَاجًا ﴿٢٠﴾ قَالَ نُوحٌ رَّبِّ إِنَّهُمْ عَصَوْنِى وَٱتَّبَعُوا۟ مَن لَّمْ يَزِدْهُ مَالُهُۥ وَوَلَدُهُۥٓ إِلَّا خَسَارًا ﴿٢١﴾ وَمَكَرُوا۟ مَكْرًا كُبَّارًا ﴿٢٢﴾ وَقَالُوا۟ لَا تَذَرُنَّ ءَالِهَتَكُمْ وَلَا تَذَرُنَّ وَدًّا وَلَا سُوَاعًا وَلَا يَغُوثَ وَيَعُوقَ وَنَسْرًا ﴿٢٣﴾ وَقَدْ أَضَلُّوا۟ كَثِيرًا وَلَا تَزِدِ ٱلظَّٰلِمِينَ إِلَّا ضَلَٰلًا ﴿٢٤﴾ مِّمَّا خَطِيٓـَٰٔتِهِمْ أُغْرِقُوا۟ فَأُدْخِلُوا۟ نَارًا فَلَمْ يَجِدُوا۟ لَهُم مِّن دُونِ ٱللَّهِ أَنصَارًا ﴿٢٥﴾ وَقَالَ نُوحٌ رَّبِّ لَا تَذَرْ عَلَى ٱلْأَرْضِ مِنَ ٱلْكَٰفِرِينَ دَيَّارًا ﴿٢٦﴾ إِنَّكَ إِن تَذَرْهُمْ يُضِلُّوا۟ عِبَادَكَ وَلَا يَلِدُوٓا۟ إِلَّا فَاجِرًا كَفَّارًا ﴿٢٧﴾ رَّبِّ ٱغْفِرْ لِى وَلِوَٰلِدَىَّ وَلِمَن دَخَلَ بَيْتِىَ مُؤْمِنًا وَلِلْمُؤْمِنِينَ وَٱلْمُؤْمِنَٰتِ وَلَا تَزِدِ ٱلظَّٰلِمِينَ إِلَّا تَبَارًۢا ﴿٢٨﴾

سُورَةُ الجِنِّ

بِسْمِ ٱللَّهِ ٱلرَّحْمَٰنِ ٱلرَّحِيمِ

قُلْ أُوحِىَ إِلَىَّ أَنَّهُ ٱسْتَمَعَ نَفَرٌ مِّنَ ٱلْجِنِّ فَقَالُوٓا۟ إِنَّا سَمِعْنَا قُرْءَانًا عَجَبًا ﴿١﴾ يَهْدِىٓ إِلَى ٱلرُّشْدِ فَـَٔامَنَّا بِهِۦ وَلَن نُّشْرِكَ بِرَبِّنَآ أَحَدًا ﴿٢﴾ وَأَنَّهُۥ تَعَٰلَىٰ جَدُّ رَبِّنَا مَا ٱتَّخَذَ صَٰحِبَةً وَلَا وَلَدًا ﴿٣﴾ وَأَنَّهُۥ كَانَ يَقُولُ سَفِيهُنَا عَلَى ٱللَّهِ شَطَطًا ﴿٤﴾ وَأَنَّا ظَنَنَّآ أَن لَّن تَقُولَ ٱلْإِنسُ وَٱلْجِنُّ عَلَى ٱللَّهِ كَذِبًا ﴿٥﴾ وَأَنَّهُۥ كَانَ رِجَالٌ مِّنَ ٱلْإِنسِ يَعُوذُونَ بِرِجَالٍ مِّنَ ٱلْجِنِّ فَزَادُوهُمْ رَهَقًا ﴿٦﴾ وَأَنَّهُمْ ظَنُّوا۟ كَمَا ظَنَنتُمْ أَن لَّن يَبْعَثَ ٱللَّهُ أَحَدًا ﴿٧﴾ وَأَنَّا لَمَسْنَا ٱلسَّمَآءَ فَوَجَدْنَٰهَا مُلِئَتْ حَرَسًا شَدِيدًا وَشُهُبًا ﴿٨﴾ وَأَنَّا كُنَّا نَقْعُدُ مِنْهَا مَقَٰعِدَ لِلسَّمْعِ فَمَن يَسْتَمِعِ ٱلْـَٔانَ يَجِدْ لَهُۥ شِهَابًا رَّصَدًا ﴿٩﴾ وَأَنَّا لَا نَدْرِىٓ أَشَرٌّ أُرِيدَ بِمَن فِى ٱلْأَرْضِ أَمْ أَرَادَ بِهِمْ رَبُّهُمْ رَشَدًا ﴿١٠﴾ وَأَنَّا مِنَّا ٱلصَّٰلِحُونَ وَمِنَّا دُونَ ذَٰلِكَ كُنَّا طَرَآئِقَ قِدَدًا ﴿١١﴾ وَأَنَّا ظَنَنَّآ أَن لَّن نُّعْجِزَ ٱللَّهَ فِى ٱلْأَرْضِ وَلَن نُّعْجِزَهُۥ هَرَبًا ﴿١٢﴾ وَأَنَّا لَمَّا سَمِعْنَا ٱلْهُدَىٰٓ ءَامَنَّا بِهِۦ فَمَن يُؤْمِنۢ بِرَبِّهِۦ فَلَا يَخَافُ بَخْسًا وَلَا رَهَقًا ﴿١٣﴾ وَأَنَّا مِنَّا ٱلْمُسْلِمُونَ وَمِنَّا ٱلْقَٰسِطُونَ فَمَنْ أَسْلَمَ فَأُو۟لَٰٓئِكَ تَحَرَّوْا۟ رَشَدًا ﴿١٤﴾ وَأَمَّا ٱلْقَٰسِطُونَ فَكَانُوا۟ لِجَهَنَّمَ حَطَبًا ﴿١٥﴾ وَأَلَّوِ ٱسْتَقَٰمُوا۟ عَلَى ٱلطَّرِيقَةِ لَأَسْقَيْنَٰهُم مَّآءً غَدَقًا ﴿١٦﴾ لِّنَفْتِنَهُمْ فِيهِ وَمَن يُعْرِضْ عَن ذِكْرِ رَبِّهِۦ يَسْلُكْهُ عَذَابًا صَعَدًا ﴿١٧﴾ وَأَنَّ ٱلْمَسَٰجِدَ لِلَّهِ فَلَا تَدْعُوا۟ مَعَ ٱللَّهِ أَحَدًا ﴿١٨﴾ وَأَنَّهُۥ لَمَّا قَامَ عَبْدُ ٱللَّهِ يَدْعُوهُ كَادُوا۟ يَكُونُونَ عَلَيْهِ لِبَدًا ﴿١٩﴾ قُلْ إِنَّمَآ أَدْعُوا۟ رَبِّى وَلَآ أُشْرِكُ بِهِۦٓ أَحَدًا ﴿٢٠﴾ قُلْ إِنِّى لَآ أَمْلِكُ لَكُمْ ضَرًّا وَلَا رَشَدًا ﴿٢١﴾ قُلْ إِنِّى لَن يُجِيرَنِى مِنَ ٱللَّهِ أَحَدٌ وَلَنْ أَجِدَ مِن دُونِهِۦ مُلْتَحَدًا ﴿٢٢﴾ إِلَّا بَلَٰغًا مِّنَ ٱللَّهِ وَرِسَٰلَٰتِهِۦ وَمَن يَعْصِ ٱللَّهَ وَرَسُولَهُۥ فَإِنَّ لَهُۥ نَارَ جَهَنَّمَ خَٰلِدِينَ فِيهَآ أَبَدًا ﴿٢٣﴾ حَتَّىٰٓ إِذَا رَأَوْا۟ مَا يُوعَدُونَ فَسَيَعْلَمُونَ مَنْ أَضْعَفُ نَاصِرًا وَأَقَلُّ عَدَدًا ﴿٢٤﴾ قُلْ إِنْ أَدْرِىٓ أَقَرِيبٌ مَّا تُوعَدُونَ أَمْ يَجْعَلُ لَهُۥ رَبِّىٓ أَمَدًا ﴿٢٥﴾ عَٰلِمُ ٱلْغَيْبِ فَلَا يُظْهِرُ عَلَىٰ غَيْبِهِۦٓ أَحَدًا ﴿٢٦﴾ إِلَّا مَنِ ٱرْتَضَىٰ مِن رَّسُولٍ فَإِنَّهُۥ يَسْلُكُ مِنۢ بَيْنِ يَدَيْهِ وَمِنْ خَلْفِهِۦ رَصَدًا ﴿٢٧﴾ لِّيَعْلَمَ أَن قَدْ أَبْلَغُوا۟ رِسَٰلَٰتِ رَبِّهِمْ وَأَحَاطَ بِمَا لَدَيْهِمْ وَأَحْصَىٰ كُلَّ شَىْءٍ عَدَدًۢا ﴿٢٨﴾

سُورَةُ المُزَّمِّلِ

بِسْمِ ٱللَّهِ ٱلرَّحْمَٰنِ ٱلرَّحِيمِ

يَٰٓأَيُّهَا ٱلْمُزَّمِّلُ ﴿١﴾ قُمِ ٱلَّيْلَ إِلَّا قَلِيلًا ﴿٢﴾ نِّصْفَهُۥٓ أَوِ ٱنقُصْ مِنْهُ قَلِيلًا ﴿٣﴾ أَوْ زِدْ عَلَيْهِ وَرَتِّلِ ٱلْقُرْءَانَ تَرْتِيلًا ﴿٤﴾ إِنَّا سَنُلْقِى عَلَيْكَ قَوْلًا ثَقِيلًا ﴿٥﴾ إِنَّ نَاشِئَةَ ٱلَّيْلِ هِىَ أَشَدُّ وَطْـًٔا وَأَقْوَمُ قِيلًا ﴿٦﴾ إِنَّ لَكَ فِى ٱلنَّهَارِ سَبْحًا طَوِيلًا ﴿٧﴾ وَٱذْكُرِ ٱسْمَ رَبِّكَ وَتَبَتَّلْ إِلَيْهِ تَبْتِيلًا ﴿٨﴾ رَّبُّ ٱلْمَشْرِقِ وَٱلْمَغْرِبِ لَآ إِلَٰهَ إِلَّا هُوَ فَٱتَّخِذْهُ وَكِيلًا ﴿٩﴾ وَٱصْبِرْ عَلَىٰ مَا يَقُولُونَ وَٱهْجُرْهُمْ هَجْرًا جَمِيلًا ﴿١٠﴾ وَذَرْنِى وَٱلْمُكَذِّبِينَ أُو۟لِى ٱلنَّعْمَةِ وَمَهِّلْهُمْ قَلِيلًا ﴿١١﴾ إِنَّ لَدَيْنَآ أَنكَالًا وَجَحِيمًا ﴿١٢﴾ وَطَعَامًا ذَا غُصَّةٍ وَعَذَابًا أَلِيمًا ﴿١٣﴾ يَوْمَ تَرْجُفُ ٱلْأَرْضُ وَٱلْجِبَالُ وَكَانَتِ ٱلْجِبَالُ كَثِيبًا مَّهِيلًا ﴿١٤﴾ إِنَّآ أَرْسَلْنَآ إِلَيْكُمْ رَسُولًا شَٰهِدًا عَلَيْكُمْ كَمَآ أَرْسَلْنَآ إِلَىٰ فِرْعَوْنَ رَسُولًا ﴿١٥﴾ فَعَصَىٰ فِرْعَوْنُ ٱلرَّسُولَ فَأَخَذْنَٰهُ أَخْذًا وَبِيلًا ﴿١٦﴾ فَكَيْفَ تَتَّقُونَ إِن كَفَرْتُمْ يَوْمًا يَجْعَلُ ٱلْوِلْدَٰنَ شِيبًا ﴿١٧﴾ ٱلسَّمَآءُ مُنفَطِرٌۢ بِهِۦ كَانَ وَعْدُهُۥ مَفْعُولًا ﴿١٨﴾ إِنَّ هَٰذِهِۦ تَذْكِرَةٌ فَمَن شَآءَ ٱتَّخَذَ إِلَىٰ رَبِّهِۦ سَبِيلًا ﴿١٩﴾

29 - 73 - 575 ۞ إن ربك يعلم أنك تقوم أدنى من ثلثي الليل ونصفه وثلثه وطائفة
من الذين معك والله يقدر الليل والنهار علم أن لن تحصوه فتاب
عليكم فاقرءوا ما تيسر من القرآن علم أن سيكون منكم مرضى
وآخرون يضربون في الأرض يبتغون من فضل الله وآخرون
يقاتلون في سبيل الله فاقرءوا ما تيسر منه وأقيموا الصلاة وآتوا
الزكاة وأقرضوا الله قرضا حسنا وما تقدموا لأنفسكم من خير تجدوه
عند الله هو خيرا وأعظم أجرا واستغفروا الله إن الله غفور رحيم ﴿٢٠﴾

سورة المدثر

بسم الله الرحمن الرحيم

يا أيها المدثر ﴿١﴾ قم فأنذر ﴿٢﴾ وربك فكبر ﴿٣﴾ وثيابك فطهر ﴿٤﴾
والرجز فاهجر ﴿٥﴾ ولا تمنن تستكثر ﴿٦﴾ ولربك فاصبر ﴿٧﴾ فإذا نقر
في الناقور ﴿٨﴾ فذلك يومئذ يوم عسير ﴿٩﴾ على الكافرين غير يسير ﴿١٠﴾
ذرني ومن خلقت وحيدا ﴿١١﴾ وجعلت له مالا ممدودا ﴿١٢﴾ وبنين
شهودا ﴿١٣﴾ ومهدت له تمهيدا ﴿١٤﴾ ثم يطمع أن أزيد ﴿١٥﴾ كلا إنه
كان لآياتنا عنيدا ﴿١٦﴾ سأرهقه صعودا ﴿١٧﴾ إنه فكر وقدر ﴿١٨﴾
29 - 74 - 576 فقتل كيف قدر ﴿١٩﴾ ثم قتل كيف قدر ﴿٢٠﴾ ثم نظر ﴿٢١﴾ ثم عبس وبسر ﴿٢٢﴾
ثم أدبر واستكبر ﴿٢٣﴾ فقال إن هذا إلا سحر يؤثر ﴿٢٤﴾ إن هذا
إلا قول البشر ﴿٢٥﴾ سأصليه سقر ﴿٢٦﴾ وما أدراك ما سقر ﴿٢٧﴾
لا تبقي ولا تذر ﴿٢٨﴾ لواحة للبشر ﴿٢٩﴾ عليها تسعة عشر ﴿٣٠﴾ وما جعلنا
أصحاب النار إلا ملائكة وما جعلنا عدتهم إلا فتنة للذين كفروا
ليستيقن الذين أوتوا الكتاب ويزداد الذين آمنوا إيمانا ولا يرتاب
الذين أوتوا الكتاب والمؤمنون وليقول الذين في قلوبهم مرض
والكافرون ماذا أراد الله بهذا مثلا كذلك يضل الله من يشاء
ويهدي من يشاء وما يعلم جنود ربك إلا هو وما هي إلا ذكرى
للبشر ﴿٣١﴾ كلا والقمر ﴿٣٢﴾ والليل إذ أدبر ﴿٣٣﴾ والصبح إذا أسفر ﴿٣٤﴾ إنها
لإحدى الكبر ﴿٣٥﴾ نذيرا للبشر ﴿٣٦﴾ لمن شاء منكم أن يتقدم أو يتأخر ﴿٣٧﴾
كل نفس بما كسبت رهينة ﴿٣٨﴾ إلا أصحاب اليمين ﴿٣٩﴾ في جنات
يتساءلون ﴿٤٠﴾ عن المجرمين ﴿٤١﴾ ما سلككم في سقر ﴿٤٢﴾ قالوا لم نك
من المصلين ﴿٤٣﴾ ولم نك نطعم المسكين ﴿٤٤﴾ وكنا نخوض مع
الخائضين ﴿٤٥﴾ وكنا نكذب بيوم الدين ﴿٤٦﴾ حتى أتانا اليقين ﴿٤٧﴾
29 - 74 - 577 فما تنفعهم شفاعة الشافعين ﴿٤٨﴾ فما لهم عن التذكرة
معرضين ﴿٤٩﴾ كأنهم حمر مستنفرة ﴿٥٠﴾ فرت من قسورة ﴿٥١﴾
بل يريد كل امرئ منهم أن يؤتى صحفا منشرة ﴿٥٢﴾ كلا بل
لا يخافون الآخرة ﴿٥٣﴾ كلا إنه تذكرة ﴿٥٤﴾ فمن شاء ذكره ﴿٥٥﴾ وما
يذكرون إلا أن يشاء الله هو أهل التقوى وأهل المغفرة ﴿٥٦﴾

سورة القيامة

بسم الله الرحمن الرحيم

لا أقسم بيوم القيامة ﴿١﴾ ولا أقسم بالنفس اللوامة ﴿٢﴾ أيحسب
الإنسان ألن نجمع عظامه ﴿٣﴾ بلى قادرين على أن نسوي بنانه ﴿٤﴾ بل
يريد الإنسان ليفجر أمامه ﴿٥﴾ يسأل أيان يوم القيامة ﴿٦﴾ فإذا برق
البصر ﴿٧﴾ وخسف القمر ﴿٨﴾ وجمع الشمس والقمر ﴿٩﴾ يقول الإنسان
يومئذ أين المفر ﴿١٠﴾ كلا لا وزر ﴿١١﴾ إلى ربك يومئذ المستقر ﴿١٢﴾ ينبأ
الإنسان يومئذ بما قدم وأخر ﴿١٣﴾ بل الإنسان على نفسه بصيرة ﴿١٤﴾
ولو ألقى معاذيره ﴿١٥﴾ لا تحرك به لسانك لتعجل به ﴿١٦﴾ إن علينا
جمعه وقرآنه ﴿١٧﴾ فإذا قرأناه فاتبع قرآنه ﴿١٨﴾ ثم إن علينا بيانه ﴿١٩﴾
29 - 75 - 578 كلا بل تحبون العاجلة ﴿٢٠﴾ وتذرون الآخرة ﴿٢١﴾ وجوه يومئذ
ناضرة ﴿٢٢﴾ إلى ربها ناظرة ﴿٢٣﴾ ووجوه يومئذ باسرة ﴿٢٤﴾ تظن أن يفعل
بها فاقرة ﴿٢٥﴾ كلا إذا بلغت التراقي ﴿٢٦﴾ وقيل من راق ﴿٢٧﴾ وظن أنه
الفراق ﴿٢٨﴾ والتفت الساق بالساق ﴿٢٩﴾ إلى ربك يومئذ المساق ﴿٣٠﴾
فلا صدق ولا صلى ﴿٣١﴾ ولكن كذب وتولى ﴿٣٢﴾ ثم ذهب إلى أهله
يتمطى ﴿٣٣﴾ أولى لك فأولى ﴿٣٤﴾ ثم أولى لك فأولى ﴿٣٥﴾ أيحسب
الإنسان أن يترك سدى ﴿٣٦﴾ ألم يك نطفة من مني يمنى ﴿٣٧﴾
ثم كان علقة فخلق فسوى ﴿٣٨﴾ فجعل منه الزوجين الذكر
والأنثى ﴿٣٩﴾ أليس ذلك بقادر على أن يحيي الموتى ﴿٤٠﴾

سورة الإنسان

بسم الله الرحمن الرحيم

هل أتى على الإنسان حين من الدهر لم يكن شيئا مذكورا ﴿١﴾ إنا خلقنا
الإنسان من نطفة أمشاج نبتليه فجعلناه سميعا بصيرا ﴿٢﴾ إنا
هديناه السبيل إما شاكرا وإما كفورا ﴿٣﴾ إنا أعتدنا للكافرين سلاسل
وأغلالا وسعيرا ﴿٤﴾ إن الأبرار يشربون من كأس كان مزاجها كافورا ﴿٥﴾

29 - 76 - 579 عينا يشرب بها عباد الله يفجرونها تفجيرا ﴿٦﴾ يوفون بالنذر ويخافون
يوما كان شره مستطيرا ﴿٧﴾ ويطعمون الطعام على حبه مسكينا
ويتيما وأسيرا ﴿٨﴾ إنما نطعمكم لوجه الله لا نريد منكم جزاء
ولا شكورا ﴿٩﴾ إنا نخاف من ربنا يوما عبوسا قمطريرا ﴿١٠﴾ فوقاهم الله شر
ذلك اليوم ولقاهم نضرة وسرورا ﴿١١﴾ وجزاهم بما صبروا جنة
وحريرا ﴿١٢﴾ متكئين فيها على الأرائك لا يرون فيها شمسا
ولا زمهريرا ﴿١٣﴾ ودانية عليهم ظلالها وذللت قطوفها تذليلا ﴿١٤﴾
ويطاف عليهم بآنية من فضة وأكواب كانت قواريرا ﴿١٥﴾ قوارير من فضة
قدروها تقديرا ﴿١٦﴾ ويسقون فيها كأسا كان مزاجها زنجبيلا ﴿١٧﴾ عينا فيها
تسمى سلسبيلا ﴿١٨﴾ ۞ ويطوف عليهم ولدان مخلدون إذا رأيتهم حسبتهم
لؤلؤا منثورا ﴿١٩﴾ وإذا رأيت ثم رأيت نعيما وملكا كبيرا ﴿٢٠﴾ عاليهم ثياب
سندس خضر وإستبرق وحلوا أساور من فضة وسقاهم ربهم
شرابا طهورا ﴿٢١﴾ إن هذا كان لكم جزاء وكان سعيكم مشكورا ﴿٢٢﴾
إنا نحن نزلنا عليك القرآن تنزيلا ﴿٢٣﴾ فاصبر لحكم ربك ولا تطع
منهم آثما أو كفورا ﴿٢٤﴾ واذكر اسم ربك بكرة وأصيلا ﴿٢٥﴾
29 - 76 - 580 ومن الليل فاسجد له وسبحه ليلا طويلا ﴿٢٦﴾ إن هؤلاء
يحبون العاجلة ويذرون وراءهم يوما ثقيلا ﴿٢٧﴾ نحن خلقناهم
وشددنا أسرهم وإذا شئنا بدلنا أمثالهم تبديلا ﴿٢٨﴾ إن
هذه تذكرة فمن شاء اتخذ إلى ربه سبيلا ﴿٢٩﴾ وما تشاءون
إلا أن يشاء الله إن الله كان عليما حكيما ﴿٣٠﴾ يدخل
من يشاء في رحمته والظالمين أعد لهم عذابا أليما ﴿٣١﴾

سورة المرسلات

بسم الله الرحمن الرحيم

والمرسلات عرفا ﴿١﴾ فالعاصفات عصفا ﴿٢﴾ والناشرات نشرا ﴿٣﴾
فالفارقات فرقا ﴿٤﴾ فالملقيات ذكرا ﴿٥﴾ عذرا أو نذرا ﴿٦﴾ إنما
توعدون لواقع ﴿٧﴾ فإذا النجوم طمست ﴿٨﴾ وإذا السماء فرجت ﴿٩﴾
وإذا الجبال نسفت ﴿١٠﴾ وإذا الرسل أقتت ﴿١١﴾ لأي يوم أجلت ﴿١٢﴾
ليوم الفصل ﴿١٣﴾ وما أدراك ما يوم الفصل ﴿١٤﴾ ويل يومئذ
للمكذبين ﴿١٥﴾ ألم نهلك الأولين ﴿١٦﴾ ثم نتبعهم الآخرين ﴿١٧﴾
كذلك نفعل بالمجرمين ﴿١٨﴾ ويل يومئذ للمكذبين ﴿١٩﴾
29 - 77 - 581 ألم نخلقكم من ماء مهين ﴿٢٠﴾ فجعلناه في قرار مكين ﴿٢١﴾ إلى قدر
معلوم ﴿٢٢﴾ فقدرنا فنعم القادرون ﴿٢٣﴾ ويل يومئذ للمكذبين ﴿٢٤﴾
ألم نجعل الأرض كفاتا ﴿٢٥﴾ أحياء وأمواتا ﴿٢٦﴾ وجعلنا فيها رواسي
شامخات وأسقيناكم ماء فراتا ﴿٢٧﴾ ويل يومئذ للمكذبين ﴿٢٨﴾
انطلقوا إلى ما كنتم به تكذبون ﴿٢٩﴾ انطلقوا إلى ظل ذي ثلاث
شعب ﴿٣٠﴾ لا ظليل ولا يغني من اللهب ﴿٣١﴾ إنها ترمي بشرر
كالقصر ﴿٣٢﴾ كأنه جمالت صفر ﴿٣٣﴾ ويل يومئذ للمكذبين ﴿٣٤﴾
هذا يوم لا ينطقون ﴿٣٥﴾ ولا يؤذن لهم فيعتذرون ﴿٣٦﴾ ويل يومئذ
للمكذبين ﴿٣٧﴾ هذا يوم الفصل جمعناكم والأولين ﴿٣٨﴾ فإن كان
لكم كيد فكيدون ﴿٣٩﴾ ويل يومئذ للمكذبين ﴿٤٠﴾ إن المتقين
في ظلال وعيون ﴿٤١﴾ وفواكه مما يشتهون ﴿٤٢﴾ كلوا واشربوا هنيئا
بما كنتم تعملون ﴿٤٣﴾ إنا كذلك نجزي المحسنين ﴿٤٤﴾ ويل
يومئذ للمكذبين ﴿٤٥﴾ كلوا وتمتعوا قليلا إنكم مجرمون ﴿٤٦﴾ ويل
يومئذ للمكذبين ﴿٤٧﴾ وإذا قيل لهم اركعوا لا يركعون ﴿٤٨﴾
ويل يومئذ للمكذبين ﴿٤٩﴾ فبأي حديث بعده يؤمنون ﴿٥٠﴾

30 - 78 - 582
سورة النبإ

بسم الله الرحمن الرحيم

عم يتساءلون ﴿١﴾ عن النبإ العظيم ﴿٢﴾ الذي هم فيه مختلفون ﴿٣﴾
كلا سيعلمون ﴿٤﴾ ثم كلا سيعلمون ﴿٥﴾ ألم نجعل الأرض مهادا ﴿٦﴾
والجبال أوتادا ﴿٧﴾ وخلقناكم أزواجا ﴿٨﴾ وجعلنا نومكم سباتا ﴿٩﴾
وجعلنا الليل لباسا ﴿١٠﴾ وجعلنا النهار معاشا ﴿١١﴾ وبنينا
فوقكم سبعا شدادا ﴿١٢﴾ وجعلنا سراجا وهاجا ﴿١٣﴾ وأنزلنا من
المعصرات ماء ثجاجا ﴿١٤﴾ لنخرج به حبا ونباتا ﴿١٥﴾ وجنات
ألفافا ﴿١٦﴾ إن يوم الفصل كان ميقاتا ﴿١٧﴾ يوم ينفخ في الصور
فتأتون أفواجا ﴿١٨﴾ وفتحت السماء فكانت أبوابا ﴿١٩﴾ وسيرت
الجبال فكانت سرابا ﴿٢٠﴾ إن جهنم كانت مرصادا ﴿٢١﴾ للطاغين
مآبا ﴿٢٢﴾ لابثين فيها أحقابا ﴿٢٣﴾ لا يذوقون فيها بردا ولا
شرابا ﴿٢٤﴾ إلا حميما وغساقا ﴿٢٥﴾ جزاء وفاقا ﴿٢٦﴾ إنهم كانوا
لا يرجون حسابا ﴿٢٧﴾ وكذبوا بآياتنا كذابا ﴿٢٨﴾ وكل شيء
أحصيناه كتابا ﴿٢٩﴾ فذوقوا فلن نزيدكم إلا عذابا ﴿٣٠﴾

30 - 78 - 583 إن للمتقين مفازا ﴿٣١﴾ حدائق وأعنابا ﴿٣٢﴾ وكواعب أترابا ﴿٣٣﴾ وكأسا
دهاقا ﴿٣٤﴾ لا يسمعون فيها لغوا ولا كذابا ﴿٣٥﴾ جزاء من ربك عطاء
حسابا ﴿٣٦﴾ رب السماوات والأرض وما بينهما الرحمن لا يملكون
منه خطابا ﴿٣٧﴾ يوم يقوم الروح والملائكة صفا لا يتكلمون
إلا من أذن له الرحمن وقال صوابا ﴿٣٨﴾ ذلك اليوم الحق فمن
شاء اتخذ إلى ربه مآبا ﴿٣٩﴾ إنا أنذرناكم عذابا قريبا يوم ينظر
المرء ما قدمت يداه ويقول الكافر يا ليتني كنت ترابا ﴿٤٠﴾

سورة النازعات

بسم الله الرحمن الرحيم

والنازعات غرقا ﴿١﴾ والناشطات نشطا ﴿٢﴾ والسابحات سبحا ﴿٣﴾
فالسابقات سبقا ﴿٤﴾ فالمدبرات أمرا ﴿٥﴾ يوم ترجف الراجفة ﴿٦﴾
تتبعها الرادفة ﴿٧﴾ قلوب يومئذ واجفة ﴿٨﴾ أبصارها خاشعة ﴿٩﴾
يقولون أإنا لمردودون في الحافرة ﴿١٠﴾ أإذا كنا عظاما نخرة ﴿١١﴾ قالوا
تلك إذا كرة خاسرة ﴿١٢﴾ فإنما هي زجرة واحدة ﴿١٣﴾ فإذا هم بالساهرة ﴿١٤﴾
هل أتاك حديث موسى ﴿١٥﴾ إذ ناداه ربه بالواد المقدس طوى ﴿١٦﴾
30 - 79 - 584 اذهب إلى فرعون إنه طغى ﴿١٧﴾ فقل هل لك إلى أن تزكى ﴿١٨﴾
وأهديك إلى ربك فتخشى ﴿١٩﴾ فأراه الآية الكبرى ﴿٢٠﴾
فكذب وعصى ﴿٢١﴾ ثم أدبر يسعى ﴿٢٢﴾ فحشر فنادى ﴿٢٣﴾
فقال أنا ربكم الأعلى ﴿٢٤﴾ فأخذه الله نكال الآخرة والأولى ﴿٢٥﴾
إن في ذلك لعبرة لمن يخشى ﴿٢٦﴾ أأنتم أشد خلقا أم السماء
بناها ﴿٢٧﴾ رفع سمكها فسواها ﴿٢٨﴾ وأغطش ليلها وأخرج
ضحاها ﴿٢٩﴾ والأرض بعد ذلك دحاها ﴿٣٠﴾ أخرج منها ماءها
ومرعاها ﴿٣١﴾ والجبال أرساها ﴿٣٢﴾ متاعا لكم ولأنعامكم ﴿٣٣﴾
فإذا جاءت الطامة الكبرى ﴿٣٤﴾ يوم يتذكر الإنسان ما سعى ﴿٣٥﴾
وبرزت الجحيم لمن يرى ﴿٣٦﴾ فأما من طغى ﴿٣٧﴾ وآثر الحياة
الدنيا ﴿٣٨﴾ فإن الجحيم هي المأوى ﴿٣٩﴾ وأما من خاف مقام
ربه ونهى النفس عن الهوى ﴿٤٠﴾ فإن الجنة هي المأوى ﴿٤١﴾
يسألونك عن الساعة أيان مرساها ﴿٤٢﴾ فيم أنت من
ذكراها ﴿٤٣﴾ إلى ربك منتهاها ﴿٤٤﴾ إنما أنت منذر من يخشاها ﴿٤٥﴾
كأنهم يوم يرونها لم يلبثوا إلا عشية أو ضحاها ﴿٤٦﴾

30 - 80 - 585
سورة عبس

بسم الله الرحمن الرحيم

عبس وتولى ﴿١﴾ أن جاءه الأعمى ﴿٢﴾ وما يدريك لعله يزكى ﴿٣﴾ أو يذكر
فتنفعه الذكرى ﴿٤﴾ أما من استغنى ﴿٥﴾ فأنت له تصدى ﴿٦﴾ وما عليك
ألا يزكى ﴿٧﴾ وأما من جاءك يسعى ﴿٨﴾ وهو يخشى ﴿٩﴾ فأنت عنه تلهى ﴿١٠﴾
كلا إنها تذكرة ﴿١١﴾ فمن شاء ذكره ﴿١٢﴾ في صحف مكرمة ﴿١٣﴾ مرفوعة
مطهرة ﴿١٤﴾ بأيدي سفرة ﴿١٥﴾ كرام بررة ﴿١٦﴾ قتل الإنسان ما أكفره ﴿١٧﴾ من
أي شيء خلقه ﴿١٨﴾ من نطفة خلقه فقدره ﴿١٩﴾ ثم السبيل يسره ﴿٢٠﴾
ثم أماته فأقبره ﴿٢١﴾ ثم إذا شاء أنشره ﴿٢٢﴾ كلا لما يقض ما أمره ﴿٢٣﴾
فلينظر الإنسان إلى طعامه ﴿٢٤﴾ أنا صببنا الماء صبا ﴿٢٥﴾ ثم شققنا
الأرض شقا ﴿٢٦﴾ فأنبتنا فيها حبا ﴿٢٧﴾ وعنبا وقضبا ﴿٢٨﴾ وزيتونا ونخلا ﴿٢٩﴾
وحدائق غلبا ﴿٣٠﴾ وفاكهة وأبا ﴿٣١﴾ متاعا لكم ولأنعامكم ﴿٣٢﴾ فإذا جاءت
الصاخة ﴿٣٣﴾ يوم يفر المرء من أخيه ﴿٣٤﴾ وأمه وأبيه ﴿٣٥﴾ وصاحبته
وبنيه ﴿٣٦﴾ لكل امرئ منهم يومئذ شأن يغنيه ﴿٣٧﴾ وجوه يومئذ
مسفرة ﴿٣٨﴾ ضاحكة مستبشرة ﴿٣٩﴾ ووجوه يومئذ عليها غبرة ﴿٤٠﴾
ترهقها قترة ﴿٤١﴾ أولئك هم الكفرة الفجرة ﴿٤٢﴾

30 - 81 - 586
سورة التكوير

بسم الله الرحمن الرحيم

إذا الشمس كورت ﴿١﴾ وإذا النجوم انكدرت ﴿٢﴾ وإذا الجبال
سيرت ﴿٣﴾ وإذا العشار عطلت ﴿٤﴾ وإذا الوحوش حشرت ﴿٥﴾
وإذا البحار سجرت ﴿٦﴾ وإذا النفوس زوجت ﴿٧﴾ وإذا الموءودة
سئلت ﴿٨﴾ بأي ذنب قتلت ﴿٩﴾ وإذا الصحف نشرت ﴿١٠﴾
وإذا السماء كشطت ﴿١١﴾ وإذا الجحيم سعرت ﴿١٢﴾ وإذا الجنة
أزلفت ﴿١٣﴾ علمت نفس ما أحضرت ﴿١٤﴾ فلا أقسم بالخنس ﴿١٥﴾
الجوار الكنس ﴿١٦﴾ والليل إذا عسعس ﴿١٧﴾ والصبح إذا تنفس ﴿١٨﴾
إنه لقول رسول كريم ﴿١٩﴾ ذي قوة عند ذي العرش مكين ﴿٢٠﴾ مطاع ثم
أمين ﴿٢١﴾ وما صاحبكم بمجنون ﴿٢٢﴾ ولقد رآه بالأفق المبين ﴿٢٣﴾
وما هو على الغيب بضنين ﴿٢٤﴾ وما هو بقول شيطان رجيم ﴿٢٥﴾
فأين تذهبون ﴿٢٦﴾ إن هو إلا ذكر للعالمين ﴿٢٧﴾ لمن شاء منكم أن
يستقيم ﴿٢٨﴾ وما تشاءون إلا أن يشاء الله رب العالمين ﴿٢٩﴾

SOURCE : DIGITAL MUS-HAF OF MADINAH-KING FAHD QURAN COMPLEX

سُورَةُ الانفِطَار

بِسْمِ اللَّهِ الرَّحْمَٰنِ الرَّحِيمِ

30 - 82 - 587 إِذَا السَّمَاءُ انفَطَرَتْ ١ وَإِذَا الْكَوَاكِبُ انتَثَرَتْ ٢ وَإِذَا الْبِحَارُ
فُجِّرَتْ ٣ وَإِذَا الْقُبُورُ بُعْثِرَتْ ٤ عَلِمَتْ نَفْسٌ مَّا قَدَّمَتْ
وَأَخَّرَتْ ٥ يَا أَيُّهَا الْإِنسَانُ مَا غَرَّكَ بِرَبِّكَ الْكَرِيمِ ٦ الَّذِي
خَلَقَكَ فَسَوَّاكَ فَعَدَلَكَ ٧ فِي أَيِّ صُورَةٍ مَّا شَاءَ رَكَّبَكَ ٨
كَلَّا بَلْ تُكَذِّبُونَ بِالدِّينِ ٩ وَإِنَّ عَلَيْكُمْ لَحَافِظِينَ ١٠ كِرَامًا
كَاتِبِينَ ١١ يَعْلَمُونَ مَا تَفْعَلُونَ ١٢ إِنَّ الْأَبْرَارَ لَفِي نَعِيمٍ ١٣ وَإِنَّ
الْفُجَّارَ لَفِي جَحِيمٍ ١٤ يَصْلَوْنَهَا يَوْمَ الدِّينِ ١٥ وَمَا هُمْ عَنْهَا
بِغَائِبِينَ ١٦ وَمَا أَدْرَاكَ مَا يَوْمُ الدِّينِ ١٧ ثُمَّ مَا أَدْرَاكَ مَا يَوْمُ
الدِّينِ ١٨ يَوْمَ لَا تَمْلِكُ نَفْسٌ لِّنَفْسٍ شَيْئًا وَالْأَمْرُ يَوْمَئِذٍ لِّلَّهِ ١٩

سُورَةُ المُطَفِّفِين

بِسْمِ اللَّهِ الرَّحْمَٰنِ الرَّحِيمِ

وَيْلٌ لِّلْمُطَفِّفِينَ ١ الَّذِينَ إِذَا اكْتَالُوا عَلَى النَّاسِ يَسْتَوْفُونَ ٢
وَإِذَا كَالُوهُمْ أَو وَّزَنُوهُمْ يُخْسِرُونَ ٣ أَلَا يَظُنُّ أُولَٰئِكَ أَنَّهُم مَّبْعُوثُونَ ٤
لِيَوْمٍ عَظِيمٍ ٥ يَوْمَ يَقُومُ النَّاسُ لِرَبِّ الْعَالَمِينَ ٦ كَلَّا إِنَّ كِتَابَ
30 - 83 - 588 الْفُجَّارِ لَفِي سِجِّينٍ ٧ وَمَا أَدْرَاكَ مَا سِجِّينٌ ٨ كِتَابٌ مَّرْقُومٌ ٩
وَيْلٌ يَوْمَئِذٍ لِّلْمُكَذِّبِينَ ١٠ الَّذِينَ يُكَذِّبُونَ بِيَوْمِ الدِّينِ ١١ وَمَا يُكَذِّبُ
بِهِ إِلَّا كُلُّ مُعْتَدٍ أَثِيمٍ ١٢ إِذَا تُتْلَىٰ عَلَيْهِ آيَاتُنَا قَالَ أَسَاطِيرُ الْأَوَّلِينَ ١٣
كَلَّا بَلْ رَانَ عَلَىٰ قُلُوبِهِم مَّا كَانُوا يَكْسِبُونَ ١٤ كَلَّا إِنَّهُمْ عَن رَّبِّهِمْ
يَوْمَئِذٍ لَّمَحْجُوبُونَ ١٥ ثُمَّ إِنَّهُمْ لَصَالُوا الْجَحِيمِ ١٦ ثُمَّ يُقَالُ هَٰذَا
الَّذِي كُنتُم بِهِ تُكَذِّبُونَ ١٧ كَلَّا إِنَّ كِتَابَ الْأَبْرَارِ لَفِي عِلِّيِّينَ ١٨
وَمَا أَدْرَاكَ مَا عِلِّيُّونَ ١٩ كِتَابٌ مَّرْقُومٌ ٢٠ يَشْهَدُهُ الْمُقَرَّبُونَ ٢١
إِنَّ الْأَبْرَارَ لَفِي نَعِيمٍ ٢٢ عَلَى الْأَرَائِكِ يَنظُرُونَ ٢٣ تَعْرِفُ فِي
وُجُوهِهِمْ نَضْرَةَ النَّعِيمِ ٢٤ يُسْقَوْنَ مِن رَّحِيقٍ مَّخْتُومٍ ٢٥ خِتَامُهُ
مِسْكٌ وَفِي ذَٰلِكَ فَلْيَتَنَافَسِ الْمُتَنَافِسُونَ ٢٦ وَمِزَاجُهُ مِن
تَسْنِيمٍ ٢٧ عَيْنًا يَشْرَبُ بِهَا الْمُقَرَّبُونَ ٢٨ إِنَّ الَّذِينَ أَجْرَمُوا كَانُوا
مِنَ الَّذِينَ آمَنُوا يَضْحَكُونَ ٢٩ وَإِذَا مَرُّوا بِهِمْ يَتَغَامَزُونَ ٣٠
وَإِذَا انقَلَبُوا إِلَىٰ أَهْلِهِمُ انقَلَبُوا فَكِهِينَ ٣١ وَإِذَا رَأَوْهُمْ قَالُوا
إِنَّ هَٰؤُلَاءِ لَضَالُّونَ ٣٢ وَمَا أُرْسِلُوا عَلَيْهِمْ حَافِظِينَ ٣٣
30 - 83 - 589 فَالْيَوْمَ الَّذِينَ آمَنُوا مِنَ الْكُفَّارِ يَضْحَكُونَ ٣٤ عَلَى
الْأَرَائِكِ يَنظُرُونَ ٣٥ هَلْ ثُوِّبَ الْكُفَّارُ مَا كَانُوا يَفْعَلُونَ ٣٦

سُورَةُ الانشِقَاق

بِسْمِ اللَّهِ الرَّحْمَٰنِ الرَّحِيمِ

إِذَا السَّمَاءُ انشَقَّتْ ١ وَأَذِنَتْ لِرَبِّهَا وَحُقَّتْ ٢ وَإِذَا الْأَرْضُ مُدَّتْ ٣
وَأَلْقَتْ مَا فِيهَا وَتَخَلَّتْ ٤ وَأَذِنَتْ لِرَبِّهَا وَحُقَّتْ ٥ يَا أَيُّهَا
الْإِنسَانُ إِنَّكَ كَادِحٌ إِلَىٰ رَبِّكَ كَدْحًا فَمُلَاقِيهِ ٦ فَأَمَّا مَنْ أُوتِيَ
كِتَابَهُ بِيَمِينِهِ ٧ فَسَوْفَ يُحَاسَبُ حِسَابًا يَسِيرًا ٨ وَيَنقَلِبُ
إِلَىٰ أَهْلِهِ مَسْرُورًا ٩ وَأَمَّا مَنْ أُوتِيَ كِتَابَهُ وَرَاءَ ظَهْرِهِ ١٠ فَسَوْفَ
يَدْعُو ثُبُورًا ١١ وَيَصْلَىٰ سَعِيرًا ١٢ إِنَّهُ كَانَ فِي أَهْلِهِ مَسْرُورًا ١٣
إِنَّهُ ظَنَّ أَن لَّن يَحُورَ ١٤ بَلَىٰ إِنَّ رَبَّهُ كَانَ بِهِ بَصِيرًا ١٥ فَلَا أُقْسِمُ
بِالشَّفَقِ ١٦ وَاللَّيْلِ وَمَا وَسَقَ ١٧ وَالْقَمَرِ إِذَا اتَّسَقَ ١٨
لَتَرْكَبُنَّ طَبَقًا عَن طَبَقٍ ١٩ فَمَا لَهُمْ لَا يُؤْمِنُونَ ٢٠ وَإِذَا قُرِئَ
عَلَيْهِمُ الْقُرْآنُ لَا يَسْجُدُونَ ۩ ٢١ بَلِ الَّذِينَ كَفَرُوا يُكَذِّبُونَ ٢٢
وَاللَّهُ أَعْلَمُ بِمَا يُوعُونَ ٢٣ فَبَشِّرْهُم بِعَذَابٍ أَلِيمٍ ٢٤

30 - 85 - 590 إِلَّا الَّذِينَ آمَنُوا وَعَمِلُوا الصَّالِحَاتِ لَهُمْ أَجْرٌ غَيْرُ مَمْنُونٍ ٢٥

سُورَةُ البُرُوج

بِسْمِ اللَّهِ الرَّحْمَٰنِ الرَّحِيمِ

وَالسَّمَاءِ ذَاتِ الْبُرُوجِ ١ وَالْيَوْمِ الْمَوْعُودِ ٢ وَشَاهِدٍ وَمَشْهُودٍ ٣
قُتِلَ أَصْحَابُ الْأُخْدُودِ ٤ النَّارِ ذَاتِ الْوَقُودِ ٥ إِذْ هُمْ عَلَيْهَا
قُعُودٌ ٦ وَهُمْ عَلَىٰ مَا يَفْعَلُونَ بِالْمُؤْمِنِينَ شُهُودٌ ٧ وَمَا نَقَمُوا
مِنْهُمْ إِلَّا أَن يُؤْمِنُوا بِاللَّهِ الْعَزِيزِ الْحَمِيدِ ٨ الَّذِي لَهُ مُلْكُ
السَّمَاوَاتِ وَالْأَرْضِ وَاللَّهُ عَلَىٰ كُلِّ شَيْءٍ شَهِيدٌ ٩ إِنَّ الَّذِينَ
فَتَنُوا الْمُؤْمِنِينَ وَالْمُؤْمِنَاتِ ثُمَّ لَمْ يَتُوبُوا فَلَهُمْ عَذَابُ جَهَنَّمَ وَلَهُمْ
عَذَابُ الْحَرِيقِ ١٠ إِنَّ الَّذِينَ آمَنُوا وَعَمِلُوا الصَّالِحَاتِ لَهُمْ
جَنَّاتٌ تَجْرِي مِن تَحْتِهَا الْأَنْهَارُ ذَٰلِكَ الْفَوْزُ الْكَبِيرُ ١١ إِنَّ بَطْشَ
رَبِّكَ لَشَدِيدٌ ١٢ إِنَّهُ هُوَ يُبْدِئُ وَيُعِيدُ ١٣ وَهُوَ الْغَفُورُ الْوَدُودُ ١٤
ذُو الْعَرْشِ الْمَجِيدُ ١٥ فَعَّالٌ لِّمَا يُرِيدُ ١٦ هَلْ أَتَاكَ حَدِيثُ
الْجُنُودِ ١٧ فِرْعَوْنَ وَثَمُودَ ١٨ بَلِ الَّذِينَ كَفَرُوا فِي تَكْذِيبٍ ١٩ وَاللَّهُ
مِن وَرَائِهِم مُّحِيطٌ ٢٠ بَلْ هُوَ قُرْآنٌ مَّجِيدٌ ٢١ فِي لَوْحٍ مَّحْفُوظٍ ٢٢

سُورَةُ الطَّارِق

30 - 86 - 591

بِسْمِ اللَّهِ الرَّحْمَٰنِ الرَّحِيمِ

وَالسَّمَاءِ وَالطَّارِقِ ١ وَمَا أَدْرَاكَ مَا الطَّارِقُ ٢ النَّجْمُ الثَّاقِبُ ٣
إِن كُلُّ نَفْسٍ لَّمَّا عَلَيْهَا حَافِظٌ ٤ فَلْيَنظُرِ الْإِنسَانُ مِمَّ خُلِقَ ٥
خُلِقَ مِن مَّاءٍ دَافِقٍ ٦ يَخْرُجُ مِن بَيْنِ الصُّلْبِ وَالتَّرَائِبِ ٧ إِنَّهُ
عَلَىٰ رَجْعِهِ لَقَادِرٌ ٨ يَوْمَ تُبْلَى السَّرَائِرُ ٩ فَمَا لَهُ مِن قُوَّةٍ وَلَا
نَاصِرٍ ١٠ وَالسَّمَاءِ ذَاتِ الرَّجْعِ ١١ وَالْأَرْضِ ذَاتِ الصَّدْعِ ١٢
إِنَّهُ لَقَوْلٌ فَصْلٌ ١٣ وَمَا هُوَ بِالْهَزْلِ ١٤ إِنَّهُمْ يَكِيدُونَ كَيْدًا ١٥
وَأَكِيدُ كَيْدًا ١٦ فَمَهِّلِ الْكَافِرِينَ أَمْهِلْهُمْ رُوَيْدًا ١٧

سُورَةُ الأَعْلَى

بِسْمِ اللَّهِ الرَّحْمَٰنِ الرَّحِيمِ

سَبِّحِ اسْمَ رَبِّكَ الْأَعْلَى ١ الَّذِي خَلَقَ فَسَوَّىٰ ٢ وَالَّذِي قَدَّرَ
فَهَدَىٰ ٣ وَالَّذِي أَخْرَجَ الْمَرْعَىٰ ٤ فَجَعَلَهُ غُثَاءً أَحْوَىٰ ٥
سَنُقْرِئُكَ فَلَا تَنسَىٰ ٦ إِلَّا مَا شَاءَ اللَّهُ إِنَّهُ يَعْلَمُ الْجَهْرَ وَمَا يَخْفَىٰ ٧
وَنُيَسِّرُكَ لِلْيُسْرَىٰ ٨ فَذَكِّرْ إِن نَّفَعَتِ الذِّكْرَىٰ ٩ سَيَذَّكَّرُ مَن يَخْشَىٰ ١٠
30 - 87 - 592 وَيَتَجَنَّبُهَا الْأَشْقَى ١١ الَّذِي يَصْلَى النَّارَ الْكُبْرَىٰ ١٢ ثُمَّ لَا يَمُوتُ
فِيهَا وَلَا يَحْيَىٰ ١٣ قَدْ أَفْلَحَ مَن تَزَكَّىٰ ١٤ وَذَكَرَ اسْمَ رَبِّهِ فَصَلَّىٰ ١٥
بَلْ تُؤْثِرُونَ الْحَيَاةَ الدُّنْيَا ١٦ وَالْآخِرَةُ خَيْرٌ وَأَبْقَىٰ ١٧ إِنَّ
هَٰذَا لَفِي الصُّحُفِ الْأُولَىٰ ١٨ صُحُفِ إِبْرَاهِيمَ وَمُوسَىٰ ١٩

سُورَةُ الغَاشِيَة

بِسْمِ اللَّهِ الرَّحْمَٰنِ الرَّحِيمِ

هَلْ أَتَاكَ حَدِيثُ الْغَاشِيَةِ ١ وُجُوهٌ يَوْمَئِذٍ خَاشِعَةٌ ٢ عَامِلَةٌ
نَّاصِبَةٌ ٣ تَصْلَىٰ نَارًا حَامِيَةً ٤ تُسْقَىٰ مِنْ عَيْنٍ آنِيَةٍ ٥ لَّيْسَ
لَهُمْ طَعَامٌ إِلَّا مِن ضَرِيعٍ ٦ لَّا يُسْمِنُ وَلَا يُغْنِي مِن جُوعٍ ٧ وُجُوهٌ
يَوْمَئِذٍ نَّاعِمَةٌ ٨ لِّسَعْيِهَا رَاضِيَةٌ ٩ فِي جَنَّةٍ عَالِيَةٍ ١٠ لَّا تَسْمَعُ
فِيهَا لَاغِيَةً ١١ فِيهَا عَيْنٌ جَارِيَةٌ ١٢ فِيهَا سُرُرٌ مَّرْفُوعَةٌ ١٣ وَأَكْوَابٌ
مَّوْضُوعَةٌ ١٤ وَنَمَارِقُ مَصْفُوفَةٌ ١٥ وَزَرَابِيُّ مَبْثُوثَةٌ ١٦ أَفَلَا يَنظُرُونَ
إِلَى الْإِبِلِ كَيْفَ خُلِقَتْ ١٧ وَإِلَى السَّمَاءِ كَيْفَ رُفِعَتْ ١٨ وَإِلَى
الْجِبَالِ كَيْفَ نُصِبَتْ ١٩ وَإِلَى الْأَرْضِ كَيْفَ سُطِحَتْ ٢٠
فَذَكِّرْ إِنَّمَا أَنتَ مُذَكِّرٌ ٢١ لَّسْتَ عَلَيْهِم بِمُصَيْطِرٍ ٢٢

30 - 89 - 593 إِلَّا مَن تَوَلَّىٰ وَكَفَرَ ٢٣ فَيُعَذِّبُهُ اللَّهُ الْعَذَابَ الْأَكْبَرَ
إِنَّ إِلَيْنَا إِيَابَهُمْ ٢٥ ثُمَّ إِنَّ عَلَيْنَا حِسَابَهُم ٢٦

سُورَةُ الفَجْر

بِسْمِ اللَّهِ الرَّحْمَٰنِ الرَّحِيمِ

وَالْفَجْرِ ١ وَلَيَالٍ عَشْرٍ ٢ وَالشَّفْعِ وَالْوَتْرِ ٣ وَاللَّيْلِ إِذَا يَسْرِ ٤
هَلْ فِي ذَٰلِكَ قَسَمٌ لِّذِي حِجْرٍ ٥ أَلَمْ تَرَ كَيْفَ فَعَلَ رَبُّكَ بِعَادٍ ٦
إِرَمَ ذَاتِ الْعِمَادِ ٧ الَّتِي لَمْ يُخْلَقْ مِثْلُهَا فِي الْبِلَادِ ٨ وَثَمُودَ الَّذِينَ
جَابُوا الصَّخْرَ بِالْوَادِ ٩ وَفِرْعَوْنَ ذِي الْأَوْتَادِ ١٠ الَّذِينَ طَغَوْا فِي
الْبِلَادِ ١١ فَأَكْثَرُوا فِيهَا الْفَسَادَ ١٢ فَصَبَّ عَلَيْهِمْ رَبُّكَ سَوْطَ
عَذَابٍ ١٣ إِنَّ رَبَّكَ لَبِالْمِرْصَادِ ١٤ فَأَمَّا الْإِنسَانُ إِذَا مَا ابْتَلَاهُ
رَبُّهُ فَأَكْرَمَهُ وَنَعَّمَهُ فَيَقُولُ رَبِّي أَكْرَمَنِ ١٥ وَأَمَّا إِذَا مَا ابْتَلَاهُ
فَقَدَرَ عَلَيْهِ رِزْقَهُ فَيَقُولُ رَبِّي أَهَانَنِ ١٦ كَلَّا بَل لَّا تُكْرِمُونَ
الْيَتِيمَ ١٧ وَلَا تَحَاضُّونَ عَلَىٰ طَعَامِ الْمِسْكِينِ ١٨ وَتَأْكُلُونَ
التُّرَاثَ أَكْلًا لَّمًّا ١٩ وَتُحِبُّونَ الْمَالَ حُبًّا جَمًّا ٢٠ كَلَّا إِذَا
دُكَّتِ الْأَرْضُ دَكًّا دَكًّا ٢١ وَجَاءَ رَبُّكَ وَالْمَلَكُ صَفًّا صَفًّا ٢٢
30 - 89 - 594 وَجِيءَ يَوْمَئِذٍ بِجَهَنَّمَ يَوْمَئِذٍ يَتَذَكَّرُ الْإِنسَانُ وَأَنَّىٰ
لَهُ الذِّكْرَىٰ ٢٣ يَقُولُ يَا لَيْتَنِي قَدَّمْتُ لِحَيَاتِي ٢٤ فَيَوْمَئِذٍ
لَّا يُعَذِّبُ عَذَابَهُ أَحَدٌ ٢٥ وَلَا يُوثِقُ وَثَاقَهُ أَحَدٌ ٢٦ يَا أَيَّتُهَا
النَّفْسُ الْمُطْمَئِنَّةُ ٢٧ ارْجِعِي إِلَىٰ رَبِّكِ رَاضِيَةً مَّرْضِيَّةً ٢٨
فَادْخُلِي فِي عِبَادِي ٢٩ وَادْخُلِي جَنَّتِي ٣٠

سُورَةُ البَلَد

بِسْمِ اللَّهِ الرَّحْمَٰنِ الرَّحِيمِ

لَا أُقْسِمُ بِهَٰذَا الْبَلَدِ ١ وَأَنتَ حِلٌّ بِهَٰذَا الْبَلَدِ ٢ وَوَالِدٍ وَمَا وَلَدَ ٣
لَقَدْ خَلَقْنَا الْإِنسَانَ فِي كَبَدٍ ٤ أَيَحْسَبُ أَن لَّن يَقْدِرَ عَلَيْهِ
أَحَدٌ ٥ يَقُولُ أَهْلَكْتُ مَالًا لُّبَدًا ٦ أَيَحْسَبُ أَن لَّمْ يَرَهُ أَحَدٌ ٧
أَلَمْ نَجْعَل لَّهُ عَيْنَيْنِ ٨ وَلِسَانًا وَشَفَتَيْنِ ٩ وَهَدَيْنَاهُ
النَّجْدَيْنِ ١٠ فَلَا اقْتَحَمَ الْعَقَبَةَ ١١ وَمَا أَدْرَاكَ مَا الْعَقَبَةُ ١٢
فَكُّ رَقَبَةٍ ١٣ أَوْ إِطْعَامٌ فِي يَوْمٍ ذِي مَسْغَبَةٍ ١٤ يَتِيمًا ذَا مَقْرَبَةٍ ١٥
أَوْ مِسْكِينًا ذَا مَتْرَبَةٍ ١٦ ثُمَّ كَانَ مِنَ الَّذِينَ آمَنُوا وَتَوَاصَوْا
بِالصَّبْرِ وَتَوَاصَوْا بِالْمَرْحَمَةِ ١٧ أُولَٰئِكَ أَصْحَابُ الْمَيْمَنَةِ ١٨
30 - 91 - 595 وَالَّذِينَ كَفَرُوا بِآيَاتِنَا هُمْ أَصْحَابُ الْمَشْأَمَةِ ١٩ عَلَيْهِمْ نَارٌ مُّؤْصَدَةٌ ٢٠

سُورَةُ الشَّمْس

بِسْمِ اللَّهِ الرَّحْمَٰنِ الرَّحِيمِ

وَالشَّمْسِ وَضُحَاهَا ١ وَالْقَمَرِ إِذَا تَلَاهَا ٢ وَالنَّهَارِ إِذَا جَلَّاهَا ٣
وَاللَّيْلِ إِذَا يَغْشَاهَا ٤ وَالسَّمَاءِ وَمَا بَنَاهَا ٥ وَالْأَرْضِ
وَمَا طَحَاهَا ٦ وَنَفْسٍ وَمَا سَوَّاهَا ٧ فَأَلْهَمَهَا فُجُورَهَا
وَتَقْوَاهَا ٨ قَدْ أَفْلَحَ مَن زَكَّاهَا ٩ وَقَدْ خَابَ مَن دَسَّاهَا ١٠
كَذَّبَتْ ثَمُودُ بِطَغْوَاهَا ١١ إِذِ انبَعَثَ أَشْقَاهَا ١٢ فَقَالَ لَهُمْ
رَسُولُ اللَّهِ نَاقَةَ اللَّهِ وَسُقْيَاهَا ١٣ فَكَذَّبُوهُ فَعَقَرُوهَا فَدَمْدَمَ
عَلَيْهِمْ رَبُّهُم بِذَنبِهِمْ فَسَوَّاهَا ١٤ وَلَا يَخَافُ عُقْبَاهَا ١٥

سُورَةُ اللَّيْل

بِسْمِ اللَّهِ الرَّحْمَٰنِ الرَّحِيمِ

وَاللَّيْلِ إِذَا يَغْشَىٰ ١ وَالنَّهَارِ إِذَا تَجَلَّىٰ ٢ وَمَا خَلَقَ الذَّكَرَ وَالْأُنثَىٰ ٣
إِنَّ سَعْيَكُمْ لَشَتَّىٰ ٤ فَأَمَّا مَنْ أَعْطَىٰ وَاتَّقَىٰ ٥ وَصَدَّقَ بِالْحُسْنَىٰ ٦
فَسَنُيَسِّرُهُ لِلْيُسْرَىٰ ٧ وَأَمَّا مَن بَخِلَ وَاسْتَغْنَىٰ ٨ وَكَذَّبَ بِالْحُسْنَىٰ ٩

30 - 92 - 596

فسنيسره للعسرى ١٠ وما يغني عنه ماله إذا تردى ١١ إن علينا
للهدى ١٢ وإن لنا للآخرة والأولى ١٣ فأنذرتكم نارا تلظى ١٤
لا يصلاها إلا الأشقى ١٥ الذي كذب وتولى ١٦ وسيجنبها
الأتقى ١٧ الذي يؤتي ماله يتزكى ١٨ وما لأحد عنده من نعمة
تجزى ١٩ إلا ابتغاء وجه ربه الأعلى ٢٠ ولسوف يرضى ٢١

سورة الضحى

بسم الله الرحمن الرحيم

والضحى ١ والليل إذا سجى ٢ ما ودعك ربك وما قلى ٣
وللآخرة خير لك من الأولى ٤ ولسوف يعطيك ربك
فترضى ٥ ألم يجدك يتيما فآوى ٦ ووجدك ضالا فهدى ٧
ووجدك عائلا فأغنى ٨ فأما اليتيم فلا تقهر ٩
وأما السائل فلا تنهر ١٠ وأما بنعمة ربك فحدث ١١

سورة الشرح

بسم الله الرحمن الرحيم

ألم نشرح لك صدرك ١ ووضعنا عنك وزرك ٢
الذي أنقض ظهرك ٣ ورفعنا لك ذكرك ٤ فإن مع العسر يسرا ٥
إن مع العسر يسرا ٦ فإذا فرغت فانصب ٧ وإلى ربك فارغب ٨

30 - 95 - 597

سورة التين

بسم الله الرحمن الرحيم

والتين والزيتون ١ وطور سينين ٢ وهذا البلد الأمين ٣
لقد خلقنا الإنسان في أحسن تقويم ٤ ثم رددناه أسفل سافلين ٥
إلا الذين آمنوا وعملوا الصالحات فلهم أجر غير ممنون ٦
فما يكذبك بعد بالدين ٧ أليس الله بأحكم الحاكمين ٨

سورة العلق

بسم الله الرحمن الرحيم

اقرأ باسم ربك الذي خلق ١ خلق الإنسان من علق ٢ اقرأ
وربك الأكرم ٣ الذي علم بالقلم ٤ علم الإنسان
ما لم يعلم ٥ كلا إن الإنسان ليطغى ٦ أن رآه استغنى ٧
إن إلى ربك الرجعى ٨ أرأيت الذي ينهى ٩ عبدا
إذا صلى ١٠ أرأيت إن كان على الهدى ١١ أو أمر بالتقوى ١٢
أرأيت إن كذب وتولى ١٣ ألم يعلم بأن الله يرى ١٤ كلا لئن لم ينته
لنسفعا بالناصية ١٥ ناصية كاذبة خاطئة ١٦ فليدع ناديه ١٧
سندع الزبانية ١٨ كلا لا تطعه واسجد واقترب ۩ ١٩

30 - 97 - 598

سورة القدر

بسم الله الرحمن الرحيم

إنا أنزلناه في ليلة القدر ١ وما أدراك ما ليلة القدر ٢
ليلة القدر خير من ألف شهر ٣ تنزل الملائكة والروح فيها
بإذن ربهم من كل أمر ٤ سلام هي حتى مطلع الفجر ٥

سورة البينة

بسم الله الرحمن الرحيم

لم يكن الذين كفروا من أهل الكتاب والمشركين منفكين حتى
تأتيهم البينة ١ رسول من الله يتلو صحفا مطهرة ٢ فيها كتب
قيمة ٣ وما تفرق الذين أوتوا الكتاب إلا من بعد ما جاءتهم
البينة ٤ وما أمروا إلا ليعبدوا الله مخلصين له الدين
حنفاء ويقيموا الصلاة ويؤتوا الزكاة وذلك دين القيمة ٥

إن الذين كفروا من أهل الكتاب والمشركين في نار جهنم
خالدين فيها أولئك هم شر البرية ٦ إن الذين آمنوا
وعملوا الصالحات أولئك هم خير البرية ٧ جزاؤهم
عند ربهم جنات عدن تجري من تحتها الأنهار خالدين
فيها أبدا رضي الله عنهم ورضوا عنه ذلك لمن خشي ربه ٨

30 - 98 - 599

سورة الزلزلة

بسم الله الرحمن الرحيم

إذا زلزلت الأرض زلزالها ١ وأخرجت الأرض أثقالها ٢ وقال
الإنسان ما لها ٣ يومئذ تحدث أخبارها ٤ بأن ربك أوحى لها ٥
يومئذ يصدر الناس أشتاتا ليروا أعمالهم ٦ فمن يعمل
مثقال ذرة خيرا يره ٧ ومن يعمل مثقال ذرة شرا يره ٨

سورة العاديات

بسم الله الرحمن الرحيم

والعاديات ضبحا ١ فالموريات قدحا ٢ فالمغيرات
صبحا ٣ فأثرن به نقعا ٤ فوسطن به جمعا ٥
إن الإنسان لربه لكنود ٦ وإنه على ذلك لشهيد ٧ وإنه لحب
الخير لشديد ٨ ۞ أفلا يعلم إذا بعثر ما في القبور ٩
وحصل ما في الصدور ١٠ إن ربهم بهم يومئذ لخبير ١١

30 - 100 - 600

سورة القارعة

بسم الله الرحمن الرحيم

القارعة ١ ما القارعة ٢ وما أدراك ما القارعة ٣ يوم
يكون الناس كالفراش المبثوث ٤ وتكون الجبال كالعهن
المنفوش ٥ فأما من ثقلت موازينه ٦ فهو في عيشة
راضية ٧ وأما من خفت موازينه ٨ فأمه هاوية ٩
وما أدراك ما هيه ١٠ نار حامية ١١

سورة التكاثر

بسم الله الرحمن الرحيم

ألهاكم التكاثر ١ حتى زرتم المقابر ٢ كلا سوف تعلمون ٣ ثم
كلا سوف تعلمون ٤ كلا لو تعلمون علم اليقين ٥ لترون الجحيم ٦
ثم لترونها عين اليقين ٧ ثم لتسألن يومئذ عن النعيم ٨

30 - 103 - 601

سورة العصر

بسم الله الرحمن الرحيم

والعصر ١ إن الإنسان لفي خسر ٢ إلا الذين آمنوا
وعملوا الصالحات وتواصوا بالحق وتواصوا بالصبر ٣

سورة الهمزة

بسم الله الرحمن الرحيم

ويل لكل همزة لمزة ١ الذي جمع مالا وعدده ٢
يحسب أن ماله أخلده ٣ كلا لينبذن في الحطمة ٤
وما أدراك ما الحطمة ٥ نار الله الموقدة ٦ التي تطلع
على الأفئدة ٧ إنها عليهم مؤصدة ٨ في عمد ممددة ٩

سورة الفيل

بسم الله الرحمن الرحيم

ألم تر كيف فعل ربك بأصحاب الفيل ١ ألم يجعل
كيدهم في تضليل ٢ وأرسل عليهم طيرا أبابيل ٣
ترميهم بحجارة من سجيل ٤ فجعلهم كعصف مأكول ٥

سورة قريش

بسم الله الرحمن الرحيم

لإيلاف قريش ١ إيلافهم رحلة الشتاء والصيف ٢
فليعبدوا رب هذا البيت ٣ الذي أطعمهم
من جوع وآمنهم من خوف ٤

30 - 106 - 602

سورة الماعون

بسم الله الرحمن الرحيم

أرأيت الذي يكذب بالدين ١ فذلك الذي يدع
اليتيم ٢ ولا يحض على طعام المسكين ٣ فويل
للمصلين ٤ الذين هم عن صلاتهم ساهون ٥
الذين هم يراءون ٦ ويمنعون الماعون ٧

سورة الكوثر

بسم الله الرحمن الرحيم

إنا أعطيناك الكوثر ١ فصل لربك وانحر ٢
إن شانئك هو الأبتر ٣

30 - 109 - 603

سورة الكافرون

بسم الله الرحمن الرحيم

قل يا أيها الكافرون ١ لا أعبد ما تعبدون ٢
ولا أنتم عابدون ما أعبد ٣ ولا أنا عابد ما عبدتم ٤
ولا أنتم عابدون ما أعبد ٥ لكم دينكم ولي دين ٦

سورة النصر

بسم الله الرحمن الرحيم

إذا جاء نصر الله والفتح ١ ورأيت الناس
يدخلون في دين الله أفواجا ٢ فسبح بحمد ربك
واستغفره إنه كان توابا ٣

سورة المسد

بسم الله الرحمن الرحيم

تبت يدا أبي لهب وتب ١ ما أغنى عنه ماله وما كسب ٢
سيصلى نارا ذات لهب ٣ وامرأته حمالة الحطب ٤
في جيدها حبل من مسد ٥

30 - 112 - 604

سورة الإخلاص

بسم الله الرحمن الرحيم

قل هو الله أحد ١ الله الصمد ٢ لم يلد ولم يولد ٣
ولم يكن له كفوا أحد ٤

سورة الفلق

بسم الله الرحمن الرحيم

قل أعوذ برب الفلق ١ من شر ما خلق ٢ ومن شر
غاسق إذا وقب ٣ ومن شر النفاثات في العقد ٤
ومن شر حاسد إذا حسد ٥

سورة الناس

بسم الله الرحمن الرحيم

قل أعوذ برب الناس ١ ملك الناس ٢ إله
الناس ٣ من شر الوسواس الخناس ٤ الذي
يوسوس في صدور الناس ٥
من الجنة والناس ٦

فِهرِسُ بأسماءِ السُّوَرِ وبيانُ المكيِّ والمدنيِّ منها

https://dm.qurancomplex.gov.sa/en/?page_id=138

Digital Mushaf of Madinah

Copyright

Based on the approval of His Excellency the Minister of Islamic Affairs, Da'wah and Guidance of the King Fahd Qur'an Printing Complex.

The Qur'an Printing Complex is honored to present to the Muslim public a complete free digital copy of Mus'haf al-Madinah published by the Complex, in the following formats:

- Adobe Illustrator files
- PDF files
- High quality images
- True Type Font

Mus'haf al-Madinah in these previous formats can be used for free in all personal, individual businesses, in works of governmental departments & agencies, in the publications of both private and national institutions, also allows Qur'an printing*, digital publishing, & for media use, can be used also in websites, software, and other similar intermediates.

King Fahd Qur'an Printing Complex is not responsible for any technical or software errors that occur from using the mentioned product.

We ask Allah that He renders this blessed project

beneficial to all Muslims.

* The printing of the Qur'an inside the Kingdom and importing it from abroad for the purpose of commercial sale is subject to the Royal Decree No. 136/8 of 1/2/1406 AH and the Royal Decree No. 9 / B / 46356 dated 28/9/1424 AH. Which prohibit the printing of the Qur'an inside the Kingdom in any place other than King Fahd Glorious Quran Printing Complex, as well as prevent the import from abroad for the purpose of commercial sale.

بِسۡمِ ٱللَّهِ ٱلرَّحۡمَٰنِ ٱلرَّحِيمِ

وَنُنَزِّلُ مِنَ ٱلۡقُرۡءَانِ مَا هُوَ شِفَآءٞ وَرَحۡمَةٞ لِّلۡمُؤۡمِنِينَ

46 PAGES

QURAN FORMAT 2 JUZS 3 PAGES

QURAN text presented in 46 Pages (3 Pages = 2 Juz), based on **Digital MUS-HAF of Madinah** quranic printing complex

Texte intégral du QURAN, d'après le MUṢḤAF Madīna certifié et vérifié, disponible en ligne dm.qurancomplex.gov.sa/en/ édité ici au format 46 Pages (3 Pages = 2 Juz)

مصحف المدينة برواية حفص عن عاصم

ḤAFṢ

عن عثمان بن عفان رضي الله عنه عن النبي صلى الله عليه وسلم قال:

خيرُكُم من تعلَّمَ القرآنَ وعلَّمَهُ [صحيح] - [رواه البخاري]

The best among you is He who learnt the Quran and taught it (Bukhari)

Le meilleur d'entre vous est celui qui a appris le Coran et l'a enseigné.
Hadith authentique (Bukhāri)

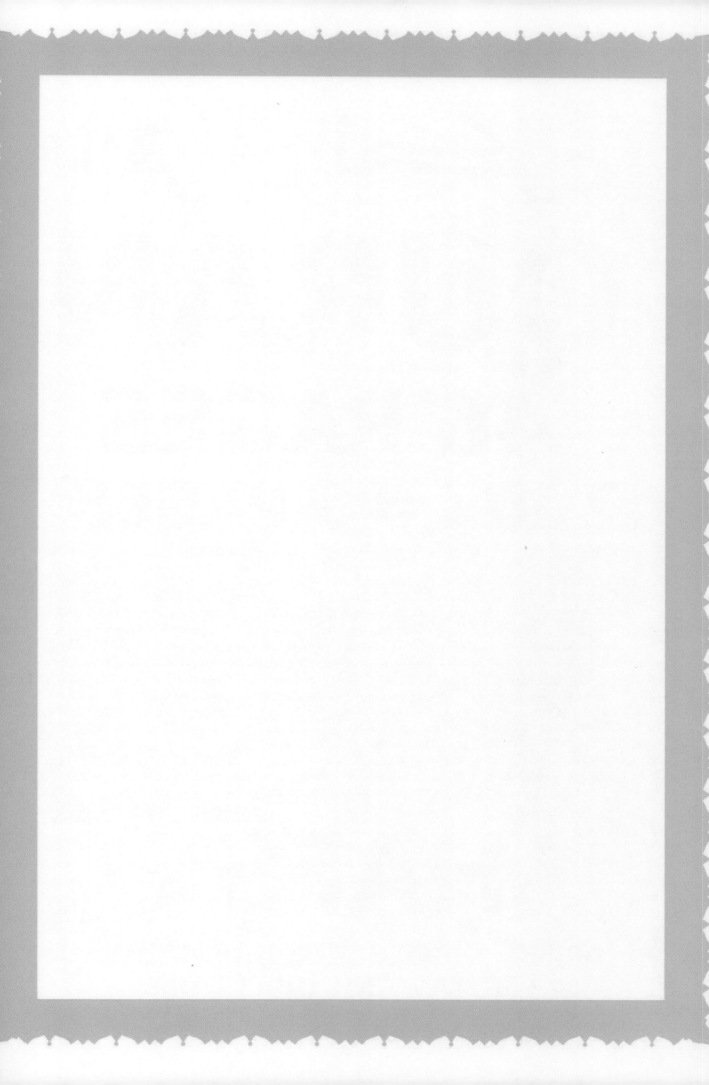

القرآن الكريم

QURAN

46 PAGES

2 JUZ = 3 PAGES

30 - 97 - 598

أَرَأَيْتَ إِن كَذَّبَ وَتَوَلَّىٰ ١٣ أَلَمْ يَعْلَم بِأَنَّ اللَّهَ يَرَىٰ ١٤ كَلَّا لَئِن لَّمْ يَنتَهِ
لَنَسْفَعًا بِالنَّاصِيَةِ ١٥ نَاصِيَةٍ كَاذِبَةٍ خَاطِئَةٍ ١٦ فَلْيَدْعُ نَادِيَهُ ١٧
سَنَدْعُ الزَّبَانِيَةَ ١٨ كَلَّا لَا تُطِعْهُ وَاسْجُدْ وَاقْتَرِب ۩ ١٩

سُورَةُ القَدْرِ

بِسْمِ اللَّهِ الرَّحْمَٰنِ الرَّحِيمِ

إِنَّا أَنزَلْنَاهُ فِي لَيْلَةِ الْقَدْرِ ١ وَمَا أَدْرَاكَ مَا لَيْلَةُ الْقَدْرِ ٢
لَيْلَةُ الْقَدْرِ خَيْرٌ مِّنْ أَلْفِ شَهْرٍ ٣ تَنَزَّلُ الْمَلَائِكَةُ وَالرُّوحُ فِيهَا
بِإِذْنِ رَبِّهِم مِّن كُلِّ أَمْرٍ ٤ سَلَامٌ هِيَ حَتَّىٰ مَطْلَعِ الْفَجْرِ ٥

سُورَةُ البَيِّنَةِ

بِسْمِ اللَّهِ الرَّحْمَٰنِ الرَّحِيمِ

لَمْ يَكُنِ الَّذِينَ كَفَرُوا مِنْ أَهْلِ الْكِتَابِ وَالْمُشْرِكِينَ مُنفَكِّينَ حَتَّىٰ
تَأْتِيَهُمُ الْبَيِّنَةُ ١ رَسُولٌ مِّنَ اللَّهِ يَتْلُو صُحُفًا مُّطَهَّرَةً ٢ فِيهَا كُتُبٌ
قَيِّمَةٌ ٣ وَمَا تَفَرَّقَ الَّذِينَ أُوتُوا الْكِتَابَ إِلَّا مِن بَعْدِ مَا جَاءَتْهُمُ
الْبَيِّنَةُ ٤ وَمَا أُمِرُوا إِلَّا لِيَعْبُدُوا اللَّهَ مُخْلِصِينَ لَهُ الدِّينَ
حُنَفَاءَ وَيُقِيمُوا الصَّلَاةَ وَيُؤْتُوا الزَّكَاةَ وَذَٰلِكَ دِينُ الْقَيِّمَةِ ٥

30 - 103 - 601

سُورَةُ العَصْرِ

بِسْمِ اللَّهِ الرَّحْمَٰنِ الرَّحِيمِ

وَالْعَصْرِ ١ إِنَّ الْإِنسَانَ لَفِي خُسْرٍ ٢ إِلَّا الَّذِينَ آمَنُوا
وَعَمِلُوا الصَّالِحَاتِ وَتَوَاصَوْا بِالْحَقِّ وَتَوَاصَوْا بِالصَّبْرِ ٣

سُورَةُ الهُمَزَةِ

بِسْمِ اللَّهِ الرَّحْمَٰنِ الرَّحِيمِ

وَيْلٌ لِّكُلِّ هُمَزَةٍ لُّمَزَةٍ ١ الَّذِي جَمَعَ مَالًا وَعَدَّدَهُ ٢
يَحْسَبُ أَنَّ مَالَهُ أَخْلَدَهُ ٣ كَلَّا لَيُنبَذَنَّ فِي الْحُطَمَةِ ٤
وَمَا أَدْرَاكَ مَا الْحُطَمَةُ ٥ نَارُ اللَّهِ الْمُوقَدَةُ ٦ الَّتِي تَطَّلِعُ
عَلَى الْأَفْئِدَةِ ٧ إِنَّهَا عَلَيْهِم مُّؤْصَدَةٌ ٨ فِي عَمَدٍ مُّمَدَّدَةٍ ٩

سُورَةُ الفِيلِ

بِسْمِ اللَّهِ الرَّحْمَٰنِ الرَّحِيمِ

أَلَمْ تَرَ كَيْفَ فَعَلَ رَبُّكَ بِأَصْحَابِ الْفِيلِ ١ أَلَمْ يَجْعَلْ
كَيْدَهُمْ فِي تَضْلِيلٍ ٢ وَأَرْسَلَ عَلَيْهِمْ طَيْرًا أَبَابِيلَ ٣
تَرْمِيهِم بِحِجَارَةٍ مِّن سِجِّيلٍ ٤ فَجَعَلَهُمْ كَعَصْفٍ مَّأْكُولٍ ٥

30 - 112 - 604

سُورَةُ الإِخْلَاصِ

بِسْمِ اللَّهِ الرَّحْمَٰنِ الرَّحِيمِ

قُلْ هُوَ اللَّهُ أَحَدٌ ١ اللَّهُ الصَّمَدُ ٢ لَمْ يَلِدْ وَلَمْ يُولَدْ ٣
وَلَمْ يَكُن لَّهُ كُفُوًا أَحَدٌ ٤

سُورَةُ الفَلَقِ

بِسْمِ اللَّهِ الرَّحْمَٰنِ الرَّحِيمِ

قُلْ أَعُوذُ بِرَبِّ الْفَلَقِ ١ مِن شَرِّ مَا خَلَقَ ٢ وَمِن شَرِّ
غَاسِقٍ إِذَا وَقَبَ ٣ وَمِن شَرِّ النَّفَّاثَاتِ فِي الْعُقَدِ ٤
وَمِن شَرِّ حَاسِدٍ إِذَا حَسَدَ ٥

سُورَةُ النَّاسِ

بِسْمِ اللَّهِ الرَّحْمَٰنِ الرَّحِيمِ

قُلْ أَعُوذُ بِرَبِّ النَّاسِ ١ مَلِكِ النَّاسِ ٢ إِلَٰهِ
النَّاسِ ٣ مِن شَرِّ الْوَسْوَاسِ الْخَنَّاسِ ٤ الَّذِي
يُوَسْوِسُ فِي صُدُورِ النَّاسِ ٥
مِنَ الْجِنَّةِ وَالنَّاسِ ٦

HAFṢ

SOURCE: DIGITAL MUṢ-ḤAF MADINAH

MUTAWAKIL OUATTARA

Printed in Great Britain
by Amazon